Handbuch Fernweh

www.handbuchfernweh.de

weltweiser®
www.weltweiser.de

Thomas Terbeck

Handbuch Fernweh

Der Ratgeber zum Schüleraustausch

Mit übersichtlichen Preis-Leistungs-Tabellen von High-School-Programmen für 20 Gastländer

Impressum

Thomas Terbeck:
Handbuch Fernweh. Der Ratgeber zum Schüleraustausch,
mit übersichtlichen Preis-Leistungs-Tabellen von High-School-Programmen für
20 Gastländer, 18. vollständig überarbeitete und erweiterte Auflage,
Cappenberg/Westfalen: weltweiser Verlag 2018, ISBN 978-3-935897-38-9

Umschlaggestaltung & Grafiken: Dirk Grundner, Hamburg
Redaktion & Layout: Stefan Ebert, weltweiser Bonn
Druck: H. Rademann GmbH, Lüdinghausen
Printed in Germany

klimaneutral
natureOffice.com | DE-223-924110
gedruckt

Alle Informationen und Daten wurden von den Autoren und vom Verlag mit größter Sorgfalt recherchiert, zusammengestellt, bearbeitet und überprüft. Da inhaltliche und sachliche Fehler trotzdem nicht auszuschließen sind, erfolgen alle Angaben ohne Gewähr für die Richtigkeit im Sinne der Produkthaftung. Die Autoren und der Verlag übernehmen keine Verantwortung und Haftung für inhaltliche wie sachliche Fehler. Auch für die Inhalte von erwähnten Webseiten wird keine Haftung übernommen. Zum Zeitpunkt der Drucklegung gültige Daten und Angaben unterliegen zeitbedingten Veränderungen.

Dieses Buch ist in jeder Buchhandlung im deutschsprachigen Raum
erhältlich, kann aber auch direkt beim Verlag bestellt werden.

weltweiser Verlag

Schloss Cappenberg – 59379 Selm-Cappenberg
Telefon: 02306 / 978113 – Fax: 02306 / 978114
info@weltweiser.de – www.weltweiser.de

Weitere Infos im World Wide Web unter
www.handbuchfernweh.de

Vorwort

Irgendwann juckt es in den Knochen. Auf einmal ist es da, dieses unbeschreibliche Kribbeln. Einfach so, ohne Vorwarnung. Man kann rein gar nichts dagegen tun. Aber wieso sollte man auch? Dieses immer wiederkehrende Kitzeln treibt einen nicht in den Wahnsinn. Ganz im Gegenteil: Es elektrisiert auf eine ungeheuer angenehme Weise und man will mehr davon. Die Phantasie schlägt Purzelbäume und das Einschlafen fällt schwer, aber das ist nicht schlimm. Dieser Schwebezustand ist etwas für Genießer, die ganze Welt liegt einem zu Füßen...

Noch kann man vielleicht zurück, doch schließlich hat man keine Chance mehr: „Infiziert mit Fernweh“ lautet die Diagnose. Nur in sehr wenigen Fällen kann dieser Virus durch eine sofortige Schocktherapie geheilt werden. Aufgrund der erheblichen psychomentalen Nebenwirkungen und Langzeitfolgen ist ohnehin davon abzuraten: Missglückte Schockbehandlungen können zu Schulproblemen, Unzufriedenheit und Lethargie führen.

Besser ist es, den Virus bis zur vollen Entfaltung aktiv zu fördern und den Betroffenen größtmöglichen Freiraum zu gewähren. Die Erfolge dieser Methode sind unbestritten: Nach einer mehrmonatigen Therapie im Ausland kehren die meisten Patienten selbstbewusst und weltoffen nach Hause zurück. Ihr Horizont hat sich enorm erweitert und man kann sicher sein, dass sie für ihr Leben eine Menge gelernt haben. Je nach Wahl des Kurortes und des behandelnden Arztes variieren Kosten und Qualität der Behandlung nicht unerheblich voneinander. Eine sorgfältige Prüfung des Preis-Leistungs-Verhältnisses ist deshalb unbedingt zu empfehlen. Über Erfolg oder Misserfolg der Therapie entscheiden aber nicht zuletzt die Infizierten selbst.

Im Handbuch Fernweh können sich alle vom Virus betroffenen Familien umfassend über die Behandlungsmethoden und ihre Nebenwirkungen informieren. Darüber hinaus ermöglicht ein umfangreicher Serviceteil den problemlosen Preis-Leistungs-Vergleich verschiedenster Therapieangebote.

Thomas Terbeck

Warnung: Es kann nicht ausgeschlossen werden, dass die Lektüre dieses Buches den Fernweh-Virus auslöst!

#MakeitHappen

Inhaltsverzeichnis

Teil 1: Ratgeber

Vorwort 5

Einleitung 11

Jetzt geht's los 13
- Teilnahmevoraussetzungen 13
- Motivation 15
- Eltern und Finanzen 17
- Wahl des Gastlandes 21
- Sprachkenntnisse 24
- Länge des Aufenthalts 26

Die Qual der Wahl 28
- Informationsbroschüren 28
- Preis und Leistung 30
- Bewerbungsverfahren 32
- Betreuung 34
- Vertragliche Feinheiten 37
- Weitere Qualitätsmerkmale 38

Von der Anmeldung bis zum Abflug 41
- Schriftliche Bewerbung 41
- Bewerbungsgespräch 43
- Das ewige Warten 44
- Die Arbeit der Austauschorganisationen 46
- Vorbereitungsveranstaltungen 50
- Persönliche Vorbereitung 51
- Die letzten Tage in Deutschland 52

Die neue Welt 56
Über den Wolken 56
Pass- und Zollkontrolle 57
Auf fremdem Terrain 58
Das Einführungsseminar 58
Der erste Familienkontakt 59

Die Gastfamilie 61
Motivation 61
Sozialer Status 63
Familienstruktur 64
Wohnort 65
Religiosität 66
Ethnische Herkunft 67

Das Leben in einer Gastfamilie 68
Andere Gewohnheiten und Tagesabläufe 68
Familienregeln 71
Probleme mit der Gastfamilie 72
Vorschläge für die Konfliktbeseitigung 75
Gastfamilienwechsel 79

Schule und Freunde 81
Dein Stundenplan 83
Die erste Schulstunde 85
Der Unterricht 86
Freundschaften aufbauen 87
Deine neue Rolle 88
Kontakte zu anderen Austauschschülern 89
Sex, Drugs and Rock 'n' Roll 90

Kulturschock 92
Heimweh 94
Austausch und Eltern 96

Rückkehr in die fremde Heimat ... 99
Die Erzählphase ... 100
Die Sättigungsphase ... 101
Die „Keiner-versteht-mich"-Phase ... 101
Die „Alles-ist-Mist – Ich-will-wieder-weg"-Phase ... 102
Die „back-to-reality"-Phase ... 102
Nachtrag ... 103
Resümee ... 104

Teil 2: Service

Austauschprogramme im Vergleich ... 107
Preis-Leistungs-Tabellen ... 111
Individuelle Ausführungen der Veranstalter ... 112
Preis und Leistung ... 112
Das Kleingedruckte und das liebe Geld ... 118
Kurz und bündig ... 118
Last, but not least ... 119
USA ... 120
Argentinien ... 184
Australien ... 195
Brasilien ... 219
Chile ... 222
China ... 227
Costa Rica ... 230
Ecuador ... 241
Frankreich ... 246
Großbritannien ... 257
Irland ... 284
Italien ... 307
Japan ... 315
Kanada ... 321
Neuseeland ... 350

Norwegen ... 378
Polen ... 383
Schweden ... 385
Spanien ... 391
Südafrika ... 404
Privatschulen & Internate ... 412

Teil 3: Info

Liste aller Gastländer ... 433
Unabhängige Beratungsstellen ... 434
Schüleraustausch-Verbände ... 436
Rotary Club ... 437
Schüleraustausch privat organisieren ... 437
Privatschulen und Internate ... 438
Gastfamilie werden ... 440
Staatliche Austauschprogramme ... 442
Austauschprogramme der Bundesländer ... 450
Versetzungsrichtlinien ... 455
Förderung nach dem BAföG ... 464
Stipendien der Austauschorganisationen ... 469
Veranstalter in Österreich und der Schweiz ... 471
CSIET Advisory List ... 474
Schüleraustausch und Internet ... 478
Literatur über Deutschland und Gastländer ... 479
Literatur zum Schüleraustausch ... 480
Diplomatische Vertretungen ... 493
Danksagung ... 499
Anzeigen ... 500

Einleitung

„Nun ja, ich wollte euch nur sagen – mmh – ich mein', das ist zwar teuer, aber ich muss! Ich weiß auch nicht warum, aber es reizt mich eben. Das hat auch nichts mit euch zu tun, ich komm' ja wieder. Aber ich wollte euch bitten – ich mein'– ich möchte für ein Jahr ins Ausland."

Bumm! Auf diese oder ähnliche Weise erwischt es jedes Jahr viele tausend Eltern beim Abendbrot, wenn ihre Kinder ihnen so ganz nebenbei eröffnen, dass sie gerne ein Schuljahr im Ausland verbringen würden. Scharfer Tobak: Ein Jahr ohne das geliebte Kind – ein Jahr ohne fürsorgende Eltern. Was bedeutet das überhaupt? Die „Bittsteller"* schweben in diesen Momenten zwischen Hoffen und Bangen. Der Vorstoß war ausgiebig geplant, wohl überlegt und wurde im vermeintlich richtigen Moment gewagt. Und jetzt diese Endlosdiskussion. Hätten sie nicht sofort „Ja" sagen können? Immer diese Skepsis! Das wird sich schon alles ergeben... Heimweh habe ich doch noch nie gehabt. Und überhaupt, was die alles wissen wollen: Warum sollte ich mir das denn nicht zutrauen? Sonst hätte ich doch nicht gefragt! – Ein Schuljahr verlieren? Mensch, da gewinnt man doch so viel an Erfahrung. – Schon klar, das kostet eine Menge Kohle, aber vielleicht bekomme ich ja ein Stipendium. Das Taschengeld kann ich mir auch selbst zusammensparen. – Doch, das schaffe ich schon, da braucht man nicht viel. – Nee, die exakten Programmpreise kenne ich nicht, genauso wenig wie das Bewerbungsverfahren und die Teilnahmevoraussetzungen. – Neeein, auch der Anmeldeschluss ist mir unbekannt. – Mmh, da hängt immer so ein Plakat von einer Organisation am Schwarzen Brett in der Schule. Das sieht ganz gut aus. – Welche anderen Anbieter es noch gibt? Ehh, keine Ahnung...

* Aus Gründen der besseren Lesbarkeit wird weitestgehend auf die gleichzeitige Verwendung männlicher und weiblicher Sprachformen verzichtet. Sämtliche Personenbezeichnungen gelten gleichwohl für beiderlei Geschlecht.

So ganz ohne Vorbereitung lässt sich der Wunsch, Deutschland für einige Zeit den Rücken zu kehren, eben doch nicht verwirklichen. Vielmehr sollte der Schritt, sich für ein Austauschprogramm zu bewerben, nicht überstürzt gefasst werden. Sowohl die Jugendlichen als auch ihre Eltern müssen genau wissen, worauf sie sich einlassen. Ein mehrmonatiger Schüleraustausch ist keine Abenteuerreise mit einklagbarer Spaßgarantie, von der man nach kurzer Zeit – mehr oder weniger zufrieden – ins traute Heim zurückkehrt. Ein Schüleraustausch ist mehr, viel mehr! Er eröffnet die außergewöhnliche Chance, tief in eine andere Welt einzutauchen, sie zu erkunden, sie zu erfahren, sie vielleicht erst zu hassen, um sie dann lieben zu lernen, aber sie vor allem zu tolerieren, ja sogar ein Teil von ihr zu werden. Die Auseinandersetzung mit der (Alltags-) Kultur eines anderen Landes führt zu einer einzigartigen Erweiterung des Erfahrungshorizonts der Jugendlichen und ist prägend für das ganze Leben.

Was es bedeutet, seine vertraute Umgebung für eine lange Zeit aufzugeben und als gleichberechtigtes Mitglied in einer Familie eines fremden Kulturkreises zu leben, sich einen neuen Freundeskreis aufbauen zu müssen und die Schule in einer anderen Sprache zu meistern, wird im Handbuch Fernweh genauso thematisiert wie die notwendigen persönlichen Voraussetzungen der Jugendlichen, der Verlauf des Bewerbungsverfahrens, die Wahl der Austauschorganisation, das Phänomen Kulturschock, die Probleme bei der Rückkehr in die „fremde" Heimat und die Rolle der Eltern. Trotz der Überzeugung des Autors, dass der Schüleraustausch ideal für die persönliche Entwicklung eines Jugendlichen ist und einen wichtigen Beitrag zur Völkerverständigung leisten kann, wird im Handbuch Fernweh gesteigerter Wert auf die Darstellung möglicher Problembereiche gelegt. Nach der Lektüre des Buches sollte die Entscheidung pro oder contra Schüleraustausch leichter fallen.

Der Serviceteil ermöglicht einen detaillierten Preis-Leistungs-Vergleich zahlreicher Austauschangebote am Beispiel der Programme 2019/20. Durch die Darstellung von Programmen für die Länder Argentinien,

Australien, Brasilien, Chile, China, Costa Rica, Ecuador, Frankreich, Großbritannien, Irland, Italien, Japan, Kanada, Neuseeland, Norwegen, Polen, Schweden, Spanien, Südafrika und USA in einer Kombination von standardisierten Tabellen und beschreibenden Textkomponenten werden die Leser in die Lage versetzt, die für sie individuell richtige Austauschorganisation auszuwählen. Darüber hinaus finden sich im Handbuch Fernweh zahlreiche den Schüleraustausch betreffende Tipps und Informationen, z.B. über die Austauschprogramme und Versetzungsrichtlinien der Bundesländer, über den Besuch privater Schulen sowie über die Möglichkeiten der Förderung des Auslandsaufenthalts nach dem Bundesausbildungsförderungsgesetz und durch Stipendien.

Schließlich komplettieren Literaturhinweise und Rezensionen sowie zahlreiche Kontaktadressen das Handbuch Fernweh – und machen es zu einem wichtigen Begleiter auf dem Weg in die Ferne.

Jetzt geht's los

Genug der langen Vorrede! Kommen wir umgehend zu einer der wichtigsten Voraussetzungen für einen erfolgreichen Austausch, nämlich zu deiner Person.

Teilnahmevoraussetzungen

Du willst unbedingt für eine längere Zeit ins Ausland und bist dir auch sicher, dass du dafür geeignet bist. Du weißt es einfach, weil du dich selbst am besten kennst. Trotzdem solltest du noch einmal in dich gehen und über deine Person, deine Fähigkeiten und deine Charakterzüge nachdenken. Versuche dich dabei nicht selbst zu belügen und stelle dir folgende Fragen:

- Schaffst du es, eine lange Zeit auf deine Eltern, deine Freunde und deine tägliche Routine zu verzichten?

- Kannst du gewohnten Luxus entbehren?
- Traust du dir zu, dich in eine fremde Familie mit anderen Sitten und Gewohnheiten zu integrieren, ja sogar ein gleichberechtigter Teil deiner Gastfamilie mit allen Rechten und Pflichten zu werden?
- Bist du in der Lage, auf andere Leute zuzugehen und dir einen neuen Freundeskreis aufzubauen?
- Kannst du dich anpassen und auch über einen längeren Zeitraum Verhaltensweisen in deiner Umwelt akzeptieren, die sich grundlegend von den dir gewohnten unterscheiden?
- Ist dir bewusst, dass du während deines Aufenthalts „Botschafter" deines Landes bist?

Auf alle diese Fragen solltest du mit „Ja" antworten. Natürlich kannst du dir nicht hundertprozentig sicher sein, ob du ein Jahr im Ausland meistern wirst. Schließlich warst du noch nie in einer vergleichbaren Lage. Allerdings kannst du selbst am besten beurteilen, ob eine der genannten Situationen für dich überhaupt nicht in Betracht kommt. Sollte dies der Fall sein, tust du dir mit einem mehrmonatigen Schüleraustausch nicht unbedingt einen Gefallen. Außerdem dürfte es dann ohnehin schwierig für dich werden, eine Organisation zu finden, die dich in ihr Programm aufnimmt. Die Anbieter der Austauschprogramme haben zwar keine einheitlichen Teilnahmevoraussetzungen und auch die Bewerbungsverfahren unterscheiden sich erheblich. Auf gewisse Fähigkeiten und Eigenschaften legen jedoch alle Organisationen Wert:

Neben Toleranz und Anpassungsfähigkeit wird von den Bewerbern eine gewisse Selbstständigkeit und persönliche Reife erwartet. Weiterhin sollten sie Interesse daran haben, eine andere Kultur kennen zu lernen, flexibel, kontaktfreudig, begeisterungsfähig, freundlich, aufgeschlossen, kritikfähig und kompromissbereit sein sowie durchschnittlich mindestens befriedigende Schulleistungen vorweisen können.

Und, was meinst du? Bist du geeignet? Du wirst sicherlich ab und zu geschluckt haben, oder? Die gesamte Palette der wünschenswerten

Charaktereigenschaften eines idealen Austauschschülers wirst du bestimmt nicht verkörpern. Das kannst und musst du auch gar nicht! Wenn du die eine oder andere der oben genannten Wesensmerkmale nicht besitzt, ist das kein Weltuntergang. Natürlich wird ein sehr ruhiger Schüler eher Probleme haben, an seiner neuen Schule Kontakte zu knüpfen, aber dafür führt er vielleicht ein intensives und harmonisches Familienleben. Jugendliche, die ständig mit ihren zahlreichen Freunden auf Achse sind, bekommen dagegen eventuell Probleme mit ihren Gasteltern, die sich vernachlässigt beziehungsweise als „Bed and Breakfast Logis" missbraucht fühlen könnten.

Wie du siehst, ist es nicht einfach, den idealtypischen Austauschschüler zu bestimmen. Dafür gibt es zu viele unbekannte Faktoren. Ob das Zusammenleben in und mit einer Gastfamilie klappt, entscheidet sich meist erst im konkreten Versuch. Sicher ist jedoch: Falls du ein intoleranter, arroganter Einsiedler bist, der unfähig ist, ein Gespräch zu führen, nur seine eigenen Vorstellungen gelten lässt und ausschließlich sich selbst liebt, solltest du den Schüleraustausch schleunigst wieder vergessen!

Motivation

Ein weiterer Gradmesser für die Eignung kann deine Motivation sein. Es dreht sich hier um die Frage, warum du an einem Austauschprogramm teilnehmen willst. Gute Gründe gibt es eine ganze Menge, und sie haben alle ihre Berechtigung:

- Du hast dich schon immer für andere Kulturen interessiert und möchtest einmal über einen längeren Zeitraum an dem Alltagsleben eines fremden Landes teilhaben.
- Der Schüleraustausch ist deiner Meinung nach die beste Möglichkeit der Völkerverständigung, da du in einem anderen Land viele – oft lebenslange – Freundschaften schließen wirst.
- Nach deinem Auslandsaufenthalt beherrschst du zumindest eine Fremdsprache fließend, und du musstest dich dafür noch nicht ein-

mal großartig anstrengen. Abgesehen von dem persönlichen Gewinn hoffst du, dass dir diese Kompetenz auch in deinem späteren Berufsleben von Nutzen ist.
- An der Aufgabe, sich in einer völlig neuen Umgebung zurechtzufinden, möchtest du wachsen und eine zeitlang ohne die Hilfe deiner Eltern wichtige Entscheidungen treffen, um selbstständiger und selbstbewusster zu werden.
- Dich reizt es, ein anderes Schulsystem kennen zu lernen.
- Du willst ganz einfach eine schöne Zeit im Ausland verbringen.

Diese Liste ist keineswegs vollständig, aber sie gibt dir doch einen kleinen Überblick darüber, warum viele Jugendliche ein Jahr ihrer Schulzeit im Ausland verbringen wollen. Der eine oder andere Punkt trifft bestimmt auch auf dich zu. Den letzten solltest du jedoch nicht damit verwechseln, als Austauschschüler die „Sau heraushängen zu lassen" und an keine Konvention gebunden zu sein. Spaß haben will sicherlich jeder, aber das wird garantiert nicht funktionieren, wenn du nicht auch noch andere Motive für deinen Auslandsaufenthalt hast.

Und damit wären wir an einem sehr wichtigen Punkt. Es gibt zwei Gründe, aufgrund derer du dich auf keinen Fall für ein Austauschprogramm anmelden solltest:

1. Wenn dich das Leben in Deutschland anödet oder du dich permanent mit deinen Eltern streitest, solltest du vieles machen, allerdings auf keinen Fall ins Ausland flüchten. Das Weglaufen vor den eigenen Problemen funktioniert nämlich nicht. Sie werden dich spätestens bei deiner Rückkehr nach Deutschland wie ein Bumerang wieder einholen und dich dann noch stärker treffen. Und da du das weißt, wirst du auch die Zeit im Ausland nicht unbeschwert genießen können und deiner Gastfamilie zur Last fallen.*

---

* Solltest du an Magersucht oder an anderen psychomentalen Krankheiten leiden, ist dir dringend von der Teilnahme an einem mehrmonatigen Schüleraustausch abzuraten: Erfahrungsgemäß verschlimmern sich die Krankheitsbilder während des Programms!

2. Sind deine Eltern oder Lehrer der Meinung, es sei für deine Entwicklung von Vorteil, wenn du ein Jahr im Ausland verbringst, du davon aber überhaupt nicht überzeugt bist, dann irren sie sich. Es gibt nur eine Person, die entscheiden kann, ob ein Austauschprogramm gut für dich ist: du selbst. Lass dich nicht zwingen!

Im weiteren Verlauf dieser Darstellung wollen wir aber nun von der üblichen Konstellation ausgehen, die folgendermaßen aussieht: Du willst ins Ausland – deine Eltern sind eher skeptisch.

Eltern und Finanzen

Ohne deine Eltern läuft erst einmal gar nichts. Du brauchst ihr Einverständnis und ihre finanzielle Unterstützung. Sie davon zu überzeugen, dass der Schüleraustausch eine einzigartige Chance für dich ist, gestaltet sich in einigen Fällen jedoch als schwierige Geburt. Denn für deine Eltern ist es nicht einfach, mehrere Monate auf dich zu verzichten. Sie lieben dich und wollen dein Bestes. Dich aber in einer sehr wichtigen Phase deines Lebens in die schöne weite Welt ziehen zu lassen, übersteigt doch die Vorstellungskraft vieler Elternpaare. Die Angst, dich zu verlieren, spielt dabei eine große Rolle. Weil du in einer anderen Familie leben wirst, die dich wie ihr eigenes Kind behandelt, befürchten vielleicht auch deine Eltern, dass es dir bei deiner neuen Familie besser als daheim gefallen könnte und du lieber im Ausland bleiben würdest.

Tatsächlich gibt es solche Fälle, aber sie sind äußerst selten. Da du ohnehin vertraglich verpflichtet bist, nach dem offiziellen Programmende dein Gastland zu verlassen, stellt sich die Frage eigentlich auch gar nicht.

Der Normalfall sieht dagegen anders aus. Häufig lernen die Austauschschüler ihr Zuhause erst über die Distanz richtig zu schätzen. Und das nicht, weil sie sich bei der Gastfamilie nicht wohl fühlen. Nein, es fehlen ihnen einfach einige gewohnte Rituale, die sie vor ihrer Abreise noch als lästig empfunden haben. Das kann zum Beispiel der langweilige Sonntagsspaziergang, Muttis typische Geburtstagstorte oder die immer gleich verlaufende Geschenkauspackzeremonie zu Weihnachten sein. Außerdem merken viele Jugendliche erst im Ausland, wie verdammt liberal ihre Eltern sind. Kurz und gut: Du kannst deine Eltern beruhigen. Zwar müssen sie für eine lange Zeit auf deine Gesellschaft verzichten, erhalten dich dann aber unversehrt zurück. Nach deiner Rückkehr folgt üblicherweise eine recht problematische „Wiedereingewöhnungsphase" von einigen Wochen, ist die jedoch überstanden, verläuft das Familienleben oft harmonischer als vor dem Austausch.

Ein tatsächliches Problem für deine Eltern könnten die hohen Kosten für den Schüleraustausch sein. 6.000 bis 30.000 Euro für einen Auslandsaufenthalt legt man nicht so einfach auf den Tisch. Wahrscheinlich haben deine Eltern noch nie eine Reise in dieser Preisklasse unternommen. Und das, obwohl sie schon 20 oder 30 Jahre lang arbeiten. Hier ist es schon schwieriger, gute Argumente zu finden. Was ist zu tun?

Weil du als bloßer Bittsteller schlechte Karten hast, musst du die Initiative ergreifen. Das setzt aber voraus, dass du dich nicht auf den letzten Drücker für ein Austauschprogramm entschließt. Was ich damit meine? Ganz einfach: Wenn du früh genug beginnst, emsig zu sparen, kannst du selbst den einen oder anderen Schein zur Finanzierung des Programms beitragen. Natürlich ist mir klar, dass dabei keine fünfstelligen Beträge herumkommen. Aber wenn du dir zwei Jahre lang zum Geburtstag und zu Weihnachten ausschließlich Geld wünschst, die Zehner von Oma und Opa regelmäßig sparst, vielleicht noch ein paar Zeitungen austrägst, bei den Nachbarn Rasen mähst, dir einen Nachhilfeschüler suchst und gleichzeitig kaum Geld für CDs, Kleidung oder Nippes ausgibst, dann kommt schon eine ordentliche Summe zusammen. Außerdem existieren auch noch so schöne Feste wie die Konfirmation oder die Firmung, wo du dich sicherlich nicht nur über Obstkörbe, Schlafanzüge oder Handtücher freuen darfst.

Und es gibt noch mehr Geldquellen: Besorge dir bei der zuständigen Industrie- und Handelskammer ein Verzeichnis mit den Anschriften der in deinem Ort ansässigen Firmen und Geschäfte. Dann überlegst du, welche Betriebe als Sponsor für dich in Frage kommen. Dort gehst du vorbei, stellst dich vor und schilderst dein Anliegen. Fundraising nennt man das. Mehr als eine Abfuhr kannst du nicht bekommen. Warum dich irgendeine Firma finanziell unterstützen sollte? Das ist doch klar: Damit ein paar schöne Artikel und Anzeigen in der lokalen Presse erscheinen. Stell dir nur folgende Zeile unter einem Bild von dir und der Geschäftsführerin eines Modegeschäftes auf der Lokalseite vor: „Teenager zieht es in die Ferne – M&C Moden übernimmt die Finanzierung". Oder die Überschrift für den Artikel über dich und deinen Sponsor, die Provilanz-Versicherung: „Sicher in der ganzen Welt – Andrea dankt der Provilanz". Oder die Anzeige einer Bank: „Sie kommen immer sicher an Ihr Geld – egal wo Sie sind." Oder...

Zugegeben, die Beispiele sind nicht sonderlich gut, aber die Idee hast du begriffen, oder? Wenn du dich ein bisschen geschickt anstellst, bist du für viele Firmen interessant: Ein weltreisender Teenager ist ein idealer Werbeträger!
Apropos Finanzspritze: Wieso bietest du eurer Lokalzeitung keine Serie über deinen Austausch an. Nach dem Motto „Aus Pusemuckel berichtet Andreas Müller" könntest du regelmäßig über dein Leben als Austauschschüler berichten. Legst du gelegentlich noch ein paar Fotos dazu, kommen auch auf diese Weise einige Euros zusammen.

Eine weitere Möglichkeit der Finanzierung deines Traums ist die Förderung des Auslandaufenthaltes nach dem Bundesausbildungsförderungsgesetz, kurz BAföG. Bis zu 504 Euro monatlich stehen dir zu, wenn dein Aufenthalt mindestens ein Schulhalbjahr dauert und deine Eltern nicht zu viel Geld verdienen.*

---

* *Info:* Siehe hierzu das Kapitel *Förderung nach dem BAföG.*

Last, not least kannst du dich bei einigen Organisationen um Stipendien bewerben. Diese richten sich in der Regel nach den Einkommensverhältnissen deiner Eltern und/oder deinen Schulleistungen. Auf diesem Gebiet solltest du auf jeden Fall aktiv werden, da es oft gar nicht so schwierig ist, ein Stipendium zu erhalten. Informationen zu diesem Thema findest du bei den Programmbeschreibungen der Organisationen unter der Rubrik „Stipendien und Sonstiges" im Serviceteil dieses Buches. Da Stipendien auf die Förderungshöhe nach dem BAföG angerechnet werden, ist es in der Regel ausgeschlossen, gleichzeitig ein Stipendium und die monatliche Höchstförderung von 504 Euro zu erhalten.

Tipp: Erkennen deine Eltern, dass du alles versuchst, um die Finanzierung deines Auslandsaufenthalts zu ermöglichen, sind sie vielleicht eher bereit, tief in ihre eigene Tasche zu greifen. Denn dann merken sie, dass dir wirklich etwas an dem Austauschprogramm liegt. Und eines ist ohnehin klar: Es ist ein schönes und erhebendes Gefühl, seine eigenen Ersparnisse auf den Kopf zu hauen – und nicht nur die Penunzen von Mama und Papa.

Unter Umständen werden dich deine Eltern mit der so genannten „Kosten-Nutzen-Rechnung" konfrontieren. Sie wollen wissen, was dir das Jahr im Ausland bringt, und ob das viele Geld nicht besser angelegt werden könnte. Geht es deinen Eltern bei dieser Frage um deine Persönlichkeitsentwicklung und deine beruflichen Zukunftschancen, kannst du ihnen versichern, dass sie keine bessere Investitionsmöglichkeit finden werden. Zahlreiche Argumente zur Bestätigung dieser These findest du auf den folgenden Seiten.

Wahl des Gastlandes

Bist du dir bereits sicher, in welchem Land du deinen Aufenthalt verbringen möchtest? Gehörst du vielleicht zu der großen Mehrheit der Austauschschüler, die es in die Vereinigten Staaten von Amerika zieht? Selbst wenn dein Entschluss bereits feststeht, solltest du noch einmal kurz darüber nachdenken, denn wie andere Jugendliche hast vielleicht auch du falsche Vorstellungen über das Leben in dem Gastland deiner Wahl. Bleiben wir beim Beispiel USA, dem Land der vermeintlich unbegrenzten Möglichkeiten. Unter dem „American Way of Life" versteht man gemeinhin ein Leben voller persönlicher Freiheit, Gelassenheit und Abwechslung. Das reale Alltagsleben eines „normalen" amerikanischen Jugendlichen sieht dagegen anders aus:

Da viele amerikanische Schüler einem Teilzeitjob nachgehen, bleibt ihnen während der Woche kaum Zeit, sich mit ihren Freunden zu treffen. Als Austauschschüler verbringt man folglich die meisten Abende der Woche im Kreise der Gastfamilie. Und auch die Wochenenden gestalten sich weniger spektakulär als es viele Filme erwarten lassen. Aufgrund der rigiden Einhaltung des Alkoholverbots für Jugendliche ist es keinem Amerikaner unter 21 Jahren erlaubt, eine Kneipe oder Diskothek zu betreten. Deshalb beschränken sich die Wochenendaktivitäten gemeinhin auf Kinobesuche, Burger essen und Feten bei Freunden. Beim Feiern steht man als Austauschschüler jedoch erneut vor Problemen, da selbstverständlich auch amerikanische Jugendliche Mittel und Wege finden, um die begehrten Alkoholika zu besorgen. Und da nicht wenige private Feten von der Polizei besucht werden, sollte man dem teilweise durchaus vorhandenem Gruppenzwang des kollektiven Besaufens widerstehen können – oder schnelle Beine haben! Sonst kehrt man eher nach Deutschland zurück, als es einem lieb ist.

Im Übrigen ist es ohnehin nicht sicher, ob dich deine Gasteltern zu allen Partys gehen lassen. In den USA ist die Meinung weit verbreitet, dass 16-jährige Jugendliche noch unmündige Kinder sind, die einer mehr oder weniger „strengen Hand“ und ständiger Kontrolle bedürfen. Sollten deine Erziehungsberechtigten die Gastgeber einer Fete nicht kennen beziehungsweise sie nicht mögen, ist es durchaus nicht ungewöhnlich, dass du keine Erlaubnis zum Ausgehen erhältst: Da du in den Augen deiner Gasteltern aufgrund deines Alters stetige Entscheidungshilfen benötigst, „helfen“ sie dir unter Umständen auch bei der Suche nach den richtigen Freunden – selbst wenn sich deine Begeisterung darüber in Grenzen hält.

Diese Zeilen sind nicht dazu gedacht, dich von einem Austausch in die USA abzuhalten. Viele tausend Exchange Students verbringen dort jedes Jahr eine wundervolle Zeit! Das liegt nicht zuletzt an der „Easy-Going-Mentalität“ und der ausgeprägten Gastfreundschaft vieler Amerikaner, die es einem Fremden sehr einfach machen, sich einzuleben. Du solltest dir aber bewusst sein, dass die amerikanische Gesellschaft in der Regel viel (wert)konservativer ist, als du es vermutest. Hast du damit Probleme, ist dir vielleicht der Aufenthalt in einem anderen Land zu empfehlen: In den lateinamerikanischen Staaten ist das Leben normalerweise weniger reglementiert als in den USA – zumindest für die männlichen Teilnehmer. Dafür musst du die teils krassen Gegensätze zwischen arm und reich sowie das weit verbreitete „Klassendenken“ aushalten können. Die im Allgemeinen überaus herzliche Art im Umgang mit Fremden dürfte dir jedoch als Austauschschüler stark entgegenkommen und die langen Feiern und Grillabende im Familien- und Freundeskreis lernst du garantiert zu schätzen.

Auf mehrstündige Abendessen im Kreise deiner Gastfamilie kannst du dich auch in Frankreich freuen. Sicherlich wirst du während deines Aufenthalts ein Kenner für Wein, Käse und die ganzen anderen leckeren Sachen der französischen Küche. „Savoir vivre!“ lautet hier die Devise. Bei deiner Entscheidung für das Hexagon sollte dir aber klar sein, dass du montags bis freitags von circa 7.00 bis 17.00 Uhr in Sachen Schule unterwegs bist und darüber hinaus noch die täglichen Hausaufgaben zu bewältigen hast. Interessierst du dich hingegen für einen Aufenthalt in Japan, Indonesien oder Thailand, solltest du keine Probleme damit haben, einen Kopf größer als deine Mitschüler zu sein. Zudem wird es wahrscheinlich lange dauern, bis du den oft hochkomplexen Verhaltenskodex deines Gastlandes verstehst.

Wie du an diesen kurzen Beispielen siehst, hat jedes Land seine spezifischen Eigenarten, die dir mal fremd, mal vertraut, mal lästig oder hilfreich erscheinen. Eine Bewertung in den Kategorien „gut" und „schlecht" ist dabei vollkommen unangemessen. Das Leben in anderen Ländern ist nicht schlechter oder besser als zuhause, sondern anders. Nichtsdestotrotz fühlt man sich in einigen Kulturkreisen wohler als in anderen. Das hängt nicht zuletzt von der eigenen Mentalität ab.

An dieser Stelle böte es sich an, kulturelle Besonderheiten verschiedener Staaten aufzulisten, damit du einen Einblick in verschiedene Kulturkreise bekommst. Darauf wird aber bewusst verzichtet. Auf der einen Seite würde es den Umfang dieses Buches sprengen und auf der anderen Seite die Kompetenz des Autors bei weitem übersteigen. Was bliebe, wäre eine Auflistung nationaler Klischees und Stereotype, die dem vielschichtigen Leben und der Kultur der Menschen eines Landes nicht gerecht werden können, und somit wenig hilfreich sind.

Stattdessen solltest du dich bereits vor der Anmeldung zu einem Programm mit Hilfe einiger Reiseführer und anderer Literatur, durch Gespräche mit ehemaligen Austauschschülern und den Mitarbeitern der Austauschorganisationen sowie in den einschlägigen Internetforen über den Alltag in deinen Wunschländern informieren. Nur so wirst du in die Lage versetzt, jenseits der nicht selten die Realität verzerrenden Zelluloidstreifen in Fernsehen und Kino das für dich optimale Gastland auszusuchen. Berücksichtige bei der Vorauswahl der Gastländer bereits die Preise für die einzelnen Programme, da zum Beispiel ein Jahr in England, Kanada, Neuseeland oder Australien locker 5.000 bis 10.000 Euro teurer sein kann als ein Jahr in Frankreich oder den USA.

Sprachkenntnisse

Sicherlich bewegt dich die Frage, ob du schon vor deinem Auslandsaufenthalt der Sprache deines Gastlandes mächtig sein musst. Die Eingewöhnungsphase in einer fremden Umgebung wird dir ohne Zweifel leichter fallen, wenn du dich schon einigermaßen verständigen kannst. Allerdings kann niemand von dir erwarten, dass du bei deiner Bewerbung über fundamentale Japanisch-, Russisch- oder Portugiesischkenntnisse verfügst. Wäre dies eine Voraussetzung, gäbe es keine Austauschprogramme mit diesen Ländern. Und die gibt es: Über 50 Staaten auf allen Kontinenten dieser Welt stehen zu deiner Auswahl.

Einige Veranstalter fordern jedoch von dir die Bereitschaft, dich nach der Anmeldung für ein Programm mit der Sprache deines Gastlandes vertraut zu machen. Vielleicht gibt es eine Japanisch-AG an deiner Schule oder du belegst einen Spanisch-Kurs an der städtischen Volkshochschule, um dir die ersten Wortfetzen deiner neuen Sprache anzueignen. Ob du das möglicherweise vorhandene, aber zum Teil sehr teure Angebot deines Veranstalters annimmst, einen Sprachkurs in deinem Gastland zu besuchen, musst du selbst entscheiden: In vielen Sprachschulen ist die Verständigungssprache zwischen den Schülern außerhalb der Unterrichtsräume oft Deutsch oder Englisch. Große Fortschritte im Umgang mit der neuen Fremdsprache machst du folglich nicht unbedingt. Anders sieht das aus, wenn du während deines Kurses als einziger Ausländer in einer Gastfamilie wohnst. Durch Gespräche bei den Mahlzeiten und gemeinsame Aktivitäten mit den Familienmitgliedern sammelst du wertvolle praktische Erfahrung im Umgang mit deiner neuen Sprache.

Aber es geht auch mit dem sprichwörtlichen Sprung ins kalte Wasser: Wenn du nur ein wenig Gefühl im Umgang mit Sprachen hast, bist du schon wenige Tage nach deiner Ankunft in der Lage, mit den Leuten vor Ort zu kommunizieren. Am Anfang läuft diese Kommunikation über Gestik und Mimik. Eine gewisse Unbefangenheit deinerseits ist dabei von Vorteil, da es garantiert das eine oder andere Missverständnis geben wird. In manchen Ländern schüttelt man zum Beispiel den Kopf von links nach rechts, um Zustimmung zu signalisieren. Oder man lacht dich freundlich an, obwohl du mit dem ausgestreckten Finger auf jemanden zeigst, mit deiner linken Hand den Kopf deines kleinen Gastbruders liebevoll tätschelst oder dich überschwänglich über ein Geschenk freust, was jeweils ein mittelschwerer Fauxpas sein kann. Aber das bekommst du relativ schnell heraus. Irgendwann quälen sich dann die ersten schrägen Laute über deine Lippen. Das führt gemeinhin zu größter Erheiterung deiner Gasteltern, die garantiert nicht verstehen, was du ihnen denn jetzt wohl sagen willst. Aber nach mehrminütiger Schwerstarbeit und zahlreichen Knoten in der Zunge ist es dann doch geschafft: Sie haben dich verstanden. Was für ein Erfolgserlebnis, einfach ein grandioses Gefühl!

Voller Stolz werden deine Gasteltern allen Verwandten und Freunden von deinen ersten sprachlichen Schritten erzählen. Obwohl auch du tief zufrieden bist, ist dir das wahrscheinlich ganz schön peinlich. Du kommst dir vor wie ein hilfloses Baby, dessen erstes „Mama“ oder „Papa“ im Familienkreis gefeiert wird. Und sprachlich bist du ja genau in diesem Stadium.

Aber lass dich trösten: Es wird keine drei Jahre dauern, bis du dich in ganzen Sätzen artikulieren kannst. Nein, das geht viel schneller. In der ersten Woche fällt deine Frage, ob dir dein Gastvater bitte einmal das Brot herüberreichen könnte, noch äußerst kurz aus. „Ich – das!“ oder so ähnlich wird es mit einem haarsträubenden Akzent aus deinem Mund erklingen, unterstützt durch zahlreiche, ein wenig hilflose Handbewegungen. Man wird dich trotzdem verstehen, und du wirst auf keinen Fall verhungern, was nicht unwichtig ist. In der zweiten Woche hört sich das schon eleganter an, nämlich: „Ich möchte das.“ Auch die Vokabel „Brot“ dürfte dir dann schon bekannt sein. So machst du einen Schritt nach dem anderen, und nach drei Monaten wirst du deine Mitschüler schon fragen können: „Eh, sacht ma', wo geht denn heute was ab?“

Hört sich doch gut an, oder? Nach drei Monaten im Ausland bist du sprachlich einigermaßen fit. Wie fit, hängt nicht unerheblich von dir ab. Es gibt schnelle und langsame Lernertypen, aber vor allem entscheiden Fleiß oder Faulheit über deine Fortschritte. Zwar schnappt man in der Gastfamilie und in der Schule eine Menge Wörter und umgangssprachliche Redewendungen auf, das Vokabel- und Grammatikstudium sollte aber trotzdem zu deiner täglichen Routine gehören – besonders in der Anfangszeit.

Sicherlich gibt es auch Unterschiede in der Schwierigkeit der Sprachen. Mit Deutsch als Muttersprache fällt es einem relativ leicht, sich Englisch oder Spanisch anzueignen. Es gibt viele sinnverwandte Worte und auch die grammatikalischen Strukturen ähneln sich. Will man dagegen Arabisch, Hebräisch, Japanisch oder Mandarin lernen, so muss man sich erst einmal mit anderen Schriftzeichen, einer unbekannten Grammatik sowie mit einer ungewohnten Artikulation der Laute auseinandersetzen. Und das dauert seine Zeit. Umso bedeutender ist es dann, eine vermeintlich exotische Sprache zu beherrschen: Welcher Europäer kann von sich schon behaupten, Japanisch oder Thai zu sprechen?

Länge des Aufenthalts

Ein halbes Jahr im Ausland kann zu kurz sein. Ein ganzes Jahr ist vielleicht zu lang. Reichen nicht vielleicht sogar drei Monate? Bei deiner Anmeldung für ein Programm kannst du das nicht wissen. Trotzdem musst du dich entscheiden.

Da die Gastfamilien z.B. in den USA kein Geld für die Aufnahme eines ausländischen Jugendlichen bekommen und für die Veranstalter der Organisationsaufwand der gleiche ist, sind die Preisunterschiede zwischen Halbjahres- und Jahresprogrammen hier fast unerheblich. Bei einem Jahresaufenthalt kommen auf dich und deine Eltern die Mehrkosten von ungefähr 750 bis 1.250 Euro für Taschengeld* hinzu, unter Umständen auch zusätzliche Versicherungsprämien. Das kann sicherlich ein Grund dafür sein, sich für ein Halbjahresprogramm zu entscheiden. Der finanzielle Aspekt sollte aber nicht den Kern der Überlegungen ausmachen. Auch wenn deine Eltern das nötige „Kleingeld" haben, heißt das noch nicht, dass du dich auf jeden Fall für ein Jahresprogramm anmelden solltest. Es gibt nämlich unterschiedlich gelagerte Vor- und Nachteile bei beiden Programmarten:

Ein Jahresprogramm bietet ganz sicher die beste Voraussetzung dafür, Kultur und Lebensweise der Menschen deines Gastlandes kennen zu lernen und zu verstehen. Es dauert allein viele Monate, bis Bekannte zu Freunden werden, die diesen Namen auch verdienen. Außerdem kannst du bei einem einjährigen Aufenthalt mögliche Probleme gelassen angehen und hast nicht ständig das Gefühl, dass dir die Zeit davonläuft. Falls es dir in deinem Gastland allerdings nicht so gut gefällt oder du anfällig für Heimweh bist, kann sich ein Jahresprogramm auch ganz schön in die Länge ziehen, wobei du natürlich ohnehin jederzeit nach Hause fliegen kannst.

Ein halbjähriger Auslandsaufenthalt reicht sicherlich dazu aus, einen guten Einblick in den Alltag deines Gastlandes zu bekommen. Allerdings wirst du die neue Umgebung garantiert nicht in derselben Intensität und Vielschichtigkeit erleben können wie ein Jahresschüler. Der Vorteil eines Halbjahresprogramms liegt vor allem darin, dass du in Deutschland weniger Schulstoff verpasst. Doch auch die meisten Jahresschüler schaffen es, eine Jahrgangsstufe ohne größere Probleme zu überspringen – soweit sie das aufgrund der Richtlinien ihres Bundeslandes** dürfen. Wenn möglich, solltest du ein Halbjahresprogramm zu

* *Info:* Je nach Gastland und individueller Lebensführung variiert die Höhe des notwendigen Taschengelds, wobei durchschnittlich von 150 bis 250 Euro pro Monat auszugehen ist.

** *Info:* Siehe dazu das Kapitel *Versetzungsrichtlinien.*

Schuljahresbeginn deines Gastlandes „antreten“, da es in dieser Zeit am einfachsten ist, Kontakte zu deinen Mitschülern zu knüpfen. Außerdem besteht dann die theoretische Chance, dass du das Programm um ein weiteres Halbjahr verlängern kannst, wenn es dir in deiner neuen Umgebung gut gefällt und deine Gastfamilie damit einverstanden ist.

Hinweis: Denke bei deiner Planung daran, dass auf der südlichen Erdhalbkugel das Schuljahr üblicherweise Ende Januar beginnt.

Die Qual der Wahl

Na, wie viele Prospekte von verschiedenen Austauschorganisationen hast du schon zu Hause liegen? Mindestens ein volles Dutzend, oder? Gibt es schon einen Favoriten?

Die Entscheidung für eine bestimmte Organisation fällt dir sicherlich nicht leicht. Und damit stehst du nicht allein auf weiter Flur. Wie sollst du auch wissen, welcher Anbieter ein erfolgreiches Jahr gewährleistet und auf was du überhaupt achten musst? Auf den folgenden Seiten will ich dir ein paar Entscheidungshilfen geben. Aber eines sei vorweg geschoben: Eine Garantie für ein problemfreies Jahr im Ausland kann dir kein Veranstalter geben. Dafür gibt es viel zu viele unbekannte Faktoren – nicht zuletzt dich.

Informationsbroschüren

Wenig Sinn macht es, wenn du dir die Prospekte von sämtlichen Organisationen zuschicken lässt. Du erstickst darin und bist nach stundenlanger Lektüre nicht viel schlauer als vorher. Daher gehörte der Punkt „Informationsbroschüren“ eigentlich an den Schluss dieses Buches.

Denn bevor du dich mit den Prospekten der Organisationen auseinandersetzt, verschaffst du dir am besten auf den folgenden Seiten und im Serviceteil einen Überblick über den Markt. Dabei dürfte sich die eine oder andere Organisation herauskristallisieren, die dir aufgrund ihres Profils, ihres Programms und des Preises zusagt. Nur von diesen Organisationen forderst du dann Informationsmaterial an. Abgesehen von der Schonung der Wälder und der Arbeitserleichterung für dich, hat dieses Vorgehen noch den Vorteil, dass den Anbietern keine unnötigen Kosten für Porto und Prospekte entstehen, die sie sich über Erhöhungen der Programmpreise wieder von dir zurückholen.

Wahrscheinlich kommt diese Moralpredigt ohnehin zu spät und du hast bereits einen Berg von Prospekten zu Hause. Und genau aus diesem Grund beschäftigen wir uns bereits an dieser Stelle mit den Informationsbroschüren der Organisationen. Du könntest sie unter den folgenden Gesichtspunkten untersuchen:

- Eine Broschüre zeichnet sich nicht durch ihren Umfang oder einen mehrfarbigen Hochglanzdruck mit vielen schönen Fotos aus. Es ist vielmehr von Bedeutung, dass alle wichtigen Informationen über den Preis und die Leistung der Programme klar und deutlich aufgelistet sind. Darüber hinaus können hilfreiche Tipps natürlich nicht schaden.
- Bei einigen Prospekten könnte man glauben, man bucht eine Pauschalreise mit Abenteuergarantie. Ob das einem Schüleraustausch angemessen ist, möchte ich bezweifeln.
- Nimmt die Darstellung der Schüleraustauschprogramme nur einen kleinen Teil der Broschüre ein, so spricht das nicht unbedingt dafür, dass der Schüleraustausch bei dieser Organisation einen sehr hohen Stellenwert genießt.
- Problematisch ist die Praxis einiger Anbieter, dir zwei- oder dreimal den gleichen Prospekt zuzusenden, um dich dann auch noch schriftlich daran zu erinnern, dass der Anmeldeschluss näher rückt. Bei Programmpreisen, die engagiert arbeitenden Anbietern nur eine geringe Gewinnspanne erlauben, drängt sich hier förmlich die Frage

auf, an welchem Ende gespart wird, um die teuren Werbekampagnen finanzieren zu können.

- Hinweise in den Broschüren, dass dir eine Gastfamilie garantiert wird, sind absolut überflüssig, da auch diese Anbieter im Zweifelsfall keine Gastfamilie „zwangsrekrutieren“ werden. Die Erwähnung von Schlagwörtern wie „Vollverpflegung“ oder „Schulplatzgarantie“ sind hingegen schon fast lächerlich, da dies eine Selbstverständlichkeit sein sollte.
- Einige Veranstalter versprechen dir die Platzierung in einer bestimmten Region. Dafür sollst du nicht selten einige hundert Euro zusätzlich zahlen. Bedenken solltest du jedoch die oft riesige Ausdehnung der zur Wahl stehenden Regionen: Trotz deiner kostenpflichtigen Wahl besteht nicht selten die Möglichkeit, in einem Gebiet platziert zu werden, das sich größenmäßig über halb Europa erstreckt.

Preis und Leistung

Je nach Programm und Zielland unterscheiden sich die Preise der Anbieter zum Teil erheblich voneinander. Manchmal entpuppen sich vermeintlich günstige Programme letztendlich sogar als recht kostspielig. Das liegt daran, dass in den Grundpreisen einiger Anbieter nur wenige der Leistungen enthalten sind, die für einen Auslandsaufenthalt unabdingbar sind. Den ungefähren Programmpreis kannst du errechnen, wenn du die Kosten für folgende Leistungen zum Grundpreis addierst:

- Innerdeutscher Transfer
- Flug von Deutschland ins Ausland und zurück
- Anschlussflug in deinem Gastland
- Krankenversicherung

Je nach Gastland und Anbieter können weitere Kosten anfallen für:

- Anmeldegebühr
- Vorbereitungsseminar in Deutschland

- Einführungsseminar im Gastland
- Ausflüge
- Nachbereitungsseminar
- Unfallversicherung
- Haftpflicht- und Reisegepäckversicherung
- Reiserücktrittskostenversicherung
- Visagebühren
- Schuluniform
- anbieterspezifische Zusatzkosten.

Durch die Addition der Kosten für alle diese Leistungen kann sich der Grundpreis schnell um ein paar tausend Euro erhöhen. Lass dich nicht von zweideutigen Angaben in den Informationsbroschüren in die Irre führen: Beispielsweise sagt der Vermerk „Flugbuchung" in der Regel lediglich aus, dass du nicht selbst ins Reisebüro gehen musst, um einen Flug zu buchen. Die vollen Kosten für den Flug trägst aber trotzdem du.

Noch einige Anmerkungen zu den Versicherungen: Bei manchen Veranstaltern ist im Programmpreis eine Krankenversicherung enthalten, die mögliche Behandlungskosten lediglich bis zu einer bestimmten Höchstgrenze – zum Beispiel 50.000 Euro – deckt. Diese Summe kann im Ernstfall viel zu niedrig sein! Zu empfehlen ist daher der Abschluss einer Krankenversicherung mit unbegrenzter Deckung, die im Ausland entstandene Aufwendungen zu 100 Prozent erstattet. Auch die Qualität der angebotenen Unfallversicherungen unterscheidet sich zum Teil erheblich! Nach genauer Prüfung der Leistungen sollte man gegebenenfalls überlegen, die Versicherung des Anbieters durch eine zusätzliche zu ergänzen. Ferner ist der Abschluss einer Privathaftpflichtversicherung zwingend erforderlich. Da du jedoch bereits über deine Eltern haftpflichtversichert sein solltest, brauchen die Kosten hierfür nicht zwangsläufig zum Programmpreis hinzugerechnet werden. Allerdings ist bei der Privathaftpflichtversicherung darauf zu achten, dass die Deckungssumme sehr hoch bis unbegrenzt ist, damit die Versicherung auch für mögliche Schadensersatzforderungen in Millionenhöhe (z.B.

aus den USA) aufkommen muss.
Der Abschluss einer Reisegepäck- und einer Reiserücktrittsversicherung ist nicht zwingend erforderlich und wird von einigen Organisationen sogar als überflüssig erachtet. Diese Versicherungen können aber einen gewissen Schutz vor den Folgen von Diebstahl beziehungsweise vor möglichen Kosten bei einem krankheitsbedingten Rücktritt vom Programm bieten.*

Bewerbungsverfahren

In die Überlegungen über die Wahl deiner Organisation solltest du deren Bewerbungsverfahren mit einbeziehen. Die Unterschiede zwischen den Veranstaltern sind erheblich, und du musst dich entscheiden, welchen Weg du gehen willst.

Einige Anbieter kontaktieren dich einige Tage nach deiner schriftlichen Bewerbung per Telefon oder Skype, um dir ein wenig auf den Zahn zu fühlen. Dieses Verfahren ist äußerst bequem für dich, allerdings zudem reichlich unpersönlich. Falls du zu den Menschen gehörst, die ungern telefonieren, hast du bei diesem Bewerbungsverfahren ein doppeltes Problem: Einerseits wirst du deine Person nicht richtig präsentieren können, andererseits deine dich bewegenden Fragen nicht in demselben Umfang stellen, wie du es bei einem persönlichen Gespräch getan hättest.

Andere Austauschorganisationen führen Gruppeninterviews durch oder veranstalten zentrale Auswahlwochenenden. Das letztgenannte Verfahren wird vor allem von Organisationen angewandt, deren Bewerberzahl die vorhandenen Programmplätze weit übersteigt. Nimmst du an einem solchen Wochenende teil, erfährst du unter Umständen eine

* *Info:* Die Reiserücktrittskostenversicherung muss in der Regel 7 bis 10 Tage nach der Unterzeichnung des Vertrages abgeschlossen werden. Die Kosten betragen circa 2 bis 3 Prozent des Programmpreises.

Menge Neuigkeiten über den Schüleraustausch. Ob die zum Teil von sehr jungen Returnees durchgeführten „Profilierungsspielchen" viel über die „Qualität" eines Jugendlichen als Austauschschüler aussagen, wage ich jedoch zu bezweifeln. Entscheidest du dich für eine Organisation mit diesem Auswahlverfahren, solltest du den möglicherweise erheblichen Kosten- und Zeitaufwand für die Anreise berücksichtigen, wenn der Veranstaltungsort und dein Wohnort weit voneinander entfernt liegen.

Irgendwo zwischen diesen beiden Beispielen liegt das folgende Bewerbungsverfahren: Nach deiner schriftlichen Bewerbung suchst du einen Mitarbeiter der Austauschorganisation in der Nähe deines Wohnortes auf. In einem mehrstündigen Einzelinterview macht dieser sich ein genaues Bild von dir, testet unter Umständen deine Fremdsprachenkenntnisse, weist dich auf Probleme und Schwierigkeiten des Schüleraustausches hin und beantwortet dir deine Fragen. Vor oder nach dem Interview bekommen schließlich auch deine Eltern die Möglichkeit, den Mitarbeiter „zu löchern". In der Regel unterliegen die Interviewer bei der Entscheidung über deine Aufnahme ins Austauschprogramm keiner Quote in dem Sinne, dass zum Beispiel 50 Prozent der Bewerber abgelehnt werden müssen. Vielmehr lautet bei Eignung des Teilnehmers das Prinzip: Wer zuerst kommt, mahlt zuerst.

Wenn dein Bewerbungsgespräch positiv verlaufen ist, solltest du innerhalb von zwei Wochen einen Vertrag zugesandt bekommen, der von dir und deinen Eltern unterzeichnet werden muss. Achte bei der Auswahl deiner Organisation darauf, dass du dich erst durch diese Unterschriften definitiv und für beide Seiten verpflichtend anmeldest. Somit hast du auch nach dem Interview noch die Möglichkeit, deine Entscheidung noch einmal zu überdenken und gegebenenfalls kostenfrei vom Programm zurückzutreten.

Leider ist das bei einigen Anbietern nicht der Fall. Teilweise liegt den Informationsbroschüren ein Anmeldeformular bei, mit dem du dich nicht nur für ein Schüleraustauschprogramm bewirbst, sondern (unbewusst) bereits einen rechtsgültigen Vertrag abschließt. Kommen dir dann nach dem Bewerbungsinterview Zweifel an deiner Eignung oder an der Qualität des Programms, musst du in den sauren Apfel beißen und zum Teil erhebliche Rücktrittskosten zahlen. Da der Kunde bei diesem Bewerbungsverfahren keineswegs König ist, solltest du dich darauf nicht einlassen!

Betreuung

Das wichtigste Merkmal einer guten Organisation ist die Qualität der Betreuung. Nachdem du für ein Programm akzeptiert bist, ist es wichtig, dass du detailliert auf deinen Auslandsaufenthalt vorbereitet wirst. Ausführliche Informationsmaterialien über dein Gastland und über mögliche Probleme im Leben eines Austauschschülers sind dafür eine Voraussetzung. Weiterhin sollte zumindest ein halbtägiges Vorbereitungstreffen in Deutschland stattfinden, auf dem die fundamentalen Belange des Auslandsaufenthaltes geklärt werden und deinen Eltern und dir die Möglichkeit eingeräumt wird, Fragen jeglicher Art zu stellen. Zentrale Massenveranstaltungen sind aufgrund ihrer Anonymität in der Regel keine idealen Vorbereitungsveranstaltungen. Kleine, über die Republik verteilte Treffen haben dagegen neben der persönlicheren Atmosphäre den Vorteil der besseren Erreichbarkeit.

Mehrtägige Seminare in Deutschland sind sicherlich die ideale Vorbereitung auf den Auslandsaufenthalt. Beschränken sich die halbtägigen Treffen in der Regel vor allem auf organisationstechnische Komplexe, wirst du im Zuge einer mehrtägigen Veranstaltung u.a. auch in den Bereichen Kultur(schock), Heimweh, Geschichte und Schule „fit" gemacht. Darüber hinaus kannst du zum Beispiel in Rollenspielen schon einmal Erfahrungen im Umgang mit kniffligen Situationen in Gastfamilie und Schule sammeln.

Damit du nicht schon in den ersten Stunden deines Auslandsaufenthaltes verloren gehst, wird die Reise ins Ausland bei einigen Veranstaltern als Gruppenflug vollzogen, teilweise auch mit Begleitung. Abgesehen von dem Gefühl der Sicherheit ist der Spaßfaktor bei einem Flug mit vielen anderen Austauschschülern nicht unerheblich! Vor dem Hintergrund, dass du ein halbes oder ganzes Jahr alleine im Ausland verbringen wirst, solltest du allerdings auch einen Einzelflug meistern können, zumal du am Zielflughafen von deiner Gastfamilie bzw. deinem Betreuer abgeholt wirst.

Informativ und aufregend sind die Einführungsseminare in den Gastländern: Hier erhältst du den „letzten Schliff" für das Leben als Austauschschüler, indem du den Austausch aus der Sicht der für dich in deinem Gastland zuständigen Partnerorganisation deines deutschen Veranstalters kennen lernst. Während natürlich nichts dagegen spricht, dass während dieser Seminare auch touristische Aspekte berücksichtigt werden, so sollte der Schüleraustausch doch eindeutig im Vordergrund stehen – zumindest wenn du diese Veranstaltungen als Vorbereitung auf dein Austauschjahr nutzen möchtest.

Deine Betreuung während des Auslandsaufenthalts liegt gewöhnlich in der Hand der Partner(organisation) deines deutschen Vertragspartners. Während deines gesamten Aufenthalts wird dir ein in der Nähe* deiner Gastfamilie wohnender Mitarbeiter als Ansprechpartner für Fragen jeglicher Art zur Verfügung stehen. Dabei handelt es sich je nach Gastland um (halb-)ehrenamtlich arbeitende Personen oder um professionelle Homestay-Koordinatoren. Dein Betreuer wird sich regelmäßig mit dir treffen oder sich telefonisch über dein Befinden erkundigen. Bei möglichen Problemen wirst du gemeinsam mit ihm/ihr eine Lösung suchen und finden. Wenn du Glück hast, organisiert er/sie auch Treffen und Tagesausflüge, an denen mehrere Austauschschüler

* In Ländern mit großer Flächenausdehnung kann „Nähe" aber in Einzelfällen durchaus eine Distanz von 200 Kilometern bedeuten.

deiner Region teilnehmen. Das ist aber nicht die Regel und geht allein auf privates Engagement zurück. Schließlich sollte dein Betreuer mehrmals im Jahr einen Bericht verfassen, der deine persönliche Entwicklung festhält und unter anderem an deine Eltern geschickt wird. Da der Betreuer fester Bestandteil des Programms ist und du ihn sozusagen „mitbuchst", solltest du ihn jederzeit kontaktieren, wenn du Fragen hast: dafür ist er da!

Ein wichtiger Bestandteil der Betreuung ist die Nachbereitung. Da sich die Wiedereingliederung in den deutschen Alltag schwierig gestalten kann, ist es ungemein wichtig, dass du nicht allein gelassen wirst, sondern dich nach deiner Rückkehr mit anderen Returnees über deine Erfahrungen und Probleme austauschen kannst. Zu diesem Zweck bieten einige Organisationen Nachbereitungsveranstaltungen an, die du auf jeden Fall wahrnehmen solltest. Neben dem unbestrittenen Nutzen für dich kannst du durch konstruktive Kritik zur Verbesserung des Programms für die nächste Austauschschülergeneration beitragen. Manchmal wird dir im Zuge dieser Treffen die Mitarbeit bei der Organisation angeboten. Auf diese Weise kannst du deine Erfahrungen weitergeben und bleibst dem Schüleraustausch auch Jahre nach deiner Rückkehr verbunden.

Von zentraler Bedeutung ist darüber hinaus die Betreuung deiner Eltern, da sie sich durch den vorübergehenden „Verlust" ihres Kindes in einer für sie völlig neuartigen Situation wieder finden. Während die meisten Organisationen die Eltern der Programmteilnehmer einige Wochen vor der Abreise ihrer Kinder zumindest auf einem halbtägigen Treffen über den Ablauf des Austauschjahres informieren, lässt die Betreuung während des Austauschjahres leider bei vielen Veranstaltern Wünsche offen.

Vertragliche Feinheiten

Wie bei jedem Vertragsabschluss sollte man sich bei der Anmeldung zu einem Schüleraustauschprogramm nicht auf die in den Werbebroschüren gemachten Versprechen verlassen, sondern das Kleingedruckte im Vertrag und in den Allgemeinen Geschäftsbedingungen sorgfältig lesen:

Um das Bankkonto deiner Eltern nicht übermäßig zu belasten, ist es von Vorteil, wenn der Programmpreis in (nicht zu hohen) Raten gezahlt werden kann. Bereits vor der ersten Zahlung sollte dir vom Veranstalter ein so genannter Sicherungsschein* im Sinne von Paragraph 651r des Bürgerlichen Gesetzbuches ausgehändigt werden, damit das von dir und deinen Eltern gezahlte Geld bei einer möglichen Zahlungsunfähigkeit der Organisation zurückerstattet wird.

Ferner ist darauf zu achten, dass der Vertrag oder die Allgemeinen Geschäftsbedingungen keine beliebig dehnbaren Klauseln enthalten, die es dem Veranstalter erlauben, eine Kündigung aus irgendwelchen nicht näher aufgeführten Gründen auszusprechen. Auch das Abreisedatum sollte im Vertrag fixiert sein, damit deine Reise nicht erst einige Wochen später als erwartet losgeht.

Möchtest du an dem Programm einer Organisation nur unter der Voraussetzung teilnehmen, dass du ein Stipendium erhältst, muss dieses ausdrücklich im Vertrag erwähnt werden. Ohnehin ist es zu empfehlen, besondere Vereinbarungen zwischen dir und deinem Anbieter, die nicht im Standard-Vertrag verankert sind, auf schriftlichem Wege zu erledigen, damit bei möglichen Streitigkeiten auf die Korrespondenz verwiesen werden kann. Mündliche Absprachen sind in der Regel nicht nachweisbar.

---

* *Info:* Er gilt als Bescheinigung für den Abschluss einer Konkursausfallversicherung.

Schließlich ist es durchaus von Interesse, welche Kosten dir bei einem Rücktritt von dem Programm entstehen. Je geringer die Rücktrittskosten sind, desto besser ist das natürlich für dich. Da du bei der Anmeldung aber von der Teilnahme am Programm ausgehst, sollte dieser Punkt bei deiner Entscheidung nicht allzu schwer ins Gewicht fallen.

Weitere Qualitätsmerkmale

Es ist garantiert kein Nachteil, wenn sich die von dir ausgewählte Organisation nicht erst seit kurzer Zeit mit dem Schüleraustausch beschäftigt. Ein Anbieter, der bereits jahrelang in diesem Bereich arbeitet, verfügt einfach über bestimmte Erfahrungswerte, die sich ein Neuling erst noch erarbeiten muss. Das kann unter anderem im Umgang mit der Partnerorganisation im Gastland von Bedeutung sein, falls es zu schwerwiegenden Problemen zwischen dir und deiner Gastfamilie kommt. Ob man hingegen von der Anzahl der „verschickten" Austauschschüler einer Organisation pro Jahr auf die Qualität eines Programms schließen kann, ist nicht eindeutig zu beantworten. Mit einer steigenden Zahl an Schülern wächst sicherlich die Gefahr, als anonyme Nummer geführt zu werden. Allerdings ist es egal, ob eine Organisation mit zwei Mitarbeitern 100 Jugendliche betreut oder vier Mitarbeiter den Austausch für 200 Personen managen: Letztendlich zählt allein das Verhältnis zwischen den Mitarbeitern und den zu betreuenden Jugendlichen.

Die ausländische Partnerorganisation des deutschen Anbieters ist für deine Platzierung in einer Gastfamilie und für deine Betreuung vor Ort zuständig und sollte daher in deine Überlegungen mit einbezogen werden. Beim USA-Programm ist darauf zu achten, dass die Partnerorganisation in der so genannten „CSIET-Advisory List" aufgeführt ist. Das Council on Standards for International Educational Travel ist eine Art amerikanischer „TÜV" für Austauschorganisationen, bei dem sich die

Organisationen jährlich um eine Aufnahme in die Advisory List* bewerben können. Wenngleich seit einigen Jahren die Bedeutung des von den Austauschorganisationen selbst finanzierten CSIET durch die verstärkte Einflussnahme des US Departement of State schrumpft, kann es z.B. zu Problemen bezüglich deiner Aufnahme in Sportteams deiner High School kommen, wenn deine Partnerorganisation nicht gelistet ist.

Einen mit dem CSIET vergleichbaren „TÜV" gibt es in anderen Ländern nicht. Einige deutsche Veranstalter haben sich aber zu Interessensgemeinschaften zusammengeschlossen. Derzeit gibt es zwei Schüleraustausch-Verbände** in Deutschland, den Arbeitskreis gemeinnütziger Jugendaustauschorganisationen (AJA) und den Deutschen Fachverband High School (DFH). Durch die Mitgliedschaft in einem dieser Verbände erkennen die Organisationen die jeweiligen Richtlinien bzw. Prinzipien an, und fühlen sich diesen dann in der Regel auch verpflichtet – soweit die Mitgliedschaft nicht nur marketingtechnisch motiviert ist. Dass diesen zwei Verbänden insgesamt nur 18 Austauschorganisationen angehören, ist allerdings kein Indiz für die schlechte Qualität eines Großteils der Veranstalter. Denn schon innerhalb der Verbände gibt es sehr große Unterschiede bezüglich des Programmangebots, der Preise, Beratung, Vorbereitung, Betreuung, Kommunikationsstrukturen sowie der Programmabwicklung im Allgemeinen.

Du solltest dich bei der Wahl deiner Austauschorganisation folglich weder von einer Mitgliedschaft in einem der Verbände noch von dem (zu) oft beschworenen, angeblich prinzipiellen Unterschied zwischen gemeinnützigen und kommerziellen Veranstaltern beeinflussen lassen. Da eine optimale Betreuung vor, während und nach dem Auslandsaufenthalt auch von einigen gemeinnützigen Organisationen nicht geleistet wird, während viele privatwirtschaftliche Anbieter im positiven

* *Info:* Siehe hierzu das Kapitel *CSIET Advisory-List.*

** *Info:* Siehe *Schüleraustausch-Verbände.*

Sinne des Wortes sehr professionell arbeiten, sagt die Rechtsform einer Organisation nichts über ihre Qualität aus. Entscheidend sollte somit für dich nicht sein, ob hinter dem Namen einer Organisationen die Kürzel „e.V.“, „GmbH“ oder „GbR“ stehen bzw. ob die Veranstalter als gemeinnützig anerkannt sind oder nicht. Stattdessen sollte die Suche nach dem für dich individuell besten Programm auf der Grundlage eines detaillierten Preis-Leistungs-Vergleichs im Vordergrund stehen.

Von der Anmeldung bis zum Abflug

Nach reiflicher Überlegung hast du dich unter Berücksichtigung der zuvor beschriebenen Kriterien für eine Austauschorganisation entschieden. Nun fällt zunächst eine Menge Schreibkram an.

Schriftliche Bewerbung

Vielen Informationsbroschüren der Austauschorganisationen liegen Bewerbungsformulare bei. Dabei handelt es sich oft um einen Vordruck, auf dem du nicht viel mehr als deine Adresse, deine Schulnoten und deine Hobbys einzutragen hast. Häufig kannst du diese Erstangaben auch über Onlineformulare auf den Webseiten der Austauschorganisationen versenden.* Zusätzlich verlangen fast alle Organisationen für deine Bewerbung die Zeugnisse der letzten Schuljahre und eine schriftliche Selbstbeschreibung, in der du darlegen sollst, wer du bist und warum du dich bewirbst. Darüber hinaus wirst du einen mehrseitigen deutschen Fragebogen und eine sehr umfangreiche Bewerbungsmappe der Partnerorganisation ausfüllen müssen. Diese Unterlagen werden dir aber oft erst nach erfolgreichem Interview zugesandt.

Fragen zu deiner Person solltest du immer wahrheitsgemäß beantworten. Es bringt überhaupt nichts, wenn du dich auf dem Papier als großen Helden mit vielfältigen, schier unbeschreiblichen Fähigkeiten darstellst, die Realität aber ganz anders aussieht. Durch derartige Lügen weckst du bei deiner Gastfamilie Erwartungen, die du letztendlich nicht erfüllen kannst. Führe zum Beispiel nur die Hobbys auf, die du noch aktiv betreibst. Es mag zwar gut aussehen, eine Liste mit zehn Freizeitaktivitäten zu präsentieren, doch spätestens wenn deine Gast-

---

* Wie bereits im Kapitel „*Das Bewerbungsverfahren*" beschrieben, sollte aufgrund dieses Formulars noch kein Vertragsabschluss stattfinden.

mutter jeden Tag mit dir zwei Stunden Klavier spielen möchte und dir das Musizieren eigentlich noch nie richtig Spaß gemacht hat, dürfte dir klar werden, dass du das Hobby „Klavier spielen“ besser nicht erwähnt hättest.

Falls du Raucher bist und auch während deines Aufenthalts nicht auf die Glimmstängel verzichten kannst, solltest du das bei der Bewerbung angeben. Das verringert zwar den Kreis der potentiellen Gastfamilien erheblich, schließt aber vorprogrammierte Konflikte von Anfang an aus. Ähnlich verhält es sich mit deinem optischen Erscheinungsbild: So ist es zum Beispiel unklug, sich für die Bewerbungsfotos in einen Anzug zu zwängen, um sich seiner Gastfamilie dann doch mit zerrissener Hose, bunten Dreadlocks, diversen Piercings und großflächigen Tätowierungen zu präsentieren.

In den meisten Fällen gehört zu einer Bewerbung ein von dir verfasster Brief an deine dir noch nicht bekannten Gasteltern. Darin stellst du dich deiner Gastfamilie vor und vermittelst ihr auf diese Weise einen kleinen Einblick in dein Leben. Auch hier ist es sinnvoll, mit offenen Karten zu spielen. Bist du zum Beispiel eine Person, die ständig mit ihren Freunden unterwegs ist, allergisch auf Haustiere reagiert oder kein Fleisch isst, solltest du das an dieser Stelle erwähnen. Es geht hierbei nicht darum, Forderungen an die potentielle Gastfamilie zu stellen, vielmehr ist es ein Gebot der Fairness, deine zukünftigen Gasteltern so genau wie möglich über ihr potentiell neues Familienmitglied zu informieren.

Bist du dir bei der Beantwortung einiger kniffliger Fragen bezüglich deiner Motivation oder deiner Eignung nicht schlüssig, orientierst du dich einfach an den entsprechenden Passagen in den Informationsmaterialien deiner Organisation. Last, not least benötigst du in der Regel noch ein Gutachten von einem Lehrer deiner Schule, der dir deine Eignung für das Programm bescheinigt. Es darf ruhig ein wenig dick aufgetragen werden, allerdings solltest du in dem Gutachten noch wieder zu erkennen sein.

Bewerbungsgespräch

Welche Arten von Bewerbungsinterviews es gibt, hast du bereits erfahren. Was fehlt, sind einige Tipps bezüglich deines Verhaltens. Der wichtigste Punkt zu Anfang: Sei du selbst! Versuche, sich beim Bewerbungsgespräch zu verstellen, schlagen fast immer fehl. Du bist du, mit allen positiven und negativen Seiten. Es ist daher nicht immer förderlich, nur seine positiven Eigenschaften hervorzuheben. Stattdessen wird dir das Eingeständnis deiner Schwächen oft sogar als Zeichen der Stärke angerechnet.

Auf die persönlichen Einzelinterviews der meisten Organisationen musst du dich nicht speziell vorbereiten. Zwar werden im Allgemeinen auch deine Sprachkenntnisse geprüft, in der Regel steht aber die Beurteilung deiner Persönlichkeit im Vordergrund. Sei einfach freundlich, offen und gesprächig. Falls du bei einigen Themen anderer Meinung bist als dein Interviewer, mach deinen Standpunkt ruhig deutlich. Konstruktive Kritik gilt als Zeichen für selbstständiges Denken.

Auch bei Bewerbungsverfahren, bei denen du dich gegen andere Mitbewerber im direkten Vergleich behaupten musst, ist die Bewertung deiner Persönlichkeit ausschlaggebend für die Aufnahme in das Austauschprogramm. Kenntnisse über dein Gastland, das aktuelle Weltgeschehen sowie über die deutsche Geschichte und Gesellschaft können allerdings das entscheidende Zünglein an der Waage sein. Spiel dich während des Auswahlverfahrens nicht permanent in den Vordergrund, versteck dich aber auch nicht: Es ist von Vorteil, ab und an eine Diskussion mit deinen Thesen loszutreten und zu lenken, ein anderes Mal interessiert zuzuhören und den Diskussionsverlauf fundiert zusammenzufassen, um dann einen eigenen „Lösungsvorschlag“ zu präsentieren.

Das ewige Warten

Vielleicht sagt man dir bereits am Ende des Bewerbungsinterviews, ob man dich für das Programm akzeptiert. Wenn nicht, solltest du spätestens zwei Wochen nach dem Gespräch einen Brief bekommen, der dir Klarheit verschafft. Ist der Bescheid negativ, musst du dir schnell eine andere Organisation suchen, damit sich dein Traum vom Auslandsaufenthalt nicht in Luft auflöst.

> **Hinweis:** Die Absage eines Veranstalters bedeutet noch lange nicht, dass du für einen Austausch nicht geeignet bist! Vielmehr hängt die Entscheidung über die Aufnahme ins Programm nicht selten von persönlichen Sympathien und Antipathien ab.

Bekommst du eine Zusage, wird dem Brief im Idealfall ein Vertrag beiliegen, den du innerhalb von einer oder zwei Wochen unterzeichnet zurücksenden musst. Bevor du deine Unterschrift unter das Schriftstück setzt, sollte es von dir und deinen Eltern einer genauen Prüfung unterzogen werden.* Mit deiner Unterschrift wird es amtlich: Dein Weg führt ins Ausland! Aber bis dahin ist es noch lange hin. Bei einer frühen Anmeldung kann noch fast ein Jahr ins Land ziehen, bis das Programm beginnt. Aber auch bei einer späteren Anmeldung hast du vielleicht noch ein paar Monate vor der Brust. Das ist eine schrecklich lange Zeit, die bei fast allen zukünftigen Austauschschülern von einer gemeinsamen Routine gekennzeichnet ist. Jeden Tag nach der Schule wird in zahlreichen Haushalten die gleiche Frage gestellt. Sie lautet: „Ist Post gekommen?“. Und unzählige Male wird die Antwort „Nein“ die Laune vieler Jugendlicher in ganz Deutschland kurzfristig verschlechtern, da das ersehnte Schreiben mit der Adresse ihrer Gastfamilie wieder nicht

* *Info:* Siehe dazu das Kapitel *Vertragliche Feinheiten*.

im Briefkasten lag. Im schlechtesten Fall wiederholt sich dieses Ritual bis kurz vor der Abreise. Und irgendwann ist er endlich da, der Brief aus der Ferne.

Wahrscheinlich wirst du das Schreiben deiner neuen Familie zunächst nur schnell überfliegen und dann schleunigst auf Google Maps den Wohnort lokalisieren. Wenn du in den langen Wochen und Monaten des Wartens eine spezifische Erwartungshaltung aufgebaut hast, werden der Platzierungsort und die Gastfamilie deinen Wunschvorstellungen vielleicht nicht zu hundert Prozent entsprechen. Sei trotzdem froh, dass dich diese Familie aufgenommen hat, selbst wenn es sich hierbei nur um eine „Welcome Family"* handeln sollte. Denn es hätte auch schlimmer kommen können:

Eine nicht genau zu beziffernde Zahl von Jugendlichen erwischt jedes Jahr ein schweres Los: Bis zuletzt warten sie auf den ersehnten Brief aus dem Ausland, aber er kommt einfach nicht. Kurz vor der Abreise teilt man ihnen dann mit, dass sie nicht platziert werden konnten. Das ist ein starkes Stück, aber aufgrund der weltweit großen Zahl von Austauschschülern ist es nicht nur in den USA teilweise schwierig, alle Jugendlichen (rechtzeitig) zu platzieren. Eine Garantie für eine Platzierung bis zu einem bestimmten Datum kann dir leider keine einzige Organisation geben, da niemand eine Familie zwingen kann, dich aufzunehmen. Jedoch sollte man dir Auskunft geben, wie es diesbezüglich in den letzten Jahren gelaufen ist. Auch ein Blick in die mittlerweile zahlreichen Internetforen zum Schüleraustausch kann aufschlussreich sein, obwohl sie natürlich nicht unbedingt repräsentativ sind.

Natürlich ist der Gedanke schwer zu ertragen, dass sich unter Umständen keine Familie für dich interessiert. Lass dich davon aber nicht verrückt machen! Zum einen hat das in der Regel nichts mit deiner

---

* *Info:* „Welcome Families" sind Familien, die sich zur vorübergehenden Aufnahme eines Austauschschülers bereit erklären.

Persönlichkeit zu tun, die auf ein paar Seiten Papier und einem Foto nur lückenhaft dargestellt werden kann. Und zum anderen ist es unwahrscheinlich, dass dich dieses „Schicksal“ treffen wird. Selbstzweifel sind daher unangebracht, eine gehörige Portion Selbstbewusstsein im Umgang mit dieser Situation dagegen wünschenswert.

Die Arbeit der Austauschorganisationen

Während du monatelang sehnsüchtig auf deine Platzierung in einer Gastfamilie wartest, fragst du dich bestimmt, ob deine Austauschorganisation die ganze Zeit untätig herumsitzt. Dem ist in der Regel nicht so. Sowohl beim deutschen Veranstalter als auch bei der Partnerorganisation fallen umfangreiche Arbeiten an.

Aufgaben der Partnerorganisation

Nachdem der Veranstalter den von dir und deinen Eltern unterschriebenen Vertrag und sämtliche Bewerbungsformulare erhalten hat, werden diese Unterlagen zur Zentrale der Partnerorganisation in dein Gastland geschickt. Dort wird geprüft, in welcher Region du sinnvoller Weise platziert werden könntest beziehungsweise welche der über das ganze Land verteilten Mitarbeiter sich bereit erklären, für dich eine Gastfamilie zu finden. Ist diese Entscheidung gefallen, erhält schließlich der ab jetzt für dich zuständige lokale Betreuer deine Bewerbungsunterlagen.*

Im Glücksfall kann dieser Mitarbeiter auf eine Liste mit „Wiederholungstätern“ zurückgreifen, die sich fast jedes Jahr zur Aufnahme von Gastschülern bereit erklären und die sich bewusst sind, was es heißt, ihr Zuhause ein Jahr lang mit einem fremden Jugendlichen zu teilen.

---

* In einigen Ländern arbeiten die Veranstalter zunehmend direkt mit den Schulen zusammen, so dass du dir bereits im Zuge deiner Bewerbung gezielt eine High School nach deinen akademischen, sportlichen, künstlerischen, geographischen bzw. finanziellen Vorstellungen aussuchen kannst.

In der Regel verläuft die Gastfamiliensuche allerdings viel mühsamer. Aufgrund der weltweit schwierigen wirtschaftlichen Situation und eines fortschreitenden Wertewandels hin zur Individualisierung bekommen die lokalen Betreuer selbst in Ländern mit einer langen Austauschtradition zunehmend Probleme, geeignete Interessenten zu finden. Die Suche wird mit verschiedensten Mitteln betrieben: Angefangen mit Andeutungen im Familienkreis, über Empfehlungen von Freunden, Zeitungsannoncen und Informationsabende bis hin zum „Klinken putzen" ist alles denkbar und erlaubt.

Findet sich schließlich eine interessierte Familie, wird ein Gesprächstermin vereinbart. Bei diesem Treffen informiert der örtliche Betreuer die potentiellen Gasteltern und gegebenenfalls ihre Kinder über Vorzüge und mögliche Probleme des Zusammenlebens mit einem ausländischen Jugendlichen. Vor allem macht er sich aber ein Bild über die finanziellen und sozialen Verhältnisse der Familie. Falls das Gespräch zur beiderseitigen Zufriedenheit verläuft, stellt sich der weitere Ablauf folgendermaßen dar: Der Betreuer zieht einige Bewerbungsbögen von Jugendlichen verschiedener Nationalität aus der Tasche und präsentiert diese der Familie. Nun wird es spannend: Grundsätzlich hat sich die Familie mit dem Gedanken angefreundet, einen ausländischen Jugendlichen aufzunehmen. Sich jedoch für einen bestimmten Schüler zu entscheiden, ist alles andere als einfach. Der erste Blick fällt garantiert auf die Bewerbungsfotos, die dich daher von deiner Schokoladenseite zeigen sollten. Nicht selten entscheidet bereits der erste optische Eindruck über Sympathie oder Antipathie. Auch das Herkunftsland der Bewerber spielt für viele Familien eine wichtige Rolle, aber das ist von dir natürlich nicht beeinflussbar. Und schließlich sind die Hobbys der Jugendlichen bei der Auswahl der Bewerber für viele Familien nicht unerheblich.

Dem Betreuer fällt die Aufgabe zu, die Familie bei der Auswahl ihres neuen Familienmitglieds zu beraten. Da er sowohl die Unterlagen der Schüler kennt, als auch die Interessen und Einstellungen der Gastfamilie beurteilen kann, liegt es an ihm, den „Familienrat“ in die eine oder andere Richtung zu beeinflussen. Dabei werden neben den Interessen und Wünschen der Bewerber auch bestimmte Notwendigkeiten berücksichtigt. Ein Jugendlicher mit Katzenhaarallergie oder Hundephobie dürfte zum Beispiel wohl kaum für die Platzierung in einer Familie mit diversen Vierbeinern geeignet sein. Wie überall gibt es leider auch unter den Betreuern einige „schwarze Schafe“, deren Sorgfältigkeit bei der Familienauswahl zu wünschen übrig lässt. Erwecken einige nach Skandalen haschende Berichte in Printmedien und Fernsehen auch einen gegenteiligen Eindruck, so machen diese „schwarzen Schafe“ zum Glück nur eine kleine Minderheit aller Betreuer aus – und wenn es wirklich hart auf hart kommt, ist immer noch ein Gastfamilienwechsel möglich. Aber dazu später mehr.

Manche Familien entschließen sich noch am Abend des Gesprächs für die definitive Aufnahme eines Schülers. Andere kommen nach ausgiebiger Bedenkzeit zu der Einsicht, dass sie ihr Haus doch nicht mit einem ausländischen Jugendlichen teilen wollen. Wieder andere sagen erst zu, ziehen ihr Angebot aus beruflichen oder privaten Gründen aber nach einigen Wochen wieder zurück. Die Mehrheit der Familien fällt ihre Entscheidung aber erst wenige Wochen vor Programmbeginn. Es ist daher nicht ungewöhnlich, dass deine Unterlagen in vielen verschiedenen Wohnzimmern gelegen haben, bevor eine Bleibe für dich gefunden ist.

Die Betreuer verlangen von den Gastfamilien in der Regel noch ein oder zwei schriftliche Referenzen, die von einem Nachbarn, Arbeitskollegen oder irgendeiner anderen Person ausgestellt werden können. Da es sich bei diesen Referenzen nicht selten um Gefälligkeitsgutachten handeln dürfte, würde ich ihren Wert nicht überschätzen. Allerdings wird sich die Familie ihren Referenzpersonen gegenüber (möglicherweise) verpflichtet fühlen. Ist eine Gastfamilie gefunden, muss sich der Betreuer noch um einen Platz in einer am Ort ansässigen Schule bemühen, was sich nicht immer als Kinderspiel herausstellt. Sollten die Schulen in der Nähe des Wohnorts der vorgesehenen Gastfamilie nicht zu deiner Aufnahme bereit sein, kann die Platzierung in dieser Familie nicht vollzogen werden. Der Betreuer muss sich dann erneut auf die Suche machen.

Sind alle Voraussetzungen für einen erfolgreichen Austausch erfüllt, erhält die deutsche Organisation von ihrem ausländischen Partner die notwendigen Informationen über die Gastfamilie, die anschließend an dich weitergeleitet werden. Du solltest dich dann umgehend bei deinen Gasteltern melden und dich für ihre Gastfreundschaft bedanken. Bleibt genug Zeit bis zur Abreise, kann sich daraus vielleicht sogar schon ein reger Kontakt entwickeln – der in vielen Fällen jedoch ausbleibt, da beide Seiten noch mit anderen Dingen beschäftigt sind.

Aufgaben des deutschen Veranstalters

Wie viel Arbeit bei der deutschen Organisation anfällt, hängt von ihrem Selbstverständnis ab. Ist sie nur auf dein Geld aus, hörst du nach dem Bewerbungsinterview nicht mehr viel von ihr. Liegt ihr aber an einer guten Betreuung der Austauschschüler, wirst du durch umfangreiches Informationsmaterial und durch entsprechende Veranstaltungen optimal auf deinen Auslandsaufenthalt vorbereitet. Gewissenhaft arbeitende Organisationen haben darüber hinaus ständig ein offenes Ohr für deine telefonischen Fragen.

Der administrative Aufwand der Veranstalter ist ebenfalls nicht zu unterschätzen. Da die Darstellung von Verwaltungsaufgaben für dich als angehenden Austauschschüler jedoch kaum von Interesse sein dürfte, wird an dieser Stelle darauf verzichtet. Lediglich auf die Themen „Flugbuchung“ und „Visumsbeschaffung“ soll kurz eingegangen werden: Hast du eine Woche vor der Abreise deine Flugtickets noch nicht erhalten, ist das kein Grund zur Panik, da ihre Zustellung gewöhnlich erst wenige Tage vor Reisebeginn erfolgt. Sind dir diesbezüglich aber keine genauen Informationen gegeben worden, ist ein dezentes telefonisches Anfragen beim Veranstalter nicht verkehrt.
Beunruhigt solltest du allerdings sein, wenn du eine Woche vor der

Abreise dein Visum noch nicht erhalten hast. Es ist durchaus denkbar, dass eine Botschaft weit länger als einen Monat für das Stempeln deines Passes benötigt. Deshalb ist es angebracht, sich nicht auf den letzten Drücker darum zu kümmern. Neben einem gültigen Reisepass* benötigst du einen Visumsantrag sowie für einige Länder spezifische Formulare, die du von der Partnerorganisation oder vom deutschen Anbieter erhältst. Hast du diese Unterlagen drei Monate vor deiner Abreise noch nicht erhalten, wird es Zeit, deine Organisation daran zu erinnern. Bei der Bewertung der Arbeit deines Anbieters solltest du nicht vergessen, dass sich in der Zeit deines ungeduldigen Wartens bereits eine Austauschschülergeneration im Ausland befindet, die auch betreut werden muss. Gerade bei Problemen zwischen Jugendlichen und ihren Gastfamilien fällt viel Arbeit an: Zum einen wird sich der deutsche Veranstalter bei der Partnerorganisation für seine Schüler einsetzen, zum anderen müssen die besorgten Eltern in langen Telefonaten und E-Mails informiert werden.

Vorbereitungsveranstaltungen

Zu einem Schüleraustausch gehört eine umfassende Vorbereitung. Im Unterschied zu einem zweiwöchigen Pauschalurlaub mit All-Inclusive-Angebot verläuft ein mehrmonatiger Austausch eher selten absolut problemfrei. Ziel der Vorbereitung sollte es deshalb sein, die Schüler für mögliche Konflikte zu sensibilisieren und Lösungsstrategien zu diskutieren. Darüber hinaus ist es notwendig, den Jugendlichen (und ihren Eltern) Informationen über versicherungstechnische Fragen, Zoll- und Visabestimmungen sowie über den Ablauf des Programms zu geben.
Viele Veranstalter bieten halbtägige Vorbereitungstreffen an, an denen die zukünftigen Austauschschüler zusammen mit ihren Eltern teilnehmen. In vier bis sechs Stunden können diese Crash-Kurse die wich-

* *Info:* Viele Länder verlangen, dass der Pass noch einige Monate nach deinem offiziellen Rückreisetermin gültig ist.

tigsten Fragen anreißen. Wenn diese Veranstaltungen auf wenige Dutzend Personen beschränkt sind und ehemalige Austauschschüler als Ansprechpartner zur Verfügung stehen, können trotz dieses knappen Zeitrahmens die meisten individuellen Anliegen geklärt werden.

Ideal ist es, wenn zusätzlich noch ein mehrtägiges Vorbereitungsseminar abgehalten wird, in dem die Jugendlichen sowohl umfangreiche Informationen über die Kultur und Geschichte Deutschlands und ihres Gastlandes erhalten als auch detailliert über die verschiedenen Facetten des Schüleraustausches informiert werden. Leider werden diese mehrtägigen Seminare aber nur von wenigen Organisationen angeboten.

Persönliche Vorbereitung

Bei der Vorbereitung deines Aufenthalts musst du Eigeninitiative entwickeln. Dabei sind drei Bereiche abzudecken:

1. Du bist nicht der erste Jugendliche, der für eine lange Zeit ins Ausland geht. Es wäre dumm, nicht auf die Erfahrungen ehemaliger Austauschschüler zurückzugreifen. So lernst du mögliche Problemfelder im Voraus kennen und kannst geeignete Rückschlüsse ziehen. Inzwischen existiert eine Reihe von schriftlich niedergelegten Erfahrungsberichten, von denen du eine Auswahl im Anhang dieses Buches findest. Außerdem ist es sinnvoll, Returnees persönlich über ihre Erfahrungen und Eindrücke zu befragen. Auf diese Weise bekommst du Infos aus erster Hand. Einige Veranstalter liefern dir eine ganze Liste mit Telefonnummern von Ehemaligen, die dir bereitwillig Auskunft erteilen und die du auf jeden Fall kontaktieren solltest.
2. Die Eingewöhnungsphase in einem fremden Land wird erheblich leichter, wenn du bereits eine ungefähre Ahnung von dem hast, was dich erwartet. Daher kann es nicht schaden, bereits in Deutschland einige Bücher über die Geschichte, Politik und Kultur deines Ziellandes zu lesen.

3. Mindestens genauso wichtig wie die Kenntnis über dein Gastland ist das Wissen über deine Heimat. Mit an Sicherheit grenzender Wahrscheinlichkeit wirst du von deiner Gastfamilie, deinen neuen Freunden und deinen Lehrern über Deutschland befragt. Es ist ziemlich peinlich, wenn du noch nicht einmal einen blassen Schimmer über wichtige Ereignisse und Entwicklungen hast. Fest steht, dass du im Laufe deines Aufenthalts um Stellungnahmen zu Themengebieten wie Nationalsozialismus, Rechtsradikalismus und Wiedervereinigung wohl kaum herumkommen wirst.

Es bietet sich daher an, die Schriftenverzeichnisse der „Bundeszentrale für politische Bildung" und der für dich zuständigen „Landeszentrale für politische Bildung" anzufordern, in denen zahlreiche Publikation zu Themen der deutschen Geschichte und Gesellschaft aufgeführt sind. Die Bücher sind kostenlos und werden dir innerhalb von wenigen Wochen nach Bestellung gegen Portoerstattung zugesandt.*

Neben diesen Aktivitäten ist es auch sinnvoll, deine Rückkehr vorzubereiten. Sprich bereits vor deiner Abreise mit dem Schulleiter und den zuständigen Fachlehrern ab, welche „Auflagen" du erfüllen musst, falls du bei deiner Rückkehr wieder in deine alte Jahrgangsstufe integriert werden willst. Die dich betreffenden offiziellen Regelungen findest du im Kapitel „Versetzungsrichtlinien".

Die letzten Tage in Deutschland

Nach dem Vertragsabschluss zwischen dir und dem Veranstalter läuft der Countdown. Der Zeitpunkt deiner Abreise rückt unaufhaltsam näher, aber die ersten Monate des Wartens vergehen definitiv zu langsam. Lieber heute als morgen möchtest du ins Flugzeug steigen. Der Schul-

---

* *Info:* Siehe hierzu *Literatur über Deutschland und Gastländer.*

alltag geht dir ziemlich auf den Wecker und bei Konflikten jeglicher Art vertröstest du dich auf die bald beginnende Zeit als Austauschschüler.

Anfänglich hast du die Fragen deiner Freunde und Verwandten zum Schüleraustausch noch euphorisch und gerne beantwortet. Nachdem du aber zum x. Mal von denselben Leuten gefragt worden bist, wo denn deine Gastfamilie wohnt, wie lange du wegbleibst und ob du dich auf deine Abreise freust, reagierst du nur noch genervt. Zum einen kannst du die immer gleichen Fragen mittlerweile nicht mehr hören, zum anderen bekommst du langsam selbst kalte Füße, weil du dir gar nicht mehr so sicher bist, ob du die richtige Entscheidung getroffen hast. Zu allem Überfluss läuft dir jetzt auch noch die Zeit weg.

Bereits zwei Wochen vor deiner Abreise beginnst du, dich von einigen Leuten zu verabschieden. Es ist ja nicht sicher, ob man sich vorher noch einmal sieht. Die Abschiedsworte fallen nicht leicht und es ist dann schon fast ärgerlich, wenn man sich danach noch zweimal über den Weg läuft und die Zeremonie von neuem beginnt. Deine „Goodbye-Party" ist gut besucht und wird ein Hit, eine gehörige Portion Wehmut dämpft aber deine Freude darüber. Als der letzte Gast geht, weißt du: Das war's!

Der folgende Tag wird extrem stressig. Der Partykeller ist total zugesifft und du bist für die Reinigung zuständig. Da dir noch ein Geschenk für deinen Gastbruder fehlt, rennst du nach vollendeter Arbeit noch schnell in die Stadt. Ein paar Kosmetika sind auch noch zu besorgen. Auf dem Rückweg wird dir klar, dass du diese Straßen und Häuser für eine lange Zeit nicht mehr sehen wirst. Ein komisches Gefühl. Zuhause angekommen verfliegt die aufkommende Melancholie jedoch schnell, da die schweißtreibende Aufgabe des Kofferpackens deine volle Konzentration erfordert. Es mag dir zwar offiziell erlaubt sein, zwei Koffer à 32 Kilogramm und ein Handgepäck mit auf die Reise zu nehmen. Denk aber bitte daran, dass du in der Lage sein musst, deine Koffer und Taschen über kurze Strecken selbstständig zu transportieren, was dir bei einer Kampfbepackung von 70 Kilogramm nicht leicht fallen wird. Damit du nur die wirklich notwendigen Klamotten einpackst, wendest du am besten folgende Strategie an:

Lege alle deine Sachen auf dein Bett. Such dir deine liebsten zwei bis drei Hosen und Sweat-Shirts, sieben bis zehn T-Shirts, eine Winter- und eine Sommerjacke, gegebenenfalls deine Sportbekleidung sowie genügend Unterwäsche und Socken aus dem Textilienberg heraus. Dieser Kleidungsauswahl fügst du noch Schuhe, die nötigsten Hygieneartikel, Gastgeschenke* und Fotos von Freunden und deiner Familie hinzu. Mehr nicht! Die Koffer müssten nunmehr problemlos zu schließen sein, und genügend Platzreserven für den Rückflug bieten.

Es handelt sich hierbei um das Maximum an Klamotten, das du mitnehmen solltest. Die Mode in deinem Gastland unterscheidet sich oft erheblich von der in Deutschland. Und wenn du das im Moment auch ausschließen würdest, wirst du dich ziemlich schnell an den anderen Kleidungsstil anpassen (wollen). Es ist daher absoluter Humbug, sich vor der Abreise neu einzukleiden. In deiner neuen Umgebung ist niemandem bekannt, dass du schon seit drei Jahren mit der gleichen Jacke herumläufst. Nimm lieber ein paar Scheine zusätzlich mit auf die Reise und geh in deinem Gastland shoppen. Übrigens: Deine deutschen Schulbücher kannst du ruhigen Gewissens zu Hause lassen, da du sowieso nie hereinschauen würdest.

Soweit der kleine Exkurs zum Kofferpacken. Ist diese Kraftanstrengung vollbracht, kannst du die letzten Stunden vor der Abreise deinen Eltern widmen, die zu diesem Zeitpunkt garantiert eine mittelschwere Krise bekommen. Mit der Weisheit, dass die Zeit oft schneller vorübergeht als man denkt, könnt ihr euch gegenseitig ein wenig trösten und euch schließlich in die Waagerechte begeben. Wenn du Glück hast, bist du

* *Info:* Schokoladenartikel und „Zerbrechliches" sind besser im Handgepäck unterzubringen.

so kaputt, dass du relativ schnell einschläfst. Die vielen Gedanken, die in diesen Stunden durch deinen Kopf sausen, machen den Prozess des Einschlafens jedoch nicht gerade einfach. Und ein paar Stunden später geht´s dann auch schon los: Aufstehen, Duschen, Anziehen, Frühstücken, Koffer endgültig schließen, Stullen schmieren, Koffer wieder öffnen, da du doch noch etwas vergessen hast, zur Wahrung der vermeintlichen Normalität noch einen letzen Blick in die Zeitung werfen, zum fünften Mal kontrollieren, ob sich Ticket und Reisepass auch wirklich im Handgepäck befinden, Koffer wieder schließen und zum Auto bringen, Haustieren unter Tränen versichern, dass du sie ganz lieb hast – uuuund tschüss!

Mit jedem Kilometer, den ihr euch dem Flughafen nähert, steigt die Anspannung. Im Abflugterminal angekommen spielen sich dann unbeschreiblich ergreifende Szenen ab, die gewöhnlich eine starke Wirkung auf die Tränendrüsen ausüben. Obwohl es allen Beteiligten sicherlich sehr schwer fällt, musst du schließlich die Gangway betreten. Ein letztes Mal für eine lange Zeit wirst du dann deinen Eltern zuwinken, deinen Schmerz hinter einem gequälten Lächeln verbergen, dich umdrehen – und nach vorne schauen ...

Die neue Welt

Da sitzt du nun, auf Platz 94 des Inlandsfluges YA 317 nach Frankfurt. Es war schon ein eigenartiges Gefühl, als du deine Eltern an der Gangway stehen lassen musstest. Gerade in der letzen Zeit haben sie dich wahrscheinlich etwas genervt, aber jetzt, wo sie nicht mehr bei dir sind, ist das auch nicht schön. Dein Körper versorgt dich in diesen Minuten mit einer gehörigen Portion Adrenalin, aber dir geht trotzdem gehörig die Düse.

Viel Zeit für Selbstmitleid bleibt dir nicht: Kurz nach dem Start setzt dein Flieger schon wieder zur Landung an. Dein Gepäck wird automatisch zu deinem internationalen Anschlussflug weitergeleitet und du machst dich zusammen mit deinem Handgepäck auf die Suche nach dem Abflugschalter.

Über den Wolken

Hast du dich für eine Organisation entschieden, zu deren Leistungen ein begleiteter Gruppenflug gehört, wird es dir nicht schwer fallen, dein Gate zu finden. Um ihre Gruppen besser unter Kontrolle halten zu können, rüsten einige Anbieter ihre Austauschschüler mit gleichfarbigen T-Shirts oder Kappen aus. Du musst im Abflugterminal also nur nach einer Gruppe von gelb-, blau- oder grüngekleideten Jugendlichen Ausschau halten. Das können unter Umständen viele Dutzend Menschen sein, da manche Anbieter für ihre Gruppenflüge große Platzkontingente reservieren. Falls du aus falscher Eitelkeit mit dem Gedanken spielst, dein Erkennungszeichen nicht zu tragen, solltest du den (Un-)Sinn deines Vorhabens nochmals überdenken.

Den Mitarbeitern deiner Organisation fällt in dieser Zeit die Aufgabe zu, dich mit den notwendigen Informationen und Papieren zu versorgen und darauf zu achten, dass niemand vergessen wird. Und dann geht's auch schon wieder in die Luft. Da du dich in Gesellschaft von vielen Gleichgesinnten befindest, kommt garantiert keine Langeweile auf und du wirst nur wenig Schlaf finden. Nach einigen Stunden Flug setzt du schließlich den ersten Fuß auf den „heiligen" Boden. Es ist reiner Wahnsinn. Endlich bist du da angekommen, wo du so lange hinwolltest. Unglaublich!

Pass- und Zollkontrolle

Unmittelbar nach deiner Ankunft musst du dich der Passkontrolle stellen. Du könntest von dem zuständigen Beamten gefragt werden, ob du für deinen langen Aufenthalt überhaupt genug Geld hast. Es beschleunigt die Kontrolle nicht unbedingt, wenn du ihm daraufhin eine lange Geschichte über mögliche Überweisungen deiner Eltern auf ein noch zu eröffnendes Konto in deinem Gastland zu erzählen versuchst. Die einfache Antwort „Ja. Ich wohne während meines ganzen Aufenthalts bei einer Gastfamilie und verfüge darüber hinaus über insgesamt 2.000 Euro." dürfte schlauer sein, auch wenn du diese Summe nicht bei dir trägst. Bei Bedarf kannst du ein paar Traveller-Checks oder deine Kreditkarte vorzeigen, und bei anhaltender Penetranz des Beamten hast du dann immer noch die Geschichte mit den Überweisungen in petto. Im Normalfall gibt es aber keine Probleme.

Wenn du Pech hast, musst du danach beim Zoll deinen Koffer komplett ausräumen. Er sollte deshalb nicht so vollgepackt sein, dass es dir anschließend unmöglich ist, ihn wieder zu schließen. Größere Unannehmlichkeiten sind zu befürchten, wenn sich in deinem Gepäck Sachen befinden, die nicht in das Land eingeführt werden dürfen. Darunter können neben Alkoholika auch mit Schnaps gefüllte Pralinen, bestimmte Lebensmittel, Zeitschriften (z.B. mit spärlich bekleideten Covergirls) und auch kleine Messer fallen. Deine Austauschorganisation wird dich vor deiner Abreise über die landestypischen Zollbestimmungen in Kenntnis setzen: Diese gilt es in jedem Falle zu beachten!

Auf fremdem Terrain

Bereits im Flughafengebäude nimmst du die andersartige Umgebung war: Es ist vielleicht viel wärmer als noch vor einigen Stunden in Deutschland, ein undefinierbarer Geruch liegt in der Luft oder du kommst dir mit deiner blassen Hautfarbe und deiner dicken Jacke ein wenig deplaziert vor. Aus allen Richtungen strömen neue Eindrücke auf dich ein, aber viel Zeit zur Beobachtung bleibt dir nicht. Denn du musst weiter.

Je nach Programmwahl können sich die ersten Minuten nach deiner Ankunft total voneinander unterscheiden. Es besteht zum Beispiel die Möglichkeit, dass du alleine im Ausland ankommst. Wenn du Glück hast, nimmt dich deine Gastfamilie bereits beim ersten Stop in Empfang, aber selbst wenn du noch ein- oder zweimal umsteigen musst, dürftest du die Situation ohne größere Probleme meistern. Nimmst du dagegen an einem begleiteten Gruppenflug teil, werden die mitreisenden Mitarbeiter deiner Organisation an einer Stelle des Flughafens eine Art Info-Point aufbauen und solange für deine Betreuung sorgen, bis du deinen Anschlussflug erreicht beziehungsweise deine Gastfamilie gefunden hast. Folgt auf deinen begleiteten Gruppenflug hingegen ein Einführungsseminar, musst du lediglich darauf achten, im Terminal den Anschluss an die rot-, blau- oder pinkfarbige Karawane Richtung Bus nicht zu verlieren, der dich gemeinsam mit den anderen Jugendlichen zu einem Hotel kutschiert. Einfacher geht's kaum.

Das Einführungsseminar

Ein Einführungsseminar in deinem Gastland hat den Vorteil, dass du dich nach einem zum Teil recht langen Flug ein wenig akklimatisieren kannst, bevor du auf deine Gastfamilie triffst. Außerdem erhältst du – meist unter der Regie der Partnerorganisation – weitere wichtige Informationen über das Leben als Austauschschüler. Es ist überaus interessant, die Einschätzungen und Sichtweisen von „Einheimischen" kennen zu lernen, die sich durchaus in Akzenten von den Überzeugungen und Hinweisen der Mitarbeiter deines deutschen Anbieters unterscheiden können. Bereits in den ersten Tagen deines Auslandsaufenthalts lernst du auf diese Weise einige Eigenarten des für dich neuen Kulturkreises kennen. Meist wird der Unterricht darüber hinaus durch ein Sight-Seeing-Angebot abgerundet. Stehen die touristischen Aktivitäten nicht unverhältnismäßig stark im Vordergrund, ist ein Einführungsseminar im Gastland eine sehr gute Ergänzung zu den oben beschriebenen vorbereitenden Veranstaltungen in Deutschland. Ein Erlebnis ist es allemal!

Einen Punkt haben alle Einführungsseminare gemeinsam: Sie sind viel zu kurz, egal ob sie zwei Tage oder eine Woche dauern. Stunde um Stunde fliegt nur so an dir vorbei und du bist kaum in der Lage, die unzähligen neuen Eindrücke zu verarbeiten. Kaum angefangen, ist das Seminar schon wieder zu Ende. Nach einer letzten Nacht im Hotel bringt man dich dann im Laufe des nächsten Tages zum Flughafen. Wenig später befindest du dich über den Wolken und das Kribbeln in deinem Körper wird wieder stärker. Es ist jetzt nur noch eine Frage von Stunden, bis du deiner Gastfamilie zum ersten Mal begegnest.

Der erste Familienkontakt

Lange hast du auf diesen Moment gewartet und jetzt ist es endlich soweit. Das Flugzeug hat an der Gangway angedockt, die Türen öffnen sich. Alle Fluggäste springen ungeduldig von ihren Sitzen auf, und das große Drängeln beginnt. Die sich verbreitende Hektik lässt den angenehmen Flug umgehend in Vergessenheit geraten, aber auch du kannst es kaum erwarten, deinen Platz so schnell wie möglich zu verlassen.

Am Ende der Röhre zwischen Flugzeug und Terminal erblickst du eine Ansammlung von Menschen, unter denen sich auch deine Gasteltern befinden müssten. Nur noch 30 Meter trennen dich von dieser

Menschenmasse, aber deine Schritte werden jetzt immer langsamer. Eine Art Dunstglocke legt sich um deinen Körper und es kommt dir so vor, als ob ein Film an dir vorbeizieht. Tausend Gedanken schießen dir durch dein Hirn: Du denkst an deine Eltern, an deine Freunde und an die Abschiedsparty und versuchst, dich gleichzeitig an die ganzen guten Ratschläge von den Vorbereitungsveranstaltungen zu erinnern. Eine vielfältige Bilderflut strömt auf dich ein und lässt dich zaudern, als du plötzlich deinen Namen hörst. Im gleichen Moment identifizierst du ein dir bekanntes Gesicht. Auf den Fotos hatte deine Gastmutter zwar noch einen schwarzen Lockenkopf, aber die auf dich zulaufende Frau mit dem Pagenschnitt und den blonden Strähnchen sieht ihr doch erstaunlich ähnlich. Als sie dich herzlich umarmt, verfliegen sämtliche Zweifel: Sie ist es tatsächlich. Keine fünf Sekunden später bist du auch schon von den anderen Familienmitgliedern umgeben, die aufgeregt auf dich einreden. Zwar verstehst du kaum ein Wort, aber ab und zu beantwortest du eine Frage mit „ja“, „nein“ oder „vielleicht“. Dein dich in den nächsten Wochen begleitender Lieblingssatz lautet allerdings: „Tut mir leid, aber ich habe das nicht verstanden!“ Du bist heilfroh, dass dich deine Familie so herzlich empfangen hat. Als du dann noch deinen Koffer auf dem Gepäckband erspähst, ist die Welt für dich in Ordnung. Bisher hat alles reibungslos geklappt – so kann es weitergehen!

Die Autofahrt zum Haus deiner Gastfamilie zieht sich ungemein. Ihr seid zwar nicht lange unterwegs, aber du bist so unglaublich müde, dass dich die interessierten Fragen und informativen Geschichten deiner neuen Familie enorm anstrengen. Außerdem verstehst du sowieso nur die Hälfte. Schließlich wird das Auto in einer Parklücke abgestellt und dein Gastbruder deutet mit dem Finger auf dein neues Zuhause. Es ist vielleicht viel kleiner, als du aufgrund der Fotos angenommen hattest, aber das ist dir ziemlich egal. Keine fünf Minuten später hast du schon alle Räume gesehen. Nachdem du dich ein wenig frisch gemacht hast, verteilst du die Gastgeschenke. Die Reaktionen der Familienmitglieder erstrecken sich von totaler Begeisterung über Gleichgültigkeit bis zu freundlich verborgener Enttäuschung. Zumindest hast du mit deinen

Geschenken nicht ganz daneben gelegen und die Spielesammlung mit Mensch-Ärgere-Dich-Nicht und Malefiz scheint sogar ein voller Erfolg zu sein.

Langsam aber sicher wirst du nun von deiner Müdigkeit besiegt. Du bist einfach total platt. Als du innerhalb von zehn Minuten zweimal am Küchentisch einnickst, macht dein Gastvater den Vorschlag, schlafen zu gehen. Das kommt dir schwer entgegen. Auf deinem neuen Bett liegend lässt du die letzten Tage nochmals Revue passieren und fragst dich, was du in den nächsten Monaten noch alles erleben wirst. Weit kommst du mit deinen Überlegungen jedoch nicht, da dich der Schlaf in Windeseile in das Reich der Träume entführt.

Die Gastfamilie

An dieser Stelle wäre es möglich, mit der chronologischen Darstellung deines Auslandsaufenthalts fortzufahren. Die Erlebnisse eines Austauschschülers in seiner Gastfamilie sind allerdings nur schwer in einer zeitlichen Abfolge darzustellen: Der Alltag und die Gewohnheiten jeder Familie unterscheiden sich genauso voneinander wie die Erfahrung, Probleme und Macken jedes Jugendlichen.

Da trotz dieser individuellen Unterschiede viele Gemeinsamkeiten auszumachen sind, bietet es sich an, den Komplex „Gastfamilie" unter verschiedenen Gesichtspunkten systematisch zu beleuchten.

Motivation

Sicherlich fragst du dich, warum eine Familie Interesse daran hat, dich für eine lange Zeit an ihrem Leben teilhaben zu lassen. Schließlich bereitet die Aufnahme eines Fremden eine Menge Arbeit. Vielleicht haben deine Eltern und du auch schon einmal darüber nachgedacht, einen

Austauschschüler aufzunehmen – um dann wieder Abstand davon zu nehmen. Der Aufwand schien einfach zu hoch, da ihr ohnehin kaum Zeit für gemeinsame Aktivitäten findet. Trotz eurer Entscheidung gegen die Aufnahme eines ausländischen Jugendlichen geht ihr davon aus, dass sich für dich schon eine Familie finden wird. Schließlich habt ihr dafür viel Geld bezahlt. Was sollte aber die Motivation einer Familie sein, dich aufzunehmen?

Finanzielle Interessen sind es sicherlich nicht. In den USA sowie in den meisten lateinamerikanischen und südeuropäischen Staaten bekommen die Gastfamilien keinen Cent für die Aufnahme eines Gastschülers. Aber selbst in Ländern wie England, Irland, Kanada, Australien und Neuseeland, wo es üblich ist, dass die Gastfamilien eine Aufwandsentschädigung bekommen, wird wohl keine Familie einzig und allein wegen ein paar Euros für viele Monate die Verantwortung für einen pubertierenden Teenager übernehmen. Also, was dann? Vielen Familien ist es nicht möglich, durch ausgedehnte Reisen die Welt kennen zu lernen. Auf interkulturelle Erfahrungen wollen sie trotzdem nicht verzichten und die holen sie sich in Form eines ausländischen Jugendlichen nach Hause. Andere Familien sehen dagegen im Schüleraustausch eine optimale Form der Völkerverständigung und hoffen, dauerhafte internationale Kontakte zu knüpfen. Wieder andere vermissen etwas in ihrem Leben, seitdem ihre erwachsenen Kinder das Haus verlassen haben und hoffen, durch die Aufnahme eines Jugendlichen ein Stück Familienleben zurück zu gewinnen. Junge Ehepaare mit kleinen Kindern möchten auf diese Art und Weise vielleicht schon einmal an dir proben, was es heißt, für ein pubertierendes Kind verantwortlich zu sein und Eltern mit nur einem Kind finden es unter Umständen wichtig, dass ihr Sohn oder ihre Tochter die Erfahrung des Zusammenlebens mit einem Geschwisterteil macht.

Bei allen Unterschieden haben die Gastfamilien die Gemeinsamkeit, dass sie sich auf deine Ankunft freuen und mit dir ein unvergessliches Jahr verbringen möchten. Für den Erfolg deines Auslandsaufenthaltes ist es daher vollkommen unerheblich, welche dieser Motivationen deiner Familie zugrunde liegt.

Problematisch sind hingegen die Fälle, bei denen es Familien ausschließlich darauf ankommt, durch die Aufnahme eines Gastschülers ihren Status in der Nachbarschaft oder im Bekanntenkreis aufzuwerten, die Jugendlichen als Haushaltshilfe oder Babysitter zu missbrauchen oder sie als Spielpartner für ihre vereinsamten Kinder zu engagieren. Diese Konstellationen treten zum Glück nur selten auf und müssen im Zweifelsfall durch einen Familienwechsel gelöst werden.

Sozialer Status

Na, träumst du vielleicht bereits von einer netten und aufgeschlossenen Gastfamilie, die in einem riesigen Haus mit eigenem Pool wohnt, ein paar Autos in der Garage stehen hat, in ihrer Freizeit viele Ausflüge und andere Aktivitäten mit dir unternimmt und deren multikultureller Verwandten- und Bekanntenkreis darüber hinaus alles daran setzt, deine Zeit im Ausland zum Erlebnis werden zu lassen?

Diese Familien gibt es tatsächlich, sie sind aber die absolute Minderheit. Wahrscheinlicher ist es hingegen, dass du in einer durchschnittlichen Mittelstandsfamilie lebst, deren Freizeit aufgrund der Berufstätigkeit beider Elternteile sehr begrenzt ist und deren finanzielle Möglichkeiten es nicht zulassen, großartige Ausflüge zu unternehmen. Der Begriff „Mittelstand“ bezieht sich in unserem Zusammenhang auf die jeweiligen landestypischen Verhältnisse und ist nicht mit der Situation des deutschen Mittelstandes zu verwechseln. Deine Gastfamilie wird in der Regel finanziell schlechter gestellt sein als deine Eltern. Es ist daher durchaus möglich, dass du dir ein Zimmer mit einem deiner Gastgeschwister teilen musst und dir der Kühlschrank nicht jeden Wunsch zu erfüllen vermag. Da in einigen Ländern die Arbeitnehmer durchschnittlich nur zehn bis fünfzehn Tage Jahresurlaub haben, kannst du auch nicht davon ausgehen, lange Reisen mit deinen Gasteltern zu unternehmen. Die gemeinsamen Familienaktivitäten werden sich wohl eher auf das tägliche Abendessen und vereinzelte Tagesausflüge beschränken.

Um Missverständnissen vorzubeugen, möchte ich an dieser Stelle darauf hinweisen, dass die Gastfamilien in relativ armen Ländern meist der Oberschicht angehören. Für eine südamerikanische Gastfamilie dürfte es zum Beispiel nicht unüblich sein, eine Haushälterin zu beschäftigen, die rund um die Uhr für das leibliche Wohl der Familie sorgt und die riesige Wohnung auf Hochglanz hält.

Familienstruktur

Eine Familie im klassischen Sinn besteht aus zwei Elternteilen und mehreren Kindern. Von dieser vermeintlichen Norm gibt es aufgrund der sich weltweit ändernden Gesellschaftsstrukturen immer häufiger Abweichungen. Auch Paare ohne Kinder, ältere Ehepaare mit erwachsenen, bereits nicht mehr zu Hause lebenden Kindern und allein erziehende Elternteile können als Gastfamilie fungieren. Da die Struktur einer Familie ebenso wenig über ihre „Qualität" aussagt wie ihr sozialer Status, solltest du in der Lage sein, dich mit den oben beschriebenen Konstellationen anzufreunden.

Viele Austauschschüler wünschen sich eine Familie mit Geschwistern in ihrem Alter. Dieser Wunsch wird meist damit begründet, dass man sich aufgrund der gemeinsamen Aktivitäten mit der neuen Schwester oder dem neuen Bruder einen schnellen Anschluss an andere Jugendliche verspricht.

Falls du kein Einzelkind bist, dürften dir Streitigkeiten mit deinen Geschwistern allerdings nicht ganz unbekannt sein. Und genauso verhält es sich in deiner Gastfamilie: Möglicherweise verstehst du dich mit deinen Geschwistern prächtig und ihr legt während deines Austausches die Grundlage für eine lebenslange Freundschaft. Es ist aber auch durchaus denkbar, dass sich deine Interessen grundlegend von denen deiner Gastgeschwister unterscheiden und ihr auf einer absolut verschiedenen Wellenlängen funkt: Für den Familienfrieden ist diese Konstellation dann nicht unbedingt förderlich!

Wohnort

In deinen schlimmsten Alpträumen hast du dir womöglich ausgemalt, irgendwo in der Pampa platziert zu werden. Als dir nach einigen Monaten des bangen Wartens die Adresse deiner Gastfamilie endlich mitgeteilt wird, scheint aus den Alpträumen bittere Realität zu werden. Deinen zukünftigen Wohnort kannst du trotz verzweifelter Suche im Atlas nicht lokalisieren. Er ist einfach zu klein, um in die Karten aufgenommen zu werden. Die telefonische Rückfrage bei deiner Organisation ergibt schließlich, dass deine Gastfamilie in einem Dorf mit 500 Seelen wohnt, 30 Kilometer nordwestlich der 15.000 Einwohner zählenden Stadt XY. Entsetzt lässt du den Hörer in die Gabel fallen. Eine Welt bricht zusammen...

Der Horror vor einer Platzierung in der Mitte von Nirgendwo ist bei vielen Jugendlichen enorm groß. Dabei sind die Erfahrungen mit in ländlichen Regionen wohnenden Gastfamilien durchaus positiv. Das lässt sich folgendermaßen erklären: Du kannst davon ausgehen, dass noch nicht allzu viele Ausländer den Weg in dein kleines Örtchen gefunden haben. Folglich bist du dort ein absoluter Exot, dem viel Aufmerksamkeit entgegengebracht wird. Gehörst du nicht zu den Personen, die gerne Hinz und Kunz ansprechen, um sich einen neuen Freundeskreis aufzubauen, dann bist du in einem winzigen Nest optimal aufgehoben. Je größer der Wohnort deiner Gastfamilie ist, desto unpersönlicher werden in der Regel die zwischenmenschlichen Beziehungen. Das gleiche gilt für die Größe der Schule: Bist du einer von 25 ausländischen Jugendlichen unter insgesamt 2000 Schülern, dürfte sich das Interesse für dich in Grenzen halten. Das ist nicht unbedingt schlimm, aber die Kontaktaufnahme mit anderen Jugendlichen wird dir in kleinen, überschaubaren Schulen sicherlich leichter fallen.

Und das Freizeitangebot? Sportanlagen und Treffpunkte für Jugendliche gibt es selbst im kleinsten Dorf, private Feten werden überall gefeiert und für Outdoor-Aktivitäten dürften sich in der Pampa ohnehin die besseren Voraussetzungen finden. Es kann natürlich nicht bezweifelt werden, dass Metropolen ein vielschichtigeres Kultur- und Freizeitangebot zu bieten haben als irgendwelche unbedeutenden Kleinstädte. Die Frage ist jedoch, ob du in deinem Alter die Möglichkeiten einer Großstadt überhaupt annähernd nutzen kannst. In vielen Ländern ist es Personen unter 18 Jahren ohnehin per Gesetz verboten, Lokalitäten aufzusuchen, in denen Alkohol ausgeschenkt wird. Die schönste Kneipen- und Konzertszene nützt dir also rein gar nichts, wenn du kein Teil von ihr werden kannst. Letztendlich wirst du auch in einer größeren Stadt lediglich ins Kino oder zum Schnellimbiss, zu privaten Feten oder zum Sport gehen können. Die Einwohnerzahl einer Stadt sagt folglich nicht viel über die Möglichkeiten deiner Freizeitgestaltung aus.

Religiosität

Für sehr viele Menschen im Ausland nimmt die Religion einen wichtigen Stellenwert in ihrem Leben ein. Der sonntägliche Messebesuch gehört gerade in den USA zum Alltag vieler Gastfamilien und häufig wird erwartet, dass du an dieser Aktivität teilnimmst.

Da du womöglich nicht zu den deutschen Jugendlichen gehörst, die gerne zur Kirche gehen, hält sich deine Begeisterung darüber unter Umständen in Grenzen. Wie man Berichten ehemaliger Austauschschüler entnehmen kann, entpuppt sich der regelmäßige Kirchgang trotz anfänglicher Vorbehalte jedoch nicht selten als Geheimtipp.

Das hat zwei Gründe:

1. Die Gastfamilien gehören oftmals nicht den in Deutschland geläufigen Kirchen an und die Gottesdienste unterscheiden sich daher zum Teil erheblich von den dir bekannten Abläufen und Inhalten. Während deiner Austauschzeit hast du somit die einzigartige Möglichkeit, etwas über eine andere Glaubensgemeinschaft zu erfahren und deine eigenen Einstellungen und Werte kritisch zu überprüfen.
2. Bei vielen Glaubensgemeinschaften in der ganzen Welt beschränkt sich der Kirchgang nicht nur auf die religiöse Zeremonie, sondern er ist auch ein gesellschaftliches Ereignis. Es ist daher gut möglich, dass du aufgrund des sonntäglichen Kirchgangs einige Bekanntschaften machst, die du nicht missen möchtest.

Natürlich können aufgrund von unterschiedlichen Auffassungen über Religion auch Konflikte zwischen dir und deiner Familie entstehen. Mögliche Szenarien kannst du unter „Probleme mit der Gastfamilie" nachlesen.

Ethnische Herkunft

Menschen aller ethnischen Gruppen können sich für die Aufnahme eines Gastschülers bereit erklären. Falls du Probleme damit haben solltest, in einer Familie mit schwarzer, weißer, roter, gelber oder grüner Hautfarbe zu wohnen, meldest du dich besser nicht für ein Schüleraustauschprogramm an!

Das Leben in einer Gastfamilie

Du hast bestimmt schon einmal bei Verwandten oder Bekannten übernachtet, deren Alltag sich grundsätzlich von dem Leben in deinem Zuhause unterscheidet. Einige Regeln und Verhaltensweisen im Haus deiner Gastgeber haben dir sicherlich gut gefallen, andere fandest du eher lächerlich oder störend. Mit der Gewissheit, in einigen Tagen wieder in deine gewohnte Umgebung zurückzukehren, konntest du dein Erstaunen über bestimmte Rituale und Routinen aber hinter einem freundlich lächelnden Gesicht verbergen. Für die paar Tage Urlaub lohnte es sich einfach nicht, eine tief greifende Diskussion mit den Gastgebern anzuzetteln und schließlich wolltest du auch nicht undankbar sein.

Im Unterschied zu Kurzaufenthalten bei Freunden oder Verwandten handelt es sich beim Schüleraustausch nicht um eine Wochenend-Stippvisite, die man irgendwie über sich ergehen lässt. Deine Gastfamilie erwartet von dir, dass du dich an ihre Lebensweise anpasst und während deines gesamten Aufenthaltes aktiv am Familienleben teilnimmst. Unter Umständen bedeutet das eine erhebliche Umstellung für dich, die dir gerade in der Anfangszeit nicht leicht fallen wird. Hast du die schwierige Eingewöhnungsphase von einigen Wochen erst einmal überstanden und dich an den Lebensrhythmus deiner Familie gewöhnt, steht einem harmonischen, spannenden und lehrreichen Zusammenleben für den Rest deines Aufenthalts nicht mehr viel entgegen. Was aber kann das Miteinander unter einem Dach so schwierig machen?

Andere Gewohnheiten und Tagesabläufe

Bereits in den ersten Stunden nach deiner Ankunft wirst du eventuell Beobachtungen bezüglich des Verhaltens und der Gewohnheiten deiner neuen Verwandten machen, die dich nicht unbedingt begeistern: Beim Begrüßungsessen stößt dir beispielsweise das ständige Schmatzen und das Herunterschlingen der Speisen übel auf. Oder du empfindest die auf seriös getrimmte, steife Art des dreistündigen Dinierens befremdend, da du nach anderthalb Stunden noch immer nichts Magenfüllendes auf die Gabel bekommen hast bzw. kurz vor dem Platzen stehst. Dass deine Gasteltern nach dem Essen nichts Besseres zu tun haben, als sich für den Rest des Abends vor die Glotze zu hängen, ist deiner Meinung nach schon ein starkes Stück, aber als dein Gastbruder/deine Gastschwester in der Nacht auch noch zu schnarchen anfängt, bekommst du eine absolute Krise.

Nach alptraumhaften Stunden freust du dich am nächsten Morgen auf ein üppiges Frühstück, aber die nächste Ernüchterung lässt nicht lange auf sich warten: Zum Frühstücks-Tee werden lediglich ein paar trockene Zwiebäcke gereicht. Dafür wird schon am frühen Morgen bei lauter Musik über Gott und die Welt diskutiert. „Quelle horreur!?“

Mittags hast du natürlich ordentlichen Kohldampf, aber zu deinem Erschrecken bekommst du nichts anderes als ein kleines Sandwich, da die gemeinsame Hauptmahlzeit erst um 20 Uhr stattfindet. Um in den Nachmittagsstunden in Ruhe ein paar Zeilen an deine Eltern schreiben zu können, ziehst du dich mit knurrendem Magen auf dein Zimmer zurück und schließt die Tür. Erst als dich deine Gastmutter zum dritten Mal innerhalb einer Stunde mit der Frage unterbricht, ob denn alles in Ordnung sei, erinnerst du dich daran, dass in deinem Gastland die Zimmertüren nur zum Schlafen geschlossen werden und dies ansonsten als Zeichen von tiefer Verstimmtheit angesehen wird.

Diese wenigen Beispiele verdeutlichen dir, welche Veränderungen eventuell auf dich zukommen. Aber auch für die Gastfamilie bedeutet die mehrmonatige Aufnahme eines Fremden einen tiefen Einschnitt in ihr Leben, da sie ihre Privatsphäre mit einer zunächst unbekannten Person teilen müssen und die üblichen „Familienroutinen“ womöglich gestört werden. Wenn es aber sowohl deinen neuen Verwandten als auch dir gelingt, die Gewohnheiten der jeweils anderen zu tolerieren, werden beide Seiten am Ende deines Aufenthalts eine positive Bilanz ziehen.

Trotz der Rücksichtnahme auf deine Bedürfnisse wird deine Familie ihren Tagesrhythmus und ihre Gepflogenheiten mit Sicherheit nicht für dich umstellen. Dies gilt insbesondere in Sachen Ordnung und Hygiene. Es ist völlig daneben, wenn du deiner Gastfamilie in einem Anfall von Putzwahn einmal zeigen willst, wie ordentlich und sauber ein Haus doch aussehen kann, oder du überall deine Sachen verteilst und liegen lässt, um deinem neuen Zuhause seine vermeintliche Spießigkeit zu nehmen. Außerdem solltest du darauf verzichten, deinen Gasteltern einen flammenden Vortrag über unökologisches Verhalten zu halten, wenn sie zweimal am Tag duschen, jedes Mal frische Handtücher benutzen und trotzdem dreimal täglich ihre Kleidung wechseln und waschen (lassen): Im Gegensatz zu deiner ursprünglichen Absicht wird das einzige Resultat einer solchen Belehrung wahrscheinlich der Rückschluss sein, dass „die“ Deutschen doch eigentlich ganz schön dreckig sind.

Kleine Arrangements zwischen dir und deiner Gastfamilie sind aber durchaus zu treffen. Wenn du zum Beispiel Heißhunger auf ein „typisch deutsches“ Frühstück hast, so dürfte es in den meisten Ländern kein Problem sein, ab und zu Frühstücksquark, Tomaten, Käse, Schinken, Eier und ein halbwegs knackiges Mehrkornbrot aufzutreiben. Und wenn du das Bedürfnis auf ein wenig Ruhe und Privatsphäre verspürst, sollte es nach einer klärenden Rücksprache auch möglich sein, sich gelegentlich ohne Gefahr von Missverständnissen auf dein Zimmer zurückzuziehen.

Die Gewöhnung an den Tagesablauf und die familienspezifischen Verhaltensweisen stellen aber ohnehin das geringste Problem beim gemeinsamen Miteinander dar. Gravierender sind die so genannten Familienregeln.

Familienregeln

Sicherlich existieren auch in deiner „richtigen“ Familie einige (unausgesprochene) Regeln, die von allen Familienmitgliedern zu beachten sind. Vielleicht gibt es aufgrund der Notwendigkeit eines reibungslosen Tagesablaufes bestimmte Vorgaben, wer in den Morgenstunden zu welcher Zeit das Bad besetzen darf. Oder du hast dich mit deinen Eltern und deinen Geschwistern prinzipiell darauf geeinigt, wer putzt, kocht, den Tisch abräumt, Rasen mäht oder das Auto wäscht. Und unter Garantie weißt du, wann du nach einer Fete spätestens zu Hause einfliegen musst und was dir blüht, wenn du dich nicht an die Vorgaben deiner Eltern hältst. In den meisten deutschen Familien werden die Familienregeln allerdings recht liberal ausgelegt und sind situationsbedingt neu verhandelbar.

Im Gegensatz dazu sind die Regeln in vielen Gastfamilien relativ streng und auf ihre Einhaltung wird großer Wert gelegt.* Wenn dir zum Beispiel die Aufgabe zugedacht ist, jeden Morgen den Kaffee zu kochen oder das Geschirr zu spülen, dann solltest du das ohne „Wenn und Aber“ während deines ganzen Aufenthalts erledigen. Und falls dir die Aufgabe zufällt, jeden Samstag den Rasen zu mähen, dann ist es nicht unbedingt klug, ohne ersichtlichen Grund erst am Dienstag damit anzufangen.

In vielen Familien ist es nicht erlaubt, zu fluchen. Diese Regel ist nicht immer leicht einzuhalten, da du von anderen Jugendlichen bereits in den ersten Tagen deines Aufenthalts eine Reihe von wilden Schimpfwörtern lernen wirst, deren Benutzung dir normal erscheint. In Anwesenheit deiner Gasteltern kann jedoch unter Umständen schon die

---

* *Info:* Du solltest dich bereits in den ersten Tagen deines Aufenthalts mit deiner Gastfamilie zusammensetzen, um die Familienregeln zu klären. Vor dem Hintergrund von möglichen Sprach- oder Erinnerungsproblemen kann es nicht schaden, sie sogar aufzuschreiben.

Verwendung von Wörtern wie „Scheiße“ oder „Mist“ zu Verstimmungen führen.

Auf die Missachtung der Regeln oder der verabredeten Ausgangszeiten reagiert jede Familie anders. Wenn du Glück hast, kommst du mit einer Standpauke davon. Auch Hausarrest ist denkbar. Tragisch wird es dann, wenn deine Gasteltern in deinem Handeln einen Vertrauensbruch sehen, den sie nicht hinnehmen können und wollen – womit wir beim nächsten Thema wären.

Probleme mit der Gastfamilie

Damit an dieser Stelle kein falscher Eindruck entsteht, möchte ich zunächst betonen, dass die große Mehrheit aller Jugendlichen eine tolle Zeit im Ausland verbringt. Eine erhebliche Zahl von Austauschschülern wechselt jedoch mindestens einmal ihre Gastfamilie, was nicht immer ganz reibungslos verläuft. Dafür gibt es mehrere Gründe, die sich in zwei große Gruppen aufteilen lassen:

1. Probleme, die ein Zusammenleben von vornherein zur Erfolglosigkeit verdammen. 2. Probleme, die unter Umständen lösbar sind.

Zu 1:
- Manchmal passen Austauschschüler und Gastfamilie einfach nicht zusammen. Auf dem Papier erscheint die Platzierung zwar optimal, aber im täglichen Leben hat man sich überhaupt nichts zu sagen oder geht sich aus unerfindlichen Gründen ständig auf den Geist.
- Einige Austauschschüler haben eine zu große Erwartungshaltung und kommen mit den einfachen Verhältnissen in ihrer Gastfamilie nicht zurecht, da ihre Eltern ihnen über Jahre alles in den verwöhnten „Popo“ gesteckt haben.
- Manche Familien hätten sich nicht für die Aufnahme eines Austauschschülers entscheiden sollen, sondern für den Gang zum So-

zialamt. Ihre Lebensführung ist für einen Austauschschüler tatsächlich unzumutbar.

- Einige Jugendliche sehen in einer Gastfamilie eine Art Pension, die sie als Stützpunkt für ihre Unternehmungen benutzen wollen. Es geht ihnen lediglich um die Verwirklichung ihrer Vorstellungen und sie nehmen keine Rücksicht auf die berechtigten Interessen der übrigen Familienmitglieder. Durch ein gutes Auswahlverfahren hätte diese Nicht-Eignung für einen Austausch möglicherweise bereits vor dem Beginn des Programms herausgefunden werden können. Jetzt bleibt nur noch die vorzeitige Rückkehr nach Deutschland.
- Es gibt einige wenige Familien, für die ein Austauschschüler ausschließlich ein Prestigeobjekt ist, das zu Repräsentationszwecken benutzt wird. In diesem Fall bleibt nur die Möglichkeit des schnellen Gastfamilienwechsels. Derselbe Lösungsweg ist allen Jugendlichen zu empfehlen, die bei Familien platziert sind, die einen Austauschschüler als zusätzliche Arbeitskraft missverstehen oder auf eine penetrante Weise religiös beeinflussen wollen.

Dies sind Beispiele für extreme Konstellationen, an deren Ende nur ein Familienwechsel oder – im Ausnahmefall – die vorzeitige Rückkehr nach Deutschland stehen kann. Einer netten Gastfamilie ist es genauso wenig zuzumuten, ein verwöhntes Blag zu ertragen, wie ein harmoniebedachter Austauschschüler bis zur Selbstaufgabe in einer absolut ungeeigneten Gastfamilie ausharren sollte. Zum Glück sind beide Fälle die Ausnahme. Weitaus häufiger kann man dagegen Probleme zwischen Gastfamilien und Austauschschülern beobachten, die sich im Laufe der Monate aus Kleinigkeiten entwickeln, aber durchaus lösbar sind.

Und damit zu 2:

- In Nord-/Westeuropa gelten Jugendliche im Alter von 15 Jahren als junge Erwachsene, denen es zugetraut wird, selbstständige Entscheidungen zu treffen. In vielen Ländern erlangt man diesen Status aber erst mit dem Erreichen der Volljährigkeit oder mit dem Umzug in eine eigene Wohnung. Diese Unterschiede in der Behandlung und im Selbstverständnis von Jugendlichen sind eine häufige Ursache von Problemen, da es sowohl den Gastfamilien als auch den Jugendlichen schwer fällt, die Standpunkte der jeweils anderen Seite zu verstehen. Der klassische Konfliktfall sieht folgendermaßen aus: Der Austauschschüler möchte etwas, die Gasteltern sind dagegen. Folglich versucht der Austauschschüler, die Gasteltern mit Argumenten zu überzeugen, worauf diese allergisch reagieren. Die Folge: Beide Seiten sind sauer. Was ist passiert?

- In vielen Kulturen ist es nicht üblich, dass Kinder ihren Eltern widersprechen beziehungsweise alle Entscheidungen „ausdiskutieren“ wollen. Wird die Richtigkeit einer von den Erziehungsberechtigten getroffenen Entscheidung von ihren Kindern in Frage gestellt, so gilt das als Angriff auf ihre Autorität. Der Austauschschüler ist hingegen jahrelang dazu erzogen worden, konstruktive Kritik zu üben, will im Ausland seine Selbstständigkeit ausbauen und fühlt sich auf eine Weise gemaßregelt und bevormundet, die ihm bisher unbekannt war.
- Viele Austauschschüler sind es nicht gewohnt, viel Zeit mit ihren Eltern, Geschwistern und Verwandten zu verbringen, da sie sich häufig mit ihren Freunden treffen oder es bevorzugen, sich in ihrer Freizeit überwiegend alleine in ihrem Zimmer aufzuhalten. Aufgrund des möglicherweise intensiveren Familienlebens im Ausland fühlen sie sich eingeengt, überfordert oder gelangweilt, was auch der Gastfamilie nicht verborgen bleibt.
- Nicht selten sind die Kinder der Gastfamilie eifersüchtig auf ihr neues Familienmitglied: In der Schule findet der Jugendliche aus dem Ausland immense Beachtung und gerade in den ersten Wochen kümmern sich auch die Gasteltern intensiv um den Austauschschüler. Nicht ganz zu Unrecht fragen sich deswegen manche Kinder, warum ihre Eltern ihnen nicht genauso viel Aufmerksamkeit schenken. Der aufkommende Frust wird dann jedoch oft nicht an den Eltern, sondern an dem Austauschschüler abgelassen.

- Bei Diskussionen über Politik, Sex und Religion kann es vorkommen, dass die Gasteltern über die Einstellungen ihres Austauschschülers schockiert sind. Auch bei einem Gespräch über die Wertigkeit verschiedener ethnischer Gruppen können die Meinungen weit auseinander gehen und sogar eskalieren, wenn sich ein Gesprächsteilnehmer mehr oder weniger deutlich als Rassist outet.

Es ließen sich noch eine Reihe von Beispielen hinzufügen. Wichtiger als die weitere Beschreibung von Problemfeldern ist jedoch die Darstellung von Vorschlägen, wie mögliche Konflikte gelöst werden können.

Vorschläge für die Konfliktbeseitigung

Am besten ist es, wenn erst gar keine Konflikte entstehen. Und du kannst eine Menge dazu beitragen! Eine intensive Vorbereitung versetzt dich in die Lage, relativ souverän mit möglichen Konflikten umzugehen. Daher solltest du dich bereits vor der Abreise für mögliche Problemfelder sensibilisieren, indem du dich über die Kultur und Lebensweise deines Gastlandes informierst und dir auch deine eigenen Handlungsmuster bewusst machst.

Bei den folgenden Ausführungen handelt es sich um Handlungsvorschläge zur Konfliktvermeidung. Sie könnten in bestimmten Situationen eine Hilfe für dich sein, sollten aber nicht als „Allheilmittel" verstanden werden:

Bitte deine neuen Familienmitglieder am ersten Tag nach deiner Ankunft, dass sie dir während deines gesamten Aufenthalts ohne falsche Rücksichtnahme zu verstehen geben sollen, wenn du dich unpassend verhältst. Schließlich sei die Umgebung neu für dich und du würdest bestimmt unabsichtlich in das eine oder andere Fettnäpfchen treten. Es mag sein, dass dein Hinweis ohnehin als Selbstverständlichkeit empfunden wird und auf wenig Resonanz stößt. Unter Umständen bekommst du aber im Gegenzug die Aufforderung beziehungsweise die Erlaubnis, deine Gasteltern und Gastgeschwister auf Dinge hinweisen zu dürfen, die dir nicht passen. Das ist die halbe Miete!

Vermeide es jedoch in den folgenden Wochen, Kritik an deinen Gasteltern und Gastgeschwistern, ihren Verhaltensweisen und den Familienregeln zu äußern. Auch wenn dir die eine oder andere Sache überhaupt nicht passt: Schluck es mit freundlicher Miene!* Die Anfangsphase deines Aufenthalts ist unwahrscheinlich wichtig. In dieser Zeit musst du deinen Gasteltern das sichere Gefühl vermitteln, dass du ihre Autorität anerkennst und ihre Regeln und Vorschriften beachtest. Nur so kann sich ein Vertrauensverhältnis zwischen dir und deiner neuen Familie aufbauen. Deine Gasteltern könnten dich in der Anfangszeit zum Beispiel mit knapp gehaltenen Ausgangszeiten auf die Probe stellen. Du bist gut beraten, diese nicht bis zur letzten Minute auszureizen.

Wenn du schließlich das Gefühl hast, dass sich trotz deines Bemühens kein Vertrauensverhältnis entwickelt bzw. deine Gasteltern dir vertrauen, du aber mit einigen Dingen unzufrieden bist, ist es an der Zeit, zu handeln. Frage deine Gasteltern z.B. beim Abendessen, ob sie bisher mit dir und deinem Verhalten zufrieden sind. Nach einer Antwort dürfte im Normalfall die Rückfrage kommen, ob du dich denn bisher in deiner neuen Umgebung wohl fühlst. Du solltest diese Frage bejahen und erst einmal betonen, wie toll deine ersten Tage bzw. Wochen verlaufen sind. In deine letzten Sätze packst du dann dein diplomatisch formuliertes Anliegen. Dabei ist es nicht angebracht, einen fordernden oder belehrenden Tonfall anzuschlagen. Stattdessen solltest du darauf verweisen, dass es sich nur um kleine Problemchen handelt, deren Ausräumung dein Leben noch angenehmer machen könnte.

---

* Diese Empfehlung gilt natürlich nicht für „Extremfälle“: Falls sich ein Familienmitglied zum Beispiel als Choleriker oder Alkoholiker entpuppen sollte beziehungsweise dich auf irgendeine Weise (sexuell) belästigt, dann lässt sich dieses Problem ausschließlich durch einen sofortigen Gastfamilienwechsel lösen.

Die Reaktion deiner Gasteltern lässt sich natürlich nicht vorhersehen. Ihre Grundüberzeugungen und Persönlichkeit spielen dabei genauso eine Rolle wie die Brisanz deiner Anliegen und die Geschicklichkeit deines Vorgehens. Falls sie kein Verständnis für deine Kritik zeigen, solltest du es zu diesem Zeitpunkt vermeiden, eine hitzige Diskussion mit ihnen zu führen. Wie bereits oben erwähnt, ist es in vielen Kulturkreisen nicht üblich, seine Eltern zu kritisieren. Und unter Umständen werden sie deine Einwände bei zukünftigen Entscheidungen und Handlungen ohnehin berücksichtigen.

Verändert sich nach diesem Gespräch allerdings nichts Entscheidendes zum Positiven, musst du es kurze Zeit später nochmals versuchen. Jetzt ist es auch an der Zeit, deinen Betreuer einzuschalten. Dafür ist er schließlich da! Dein Betreuer kann dich nur gut betreuen, wenn er umfassend von dir informiert wird.* Lass also alle falsche Zurückhaltung fallen und klage ihm dein Leid, auch wenn es vielleicht nur Lappalien sind, die dich stören.

> **Tipp:** Oft kann der Betreuer sowohl bei kleinen als auch bei scheinbar unüberbrückbaren Konflikten vermitteln. Er kennt deine Probleme und wird von deinen Gasteltern als gleichberechtigter Gesprächspartner akzeptiert. Ein klärendes Gespräch unter der Beteiligung aller Familienmitglieder kann Wunder wirken.

Der größte anzunehmende Unfall ist es, wenn deine Gasteltern „über sieben Ecken“ von deinen Problemen erfahren. Überlege dir genau, wem du „Geheimnisse“ aus dem Familienleben anvertraust: Aus einer

* Es sei hier daran erinnert, dass Telefonleitungen in beide Richtungen funktionieren. Warte also nicht darauf, dass dein Betreuer dich kontaktiert, sondern ergreife selbst die Initiative.

kleinen Andeutung gegenüber einem Mitschüler kann ein dramatisches Gerücht entstehen, was deine Gastfamilie in einem zweifelhaften Licht erscheinen lässt. Auch wenn du das nicht bezweckt hast, wird man dir die Verantwortung dafür zuschreiben und die Enttäuschung deiner Gasteltern über dein Verhalten kann grenzenlos sein. In einem solchen Fall ist es selbst für den besten Betreuer sehr schwierig, die Wogen wieder zu glätten.

Im Gegensatz zu dem bisher beschriebenen Fall, können Konflikte zwischen dem Austauschschüler und der Gastfamilie auch erst nach einigen Monaten des Miteinanders auftreten. So verschieden diese Konflikte auch aussehen mögen, sie haben doch meist ein und denselben Hintergrund: Das Zusammenleben von mehreren Personen unter einem Dach verläuft nie absolut reibungslos. Oft sind es Banalitäten, die das eine oder andere Familienmitglied nerven. Da man sich aber selbst der Belanglosigkeit des Problems bewusst ist, wird es nicht thematisiert. Dies kann sich im Laufe der Zeit rächen. Denn zu einer Banalität kann sich schnell eine zweite oder dritte gesellen, und irgendwann entsteht bei einem oder mehreren Familienmitglied/ern das dringende Bedürfnis, möglichst schnell und umfassend etwas am Status quo zu verändern. Da die leichte anfängliche Genervtheit jedoch mittlerweile in eine akute Gereiztheit übergegangen ist, lässt sich die Situation häufig nicht mehr entschärfen: Das Fass ist einfach zu voll, um es behutsam zu entleeren. Schließlich bricht es unter dem Druck einer weiteren Banalität auseinander.

Dabei ist dieser Situation so einfach vorzubeugen. Nach der ersten Phase des Kennenlernens und des Vertrauensaufbaus, sollte es kein Problem sein, offen über kleinere Irritationen zu sprechen. Diese beruhen nämlich oft nur auf Missverständnissen und sind deshalb auch relativ problemlos aus der Welt zu schaffen. Doch auch wenn nicht alle Konflikte durch gemeinsame Gespräche beseitigt werden können, so dient der Austausch von unterschiedlichen Standpunkten doch zumindest als Ventil.

Natürlich ist es nicht ganz auszuschließen, dass ein auf Konfliktbeseitigung ausgerichtetes Gespräch in einer unschönen Weise eskaliert und das Band zwischen dem Austauschschüler und der Gastfamilie zerreißt. In diesen Fällen bleibt nur noch der Gastfamilienwechsel.

Gastfamilienwechsel

Ein Gastfamilienwechsel ist immer die letzte Möglichkeit und sollte nur bei schwerwiegenden Problemen in Erwägung gezogen werden. Für beide Seiten ist ein solcher Schritt nicht einfach, aber wenn trotz des Versuchs der gegenseitigen Anpassung keine richtige Harmonie eintreten will, das Vertrauensverhältnis zerstört ist oder eine Seite sich über Wochen oder Monate ungerecht behandelt fühlt, ist ein Familienwechsel oft die einzige und für alle Beteiligten beste Lösung.

Für den Austauschschüler eine neue Familie zu finden, kann jedoch eine geraume Zeit in Anspruch nehmen. Du solltest daher nicht davon ausgehen, bereits ein oder zwei Tage nach dem großen Krach deine Zelte in einem anderen Zuhause aufschlagen zu können. Stattdessen musst du mit einer mehr oder minder langen Übergangszeit rechnen, die nicht unbedingt angenehm ist. In Härtefällen ist es jedoch denkbar, dass du vorübergehend bei deinem Betreuer oder in einer Übergangsfamilie eine Bleibe findest. Wie läuft ein Familienwechsel also ab?

Gehen wir einmal davon aus, dass ein schon länger brodelnder Konflikt zwischen dir und deiner Gastfamilie an einem Abend eskaliert und beide Seiten nur noch in der Trennung einen Ausweg sehen. Eine solche Übereinkunft kann durchaus befreiend wirken. Daher ist es denkbar, dass man mit der Gewissheit auf ein baldiges Ende des Zusammenlebens in den verbleibenden Tagen besser als zuvor miteinander auskommt und in Frieden voneinander scheidet.

Wenn sich die eine oder andere Seite jedoch gekränkt fühlt, kann die verbleibende Zeit in der Familie sehr unangenehm verlaufen. Da es für dich wichtig ist, den Betreuer von deiner Schuldlosigkeit an den Problemen zu überzeugen, solltest du ihn sofort nach den Streitigkeiten kontaktieren und deine Version der Vorfälle schildern. Denn auch die Gastfamilie wird sich keiner Schuld bewusst sein und zur Wahrung ihres Rufs dem Betreuer, Freunden und Verwandten ihre Fassung des Problems darlegen. Der Betreuer sollte beide Seiten beruhigen und sich umgehend auf die Suche nach einer neuen Familie machen. Wenn er allerdings davon überzeugt ist, dass dich allein die Schuld an dem Konflikt mit deiner Gastfamilie trifft, könnte sich sein Engagement bei der Suche unter Umständen in Grenzen halten. Sollte diese Situation eintreten, ist Eigeninitiative gefragt: Sicherlich hast du bis zum Zeitpunkt des Eklats schon ein paar Bekanntschaften gemacht. Dir bleibt nunmehr keine andere Möglichkeit, als deine missliche Lage möglichst vielen Schülern, Lehrern und Bekannten zu erzählen, ohne jedoch dabei die Gastfamilie schlecht zu machen. Sag einfach, die „Chemie“ stimme nicht. Das ist meist völlig ausreichend. Die Erfahrung zeigt, dass sich häufig auf diese Weise in relativ kurzer Zeit eine neue Gastfamilie finden lässt.

In dieser schwierigen Phase ist die volle Rückendeckung deiner deutschen Austauschorganisation überaus wichtig. Im Gegensatz zur ausländischen Partnerorganisation, die nicht selten die Position des Betreuers unterstützt, kann der deutsche Anbieter als „Anwalt“ deiner Interessen auftreten – und dir moralischen Rückhalt geben. Mit der deutschen Organisation kannst du aber nur dann rechnen, wenn du wirklich keinen groben Unfug gebaut hast. Sind die Probleme zwischen deiner Familie und dir hingegen eindeutig durch dein Fehlverhalten entstanden, kann und will auch der deutsche Veranstalter nichts mehr für dich tun: Wirst du zum Beispiel beim Ladendiebstahl erwischt oder verstößt du durch den Konsum von Alkohol und anderen Drogen gegen die Gesetze deines Gastlandes, bleibt dir nur noch die vorzeitige Rückreise.

Schule und Freunde

Einige Tage nach der Ankunft bei deiner Gastfamilie betrittst du zum ersten Mal deine neue Schule. Obwohl du dich ungemein auf diesen Moment gefreut hast, ist dir jetzt doch etwas flau in der Magengegend. Dein Betreuer hat dir zwar genau erklärt, in welchem Büro du dich vorstellen sollst und wer dir bei der Zusammenstellung deines Stundenplans und anderen Fragen behilflich sein wird, aber schon beim Betreten des Schulhofes erfasst dich eine unbeschreibliche Unsicherheit. Alles sieht so fremd und anders aus – und du kennst niemanden.

Dieses Gefühl dürfte bei fast allen Austauschschülern ähnlich sein, doch die ersten Minuten an der neuen Schule verlaufen bei jedem Jugendlichen unterschiedlich. Denkbar wären folgende Szenarien:

1. Im Schulgebäude herrscht reges Treiben. Es ist der erste Schultag nach den Ferien und alle Leute haben sich viel zu erzählen. Viele Schüler begrüßen sich mit einer herzlichen Umarmung oder mit einem dir unbekannten Begrüßungsritual. Erwartungsvoll hoffst du, von irgendwem angesprochen zu werden, aber die anderen Jugendlichen schenken dir keinerlei Beachtung. Ein beklemmendes Gefühl steigt in dir auf und du wünschst dir sehnlich, wenigstens einen deiner deutschen Freunde bei dir zu haben. Verzweifelt versuchst du den Raum GABF 10 zu finden, aber du kannst ihn einfach nicht lokalisieren. Schließlich nimmst du deinen ganzen Mut zusammen und fragst einen Mitschüler nach dem richtigen Weg. Statt fürsorgender Hilfe bekommst du nur eine genervte Antwort, die du aufgrund ihrer Schnelligkeit nicht verstehst – aber zumindest konntest du den hektischen Gesten entnehmen, dass du dich rechts halten musst.
2. Im Schulgebäude stehen überall kleinere Grüppchen von Leuten und plaudern. Du hast irgendwie das Gefühl, von allen gemustert zu werden und es scheint dir, als ob die Leute sich einen Spaß daraus machen, über dich zu lästern. Ob es an deiner Kleidung liegt? Vielleicht an deiner engen Hose? Oder an deinem Haarschnitt? Hoffentlich hat

dir keiner einen Zettel auf den Rücken geheftet!? Den Weg zu Raum GABF 10 erlebst du wie einen Spießrutenlauf und du stellst dir ununterbrochen die Frage, wieso du dir das bloß angetan hast.

3. Als du auf der Suche nach Raum GABF 10 den langen Gang entlang gehst, lächeln dich einige Jugendliche freundlich an oder heben als Zeichen des Grußes ihre Hand. Andere drehen sich hingegen tuschelnd ab. Dass du neu an der Schule bist, kannst du durch das Tragen der für alle Schüler verpflichtenden Schuluniform nicht kaschieren: Schließlich hast du vielleicht als einziger Jugendlicher blonde Haare, oder du hebst dich durch deine Körpergröße eindeutig von deinen Mitschülern ab. Trotz der ungewohnten Situation fühlst du dich schon in den ersten Minuten recht wohl und du hast das gute Gefühl, dass es nicht allzu schwer sein wird, einige Leute kennen zu lernen.
4. Jeder scheint jeden zu kennen, was bei der geringen Schülerzahl auch kein Wunder ist. Kurz nachdem du versehentlich den Aufenthaltsraum betreten hast, wirst du auch schon von einigen Leuten gefragt, ob du neu an der Schule bist. Nach einem kleinen Small Talk begleiten dich zwei hilfsbereite Mitschüler zu Raum GABF 10. Bevor sie sich von dir verabschieden, laden sie dich noch für das kommende Wochenende zu einer Fete ein.

Diese vier fiktiven Beispiele geben dir eine kleine Vorstellung darüber, wie dein erster Schultag beginnen könnte. Sicherlich ist es optimal und wünschenswert, sofort in eine Clique aufgenommen zu werden. Das dürfte aber nur in Ausnahmefällen geschehen. Der Aufbau eines Freundeskreises ist in der Regel eine langwierige Angelegenheit und gestaltet sich nicht immer einfach. Aber damit beschäftigen wir uns an einer anderen Stelle.

Dein Stundenplan

Dein Stundenplan ist maßgeblich von dem Schulsystem deines Gastlandes abhängig, das sich in der einen oder anderen Weise von dem dir bekannten deutschen System unterscheiden wird. Abgesehen davon, dass dein Schultag im Ausland unter Umständen eher beginnt, später aufhört, durch eine Mittagspause unterbrochen ist oder den ganzen Tag dauert, gibt es eine ganze Reihe weiterer Punkte, an die du dich gewöhnen musst.

Der Unterricht an deiner neuen Schule beruht vielleicht auf einem Kurssystem, bei dem Schüler verschiedener Altersstufen und Klassen gemeinsam unterrichtet werden. Auch die Lehrfächer unterscheiden sich unter Umständen grundlegend von dem dir bekannten Angebot. Inwieweit du deinen Stundenplan selbst bestimmen kannst, hängt von deinem Gastland, deiner Schule und der Jahrgangsstufe ab, in die du eingestuft wirst. Überdies macht dir deine deutsche Schule eventuell bestimmte Auflagen bei der Fächerwahl, wenn du nach dem Auslandsaufenthalt wieder in deine alte Jahrgangsstufe zurückkehren möchtest.

Bei der Zusammenstellung deines Stundenplans wirst du nicht allein gelassen: Entweder bekommst du den bereits fertigen Plan von deinem Betreuer bzw. von deiner Gastfamilie in die Hand gedrückt, oder du suchst zu Beginn deines ersten Schultages einen Lehrer oder Verwaltungsangestellten auf, der dich mit den wichtigsten Informationen versorgt. Aufgrund deiner deutschen Schulnoten und der geltenden Vorschriften des Landes stuft er dich in einen bestimmten Jahrgang ein. Falls in deinem Gastland ein zentraler, für alle Schüler verbindlicher Lehrplan existiert, bekommst du anschließend einen Zettel mit den von dir zu belegenden Stunden in die Hand gedrückt. Individuelle Wahlmöglichkeiten hast du in diesem Fall nicht. Spannender ist die Fächerwahl dagegen in Ländern, die ihren Schülern bei der Gestaltung ihres Stundenplans große Freiräume einräumen. In den USA, Kanada, Australien und Neuseeland ist es zum Beispiel durchaus üblich, sich aus ein paar Dutzend möglichen Fächern vier bis sieben herauszusuchen. Auf die Hilfe des Beratungslehrers bist du da schon angewiesen. Es ist sehr zu empfehlen, nicht nur die dir bekannten Fächer in den Stundenplan zu integrieren. An deutschen Schulen wird dir nur in den seltensten Fällen die Gelegenheit gegeben, dich täglich in den Fächern Kochen, Autoreparatur, Theater, Chor, Computer, Töpfern, Journalismus, Rhetorik oder Outdoor Education unterrichten zu lassen. Lass die einmalige Gelegenheit, deine sicherlich vorhandenen künstlerischen, handwerklichen, musikalischen oder sprachlichen Qualitäten zu entdecken beziehungsweise weiter auszubilden auf keinen Fall ungenutzt verstreichen!

In seltenen Fällen eröffnet dir dein Beratungslehrer die Möglichkeit, den Abschluss deiner Gastschule zu erwerben. Das ist sicherlich ein Zeichen für das Vertrauen in deine Leistungsfähigkeit, und du kannst das Angebot durchaus als Kompliment verstehen. Bedenke bei deiner Entscheidung pro oder contra Abschluss jedoch, dass dir ein Diplom einer ausländischen Schule außer einer Menge Arbeit und weit reichenden Einschränkungen bei der Fächerwahl nicht viel bringt.*

Der Abschluss einer ausländischen Schule nach einjährigem Auslandsaufenthalt befähigt dich in der Regel nicht dazu, an einer deutschen Universität zu studieren und dein Abitur wirst du daher ohnehin machen müssen. Selbst die automatische Hochschulzugangsberechtigung in deinem Gastland erwirbst du mit dem landestypischen Schulabschluss nicht unbedingt, da der Zugang zu vielen Universitäten über spezifische Aufnahmeprüfungen geregelt ist, für die du dich auch mit dem Abitur anmelden kannst. Schließlich ist der vermeintliche Vorteil, seinen ausländischen Schulabschluss in einem zukünftigen Bewerbungsgespräch gut verkaufen zu können, nicht unbedingt existent: Personalmanager schätzen nicht das Stück Papier mit den Noten, sondern die im Ausland gemachten Erfahrungen. Und da dir von deiner Austausch-

* Um die Anforderungen für einen Abschluss zu erfüllen, musst du zahlreiche Pflichtfächer belegen.

organisation die Teilnahme an einem Schüleraustausch mit Schulbesuch ohnehin bescheinigt wird, besitzt du bereits ein repräsentatives Schriftstück, das deine zukünftige Bewerbungsmappe zieren kann.

Tipp: Take it easy und genieße deine Zeit, ohne sie zu vergeuden! Zeugnisse und andere Trophäen wirst du noch allzu oft sammeln müssen, aber die Chance, „ungewöhnliche" Fächer auszuprobieren, kommt nicht wieder.

Die erste Schulstunde

Wenn du dich nicht gerade durch dein Aussehen grundlegend von deinen Mitschülern unterscheidest, kannst du an deinem ersten Schultag nicht unbedingt damit rechnen, dass die anderen Jugendlichen sofort auf dich zugehen und dich über deine Herkunft ausquetschen. Gerade in mobilen Gesellschaften, in denen der häufige Wohnortwechsel zum Alltag der Menschen gehört, ist es nicht außergewöhnlich, zu Schuljahresbeginn viele neue Gesichter zu sehen. Auch die Lehrer werden dich unter Umständen nicht sonderlich beachten, wenn sie ihren Unterricht beginnen. Du sitzt einfach da, wie jeder andere Schüler. Die Anonymität dürfte allerdings nur so lange andauern, bis du das erste Mal deinen Mund öffnest und dich zu artikulieren versuchst. Dein Stottern und das verzweifelte Ringen nach den richtigen Worten werden dir vielleicht peinlich erscheinen, aber das ist es nicht. Gerade in Ländern, in denen die wenigsten Menschen mehr als eine Sprache sprechen, kannst du dir trotz deiner gebrochenen Aussprache der Anerkennung deiner Mitschüler und Lehrer sicher sein. Vor allem hast du dich auf diese Weise aber „geoutet" und bist nun wenigstens einigen Mitschülern als „der" beziehungsweise „die" Deutsche bekannt.

Der Unterricht

Wie dir aus eigener Erfahrung als Schüler bekannt sein dürfte, gestaltet jeder Lehrer seinen Unterricht anders, wenn auch nicht unbedingt sehr abwechslungsreich. Genau dieselbe Beobachtung kannst du auf der ganzen Welt machen, egal in welches Land es dich verschlägt. Trotzdem werden dir auch gravierende Unterschiede auffallen, von denen hier einige aufgelistet sind:

- Die Schüler in deinem Gastland werden ihren Lehrern unter Umständen nicht widersprechen, auch wenn diese offensichtlich im Unrecht sind.
- Die Wahrscheinlichkeit ist recht hoch, dass du einschläfernden Frontalunterricht im wahrsten Sinne des Wortes kennen lernst. Mündliche Mitarbeit wird in vielen Ländern kaum verlangt und praktiziert.
- Tägliche Tests, unter Umständen im Multiple-Choice-Verfahren, sind in einigen Staaten fester Unterrichtsbestandteil.
- Im Gegensatz zum Unterricht in Deutschland, in dem persönliche Stellungnahmen in den geistes- und gesellschaftswissenschaftlichen Fächern einen wichtigen Bestandteil der Arbeit ausmachen, werden die Schüler in manchen Ländern vor allem daran gemessen, große Mengen Lehrstoff auswendig zu lernen und wiederzugeben.
- In vielen Ländern ist „Pfuschen“ kein Kavaliersdelikt, sondern gilt als bedeutender Vertrauensbruch, der von Schülern und Lehrern gleichsam geächtet wird.

Trotz vieler Umstellungen und der anderen Unterrichtssprache fällt es dir fast überall in der Welt schon nach wenigen Wochen nicht mehr schwer, dem Unterricht zu folgen, die Tests zu bestehen und an einigen Fächern Spaß zu finden. Denke immer daran, dass es sich bei deinem Austausch um ein akademisches Jahr und nicht um Urlaub handelt. Deine Lehrer erwarten von dir die gewissenhafte Erledigung der notwendigen Arbeiten. Zumindest solltest du aber in keinem Fach schwerwiegende Probleme bekommen. Die anfänglichen Sprachschwierigkeiten und Anpassungsprobleme sehen dir deine Lehrer sicherlich nach, aber schon in den ersten Wochen werden sie offensichtlich erkennbare Faulheit nicht tolerieren.

Freundschaften aufbauen

Der Erfolg deines Austauschjahres und dein persönliches Wohlempfinden hängen maßgeblich davon ab, relativ schnell Bekanntschaften zu machen. Die Schule ist dafür der ideale Ort. Wo sonst triffst du jeden Tag Dutzende von Gleichaltrigen, die ähnliche Interessen und Sorgen haben wie du? Ehe du dich versiehst, kennst du vielleicht schon 20 Leute und kannst bereits nach drei Monaten behaupten, einige Freundschaften fürs Leben geschlossen zu haben. Die skizzierte Entwicklung ist durchaus keine Utopie, aber wahrscheinlich wirst du es schwerer haben, dir einen Freundeskreis aufzubauen. Dies liegt unter anderem an deinem begrenzten Wortschatz, der tief greifende Gespräche in der ersten Zeit deines Aufenthalts nicht erlaubt. Und da der zu Anfang existierende Reiz des Informationsaustausches über Musik, Filme und Sport relativ schnell verfliegt und deine Mitschüler nicht immer die Muße haben, ihre Sätze ständig zu wiederholen, lässt auch das durchaus vorhandene Interesse am Small Talk mit dir nach. Was ist zu tun?

Setze alles daran, so schnell wie möglich deinen Wortschatz zu vergrößern. Dazu liest du am besten regelmäßig eine Tageszeitung, besorgst dir einige Comics und Bücher, schaust in die Glotze und sprichst viel mit deinen Gasteltern. Gleichzeitig musst du in die Offensive gehen: Erwarte nicht von den anderen Jugendlichen, dass sie sich darum reißen, dich kennen zu lernen. Im Gegensatz zu dir haben sie einen festen Freundeskreis. Folglich musst du über deinen eigenen Schatten springen und verschiedene Leute fragen, ob ihr euch nicht einmal treffen könntet oder ob am nächsten Wochenende irgendwo eine Fete stattfindet. Das ist sicherlich nicht einfach und du wirst die eine oder andere Abfuhr bekommen. Aber da musst du durch!
Relativ einfach gestaltet sich die Kontaktaufnahme zu anderen Mit-

schülern bei sportlichen Aktivitäten oder in AGs, da sich hier Leute mit gleichen Interessen (z.B. Musik, Computer, Theater) in zwangloser Atmosphäre treffen. Das schweißt zusammen und es ist absolut unerheblich, ob du ein Crack auf deinem Gebiet bist oder eher ein Amateur: Dabei sein ist alles!

Legst du ein wenig Hartnäckigkeit an den Tag, bist gleichzeitig aber nicht zu aufdringlich, werden deine Bemühungen nach einigen Wochen von Erfolg gekrönt sein und du rutschst in eine Clique hinein.

Deine neue Rolle

In Deutschland nimmst du innerhalb deiner Klasse und deines Freundeskreises eine bestimmte Rolle ein, die du dir über Jahre hinweg „erarbeitet" hast, die dir von deinen Freunden zugeschrieben wurde oder die sich einfach so ergeben hat. So bist du vielleicht der Streber, die Nervensäge, das Sportass, die Klassensprecherin, das Biest, die Ausgeflippte, der Psychopath, der Komiker oder die Verklemmte. Wie du vielleicht schon einmal an der eigenen Haut erfahren musstest, ist es unwahrscheinlich schwer bis unmöglich, eine einmal eingenommene Rolle wieder abzulegen – gerade wenn sie auf negativen Zuschreibungen beruht.

Während deines Auslandsaufenthalts hast du die einmalige Chance, in eine neue Rolle zu schlüpfen. Da dich niemand kennt, kannst du dich so verhalten, wie du es schon immer wolltest beziehungsweise wie du wirklich bist. Gleichzeitig ist es aber auch nicht ungewöhnlich, dass dich deine neue Umgebung trotz unveränderten Verhaltens anders wahrnimmt, als du es gewohnt bist. In diesem Sinne kannst du beispielsweise vom Komiker zum Spinner, von der Nervensäge zur Entscheidungsträgerin und vom verklemmten zum begehrten Mitschüler mutieren.

Ausschlaggebend für die Rolle, die du während deines Aufenthalts einnimmst, ist zum großen Teil dein Verhalten in den ersten Wochen. Daher solltest du gerade am Anfang nicht zu sehr auf den Putz hauen oder ständig mit versteinerter Miene in der Ecke sitzen. Sonst kannst du dich innerhalb weniger Wochen in einer Rolle wiederfinden, die nicht deinem Selbstverständnis entspricht. Versuche einfach du selbst zu sein, ohne dabei das Gespür für die dortigen Gepflogenheiten zu verlieren.

Kontakte zu anderen Austauschschülern

Gerade in der Anfangsphase deines Aufenthalts, wenn du noch kaum Leute kennst und dich möglicherweise einsam fühlst, ist es nahe liegend, sich mit „Leidensgenossen" auszutauschen. Dagegen ist überhaupt nichts einzuwenden. Problematisch wird es allerdings, wenn sich dein neuer Bekanntenkreis auch nach vielen Monaten fast ausschließlich aus Austauschschülern zusammensetzt.

Du nimmst an einem Schüleraustausch teil, um Kultur, Sprache und Lebensweise der Menschen deines Gastlandes kennen zu lernen. Und dieses Ziel solltest du nicht schon nach wenigen Wochen aus den Augen verlieren. Formiert sich erst einmal eine feste Gruppe von Austauschschülern, bleibt sie in der Regel bis zum Ende des Schuljahres bestehen. Denn deine „einheimischen" Mitschüler werden diese Gruppenbildung als Zeichen der Abgrenzung verstehen und keinerlei Anstrengungen zu eurer Integration unternehmen, während ihr euch in der Annahme ihres Desinteresses bestätigt fühlt. Eine solche Konstellation ist nicht förderlich für das gegenseitige Verständnis, wirkt frustrierend und hat auch den Nachteil, dass du die Sprache deines Gastlandes nicht annähernd so gut erlernen wirst, wie es auf der Grundlage von Freundschaften mit „Einheimischen" möglich wäre.

Sex, Drugs and Rock'n'Roll

Bunthaarige, mit Piercings und Tätowierungen geschmückte Schüler, die sich in durchlöcherter Kleidung vor den Augen ihrer Lehrer innige Zungenküsse geben, gehören nicht selten zum normalen Erscheinungsbild einer deutschen Schule. Der Individualität der Jugendlichen werden fast keine Grenzen gesetzt. Das sieht in einigen Staaten ganz anders aus. Auch wenn keine Schuluniform vorgeschrieben ist, müssen sich viele Schüler an bestimmte Kleidervorschriften halten. Das kann mit dem Verbot von Schmuck und „wilden" Haarschnitten anfangen und in der Mindestlängen-Regelung für Röcke und kurze Hosen seine Vollendung finden. Aber die strikteren Regeln beschränken sich nicht nur auf die Kleidung: An vielen Schulen herrscht absolutes Rauchverbot, und in einigen Ländern ist sogar der öffentliche Körperkontakt zwischen Teenagern verboten. In den USA kannst du beispielsweise schon Probleme bekommen, wenn du auf dem Schulgelände einen Mitschüler zur Begrüßung umarmst.

Im Gegensatz zu den Partys an deiner deutschen Schule wird der Konsum von Alkohol an deiner Gastschule wahrscheinlich nicht geduldet sein. Natürlich lassen sich immer Mittel und Wege finden, um dieses Verbot zu umgehen. Die Illegalität sorgt sogar nicht selten für den zusätzlichen Kick, der das Trinken erst richtig interessant macht. Doch so groß die Versuchung auch sein mag: Wenn dir der Alkoholkonsum aufgrund der staatlichen Gesetze, der Vorschriften deiner Schule oder des Vertrags mit deiner Austauschorganisation untersagt ist, solltest du die Finger davon lassen. Gerade bei Schulfeten wimmelt es von Aufsichtspersonen, die schon in einer leichten Alkoholfahne einen Grund für deine vorzeitige Rückkehr nach Deutschland sehen könnten. Wirst du beim illegalen Betrinken erwischt, bleibt dir im günstigsten Fall die Möglichkeit, durch herzzerreißende Beteuerungen deines Willens zur Besserung und unter dem Einsatz von reichlich Tränen eine „Bewährungsstrafe" herauszuschlagen. Du solltest es aber erst gar nicht darauf ankommen lassen!

Auch wenn du die Vorschriften an deiner Gastschule lächerlich findest: Erspare deinen Lehrern und Mitschülern eine Diskussion über ihren Sinn oder Unsinn, da du dir auf diese Weise lediglich unnötigen Ärger bereitest. Niemand wird die bestehenden Regeln aufgrund deiner Einwände in Frage stellen! Zweifelst du sie hingegen permanent an oder brichst sie sogar, kannst du kurz nach deiner Ankunft auch schon wieder deinen Rückflug buchen und dich zu deinem Heldentum beglückwünschen. Denn abgesehen von dem vorzeitigen Programmende bist du auch dafür verantwortlich, dass deine Gastschule vielleicht nie wieder einen (deutschen) Austauschschüler aufnehmen wird.

An fast jeder Schule in der industrialisierten Welt gibt es Schülerinnen und Schüler, die regelmäßig Drogen konsumieren. Neben Zigaretten, Alkohol, Marihuana und Hasch erfreuen sich seit einigen Jahren synthetische Rauschmittel einer zunehmenden Beliebtheit unter Jugendlichen.* Aber selbst wenn es an deiner Gastschule ein Drogenproblem geben sollte, wird dich niemand zum Konsum von Drogen nötigen. Du hast die Entscheidungsfreiheit über dein Verhalten und solltest dich auch von einem möglicherweise vorhandenen Gruppenzwang nicht beeinflussen lassen. Denn sonst bist du – abgesehen von den ganzen Unannehmlichkeiten mit Polizei, Justiz, Schule und Gastfamilie – schneller wieder daheim, als es dir lieb ist.

Zum Schluss noch einige Worte zum Thema Sex. Die Sexualmoral in anderen Ländern kann sich grundlegend von der dir bekannten unterscheiden. Die Jugendlichen deines Gastlandes könnten freizügiger, aber auch verklemmter mit ihrer Sexualität umgehen. Unabhängig von dem vorherrschenden Moralkodex kannst du jedoch davon ausgehen, dass auch in deinem Gastland Körperflüssigkeiten ausgetauscht wer-

---

* *Info:* An dieser Stelle sei darauf hingewiesen, dass der regelmäßige Konsum von chemischen Drogen wie Ecstasy nachweisbar das Gehirn schädigt und bei falscher Dosierung bereits der einmalige Konsum zu einer lebenslangen Bewusstseinsveränderung führen kann.

den. Und da es auch dich „erwischen“ kann, solltest du vorsorglich ein Päckchen Kondome mit auf die Reise nehmen. In einigen Städten könnte sich nämlich der (diskrete) Erwerb von Verhütungsmitteln durchaus schwierig gestalten, vor allem dann, wenn der einzige Drogeriemarkt von Freunden oder Verwandten deiner Gasteltern geführt wird. Eigentlich ist es überflüssig zu erwähnen, aber da einige Austauschschüler gelegentlich an der Befruchtung von Eizellen mitwirken, möchte ich dich nochmals daran erinnern: Bereits beim ersten Geschlechtsverkehr ohne Verhütungsmittel kann es zu einer ungewollten Schwangerschaft kommen. Bedenkst du dann noch die immer größer werdende Gefahr einer Infizierung mit HIV, wäre es relativ dumm, ohne Präservativ miteinander zu schlafen!

Kulturschock

Die ersten Wochen des Auslandsaufenthalts erleben viele Austauschschüler in einer euphorischen Stimmung. Alles ist neu und muss erkundet werden. Selbst der Einkauf im Supermarkt und der tägliche Schulweg werden zum Erlebnis. Losgelöst von den gewohnten Konventionen scheint das Leben in der neuen Heimat einfach und abwechslungsreich zu sein. Urlaubsstimmung macht sich breit. In dieser Phase vergeht ein Tag schneller als der andere und es bleibt kaum Zeit, an Eltern und Freunde in Deutschland zu denken. Ein Verwandtenbesuch jagt den nächsten, die Nachbarn wollen dich kennen lernen und deine Gastfamilie investiert viel Zeit und Geduld, um dir deine ersten Wochen so angenehm wie möglich zu gestalten. Alles ist vom Feinsten und du kannst dir nicht vorstellen, dass jetzt noch etwas schief gehen könnte.

Doch dann kommt die Ernüchterung. Langsam erkennst du, dass auch das Leben in deinem Gastland nach einem gleichförmigen Alltagstrott abläuft, der keineswegs so aufregend ist, wie du das zu Anfang angenommen hattest. Der Schulunterricht langweilt dich zunehmend, und die tägliche Erledigung der Schularbeiten fällt dir schwer. Auch deine

Freizeit verläuft unspektakulärer als erwartet: Da deine Mitschüler nur selten eine freie Minute finden, um sich mit dir zu treffen, verbringst du viele Stunden in deinem neuen Zuhause. Deine Gasteltern können sich aufgrund ihrer beruflichen und privaten Verpflichtungen auch nicht permanent um dich kümmern und erwarten stattdessen, dass du dich selbst beschäftigst. An die Stelle der anfänglichen Rücksichtnahme tritt allmählich Normalität und es wird von dir verlangt, die bequeme Rolle des außen stehenden Beobachters und Gastes gegen die des gleichberechtigten Familienmitglieds und Klassenkameraden einzutauschen.

Nicht wenige Austauschschüler bekommen in dieser Phase einen regelrechten „Kulturschock“, weil sie durch die von ihnen verlangte Anpassung an die Sitten und Gewohnheiten des Gastlandes ihre persönliche und kulturelle Identität bedroht sehen und bestimmte Verhaltensweisen nicht akzeptieren wollen. Wann diese Phase eintritt, wie lange sie dauert und in welcher Form sie in Erscheinung tritt, ist individuell verschieden. Die Symptome für den kulturellen Schock sind jedoch oft die gleichen: Man fühlt sich niedergeschlagen, ist depressiv und entwickelt eine Abneigung gegen das Gastland, das man bei jeder sich bietenden Gelegenheit kritisiert. Plötzlich fallen einem Klima, Sprache und Gerüche zur Last und man verspürt das Bedürfnis, deutsch zu essen und deutsch zu sprechen. Die Heimat erscheint in dieser Phase in einem strahlenden Licht, Probleme mit Eltern, Freunden und Lehrern sind aus der Erinnerung radiert. Körperliche Anzeichen des Kulturschocks sind unter anderem der Drang zum ständigen Händewaschen, Fressorgien oder die Verweigerung der Nahrungsaufnahme sowie ein ausgeprägtes Schlafbedürfnis und eine ständige Gereiztheit.

Selbstmitleid hilft dir in dieser Phase nicht weiter. Lass dich auf keinen Fall über einen längeren Zeitraum hängen! Um aus der Lethargie zu erwachen, musst du dich verstärkt mit deiner neuen Umgebung auseinandersetzen. Vermeide es dabei, die Kultur deines Gastlandes ständig mit dem Leben in Deutschland zu vergleichen. Denk insbesondere immer daran, dass es keine höheren oder minderwertigen

Kulturen gibt, sondern nur andere. Sicherlich nerven dich verschiedene Eigenarten deiner Mitschüler und Gasteltern, aber auch in deiner Heimat gibt es garantiert genügend Dinge, mit denen du weniger gut zurechtgekommen bist oder die eine Belastung für dich dargestellt haben. Sei vorsichtig vor platten Verallgemeinerungen in dem Sinne, dass du von dem Australier, dem Brasilianer oder dem Japaner „an sich" sprichst, da diese Klassifizierung der Verschiedenheit der Menschen nicht gerecht wird. Es gibt immer „solche und solche"! Flüchte nicht in eine vermeintlich heile Traumwelt, sondern lenke dich mit vielfältigen Aktivitäten von deinen Problemen ab. Gerade jetzt ist es wichtig, dass du Kontakte zu „Einheimischen" aufbaust und deine Sprachkenntnisse verbesserst. Wenn du dich nicht in die Isolation zurückziehst und aufgeschlossen auf deine neuen Verwandten und Mitschüler zugehst, lernst du garantiert viele nette Menschen kennen, die dich so akzeptieren, wie du bist. Natürlich verlangen sie von dir Toleranz und Feingefühl gegenüber bestimmten Gepflogenheiten, Sitten und Gebräuchen. Und auch auf die Einhaltung von geläufigen Höflichkeitsformeln wird gemeinhin gesteigerter Wert gelegt. Die Verleugnung deiner kulturellen Hintergründe oder gar eine hundertprozentige Assimilierung erwartet jedoch niemand von dir. Die Angst, durch Anpassung seine Identität zu verlieren, ist daher unbegründet. Im Gegenteil: Gerade das bewusste Erleben einer anderen Lebensweise stärkt und bereichert deine eigene Identität.

Heimweh

Nach überstandenem Kulturschock und erfolgreicher Integration steht einem unbeschwerten Austausch nichts mehr entgegen. Fast alle Austauschschüler werden jedoch gelegentlich von Heimweh geplagt. Besonders zu Ostern, Weihnachten und Silvester sowie zu deinem Geburtstag hast du gute Chancen, von ungewohnter Schwermut und Traurigkeit erfasst zu werden. Das ist einfach zu erklären: Seit vielen Jahren spielen sich in deinem Elternhaus an diesen Tagen immer die gleichen Rituale ab, die dir das Gefühl von Geborgenheit und Vertrautheit geben. Auch das fürsorgliche Bemühen deiner Gasteltern wird daher in der Regel nichts daran ändern können, dass dir an den Festtagen etwas fehlt und du ein wenig „geknickt" bist.

Die Hochsaison für Heimweh ist üblicherweise die Zeit von Weihnachten bis Neujahr. Diese emotional aufgeladenen Tage verbringt man in vielen Ländern im Kreise der Familie, und es bieten sich unzählige Gelegenheiten, melancholisch zu werden. Tröste dich mit der Gewissheit, das nächste Weihnachtsfest wieder in gewohnter Atmosphäre zu feiern, und dieses Jahr eine neue Erfahrung zu machen. Da das „Feiertags-Heimweh" in der Regel mit dem Ende der Festivitäten wieder vergeht, solltest du es einfach über dich ergehen lassen und lediglich versuchen, dich so gut wie möglich abzulenken.

Schlimmer als das Feiertags-Heimweh ist das unter Umständen recht hartnäckige Bedürfnis, bei anhaltenden Konflikten mit der Gastfamilie seine Eltern und Freunde in Deutschland wieder sehen zu wollen, zumindest aber um Rat zu fragen. Viele Jugendliche wünschen sich in diesen Momenten nichts sehnlicher als einen Kurztrip in die Heimat. Die Symptome des problembedingten Heimwehs sind mit denen des Kulturschocks vergleichbar. Teilweise verlaufen beide Entwicklungen sogar parallel und sind nicht voneinander zu trennen. Natürlich ist es verständlich, wenn man sich aufgrund eines vermeintlich unlösbaren Problems an seine engsten Vertrauten wendet – besonders hilfreich ist es jedoch nicht: Deine Eltern und Freunde in Deutschland verfügen über keine fundierten Kenntnisse der Situation vor Ort. Folglich können sie diese auch nicht beurteilen. Gutgemeinte Ratschläge aus der Ferne schießen oft über das Ziel hinaus und sind eher kontraproduktiv. Auch auf deine psychische Verfassung wirkt sich ein intensiver Kontakt mit der Heimat meist negativ aus. Vielleicht kannst du dich am Telefon einmal richtig ausheulen oder dich ein wenig bemitleiden lassen. Doch die vermeintliche Nähe zu deinen Eltern ist trügerisch und die Einsamkeit nach dem Gespräch um so größer.

Ganz abzuraten ist dir in Konfliktsituationen vom Gebrauch von E-Mails, WhatsApp, Facebook, Skype & Co. Bei einem herkömmlichen Brief könntest du dir auf dem Weg zum Briefkasten noch überlegen, ob du ihn wirklich abschicken willst und es besteht die Möglichkeit, ihn telefonisch wieder „abzufangen“. Das World Wide Web transportiert deine spontanen Emotionen jedoch in wenigen Augenblicken um die ganze Welt und die Möglichkeit, deine Ausführungen noch einmal zu überdenken, entfällt.

Bestimmt kannst du dir bereits denken, wie diese Situation am besten zu lösen ist. Genau! Verabrede dich mit deinen Freunden, arbeite an deinen Sprachkenntnissen und sprich mit deiner Gastfamilie: Probleme lassen sich nur vor Ort lösen!

Austausch und Eltern

Für deine Eltern ist der Auslandsaufenthalt eine zweischneidige Sache: Zum einen freuen sie sich für dich, zum anderen sind sie besorgt. Selbst wenn sie deinem Schüleraustausch von Anfang an positiv gegenüberstanden, fällt es ihnen sicherlich schwer, dich „loszulassen“. Körperlich bist du zwar nicht mehr greifbar, aber gedanklich werden deine Eltern ständig bei dir sein. Während du in den ersten Tagen deines Austausches permanent abgelenkt bist und kaum Zeit findest, an dein Zuhause zu denken, hinterlässt du im Alltag deiner Eltern ein großes Loch. Nachdem deine Eltern dich bis zu deiner Abreise fast täglich gesehen haben, lebst du plötzlich bei fremden Menschen, denen sie auch noch für die Dauer des Austausches die Erziehungsberechtigung übertragen mussten. Du bist einfach weg! Natürlich wissen deine Eltern, dass du nach einigen Monaten zurückkehrst und das Familienleben dann wieder seinen gewohnten Gang nehmen wird. Aber inzwischen kann viel passieren...

Viele Eltern haben daher das verständliche Bedürfnis, auch während des Schüleraustausches in engem Kontakt zu ihrem Kind zu stehen.

Wöchentliche Telefonate, ein regelmäßiger E-Mail-Verkehr und gelegentliche Besuche scheinen da die ideale Lösung zu sein. Schließlich wollen sie sich auch ein Bild davon machen, in welchen Verhältnissen ihr Kind lebt, ob es sich wohl fühlt, oder ob es Hilfe benötigt. De facto ist der intensive Kontakt zwischen dir und deinen Eltern jedoch nicht hilfreich, da er dir die Eingewöhnung und Integration in deine neue Umgebung erschwert. Dein Leben spielt sich für die Dauer des Auslandsaufenthalts nicht in Deutschland ab, sondern in deinem Gastland. Ein ständiger Gedanken- und Informationsaustausch mit deinen Eltern erinnert dich hingegen permanent daran, nur Gast in dem Land deiner Wahl zu sein und gibt dir womöglich noch das Gefühl, wichtige Ereignisse in Deutschland zu verpassen. So schwer es auch sein mag: Deine Eltern müssen lernen, eine andere Rolle als die gewohnte einzunehmen. Für eine begrenzte Zeit teilst du deinen Alltag in erster Linie mit deinen Gasteltern und deinen neuen Freunden, nicht mit ihnen. Deine Eltern geben dir hingegen den Rückhalt, den du benötigst, um mit den neuen Herausforderungen fertig zu werden. Die Gewissheit, jederzeit nach Hause zurückkehren zu können, macht dich stark und gibt dir eine innere Gelassenheit.

Natürlich haben deine Eltern ein Recht darauf, schöne und weniger schöne Erlebnisse mit dir zu teilen. Rufe sie daher in den Tagen nach deiner Ankunft an und schildere ihnen deine Eindrücke. Lass auch mit der ersten E-Mail nicht zu lange warten. Wenn deine Eltern erst einmal wissen, dass es dir gut geht, fällt ein Teil der Anspannung von ihnen ab. Nach der zu Anfang üblichen „Telefonitis" sollte sich der telefonische Kontakt dann jedoch auf einmal pro Monat beschränken. Auch eine E-Mail pro Monat liegt durchaus im Soll. Aufgrund deiner zahlreichen Aktivitäten wirst du ohnehin kaum Zeit finden, lange Romane zu schreiben. Für dich bedeutet dies auf der anderen Seite aber auch, bei kleineren Problemen nicht gleich zum Telefonhörer zu greifen, um die Hilfe deiner Eltern in Anspruch zu nehmen. Dieses Vorgehen wäre blanker Egoismus, denn während du dich nach dem Gespräch besser fühlst, machen sich deine Eltern bis zum nächsten Kontakt große Sorgen.

Wie du siehst, bringt der Schüleraustausch für alle Beteiligten einige schwierige Neuerungen mit sich. Auch deine Eltern sollten sich deshalb auf den Auslandsaufenthalt vorbereiten. Als ersten Einstieg könntest du ihnen zum Beispiel die folgende Liste mit Erfahrungswerten vorlegen:

Liebe Eltern!

- Wenn sich ein Austauschschüler nicht regelmäßig bei seinen Eltern meldet, seine Gasteltern in den höchsten Tönen lobt und kaum mehr in der Lage zu sein scheint, einen korrekten Satz in deutscher Sprache zu bilden, ist das kein alarmierendes Zeichen von Entfremdung, sondern der Beleg für eine erfolgreiche Integration. Freuen Sie sich für ihr Kind!
- Von Besuchen während des Austausches ist absolut abzusehen, da sie fast immer zu Komplikationen führen. Ihr Kind hat sich in einer fremden Umgebung ein neues Leben aufgebaut und sich mit den dortigen Gegebenheiten arrangiert. Durch Ihre bloße Anwesenheit kann diese Welt aus den Fugen geraten. Nicht selten entstehen Loyalitätsprobleme und der Gastfamilie wird ungewollt vor Augen geführt, dass sie nur temporäre Ersatzeltern sind. Gegen einen Besuch am Ende des Programms ist hingegen nichts einzuwenden. Man sollte sich jedoch der Problematik bewusst sein, die ein gemeinsamer Urlaub nach vielen Monaten der Trennung mit sich bringen kann.
- Vertrauen Sie Ihrem Kind! Akzeptieren Sie seine Entscheidungen und „lassen Sie es los“! Es kommt ganz sicher wieder nach Hause und wird Ihre Liberalität zu schätzen wissen.
- Bauen Sie einen lockeren E-Mail- oder Telefonkontakt zu den Gasteltern auf, selbst wenn die Sprachbarriere unüberwindlich scheint. Vermeiden Sie es dabei auf jeden Fall, den Erziehungsstil und die Lebensführung der Gastfamilie zu kritisieren. Bei schwerwiegenden Problemen Ihres Kindes mit der Gastfamilie ist es ratsam, die deutsche Organisation zu kontaktieren und das weitere Vorgehen abzustimmen. Eigeninitiativen laufen fast immer schief!
- Ermutigen Sie Ihr Kind, in Phasen des Heimwehs nicht aufzuge-

ben, wenn es sich Ihrer Meinung nach um eine temporäre Erscheinung handelt. Durchhalteparolen bei permanentem bis krankhaftem Heimweh sind dagegen wenig hilfreich.

Ein abschließender Tipp: Den vorübergehenden „Verlust" Ihres Kindes können Sie am besten durch die Aufnahme eines ausländischen Jugendlichen kompensieren. Durch diese parallele Austauscherfahrung fällt es Ihnen leichter, bestimmte Entwicklungen in der Ferne nachzuvollziehen und nebenbei entgehen Sie der ggf. beklemmenden Stille in Ihrer Wohnung. Während Ihr Familienleben ganz normal weiterläuft, eröffnen Sie einem ausländischen Jugendlichen die Möglichkeit, wichtige Erfahrungen zu machen – und gewinnen nebenbei ein Familienmitglied hinzu. Bei einigen wenigen Veranstaltern reduziert sich dadurch sogar der Preis für das Programm Ihres Kindes.

Weiterhin sollten Sie Kontakt zu anderen Familien suchen, deren Kinder ebenfalls ihr Schuljahr im Ausland verbringen. Durch den Austausch von Freuden, Ängsten und Informationen bleiben Sie nicht allein mit Ihren Eindrücken und können Ihre Erfahrungen mit anderen „Leidensgenossen" teilen. Bei einigen Anbietern sind Elterntreffen fester Bestandteil des Programms, aber es dürfte auch kein Problem sein, sie in Eigenregie zu organisieren.

Schließlich bietet das Internet exzellente Möglichkeiten, sich mit anderen Eltern in Verbindung zu setzen. Schauen Sie doch einfach mal im Elternforum des Online-Angebots zu diesem Buch unter www.handbuchfernweh.de vorbei, und Sie werden sehen, dass Sie mit Ihren Emotionen nicht alleine sind.

Rückkehr in die fremde Heimat

Die letzten Wochen deines Auslandsaufenthalts vergehen wie im Flug und der Tag der Abreise rückt unaufhaltsam näher. Schließlich ist es soweit: Nach tränenreichem Abschied von deiner Gastfamilie hebt der Flieger Richtung Deutschland ab. Deine Gefühlswelt ist in diesem Moment absolut durcheinander. Zum einen freust du dich auf das Wiedersehen mit deinen Eltern und Freunden, zum anderen bist du traurig über den Verlust dir wichtiger Menschen.

Viel Zeit für wehmütige Erinnerungen oder Vorfreude bleibt dir jedoch nicht! In nur wenigen Stunden wirst du mit einer wahnsinnigen Geschwindigkeit von deiner Welt in eine andere katapultiert, die dir ziemlich fremd erscheint. Alles ist so hektisch, kalt und unfreundlich und du verspürst den Wunsch, sofort wieder in deine neue Heimat zurückzufliegen. Als dich jedoch nur noch wenige Meter von dem Tor trennen, hinter dem du deine Eltern vermutest, verwirfst du diesen Gedanken. Du holst tief Luft, verlangsamst deinen Schritt, 15 Meter, 10 Meter, 5 Meter, die elektrische Ausgangstür öffnet sich, eine wartende Menschentraube schaut dich an, du gehst weiter, irgendwer ruft deinen Namen, hinter dir schließt sich die Tür. Plötzlich stehen deine Eltern mit offenen Armen vor dir: Wieder daheim!?

Die Erzählphase

In den ersten Tagen nach deiner Rückkehr schenkt man dir viel Aufmerksamkeit. Eltern, Freunde und Verwandte möchten von dir erfahren, wie es „da drüben“ aussieht. „Und, wie war’s?“ lautet die Standardfrage, die man dir fast täglich stellt. Das ernst gemeinte Interesse deiner Umgebung ist nicht immer leicht zu befriedigen, da mehrere Monate Auslandsaufenthalt in einem wenige Minuten dauernden Gespräch nicht zusammenzufassen sind. Außerdem bist du selbst noch gar nicht in der Lage, deine vielfältigen Eindrücke und Erlebnisse zu ordnen. Nach anfänglicher Sprachlosigkeit erzählst du fast immer die gleichen „best of“ Geschichten, die deinen Auslandsaufenthalt für Außenstehende als reinsten Abenteuerurlaub erscheinen lassen. Selbst Verwandte und Bekannte, die dich und deine Eltern vor deiner Abreise mit stichelnden Bemerkungen genervt haben, sind angetan von deinen Erfahrungen. Ein schönes Gefühl! Überhaupt gefällst du dir ein wenig in der Rolle des heimkehrenden Weltenbummlers, der „Außergewöhnliches" aus einer anderen Welt zu berichten hat.

Die Sättigungsphase

Ziemlich schnell normalisiert sich jedoch das Interesse an deiner Person: Konntest du deine Zuhörer zu Anfang mit spektakulären Geschichten fesseln, begeistern sie deine euphorischen Schilderungen scheinbarer Banalitäten nur selten. Deine Eltern und besten Freunde hören dir zwar immer noch geduldig zu, wenn du zum x. Mal betonst, wie genial Menschen, Landschaft, Imbissbuden, Tankstellen, Bekleidungsläden und das Wetter in deinem Gastland sind, aber irgendwann haben auch sie genug gehört. Gelegentlich ziehen sie dich jetzt sogar wegen deines eigenartigen Sprachstils auf.

Die „Keiner-versteht-mich"-Phase

Eigentlich bist du gar nicht böse darum, nicht mehr ständig die gleichen Geschichten erzählen zu müssen. Aber dass deine Eltern und Freunde sich bereits kurz nach deiner Rückkehr einfach so verhalten, als ob du gar nicht „weg" gewesen wärst, verstehst du nicht: Irgendwie scheinen sie deinen Schüleraustausch mit ihrem zweiwöchigen Sommerurlaub zu verwechseln. Sie begreifen offensichtlich überhaupt nicht, was es bedeutet, für eine lange Zeit in einem anderen Land gelebt zu haben. Gerade bei Personen, die dir am Herzen liegen, treibt es dich auf die Palme, wenn sie deine Begeisterung für die andere Kultur nicht teilen wollen, sondern dir entgegnen, dass das Leben in Deutschland auch nicht schlecht sei. Nach einigen vergeblichen Versuchen, sie von deiner Sichtweise zu überzeugen, gibst du schließlich auf.

Die „Alles-ist-Mist – Ich-will-wieder-weg"-Phase

Was folgt ist eine Phase des Selbstmitleids, in der du dich selbstgefällig in deine Erinnerungen flüchtest. Die Entwicklung in der Heimat scheint stehen geblieben zu sein, während sich dein Horizont enorm erweitert hat. Deinen Mitschülern und Eltern fühlst du dich überlegen, da sie immer noch das gleiche, langweilige Leben führen wie vor einem Jahr – und glücklich damit sind. Dir geht der monotone Alltag dagegen absolut auf den Geist! In deiner Erinnerung verklärt sich der Auslandsaufenthalt in eine problemfreie Zeit, die täglich Neuerungen und Herausforderungen mit sich brachte. Vor allem vermisst du die Aufgeschlossenheit und Freundlichkeit der Menschen deines Gastlandes und entwickelst eine Aversion gegen bestimmte Verhaltensweisen „der" Deutschen, mit denen du nichts mehr gemeinsam haben willst. Dein einziger Trost ist die Hoffnung auf eine bessere Zukunft. Für dich steht fest: Dieses schreckliche Land willst du so schnell wie möglich wieder verlassen!

Die „back-to-reality"-Phase

Durch die ständige Nörgelei schaffst du es in relativ kurzer Zeit, deinen gesamten Freundeskreis zu verstimmen, und deine Eltern bereuen inzwischen, dir den Auslandsaufenthalt ermöglicht zu haben. So kann es nicht weitergehen! Als die von dir selbst gewählte Situation zunehmend unerträglich wird, beginnst du, dich mit den gegebenen Umständen zu arrangieren. Komischerweise empfindest du den Alltag in Deutschland auf einmal gar nicht mehr so öde und es macht dir wieder Spaß, mit deinen Freunden loszuziehen. Schließlich hörst du auch damit auf, deinen Eltern ständig von deiner Gastfamilie vorzuschwärmen, was das Familienleben schlagartig angenehmer macht. Normalität hält Einzug in dein Leben – und du genießt es! Erst jetzt bist du wieder richtig zuhause angekommen!

Nachtrag

Diese Phaseneinteilung trifft natürlich nicht zwangsläufig auf alle zurückkehrenden Austauschschüler zu. Einige Jugendliche haben keinerlei Anpassungsschwierigkeiten und knüpfen nahtlos an ihr „altes" Leben an. Das ist aber nicht unbedingt die Regel! Je erfolgreicher ein Schüleraustausch verläuft, desto schwieriger gestaltet sich üblicherweise die „Wiedereingliederung". Um dir unnötige Probleme zu ersparen, solltest du folgende Punkte im Hinterkopf behalten:

- Deine Freunde und Eltern haben sich während deiner Abwesenheit kaum verändert. Sie sind die gleichen Menschen, mit denen du dich jahrelang gut verstanden hast und die dir in schwierigen Situationen stets geholfen haben. Erinnere dich daran, bevor du ihr Verhalten und ihre Lebensführung kritisierst!
- Für deinen Bekanntenkreis und deine Eltern ist es ein eigenartiges Gefühl, mehrere Monate lang durch andere Menschen „ersetzt" worden zu sein. Konfrontiere sie nicht permanent mit den Vorzügen deiner Gasteltern und deiner ausländischen Freunde, damit bei ihnen erst gar nicht der Eindruck entsteht, nur noch eine untergeordnete Rolle in deinem Leben zu spielen und jederzeit austauschbar zu sein.
- Vergleiche die Erlebnisse deiner Freunde und Eltern nicht mit deinen eigenen: Jede Seite hat auf ihre Art eine schöne Zeit verbracht!
- Einige Tage lang ist es für alle Beteiligten ganz nett, wenn du mit deinen Sprachproblemen kokettierst. Nach einigen Wochen solltest du aber wieder in der Lage sein, „vernünftiges" Deutsch zu sprechen. Sonst läufst du Gefahr, dich lächerlich zu machen.
- Freue dich darüber, im Ausland eine einzigartige Erfahrung gemacht zu haben, die dir niemand wegnehmen kann. Sei dir aber gleichzeitig darüber im Klaren, dass sich dein Leben in den nächsten Jahren in Deutschland abspielen wird!

Resümee

Und, was meinst du? Bist du noch immer von dem Gedanken fasziniert, an einem Austauschprogramm teilzunehmen? Oder habe ich dich durch die Thematisierung möglicher Probleme abgeschreckt? Ich hoffe nicht! Der Schüleraustausch bietet dir die außerordentliche Möglichkeit, aktiv an dem Leben einer Gastfamilie teilzunehmen. Dadurch lernst du die Kultur und Lebensweise eines fremden Landes auf eine derart intensive und einmalige Weise kennen, wie es durch Urlaubs-, Sprach- und Studienreisen nicht annähernd möglich ist. Selbst lange Weltreisen oder Auslandsstudienaufenthalte erlauben keinen vergleichbaren Einblick in das Alltagsleben eines anderen Kulturkreises, da du mangels Familienanschlusses in der Regel nur die Rolle des außen stehenden Beobachters einnehmen kannst.

Bei einem Schüleraustausch bist du hingegen ein Teil des Ganzen, mit allen Rechten und Pflichten. Das versetzt dich in die außergewöhnliche Lage, dir ein Urteil über das Leben der Menschen deines Gastlandes zu bilden. Gleichzeitig fördert die räumliche und emotionale Distanz zur Heimat deine Fähigkeit, eigene Normen, Werte und Verhaltensweisen kritisch zu überprüfen. Der spielerische Erwerb einer Fremdsprache und der Auslandsbonus bei zukünftigen Vorstellungsgesprächen sind weitere positive Begleiterscheinungen des Schüleraustausches, wenn auch nicht die wichtigsten. Neben dem unbestreitbaren Beitrag für die Völkerverständigung sehe ich den alles überragenden Vorzug des Schüleraustausches in dem Nutzen für deine Persönlichkeitsentwicklung. Durch die ständige Konfrontation mit ungewohnten Situationen wirst du permanent dazu gezwungen, Entscheidungen zu treffen. Du lernst, auch in schwierigen Situationen nicht den Kopf in den Sand zu stecken und andere Standpunkte zu akzeptieren. Von der Erweiterung deines Erfahrungshorizonts zehrst du dein ganzes Leben, und die Erkenntnis, dass Deutschland nicht der Nabel der Welt ist, ermöglicht dir das Denken in größeren Dimensionen.

All diese positiven Begleiterscheinungen treten aber nicht zwangsläufig ein und fallen dir schon gar nicht in den Schoß: Du selbst bist zu einem sehr großen Teil für den Erfolg deines Auslandsaufenthalts verantwortlich und musst dafür „arbeiten“! Der Schüleraustausch lebt sowohl von der Gastfreundschaft der Familien als auch von deiner Kompromissbereitschaft sowie dem Einfühlungsvermögen aller Beteiligten. Und da in jedem Jahr auch Gastfamilien und Austauschschüler aufeinander treffen, die die notwendigen Voraussetzungen für einen erfolgreichen Austausch nicht besitzen, werden im Handbuch Fernweh eben auch mögliche Problembereiche des Schüleraustausches thematisiert. Ich will dir auf diese Weise verdeutlichen, dass du einen mehrmonatigen Auslandsaufenthalt nicht mit einer von bezahlten Animateuren begleiteten Pauschalreise verwechseln solltest. Jetzt weißt du, was eventuell auf dich zukommt und kannst dich entscheiden, ob du dich darauf einlassen willst.

Ich kann dir nur empfehlen, das einmalige Erlebnis Schüleraustausch wahrzunehmen! Komm also aus dem Quark, fang an zu sparen, informiere dich über dein Wunschland, überzeuge deine Eltern, such dir eine Austauschorganisation und ab geht’s:

Die große weite Welt wartet auf dich!

#MakeItHappen

Austauschprogramme im Vergleich

Nachdem du im ersten Teil dieses Buches mit dem nötigen „Rüstzeug" zum Schüleraustausch ausgestattet worden bist, kannst du mit Hilfe der folgenden Preis-Leistungs-Tabellen die Programme deutscher Anbieter vergleichen. Dabei mussten wir uns aus Platzgründen auf die 20 beliebtesten Gastländer der deutschen Jugendlichen beschränken. Weitere Destinationen und die jeweiligen Anbieter findest du auf S. 433.

Mit Hilfe der Tabellen siehst du auf einen Blick, welche Organisation dir was zu welchem Preis bietet. Zudem erhältst du einen detaillierten Einblick in die Arbeitsweise und die Programmcharakteristika der Anbieter. Abgerundet wird diese einzigartige Zusammenstellung von Informationen durch die länderübergreifende Darstellung von Privatschulangeboten.

Zunächst soll aber beleuchtet werden, welche Gastländer deutsche Austauschschüler am liebsten besuchen: Insgesamt nahmen im Schuljahr 2017/18 knapp 11.700 Jugendliche an Austauschprogrammen teil. Die Vereinigten Staaten von Amerika rangieren nach wie vor – und mit riesigem Abstand – auf Platz 1 der Beliebtheitsskala. Etwa 4.600 deutsche Schüler lebten für fünf oder zehn Monate in einer amerikanischen Gastfamilie und besuchten eine öffentliche Schule. Darüber hinaus konnten die deutschen Veranstalter rund 7.100 Jugendliche in einem der anderen rund 60 möglichen Austauschländer platzieren. Zu den beliebtesten Destinationen jenseits der USA gehörten Kanada, Neuseeland, Großbritannien, Australien und Irland. Insgesamt machen die englischsprachigen Gastländer mit über 90 Prozent der Teilnehmer den Löwenanteil aus. Es folgen französisch- und spanischsprachige Staaten wie Frankreich, Spanien, Costa Rica oder auch Argentinien.

Beliebteste Gastländer im öffentlichen Schulprogramm	Zahl deutscher Austauschschüler 2017/18
USA	4.590
Kanada	2.055
Neuseeland	1.254
Großbritannien	897
Australien	735
Irland	733
Frankreich	166
Spanien	159
Costa Rica	126
Südafrika	117
Japan	108
Argentinien	95
Italien	55
China	54
Chile	53
Norwegen	48
Schweden	45
Brasilien	42
Ecuador	33
Polen	4
Andere	300

Addiert man zu den rund 11.700 Jugendlichen, die einen Auslandsaufenthalt mit Besuch einer öffentlichen Schule über einen deutschen Veranstalter organisiert haben noch diejenigen, die an einem mindestens dreimonatigen Privatschulprogramm, an einem Austausch über die Rotarier oder einem staatlichen Austauschprogramm teilgenommen haben sowie eine nicht genau zu erhebende Zahl von privat organisierten, mindestens dreimonatigen Auslandsaufenthalten mit Schulbesuch, so ist von einer Gesamtaustauschschülerzahl von rund 15.000 Jugendlichen auszugehen. Hierbei handelt es sich um einen Annäherungswert, da für einige Programme nur bedingt belastbare Zahlen vorliegen. Die Teilnehmerzahlen gingen im Vergleich zum Vorjahr insbesondere im USA-Programm (minus 20 Prozent) erneut zurück, aber auch andere Gastländer haben Rückgänge zu verzeichnen.*

Verschiedene Studien und Marktbeobachtungen haben gezeigt, dass die Zahl der Austauschschüler, die zumindest einmal ihre Gastfamilie wechseln, stark variiert und bis zu 20 Prozent pro Jahrgang betragen kann. Um Missverständnissen vorzubeugen, sei an dieser Stelle darauf hingewiesen, dass die Gastfamilienwechselquote in der Regel nichts über die Qualität eines Programms beziehungsweise eines Programmanbieters aussagt. Da die meisten Familienwechsel darin begründet liegen, dass zwischen Gastfamilie und Austauschschüler die Chemie nicht stimmt, zeichnet sich eine gute Organisation – abgesehen von der umfassenden Vorbereitung ihrer Programmteilnehmer auf mögliche Probleme – eben auch dadurch aus, zu gegebenem Anlass schnell einen Gastfamilienwechsel zu ermöglichen.

Bevor man eine Gastfamilie wechseln kann, muss aber erst einmal überhaupt eine Familie gefunden werden, die sich bereit erklärt, über viele Monate ihre Privatsphäre mit einem 14- bis 18-jährigen Ausländer zu teilen. Laut Selbstauskunft der Austauschorganisationen haben bereits drei Monate vor der Abreise über 60 Prozent der Teilnehmer den ersehnten Brief mit der Adresse ihrer Gastfamilie erhalten, und einen Monat vor dem Abflug sind bereits etwa 90 Prozent aller Jugendlichen platziert. Gerade in der letzten Phase vor der Abreise sind größere Unterschiede zwischen den Gastländern festzustellen: Während unter den USA-Gastschülern zwei Wochen vor der Ausreise ungefähr jeder zehnte Austauschschüler noch immer nicht weiß, wo es hingehen soll, sind

* Vgl. weltweiser-Schüleraustausch-Studie, www.weltweiser.de

bei anderen Gastländern nur noch rund 3 Prozent im Ungewissen. Dieser Trend setzt sich dann fort, sodass zwei Tage vor der Abreise etwa 2 Prozent der USA-Schüler immer noch nicht schlauer sind, bei den Austauschschülern mit anderen Zielländern aber nur noch einer von Hundert auf die Adresse seines neuen Zuhauses wartet.

Wenn ein Einführungsseminar im Gastland durchgeführt wird, nehmen einige Veranstalter ihre bis zum Abflug nicht Platzierten einfach mit, und schaffen es in der Regel auch, sie während der mehrtägigen Veranstaltung zumindest vorübergehend in einer „Welcome Family" oder bei einem Betreuer unterzubringen. Andere Organisationen vertrösten ihre Teilnehmer Woche um Woche, bis die Reise dann unter Umständen später als geplant losgeht, und wieder andere müssen einigen Jugendlichen schließlich mitteilen, dass für sie keine Gastfamilie gefunden wurde.
Um diesen für die Jugendlichen und ihre Eltern unangenehmen Zustand zwischen Hoffen und Bangen zu erleichtern, ist das Recht des „Reisenden" – also des Austauschschülers – auf Rücktritt vom Vertrag gesetzlich festgeschrieben (Paragraf 651, Absatz I BGB), „wenn der Reiseveranstalter ihn nicht spätestens zwei Wochen vor Antritt der Reise jedenfalls über 1. Namen und Anschrift der für den Reisenden nach Ankunft vorgesehenen Gastfamilie, 2. Namen und Erreichbarkeit eines Ansprechpartners im Aufnahmeland, bei dem Abhilfe verlangt werden kann, informiert und auf den Aufenthalt angemessen vorbereitet hat."
Ist dieses Gesetz im Sinne des Verbraucherschutzes auch zu begrüßen, so hat es die Platzierung der deutschen Austauschschüler kaum positiv beeinflusst. Zumindest kann der „Reisende" nunmehr aber unter den oben genannten Voraussetzungen kostenfrei vom Vertrag zurücktreten – was jedoch kaum jemand macht.

Auf der anderen Seite brechen rund 2 Prozent aller Teilnehmer aus den unterschiedlichsten Gründen ihr Programm freiwillig ab. Knapp 1 Prozent wird aufgrund von Verstößen gegen die Gesetze des Gastlandes oder die Richtlinien ihrer Austauschorganisation zum Teil schon nach wenigen Wochen vom Programm ausgeschlossen und zurück nach Deutschland geschickt, wobei die Gründe hierfür vor allem im Bereich des Alkohol- und Drogenmissbrauchs zu finden sind. Darüber hinaus müssen noch weitere 0,3 Prozent aller Austauschschüler aufgrund von Essstörungen vorzeitig nach Deutschland zurückkehren.

Weiterführende Hintergrundinformationen und Statistiken zum Schüleraustausch findet man in der weltweiser-Studie unter www.weltweiser.de.

Preis-Leistungs-Tabellen

In den nun folgenden Tabellen findest du die Informationen, die du benötigst, um das für dich richtige Austauschprogramm auszuwählen. Die Darstellung der Programme von 49 in Deutschland tätigen Organisationen für 20 Gastländer bietet dir einen einzigartigen Überblick über den Schüleraustausch. Für die USA findest du das Programm auf zwei Seiten, alle anderen Tabellen sind einseitig. Da das Angebot und die Nachfrage bei den USA-Programmen am größten ist, wird dieses Programm so detailliert wie möglich vorgestellt. Zudem sind die hier angegebenen Informationen zu Selbstdarstellung, Vertragsabschluss, Zahlungsweise und Sicherungsschein in der Regel auch für die anderen Programme der Anbieter gültig. Jenseits der dargestellten Programmangebote mit Besuch einer öffentlichen Schule findet man im Anschluss Tabellen von Privatschulanbietern mit Schulbeispielen, Kosten und Zielländern.

Autor und Verlag behalten sich ausdrücklich das Recht vor, die Aufnahme von Organisationen und ihren Programmen in diesen Serviceteil nach freiem Ermessen zu gestalten. Mit Einschränkungen wurden jedoch alle Organisationen aufgenommen, die Programme in mindestens einem der 20 dargestellten Länder anbieten, bis zum Redaktionsschluss (September 2018) uneingeschränkt alle für die Veröffentlichung notwendigen Daten geliefert haben und gleichzeitig bereit waren, für die Darstellung ihrer Programme einen Druckkostenzuschuss zu zahlen.

Grundlage der in den Tabellen dargestellten Angaben sind die Selbstauskünfte der Austauschorganisationen. Soweit dies aufgrund von öffentlich zugänglichen Informationen wie Webseiten oder Broschüren möglich ist, wurden die dem Verlag zur Verfügung gestellten Daten mit größter Sorgfalt überprüft und gewissenhaft korrigiert. Da inhaltliche wie sachliche Fehler trotzdem nicht auszuschließen sind und Programminformationen zeitbedingten Veränderungen unterliegen, erfolgen alle Angaben ohne Gewähr. Vor der Buchung eines Programms sollten daher selbstverständlich alle Leistungsdetails und sämtliche Vertragsinhalte beim Anbieter daraufhin geprüft werden, ob sie mit den persönlichen Vorstellungen konform gehen.

Individuelle Ausführungen der Veranstalter

In den Info-Kästen „Selbstdarstellung", „Bewerbungsverlauf und Kriterien für die Annahme des Bewerbers", „Vorbereitung auf den Auslandsaufenthalt in Deutschland", „Betreuung während des Auslandsaufenthalts", „Nachbereitung" sowie „Stipendien und Sonstiges" stellen sich die Anbieter vor und beschreiben ihre Programme. Die inhaltliche Gestaltung und die Gewichtung der einzelnen Paragraphen sind den Veranstaltern selbst überlassen. Aus den individuellen Ausführungen können somit Rückschlüsse auf das Selbstverständnis einer jeden Organisation gezogen werden.

Preis und Leistung

Die Tabelle „Preis und Leistung" ist folgendermaßen zu verstehen: **Programmvarianten:** Je nach Gastland und Anbieter muss beim Preis-Leistungs-Vergleich zwischen folgenden Programmvarianten unterschieden werden:

Länderwahlprogramm

Man entscheidet sich für ein Gastland und bewirbt sich für die Aufnahme bei einer Austauschorganisation. Die Partnerorganisation des deutschen Anbieters sucht dann im gesamten Wunschland bzw. in den Teilen des Landes, in denen sie platziert, nach einer Gastfamilie und Schule. Dies ist die klassische und in der Regel preiswerteste Variante eines individuellen Schüleraustauschs, die seit vielen Jahrzehnten praktiziert wird. Bei einigen Austauschorganisationen besteht bei frühzeitiger Bewerbung die Option, die Gastfamiliensuche auf geografische Gebiete wie z.B. Bundesstaaten einzugrenzen. Sozusagen ein Regionenwunsch im Rahmen des Länderwahlprogramms, der häufig mit einem Aufpreis verbunden ist und nicht immer realisiert werden kann.

Regionenwahlprogramm

Bei dieser Variante hat man die Möglichkeit, sich gezielt für eine bestimmte Stadt (Großraum), Region oder einen Schulbezirk zu entscheiden. Durch die Aufnahme in das Programm der Austauschorganisation ist die Platzierung dort garantiert. Somit steht bereits zum Zeitpunkt der Bewerbung fest, wo man seinen Aufenthalt verbringen wird. Wünsche in Bezug auf das Schulprofil oder Fächerangebot der zukünftigen Gastschule können ggf. berücksichtigt werden.

Schulwahlprogramm

Die individuellste und häufig teuerste Programmvariante bietet ein Schulwahlprogramm. Wenn man während des Austauschjahres definitiv bestimmte Fächer belegen muss, seine gewohnten Hobbys auf jeden Fall ausüben will, oder sich in besonderem Maße musikalisch, künstlerisch, sportlich oder wissenschaftlich fortbilden möchte, so ist dies bei Schulwahlprogrammen möglich. Von einer Austauschorganisation, deren Mitarbeiter idealerweise die angebotenen Schulen persönlich besucht haben sollten, lässt man sich passende Schulen vorstellen und wählt dann die High School aus, deren Fächerangebote und Einrichtungen sich mit den eigenen Interessen und Fähigkeiten decken. In der Nähe der Schule wird anschließend eine Gastfamilie gesucht.

Gerade beim Schulwahl- und Regionenwahlprogramm, kann es natürlich vorkommen, dass die Austauschorganisation mehrere Deutsche an der gleichen Schule platziert und andere deutsche Agenturen die Schule ebenfalls im Programm haben. Vor allem an Schulen, die in populären Städten oder Regionen liegen, ist die Anzahl an deutschen und internationalen Austauschschülern häufig vergleichsweise hoch.

Programmvariante 1 ist in der Regel erheblich billiger als Variante 2 oder 3. In einigen englischsprachigen Ländern gibt es für diese Variante nur eine relativ begrenzte Anzahl von Plätzen, so dass man sich hierfür früh genug (je nach Land und Organisation zwischen acht und 24 Monaten vor der Ausreise) bewerben sollte. Bei den anderen beiden Varianten ist hingegen teilweise noch zwei bis drei Monate vor der Abreise eine Bewerbung möglich. Einen prinzipiellen Qualitätsunterschied zwischen den Programmvarianten gibt es nicht. Vor- und Nachteile sollten daher individuell abgewogen werden. Bei einigen Anbietern hat man die Möglichkeit, zwischen den verschiedenen Programmvarianten zu wählen.

Grundpreis: Preis, der bis zum Redaktionsschluss (September 2018) für das Programmjahr 2019/2020 angegeben wurde. Jenseits der individuellen Kalkulationen der Veranstalter erklären sich die zum Teil erheblichen Preisunterschiede dadurch, dass in vielen südeuropäischen und lateinamerikanischen Ländern sowie im Länderwahlprogramm (J-1) USA keine laufenden Kosten für den Schulbesuch und die Gastfamilien entstehen. Mitunter erhebliche Gebühren für internationale Schüler werden dagegen nicht selten an öffentlichen Schulen in England, Irland, Kanada, Australien und Neuseeland erhoben. Überdies erhalten dort die Gastfamilien in der Regel eine monatliche Aufwandsentschädigung von einigen hundert Euro.

Grundpreis (ab): Weist darauf hin, dass dieser Veranstalter auch noch teurere Programme für dieses Land anbietet. Gerade bei den Regions- und Schulwahlprogrammen nach Australien, Kanada und Neuseeland können die Preise zwischen den einzelnen Schulen bzw. Regionen stark variieren.

„ja“: Alle mit „ja“ gekennzeichnete Leistungen sind im Grundpreis enthalten.

„nein“: Alle mit „nein“ gekennzeichnete Leistungen werden nicht angeboten.

„/p“: Durch das Kürzel „/p“ ergänzte Beträge zeigen an, dass die entsprechenden Leistungen (Flüge, Versicherungen) nicht zum Angebot des Veranstalters gehören. Viele Anbieter sind den Teilnehmern jedoch auf Wunsch bei der Buchung dieser Leistungen behilflich. Bei diesen Beträgen handelt es sich um vom Autor geschätzte Pauschalkosten, die je nach eigenem Wohnort, Zielort im Gastland, Flughafensteuer, Kerosinzuschlag beziehungsweise der gewählten Flug- und Versicherungsgesellschaft variieren können.

„/opt.“: Das Kürzel „/opt.“ signalisiert, dass diese Leistungen optional für den in der entsprechenden Zeile angegebenen Preis vom Veranstalter angeboten werden. Die Kosten für diese Leistungen wurden nicht zum Gesamtpreis addiert, da sie nicht zwingend notwendig sind.

Flug: Flug in das Gastland und zurück mit allen Anschlussflügen. Die Höhe der ggf. eingesetzten Pauschalen für die Flüge erklärt sich u.a. daraus, dass von einigen Staaten für die Erteilung eines Visums der Nachweis über ein Jahresflugticket mit eingebuchtem Rückflugdatum verlangt wird. Diese Flugtickets liegen preislich weit über den gelegentlich zu findenden Sonderangeboten. Die Preisunterschiede der Flugpauschalen innerhalb einzelner Länder erklären sich aus den höheren Flugkosten aufgrund eines Zwischenstopps, wenn von der Organisation ein zentrales Einführungsseminar angeboten wird. Bei den Flugpauschalen kann es sich natürlich nur um Annäherungen handeln. Da innerhalb Europas durchaus auch Billigflüge für 25 Euro zu buchen sind, und – gerade, wenn man spät dran ist – die Flüge z.B. nach Down Under sehr teuer werden, können die Preise um einige Hundert Euro nach oben oder unten abweichen.

Flugbegleitung: Betreuung des Hinfluges durch einen Flugbegleiter des Veranstalters bzw. der Airline.

Vorbereitungstreffen: eintägige Veranstaltungen in Deutschland, in der Regel mit Eltern.

Vorbereitungsseminare: Veranstaltungen in Deutschland, bei denen an mindestens zwei aufeinander folgenden Tagen inhaltlich gearbeitet wird, zum Teil mit Eltern.

Einführungsseminare: Veranstaltungen im Gastland unmittelbar nach der Ankunft, bei denen an mindestens zwei aufeinander folgenden Tagen inhaltlich gearbeitet wird.

Elterntreffen: Veranstaltungen, die während des Auslandsaufenthalts für die Eltern der Programmteilnehmer angeboten werden.

Nachbereitungstreffen: eintägige Veranstaltungen in den Wochen nach der Rückkehr der Programmteilnehmer.

Nachbereitungsseminare: Veranstaltungen, bei denen nach der Rückkehr der Programmteilnehmer an mindestens zwei aufeinander folgenden Tagen inhaltlich gearbeitet wird. (Die Veranstalter verwenden in ihren Broschüren die Begriffe „Seminare“, „Treffen“, „Workshop“ und „Orientierung“ nicht einheitlich. Die Tabellen „Preis und Leistung“ und „Last, not least“ folgen jedoch strikt den oben erwähnten Kriterien.)

Versicherungen: Bei Programmen in Ländern außerhalb der Europäischen Union (EU) wurden in die Berechnung des Gesamtpreises die Prämien für die Krankenversicherung miteinbezogen.

Da zwischen den Mitgliedsländern der EU Sozialversicherungsabkommen bestehen und die Kosten für ärztliche Behandlungen in der Regel von der deutschen Krankenkasse beziehungsweise von den Behörden des Gastlandes übernommen werden, blieben mögliche Versicherungsprämien bei Programmen innerhalb der EU unberücksichtigt.* Da eine Krankenversicherung im Notfall eine größtmögliche Deckung aufweisen sollte (inkl. Übernahme aller Kosten eines Krankenrücktransports), ist beim Australien-Programm trotz der ohnehin verpflichtenden staatlichen Krankenversicherung (OSHC) ein zusätzliches Versicherungspaket zu empfehlen. Ähnlich verhält es sich in Kanada und Neuseeland.

Gesamtpreis (circa): Der ungefähre Gesamtpreis errechnet sich aus der Addition der Kosten für Flüge, Versicherungen und andere verpflichtende Leistungen zu dem in der Broschüre des jeweiligen Veranstalters angegebenen Grundpreis, soweit sie in diesem nicht bereits enthalten sind. Der Preis-Leistungs-Vergleich sollte folglich auf der Grundlage dieses Preises erfolgen. Ggf. angebotene optionale Leistungen wie zum Beispiel kostenpflichtige Einführungsseminare wurden nicht mit in den Gesamtpreis eingerechnet.
Die in Einzelfällen in Fremdwährungen zu zahlenden Beträge wurden bei der Errechnung des Gesamtpreises wie folgt umgerechnet:

1 US Dollar = 0,86 Euro; 1 CAD = 0,65 Euro;
1 AUD = 0,63 Euro; 1 NZD = 0,58 Euro

Zum Gesamtpreis müssen für visumspflichtige Länder noch die Kosten für das notwendige Visum addiert werden. In den USA fällt zusätzlich zum Visum noch eine Gebühr von derzeit 180 bzw. 200 US Dollar (je nach Visum) für das Student and Exchange Visitor System (SEVIS) an, welche bei vielen Organisationen nicht im Gesamtpreis enthalten ist.

---

* *Info:* Da nicht wenige Ärzte die Europäische Krankenversicherungskarte nicht akzeptieren und nur gegen Privathonorar behandeln, empfiehlt sich auch innerhalb der EU der Abschluss einer privaten Zusatzversicherung.

Bewerbungsschluss: Der genannte Termin gibt an, bis zu welchem Datum man sich spätestens bewerben sollte. Für manche Programme sind die Plätze aber bereits viele Monate vorher vergeben, für andere ist unter Umständen auch noch eine spätere Bewerbung möglich.

Spätbewerbung: Vorausgesetzt es gibt noch Programmplätze, ist bei einigen Veranstaltern eine Bewerbung auch nach dem offiziellen Bewerbungsschluss noch möglich. Falls in diesem Feld ein Betrag angegeben ist, ist damit die Summe beziffert, die dem Veranstalter für eine Spätbewerbung zu zahlen ist.

Programmbeginn, Programmende: Da in Ländern wie England und Irland die Programmlängen der einzelnen Veranstalter zum Teil erheblich variieren, sind hier die (genauen) Termine des Programmbeginns und Programmendes angegeben.

Das Kleingedruckte und das liebe Geld

Die Ausführungen zum Punkt „Vertragsabschluss" machen deutlich, wie der Abschluss des Vertrages zustande kommt bzw. ab wann der Vertrag rechtsgültig wird.
Bei „Zahlungsweise und Sicherungsschein" ist angegeben, in wie vielen Raten und zu welchen Daten der Programmpreis gezahlt werden muss und wann/ob der Sicherungsschein gemäß § 651r BGB ausgestellt wird.
Unter „Kosten bei Rücktritt vom Programm" sind die genauen Rücktrittsregelungen aufgelistet.

Kurz und bündig

Beim Punkt „Gemeinnützigkeit" ist nur bei den Organisationen die Antwort „ja" zu lesen, die dem Autor ihre Gemeinnützigkeit durch einen

Körperschaftssteuerfreistellungsbescheid belegt haben. Bei Organisationen, die ihren Gerichtsstand in dem Gastland haben, wurde dies an dieser Stelle entsprechend vermerkt.

Last, but not least

Unter „Bewerbungsinterviews" wird angegeben, in welcher Form das Interview stattfindet. Ferner werden die Orte gelistet, in denen die Vor-, Einführungs- und Nachbereitungsveranstaltungen stattfinden. Oft sind die hier für das USA-Programm angegebenen Orte (mit Ausnahme der Einführungsseminare) mit den Veranstaltungsorten für die Programme der anderen Länder identisch.

AFS Interkulturelle Begegnungen e.V.
Friedensallee 48
22765 Hamburg
info@afs.de
Telefon: 040 / 399 222-0
Telefax: 040 / 399 222-99
www.afs.de

Selbstdarstellung
AFS ist eine der erfahrensten und größten Austauschorganisationen in Deutschland. Als gemeinnütziger und ehrenamtlich basierter Verein bietet AFS Schüleraustausche, Gastfamilienprogramme, internationale Ferienprogramme und Freiwilligendienste in rund 50 Länder weltweit an. Damit fördert AFS Jugendliche in ihrer Persönlichkeitsentwicklung und begleitet sie dabei aktive, globale Weltbürger zu werden und somit eine friedlichere und tolerantere Welt zu gestalten. In den vergangenen 70 Jahren haben weltweit mehr als 450.000 Jugendliche und Gastfamilien an den AFS-Programmen teilgenommen.

Bewerbungsverlauf und Kriterien für die Annahme des Bewerbers
Alle Bewerberinnen und Bewerber werden zu einem Einführungsseminar eingeladen. Für die Aufnahme ins Programm ist die persönliche Eignung der Bewerberinnen und Bewerber ausschlaggebend. Eigenschaften wie Offenheit, Toleranz, Selbstständigkeit, Anpassungsbereitschaft und Kommunikationsfähigkeit stehen im Vordergrund. Wer sich von Mai bis Oktober für die Sommerabreise im kommenden Jahr bewirbt, hat beste Chancen auf alle Länder und Stipendien. Danach ist die Bewerbung bis April auf freie Plätze möglich. Für die Winterabreise bewirbt man sich von Januar bis Mai mit besten Chancen auf das Wunschland und ein Stipendium. Danach bewirbt man sich bis November auf freie Plätze.

Vorbereitung auf den USA-Aufenthalt in Deutschland
AFS legt großen Wert auf die Vorbereitung der Teilnehmerinnen und Teilnehmer. Es finden je nach Abreisetermin bis zu drei Wochenendseminare zur Vorbereitung auf den Auslandsaufenthalt generell und zur Kultur des Gastlandes statt. Im persönlichen Gespräch mit AFS-Ehrenamtlichen und der ganzen Familie wird individuell auf alle Fragen eingegangen.

Betreuung während des Auslandsaufenthalts
Auf eine intensive Vorbereitung, Betreuung und Nachbereitung legen wir ebenso großen Wert wie auf die sorgfältige Auswahl der Gastfamilien. Bei Fragen und Problemen steht während des gesamten Austauschjahres eine ehrenamtliche Betreuungsperson vor Ort zur Seite. Darüber hinaus gibt es in jedem AFS-Partnerland eine hauptamtliche Geschäftsstelle. Eine 24h-Notfall-Hotline sorgt für zusätzliche Sicherheit.

Nachbereitung
Nach der Rückkehr bietet AFS bis zu zwei intensive Nachbereitungsseminare an, um das Zurückkommen nach Deutschland zu erleichtern und das Erlebte zu reflektieren.

Stipendien und Sonstiges
Niemand sollte aus finanziellen Gründen auf ein Austauscherlebnis verzichten müssen. Jedes Jahr vergibt AFS gemeinsam mit namhaften Stiftungen und Unternehmen an über 35 % der Teilnehmerinnen und Teilnehmer Stipendien. Gefördert werden finanziell Bedürftige, ehrenamtlich Engagierte, Realschülerinnen und -schüler, Jugendliche mit Migrationshintergrund oder aus ausgewählten Regionen in Deutschland. Nähere Informationen unter www.afs.de/stipendien. Für die USA vergibt AFS z.B. das einkommensunabhängige High School Experience Scholarship.

Preis und Leistung			
Länderwahlprogramm	1. Halbjahr	2. Halbjahr	Schuljahr
Grundpreis	€ 11.490	€ 11.490	€ 11.990
Flug D – USA – D	ja	ja	ja
Flugbegleitung auf Hinreise	teilweise	nein	teilweise
Vorbereitungstreffen	teilweise	teilweise	teilweise
Vorbereitungsseminar	ja	ja	ja
Einführungsseminar in USA	ja	ja	ja
Elterntreffen	teilweise	teilweise	teilweise
Nachbereitungstreffen	ja	ja	ja
Nachbereitungsseminar	ja	ja	ja
Kranken-/Unfallversicherung	ja	ja	ja
Haftpflicht-/Gepäckversicherung	nein	nein	nein
Gesamtpreis (circa)	**€ 11.490**	**€ 11.490**	**€ 11.990**
Bewerbungsschluss	15.10.	15.05.	15.10.
Spätbewerbung	möglich	möglich	möglich

Das Kleingedruckte und das liebe Geld	
Vertragsabschluss	Nach dem Einführungsseminar wird der angenommenen Bewerberin, bzw. Bewerber mit der Zusage des Gastlandes ein Vertrag zugesandt. Der Vertrag wird wirksam, wenn die Bewerberin, bzw. der Bewerber und die Eltern ihn unterschrieben zurücksenden.
Zahlungsweise und Sicherungsschein	Bei Vertragsabschluss und Vorlage des Sicherungsscheins nach § 651r BGB ist eine Anzahlung in Höhe von € 1.000 (bzw. € 500 im 3-Monats-Programm), der verbleibende Betrag nach der Zusage zur Programmteilnahme und vor Abreise fällig.
Kosten bei Rücktritt vom Programm	Nach der Mitteilung des Gastlandes durch AFS besteht fünf Tage lang die Zeit, kostenfrei vom Programm zurückzutreten. Danach fällt eine Rücktrittsgebühr in Höhe von € 160 an. Bei Rücktritt nach der Aufnahmebestätigung durch die Partnerorganisation sind 10 % des Teilnahmebeitrages zu zahlen, nach der Vermittlung der Gastfamilie 20 %.

Kurz und bündig	
Gründungsjahr	1948
Gemeinnützigkeit	ja
USA High School Programm seit	1948
Amerikanische Partnerorganisation(en)	AFS, ETC
Schülerzahl im USA High School Programm 2017/18	365
Gesamtschülerzahl im High School Programm 2017/18	804

Last, not least	
Bewerbungsinterview	Einführungsseminar zum gegenseitigen Kennenlernen in der Nähe des Wohnortes
Vorbereitungstreffen	teilweise (werden von den Ehrenamtlichen organisiert)
Vorbereitungsseminare	1-2 Wochenenden (je nach Abreisetermin) in der Nähe des Wohnortes, plus ein Wochenende speziell zum Gastland
Einführungsseminare USA	Orientierungsseminare in verschiedenen Orten
Nachbereitungstreffen	teilweise (werden von den Ehrenamtlichen organisiert)
Nachbereitungsseminare	Ein Seminar in der Nähe des Wohnortes, ein Wochenende auf überregionaler Ebene (fünf Orte zur Auswahl)

American Institute For Foreign Study (Deutschland) GmbH
Friedensplatz 1 — Telefon: 0228 / 957 30-0
53111 Bonn — Telefax: 0228 / 957 30-110
highschool@aifs.de — www.aifs.de

Selbstdarstellung
Seit 1964 verfolgt AIFS das Ziel, mit qualitativ hochwertigen Programmen den internationalen Kulturaustausch zu fördern und jungen Leuten wertvolle Auslandserfahrungen zu ermöglichen. Als deutsche Tochter des American Institute For Foreign Study besitzt AIFS ausgezeichnete Kontakte in die USA. Neben Schulaufenthalten werden Au Pair Programme, Work and Travel und Farmwork Aufenthalte, Camp America, Freiwilligenprojekte, Auslandspraktika sowie Studieren im Ausland angeboten.

Bewerbungsverlauf und Kriterien für die Annahme des Bewerbers
Bewerbung: Die Bewerbung erfolgt unverbindlich durch das Ausfüllen eines Formulars, welches unter www.aifs.de zu finden ist. Sind die formellen Voraussetzungen erfüllt, lädt AIFS den Bewerber zum ausführlichen Einzelgespräch in der Nähe des Wohnortes ein. Bei Eignung des Bewerbers unterbreitet AIFS anschließend ein Vertragsangebot. Dieses wird erst durch die Annahme des Bewerbers verbindlich.
Voraussetzungen: 14 bis 18 Jahre; Schülerstatus; mind. drei Jahre Englisch als Unterrichtsfach; tolerant, anpassungsfähig, aufgeschlossen und motiviert.

Vorbereitung auf den USA-Aufenthalt in Deutschland
Vorbereitung erfolgt durch das AIFS Team in Bonn als Ansprechpartner, ein- oder zweitägige Treffen bzw. Seminare in mehreren deutschen Städten, ausführliche Schüler- und Elternhandbücher sowie Inforundbriefe vor der Ausreise.

Betreuung während des Auslandsaufenthalts
Die Betreuung während des Aufenthaltes wird durch einen lokalen Betreuer, die Mitarbeiter des AIFS Büros vor Ort sowie AIFS in Bonn garantiert.
Bei allen Ländern werden begleitete Gruppenflüge und mehrtägige Orientations im Zielland angeboten. Für den Notfall steht außerdem eine 24-Stunden-Notfallhotline zur Verfügung.

Nachbereitung
Die Nachbereitung erfolgt in Form einer großen Homecoming Party. Außerdem ermöglicht das AIFS Bonusprogramm (Netzwerk ehemaliger Teilnehmer) den Austausch mit anderen Teilnehmern.

Stipendien und Sonstiges
1) AIFS vergibt das Sir Cyril Taylor Scholarship als Vollstipendium im Wert von € 10.600.
2) In Kooperation mit dem DFH vergibt AIFS ein Vollstipendium im Wert von € 10.600.
3) Pre-Placement-Rabatt (eigene Gastfamilie) in Höhe von € 500 / Geschwisterrabatt in Höhe von € 200 / Rabatt bei Anmeldung gemeinsam mit einem Freund in Höhe von je € 100
4) Auf Wunsch ist auch die Vermittlung an eine Privatschule möglich (Schul- und Regionenwahl möglich).
5) 4 Tage Orientation Days in New York und begleiteter Hinflug inklusive. Alle Infos unter www.aifs de / per E-Mail an highschool@aifs.de / oder unter 0228 957 30-0.

Preis und Leistung			
Länderwahlprogramm	1. Halbjahr	2. Halbjahr	Schuljahr
Grundpreis	€ 9.400	€ 9.400	€ 10.600
Flug D – USA – D	ja	ja	ja
Flugbegleitung auf Hinreise	ja	ja	ja
Vorbereitungstreffen	nein	nein	nein
Vorbereitungsseminar	ja	ja	ja
Einführungsseminar in USA	ja	ja	ja
Elterntreffen	nein	nein	nein
Nachbereitungstreffen	nein	nein	nein
Nachbereitungsseminar	ja	ja	ja
Kranken-/Unfallversicherung	ja	ja	ja
Haftpflicht-/Gepäckversicherung	ja	ja	ja
Gesamtpreis (ab circa)	**€ 9.400**	**€ 9.400**	**€ 10.600**
Bewerbungsschluss	31.03.	30.09.	31.03.
Spätbewerbung	auf Anfrage	auf Anfrage	auf Anfrage

Das Kleingedruckte und das liebe Geld	
Vertragsabschluss	Nach Annahme des Vertragsangebots durch den Bewerber, welches nach dem Ergebnis des Beratungs- und Auswahlgesprächs zugestellt wird.
Zahlungsweise und Sicherungsschein	Sicherungsschein wird mit der Teilnahmebestätigung und der ersten Teilrechnung verschickt: 10% als erste Teilrechnung, 50% 140 Tage vor der geplanten Ausreise, 40% 70 Tage vor der geplanten Ausreise
Kosten bei Rücktritt vom Programm	Je nach Zeitpunkt des Rücktritts 10%, 25% oder 35% des Programmpreises.

Kurz und bündig	
Gründungsjahr (in den USA: 1964)	1983 (in Deutschland)
Gemeinnützigkeit	nein
USA High School Programm seit	1985
Amerikanische Partnerorganisation(en)	AIFS Foundation
Schülerzahl im USA High School Programm 2017/18	258
Gesamtschülerzahl im High School Programm 2017/18	473

Last, not least	
Bewerbungsinterview	Einzelinterview mit einem AIFS-Berater in der Nähe des Wohnortes
Vorbereitungstreffen	nein
Vorbereitungsseminare	bei Sommerausreise: für Schüler und Eltern in mehreren deutschen Städten und in Wien bei Winterausreise: für Schüler und Eltern in Bonn oder Umgebung und in Wien
Einführungsseminare USA	vier Orientation-Days in der Nähe von New York City (inkl. Workshops und Stadtbesichtigungen)
Nachbereitungstreffen	nein
Nachbereitungsseminare	Homecoming Party (inkl. Übernachtung) in Bonn oder Umgebung

ASSIST Inc. – Deutsche Vertretung
Rodenwald 2
40883 Ratingen
simone.oliver@assistscholars.org
Telefon: 02102 / 389 69 38
Telefax: 02102 / 389 69 39
www.assistscholars.de

Selbstdarstellung
Begabtenförderung durch Vermittlung von Stipendien: ASSIST vermittelt ausschließlich Stipendien für einen einjährigen Aufenthalt an einer amerikanischen Privatschule, und zwar in der 10. oder 11. Klasse oder als Senior (nach dem Abitur). ASSIST ist eine amerikanische Non-Profit-Organisation, und hat in den 50 Jahren ihrer Existenz bereits über 3.000 talentierte Schülerinnen und Schüler aus Deutschland vermittelt. Erfolgreiche Kandidaten zeichnen sich neben guter bis sehr guter akademischer Leistung durch breit angelegte Interessen in sportlicher, kultureller und/oder künstlerischer Beziehung aus, sind kontaktfreudig und bereit, ein herausforderndes Jahr in den USA in einer intensiven Lernatmosphäre zu verbringen. Pro Jahr werden ca. 10 Vollstipendien und ca. 60 Teilstipendien vergeben.

Bewerbungsverlauf und Kriterien für die Annahme des Bewerbers
Die Online-Bewerbung muss bis zum 15.11. erfolgen und schließt ein selbst verfasstes Essay in englischer Sprache und Referenzgutachten von mindestens drei Lehrern ein. Erfolgreiche Kandidaten müssen ein Gruppen-Interview und einen Englischtest absolvieren und werden bei erfolgreicher Bewerbung einer passenden Privatschule zugeteilt, welche die besten Voraussetzungen bietet, entwicklungsfähige Talente des Schülers zu fördern.

Vorbereitung auf den USA-Aufenthalt in Deutschland
Die Stipendiaten werden Mitte Mai zusammen mit den Eltern zu einem intensiven, eintägigen Vorbereitungsseminar eingeladen, wo organisatorische Fragen, die Visumsbeantragung, der Schulalltag, die Kurswahl etc. thematisiert werden. Ein paar Wochen vor der Abreise im August findet ein 2. Seminar statt, bei dem die Schüler auf ihre Vorgänger treffen und praktische Fragen diskutiert sowie Erfahrungen weitergegeben werden. Nach Ankunft in den USA findet dann ein weiteres 4-tägiges Seminar an einem Internat statt, an dem auch die ASSIST-Stipendiaten aus den anderen Ländern der Welt teilnehmen.

Betreuung während des Auslandsaufenthalts
In den USA ist ein zeitnaher Kontakt zum ASSIST-Büro in Suffield gewährleistet, außerdem stehen jedem Stipendiaten an seiner Schule ein ASSIST-Betreuer und ein Advisor zur Verfügung. Auch das deutsche ASSIST-Büro leistet gerne jederzeit Unterstützung, vor allem für Fragen der Eltern in Deutschland. Mitarbeiter des US-ASSIST-Büros besuchen alle Stipendiaten während des Schuljahres an ihren jeweiligen Schulen.

Nachbereitung
Nach Abschluss des Schuljahrs in den USA folgt ein 2-tägiges Nachbereitungsseminar, das mit dem Kennenlernen des neuen Jahrgangs verknüpft wird und Hilfestellung zur Reintegration in Deutschland bietet.

Stipendien und Sonstiges
* Es werden ausschließlich Voll- und Teilstipendien vermittelt. Der Tabellenpreis stellt die Kosten bei einem Vollstipendium dar. Bei einem Teilstipendium beträgt der Grundpreis derzeit ca. € 27.500 und der Gesamtpreis ca. € 30.100 (inkl. anteilig anfallender Schulgelder, Flug und Krankenversicherungskosten). Bei finanzieller Bedürftigkeit hilft der ASSIST-Förderverein e.V. Köln durch Gewährung von Beihilfen, die aus Mitgliedsbeiträgen und Spenden finanziert werden.

Preis und Leistung			
Länderwahlprogramm	1. Halbjahr	2. Halbjahr	Schuljahr
Grundpreis (ab)			€ 13.500*
Flug D – USA – D			€ 1.550
Flugbegleitung auf Hinreise			ja
Vorbereitungstreffen			ja
Vorbereitungsseminar			nein
Einführungsseminar in USA			ja
Elterntreffen			ja
Nachbereitungstreffen			nein
Nachbereitungsseminar			€ 50/opt.
Kranken-/Unfallversicherung			€ 1.050
Haftpflicht-/Gepäckversicherung			ja/nein
Gesamtpreis (ab)			**€ 16.100***
Bewerbungsschluss			15.11.
Spätbewerbung			nein

Das Kleingedruckte und das liebe Geld	
Vertragsabschluss	Versand der Vertragsunterlagen nach Annahme des Stipendium-Platzes
Zahlungsweise und Sicherungsschein	Ca. € 1.700 ($ 2.000) Anzahlung nach Annahme des Stipendium-Platzes; der Restbetrag wird in einer Rate Ende Mai fällig. Der Sicherungsschein wird den Teilnehmern vor der Abreise ausgehändigt.
Kosten bei Rücktritt vom Programm	Mit Annahme des Stipendium-Platzes werden ca. € 1.700 ($ 2.000) fällig, die in der Regel nicht zurückerstattet werden können. Im Anschluss daran können angefallene Kosten/Zahlungen lediglich in dem Maße zurückerstattet werden, in dem sie noch nicht verbraucht worden sind. Anfallende Schulgelder bei Teilstipendien werden lediglich soweit zurückerstattet, wie sie von der jeweiligen Schule an ASSIST wieder freigegeben werden (bspw. wenn ein Ersatzschüler gefunden werden kann).

Kurz und bündig	
Gründungsjahr	1969
Gemeinnützigkeit	nein
USA High School Programm seit	1969
Amerikanische Partnerorganisation(en)	nein
Schülerzahl im USA High School Programm 2017/18	63
Gesamtschülerzahl im High School Programm 2017/18	63

Last, not least	
Bewerbungsinterview	Interview mit Bewerbern auf Englisch, Englischtest (ELTIS)
Vorbereitungstreffen	Düsseldorf
Vorbereitungsseminare	-
Einführungsseminare USA	ja, 4-tägig
Nachbereitungstreffen	-
Nachbereitungsseminare	Düsseldorf

Ayusa-Intrax GmbH
Giesebrechtstr. 10
10629 Berlin
highschool@intrax.de
Telefon: 030 / 84 39 39 93
Telefax: 030 / 84 39 39 39
www.intrax.de

Selbstdarstellung

Unsere amerikanische Mutterorganisation Intrax engagiert sich seit mehr als 35 Jahren im Bereich des internationalen Bildung- und Kulturaustauschs. Das deutsche Büro wurde 1990 als AYUSA International gegründet und unterstützt seitdem junge Menschen aus Deutschland bei der Verwirklichung ihres Auslandtraums.

Um die Zugehörigkeit zu unserer Mutterorganisation zu stärken, führen wir seit 2011 alle Programme unter dem Firmennamen Ayusa-Intrax in Deutschland durch. Da in den USA die Schüleraustauschprogramme auch weiterhin Ayusa genannt werden, bleibt dieser Name für unser Schüleraustausch-Programm auch in Deutschland erhalten.

Als internationales und auslandsbegeistertes Team arbeiten wir täglich für unsere Mission „Connecting People and Cultures“. Wir unterstützen unsere Bewerber und Teilnehmer mit fachlicher Kompetenz und unserer eigenen Auslandserfahrung.

Bewerbungsverlauf und Kriterien für die Annahme des Bewerbers

Neben dem schriftlichen Bewerbungsverlauf gibt es ein persönliches Einzelgespräch mit dem Schüler in der Nähe des Wohnortes, gern auch mit den Eltern.

Kriterien sind: große Motivation, starkes Interesse an den USA, Anpassungsbereitschaft und Flexibilität, gute schulische Leistungen, emotionale Stabilität, realistische Erwartungen, gute englische Sprachkenntnisse und ein Sprachtest. Bewerben können sich 15- bis 17-Jährige.

Vorbereitung auf den USA-Aufenthalt in Deutschland

Wir bieten in vielen Städten Info-Veranstaltungen und auch Treffen mit ehemaligen Austauschschülern an. Neu sind unsere regelmäßigen Online-Infos, die auf rege Teilnahme stoßen. Vor Abflug gibt es für alle Teilnehmer ein Wochenendseminar in mehreren Städten in Deutschland. Für die Eltern bieten wir halbtägige Vorbereitungstreffen an. Die Teilnehmer erhalten ein Handbuch als Einführung in die amerikanische Kultur und den American Way of Life. In den USA führen die Betreuer in den jeweiligen Regionen mit unseren Schülern eine Einführungsveranstaltung durch. Zusätzlich besteht die Möglichkeit zur Einstimmung, an einem von Ayusa-Intrax betreuten, mehrtägigen Sightseeing-Programm in NY teilzunehmen.

Betreuung während des Auslandsaufenthalts

Da unsere Mutterorganisation ihren Hauptsitz in San Francisco hat und flächendeckend mit über 200 Mitarbeitern über die gesamten USA vertreten ist, gewährleisten wir eine zuverlässige und persönliche Betreuung unserer Teilnehmer.

Nachbereitung

Für die Rückkehrer bietet Ayusa-Intrax ein Wochenend-Nachbereitungsseminar in Berlin an.

Stipendien und Sonstiges

Teilstipendien bis maximal € 3000.

* Neben dem Paketpreis mit Gruppenflug und drei Nächte NYC bieten wir auch ein Basisprogramm ohne Flug und NY an: Semester: € 7.390; Schuljahr: € 7.990. Das Basisprogramm kann auch für das 2. Halbjahr gebucht werden. Gegen Aufpreis bieten wir auch ein Regionenwahlprogramm an: ab € 990. Buchbar sind auch ein Schulwahlprogramm in attraktiven Regionen ab einer Programmlänge von drei Monaten sowie ein 4-Wochen Kurzprogramm. Preisangaben für Halb- und Schuljahr ab Sommer 2019 beinhalten einen Frühbucherrabatt, Details dazu auf unserer Webseite: www.intrax.de

Preis und Leistung			
Länderwahlprogramm	1. Halbjahr	2. Halbjahr*	Schuljahr
Grundpreis	€ 9.390	€ 7.390	€ 9.990
Flug D – USA – D	ja	nein	ja
Flugbegleitung auf Hinreise	ja	nein	ja
Vorbereitungstreffen	nein	nein	nein
Vorbereitungsseminar	ja	ja	ja
Einführungsseminar in USA	ja	nein	ja
Elterntreffen	nein	nein	nein
Nachbereitungstreffen	nein	nein	nein
Nachbereitungsseminar	ja	ja	ja
Kranken-/Unfallversicherung	ja	ja	ja
Haftpflicht-/Gepäckversicherung	ja	ja	ja
Gesamtpreis (circa)*	**€ 9.390**	**€ 7.390**	**€ 9.990**
Bewerbungsschluss	30.04.	15.10.	30.04.
Spätbewerbung	möglich	möglich	möglich

Das Kleingedruckte und das liebe Geld	
Vertragsabschluss	Erfolgt nachdem der Teilnehmer die ausführlichen Bewerbungsunterlagen eingereicht und die Programmteilnahme von Ayusa-Intrax bestätigt worden ist.
Zahlungsweise und Sicherungsschein	20% bei verbindlicher Teilnahmebestätigung, 30% ca. 4 Monate vor Programmbeginn, 50% ca. 1 Monat vor Programmbeginn. Der Sicherungsschein gemäß § 651r BGB wird ausgestellt.
Kosten bei Rücktritt vom Programm	4 Mon. vor Reisebeginn und vor Platzierung: 10% der Programmkosten 4 Mon. vor Reisebeginn und mit Platzierung: 30% der Programmkosten 2 Mon. vor Reisebeginn und ohne Platzierung: 20% der Programmkosten 2 Mon. vor Reisebeginn und mit Platzierung: 40% der Programmkosten

Kurz und bündig	
Gründungsjahr	1991
Gemeinnützigkeit	nein
USA High School Programm seit	1991
Amerikanische Partnerorganisation(en)	Ayusa-Intrax, Educatius
Schülerzahl im USA High School Programm 2017/18	182
Gesamtschülerzahl im High School Programm 2017/18	372

Last, not least	
Bewerbungsinterview	Einzelinterview mit Schüler (Eltern sind herzlich willkommen)
Vorbereitungstreffen	verschiedene Städte in Deutschland
Vorbereitungsseminare	Berlin und andere Städte in Deutschland
Einführungsseminare USA	Paketprogramm New York (3 Übernachtungen, Sightseeing-Programm)
Nachbereitungstreffen	werden nicht angeboten
Nachbereitungsseminar	ja, in Berlin

CAMPS International GmbH
Poolstraße 36
20355 Hamburg
info@camps.de
Telefon: 040 / 822 90 27 0
Telefax: k. A.
www.camps.de

Selbstdarstellung
Vor 34 Jahren startete CAMPS International mit der Idee der Camp-Ferien in Deutschland. Heute bieten wir neben Sprachreisen auch High School Programme an öffentlichen Schulen sowie an Privatschulen und Internaten in 12 verschiedenen Ländern an. Jedes Jahr beraten und begleiten wir Austauschschüler mit den unterschiedlichsten Zielen. Diese sind die USA, Kanada, Neuseeland, Australien, Irland, England, Frankreich, Spanien, Italien, Costa Rica, Argentinien und Südafrika. Dabei setzen wir mit unseren ausgezeichneten Kontakten in den Ländern neben guter Planung und Organisation vor, während und nach der Reise insbesondere auf eine persönliche und individuelle Betreuung von der ersten Beratung bis hin zur Rückkehr nach Deutschland. In allen Zielländern bieten wir unsere beliebten Orientation Days an.

Bewerbungsverlauf und Kriterien für die Annahme des Bewerbers
Die Bewerbung erfolgt online unter camps.de. Danach findet ein persönliches Auswahlgespräch statt. Dieses Interview wird bei uns immer als Einzel-, nie als Gruppengespräch geführt. Wir wollen jeden Bewerber und seine Familie bestmöglich kennenlernen und individuell beraten. Noch während des Gesprächs teilen wir dem Schüler mit, ob wir ihn in das Programm aufnehmen werden.

Vorbereitung auf den USA-Aufenthalt in Deutschland
Im Rahmen des persönlichen Beratungsgespräches sowie unseres Schüler-/ Eltern-Workshops in Deutschland vor der Ausreise bereiten wir unsere Teilnehmer intensiv auf den USA-Aufenthalt vor. In den USA veranstalten wir gemeinsam mit unseren Partnern einen mehrtägigen Workshop in New York zur vertiefenden Vorbereitung.

Betreuung während des Auslandsaufenthalts
Die Betreuung während des Aufenthaltes in den USA wird durch einen lokalen Betreuer, die Mitarbeiter unserer Partnerorganisationen vor Ort sowie durch CAMPS gewährleistet. Wir bieten persönlich begleitete Gruppenflüge und mehrtägige Orientierungsveranstaltungen in den USA an.

Nachbereitung
Nach der Rückkehr aus dem Gastland organisiert CAMPS für die Teilnehmer ein Returnee-Wochenende. Dieses ist bereits im Programmpreis enthalten.

Stipendien und Sonstiges
In Kooperation mit dem DFH bieten wir jedes Jahr ein Vollstipendium für die USA an. Außerdem bieten wir mehrere Teilstipendien für andere Länder.

* Eine Orientation in New York ist im Programmpreis enthalten. Unsere Flüge in die USA mit einer renommierten Fluggesellschaft sind immer inklusive.

** Gegen einen Aufpreis können die Region oder der Staat gewählt werden. Weitere USA-Programme: USA Select – Wahl des Schulbezirkes möglich; USA Privat – Wahl der Private High School möglich.

Preis und Leistung			
*Länderwahlprogramm***	1. Halbjahr	2. Halbjahr	Schuljahr
Grundpreis	€ 9.400	€ 9.400	€ 10.600
Flug D – USA – D	ja	ja	ja
Flugbegleitung auf Hinreise	ja	nein	ja
Vorbereitungstreffen	ja	ja	ja
Vorbereitungsseminar	nein	nein	nein
Einführungsseminar in USA*	ja	ja	ja
Elterntreffen	nein	nein	nein
Nachbereitungstreffen	nein	nein	nein
Nachbereitungsseminar	ja	ja	ja
Kranken-/Unfallversicherung	ja	ja	ja
Haftpflicht-/Gepäckversicherung	ja	ja	ja
Gesamtpreis (circa)	**€ 9.400**	**€ 9.400**	**€ 10.600**
Bewerbungsschluss	31.03.	15.10.	31.03.
Spätbewerbung	möglich	möglich	möglich

Das Kleingedruckte und das liebe Geld	
Vertragsabschluss	Nach erfolgreichem Interview wird dem Bewerber ein Vertragsangebot zugesandt, welches dieser bestätigen muss.
Zahlungsweise und Sicherungsschein	10% nach Aufnahme durch CAMPS und nach Erhalt des Sicherungsscheins – 50% am 15. April (Sommerprogramme) / 15. September (Winterprogramme) – 40% am 30. Juni (Sommerprogramme) / 30. November (Winterprogramme)
Kosten bei Rücktritt vom Programm	10% bei Rücktritt nach Vertragsabschluss vor dem 15. Mai (Sommerprogramme) / 15. Oktober (Winterprogramme) – 25% ab 15. Mai (Sommerprogramme) / ab 15. Oktober (Winterprogramme) – 35% ab 15. Juni (Sommerprogramme) / 15. November (Winterprogramme)

Kurz und bündig	
Gründungsjahr (1984: CAMPS Ges. mbH)	2010: CAMPS International GmbH
Gemeinnützigkeit	nein
USA High School Programm seit	1990
Amerikanische Partnerorganisation(en)	ISE, CASE, AYA, ACES, ESI, Educatius
Schülerzahl im USA High School Programm 2017/18	63
Gesamtschülerzahl im High School Programm 2017/18	113

Last, not least	
Bewerbungsinterview	Persönliche Beratungsgespräche in Hamburg, Hannover, Bremen und Berlin oder per Skype. In anderen Städten jederzeit nach Absprache.
Vorbereitungstreffen	Hamburg, Köln, Düsseldorf
Vorbereitungsseminare	werden nicht angeboten
Einführungsseminare USA	Viertägige New York Orientation (inklusive Workshops und Sight-Seeing)
Nachbereitungstreffen	werden nicht angeboten
Nachbereitungsseminare	mehrtägiges Returnee Meeting für alle Teilnehmer/-innen

Carl Duisberg Centren gemeinnützige GmbH
Hansaring 49 – 51 Telefon: 0221 / 16 26 207
50670 Köln Telefax: 0221 / 16 26 217
highschool@cdc.de www.carl-duisberg-highschool.de

Selbstdarstellung

Das Carl Duisberg High School Programm und das Carl Duisberg Internatsprogramm basieren auf der jahrzehntelangen Erfahrung der Carl Duisberg Gruppe im internationalen Austausch und werden von der Carl Duisberg Centren gGmbH durchgeführt. Seit über 50 Jahren sind wir erfolgreich tätig im Bereich der internationalen Weiterbildung und Personalentwicklung. Dazu gehören u.a. auch die Vorbereitung auf den Auslandsaufenthalt durch qualifiziertes Fremdsprachentraining im In- und Ausland sowie Interkulturelles Training.

Bewerbungsverlauf und Kriterien für die Annahme des Bewerbers

Zum Bewerbungsverfahren: 1.) Schriftliche Bewerbung (Formular oder online) inkl. Zeugniskopie und Motivationsschreiben 2.) Einladung von Schüler und Eltern zu einem persönlichen Auswahlgespräch (Einzelinterview, Dauer ca. 1,5 - 2 Stunden) 3.) Bei Eignung Aufnahme in das Programm und schriftliche Bestätigung des Platzes.

Zu den Aufnahmekriterien: Aufgeschlossenheit für andere Länder und Kulturen; Anpassungsbereitschaft an Gegebenheiten des Gastlandes; Selbstständigkeit im Rahmen der landesüblichen Möglichkeiten; zufriedenstellende Kenntnisse der Landessprache; Notendurchschnitt 3,0 und besser für das öffentliche High School Programm in den USA, dokumentiert durch das letzte vorliegende Zeugnis. Zeugnisse werden für alle Programme jedoch individuell bewertet, bewerben lohnt sich immer.

Vorbereitung auf den USA-Aufenthalt in Deutschland

Das Auswahlgespräch und das Ausfüllen der Bewerbungsunterlagen sind bereits Teil der Vorbereitung. Wichtigster Teil der Vorbereitung sind unsere intensiven zweitägigen Vorbereitungsseminare, bei denen wir alle wichtigen Aspekte des Auslandsaufenthaltes in Diskussionen, Vorträgen und Rollenspielen behandeln. Abgerundet wird die Vorbereitung durch unser landesspezifisches Carl Duisberg Schülerhandbuch.

Betreuung während des Auslandsaufenthalts

Die Betreuung erfolgt durch das Carl Duisberg High School Team in Deutschland und durch einen lokalen Betreuer der Partnerorganisation oder Partnerschule vor Ort. Wir führen ebenfalls Elterntreffen durch. Nach Rückkehr laden wir alle Schüler zum Nachbereitungstreffen ein.

Nachbereitung

Unser Nachbereitungstreffen steht allen interessierten Rückkehrern offen und behandelt alle wichtigen Fragen der Wiedereingewöhnung in der Heimat und der Aufarbeitung der Auslandserfahrung.

Stipendien und Sonstiges

Im Schuljahr 2019/2020 vergeben wir wieder Teilstipendien und ein Vollstipendium für das USA Public High School Programm. Bewerbungsfrist Teilstipendien: bitte individuell anfragen; Bewerbungsfrist Vollstipendium: 15.10.2018.

Wir bieten auch den Besuch von privaten Tagesschulen sowie von renommierten Internaten in Nordamerika an. Hierzu unterbreiten wir Vorschläge auf Basis eines ausführlichen gemeinsamen Gespräches. Stop-Over-Programm in New York buchbar.

* Regionenwahlprogramm im Privatschul- und Internatsbereich sowie an öffentlichen Schulen in den USA mit Aufpreis möglich.

Preis und Leistung			
*Länderwahlprogramm**	1. Halbjahr	2. Halbjahr	Schuljahr
Grundpreis	€ 8.990	€ 8.990	€ 9.390
Flug D – USA – D	ja	ja	ja
Flugbegleitung auf Hinreise	nein	nein	nein
Vorbereitungstreffen	nein	nein	nein
Vorbereitungsseminar	ja	ja	ja
Einführungsseminar in USA	nein	nein	nein
Elterntreffen	ja	ja	ja
Nachbereitungstreffen	ja	ja	ja
Nachbereitungsseminar	nein	nein	nein
Kranken-/Unfallversicherung	€ 300	€ 300	€ 600
Haftpflicht-/Gepäckversicherung	ja	ja	ja
Gesamtpreis (circa)	**€ 9.290**	**€ 9.290**	**€ 9.990**
Bewerbungsschluss	01.04.	30.09.	01.04.
Spätbewerbung	auf Anfrage	auf Anfrage	auf Anfrage

Das Kleingedruckte und das liebe Geld	
Vertragsabschluss	Erfolgt nach erfolgreichem Bewerbungsgespräch durch Zusenden der Anmeldebestätigung.
Zahlungsweise und Sicherungsschein	20% des Programmpreises innerhalb v. 14 Tagen nach Erhalt der Teilnahmebestätigung, der Rechnung und des Sicherungsscheines gem. § 651r BGB; 50% nach Eingangsbestätigung der Bewerbungsunterlagen durch die Partnerorganisation bzw. –schule und entsprechende Mitteilung von CDC; Restzahlung bis 3 Wochen v. Reisebeginn.
Kosten bei Rücktritt vom Programm	Kostenfrei binnen 10 Tagen nach Erhalt der Anmeldebestätigung, danach 10% des Reisepreises bei Rücktritt bis 3 Monate vor Abreise, falls CDC die Mitteilung der Gastfamilienanschrift und/oder das Visumsantragsformular noch nicht verschickt hat, 20% sofern die Gastfamilienanschrift und/oder das Visumsantragsformular bereits an Sie verschickt wurde; 30% bis einen Monat vor Reisebeginn, 40% bei Rücktritt innerhalb des letzten Monats.

Kurz und bündig	
Gründungsjahr	1962
Gemeinnützigkeit	ja
USA High School Programm seit	1998
Amerikanische Partnerorganisation(en)	ERDT/SHARE, ISE, NWS, ESI, DMD, DASH
Schülerzahl im USA High School Programm 2017/18	86
Gesamtschülerzahl im High School Programm 2017/18	431

Last, not least	
Bewerbungsinterview	Einzelinterview mit Schülern und Eltern (Dauer: ca. 1,5-2 Std.)
Vorbereitungstreffen	werden nicht angeboten
Vorbereitungsseminare	Köln, München, Berlin, Frankfurt und nach weiterem Bedarf
Einführungsseminare USA	werden nicht angeboten
Nachbereitungstreffen	Köln und nach Bedarf
Nachbereitungsseminare	werden nicht angeboten

Deutsches Youth For Understanding Komitee e.V. (YFU)
Oberaltenallee 6 Telefon: 040 / 22 70 02-0
22081 Hamburg Telefax: 040 / 22 70 02-27
info@yfu.de www.yfu.de

Selbstdarstellung
Das Deutsche Youth For Understanding Komitee e.V. (YFU) ist eine gemeinnützige Jugendaustauschorganisation. Seit der Gründung im Jahr 1957 haben über 60.000 Jugendliche mit YFU ein (halbes) Schuljahr im Ausland verbracht. YFU setzt sich mit den Austauschprogrammen für interkulturelle Bildung und Toleranz ein – ohne damit einen finanziellen Gewinn zu erzielen. Allein in Deutschland engagieren sich 4.000 ehrenamtliche und 50 hauptamtliche Mitarbeiterinnen und Mitarbeiter für YFU.

Bewerbungsverlauf und Kriterien für die Annahme des Bewerbers
Für ein Austauschjahr oder -halbjahr mit YFU können sich Schülerinnen und Schüler aller Schularten bewerben. Bewerber müssen psychisch stabil und belastbar sein. Sie sollten aufgeschlossen, anpassungsfähig und verantwortungsbewusst sein und mindestens durchschnittliche Schulnoten vorweisen. Für die USA sind vor allem in Englisch gute bis durchschnittliche Noten wichtig. Nach Durchsicht der schriftlichen Bewerbungsunterlagen führt YFU regional Auswahlgespräche in Form von Gruppen- und Einzelinterviews durch.

Vorbereitung auf den USA-Aufenthalt in Deutschland
Alle YFU-Austauschschüler nehmen vor Abreise an einem einwöchigen Seminar teil, auf dem sie intensiv auf das Leben in einer fremden Kultur vorbereitet werden und praktische Tipps für den Alltag in den USA erhalten. Die Seminare werden von Ehrenamtlichen geleitet, die selbst ein Schuljahr im Ausland verbracht haben. Auch für Eltern werden Vorbereitungstreffen angeboten. YFU stellt außerdem umfangreiche schriftliche Unterlagen zur Verfügung.

Betreuung während des Auslandsaufenthalts
Durch das große Netzwerk aus Ehren- und Hauptamtlichen ist eine professionelle und gleichzeitig persönliche Betreuung der Austauschschüler gewährleistet: Jeder Austauschschüler hat im Ausland vor Ort einen persönlichen Betreuer, der auch für die Gastfamilie zuständig ist. Darüber hinaus stehen auch die hauptamtlichen YFU-Mitarbeiter in Deutschland und den USA zur Verfügung – im Notfall rund um die Uhr. Während des Austauschjahres finden außerdem begleitende Seminare statt.

Nachbereitung
Auf dem zwei- oder dreitägigen Nachbereitungsseminar können die Jugendlichen sich über ihre Auslandserfahrung und das Wieder-Einleben zu Hause austauschen. Sie diskutieren, wie sie ihre Erfahrungen und neu gewonnenen Fähigkeiten in Deutschland einbringen können. Viele Rückkehrer engagieren sich nach dem Austauschjahr ehrenamtlich bei YFU.

Stipendien und Sonstiges
Um möglichst vielen Jugendlichen die Teilnahme am Austauschprogramm zu ermöglichen, vergibt YFU jährlich rund 300 Stipendien im Gesamtwert von etwa einer halben Million Euro. Die Vergabe und Höhe der Stipendien richtet sich nach der finanziellen Situation der Familie, nicht nach Schulnoten.
Der Großteil der YFU-Stipendien kann von allen YFU-Austauschschülern und für alle Gastländer beantragt werden. Darüber hinaus gibt es in Kooperation mit externen Förderern viele Sonderstipendien, die auf bestimmte Gastländer oder Schülergruppen zugeschnitten sind. Eine Übersicht gibt es unter www.yfu.de/stipendien.

Preis und Leistung			
Länderwahlprogramm	1. Halbjahr	2. Halbjahr	Schuljahr
Grundpreis			€ 11.800
Flug D – USA – D			ja
Flugbegleitung auf Hinreise			ja
Vorbereitungstreffen			ja
Vorbereitungsseminar			ja
Einführungsseminar in USA			teilweise
Elterntreffen			ja
Nachbereitungstreffen			ja
Nachbereitungsseminar			ja
Kranken-/Unfallversicherung			ja
Haftpflicht-/Gepäckversicherung			ja
Gesamtpreis			**€ 11.800**
Bewerbungsschluss			variabel
Spätbewerbung			nein

Das Kleingedruckte und das liebe Geld	
Vertragsabschluss	Die Bewerbung ist unverbindlich und kostenlos. Verläuft die Bewerbung erfolgreich und wünschen Schüler und Eltern eine Teilnahme, wird ein gesonderter Vertrag abgeschlossen.
Zahlungsweise und Sicherungsschein	Zahlungen erfolgen erst nach Zusendung des Sicherungsscheins. Die Staffelung ist in 3 Raten vorgesehen.
Kosten bei Rücktritt vom Programm	7% des Programmpreises sofern die Jugendlichen noch nicht an der Vorbereitungstagung teilgenommen haben, danach 12%. Ab Erhalt der Gastfamilie 17%.

Kurz und bündig	
Gründungsjahr	1957; seit 1965 eingetragener Verein
Gemeinnützigkeit	ja
USA High School Programm seit	1957
Amerikanische Partnerorganisation(en)	YFU USA
Schülerzahl im USA High School Programm 2017/18	356
Gesamtschülerzahl im High School Programm 2017/18	902

Last, not least	
Bewerbungsinterview	Gruppen- und Einzelinterview (Schüler), bundesweit
Vorbereitungstreffen	bundesweit
Vorbereitungsseminare	bundesweit
Einführungsseminare USA	regional, für einige Programmteilnehmer/innen
Nachbereitungstreffen	bundesweit
Nachbereitungsseminare	bundesweit

DFSR – Dr. Frank Sprachen & Reisen GmbH
Industriestr. 35
68169 Mannheim
info@dfsr.de
Telefon: 0621 / 820 565 0
Telefax: 0621 / 820 565 80
www.dfsr.de

Selbstdarstellung
Wir begleiten seit 1978 nicht nur junge Menschen auf ihrem Weg ins Ausland, sondern begrüßen auch Schüler aus der ganzen Welt bei uns im Lande. Inzwischen ist DFSR der einzige Reiseveranstalter in Deutschland, der sich ausschließlich auf Schulaufenthalte im Ausland spezialisiert. Unsere Erfahrung wird von Teilnehmern, Eltern und internationalen Partnern gleichermaßen geschätzt. Und wir bedanken uns für mehr als 40 Jahre Vertrauen!
Wir pflegen stabile Partnerschaften mit Organisationen im Ausland, die sich als dauerhaft zuverlässig und qualitativ hochwertig erwiesen haben. Die Mehrzahl unserer Teilnehmer kommt auf Empfehlung ehemaliger Teilnehmer, ihrer Eltern und Lehrer zu uns. DFSR bekommt von seinen Austauschschülern regelmäßig die Bestnote „1“ verliehen.
Im Programm haben wir die Länder USA, Kanada, Australien, Neuseeland, Großbritannien, Irland, Frankreich, Spanien, Italien, Japan, Argentinien, Südafrika sowie Dänemark, Schweden, Finnland und Norwegen. Als Mitglied im Deutschen Fachverband High School e.V. (DFH), sowie der amerikanischen Dachorganisation CSIET erfüllt DFSR dauerhaft hohe Qualitätsstandards.

Bewerbungsverlauf und Kriterien für die Annahme des Bewerbers
Für alle Teilnehmer gilt: Es kommt nicht nur auf die Schulnoten an. Wichtig sind auch ihre Motivation und ihr Interesse an dem Gastland und dem Kulturaustausch.
Der zukünftige Austauschschüler sollte Flexibilität, Verständnis, Toleranz und Selbstständigkeit mitbringen. Bewerben können sich Schüler/innen, die über mindestens zufriedenstellende Englischkenntnisse verfügen. Teilnahmealter: 14-18 Jahre (13 bzw. 19 auf Anfrage).
Bewerbungsverlauf: Ausfüllen des Bewerbungsformulars, persönliches Bewerbungsgespräch gemeinsam mit den Eltern, nach erfolgreichem Gespräch Aufnahme ins Programm.

Vorbereitung auf den USA-Aufenthalt in Deutschland
Intensive zweitägige Vorbereitungsseminare in mehreren Städten, inkl. Elternteil.

Betreuung während des Auslandsaufenthalts
Unsere Partnerorganisation vor Ort stellt für die Schüler einen Betreuer vor Ort und auch DFSR ist für seine Partner über eine 24h-Notrufnummer immer erreichbar.

Nachbereitung
Nach Rückkehr in Deutschland haben die Schüler die Möglichkeit, auf einem „Welcome Back Seminar“ von ihren Erfahrungen zu berichten und sich mit anderen Heimkehrern auszutauschen.

Stipendien und Sonstiges
Schuldistriktwahl und Privatschulen in mehreren Zielländern möglich.
Ein Vollstipendium USA in Zusammenarbeit mit dem DFH, Platzierungsgarantie bei High School USA. Soft Landing Camps bei einigen Ländern inklusive. Geschwisterrabatt und Rabatte für Gastfamilien.

Preis und Leistung			
Länderwahlprogramm	1. Halbjahr	2. Halbjahr	Schuljahr
Grundpreis	€ 7.990	€ 7.990	€ 9.990
Flug D – USA – D	ja	ja	ja
Flugbegleitung auf Hinreise	nein	nein	nein
Vorbereitungstreffen	nein	nein	nein
Vorbereitungsseminar	ja	ja	ja
Einführungsseminar in USA	€ 490 /opt.	nein	€ 490 /opt.
Elterntreffen	nein	nein	nein
Nachbereitungstreffen	nein	nein	nein
Nachbereitungsseminar	ja	ja	ja
Kranken-/Unfallversicherung	ja	ja	ja
Haftpflicht-/Gepäckversicherung	ja	ja	ja
Gesamtpreis (circa)	**€ 8.480 (mit Camp)**	**€ 7.990**	**€ 10.480 (mit Camp)**
Bewerbungsschluss	31.03.	30.09.	31.03.
Spätbewerbung	möglich	möglich	möglich

Das Kleingedruckte und das liebe Geld	
Vertragsabschluss	Erfolgt nach erfolgreichem Bewerbungsgespräch durch Angebot und eine schriftliche Programm-Zusage des Bewerbers.
Zahlungsweise und Sicherungsschein	Mit der Teilnahmebestätigung und den ausführlichen Bewerbungsunterlagen erhält der Kunde unsere Rechnung und einen Sicherungsschein. Zahlungsplan - Abreise Sommer/ Winter: 20% des Programmpreises: nach Erhalt der Programmbestätigung 20% des Programmpreises: zum 1. Februar / 1. Mai 20% des Programmpreises: zum 1. April / 1. Oktober 40% des Programmpreises: nach Erhalt der Visa-Unterlagen, Schulplatzierung u. Gastfamilieninformation; spätestens 30 Tage vor Abreise
Kosten bei Rücktritt vom Programm	Kostenfreier Rücktritt binnen einer Woche nach Zugang der Programmzusage. Danach berechnen wir folgende Gebühren: Staffelung: 10%, 20%, 40%, 60%, 70% je nach Zeitpunkt des Rücktritts.

Kurz und bündig	
Gründungsjahr	1978
Gemeinnützigkeit	nein
USA High School Programm seit	1980
Amerikanische Partnerorganisation(en)	CETUSA, ICES, EDUCATIUS, Privatschulen
Schülerzahl im USA High School Programm 2017/18	166
Gesamtschülerzahl im High School Programm 2017/18	379

Last, not least	
Bewerbungsinterview	Einzelinterview mit Schüler und Eltern am Wohnort des Bewerbers bzw. in der Region
Vorbereitungstreffen	werden nicht angeboten
Vorbereitungsseminare	in 4 Städten
Einführungsseminare USA	5-tägiges Soft Landing Camp in New York optional buchbar bei Programmbeginn im Sommer
Nachbereitungstreffen	werden nicht angeboten
Nachbereitungsseminare	in Mannheim

Die AustauschExperten GmbH
Gehrenwaldstr. 64
70327 Stuttgart
info@austauschexperten.de
Telefon: 0711 / 219 565 90
Telefax: k. A.
www.austauschexperten.de

Selbstdarstellung
An dieser Stelle stellst du dir womöglich die Frage, was unterscheidet uns von anderen Austauschorganisationen und warum solltest du ausgerechnet mit uns ins Ausland gehen? Wir sind ein erfahrenes Team, wir halten Service für ein hohes Gut, eine ehrliche Beratung ist bei uns selbstverständlich und uns liegen dein Wohlergehen und das deiner Eltern das ganze Austauschjahr über am Herzen. Uns alle eint die Begeisterung für Nordamerika und Neuseeland, deshalb sind wir in diesen Ländern Experten geworden. Eine gehörige Portion gegenseitiges Vertrauen ist bei einem Austauschprogramm die Basis, für die wir bereits im ersten Gespräch den Grundstein legen, die wir aber auch durch eine vollkommen transparente Preisgestaltung dokumentieren. Überzeugt? Dann freuen wir uns, dich durch dein Austauschabenteuer begleiten zu dürfen.

Bewerbungsverlauf und Kriterien für die Annahme des Bewerbers
Ein erfolgreicher Austausch beginnt mit einer ausführlichen und individuellen Beratung! Wir nehmen uns ca. 3 Stunden Zeit, um dich und deine Eltern im Rahmen eines Beratungs- und Auswahlgesprächs näher kennen zu lernen. Im Gespräch, das nie in einer Gruppe oder per Skype geführt wird, beraten wir zur Wahl des Programms und der Schule und informieren über die Herausforderungen, die ein Schüleraustausch an Schüler und Eltern stellt. Selbstverständlich bleibt der Mitarbeiter, der das Gespräch führt, bis zu deiner Rückkehr persönlicher Ansprechpartner.

Vorbereitung auf den USA-Aufenthalt in Deutschland
Wir bereiten unsere Teilnehmer während eines 2-tägigen Vorbereitungsworkshops auf ihr Gastland vor. Thematisiert werden Kulturunterschiede, Lösungsstrategien bei Konflikten, die unterschiedlichen Regeln zu Hause und im Gastland und vieles mehr. Umfassendes Wissen und Erfahrungen aus erster Hand bringen unsere ehem. Austauschschüler ein. Für die Eltern ist der Sonntag mit einem Workshop reserviert, denn auch das Loslassen will gelernt sein.

Betreuung während des Auslandsaufenthalts
Die Austauschexperten stehen sowohl mit ihren regionalen Ansprechpartnern in Deutschland als auch mit den Mitarbeitern der Zentrale den Eltern beratend zur Seite. Über eine 24-Stunden-Notrufnummer ist in dringenden Fällen immer ein Mitarbeiter erreichbar. In den USA wird die Betreuung durch das Team der Partnerorganisationen sichergestellt. Jedem Schüler steht ein regionaler Ansprechpartner zur Seite und mindestens 2 weitere, übergeordnete Instanzen. Auch in den USA ist eine 24-Stunden Notrufnummer selbstverständlich.

Nachbereitung
Nach der Rückkehr freuen wir uns bei regionalen Treffen und einem optionalen Nachbereitungsworkshop unsere Schüler wieder zu sehen und ihnen Tipps zur Bewältigung des re-entry shocks zu geben.

Stipendien und Sonstiges
2 Teilstipendien in Höhe von je € 1.000 für Schüler, die 1 Schuljahr in der Saison 2019/20 ins Ausland gehen. Die Vergabe der Teilstipendien erfolgt nach Bewerbung und Aufnahme in das Programm. Wir bieten außerdem ein Schulwahlprogramm in den USA an. Dazu unterbreiten wir individuelle Vorschläge.
* Inkl. Vermittlungsgebühr

Preis und Leistung			
Länderwahlprogramm	1. Halbjahr	2. Halbjahr	Schuljahr
Grundpreis (ab)*	€ 5.797	€ 5.797	€ 7.451
Flug D – USA – D	€ 1.500/p	€ 1.500/p	€ 1.500/p
Flugbegleitung auf Hinreise	ja	ja	ja
Vorbereitungstreffen	ja	ja	ja
Vorbereitungsseminar	ja	ja	ja
Einführungsseminar in USA	€ 275/opt.	€ 275/opt.	€ 275/opt.
Elterntreffen	ja	ja	ja
Nachbereitungstreffen	ja	ja	ja
Nachbereitungsseminar	€ 30/opt.	€ 30/opt.	€ 30/opt.
Kranken-/Unfallversicherung	€ 280 / opt.	€ 280 / opt.	€ 530 / opt.
Haftpflicht-/Gepäckversicherung	€ 92/opt.	€ 92/opt.	€ 180/opt.
Gesamtpreis (circa)	**€ 7.577**	**€ 7.577**	**€ 9.481**
Bewerbungsschluss	15.04.	01.10.	15.04.
Spätbewerbung	01.05.	01.11.	01.05.

Das Kleingedruckte und das liebe Geld	
Vertragsabschluss	Nach dem Beratungsgespräch unterbreiten wir ein individuelles Vertragsangebot.
Zahlungsweise und Sicherungsschein	Alle Zahlungen erfolgen nach individueller Rechnungsstellung direkt an die jeweiligen Leistungsträger (Reisebüro, Versicherung, Bildungseinrichtung/Schule im Ausland, Die Austauschexperten).
Kosten bei Rücktritt vom Programm	nach Vertragsabschluss vor Platzierung bis Mai / Nov. € 1.165 nach Vertragsabschluss vor Platzierung ab Mai /Nov. € 1.580 nach Vertragsabschluss vor Platzierung im Juni € 2.935 nach Vertragsabschluss und Platzierung € 3.765 plus evtl. Stornokosten Flug

Kurz und bündig	
Gründungsjahr	2016
Gemeinnützigkeit	nein
USA High School Programm seit	2016
Amerikanische Partnerorganisation(en)	Nacel Open Door, ASPECT Found.
Schülerzahl im USA High School Programm 2017/18	30
Gesamtschülerzahl im High School Programm 2017/18	91

Last, not least	
Bewerbungsinterview	Rund 3 Stunden Einzelgespräch mit Schüler und Eltern immer face to face. Wir haben Mitarbeiter von Hamburg bis München.
Vorbereitungstreffen	regionale Treffen
Vorbereitungsseminare	2 Tage, überregional an verschiedenen Orten
Einführungsseminare USA	optional buchbar: Chicago oder New York
Nachbereitungstreffen	regionale Treffen
Nachbereitungsseminar	optional buchbar überregional

e2 - education abroad – Inh. Mario Stiploschek
Himmelstraße 9 Telefon: 040 / 44 70 700
22299 Hamburg Telefax: k. A.
info@edu-germany.com www.e2.de

Selbstdarstellung
e2 – education abroad ist seit 1997 im internationalen Schüleraustausch tätig und entstand aus der ehemaligen gemeinnützigen Organisation Eurovacances.
Es wird die identische Arbeit geleistet und beruft sich vor allem auf Qualität in der Vor- und Nachbereitung sowie in der örtlichen Betreuung.

Bewerbungsverlauf und Kriterien für die Annahme des Bewerbers
Die Entscheidung, ein Jahr im Ausland zu verbringen, muss in der Familie einvernehmlich gefällt werden um den maximalen Erfolg zu gewährleisten.
Ansonsten erwarten wir von den Kandidaten, sich mit den möglichen unterschiedlichen Ländern auseinanderzusetzen und trotzdem mit offenem Geist an das Programm zu gehen.

Vorbereitung auf den USA-Aufenthalt in Deutschland
Zuallererst erfolgt das sogenannte Bewerbungsgespräch, dessen Dauer mit ca. 3 Std. ein erstes Kennenlernen ermöglicht. In diesem Gespräch, welches mit den Eltern und dem Teilnehmer geführt wird, werden vor allem mögliche Schwierigkeiten in der Gastfamilie und der Schule besprochen.

Es wird klar gemacht, dass es sich keinesfalls um ein „Abenteuer Jahr" o.ä. handelt. Es wird intensiv versucht, herauszufinden, was die jeweilige Motivation des Teilnehmers ist und wie es zu dieser Entscheidung schließlich kam. Es werden zu allen Themen Handbücher (länderspezifisch) ausgegeben damit die Teilnehmer auch jederzeit Problemlösungen nachschlagen können.

Der Höhepunkt der Vorbereitung ist ein 3-tägiges Vorbereitungsseminar in einer Jugendherberge, wo am Schlusstag auch die Eltern eingeladen sind um nochmal viele Ablaufdetails des Programmes zu erfahren.

Betreuung während des Auslandsaufenthalts
Alle Schüler werden während ihres Aufenthaltes im Ausland von den Partner-Organisationen intensiv betreut. Partner-Organisation und e2 arbeiten im Problemfall eng zusammen. Die Familien zuhause haben jeweils ihre e2-Ansprechpartnerin vor Ort, sie ist ganzjährig für sie da und hilft bei kleinen Sorgen. Sie sind Mütter ehemaliger Teilnehmer und wissen also sehr genau einzuschätzen, wie es den Familien geht, wenn das eigene Kind im Ausland ist.

Nachbereitung
Dafür findet ein 2-tägiges Nachbereitungsseminar im Herbst statt.

Stipendien und Sonstiges
* Inkl. Vermittlungsgebühr

Preis und Leistung			
Länderwahl	1. Halbjahr	2. Halbjahr	Schuljahr
Grundpreis*	€ 7.570	€ 7.570	€ 8.560
Flug D – USA – D	ja	ja	ja
Flugbegleitung auf Hinreise	ab 15 TN	ab 15 TN	ab 15 TN
Vorbereitungstreffen	ja	ja	ja
Vorbereitungsseminar	3-tägig	3-tägig	3-tägig
Einführungsseminar in USA	€ 550/optional	nein	€ 550/optional
Elterntreffen	ja	nein	ja
Nachbereitungstreffen	ja	ja	ja
Nachbereitungsseminar	ja	ja	ja
Kranken-/Unfallversicherung	ja	ja	ja
Haftpflicht-/Gepäckversicherung	ja	ja	ja
Gesamtpreis	**€ 7.570**	**€ 7.570**	**€ 8.560**
Bewerbungsschluss	30. April	31. Okt.	30. April
Spätbewerbung	auf Anfrage	auf Anfrage	auf Anfrage

Das Kleingedruckte und das liebe Geld	
Vertragsabschluss	Die Bewerbung ist kostenfrei, Vertrag kommt erst zustande, wenn TN nach dem Bewerbungsgespräch von uns angenommen wird oder TN uns zusagt.
Zahlungsweise und Sicherungsschein	Die Provision wird erst in Rechnung gestellt, wenn US-Partner die Annahme des TN bestätigt hat nach Durchsicht aller vom Bewerber erstellten Unterlagen.
Kosten bei Rücktritt vom Programm	Kostenfrei vor Platzierung in den USA Nach Platzierung 100%

Kurz und bündig	
Gründungsjahr	1997
Gemeinnützigkeit	nein
USA High School Programm seit	1997
Amerikanische Partnerorganisation(en)	Aspect und Nacel
Schülerzahl im USA High School Programm 2017/18	16
Gesamtschülerzahl im High School Programm 2017/18	40

Last, not least	
Bewerbungsinterview	ja
Vorbereitungstreffen	ja
Vorbereitungsseminare	ja
Einführungsseminare USA	optional
Nachbereitungstreffen	ja, in den versch. Regionen
Nachbereitungsseminar	ja

EF Education (Deutschland) GmbH
Königsallee 92a
40212 Düsseldorf
highschoolyear.de@ef.com
Telefon: 0211 / 688 57 300
Telefax: 0211 / 688 57 301
www.ef.com/highschool

Selbstdarstellung

EF ist seit mehr als 50 Jahren führend im internationalen Schüleraustausch. Die Idee war von Anfang an interkultureller Austausch, d.h. den Jugendlichen vieler Nationalitäten und Länder die Möglichkeit geben, das Gastland ihrer Wahl, das dortige Schulsystem, den Alltag in einer Gastfamilie kennen zu lernen und gleichzeitig die Fremdsprachenkenntnisse zu perfektionieren. Die Stärke und Qualität unserer Arbeit liegt in der professionellen und persönlichen Betreuung unserer Teilnehmer vom ersten Schritt der Bewerbung bis zur Rückkehr nach Deutschland.
EF arbeitet ohne Partner und verfügt in allen Gastländern über eigene Büros und ein großes Netzwerk eigener Betreuer. Mehr Informationen auf www.exchangestories.com

Bewerbungsverlauf und Kriterien für die Annahme des Bewerbers

Bewerbungsverlauf: Die Bewerbung erfolgt über das Formular auf www.ef.com/highschool. Nach erfolgreichem Auswahlgespräch (unverbindlich & kostenfrei) mit EF-Interviewern und ehemaligen Austauschschülern (Elternberatung findet im Anschluss/parallel statt) unterbreitet EF ein Vertragsangebot. *Auswahlkriterien:* Persönlichkeit, Reife, Anpassungsfähigkeit, Toleranz, Flexibilität, hohe Motivation, schulische Leistungen und Fremdsprachenkenntnisse.

Vorbereitung auf den USA-Aufenthalt in Deutschland

Informationsveranstaltungen in ca. 40 Städten in Deutschland / ausführliches Informationsmaterial / monatliche Online-Schulungen und Video / eintägiges Vorbereitungsseminar in verschiedenen Städten Deutschlands / EF Welcome Days in New York (nur bei Start im Sommer; im Programmpreis inklusive) oder EF International High School Camp in New York (optionale 10-tägige Vorbereitung) / Vorbereitungstreffen im Gastland mit dem lokalen EF-Betreuer.

Betreuung während des Auslandsaufenthalts

Regelmäßiger Kontakt mit dem lokalen EF-Betreuer / Besuch des EF-Betreuers / zusätzlich regelmäßiger telefonischer Kontakt mit einem Ansprechpartner aus dem EF-Büro in den USA / Ausflüge bzw. Reiseangebote durch EF vor Ort (optional) / telefonische Unterstützung für Schüler und Eltern während des Austauschjahres durch die EF-Büros in Deutschland und den USA. Den Schülern steht in den USA eine 24h-Notrufnummer zur Verfügung.

Nachbereitung

Homecoming Events / Ambassador Club für Ehemalige / Global Ambassador Summit in der Schweiz / Mitwirkung an EF-Informationsveranstaltungen sowie Auswahlgesprächen

Stipendien und Sonstiges

Stipendien: EF bietet mehrere Teilstipendien an (www.ef.com/stipendien).
Sonstiges: Optionale Staaten-/Regionenwahl in den USA möglich. Angebot von EF Discovery Tours (www.efdiscoverytours.com) während des Aufenthalts.

Preis und Leistung			
Länderwahlprogramm	1. Halbjahr	2. Halbjahr	Schuljahr
Grundpreis	€ 10.950	€ 10.950	€ 12.450
Flug D – USA – D	ja	ja	ja
Flugbegleitung auf Hinreise	nein	nein	nein
Vorbereitungstreffen	ja	ja	ja
Vorbereitungsseminar	nein	nein	nein
Einführungsseminar in USA	4 Tage inkl./ 10 Tage (€ 1.375)	nein	4 Tage inkl./ 10 Tage (€ 1.375)
Elterntreffen	ja	ja	ja
Nachbereitungstreffen	ja	ja	ja
Nachbereitungsseminar	nein	nein	nein
Kranken-/Unfallversicherung	€ 625	€ 625	€ 995
Haftpflicht-/Gepäckversicherung	ja	ja	ja
Gesamtpreis (ab circa)	**€ 11.575**	**€ 11.575**	**€ 13.445**
Bewerbungsschluss	15.05.	15.10.	15.05.
Spätbewerbung	möglich	möglich	möglich

Das Kleingedruckte und das liebe Geld	
Vertragsabschluss	Nach positivem Auswahlgespräch erfolgt ein Vertragsangebot und der Programmplatz wird für 4 Wochen reserviert. Mit Unterzeichnung und Anzahlung des Vertrags wird der Programmplatz sowie die Platzierung in den USA von EF garantiert.
Zahlungsweise und Sicherungsschein	*Zahlungsweise:* In Raten. 1. Rate 30 Tage nach Vertragsabschluss; 2. Rate ca. sechs Monate vor Abreise; 3. Rate ca. drei Monate vor Abreise; 4. Rate ca. drei Wochen vor Abreise. *Sicherungsschein:* ja
Kosten bei Rücktritt vom Programm	Bis 6 Monate vor Abreisemonat: 15% des Programmpreises. Innerhalb 6 Monate und 6 Wochen vor Abreisemonat: 22% des Programmpreises. Danach 48% des Programmpreises.

Kurz und bündig	
Gründungsjahr	1965
Gemeinnützigkeit	nein
USA High School Programm seit	1979
Amerikanische Partnerorganisation(en)	EF Education First
Schülerzahl im USA High School Programm 2017/18	600
Gesamtschülerzahl im High School Programm 2017/18	780

Last, not least	
Bewerbungsinterview	in etwa 40 Städten
Vorbereitungstreffen	in 8 Städten
Vorbereitungsseminare	werden nicht angeboten
Einführungsseminare USA	4 Tage New York inkl. (Welcome Days nur im Sommer) oder optional 10 Tage Vorbereitungskurs in New York für € 1.375
Nachbereitungstreffen	EF Homecoming Events in etwa 8 Städten
Nachbereitungsseminare	werden nicht angeboten

ehighschool – Inh. Christian Prelle
Am Sportplatz 3
39576 Stendal
info@ehighschool.de
Telefon: 03931 / 531 831-0
Telefax: 03931 / 531 831-2
www.ehighschool.de

Selbstdarstellung
Das Motto von ehighschool lautet: Preiswert, persönlich, fair. ehighschool hat es sich zur Aufgabe gemacht, den internationalen Kulturaustausch zu fördern, indem durch günstige Preise auch weniger finanzstarke Schüler die Möglichkeit erhalten, am High School-Programm teilzunehmen.
Darüber hinaus legen wir viel Wert auf Fairness, Ehrlichkeit und persönlichen Kontakt.

Bewerbungsverlauf und Kriterien für die Annahme des Bewerbers
Bewerbungsverlauf:
1. unverbindliche Bewerbung des Schülers/der Schülerin
2. unverbindliches persönliches Bewerbungsgespräch mit dem Schüler und den Eltern
3. Angebot der Teilnahme am High School-Programm und Vorlage eines Buchungsformulars

Aufnahmekriterien:
- Zeugnisnoten: 4 oder besser, einzelne Ausnahmen möglich (nicht in Englisch)
- mindestens ordentliche Englischkenntnisse
- motiviert und zielstrebig
- Impfungen gemäß Vorschriften

Vorbereitung auf den USA-Aufenthalt in Deutschland
Zur Vorbereitung wird ein Vorbereitungstreffen veranstaltet und ein Schüler-Handbuch ausgegeben, darüber hinaus können einzelne Fragen in persönlichen Gesprächen geklärt werden. Auf dem Vorbereitungstreffen soll der Teilnehmer fit gemacht werden für das Leben in einem fremden Land, in einer Gastfamilie und für den Besuch der Gastschule. Unterschiede zwischen den Kulturen, den Lebensformen und Systemen werden aufgezeigt, Verständnis für die Erwartungen und Anforderungen an den Teilnehmer geweckt. Wichtiger Punkt sind die Gesetze und Regeln, die jeder Teilnehmer kennen muss.

Betreuung während des Auslandsaufenthalts
Die Betreuung ist ein besonders wichtiges Thema bei ehighschool. Während des Auslandsaufenthalts hat der Schüler gleich drei Ansprechpartner: Den lokalen Betreuer (Local Rep) in der Nähe der Gastfamilie, die Zentrale der Partner in den USA und ehighschool in Deutschland. Die Eltern bekommen ein Eltern-Handbuch.

Nachbereitung
ehighschool bietet den Rückkehrern verschiedene Möglichkeiten, von den vielfältigen Erlebnissen und Erfahrungen zu berichten. Dazu gehört das jährliche Rückkehrer-Treffen (im Preis enthalten), auf dem sich die ehemaligen Teilnehmer untereinander austauschen können.

Stipendien und Sonstiges
Weltbürger-Stipendien:
Infos zu Stipendien unter www.ehighschool.de/stipendium/weltbuerger

Preis und Leistung			
Länderwahlprogramm	1. Halbjahr	2. Halbjahr	Schuljahr
Grundpreis	€ 6.699	€ 6.699	€ 7.279
Flug D – USA – D	€ 1.200/p	€ 1.200/p	€ 1.200/p
Flugbegleitung auf Hinreise	auf 1 Flug	teilweise	auf 1 Flug
Vorbereitungstreffen	ja	ja	ja
Vorbereitungsseminar	optional	optional	optional
Einführungsseminar in USA	€ 299/opt.	nein	€ 299/opt.
Elterntreffen	optional	optional	optional
Nachbereitungstreffen	ja	ja	ja
Nachbereitungsseminar	nein	nein	nein
Kranken-/Unfallversicherung	€ 250	€ 250	€ 500
Haftpflicht-/Gepäckversicherung	ja/nein	ja/nein	ja/nein
Gesamtpreis (circa)	**€ 8.149**	**€ 8.149**	**€ 8.979**
Bewerbungsschluss	15.03.	15.08.	15.03.
Spätbewerbung	auf Anfrage	ja	auf Anfrage

Das Kleingedruckte und das liebe Geld	
Vertragsabschluss	durch Eingang des eigenhändig unterschriebenen Buchungsauftrags
Zahlungsweise und Sicherungsschein	10% innerhalb von 14 Tagen nach Erhalt von Rechnung und Reisepreis-Sicherungsschein 30% 3 Monate vor Reisebeginn 30% 2 Monate vor Reisebeginn 30% 4 Wochen vor Reisebeginn
Kosten bei Rücktritt vom Programm	bis 61 Tage vor Reisebeginn: 10% ab 60. Tag vor Reisebeginn: 35% ab 14. Tag vor Reisebeginn: 50% ab Reisebeginn: 100%

Kurz und bündig	
Gründungsjahr	2002
Gemeinnützigkeit	nein
USA High School Programm seit	2003
Amerikanische Partnerorganisation(en)	EMF, FIEA
Schülerzahl im USA High School Programm 2017/18	76
Gesamtschülerzahl im High School Programm 2017/18	95

Last, not least	
Bewerbungsinterview	persönliches Gespräch mit dem Schüler und den Eltern in allen Teilen Deutschlands
Vorbereitungstreffen	ja, in 2 Städten Deutschlands
Vorbereitungsseminare	optional in Ergänzung zu den Vorbereitungstreffen
Einführungsseminare USA	optional, € 299 (Einführungstreffen)
Nachbereitungstreffen	1 pro Jahr
Nachbereitungsseminare	nein

Experiment e.V.
Gluckstraße 1
53115 Bonn
info@experiment-ev.de
Telefon: 0228 / 95722 0
Telefax: 0228 / 35 82 82
www.experiment-ev.de

Selbstdarstellung
Seit mehr als 85 Jahren hat sich die gemeinnützige Austauschorganisation Experiment e.V. den Austausch zwischen Menschen aller Kulturen, Religionen und Altersgruppen zum Ziel gesetzt. Neben Schüleraustauschprogrammen in 23 Ländern bietet Experiment e.V. auch Freiwilligendienste, Praktika und Kurzzeitaufenthalte im Ausland sowie Gastfamilienprogramme in Deutschland an.

Bewerbungsverlauf und Kriterien für die Aufnahme des Bewerbers
Schüler/innen zwischen 14 und 18 Jahren können am Programm teilnehmen.
Es ist möglich, sich zunächst für mehrere Programmländer zu bewerben, wobei die Zusage nach einem persönlichen Kennenlerngespräch immer für das Wunschland erfolgt.
Voraussetzung ist der Besuch einer weiterführenden Schule bis zur Ausreise. Bewerber/innen sollten ein ernsthaftes Interesse am interkulturellen Austausch haben und Spaß daran haben, von ihrem Leben in Deutschland zu berichten und ihre eigene Kultur im Gastland zu vermitteln.
Aufgeschlossenheit, Offenheit, Toleranz und Anpassungsvermögen sind dabei unentbehrliche Fähigkeiten. Grundkenntnisse in Englisch werden erwartet.
Bewerbung online über unsere Homepage: www.experiment-ev.de/bewerbung

Vorbereitung auf den USA-Aufenthalt in Deutschland
Alle Teilnehmenden werden zu einem überregionalen, 4-tägigen Vorbereitungsseminar eingeladen, auf dem sie von Ehrenamtlichen umfassend auf ihren Auslandsaufenthalt vorbereitet werden. Diese intensive Vorbereitung findet bereits mehrere Wochen vor der Ausreise statt, ist verpflichtend für alle Teilnehmenden und daher bereits im Preis enthalten.
Zudem gibt es eine Informationsveranstaltung für Eltern.

Betreuung während des Auslandsaufenthalts
Ein persönlicher Betreuer unserer Partnerorganisation hat die Gastfamilie vor der Ankunft des Austauschschülers besucht und ist während des Aufenthaltes Ansprechperson für Schüler/in und Gastfamilie.
Für Eltern und Teilnehmende gibt es zusätzlich in Deutschland einen telefonischen Bereitschaftsdienst von Experiment e.V., der rund um die Uhr erreichbar ist.

Nachbereitung
Ein mehrtägiges Nachbereitungsseminar nach der Rückkehr ist ebenfalls bereits im Preis inbegriffen und hilft vielen Teilnehmenden bei der Wiedereingewöhnung.

Stipendien und Sonstiges
* Auf Wunsch können die Region, ein Bundestaat bzw. eine Schule gewählt werden.
Die Teilnahme an einem Orientierungsseminar in New York ist gegen Aufpreis möglich.
Experiment e.V. stellt für den „Schüleraustausch weltweit" einen eigenfinanzierten Stipendienfonds in Höhe von € 85.000 (2019-20) zur Verfügung. Seit 36 Jahren Durchführung des PPP-Programms (Vollstipendien über den Deutschen Bundestag). Zusammenarbeit mit weiteren Kooperationspartnern wie Stiftung Mercator und Kreuzberger Kinderstiftung.
Aktuelle Stipendien unter: www.experiment-ev.de/stipendien

Preis und Leistung			
*Länderwahlprogramm**	1. Halbjahr	2. Halbjahr	Schuljahr
Grundpreis	€ 8.750	€ 8.750	€ 9.580
Flug D – USA – D	ja	ja	ja
Flugbegleitung auf Hinreise	ja	ja	ja
Vorbereitungstreffen	nein	nein	nein
Vorbereitungsseminar	ja	ja	ja
Einführungsseminar in USA	nein	nein	opt./€ 750
Elterntreffen	nein	nein	nein
Nachbereitungstreffen	nein	nein	nein
Nachbereitungsseminar	ja	ja	ja
Kranken-/Unfallversicherung	ja	ja	ja
Haftpflicht-/Gepäckversicherung	ja/nein	ja/nein	ja/nein
Gesamtpreis	**€ 8.750**	**€ 8.750**	**€ 9.580**
Bewerbungsschluss	01.02.	01.08.	01.02.
Spätbewerbung	möglich	möglich	möglich

Das Kleingedruckte und das liebe Geld	
Vertragsabschluss	Nach erfolgreichem Kennenlerngespräch wird der/dem Teilnehmenden ein Vertragsangebot zugesendet. Erst nach Rücksendung des Angebotes innerhalb der angegebenen Frist kommt ein Vertrag zustande.
Zahlungsweise und Sicherungsschein	1. Rate nach Erhalt der Rechnung 2. Rate 4 Monate vor Ausreise 3. Rate 2 Monate vor Ausreise bzw. spätestens mit Aushändigung der Reiseunterlagen Sicherungsschein gem. § 651r BGB
Kosten bei Rücktritt vom Programm	Rücktritt nach Versand der Bestätigung/Rechnung 15%, nach Eintreffen der Platzierungsunterlagen für den Partner im Ausland bei uns 25%, nach Eintreffen der Gastfamilienadresse bei uns 40%.

Kurz und bündig	
Gründungsjahr	1932
Gemeinnützigkeit	ja
USA High School Programm seit	mehr als 25 Jahre
Amerikanische Partnerorganisation(en)	langjährige Partnerorganisationen
Schülerzahl im USA High School Programm 2017/18	223
Gesamtschülerzahl im High School Programm 2017/18	500

Last, not least	
Bewerbungsinterview	persönliche Einzel- und Gruppeninterviews
Vorbereitungstreffen	werden nicht angeboten
Vorbereitungsseminare	4-tägiges verpflichtendes Vorbereitungsseminar an verschiedenen Seminarorten
Einführungsseminare USA	durch örtliche Betreuer
Nachbereitungstreffen	werden nicht angeboten
Nachbereitungsseminare	3-tägiges Nachbereitungsseminar an versch. Seminarorten

Global Youth Group e.V.
Eststr. 6
45149 Essen
info@global-youth-group.de
Telefon: 0201 / 6124529
Telefax: 0201 / 47619824
www.global-youth-group.de

Selbstdarstellung
Die Global Youth Group e.V. (kurz GYG) ist ein gemeinnütziger Verein mit Sitz in Essen. Unser Team besteht überwiegend aus pädagogisch geschulten Mitarbeitern, weshalb wir dich und deine Eltern fundiert beraten und betreuen können. Durch unseren guten Mix aus jungen und erfahrenen Kräften erreichen wir stets eine hohe Qualität und Sicherheit. Eine ausführliche und individuelle Betreuung, hohe Qualität und Sicherheit sind für uns selbstverständlich. Unser Ziel ist, dass du den höchstmöglichen Nutzen aus deinem Auslandsabenteuer ziehst!

Bewerbungsverlauf und Kriterien für die Annahme des Bewerbers
Bewirb dich online, per Fax, per Telefon, per E-Mail oder auf dem Postweg mit unserem Bewerbungsformular. Du hast die Möglichkeit, dich für dein Wunschland zu bewerben oder für mehrere Länder. Nach dem Eingang deiner Bewerbung laden wir dich zum Bewerbungsinterview ein. Dieses kann bei dir, in deiner Nähe, in Essen oder per Skype stattfinden. Wichtig ist: Auch deine Eltern sind zu diesem Gespräch eingeladen. Kurze Zeit nach dem Gespräch teilen wir dir mit, ob du für das Programm geeignet bist und senden dir unser Vertragsangebot zu. Du solltest mindestens 12 Jahre oder älter sein, dich für neue Kulturen, Sprachen und Menschen interessieren. Wichtige Charaktereigenschaften sind Flexibilität, Toleranz und Anpassungsfähigkeit.

Vorbereitung auf den USA-Aufenthalt in Deutschland
Die Vorbereitung in Deutschland erfolgt durch unsere Vorbereitungsveranstaltungen, welche immer mehrere Wochen vor deiner Abreise an verschiedenen Wochenenden stattfinden. Im Sommer findet dabei immer stets auch eins in deiner Nähe statt. Wir bereiten dich intensiv auf dein Land, die Programmregeln und alles Wissenswerte vor. Ein Schwerpunkt bildet die Beantragung des Visums für die USA. Für deine Eltern bieten wir gleichzeitig optional eine Elternvorbereitung an, welches stets gerne angenommen und weiterempfohlen wird.

Betreuung während des Auslandsaufenthalts
Deine Betreuung ist uns sehr wichtig, daher wirst du immer von 4 Positionen betreut. Du hast deinen persönlichen Ansprechpartner sowohl im Gastland, als auch in Deutschland. Er hat stets ein offenes Ohr für dich und deine Belange, dein deutscher Ansprechpartner ist stets auch für deine Eltern da. Zusätzlich hast du im Gastland und in Deutschland eine 24-Stunden-Notrufnummer.

Nachbereitung
Nach deiner Rückkehr findet eine Nachbereitung statt. Neben einem intensiven Erfahrungsaustausch geben wir dir Tipps zur Wiedereingliederung und feiern gemeinsam ein Abschlussfest. Wir freuen uns, wenn du uns im Comeback Club erhalten bleibst.

Stipendien und Sonstiges
Gratis Teilnahme am New York Trip (bei einer festen Anmeldung bis zum 30.09. bei Sommerausreise); Geschwister- und Freundschaftspreisnachlass, Preisnachlass mit eigener Gastfamilie möglich. Teilstipendium: 4 x bis zu € 4.000, ggf. mehr Sonderaktionen findest du auf unserer Website; Optional: 4 Tage New York Trip; Regionenwahl; Staatenwahl, Schulbezirkswahl, Schulwahl

Preis und Leistung			
Länderwahlprogramm	1. Halbjahr	2. Halbjahr	Schuljahr
Grundpreis	€ 8.100	€ 8.000	€ 8.800
Flug D – USA – D	ja	ja	ja
Flugbegleitung auf Hinreise	optional	optional	optional
Vorbereitungstreffen	optional	optional	optional
Vorbereitungsseminar	ja	ja	ja
Einführungsseminar in USA	optional	optional	optional
Elterntreffen	ja	ja	ja
Nachbereitungstreffen	optional	optional	optional
Nachbereitungsseminar	ja	ja	ja
Kranken-/Unfallversicherung	ja	ja	ja
Haftpflicht-/Gepäckversicherung	ja/optional	ja/optional	ja/optional
Gesamtpreis (ab circa)	**€ 8.100**	**€ 8.000**	**€ 8.800**
Bewerbungsschluss	31.03.	30.09.	31.03.
Spätbewerbung	auf Anfrage	auf Anfrage	auf Anfrage

Das Kleingedruckte und das liebe Geld	
Vertragsabschluss	Nach Annahme ins Programm haben du und deine Eltern 14 Tage Zeit um das Vertragsangebot anzunehmen. Bis Vertragsabschluss sind alle Leistungen kostenfrei.
Zahlungsweise und Sicherungsschein	Nach Vertragsabschluss bekommen deine Eltern und du von uns den Sicherungsschein sowie die Rechnung über die Programmgebühren zugestellt. Die Programmgebühren sind dabei in 3 Varianten bezahlbar. Variante A: Anzahlung + Komplettablösung Variante B: Anzahlung + 3 Teilzahlungen Variante C: Anzahlung + Ratenzahlung Die Restzahlung ist immer vor Abreise zu bezahlen.
Kosten bei Rücktritt vom Programm	Die Kosten für den Rücktritt sind immer davon abhängig, wann der Rücktritt erfolgt, vor Ausreise maximal 20% der Gesamtsumme. Bis Vertragsabschluss ist der Rücktritt kostenfrei.

Kurz und bündig	
Gründungsjahr	2009
Gemeinnützigkeit	ja
USA High School Programm seit	2010
Amerikanische Partnerorganisation(en)	ISE, AFICE, CETUSA, Educatius
Schülerzahl im USA High School Programm 2017/18	77
Gesamtschülerzahl im High School Programm 2017/18	233

Last, not least	
Bewerbungsinterview	Einzelinterviews an deinem Wunschort oder per Skype
Vorbereitungstreffen	als Alternative zum Seminar
Vorbereitungsseminare	jeweils eins in Nord-, Ost-, Süd-, Mittel- und Westdeutschland
Einführungsseminare USA	örtlich durch den lokalen Betreuer, NY Trip optional
Nachbereitungstreffen	je nach Teilnehmer an einem zentralen Ort in Deutschland
Nachbereitungsseminare	je nach Teilnehmer an einem zentralen Ort in Deutschland

HiCo Education – High School & College Consulting – Inh. Ilona Wondratschek
Darmstädter Str. 162
64625 Bensheim
info@hico-education.de
Telefon: 06251 / 58 50 688
Telefax: 06251 / 58 30 002
www.hico-education.de

Selbstdarstellung
HiCo Education berät Schüler und Eltern persönlich und individuell um das passende Programm bzw. die richtige Schule nach den Neigungen und Interessen der Schüler auszuwählen. In USA bieten wir verschiedene Programme an. Beim Classic Programm gibt es die Möglichkeit der Regionen- bzw. Staatenwahl bzw. das Top-High School Programm dazu zu buchen. Beim Select- und Privatschul-Programm arbeiten wir oft mit ortsansässigen Partnern und Schulen eng zusammen. Wir besuchen unsere Schulen im Ausland so oft wie möglich um einen Eindruck zu gewinnen, den wir an unsere Schüler und Eltern weitergeben können. HiCo ist stets darauf bedacht sehr gute Partner vor Ort zu haben, die unsere Schüler bestmöglich betreuen und platzieren. Auch während des Aufenthaltes stehen wir mit unseren Eltern und Schülern stets in Verbindung und helfen bei allen Fragen gerne weiter.

Bewerbungsverlauf und Kriterien für die Annahme des Bewerbers
Für den Erstkontakt reicht eine Kurz-Bewerbung, sobald diese vorliegt, setzen wir uns zwecks eines unverbindlichen Beratungsgespräches mit den Familien in Verbindung. Bei diesem Gespräch wird ein ausführliches Schülerprofil erstellt. Es werden Wünsche und Erwartungen besprochen. Das Profil dient als Grundlage für unsere Angebotserstellung. Im Anschluss schlagen wir ein Programm bzw. Schulen vor. HiCo begleitet die Familien während des gesamten Bewerbungsablaufs, der Visa-Beantragung und Flugbuchung. Auch während des Aufenthaltes bleibt das HiCo-Team in Deutschland der Ansprechpartner für unsere Familien.

Vorbereitung auf den USA-Aufenthalt in Deutschland
Alle Schüler werden ausführlich auf ihren Auslandsaufenthalt vorbereitet. Wir bieten für alle Schüler ein Vorbereitungstreffen an, verteilen Schüler- und Elternhandbücher, erstellen aktuelle Visa-Beantragungs-Hilfen, buchen die Flüge für unsere Schüler und helfen bei der Auswahl der Krankenversicherung, falls diese nicht im Programmpreis inbegriffen ist.

Betreuung während des Auslandsaufenthalts
Während des gesamten Auslandsaufenthaltes stehen unseren Schülern Betreuer unserer Partnerorganisation/Schule im Land zur Seite, diese sind für die Jugendlichen stets erreichbar und halten auch regelmäßig Kontakt zu den Schülern.
Alle Jugendlichen bekommen eine kostenlose 24-Stunden-Notfall-Telefonnummer, unter der sie ihren persönlichen Betreuer erreichen können. Auch das HiCo-Team steht den Eltern und Schülern stets für Fragen und Informationen als Ansprechpartner bereit. Wir halten regelmäßigen Kontakt zu unseren Schülern, vor und während des Auslandsaufenthaltes.

Nachbereitung
Auf Wunsch bieten wir Nachtreffen an. Wir stehen Schülern und Eltern auch nach dem Aufenthalt für Fragen und Informationen zur Verfügung.

Stipendien und Sonstiges
Wir vergeben 1 Vollstipendium für das Classic High School Programm in USA sowie mehrere Teilstipendien für unterschiedliche Länder und Programme.
Für sehr gute und motivierte Schüler, bekommen wir auch immer wieder Teilstipendien unserer Privatschulen & Internate.

Preis und Leistung			
Länderwahlprogramm	1. Halbjahr	2. Halbjahr	Schuljahr
Grundpreis (ab)	€ 8.500	€ 8.500	€ 9.200
Flug D – USA – D	ja	ja	ja
Flugbegleitung auf Hinreise	ab 10 TN	ab 10 TN	ab 10 TN
Vorbereitungstreffen	ja	ja	ja
Vorbereitungsseminar	nein	nein	nein
Einführungsseminar in USA	€ 790/opt.	nein	€ 790/opt.
Elterntreffen	nein	nein	nein
Nachbereitungstreffen	auf Wunsch	auf Wunsch	auf Wunsch
Nachbereitungsseminar	auf Wunsch	auf Wunsch	auf Wunsch
Kranken-/Unfallversicherung	ja	ja	ja
Haftpflicht-/Gepäckversicherung	ja	ja	Ja
Gesamtpreis (ab circa)	**€ 8.500**	**€ 8.500**	**€ 9.200**
Bewerbungsschluss	31.05.	30.10.	31.05.
Spätbewerbung	möglich	möglich	möglich

Das Kleingedruckte und das liebe Geld	
Vertragsabschluss	Nach einem unverbindlichen Bewerbungs-/Beratungsgespräch übersenden wir Programm-/Schulvorschläge. Wenn die Eltern & Schüler eine Teilnahme wünschen, wird der Vertrag mit den Bewerbungsunterlagen verschickt.
Zahlungsweise und Sicherungsschein	20% des Programmpreises innerhalb v. 14 Tagen nach Erhalt der Programmbestätigung, Rechnung und des Sicherungsscheins. 30% zum 01.03., 30% zum 1.5. die restlichen 20% vor Programmbeginn.
Kosten bei Rücktritt vom Programm	Bis 14 Tage nach Zusage ist der Rücktritt kostenfrei, danach berechnen wir je nach erbrachter Leistung einen gestaffelten Rücktrittspreis, gem. unseren AGBs.

Kurz und bündig	
Gründungsjahr	2009
Gemeinnützigkeit	nein
USA High School Programm seit	2009
Amerikanische Partnerorganisation(en)	ISE, CHI, Schuldistrikte
Schülerzahl im USA High School Programm 2017/18	115
Gesamtschülerzahl im High School Programm 2017/18	224

Last, not least	
Bewerbungsinterview	individueller und persönlicher Termin
Vorbereitungstreffen	ein 1-tägiges Seminar wird durchgeführt inkl. Elternseminar
Vorbereitungsseminare	nein
Einführungsseminare USA	NY-Orientation 4 Tage/3 Nächte optional
Nachbereitungstreffen	werden auf Wunsch gerne angeboten
Nachbereitungsseminare	werden auf Wunsch gerne angeboten

ICXchange-Deutschland e.V.
Bahnhofstraße 16-18
26122 Oldenburg
info@icxchange.de
Telefon: 0441 / 923 98-0
Telefax: 0441 / 923 98-99
www.icxchange.de

Selbstdarstellung
ICXchange-Deutschland e.V. – kurz ICX – ist eine gemeinnützige Organisation, die seit 1974 unterschiedliche Programme im Bereich des internationalen Schüleraustausches und der interkulturellen Begegnung durchführt. Unser Ziel ist es, die Völkerverständigung, den internationalen Gedankenaustausch und die Toleranz auf allen Gebieten der Kultur zu pflegen und dadurch ein friedliches Miteinander aller Menschen zu fördern. Es besteht keine politische, weltanschauliche oder religiöse Bindung.

Bewerbungsverlauf und Kriterien für die Annahme des Bewerbers
Bewerben können sich aufgeschlossene und anpassungsfähige Schüler zwischen 15 und 18 Jahren, die eine allgemeinbildende Schule besuchen und bei guter Gesundheit sind. Es sind drei Jahre Englischunterricht und ein Notendurchschnitt von 3,5 für Gymnasiasten, 3,0 für Realschüler und 2,0 für Hauptschüler nachzuweisen. Nach Eingang der Kurzbewerbung laden wir den Bewerber zu einem persönlichen Gespräch am oder in der Nähe seines Wohnortes ein. Verlief das Gespräch erfolgreich, wird er für die Teilnahme akzeptiert und erhält weitere ausführliche Bewerbungsunterlagen, die die Grundlage der Gastfamilien- und Schulplatzvermittlung bilden. Außerdem wird dem Bewerber und seinen Eltern ein schriftliches Vertragsangebot unterbreitet.

Vorbereitung auf den USA-Aufenthalt in Deutschland
Vor der Ausreise laden wir alle Teilnehmer zu einem zweitägigen Vorbereitungsseminar ein. Die Eltern kommen für einen Nachmittag dazu. Das Seminar wird von ICX-Mitarbeitern geleitet, die von ehemaligen USA-Teilnehmern unterstützt werden. Zusätzlich erhält jeder Teilnehmer eine ausführliche Informationsmappe. Selbstverständlich stehen wir Bewerbern und Eltern gern bei allen Fragen zur Seite.

Betreuung während des Auslandsaufenthalts
Während des Fluges werden die Teilnehmer ab einer Gruppenstärke von 15 Personen von ICX begleitet. In den USA beginnt der Austausch optional mit einem dreitägigen Einführungsseminar in New York. Das Seminar wird von unserer Partnerorganisation durchgeführt. Während des gesamten Aufenthalts in den USA wird für die Teilnehmer ein persönlicher Betreuer unserer amerikanischen Partnerorganisation Ansprechpartner sein. Bei Bedarf können sich die Schüler auch jederzeit an die hauptberuflichen Mitarbeiter im Büro unserer Partnerorganisation wenden. Wir von ICX bleiben während des Aufenthalts der Schüler in den USA Ansprechpartner für die Eltern. Die Eltern erhalten zudem schriftliche Kurzberichte über den Programmverlauf.

Nachbereitung
Nach der Rückkehr laden wir alle Teilnehmer eines Austauschjahrgangs zu einem gemeinsamen Nachbereitungsseminar in Deutschland ein, das dem Wiedersehen sowie dem Austausch und der Auswertung der Auslandserfahrungen dient.

Stipendien und Sonstiges
ICX vergibt Teilstipendien bis € 1.000. Die Stipendienvergabe richtet sich nach der Höhe des Familieneinkommens und dem zur Verfügung stehenden Stipendienfonds.

Preis und Leistung			
Länderwahlprogramm	1. Halbjahr	2. Halbjahr	Schuljahr
Grundpreis	€ 8.700	€ 8.700	€ 9.850
Flug D – USA – D	ja	ja	ja
Flugbegleitung auf Hinreise	ab 15 Teiln.	nein	ab 15 Teiln.
Vorbereitungstreffen	nein	nein	nein
Vorbereitungsseminar	ja	ja	ja
Einführungsseminar in USA	€ 640/opt.	nein	€ 640/opt.
Elterntreffen	nein	nein	nein
Nachbereitungstreffen	nein	nein	nein
Nachbereitungsseminar	ja	ja	ja
Kranken-/Unfallversicherung	ja	ja	ja
Haftpflicht-/Gepäckversicherung	€ 75/60/opt.	€ 75/60/opt.	€ 75/60/opt.
Gesamtpreis	**€ 8.700**	**€ 8.700**	**€ 9.850**
Bewerbungsschluss	15.03.	15.09.	15.03.
Spätbewerbung	möglich	möglich	möglich

Das Kleingedruckte und das liebe Geld	
Vertragsabschluss	Nach Aufnahme ins Programm unterbreiten wir dem Schüler ein Vertragsangebot. Der Vertrag kommt zustande, indem der Schüler und seine Eltern unsere Vertragsofferte schriftlich bestätigen.
Zahlungsweise und Sicherungsschein	Nach Vertragsabschluss erhält der Schüler einen Sicherungsschein. Danach wird eine Anzahlung in Höhe von € 500 fällig. Die Restzahlung erfolgt in drei Raten.
Kosten bei Rücktritt vom Programm	Rücktritt vor Platzierung bei einer Gastfamilie: 10% des Programmpreises, max. € 1.500 Rücktritt nach Platzierung bei einer Gastfamilie: 25% des Programmpreises, max. € 2.500

Kurz und bündig	
Gründungsjahr	1974
Gemeinnützigkeit	ja
USA High School Programm seit	1974
Amerikanische Partnerorganisation(en)	PAX
Schülerzahl im USA High School Programm 2017/18	54
Gesamtschülerzahl im High School Programm 2017/18	146

Last, not least	
Bewerbungsinterview	Einzelinterview mit dem Schüler am Wohnort des Bewerbers bzw. in der Nähe
Vorbereitungstreffen	wird nicht angeboten
Vorbereitungsseminare	in Bremen, Hannover und Oldenburg
Einführungsseminare USA	optional 3 Tage in New York
Nachbereitungstreffen	wird nicht angeboten
Nachbereitungsseminare	Hannover

iE – international Experience e.V.
Amselweg 20
53797 Lohmar
info@international-experience.net
Telefon: 02246 / 915 49 0
Telefax: 02246 / 915 49 12
www.international-experience.net

Selbstdarstellung
iE-Deutschland und iE-USA arbeiten seit vielen Jahren erfolgreich zusammen und platzieren an öffentlichen Schulen, Privatschulen sowie Internaten. iE-USA ist Mitglied der CSIET (Council on Standards for International Educational Travel) und gewährleistet bei der Auswahl der Gastfamilien und Schulen besondere Qualität. Alle iE Mitarbeiter/Innen haben langjährige persönliche Auslandserfahrungen. Wir kennen die kulturellen Unterschiede aus eigenem Erleben und können deshalb umfassend und individuell beraten. Wir kennen die Leiter/Innen vieler Privatschulen in den USA persönlich und bieten dort individuell zugeschnittene Bildungswege an.

Bewerbungsverlauf und Kriterien für die Annahme des Bewerbers
1. Kurze Bewerbung der Interessenten (Bewerbungsessay + Zeugnisse der letzten zwei Schuljahre, Profilbild und Bewerbungsbogen) online.
2. persönliches Einzelinterview zu Hause mit dem Bewerber und seinen Eltern.
3. bei Eignung des Schülers Unterbreitung eines Vertragsangebotes nach dem Interview.

Kriterien für die Aufnahme in unser Programm sind neben den Schulnoten besonders persönliche Eigenschaften wie Motivation, Flexibilität und Anpassungsfähigkeit.
Wir suchen "great kids" mit positiver Einstellung, die ihrer Gastfamilie und Schule etwas zu bieten haben, die freundlich, aufgeschlossen, aktiv in Schule und Freizeit sind, die neugierig auf das Leben und optimistisch auf die vor ihnen liegenden Herausforderungen blicken.

Vorbereitung auf den USA-Aufenthalt in Deutschland
Alle Teilnehmer werden bestens auf den Schritt ins Ausland vorbereitet durch persönliche Ansprechpartner, Begleitung während des gesamten Prozesses, iE-eigenes, mehrtägiges Vorbereitungsseminar mit internationalen Gästen und Returnees, Leitfäden, Handbüchern und Informationsmaterial zu allen wichtigen Themen, wie z.B. „Leben im Ausland", Visaprozess, Versicherungen.

Betreuung während des Auslandsaufenthalts
Alle Teilnehmer haben einen eigenen, persönlichen Ansprechpartner vor Ort, der sie beim Einleben in die Gastfamilie und den Schulalltag unterstützt. Außerdem bietet iE eine 24/7-Erreichbarkeit per Telefon in den USA sowie in Deutschland.

Nachbereitung
Einmal im Jahr veranstaltet iE ein Returnee-Treffen mit anschließender Party. iE-Mitarbeiter und Vorstandsmitglieder freuen sich auf ein Wiedersehen und Feedback.

Stipendien und Sonstiges
Jedes Jahr vergibt iE e.V. eigene Teilstipendien an weltoffene und kreative Schüler und erzielt aufgrund langjähriger Kontakte zu Schulen Teilstipendien sowie Finanzhilfen für ambitionierte Schüler. Außerdem werden angeboten: Geschwisterrabatt, Frühbucherrabatt, Finder's Fee, Returneeclub, verschiedene Trips z.B. nach Kalifornien oder Florida und N.Y.
Aktueller Testsieger: 1. Platz aller gemeinnützigen Organisationen im Bereich Leistungen & Premium vom Deutsches Institut für Service-Qualität

Preis und Leistung			
Länderwahlprogramm	1. Halbjahr	2. Halbjahr	Schuljahr
Grundpreis	€ 7.995	€ 7.995	€ 8.895
Flug D – USA – D	€ 1.200/p	€ 1.200/p	€ 1.200/p
Flugbegleitung auf Hinreise	möglich	möglich	möglich
Vorbereitungstreffen	nein	nein	nein
Vorbereitungsseminar	ja	ja	ja
Einführungsseminar in USA	nein	nein	nein
Elterntreffen	nein	nein	nein
Nachbereitungstreffen	ja	ja	ja
Nachbereitungsseminar	nein	nein	nein
Kranken-/Unfallversicherung	ja	ja	ja
Haftpflicht-/Gepäckversicherung	ja	ja	ja
Gesamtpreis (circa)	**€ 9.195**	**€ 9.195**	**€ 10.095**
Bewerbungsschluss	flexibel	flexibel	flexibel
Spätbewerbung	möglich	möglich	möglich

Das Kleingedruckte und das liebe Geld	
Vertragsabschluss	iE bietet ein kostenloses und unverbindliches Beratungsgespräch für Schüler und Eltern beim Bewerber zu Hause. Bei Eignung des Bewerbers sendet iE ein Vertragsangebot.
Zahlungsweise und Sicherungsschein	20% Anzahlung nach Vertragsannahme & Aufnahme in das Programm 50% ca. vier Monate vor geplanter Ausreise 30% nach Erhalt der Unterlagen zur Visabeantragung Sicherungsschein mit der Bestätigung zur Aufnahme in das Programm.
Kosten bei Rücktritt vom Programm	Die Rücktrittskosten regeln sich nach den Bestimmungen für Gastschulaufenthalte des BGB § 651, l (4).

Kurz und bündig	
Gründungsjahr	2000
Gemeinnützigkeit	ja
USA High School Programm seit	2000
Amerikanische Partnerorganisation(en)	iE-USA
Schülerzahl im USA High School Programm 2017/18	213
Gesamtschülerzahl im High School Programm 2017/18	362

Last, not least	
Bewerbungsinterview	Einzelinterview mit Schüler/in und Eltern
Vorbereitungstreffen	werden nicht angeboten
Vorbereitungsseminare	in verschiedenen deutschen Städten mehrtägig
Einführungsseminare USA	werden zurzeit nicht angeboten
Nachbereitungstreffen	im Kölner Raum findet ein Nachbereitungstreffen mit anschließender Party statt
Nachbereitungsseminare	werden nicht angeboten

ISKA-Sprachreisen GmbH
Hamburger Allee 45
60488 Frankfurt
info@iska.de
Telefon: 069 / 978 47 20
Telefax: 069 / 978 47 222
www.iska-auslandsjahr.com/

Selbstdarstellung
ISKA-Sprachreisen gibt es bereits seit 1972. Schon viele Jahre ist unser Name anerkanntes Markenzeichen für lernintensive und erlebnisreiche Sprachkurse und High School Programme im Ausland. ISKA ist ein kleines, leistungsstarkes Institut mit betont persönlichem Rahmen; die Teilnehmer haben bei ISKA noch einen Namen und sind nicht nur Buchungsnummer: Bei unserem engagierten und sachkundigen Team wird gründliche Beratung ganz großgeschrieben. Dieser Rahmen garantiert zuverlässige Qualität und gibt die Sicherheit, mit der Buchung einer ISKA-Sprachreise eine gute Wahl getroffen zu haben.
Das USA-High-School-Programm führen wir seit 1987 mit großem Erfolg durch. Unsere Kunden können sich darauf verlassen, dass wir bei diesem Programm die gleichen Qualitätsmaßstäbe anlegen wie bei unserem seit 1972 durchgeführten Feriensprachreise-Programm.

Bewerbungsverlauf und Kriterien für die Annahme des Bewerbers
Nach Eingang der Anmeldung und der drei letzten Versetzungszeugnisse prüfen wir, ob die Bedingungen für die Programmteilnahme erfüllt sind: Nötige Reife, richtige Grundeinstellung, ausreichende Noten, Alter zwischen 15 und 18 bei Programmbeginn. Bei positiver Einschätzung bekommt man umgehend eine Teilnahmebestätigung.

Vorbereitung auf den USA-Aufenthalt in Deutschland
Es gibt ein individuelles Vorbereitungsgespräch für jeden einzelnen Schüler und seine Eltern (2-3 Stunden) sowie ein eintägiges Gruppen-Vorbereitungstreffen für alle Schüler und ihre Eltern gemeinsam.

Betreuung während des Auslandsaufenthalts
Während des Aufenthaltes erfolgt die Betreuung auf amerikanischer Seite durch den Gebietsrepräsentanten und die Partnerorganisation sowie auf deutscher Seite durch ISKA.

Nachbereitung
Bei einem Treffen in Frankfurt kann man Erlebnisse und Erfahrungen austauschen.

Stipendien und Sonstiges
Frühbucherrabatt € 500 bis 07.12.18

Wir vergeben Teilstipendien für Teilnehmer am Schuljahresprogramm. Für die erfolgreichen Bewerber ermäßigt sich der Programmpreis um € 2.000. Die Gewinner werden auf Grundlage eines englischen Aufsatzes ermittelt.

Im „USA Classic“ Programm kann man gegen Aufpreis (zwischen € 700 und € 2.000) einen Garantiestaat bzw. eine Garantieregion oder eine Metropolitan Area buchen.

* Zusätzlich zum klassischen USA Programm bieten wir mit dem „USA Select“ Programm auch ein Schulwahlprogramm in den USA an. In diesem Programm meldet man sich gezielt für einen unserer ausgewählten Schulbezirke an.

Preis und Leistung			
*Länderwahlprogramm**	1. Halbjahr	2. Halbjahr	Schuljahr
Grundpreis (ab)	€ 9.145	€ 9.145	€ 9.295
Flug D – USA	ja	ja	ja
Flugbegleitung auf Hinreise	ca. € 80/opt.	ca. € 80/opt.	ca. € 80/opt.
Vorbereitungstreffen	ja	ja	ja
Vorbereitungsseminar	€ 289/opt.	€ 289/opt.	€ 289/opt.
Einführungsseminar in USA	€ 795/opt.	nein	€ 795 opt.
Elterntreffen	nein	nein	nein
Nachbereitungstreffen	ja	ja	ja
Nachbereitungsseminar	nein	nein	nein
Kranken-/Unfallversicherung	€ 395	€ 395	€ 695
Haftpflicht-/Gepäckversicherung	ja	ja	ja
Gesamtpreis (ab circa)	**€ 9.540**	**€ 9.540**	**€ 9.990**
Bewerbungsschluss	01.04.2019	01.09.2019	01.04.2019
Spätbewerbung	möglich	möglich	möglich

Das Kleingedruckte und das liebe Geld	
Vertragsabschluss	Erfolgt nach Anmeldung durch Anmeldebestätigung und Rechnung.
Zahlungsweise und Sicherungsschein	Nach Erhalt von Rechnung und Sicherungsschein 20%, weitere 40% am 1. März, 30% nach Erhalt des Visumsantrages, Restzahlung nach Erhalt der Reiseunterlagen, circa 4 Wochen vor Abreise
Kosten bei Rücktritt vom Programm	Stichtag 15.08. bzw. 15.01.: Bis 14 Tage nach Erhalt der Rechnung € 10, bis 180 Tage vor Beginn 15% bzw. 50% (falls Gastfamilie oder Visaformular) bis 90 Tage vor Beginn 30% bzw. 60% (falls Gastfamilie oder Visaformular), bis 60 Tage 80%, ab 59 Tage 90%.

Kurz und bündig	
Gründungsjahr	1972
Gemeinnützigkeit	nein
USA High School Programm seit	1987
Amerikanische Partnerorganisation(en)	ICES, SAI
Schülerzahl im USA High School Programm 2017/18	110
Gesamtschülerzahl im High School Programm 2017/18	145

Last, not least	
Bewerbungsinterview	individuell in verschiedenen Städten
Vorbereitungstreffen	eintägiges Gruppen-Vorbereitungstreffen in Frankfurt/Main
Vorbereitungsseminare	2 Tage in Köln
Einführungsseminare USA	New York oder Los Angeles
Nachbereitungstreffen	eintägiges Gruppen-Nachbereitungstreffen in Frankfurt/Main
Nachbereitungsseminare	werden nicht angeboten

KulturLife gGmbH
Max-Giese-Str. 22
24116 Kiel
info@kultur-life.de
Telefon: 0431 / 888 14 10
Telefax: 0431 / 888 14 19
www.kultur-life.de

Selbstdarstellung
Seit zwanzig Jahren helfen wir jungen Menschen, die Welt zu entdecken und andere Kulturen kennenzulernen – eine unglaublich spannende Aufgabe. Mit unseren Programmen bringen wir Menschen aus unterschiedlichen Kulturen zusammen und vermitteln Begegnungen und Freundschaften, die das Leben verändern. Für uns als gemeinnützige Einrichtung stehen der persönliche Kontakt mit unseren Teilnehmern und die Förderung des internationalen Austausches im Mittelpunkt.
Jeder unserer Teilnehmer hat einen festen Programmbetreuer von der ersten Beratung bis zur Rückkehr. Dieser vertrauensvolle Umgang ermöglicht es, gemeinsam auch schwierige Situationen erfolgreich zu meistern. Durch unsere überschaubare Größe können wir uns seit 20 Jahren um jeden Schüler individuell kümmern.

Bewerbungsverlauf und Kriterien für die Annahme des Bewerbers
Unsere Programme richten sich an alle interessierten Schüler - jeder Schulform. Schulnoten und Englischkenntnisse sind für uns zweitrangig, viel wichtiger sind deine Motivation und Offenheit. Wenn du uns deine unverbindliche Anmeldung schickst, möchten wir dich und deine Eltern bei einem persönlichen Gespräch im Kieler Büro oder via Skype kennenlernen. Neben der Beratung zu unseren Programmen in den USA wollen wir einen Gesamteindruck von dir als Person bekommen. Wenn von unserer Seite deinem Auslandsaufenthalt nichts mehr im Weg steht, schicken wir dir und deinen Eltern ein Vertragsangebot und alle nötigen Unterlagen zu. Unsere Beratung ist kostenlos und unverbindlich.

Vorbereitung auf den USA-Aufenthalt in Deutschland
Jedes Jahr im Frühjahr und Herbst führen wir mehrere Vorbereitungswochenenden in Hannover durch. Auch deine Eltern sind dazu eingeladen. Besondere Schwerpunkte der Vorbereitungsseminare sind ein intensives interkulturelles Training, sowie praktische Strategien zur Lösung möglicher Probleme oder Schwierigkeiten vor Ort. Neben deinem Programmbetreuer triffst du auch ehemalige Austauschschüler, die von ihren Erfahrungen berichten.

Betreuung während des Auslandsaufenthalts
Ein persönlicher Betreuer unserer Partnerorganisation in den USA hat deine Gastfamilie vor deiner Ankunft besucht und ist während deines Aufenthalts dein Ansprechpartner. Natürlich kannst du auch immer deinen persönlichen Betreuer von KulturLife kontaktieren, den du von Anfang an kennst. Für Notfälle sind wir in den USA und in Deutschland mit unserer 24-Stunden-Hotline rund um die Uhr erreichbar.

Nachbereitung
Auf unserem zweitägigen Returnee-Treffen kommst du mit anderen Austauschschülern in Kontakt und kannst uns ein Feedback geben. Neben Workshops organisieren unsere Programmbetreuer auch Ausflüge an diesem Wochenende für euch. Viele Ehemalige engagieren sich ehrenamtlich nach ihrem Auslandsaufenthalt für KulturLife.

Stipendien und Sonstiges
* Schul- und Regionenwahlprogramm in den USA möglich. Auch im Jahr 2019/20 vergeben wir mehrere Stipendien. Weitere Infos: www.kultur-life.de/ueber-uns/kulturlife-stipendien

Preis und Leistung			
*Länderwahlprogramm**	1. Halbjahr	2. Halbjahr	Schuljahr
Grundpreis (ab)	€ 8.990	€ 8.490	€ 9.900
Flug D – USA – D	ja	ja	ja
Flugbegleitung auf Hinreise	möglich	nein	möglich
Vorbereitungstreffen	nein	nein	nein
Vorbereitungsseminar	ja	ja	ja
Einführungsseminar in USA	möglich	nein	möglich
Elterntreffen	ja	ja	ja
Nachbereitungstreffen	nein	nein	nein
Nachbereitungsseminar	ja	ja	ja
Kranken-/Unfallversicherung	ja	ja	ja
Haftpflicht-/Gepäckversicherung	€ 45 opt./nein	€ 45 opt./nein	€ 90 opt./nein
Gesamtpreis (ab circa)	**€ 8.990**	**€ 8.490**	**€ 9.900**
Bewerbungsschluss	15.04.	15.10.	15.04.
Spätbewerbung	möglich	möglich	möglich

Das Kleingedruckte und das liebe Geld	
Vertragsabschluss	Nach persönlichem Interview und einem Sprachtest wird dir ein Vertragsangebot zugesandt, das du und deine Eltern bestätigen müssen.
Zahlungsweise und Sicherungsschein	Nach Vertragsabschluss und Übergabe des Sicherungsscheines ist eine Anzahlung von 20% des Reisepreises zu zahlen, 6 Monate vor der Abreise weitere 40%, der Restbetrag 4 Wochen vor Abreise
Kosten bei Rücktritt vom Programm	Nach Vertragsabschluss 20%, ab 4 Monate vor der Abreise 40%.

Kurz und bündig	
Gründungsjahr	1995
Gemeinnützigkeit	ja
USA High School Programm seit	1995
Amerikanische Partnerorganisation(en)	NACEL Open Door, Educatius, MyChoice USA, OHLA
Schülerzahl im USA High School Programm 2017/18	21
Gesamtschülerzahl im High School Programm 2017/18	120

Last, not least	
Bewerbungsinterview	Einzelinterview mit deinem Programmbetreuer (in unserem Kieler Büro oder via Skype)
Vorbereitungstreffen	werden nicht angeboten
Vorbereitungsseminare	Vorbereitungswochenende in Hannover für dich und deine Eltern mit ehemaligen Austauschschülern und deinem Programmbetreuer
Einführungsseminare USA	Ein Wochenende in Chicago (im Programmpreis enthalten)
Nachbereitungstreffen	werden nicht angeboten
Nachbereitungsseminare	Ein Wochenende im September mit Workshops und Ausflügen

MAP MUNICH ACADEMIC PROGRAM GMBH
Türkenstraße 104 Telefon: 089 / 35 73 79 77
80799 München Telefax: 089 / 35 73 79 78
info@map-highschoolyear.com www.map-highschoolyear.com

Selbstdarstellung
Mit mehr als 30 Jahren Erfahrung hat sich MAP auf langfristige High School Aufenthalte mit einer Programmdauer ab 3 Monaten in den USA (für Privatschulen, ansonsten ab 5 Monaten), Kanada, Australien, Neuseeland, Argentinien, Spanien und Irland spezialisiert.
Die Schüler wohnen in ausgewählten Gastfamilien und besuchen entweder eine öffentliche High School oder auf Wunsch eine Privatschule bzw. ein Internat. MAP bietet ein umfangreiches Service-Paket an. Dies umfasst u.a. das persönliche Bewerbungsgespräch, Auswahl der passenden Gastfamilie und High School, Flugbuchung und -begleitung sowie eine umfassende Vorbereitung auf den Auslandsaufenthalt inkl. Unterstützung bei der Visumsbeantragung.

Bewerbungsverlauf und Kriterien für die Annahme des Bewerbers
Für das USA Classic Program muss der Bewerber zwischen dem 10.03.2001 und 01.08.2004 geboren sein und darf in den letzten 2 Jahren keine Klasse wiederholt haben. Voraussetzung ist weiterhin ein guter Notendurchschnitt und im Fach Englisch mindestens ein ausreichend. Für das USA Select- und Privatschulprogramm darf der Bewerber auch jünger als 15 Jahre alt sein oder in ausgewählten Programmen schon das Abitur haben.
Nach Bewerbungseingang erhalten Schüler und Eltern eine Einladung zu einem persönlichen Bewerbungs- und Informationsgespräch. Nachdem sich MAP von der Eignung des Bewerbers überzeugt hat, erhält er ein Vertragsangebot und die MAP Akzeptierungsunterlagen.

Vorbereitung auf den USA-Aufenthalt in Deutschland
Von Anfang an wird jeder Programmteilnehmer umfassend auf seinen Aufenthalt in den USA vorbereitet und über die erforderlichen (organisatorischen) Schritte unterrichtet sowie mit Infomaterial (Literaturhinweisen, Berichten ehemaliger Schüler, Wissenswertem über Land und Leute usw.) versorgt.

Betreuung während des Auslandsaufenthalts
MAP begleitet die Gruppenflüge in die USA. Vor Ort steht jedem Gastschüler ein "Local Coordinator" zur Seite, der von Anfang an, beginnend mit dem Einführungstreffen bei Ankunft, Kontakt hält.

Nachbereitung
Nach der Rückkehr aus den USA organisiert MAP ein "Returnee"-Treffen.

Stipendien und Sonstiges
MAP vergibt 5 Teilstipendien im Wert von je € 1.000 für Aufenthalte ab 5 Monaten. Eine Staatenwahl im Classic Program ist möglich und kostet bei erfolgreicher Vermittlung in die gewünschte Region € 650 Aufpreis. Es gibt einen Frühbucherrabatt von € 350 für Programmbeginn im August 2019, wenn die vollständigen Bewerbungsunterlagen bis zum 21.12.2018 in den USA vorliegen. Für Januar 2020 reduziert sich der Programmpreis auf € 6.400, wenn alle Unterlagen bis zum 31.07.2019 in den USA sind.
Neben dem Länderwahlprogramm bietet MAP für die USA weiterhin ein Schulwahlprogramm (Select- bzw. Privatschulprogramm) an.
Der Abschluss eines speziell für das High School Programm erstellten Versicherungspakets (Kranken-, Haftpflicht-, Unfallversicherung inkl. Krankenrücktransport) über die Hanse Merkur (€ 69 im Monat) ist im USA Programm verpflichtend.

Preis und Leistung			
*Länderwahlprogramm**	1. Halbjahr	2. Halbjahr	Schuljahr
Grundpreis	€ 7.900	€ 7.550	€ 8.300
Flug D – USA – D	€ 1.200/p	€ 1.200/p	€ 1.200/p
Flugbegleitung auf Hinreise	ja	ab 15 Teiln.	ja
Vorbereitungstreffen	ja	ja	ja
Vorbereitungsseminar	nein	nein	nein
Einführungsseminar in USA	€ 650/opt.	nein	€ 650/opt.
Elterntreffen	nein	nein	nein
Nachbereitungstreffen	ja	ja	ja
Nachbereitungsseminar	nein	nein	nein
Kranken-/Unfallversicherung	€ 345	€ 345	€ 690
Haftpflicht-/Gepäckversicherung	ja/nein	ja/nein	ja/nein
Gesamtpreis (circa)	**€ 9.445**	**€ 9.095**	**€ 10.190**
Bewerbungsschluss	10.04.	15.10.	10.04.
Spätbewerbung	möglich	möglich	möglich

Das Kleingedruckte und das liebe Geld	
Vertragsabschluss	Nachdem die vollständigen Vertrags- und Akzeptierungsunterlagen des Teilnehmers vorliegen, erfolgt die Vertragsunterzeichnung durch MAP.
Zahlungsweise und Sicherungsschein	4 Teilbeträge: € 1.100 bei Vertragsbeginn, € 1.500 zum 01.01.19, € 2.000 zum 01.04.19, der Restbetrag ist spätestens 1 Monat vor Reiseantritt zu entrichten. Mit den Akzeptierungsunterlagen wird ein Sicherungsschein gemäß § 651r BGB ausgehändigt.
Kosten bei Rücktritt vom Programm	Rücktritt vor Benennung der Gastfamilie und der zu besuchenden Schule, mind. 90 Tage vor Reiseantritt: 10%; zwischen 89 bis 60 Tage vor Reiseantritt: 25%; zwischen 59 bis 30 Tage vor Reiseantritt: 30%; weniger als 30 Tage vor Reiseantritt: 50% des Programmpreises. Bei Rücktritt nach Benennung der Gastfamilie, unabhängig vom Rücktrittszeitpunkt: 50% des Programmpreises.

Kurz und bündig	
Gründungsjahr	1996
Gemeinnützigkeit	nein
USA High School Programm seit	1996
Amerikanische Partnerorganisation(en)	Greenheart Exchange, ISES
Schülerzahl im USA High School Programm 2017/18	89
Gesamtschülerzahl im High School Programm 2017/18	231

Last, not least	
Bewerbungsinterview	Einzelinterview mit Schüler und Eltern
Vorbereitungstreffen	nach Wohnort der Schüler in mehreren Großstädten Deutschlands, u.a. zusammen mit dem amerikanischen Partner
Vorbereitungsseminare	werden nicht angeboten
Einführungsseminare USA	optional: mehrtägiges Seminar in Chicago im August (€ 650)
Nachbereitungstreffen	in mehreren Großstädten Deutschlands
Nachbereitungsseminare	werden nicht angeboten

OneWorld Education GmbH
Kuseler Weg 41
40229 Düsseldorf
info@oneworld-education.de
Telefon: 0211 / 280 11 80
Telefax: 0211 / 21 98 66
www.oneworld-education.de

Selbstdarstellung
OneWorld Education GmbH hatte 1996 ihr Headquarter in Kalifornien gegründet und sich auf ihre Kernkompetenzen – nämlich High-School-Programme in Kalifornien, Florida, Hawaii und New York – spezialisiert. So sind wir heute stolz Experten für solche Programme – in den von Austauschschülern am stärksten nachgefragten US-Bundesstaaten – sein zu dürfen.
Im Programm „*OneWorld Take2*“ hat der Bewerber bei einem zehnmonatigen Aufenthalt zudem die Möglichkeit für das erste und zweite Semester die zwei bevorzugten Bundesstaaten zu wählen (bspw. Kalifornien im ersten und Florida im zweiten Semester). Dieses Programm wurde von OneWorld exklusiv entwickelt und ist einzigartig! Somit zählt OneWorld bundesweit zu den günstigsten Anbietern von High-School-Programmen mit kostenloser Staatenwahl, soweit eine Platzierung im gewünschten Bundesstaat realisierbar ist.
Schließlich ist es unser Ziel, den akademischen Gedanken mit Spaß und Erlebnissen in den schönsten und aufregendsten Bundesstaaten der USA zu kombinieren und trotzdem einen bezahlbaren akademisch-kulturellen Auslandsaufenthalt zu ermöglichen.

Bewerbungsverlauf und Kriterien für die Annahme des Bewerbers
Nach Erhalt der völlig kostenlosen und unverbindlichen Kurzbewerbung und Prüfung der formalen Kriterien, senden wir Ihnen die vollständigen Bewerbungs- & Vertragsunterlagen zu. Erst mit dem Eingang der vollständigen Bewerbungs- & Vertragsunterlagen bei OneWorld ist die Anmeldung für Sie verbindlich. Nach dem ggf. notwendigen Auswahlgespräch teilen wir Ihnen in der Regel binnen 14 Tagen die Aufnahme in unser Programm mit.
Teilnahmevoraussetzungen: Umfassende Kenntnisse der englischen Sprache sowie eine charakterliche und schulische Eignung. Die Schulnoten alleine sind – aufgrund des unterschiedlichen Bildungsniveaus in den einzelnen Bundesländern – kein primäres Auswahlkriterium. Mithin spielt die Schulform ebenso wie die Schulnoten eine untergeordnete Rolle.

Vorbereitung auf den USA-Aufenthalt in Deutschland
Die Vorbereitung auf den USA-Aufenthalt findet in Form eines Blockseminars in Hörsälen der Heinrich-Heine-Universität Düsseldorf sowie anhand von einschlägiger Literatur statt.

Betreuung während des Auslandsaufenthalts
Durch die regionale Spezialisierung auf nur wenige Bundesstaaten können unsere Partner in den USA eine bestmögliche Betreuung gewährleisten und bei eventuell auftretenden Problemen besonders schnell vor Ort sein. Die Eltern werden durch regelmäßige Statusberichte über Aktivitäten und die Entwicklung des Gastschülers informiert.

Nachbereitung
Bei Bedarf werden Returnee-Treffen organisiert, damit ehemalige Schüler(innen) zusammentreffen und ihre Erfahrungen austauschen können.

Stipendien und Sonstiges
Ein umfangreiches Versicherungspaket inkl. Haftpflichtversicherung sowie eine International Student Identity Card (ISIC) ist im Programmpreis enthalten!

Preis und Leistung			
Länderwahlprogramm	1. Halbjahr	2. Halbjahr	Schuljahr
Grundpreis	€ 8.400	€ 8.400	€ 9.290
Flug D – USA – D	€ 1.200/p	€ 1.200/p	€ 1.200/p
Flugbegleitung auf Hinreise	ab 15 Teiln.	ab 15 Teiln.	ab 15 Teiln.
Vorbereitungstreffen	ja	ja	ja
Vorbereitungsseminar	nein	nein	nein
Einführungsseminar in USA	nein	nein	nein
Elterntreffen	nein	nein	nein
Nachbereitungstreffen	ja	ja	ja
Nachbereitungsseminar	nein	nein	nein
Kranken-/Unfallversicherung	ja	ja	ja
Haftpflicht-/Gepäckversicherung	ja	ja	ja
Gesamtpreis (ab circa)	**€ 9.600**	**€ 9.600**	**€ 10.490**
Bewerbungsschluss	15.03.	15.08.	15.03.
Spätbewerbung	möglich	möglich	möglich

Das Kleingedruckte und das liebe Geld	
Vertragsabschluss	Die Bewerbung ist völlig kostenlos und unverbindlich. Verläuft die Bewerbung erfolgreich, wird ein gesonderter Vertrag abgeschlossen, den der Bewerber bei Einwilligung bestätigen muss.
Zahlungsweise und Sicherungsschein	Zahlungen erfolgen erst nach Zusendung des Sicherungsscheins! Die Programmkosten sind in drei Teilbeträgen zu entrichten: 20% nach Erhalt der Teilnahmebestätigung durch OneWorld, € 2.000 nach Erhalt der Gastfamilienanschrift und/oder der Visumantragsformulare, der Restbetrag spätestens vier Wochen vor Reisebeginn.
Kosten bei Rücktritt vom Programm	10% des Reisepreises falls OneWorld die Mitteilung der Gastfamilienanschrift und/oder die Visumantragsformulare noch nicht an Sie verschickt hat, 20% sofern diese bereits an Sie verschickt wurden bis drei Monate vor Reisebeginn, 30% bei Rücktritt bis zwei Monate vor Reisebeginn, 80% innerhalb der letzten zwei Monate vor Reisebeginn.

Kurz und bündig	
Gründungsjahr (1996: B.E.ST.)	2002: OneWorld Education GmbH
Gemeinnützigkeit	nein
USA High School Programm seit	1996
Amerikanische Partnerorganisation(en)	FACE,WISE,InterEd,FTW,FORTE
Schülerzahl im USA High School Programm 2017/18	133
Gesamtschülerzahl im High School Programm 2017/18	133

Last, not least	
Bewerbungsinterview	persönliches Einzelinterview (Schüler + Eltern)
Vorbereitungstreffen	Heinrich-Heine-Universität Düsseldorf
Vorbereitungsseminare	werden nicht angeboten
Einführungsseminare USA	werden nicht angeboten
Nachbereitungstreffen	Heinrich-Heine-Universität Düsseldorf
Nachbereitungsseminare	werden nicht angeboten

Open Door International e.V. (ODI)
Thürmchenswall 69
50668 Köln
info@opendoorinternational.de
Telefon: 0221 / 60 60 85 50
Telefax: 0221 / 60 60 85 519
www.opendoorinternational.de

Selbstdarstellung

ODI hat es sich zur Aufgabe gemacht, jungen Menschen aus allen Teilen der Welt die Möglichkeit zu geben, ein neues Land, seine Sprache, Kultur und den Alltag kennen zu lernen. Mit unseren erfahrenen Partnern im Ausland, die wir und/oder die uns regelmäßig besuchen, verfügen wir über mehr als 35 Jahre Erfahrung im weltweiten Austausch.

Als kleiner gemeinnütziger Verein mit einem weitreichenden Netzwerk ehrenamtlich Mitarbeitenden können wir eine persönliche und individuelle Betreuung anbieten – von der ausführlichen Vorbereitung, der Begleitung während des Aufenthaltes, beim Elterntreffen bis hin zu einer intensiven Nachbereitung. ODI ist Mitglied im Arbeitskreis gemeinnütziger Jugendaustausch-Organisationen (AJA).

Bewerbungsverlauf und Kriterien für die Annahme des Bewerbers

Einer unverbindlichen Online-Anmeldung folgen eine Bestätigung mit den ersten Unterlagen und das persönliche Kennenlerngespräch, das beim Bewerber zu Hause stattfindet.

Auswahlkriterien sind die persönliche Eignung, Reife und Motivation, Offenheit, Toleranz, Flexibilität, Selbstständigkeit, Anpassungsbereitschaft, psychische Stabilität, aber auch die schulischen Leistungen, die nicht schlechter als 3,0 im Notendurchschnitt sein sollten.

Das Programm ist für Schüler aller Schulformen im Alter von 15 bis 18 Jahren geeignet.

Vorbereitung auf den USA-Aufenthalt in Deutschland

Das 4-tägige Vorbereitungsseminar mit hauptamtlichen Programmbetreuern und Returnees, ist obligatorisch. Mit Workshops und ausführlichem Infomaterial werden die Teilnehmer intensiv auf ihr Zielland, den Aufenthalt und mögliche Probleme vorbereitet.

Im Rahmen eines Workshops für die Eltern werden die wichtigsten Fragen aus Elternsicht thematisiert. Die Eltern erhalten vorab ein Handbuch zu Themen wie Visum, Versicherung, Finanzen, etc.

Betreuung während des Auslandsaufenthalts

24-Stunden-Notfallnummer; Betreuung durch Partnerorganisation vor Ort; Ansprechperson für Teilnehmer und Eltern im ODI-Büro; Elterntreffen

Nachbereitung

Wir bieten ein 3-tägiges Nachbereitungsseminar für unsere Rückkehrer an. Hier können Erfahrungen ausgetauscht und verarbeitet und bei Problemen persönliche Hilfestellungen gegeben werden. Wir laden alle Rückkehrer zur ehrenamtlichen Mitarbeit in der interkulturellen Jugendarbeit ein und bieten die Ausbildung zum ODI-Teamer an.

Stipendien und Sonstiges

ODI vergibt ein Teilstipendium für die USA sowie vier weitere Teilstipendien für alle ODI-Länder.

Preis und Leistung			
Länderwahlprogramm	1. Halbjahr	2. Halbjahr	Schuljahr
Grundpreis (ab)	€ 8.990	€ 8.990	€ 9.990
Flug D – USA – D	ja	ja	ja
Flugbegleitung auf Hinreise	ja	nein	ja
Vorbereitungstreffen	nein	nein	nein
Vorbereitungsseminar	ja	ja	ja
Einführungsseminar in USA	ab € 300/opt.	nein	ab € 300/opt.
Elterntreffen	ja	ja	ja
Nachbereitungstreffen	nein	nein	nein
Nachbereitungsseminar	ja	ja	ja
Kranken-/Unfallversicherung	ja	ja	ja
Haftpflicht-/Gepäckversicherung	ja/nein	ja/nein	ja/nein
Gesamtpreis (ab circa)	**€ 8.990**	**€ 8.990**	**€ 9.990**
Bewerbungsschluss	01.03.	30.09.	01.03.
Spätbewerbung	möglich	möglich	möglich

Das Kleingedruckte und das liebe Geld	
Vertragsabschluss	Die Bewerbung ist unverbindlich und kostenlos. Verläuft die Bewerbung erfolgreich, wird dem Bewerber ein Vertragsangebot zugesandt, das dieser bestätigen muss.
Zahlungsweise und Sicherungsschein	10% des jeweiligen Programmpreises nach Vertragsabschluss 35% des jeweiligen Programmpreises 5 Monate vor Programmbeginn 35% des jeweiligen Programmpreises 3 Monate vor Programmbeginn 20% des jeweiligen Programmpreises vier Wochen vor der Abreise Ein Sicherungsschein wird mit der Anzahlungsrechnung ausgehändigt.
Kosten bei Rücktritt vom Programm	10% des jeweiligen Programmpreises nach Vertragsbestätigung 30% des jeweiligen Programmpreises ab 8 Wochen vor Reisebeginn 40% des jew. Programmpreises später als 4 Wochen vor Reisebeginn 60% des jew. Programmpreises später als 14 Tage vor Reisebeginn 90% des jew. Programmpreises bei Nichtantritt oder Rücktritt am Abreisetag zzgl. der anfallenden Stornierungskosten des Flugtickets

Kurz und bündig	
Gründungsjahr	1983
Gemeinnützigkeit	ja
USA High School Programm seit	1984
Amerikanische Partnerorganisation(en)	NACEL Open Door, FLAG
Schülerzahl im USA High School Programm 2017/18	38
Gesamtschülerzahl im High School Programm 2017/18	104

Last, not least	
Bewerbungsinterview	Einzelinterview zuhause beim Bewerber
Vorbereitungstreffen	werden nicht angeboten
Vorbereitungsseminare	in oder in der Nähe von Köln, viertägig
Einführungsseminare USA	optional gegen Aufpreis nur im August: Chicago (2 Tage, bei begleitetem Gruppenflug, € 300), Washington (4 Tage, nur bei Schuljahresaufenthalt, € 600)
Nachbereitungstreffen	werden nicht angeboten
Nachbereitungsseminar	wird angeboten (dreitägig)

Partnership International e.V.
Hansaring 85
50670 Köln
office@partnership.de
Telefon: 0221 / 913 973 3
Telefax: 0221 / 913 973 4
www.partnership.de

Selbstdarstellung
Ein Schüleraustausch ist eine Erfahrung, die Dich verändern und ein Leben lang begleiten wird. Wir möchten Dich bei diesem einzigartigen Erlebnis vom ersten Schritt an unterstützen. Von begeisterten Alumni 1961 gegründet, gestalten wir seit über 55 Jahren spannende internationale Austauschprogramme für Schüler. Unseren haupt- und ehrenamtlichen Mitarbeitern liegt der individuelle Erfolg des Austauschs für jeden unserer Teilnehmer am Herzen. Die persönliche Betreuung von Schülern und Eltern steht bei uns deshalb im Vordergrund!

Bewerbungsverlauf und Kriterien für die Annahme des Bewerbers
Um Dich erfolgreich bei uns zu bewerben, solltest Du als Grundvoraussetzung zwischen 15 und 18 Jahre alt sein und zufriedenstellende schulische Leistungen haben. Viel wichtiger als Deine Noten sind uns aber Deine Persönlichkeit und Deine Motivation. In einem Beratungsgespräch können sich Deine Eltern und Du mit unserem Verein und unserem USA-Programm vertraut machen. Wir haben gleichzeitig die Möglichkeit, Dich persönlich kennenzulernen. Oder Du nimmst an einem unserer PI-Kennenlerntage teil und erlebst zusammen mit anderen zukünftigen Austauschschülern einen interaktiven Tag rund um das Thema Schüleraustausch.

Vorbereitung auf den USA-Aufenthalt in Deutschland
Um optimal auf Deinen Auslandsaufenthalt vorbereitet zu sein, nimmst Du vor Deiner Abreise an einem dreitägigen Seminar teil. Organisiert und gestaltet wird dieses Seminar von geschulten, ehemaligen Austauschschülern. Denn sie kennen die Besonderheiten des Alltags in den USA am besten. Das Seminar ist im Programmpreis enthalten. Für Deine Eltern bieten wir zur Vorbereitung eine eintägige Informationsveranstaltung an. Darüber hinaus helfen Dir unsere hauptamtlichen Mitarbeiter gerne bei jeder Frage weiter.

Betreuung während des Auslandsaufenthalts
Während Deiner Zeit im Ausland wirst Du von unserer Partnerorganisation betreut. Vor Ort hast Du einen lokalen Ansprechpartner, an den Du Dich bei Herausforderungen und Fragen jederzeit wenden kannst. Darüber hinaus steht Dir eine 24/7-Notfall-Nummer zur Verfügung. Zudem organisieren unsere Partner in den USA verschiedene Treffen und Veranstaltungen für Dich und andere Austauschschüler. Dein E-Mail-Buddy – ein von uns geschulter, ehemaliger Austauschschüler – begleitet Dich als digitaler Brieffreund durch Deine Zeit im Ausland.

Nachbereitung
Auf unserem dreitägigen Nachbereitungsseminar in Köln hast Du die Möglichkeit, Dich mit anderen Rückkehrern auszutauschen, die im vorigen Jahr ähnliche Erfahrungen sammeln durften. Das Seminar ist für Dich eine tolle Gelegenheit, Erlebnisse zu teilen, Deinen Auslandsaufenthalt Revue passieren zu lassen und das Fernweh ein wenig zu lindern.

Stipendien und Sonstiges
Im Auftrag des Deutschen Bundestages betreut Partnership International jedes Jahr 57 deutsche Schüler, die ein Vollstipendium über das Parlamentarische Patenschafts-Programm (PPP) erhalten haben. Darüber hinaus vergeben wir für das Schuljahr 2019/2020 mehrere Stipendien in Zusammenarbeit mit dem Dachverband der gemeinnützigen Jugendaustauschorganisationen AJA und darüber hinaus zwei weitere 50%-Stipendien über unseren Verein.

Preis und Leistung			
Länderwahlprogramm	1. Halbjahr	2. Halbjahr	Schuljahr
Grundpreis	€ 9.900	€ 9.900	€ 10.900
Flug D – USA – D	ja	ja	ja
Flugbegleitung auf Hinreise	nein	nein	teilweise
Vorbereitungstreffen	nein	nein	nein
Vorbereitungsseminar	ja	ja	ja
Einführungsseminar in USA	optional	optional	optional
Elterntreffen	ja	ja	ja
Nachbereitungstreffen	nein	nein	nein
Nachbereitungsseminar	ja	ja	ja
Kranken-/Unfallversicherung	ja	ja	ja
Haftpflicht-/Gepäckversicherung	ja	ja	ja
Gesamtpreis (circa)	**€ 9.900**	**€ 9.900**	**€ 10.900**
Bewerbungsschluss	31.03.	30.09.	31.03.
Spätbewerbung	möglich	möglich	möglich

Das Kleingedruckte und das liebe Geld	
Vertragsabschluss	Bewerbung und Kennenlerngespräch sind kostenlos und unverbindlich. Nach erfolgreichem Gespräch erhalten die Schüler und Eltern ein schriftliches Vertragsangebot. Ein verbindlicher Vertragsabschluss kommt erst durch die Rücksendung des unterzeichneten Vertrags zustande.
Zahlungsweise und Sicherungsschein	15% des Reisepreises nach Erhalt der Rechnung 50% des Reisepreises fünf Monate vor der Abreise 35% des Reisepreises einen Monat vor Abreise
Kosten bei Rücktritt vom Programm	bis acht Wochen vor Reiseantritt: 25% später als acht Wochen vor Reiseantritt: 35% später als vier Wochen vor Reiseantritt: 50% später als 14 Tage vor Reiseantritt: 80% bei Rücktritt am Abreisetag oder Nichtantritt der Reise: 100%

Kurz und bündig	
Gründungsjahr	1961
Gemeinnützigkeit	ja
USA High School Programm seit	1967
Amerikanische Partnerorganisation(en)	ETC, FIEA, FLAG
Schülerzahl im USA High School Programm 2017/18	147
Gesamtschülerzahl im High School Programm 2017/18	188

Last, not least	
Bewerbungsinterview	Beratungsgespräch für Schüler und Eltern oder Teilnahme am PI-Kennenlerntag
Vorbereitungstreffen	Vorbereitungstreffen für Eltern
Vorbereitungsseminare	Ein dreitägiges Vorbereitungsseminar für Schüler mit Länderschwerpunkten
Einführungsseminare USA	Ein viertätiges Seminar im September kann für einen Aufpreis von € 590 hinzugebucht werden (Flug und Unterkunft inkl.)
Nachbereitungstreffen	nein
Nachbereitungsseminare	dreitägiges Nachbereitungsseminar für Schüler

Southern Cross – Eine Marke der Dr. Frank Sprachen & Reisen GmbH
Industriestr. 35 Telefon: 0621 / 39187909
68169 Mannheim Telefax: 0621 / 39185194
info@southerncross.eu www.southerncross.eu

Selbstdarstellung
Southern Cross hat sich auf die Vermittlung von High School Aufenthalten in Kanada, Australien, Neuseeland und den USA spezialisiert. Wir beraten Eltern und Schüler individuell und persönlich bei der Planung eines Auslandsaufenthaltes an einer privaten oder staatlichen High School in Nordamerika und Ozeanien. Southern Cross arbeitet ausschließlich mit dem Schulwahl-Prinzip. Das bedeutet, die Schüler und ihre Eltern wählen die Region, Stadt oder/und den Schuldistrikt aus und kennen lange vor der Abreise die künftige Schule in ihrem Reiseland.

Bewerbungsverlauf und Kriterien für die Annahme des Bewerbers
In persönlichen Bewerbungs- und Informationsgesprächen, welche bei den Familien zu Hause oder in unserem Büro stattfinden, helfen wir den Jugendlichen dabei, entsprechend Ihren Wünschen, Neigungen und Vorlieben die passende Region und Schule für ihren Auslandsaufenthalt zu finden. Wir begleiten und unterstützen Eltern und Schüler bei der gesamten Abwicklung des Bewerbungsprozesses und der Visums-Angelegenheiten. Schüler können Aufenthaltsregion, z.T. auch den Ort und die Gastschule selbst auswählen. Einstiegsmöglichkeit zumeist halbjährlich (Semester). Auswahl der Schule: Manche der Schulbezirke, die wir anbieten, haben nur ein oder zwei ausgewählte Schulen der Sekundarstufe, die internationale Gastschüler aufnehmen. Zu anderen Bezirken, wie zum Beispiel der Los Angeles School District, zählen 200 Schulen, so dass hier nur die Region, nicht aber eine spezielle Schule gewählt werden kann. Wir beraten dich gerne und helfen bei deiner Auswahl.

Vorbereitung auf den USA-Aufenthalt in Deutschland
- Persönliche Beratung und Information durch landeskundige Mitarbeiter.
- Individuelle Betreuung und Planung des Aufenthalts.
- Vorbereitungsseminar in verschiedenen Städten Deutschlands, ca. 2 Monate vor Abreise.

Betreuung während des Auslandsaufenthalts
Wir stehen Ihnen selbstverständlich auch während des Auslandsaufenthaltes als Ansprechpartner zur Verfügung. Auswahl der Gastfamilie und Betreuung vor Ort durch Mitarbeiter der Schule oder Partnerorganisation. Kontaktperson an jeder Schule ist ein International Student Counsellor oder das Büro in Deutschland.

Nachbereitung
Fragebogen nach der Rückkehr, Berichterstattung im Internet, auf Wunsch Nachbereitungstreffen für interessierte Schüler.

Stipendien und Sonstiges
Sicherungsschein nach deutschem Reiserecht. 2 Southern Cross Stipendien je Schuljahr! Im Rahmen des Select High School Programs von Educatius International gibt es Stipendien für ausgewählte staatliche Schulen und Privatschulen. Garantierte Platzierung / freie Schulwahl / Hilfe bei der Visumbeantragung

Preis und Leistung			
Schulwahlprogramm	1. Halbjahr	2. Halbjahr	Schuljahr
Grundpreis (ab)	€ 13.500	€ 13.500	€ 20.065
Flug D – USA – D	€ 1.495	€ 1.495	€ 1.495
Flugbegleitung auf Hinreise	nein	nein	nein
Vorbereitungstreffen	ja	ja	ja
Vorbereitungsseminar	nein	nein	nein
Einführungsseminar in USA	nein	nein	nein
Elterntreffen	nein	nein	nein
Nachbereitungstreffen	auf Anfrage	auf Anfrage	auf Anfrage
Nachbereitungsseminar	nein	nein	nein
Kranken-/Unfallversicherung	ja	ja	ja
Haftpflicht-/Gepäckversicherung	nein	nein	nein
Gesamtpreis (ab circa)	**€ 14.995**	**€ 14.995**	**€ 21.560**
Bewerbungsschluss	flexibel	flexibel	flexibel
Spätbewerbung	ja	ja	ja

Das Kleingedruckte und das liebe Geld	
Vertragsabschluss	Southern Cross bietet das *„Schulwahl Programm"* an. Hier wählen Sie die Region, Stadt oder den Schuldistrikt aus und kennen lange vor Ihrer Abreise Ihre künftige Schule. Erst nachdem im Beratungsgespräch die gewünschte Region/Schule ausgewählt wurde und dann durch die Schule dem Schüler ein Platz zugesagt wurde, kommt der Vertragsschluss zustande.
Zahlungsweise und Sicherungsschein	14 Tage nach Vertragsschluss / Aushändigung des Sicherungsscheines: Bezahlung des SC Servicepaketes; 14 Tage nach Schulzusage: Bezahlung der Schul-/Gastfamilienkosten; 4 Wochen vor Reiseantritt: Restzahlung
Kosten bei Rücktritt vom Programm	Bei allen Stornierungen: 10% des Programmpreises nach Vertragsabschluss; 20% des Programmpreises ab dem Zeitpunkt an dem der Name und die Anschrift der Gastfamilie für den Veranstalter feststeht; 40% des Programmpreises ab dem 24. Tag vor Programmbeginn; 60% des Programmpreises ab dem 14. Tag vor Programmbeginn; 70% des Programmpreises ab dem 6. Tag vor Reisebeginn

Kurz und bündig	
Gründungsjahr (1998: Southern Cross Sprachreisen GmbH)	2015: Dr. Frank Sprachen & Reisen GmbH
Gemeinnützigkeit	nein
USA High School Programm seit	2010
Amerikanische Partnerorganisation(en)	Educatius Int. und Privatschulen
Schülerzahl im USA High School Programm 2017/18	5
Gesamtschülerzahl im High School Programm 2017/18	170

Last, not least	
Bewerbungsinterview	ja
Vorbereitungstreffen	ja
Vorbereitungsseminare	nein
Einführungsseminare USA	nein
Nachbereitungstreffen	auf Anfrage
Nachbereitungsseminare	nein

Stepin GmbH – Student Travel and Education Programmes International
Kaiserstraße 19
53113 Bonn
school@stepin.de
Telefon: 0228 / 710 05-0
Telefax: 0228 / 710 05-999
www.stepin.de

Selbstdarstellung
Als eine der führenden deutschen Austauschorganisation vermitteln wir von Stepin seit 1997 erfolgreich verschiedene Auslandsaufenthalte für Weltentdecker – darunter High School, Work & Travel, Auslandspraktikum, Freiwilligenarbeit, Au-pair und ein Gastschüler-Programm in Deutschland. Unsere Mission: Jungen Menschen die einmalige Chance geben, fremde Kulturen und Länder zu entdecken und einzigartige Erfahrungen fürs Leben zu sammeln. Ein passender Reiseversicherungsschutz fürs Ausland komplettiert das Portfolio und bietet unseren Reisenden einen Rundum-Service aus einer Hand. In Kooperation mit dem IAAK (Institut für Anglistik, Amerikanistik und Keltologie) der Universität Bonn unterstützt Stepin auch linguistische Forschungsarbeiten auf dem Gebiet der Fremdsprachenförderung.

Bewerbungsverlauf und Kriterien für die Annahme des Bewerbers
Step 1: Unverbindliche Anmeldung zum Kennenlerngespräch durch Ausfüllen des Anmeldebogens (online od. schriftlich).
Step 2: Einladung zu einem unverbindlichen Kennenlerngespräch mit einem Stepin-Berater in Wohnortnähe des Bewerbers. Hierbei findet eine ausführliche und individuelle Beratung zum Wunschprogramm statt, sowie ein Einzelinterview mit dem Bewerber.
Step 3: Bei Eignung des Bewerbers unterbreitet Stepin ein Vertragsangebot.

Teilnahmevoraussetzungen sind kulturelle Aufgeschlossenheit, Reife, Toleranz und mindestens befriedigende schulische Leistungen.

Vorbereitung auf den USA-Aufenthalt in Deutschland
Eltern- und Schülervorbereitungstreffen in mehreren deutschen Städten sowie Handbücher und regelmäßige Info-Rundbriefe für Teilnehmer und Eltern bis zur Ausreise, fester Programmansprechpartner im Stepin-Büro.

Betreuung während des Auslandsaufenthalts
Betreuung durch einen lokalen Betreuer vor Ort, telefonische Betreuung Tag und Nacht durch einen Mitarbeiter der Partnerorganisation. Auch das Stepin-Team steht während des gesamten Auslandsaufenthaltes als Ansprechpartner zur Verfügung.

Nachbereitung
Großes Returnee-Wochenende in Deutschland

Stipendien und Sonstiges
Stepin vergibt regelmäßig Vollstipendien für unterschiedliche Programme (USA Classic, Kanada Nova Scotia, Neuseeland Classic Plus). Im USA-Länderwahlprogramm (USA Classic) besteht die Möglichkeit, ein dreitägiges Einführungsseminar in New York bei Ausreise im August hinzu zu buchen. Weitere Zusatzoptionen ermöglichen z.B. die Wahl einer bestimmten Region, eines Bundesstaates, einer Metropole oder einer Top-School (gegen Aufpreis).

* Gesonderte Regionen- bzw. Schulwahlprogramme sind möglich in: Hawaii, Kalifornien, Florida, Massachusetts und Montana sowie New York und New Hampshire (USA Select-Programm)

Preis und Leistung			
*Länderwahlprogramm**	1. Halbjahr	2. Halbjahr	Schuljahr
Grundpreis (ab)	€ 8.940	€ 8.940	€ 9.940
Flug D – USA – D	ja	ja	ja
Flugbegleitung auf Hinreise	teilweise	nein	teilweise
Vorbereitungstreffen	ja	ja	ja
Vorbereitungsseminar	nein	nein	nein
Einführungsseminar in USA	€ 680/opt.	nein	€ 680/opt.
Elterntreffen	nein	nein	nein
Nachbereitungstreffen	nein	nein	nein
Nachbereitungsseminar	€ 69/opt.	€ 69/opt.	€ 69/opt.
Kranken-/Unfallversicherung	ja	ja	ja
Haftpflicht-/Gepäckversicherung	ja	ja	ja
Gesamtpreis (ab circa)	**€ 8.940**	**€ 8.940**	**€ 9.940**
Bewerbungsschluss	31.03.	15.10.	31.03.
Spätbewerbung	möglich	möglich	möglich

Das Kleingedruckte und das liebe Geld	
Vertragsabschluss	Nach Eignung des Schülers erfolgt ein schriftliches Vertragsangebot. Der Teilnehmer nimmt das Angebot dadurch an, dass er uns innerhalb der gesetzten Frist das Vertragsangebot unterschrieben zurückschickt.
Zahlungsweise und Sicherungsschein	Der Sicherungsschein wird zusammen mit der Teilnahmebestätigung verschickt. Danach werden 10 % Anzahlung binnen 14 Tagen, 50 % 140 Tage vor Abreise, Restbetrag 40 % 6 Wochen vor Reisebeginn fällig.
Kosten bei Rücktritt vom Programm	10 % des Programmpreises ab Annahme des Vertragsangebots, 20 % nach Erhalt der Gastfamilienanschrift vor dem 60. Tag vor Reisebeginn, 30 % ab dem 60. Tag vor Reisebeginn, 35 % ab dem 30. Tag vor Reisebeginn. Rücktrittsoption hinzubuchbar (3,9 % des Programmpreises).

Kurz und bündig	
Gründungsjahr	1997
Gemeinnützigkeit	nein
USA High School Programm seit	1997
Amerikanische Partnerorganisation(en)	PAX, ICES, Educatius, IHC, UTP, Exchangemate
Schülerzahl im USA High School Programm 2017/18	278
Gesamtschülerzahl im High School Programm 2017/18	684

Last, not least	
Bewerbungsinterview	Einzelinterview mit Schüler durch einen Stepin-Berater in Wohnortnähe des Bewerbers
Vorbereitungstreffen	Eintägiges Eltern- und Schülertreffen (mehrere Termine und Veranstaltungsorte stehen zur Auswahl)
Vorbereitungsseminare	Teilnahme an zweitägigem Fun-Wochenende in Köln optional bei Sommerausreise (mit Kostenbeteiligung)
Einführungsseminare USA	New York, drei Tage (optional bei Sommerausreise)
Nachbereitungstreffen	nein
Nachbereitungsseminare	Teilnahme an Returnee-Wochenende (mit Kostenbeteiligung)

STS Sprachreisen GmbH
Mönckebergstraße 5 (ab 12.18: An der Alster 62) Telefon: 040 / 303 999-23
20095 Hamburg (20099 Hamburg) Telefax: 040 / 303 999-08
highschool@sts-education.de www.sts-education.de

Selbstdarstellung
STS Sprachreisen ist Teil einer weltweit tätigen Organisation mit eigenen Niederlassungen in 14 Ländern. STS organisiert seit 60 Jahren High School Programme für Schüler zwischen 14 und 18 Jahren u.a. nach Amerika, Australien, Neuseeland, Kanada, Großbritannien, Irland, Schweden, Frankreich, Spanien, Italien, Japan. STS bietet dir während der gesamten Reise eine persönliche Betreuung. Ganz egal, wo du auf der Welt gerade bist, es gibt immer eine Kontaktperson an die du dich wenden kannst.

Bewerbungsverlauf und Kriterien für die Annahme des Bewerbers
Melde dich unverbindlich und kostenlos zu einem individuellen Bewerbungsgespräch bei uns an. Der leichteste Weg ist, wenn du dich auf www.sts-education.de online bewirbst oder uns anrufst. Das Gespräch, mit mindestens einem Elternteil, findet in unserem Büro in Hamburg oder per Skype statt. Zusätzlich bieten wir in 60 Städten persönliche Treffen an. Bei diesem Gespräch lernen wir dich besser kennen und wir geben dir und deiner Familie alle wichtigen Informationen zu deinem geplanten Aufenthalt. Im Anschluss erfährst du, ob du ins Programm aufgenommen bist. Wichtiger als deine Schulnoten sind dein Interesse an anderen Kulturen, eine hohe Motivation, Offenheit und Anpassungsfähigkeit.

Vorbereitung auf den USA-Aufenthalt in Deutschland
Bereits beim Interview informieren wir dich umfassend über das Programm. Vor der Abreise führen wir ein ganztägiges Vorbereitungstreffen für alle Teilnehmer und deren Eltern durch. Auch ehemalige STS-Schüler informieren hier die Austauschschüler und stehen als Kontaktschüler zur Verfügung.

Betreuung während des Auslandsaufenthalts
In den USA haben wir zwei eigene STS Büros. Eine persönliche Betreuungsperson von STS oder der gemeinnützigen Partnerorganisation. Greenheart steht dir während deines Aufenthaltes zur Seite und wird dich kurz nach deiner Ankunft kontaktieren. Deine Betreuungsperson hat immer ein offenes Ohr für deine Anliegen und häufig organisiert sie auch Treffen mit anderen Austauschschülern. Zusätzlich erhältst Du eine 24h-Notrufnummer. Für die Eltern steht das STS Büro in Deutschland während der gesamten Zeit als Ansprechpartner zur Verfügung. In der Regel gibt es für STS-Austauschschüler Reiseangebote vor Ort (z.B. unsere USA Coast-to-Coast Reise von New York nach L.A. oder umgekehrt).

Nachbereitung
Wir bieten Nachbereitungstreffen an, auf denen du dich mit den anderen Rückkehrern austauschen kannst.

Stipendien und Sonstiges
STS vergibt Teilstipendien bis zu je € 700 bei eingereichten Anträgen bis Dezember des Vorjahres. Garantierte Staaten-, Regionen-, und Städtewahl buchbar.

Preis und Leistung			
Länderwahlprogramm	1. Halbjahr	2. Halbjahr	Schuljahr
Grundpreis (ab)	€ 9.680	€ 9.680	€ 9.980
Flug D – USA – D	ja	ja	ja
Flugbegleitung auf Hinreise	in der Regel	in der Regel	in der Regel
Vorbereitungstreffen	ja	ja	ja
Vorbereitungsseminar	nein	nein	nein
Einführungsseminar in USA	ja	ja	ja
Elterntreffen	nein	nein	nein
Nachbereitungstreffen	ja	ja	ja
Nachbereitungsseminar	nein	nein	nein
Kranken-/Unfallversicherung	€ 520	€ 520	€ 720
Haftpflicht-/Gepäckversicherung	ja	ja	ja
Gesamtpreis (ab circa)	**€ 10.200**	**€ 10.200**	**€ 10.700**
Bewerbungsschluss	31.03.	01.10.	31.03.
Spätbewerbung	möglich	möglich	möglich

Das Kleingedruckte und das liebe Geld	
Vertragsabschluss	Erfolgt durch Bestätigung der Vereinbarung.
Zahlungsweise und Sicherungsschein	1. Teilzahlung (fällig direkt nach der Aufnahme): € 2.000 2. Teilzahlung (fällig am 1. Februar): € 2.000 3. Teilzahlung (fällig am 1. Mai): € 2.000 4. Teilzahlung (fällig bei Aushändigung der Reiseunterlagen): Endbetrag Für Abreisen im Januar: 1. Juli bzw. 1. Oktober (zweite bzw. dritte Teilzahlung). Sicherungsschein bei Aufnahme ins Programm.
Kosten bei Rücktritt vom Programm	Rücktritt nach Vertragsabschluss: 10% des Programmpreises Rücktritt nach Erhalt der Gastfamilienadresse/Schulbestätigung und mehr als 2 Monate vor Programmbeginn: 25% des Programmpreises Rücktritt < 60 Tage vor Abreise: 30% des Programmpreises Rücktritt < 30 Tage vor Abreise: 40% des Programmpreises

Kurz und bündig	
Gründungsjahr	jetzige Rechtsform: 1987
Gemeinnützigkeit	nein
USA High School Programm seit	30 Jahre in D, 60 Jahre in Schweden
Amerikanische Partnerorganisation(en)	eigenes Büro, Greenheart
Schülerzahl im USA High School Programm 2017/18	45
Gesamtschülerzahl im High School Programm 2017/18	85

Last, not least	
Bewerbungsinterview	Einzelinterview mit Schüler und Eltern
Vorbereitungstreffen	Hamburg und eine zweite Stadt im Süden
Vorbereitungsseminare	werden nicht angeboten
Einführungsseminare USA	New York
Nachbereitungstreffen	ja
Nachbereitungsseminare	nein

Terre des Langues – Inh. Petra Schmidt
Pflanzenmayerstr. 16
93049 Regensburg
terre-des-langues@t-online.de
Telefon: 0941 / 56 56 02
Telefax: 0941 / 56 56 04
www.terre-des-langues.de

Selbstdarstellung
Wir sind eine Terre des Langues-Familie. Unsere Mitarbeiter haben viele Jahre Erfahrung im High School-Bereich.

Das bedeutet, dass sich Gastfamilien, Lehrer und Schüler als auch alle Organisatoren persönlich kennen. Der gute Geist dieser Familie lebt weit über die Zeit eines Aufenthaltes hinaus.

Bewerbungsverlauf und Kriterien für die Annahme des Bewerbers
Nach Erhalt der Voranmeldung bekommen Sie die ausführlichen Anmeldeunterlagen. Ausschlaggebend für die Annahme bei dem Programm sind die Persönlichkeit des Bewerbers und seine Englischkenntnisse. Bitte bringen Sie die Bereitschaft mit, sich auf neue Erfahrungen und Menschen einzulassen.

Sie sollten einen offenen und flexiblen Charakter haben, der es ermöglicht, Schul- und Familienleben sowie eine fremde Kultur zu akzeptieren. Bitte sind Sie sich Ihrer Rolle als Botschafter bewusst.

Vorbereitung auf den USA-Aufenthalt in Deutschland
Das Vorbereitungsseminar dauert ein bis zwei Tage und findet in verschiedenen deutschen Städten statt (je nach Teilnehmerzahl in den einzelnen Bundesländern).
Hier erklärt man Ihnen den Ablauf der Reise, Versicherung, Schulsystem und Sie bekommen Ratschläge für das tägliche Leben.

Ehemalige Teilnehmer stehen Ihnen für Fragen zur Verfügung.

Betreuung während des Auslandsaufenthalts
Die Betreuung erfolgt durch den örtlichen Betreuer (local rep), durch die Betreuerin des jeweiligen Bundesstaates (coordinator), durch das Hauptbüro von Borderless Friends Forever oder von Terra Lingua USA und durch Terre des Langues in Deutschland.

Nachbereitung
Alle Teilnehmer erhalten nach der Rückkehr einen Fragebogen.

Im Herbst nach der Rückkehr findet ein Treffen statt.

Stipendien und Sonstiges
Terre des Langues vergibt Stipendien.

Versicherungen sind bei Übersee-Aufenthalten inbegriffen.

Preis und Leistung			
Länderwahlprogramm	1. Halbjahr	2. Halbjahr	Schuljahr
Grundpreis	€ 8.100	€ 8.100	€ 9.300
Flug D – USA – D	ja	ja	ja
Flugbegleitung auf Hinreise	nein	nein	nein
Vorbereitungstreffen	ja	ja	ja
Vorbereitungsseminar	teilweise	teilweise	teilweise
Einführungsseminar in USA	ja	ja	ja
Elterntreffen	teilweise	teilweise	teilweise
Nachbereitungstreffen	ja	ja	ja
Nachbereitungsseminar	nein	nein	nein
Kranken-/Unfallversicherung	ja	ja	ja
Haftpflicht-/Gepäckversicherung	ja	ja	ja
Gesamtpreis (circa)	**€ 8.100**	**€ 8.100**	**€ 9.300**
Bewerbungsschluss	solange	Plätze	vorhanden
Spätbewerbung	möglich	möglich	möglich

Das Kleingedruckte und das liebe Geld	
Vertragsabschluss	Der Vertrag kommt eine Woche nach Zugang der Bestätigung und Rechnung zustande. Grundlage ist die Programmbeschreibung.
Zahlungsweise und Sicherungsschein	14 Tage nach Erhalt der Rechnung ist eine Anzahlung in Höhe von € 250 fällig, ca. vier Wochen später die zweite Rate in Höhe von € 1.250, ca. vier Wochen danach die dritte Anzahlung in Höhe von € 1.250 und vier Wochen vor Abreise der Restbetrag.
Kosten bei Rücktritt vom Programm	bis drei Monate vor Reisebeginn 10%; 90 bis 70 Tage vor Reisebeginn 20%; 69 bis 50 Tage vor Reisebeginn 30%; 49 bis 30 Tage vor Reisebeginn 40%; ab 19 Tage vor Reisebeginn 60% des Reisepreises

Kurz und bündig	
Gründungsjahr	1995
Gemeinnützigkeit	nein
USA High School Programm seit	1996
Amerikanische Partnerorganisation(en)	Borderless Friends Forever, Terra Lingua
Schülerzahl im USA High School Programm 2017/18	8
Gesamtschülerzahl im High School Programm 2017/18	56

Last, not least	
Bewerbungsinterview	Einzelinterview
Vorbereitungstreffen	je nach Teilnehmerzahl in verschiedenen Städten
Vorbereitungsseminare	je nach Teilnehmerzahl in verschiedenen Städten
Einführungsseminare USA	ja
Nachbereitungstreffen	jedes Jahr im Herbst nach der Rückkehr
Nachbereitungsseminare	werden nicht angeboten

travelbee - (into GmbH)
Ostlandstraße 14
50858 Köln
kontakt@travelbee.de
Telefon: 02234 / 946 36-0
Telefax: 02234 / 946 36-23
www.travelbee.de

Selbstdarstellung
Bereits seit 1986 verbringen Schüler ihr Austauschjahr mit into. Nun wurde es auch für uns Zeit für etwas Neues. Deshalb haben wir uns ein neues Logo mit einem neuen Namen zuglegt: travelbee. Eine travelbee ist keine gewöhnliche Biene. Sie vereint viel mehr als diese außergewöhnliche Spezies ohnehin schon leistet. Die bekannten Eigenschaften - Fleiß, Teamfähigkeit, harmonisches Miteinander sowie Kommunikationsstärke - sind Aspekte, der eine travelbee so großartig macht. Und wenn die travelbees von ihren Abenteuern zurückkehren sind sie weltoffener, eigenständiger, gebildeter und selbstbewusster geworden. Unsere Mission – Dein Austausch! Seit vielen Jahren gehören wir deshalb zu den führenden Veranstaltern in Deutschland. Wir sind seit 1994 Mitglied im DFH.

Bewerbungsverlauf und Kriterien für die Annahme des Bewerbers
Bei der Abreise musst Du mindestens 14 Jahre alt sein, Dein Notendurchschnitt sollte befriedigend oder besser sein. Das Wichtigste ist jedoch, dass Du Motivation, Neugier, Toleranz, Flexibilität und Anpassungsfähigkeit mitbringst. Du wirst zusammen mit Deinen Eltern ausführlich über unser Austauschprogramm beraten. Dieses so genannte „Auswahlgespräch“ dient dem gegenseitigen Kennenlernen. Bei dieser Gelegenheit möchten wir auch etwas über Deine Englischkenntnisse erfahren. Im Anschluss an unser Gespräch kann in der Regel unmittelbar über Deine Aufnahme entschieden werden.

Vorbereitung auf den USA-Aufenthalt in Deutschland
Du erhältst ein Schüler- und Elternhandbuch sowie regelmäßige Infobriefe mit Hinweisen zum Ablauf des Austauschprogramms, kulturellen Eigenheiten der Gastländer sowie Ratschlägen und Erfahrungsberichten. Circa. zwei bis drei Monate vor der Abreise finden unsere zweitägigen Vorbereitungsseminare statt. Dort erhältst Du Infos und Tipps und lernst auch eine Menge über die Regeln während Deines Aufenthaltes. Zudem wirst Du mit Rollenspielen, kreativer Arbeit und lustigen Sketchen auf Deinen Austausch vorbereitet. Es gibt eine Extra-Informationsveranstaltung zur Vorbereitung Deiner Eltern bei Sommerabreisen.

Betreuung während des Auslandsaufenthalts
Unsere US-Partner sind alle Mitglieder im Dachverband CSIET. Die Arbeit mit ihnen beruht auf langjähriger Partnerschaft. Die Qualifikation der Gastfamilien setzt eine erfolgreiche Überprüfung ihrer Lebensverhältnisse und die Einreichung eines polizeilichen Führungszeugnisses voraus. Im Gastland wird in der Nähe Deines Wohnortes ein Ansprechpartner für Dich und Deine Gastfamilie für die gesamte Zeit Deines Aufenthaltes sein. Auch in Deutschland sind wir immer erreichbar und gewährleisten einen ständigen Kontakt und Informationsaustausch zwischen Teilnehmern, Eltern und unseren Partnerorganisationen.

Nachbereitung
Nach Deiner Rückkehr ist es noch nicht „vorbei“: Unsere Returnees sind aktiv und organisieren „get togethers“, unser traditionelles BBQ und Ausflüge.

Stipendien und Sonstiges
travelbee vergibt in Kooperation mit dem DFH ein USA-Stipendium. Wir bieten auch Select-Programme an, wo Du Dir den Schulbezirk aussuchen kannst sowie ein Privatschulen- und Internats-Programm. Bei Sommerabreise ist ein viertägiges Orientation Camp in Chicago oder NY inbegriffen. Ein Regionenwunsch ist kostenlos bis 30.11. Danach ist der Aufpreis € 550. Auch einzelne Staaten können gegen einen Aufpreis von € 750 ausgewählt werden.

Preis und Leistung			
Länderwahlprogramm	1. Halbjahr	2. Halbjahr	Schuljahr
Grundpreis	€ 10.150	€ 9.750	€ 10.350
Flug D – USA – D	ja	ja	ja
Flugbegleitung auf Hinreise	ja	nein	ja
Vorbereitungstreffen	nein	nein	nein
Vorbereitungsseminar	ja	ja	ja
Einführungsseminar in USA	ja	nein	ja
Elterntreffen	ja	nein	ja
Nachbereitungstreffen	nein	nein	nein
Nachbereitungsseminar	ja	ja	ja
Kranken-/Unfallversicherung	€ 420	€ 420	€ 690
Haftpflicht-/Gepäckversicherung	ja/nein	ja/nein	ja/nein
Gesamtpreis (circa)	**€ 10.570**	**€ 10.170**	**€ 11.040**
Bewerbungsschluss	31.03.	30.09.	31.03.
Spätbewerbung	auf Anfrage	auf Anfrage	auf Anfrage

Das Kleingedruckte und das liebe Geld	
Vertragsabschluss	Die Bewerbung ist unverbindlich. Zum verbindlichen Vertragsabschluss kommt es erst nach einem erfolgreichen Interview, nach Abgabe der Bewerbungsunterlagen und Gegenzeichnung des Vertrages durch den Teilnehmer und seine Eltern.
Zahlungsweise und Sicherungsschein	20% Anzahlung nach Bestätigung der Aufnahme in das Programm. Gleichzeitig wird ein Sicherungsschein ausgehändigt. 20% am 01. März (30% am 01. Mai) und 30% Restzahlung vier Wochen vor der Abreise.
Kosten bei Rücktritt vom Programm	Nach Abgabe der Bewerbungsunterlagen und Gegenzeichnung des Vertrages, der die Aufnahme in das Programm bestätigt: 20%; nach erfolgter Platzierung in einer Gastfamilie bzw. Internat: 30%.

Kurz und bündig	
Gründungsjahr (1986: into GmbH)	2018 Umbenennung: travelbee – into GmbH
Gemeinnützigkeit	nein
USA High School Programm seit	1986
Amerikanische Partnerorganisation(en)	ISE, CASE, ESI, FORTE
Schülerzahl im USA High School Programm 2017/18	178
Gesamtschülerzahl im High School Programm 2017/18	293

Last, not least	
Bewerbungsinterview	Einzelinterview mit Schüler und Eltern
Vorbereitungstreffen	werden nicht angeboten
Vorbereitungsseminare	für Schüler und Eltern, an mehreren Standorten in Deutschland
Einführungsseminare USA	Chicago oder New York, vier Tage Orientation Camp im Preis inbegriffen
Nachbereitungstreffen	werden angeboten
Nachbereitungsseminare	an mehreren Standorten in Deutschland

TravelWorks (Travelplus Group GmbH)
Münsterstr. 111
48155 Münster
highschool@travelworks.de
Telefon: 02506 / 8303 600
Telefax: 02506 / 8303 230
www.travelworks.de/schueleraustausch

Selbstdarstellung

TravelWorks als Marke der Travelplus Group GmbH ist Mitglied verschiedener weltweiter Qualitätsverbände, z.B. des DFH (Deutscher Fachverband High School) sowie Reisenetz und Partner des BundesForum Kinder- und Jugendreisen e.V. In den letzten 27 Jahren haben wir im Rahmen unserer verschiedenen Auslandsprogramme über 140.000 zufriedene Teilnehmer auf Reisen geschickt. Wo auch immer es hingehen soll: Gemeinsam mit unseren Partnern weltweit sorgen wir dafür, dass unsere Teilnehmer den Auslandsaufenthalt optimal vorbereitet antreten, im Gastland eine tolle und sichere Zeit haben und jederzeit ein kompetenter Ansprechpartner an ihrer Seite wissen.

Bewerbungsverlauf und Kriterien für die Annahme des Bewerbers

Nach der unverbindlichen Bewerbung laden wir SchülerIn und Eltern zum persönlichen Auswahl- und Informationsgespräch ein. Anschließend erhalten Bewerber unsere Buchungsgrundlage mit verbindlichem Anmeldeformular, das bei Interesse am Programm unterschrieben an uns zurückgesendet wird. Bewerber müssen die – je nach Programm unterschiedlichen Vorgaben – zu Notendurchschnitt und Englischnote vorweisen, flexibel, motiviert, weltoffen, und anpassungsfähig sowie zwischen 14 und 18 Jahren alt sein.

Vorbereitung auf den USA-Aufenthalt in Deutschland

Ca. zwei bis drei Monate vor Abreise laden wir alle Teilnehmer mit Eltern zum zweitägigen Vorbereitungsseminar in Deutschland (Münster) bzw. Österreich (Salzburg) ein.
Teilnehmer und Eltern erhalten zudem ein Handbuch und regelmäßige Inforundschreiben.

Betreuung während des Auslandsaufenthalts

Während des Aufenthaltes werden die Schüler von einem Koordinator unserer Partnerorganisation vor Ort betreut. Sowohl Schüler als auch Eltern stehen natürlich auch wir in Deutschland als persönliche Ansprechpartner zur Verfügung, im Notfall auch 24 Stunden am Tag. TeilnehmerInnen des USA-Programms können optional am 3- oder 4-tägigen Orientierungsseminar nach der Ankunft in New York (inkl. Verpflegung, Unterbringung, Workshop-Angebot, Sightseeing-Tour, Eintrittsgelder) teilnehmen.

Nachbereitung

Nach Programmende laden wir alle frisch heimgekehrten TeilnehmerInnen zu einem gemeinsamen Welcome Back-Wochenende ein – ideal, um sich über den Auslandsaufenthalt und auch die Wiedereingewöhnung daheim auszutauschen.

Stipendien und Sonstiges

USA-Teilstipendium à € 2.500
Geschwisterrabatt (€ 200 - € 500), Pre-Placement Rabatt € 450
Öffentlich Select-Programm: Wahl eines Schuldistrikts bzw. einer Schule (3-12 Monate)
Privatschul-Programme: Wahl einer Privatschule bzw. eines privaten Internats (3-12 Monate)
Summer School: Aufenthalte von 2-6 Wochen während der hiesigen Schulferien.

Preis und Leistung			
Länderwahlprogramm	1. Halbjahr	2. Halbjahr	Schuljahr
Grundpreis (ab)	€ 9.370	€ 9.370	€ 10.190
Flug D – USA – D	ja	ja	ja
Flugbegleitung auf Hinreise	ja	nein	ja
Vorbereitungstreffen	nein	nein	nein
Vorbereitungsseminar	ja	ja	ja
Einführungsseminar in USA	optional	optional	optional
Elterntreffen	nein	nein	nein
Nachbereitungstreffen	ja	ja	ja
Nachbereitungsseminar	nein	nein	nein
Kranken-/Unfallversicherung	ja	ja	ja
Haftpflicht-/Gepäckversicherung	ja	ja	ja
Gesamtpreis (ab circa)	**€ 9.370**	**€ 9.370**	**€ 10.190**
Bewerbungsschluss	15.09.	15.04.	15.04. / 15.09.
Spätbewerbung	nein	nein	nein

Das Kleingedruckte und das liebe Geld	
Vertragsabschluss	Nach der verbindlichen Anmeldung wird mit der schriftlichen Bestätigung/Rechnung durch TravelWorks der Vertrag rechtswirksam.
Zahlungsweise und Sicherungsschein	Nach Erhalt der Rechnung und des Sicherungsscheins ist innerhalb von zehn Tagen eine Anzahlung von 20 Prozent fällig. Die zweite Rate in Höhe von 40 Prozent ist vier Monate vor Reisebeginn fällig, die restlichen 40 Prozent einen Monat vor Reisebeginn.
Kosten bei Rücktritt vom Programm	Nach Annahme des Vertragsangebotes: 10 Prozent des Reisepreises Ab dem 60. Tag vor Abreise: 30 Prozent des Reisepreises Ab dem 30. Tag vor Abreise: 40 Prozent des Reisepreises

Kurz und bündig	
Gründungsjahr (1991: carpe diem Sprachreisen GmbH)	2006 Umfirmierung: Travelplus Group GmbH
Gemeinnützigkeit	nein
USA High School Programm seit	2004
Amerikanische Partnerorganisation(en)	CIEE, Educatius
Schülerzahl im USA High School Programm 2017/18	94
Gesamtschülerzahl im High School Programm 2017/18	345

Last, not least	
Bewerbungsinterview	Einzelinterview: Schüler und Eltern
Vorbereitungstreffen	nein
Vorbereitungsseminare	ja
Einführungsseminare USA	optional drei- oder viertägig in New York
Nachbereitungstreffen	Welcome Back-Wochenende
Nachbereitungsseminare	nein

TREFF - Sprachreisen GmbH
Wörthstraße 155
72793 Pfullingen (bei Reutlingen)
info@treff-sprachreisen.de
Telefon: 07121 / 696 696-0
Telefax: 07121 / 696 696-9
www.treff-sprachreisen.de

Selbstdarstellung

Wir haben mehr als 30 Jahre Erfahrung bei der erfolgreichen Organisation von Auslandsaufenthalten. Auch mehrere Kinder von TREFF-Mitarbeitern haben schon an unseren High School Programmen teilgenommen. Wir wollen es jungen Menschen ermöglichen andere Länder, Kulturen und Lebensweisen kennenzulernen, um so gegenseitige Toleranz und internationale Freundschaften zu fördern. Wir legen großen Wert auf sorgfältig ausgesuchte Gastfamilien und intensive, ehrliche Beratung und Betreuung.

Bewerbungsverlauf und Kriterien für die Annahme des Bewerbers

Nach Eingang der Bewerbung (z.B. online) vereinbaren wir ein Beratungsgespräch bei Ihnen zuhause, in der Nähe Ihres Wohnortes oder bei uns im Büro in Pfullingen (bei Reutlingen). Wir informieren über den Ablauf des High School Aufenthalts, stehen für alle Fragen zur Verfügung und unterbreiten Vorschläge zum bestgeeigneten Programm. Nach Eingang der schriftlichen Bewerbungsunterlagen erhalten Sie unser Vertragsangebot. Erst nach Rücksendung des unterschriebenen Vertrags kommt ein Reisevertrag zustande.
Wichtige Kriterien: Offenheit, Aufgeschlossenheit, Motivation, Toleranz, Reife, Anpassungsbereitschaft, Wille zur Integration. Alter zwischen 14 und 18,5 Jahren; mind. befriedigende Schulzeugnisse.

Vorbereitung auf den USA-Aufenthalt in Deutschland

Vorbereitungsseminare für Teilnehmer und Eltern in mehreren Städten. Hier werden alle Aspekte des Aufenthalts ausführlich besprochen, und ehemalige Teilnehmer berichten von ihren Erfahrungen. Teilnehmer und Eltern erhalten Handbücher mit allen wichtigen Informationen. In unserem Buddy Club haben neue Teilnehmer die Möglichkeit, Returnées zu kontaktieren und von deren Erfahrungen zu profitieren.

Betreuung während des Auslandsaufenthalts

Betreuung durch Koordinatoren / Counselors unserer Partnerorganisationen vor Ort.
Der Koordinator führt Einführungsgespräche durch und steht dem Schüler und den Gastfamilien während des gesamten Aufenthaltes zur Seite. Der Koordinator erwartet auch regelmäßige Rückmeldungen vom Gastschüler. Darüber hinaus hat der Schüler aber auch immer die Möglichkeit, seinen Counselor oder das Hauptbüro unserer Partnerorganisation unter einer 24-Stunden-Notfallnummer zu erreichen.
Selbstverständlich sind auch wir von TREFF immer für Sie da, und wo nötig, schalten wir uns auch bei der Problemlösung ein.

Nachbereitung

Erfahrungsaustausch bei einem Nachtreffen mit Workshops und Freizeitprogramm. Erwünscht ist auch ein Abschlussbericht. Dieses Material wird wiederum zukünftigen Austauschschülern zugänglich gemacht.

Stipendien und Sonstiges

Teilstipendien bis € 1.500 (formloser schriftlicher Antrag, Bescheid innerhalb einer Woche). Wir orientieren uns an den Noten, an besonderem Engagement und den wirtschaftlichen Verhältnissen der Familien: Einkommensnachweis, Kinderzahl, letztes Jahreszeugnis.

Preis und Leistung			
Länderwahlprogramm	1. Halbjahr	2. Halbjahr	Schuljahr
Grundpreis (ab)	€ 9.180	€ 9.180	€ 9.980
Flug D – USA – D	ja	ja	ja
Flugbegleitung auf Hinreise	ja	ja	ja
Vorbereitungstreffen	ja	ja	ja
Vorbereitungsseminar	nein	nein	nein
Einführungsseminar in USA	nein	nein	nein
Elterntreffen	nein	nein	nein
Nachbereitungstreffen	ja	ja	ja
Nachbereitungsseminar	nein	nein	nein
Kranken-/Unfallversicherung	ja	ja	ja
Haftpflicht-/Gepäckversicherung	ja	ja	ja
Gesamtpreis (ab circa)	**€ 9.180**	**€ 9.180**	**€ 9.980**
Bewerbungsschluss	30.03.	30.09.	30.03.
Spätbewerbung	möglich	möglich	möglich

Das Kleingedruckte und das liebe Geld	
Vertragsabschluss	Nach erfolgreichem Interview wird dem Bewerber ein Vertragsangebot zugesandt, das die Eltern bestätigen müssen.
Zahlungsweise und Sicherungsschein	20% nach Erhalt der Buchungsbestätigung und des Sicherungsscheins 25% zum 1. März (Programmbeginn im August) bzw. 1. August (Programmbeginn im Januar) 25% zum 1. Mai (Programmbeginn im August) bzw. 1. Oktober (Programmbeginn im Januar) 30% nach Erhalt der Gastfamilieninformation, spätestens jedoch 4 Wochen vor Programmbeginn.
Kosten bei Rücktritt vom Programm	10% nach Ablauf der Rücktrittsfrist und vor Anmeldeschluss 20% nach Anmeldeschluss ohne erfolgte Platzierung 30% nach Erhalt der Gastfamilieninformation 40% innerhalb 30 Tagen vor Programmbeginn

Kurz und bündig	
Gründungsjahr	1984
Gemeinnützigkeit	nein
USA High School Programm seit	1995
Amerikanische Partnerorganisation(en)	ISE, CASE, ERDT, USSE
Schülerzahl im USA High School Programm 2017/18	91
Gesamtschülerzahl im High School Programm 2017/18	198

Last, not least	
Bewerbungsinterview	Beratungsgespräch mit Teilnehmer und Eltern Individuell oder in Kleingruppen
Vorbereitungstreffen	i.d.R. Berlin, Hamburg, Frankfurt, München, Köln, Reutlingen und Stuttgart
Vorbereitungsseminare	werden nicht angeboten
Einführungsseminare USA	optionales Orientierungs- und Sightseeing-Programm in Washington/DC mit 2 Übernachtungen
Nachbereitungstreffen	i.d.R. Frankfurt, Köln, Stuttgart, Hamburg
Nachbereitungsseminare	werden nicht angeboten

World Wide Qualifications Sprach- und Studienreisen GmbH
Buschöhrchen 29 Telefon: 02247 / 969 0 480
53819 Neunkirchen-Seelscheid Telefax: 02247 / 969 0 482
info@schuelerweltweit.de www.schuelerweltweit.de

Selbstdarstellung

World Wide Qualifications wurde 1999 von Ex-Betreuern und ESL Englisch Lehrern in Irland gegründet. Unsere Firmenphilosophie heißt: Schüler und Studenten sollen positive Erfahrungen in anderen Ländern sammeln und dort auch die bestmögliche Ausbildung bekommen. Damit dieses Ziel erreicht wird, fokussieren wir unsere Tätigkeit auf individuelle Beratung, gute Betreuung und eine geeignete Auswahl der Gastfamilien sowie bestmögliche Kooperation mit unseren Partnern im Ausland. Dabei setzen wir auch auf unsere eigene, langjährige Erfahrung als Betreuer vor Ort. Wir berücksichtigen die Wünsche unserer Schüler und deren Eltern. Für High School Aufenthalte in den USA z.B. bieten wir ein günstiges klassisches Programm, eine regionale Auswahl und eine Staatenwahl (inklusive Kalifornien und Florida) als Optionen an. Darüber hinaus gibt es ein selektives Programm, aus dem Schüler und Eltern eine Vielzahl von Schulen und Internaten, sowie bestimmte Städte wählen können. Wünsche, z.B. verschiedene Sportarten ausüben zu können oder einen bestimmten Lifestyle wie z.B. Reiten, Strand- oder Großstadtleben zu erfahren, werden so erfüllt.
In den USA werden Schüler von unseren Partnerorganisationen ISE oder Forte betreut, die einen ausgezeichneten Ruf genießen, da sie bestmögliche Betreuung garantieren. Dies ist immens wichtig, weil Schulen und Gastfamilien vor Ort sehr gerne Schüler nehmen, die über diese Organisationen vermittelt werden. ISE z.B. betreut seit über 30 Jahren Schüler in den USA. World Wide Qualifications bietet auch High School Programme, Sprachreisen, sowie Lehrerfortbildungen in vielen weiteren Ländern an.

Bewerbungsverlauf und Kriterien für die Annahme des Bewerbers

Nach Eingang Deines Bewerbungsformulars erfolgt ein Informationsgespräch. Dieses individuelle Gespräch ist enorm wichtig, damit wir für Dich eine Schule und Gastfamilie finden, wo Du Dich rundum wohl fühlst. Kriterium ist: Ein Notendurchschnitt von 3. Zusätzlich bieten wir „Summerschools“ an – hier ist der Notendurchschnitt unerheblich.

Vorbereitung auf den USA-Aufenthalt in Deutschland

Nach Deiner Anmeldung bekommst Du einen Englisch-Vorbereitungsfernlehrgang. Außerdem wirst Du von uns laufend informiert. (z.B. über Schule und Gastfamilie) 1-2 Monate vor der Abreise: Schüler- & Elterntreffen: Hier werden organisatorische Dinge besprochen, wie z.B. Ablauf Deiner Reise. Es folgt ein Englisch-Intensiv Seminar mit Muttersprachlern und viel Spaß: Mit anderen Schülern machst Du Rollenspiele auf Englisch, so dass Du in den ersten Tagen z.B. in den USA keine Angst mehr vor der fremden Sprache haben wirst!

Betreuung während des Auslandsaufenthalts

„Co-ordinator“ u. Regional Manager der Partnerorganisation vor Ort, WWQ in Deutschland.

Nachbereitung

Nach Deiner Rückkehr kannst Du bei unserem Schülerpatenschafts-Programm mitwirken.

Stipendien und Sonstiges

Teil-Stipendien, Staatenwahl und Regionenwahl möglich.
Arrival Camp New York sowie USA Reisen während der Schulferien.
F1 Programm: Staatliche Schulen mit Schulwahl USA schon ab 14 Jahren möglich.

Preis und Leistung			
*Länderwahlprogramm**	1. Halbjahr	2. Halbjahr	Schuljahr
Grundpreis	€ 7.298	€ 7.298	€ 7.498
Flug D – USA – D	€ 1.200/p	€ 1.200/p	€ 1.200/p
Flugbegleitung auf Hinreise	nein	nein	nein
Vorbereitungstreffen	ja	ja	ja
Vorbereitungsseminar	ja	ja	ja
Einführungsseminar in USA	optional	optional	optional
Elterntreffen	nein	nein	nein
Nachbereitungstreffen	ja	ja	ja
Nachbereitungsseminar	nein	nein	nein
Kranken-/Unfallversicherung	€ 495	€ 495	€ 790
Haftpflicht-/Gepäckversicherung	ja	ja	ja
Gesamtpreis (circa)	**€ 8.993**	**€ 8.993**	**€ 9.488**
Bewerbungsschluss	30.04.	30.10.	30.04.
Spätbewerbung	möglich	möglich	möglich

Das Kleingedruckte und das liebe Geld	
Vertragsabschluss	Bewerbung und Interview sind unverbindlich. Vertragsabschluss erfolgt erst nach dem erfolgreichen Interview/ Infogespräch und nach Gegenzeichnung des Vertrags durch die Eltern und Teilnehmer.
Zahlungsweise und Sicherungsschein	20% Anzahlung bei Anmeldung nach Erhalt des Sicherungsscheins. 2. Rate ca. 3 Monate vor Abflug, Restzahlung 30 Tag Abflug. Weitere Ratenzahlung nach Absprache möglich.
Kosten bei Rücktritt vom Programm	Nach Aufnahme in das Programm 10%; nach Zusage der Schule oder Gastfamilie oder/und ab 60 Tage vor Reisebeginn 30%; 30-59 Tage vor Reisebeginn 40%

Kurz und bündig	
Gründungsjahr	2005
Gemeinnützigkeit	nein
USA High School Programm seit	2005
Amerikanische Partnerorganisation(en)	ISE, Forte, DMD für Privatschulen
Schülerzahl im USA High School Programm 2017/18	21
Gesamtschülerzahl im High School Programm 2017/18	67

Last, not least	
Bewerbungsinterview	Einzel- oder Gruppeninterview mit Schüler und Eltern
Vorbereitungstreffen	in Köln und anderen Städten oder schulintern
Vorbereitungsseminare	in Köln und in verschiedenen Städten je nach Anmeldungen
Einführungsseminare USA	können gegen Aufpreis gebucht werden
Nachbereitungstreffen	werden angeboten
Nachbereitungsseminare	werden nicht angeboten

Xplore GmbH
Theodorstr. 48
22761 Hamburg
info@xplore.de
Telefon: 040 / 429 336 00
Telefax: 040 / 429 336 11
www.xploreschueleraustausch.de

Selbstdarstellung
Xplore bietet dir die Möglichkeit, aus einem von 10 Zielen weltweit zu wählen. Wir haben Programme in die USA, nach Kanada, Australien, Neuseeland, England, Irland, Malta, Argentinien und Brasilien. Dabei ist es uns wichtig, dich bei der Wahl deines Wunschprogramms/-landes bestmöglich zu beraten! Wir sehen Xplore als eine kundenorientierte Organisation mit hohem Anspruch an guten Service für Schüler und Eltern. Bei uns sollst du dich verstanden und sehr gut betreut fühlen. Wir kommunizieren – und leben – Herzlichkeit, Kompetenz und Professionalität. Was uns wichtig ist, sind positives Kunden-Feedback und Mundpropaganda – denn deine Zufriedenheit ist immer noch die beste Werbung!

Bewerbungsverlauf und Kriterien für die Annahme des Bewerbers
Du kannst dich online oder mit unserem Anmeldeformular aus dem Katalog ganz unverbindlich bei uns bewerben. Wir melden uns zur Terminabsprache und es folgt ein persönliches Beratungsgespräch mit dir und deinen Eltern. Dieses Gespräch wird mit jedem einzelnen Teilnehmer separat, nie in einer Gruppe durchgeführt. Wir beantworten alle Fragen und nehmen uns ca. zwei bis drei Stunden Zeit, um dich auch ein wenig kennenlernen zu können! In den Select-Programmen machen wir dir individuelle Vorschläge zu Schulen und Regionen. Nach dem Gespräch erfährst du sofort, ob du angenommen bist. Wir suchen nicht nur den Superschüler, sondern bei uns steht der Mensch als Ganzes im Vordergrund.

Vorbereitung auf den USA-Aufenthalt in Deutschland
Die Vorbereitung startet bereits mit unserem ausführlichen, individuellen Auswahlgespräch, das viele offene Fragen klärt. Vor dem Abflug treffen wir uns zu einem eintägigen Vorbereitungsworkshop für Schüler und Eltern. Hier geht es vor allem um interkulturelles Training als Vorbereitung für die Zeit im Ausland und ein pragmatisches Herangehen an mögliche Probleme. Natürlich helfen wir dir auch bei allem organisatorischen Fragen rund um Visum, Flug und Versicherung. Zu Beginn deines Programms fliegst du zum dreitägigen Orientation Meeting nach New York mit Seminar und Sightseeing, das bereits im Preis enthalten ist. Einer aus dem Xplore-Team begleitet dich und hilft bei den Einreiseformalitäten!

Betreuung während des Auslandsaufenthalts
Du hast in jedem Land vor Ort einen Betreuer, der während des gesamten Aufenthaltes für dich da ist. Sie suchen deine Gastfamilie aus, kümmern sich auch um den Schulplatz und sind nach deiner Ankunft jederzeit für dich da. Sie treffen sich regelmäßig (mindestens einmal im Monat) mit dir und viele veranstalten kleine Ausflüge für alle von ihnen betreuten Schüler. Die Mitarbeiter vor Ort kennen wir persönlich schon seit Jahren und unsere Schüler und wir können sie jederzeit erreichen.

Nachbereitung
Persönliches Feedback sowie der Austausch mit unseren Ehemaligen sind uns wichtig. Dafür laden wir alle Xplore Schüler einmal pro Jahr zu einem mehrtägigen Treffen ein.

Stipendien und Sonstiges
Wir bieten in den USA, Kanada, Großbritannien und Brasilien zusätzlich Gap Year Programme an, die du nach der Schule machen und wo du z.B. ein College besuchen kannst.

Preis und Leistung			
Länderwahlprogramm	1. Halbjahr	2. Halbjahr	Schuljahr
Grundpreis	€ 8.550	€ 8.550	€ 8.950
Flug D – USA – D	€ 1.500/p	€ 1.500/p	€ 1.500/p
Flugbegleitung auf Hinreise	ja	ja	ja
Vorbereitungstreffen	ja	ja	ja
Vorbereitungsseminar	nein	nein	nein
Einführungsseminar in USA	ja	ja	ja
Elterntreffen	nein	nein	nein
Nachbereitungstreffen	nein	nein	nein
Nachbereitungsseminar	ja	ja	ja
Kranken-/Unfallversicherung	ja	ja	ja
Haftpflicht-/Gepäckversicherung	ja	ja	ja
Gesamtpreis (circa)	**€ 10.050**	**€ 10.050**	**€ 10.450**
Bewerbungsschluss	15.04.	15.10.	15.04.
Spätbewerbung	möglich	möglich	möglich

Das Kleingedruckte und das liebe Geld	
Vertragsabschluss	Nach erfolgreichem Auswahlgespräch machen wir ein Vertragsangebot, das bestätigt werden muss.
Zahlungsweise und Sicherungsschein	15% nach Vertragsabschluss und nach Erhalt des Sicherungsscheins 50% vier Monate vor Abreise 35% nach Erhalt der Gastfamilie (frühestens 2 Monate vor Abreise)
Kosten bei Rücktritt vom Programm	10% bei Rücktritt nach Vertragsabschluss 25% bei Rücktritt nach Übersendung der Gastfamilienadresse und mehr als 2 Monate vor Programmbeginn 40% bei Rücktritt weniger als 2 Monate vor Programmbeginn

Kurz und bündig	
Gründungsjahr	2009
Gemeinnützigkeit	nein
USA High School Programm seit	2010
Amerikanische Partnerorganisation(en)	Pan Atlantic, Educatius
Schülerzahl im USA High School Programm 2017/18	84
Gesamtschülerzahl im High School Programm 2017/18	219

Last, not least	
Bewerbungsinterview	Einzelinterview mit Schüler und Eltern
Vorbereitungstreffen	Köln, Hamburg, Frankfurt, Berlin, München
Vorbereitungsseminare	werden nicht angeboten
Einführungsseminare USA	New York City
Nachbereitungstreffen	werden nicht angeboten
Nachbereitungsseminare	Zentrales, mehrtägiges Treffen für alle

AFS Interkulturelle Begegnungen e.V.	
Friedensallee 48	Telefon: 040 / 399 222-0
22765 Hamburg	Telefax: 040 / 399 222-99
info@afs.de	www.afs.de

Preis und Leistung

Länderwahlprogramm	1. Halbjahr	2. Halbjahr	Schuljahr
Grundpreis	€ 8.090	€ 8.090	€ 8.590
Flug D – Argentinien – D	ja	ja	ja
Flugbegleitung auf Hinreise	teilweise	teilweise	teilweise
Vorbereitungstreffen	teilweise	teilweise	teilweise
Vorbereitungsseminar	ja	ja	ja
Einführungsseminar in Argentinien	ja	ja	ja
Elterntreffen	teilweise	teilweise	teilweise
Nachbereitungstreffen	ja	ja	ja
Nachbereitungsseminar	ja	ja	ja
Kranken-/Unfallversicherung	ja	ja	ja
Haftpflicht-/Gepäckversicherung	nein	nein	nein
Gesamtpreis (circa)	**€ 8.090**	**€ 8.090**	**€ 8.590**
Bewerbungsschluss	15.10.	15.05.	15.05. / 15.10.
Spätbewerbung	möglich	möglich	möglich

Bewerbungsverlauf und Kriterien für die Annahme des Bewerbers

Die Bewerberinnen und Bewerber werden zu einem Einführungsseminar eingeladen. Für die Aufnahme ins Programm ist die persönliche Eignung, d. h. Eigenschaften wie Offenheit, Toleranz, Selbstständigkeit, Anpassungsbereitschaft und Kommunikationsfähigkeit ausschlaggebend. Nach Bewerbungsschluss ist eine Bewerbung auf noch freie Länderplätze möglich.

Vorbereitung auf den Argentinien-Aufenthalt in Deutschland

AFS legt großen Wert auf die Vorbereitung der Teilnehmerinnen und Teilnehmer. Es finden bis zu drei Wochenendseminare statt. Im persönlichen Gespräch mit AFS-Ehrenamtlichen und der ganzen Familie wird individuell auf alle Fragen eingegangen.

Betreuung während des Auslandsaufenthalts und Nachbereitung

Das weltweite Netz haupt- und ehrenamtlicher Mitarbeiterinnen und Mitarbeiter ermöglicht die persönliche Betreuung der Jugendlichen vor, während und nach dem Auslandsaufenthalt. AFS bzw. die Partnerorganisation organisiert ein Orientierungsseminar zu Beginn des Programms sowie Auswertungsseminare im weiteren Verlauf. Eine persönliche Ansprechperson vor Ort und hauptamtliche Mitarbeiterinnen und Mitarbeiter in allen Partnerorganisationen sind für Notfälle jederzeit erreichbar. Nach der Rückkehr hilft AFS mit zwei Nachbereitungsseminaren beim Wiedereinleben.

Stipendien und Sonstiges

Niemand sollte aus finanziellen Gründen auf ein Austauscherlebnis verzichten müssen. Jedes Jahr vergibt AFS gemeinsam mit namhaften Stiftungen und Unternehmen an über 35 % der Teilnehmerinnen und Teilnehmer Stipendien. Weitere Infos: www.afs.de/stipendien.

Kurz und bündig

Gründungsjahr	1948	Schülerzahl im Argentinien-Programm 2017/18	34
ARG-Programm seit	1975	Gesamtschülerzahl im High School Programm 2017/18	804
Gemeinnützigkeit	ja	Partner in Argentinien	AFS

Deutsches Youth For Understanding Komitee e.V. (YFU)
Oberaltenallee 6 Telefon: 040 / 22 70 02-0
22081 Hamburg Telefax: 040 / 22 70 02-27
info@yfu.de www.yfu.de

Preis und Leistung

Länderwahlprogramm	1. Halbjahr	2. Halbjahr	Schuljahr
Grundpreis	€ 8.000		€ 8.500
Flug D – Argentinien – D	ja		ja
Flugbegleitung auf Hinreise	ja		ja
Vorbereitungstreffen	ja		ja
Vorbereitungsseminar	ja		ja
Einführungsseminar in Argentinien	ja		ja
Elterntreffen	ja		ja
Nachbereitungstreffen	ja		ja
Nachbereitungsseminar	ja		ja
Kranken-/Unfallversicherung	ja		ja
Haftpflicht-/Gepäckversicherung	ja		ja
Gesamtpreis	**€ 8.000**		**€ 8.500**
Bewerbungsschluss	variabel		variabel
Spätbewerbung	nein		nein

Bewerbungsverlauf und Kriterien für die Annahme des Bewerbers
Bei YFU können sich Schülerinnen und Schüler aller Schularten bewerben. Sie sollten aufgeschlossen, anpassungsfähig und verantwortungsbewusst sein und mindestens durchschnittliche Schulleistungen vorweisen. Nach Durchsicht der schriftlichen Bewerbungsunterlagen führt YFU regional Auswahlgespräche in Form von Gruppen- und Einzelinterviews durch.

Vorbereitung auf den Argentinien-Aufenthalt in Deutschland
Alle YFU-Austauschschüler nehmen vor Abreise an einem einwöchigen Seminar teil, auf dem sie intensiv auf das Leben in einer fremden Kultur vorbereitet werden und praktische Tipps für den Alltag in Argentinien erhalten. Auch für Eltern werden eigene Vorbereitungstreffen angeboten. YFU stellt außerdem umfangreiche schriftliche Unterlagen zur Verfügung.

Betreuung während des Auslandsaufenthalts und Nachbereitung
Jeder Austauschschüler hat im Ausland vor Ort einen persönlichen Betreuer. Darüber hinaus stehen die hauptamtlichen YFU-Mitarbeiter in Deutschland und Argentinien zur Verfügung – im Notfall rund um die Uhr. Während des Austausches finden begleitende Seminare statt. Nach der Rückkehr gibt es ein zwei- bis dreitägiges Nachbereitungsseminar.

Stipendien und Sonstiges
YFU vergibt jährlich rund 300 Stipendien im Gesamtwert von etwa einer halben Million Euro. Die Vergabe und Höhe der Stipendien richtet sich nach der finanziellen Situation der Familie, nicht nach Schulnoten. Weitere Informationen gibt es unter www.yfu.de/stipendien.

Kurz und bündig

Gründungsjahr	1957	Schülerzahl im Argentinien-Programm 2017/18	17
ARG-Programm seit	1987	Gesamtschülerzahl im High School Programm 2017/18	902
Gemeinnützigkeit	ja	Partner in Argentinien	YFU Argentinien

DFSR – Dr. Frank Sprachen & Reisen GmbH	
Industriestr. 35	Telefon: 0621 / 820 565 0
68169 Mannheim	Telefax: 0621 / 820 565 80
info@dfsr.de	www.dfsr.de

Preis und Leistung			
Länderwahlprogramm	3 Monate	Halbjahr	Schuljahr
Grundpreis		€ 6.490	€ 7.990
Flug D – Argentinien – D		ja	ja
Flugbegleitung auf Hinreise		nein	nein
Vorbereitungstreffen		nein	nein
Vorbereitungsseminar		ja	ja
Einführungsseminar in Argentinien		ja	ja
Elterntreffen		nein	nein
Nachbereitungstreffen		nein	nein
Nachbereitungsseminar		ja	ja
Kranken-/Unfallversicherung		€ 240/p	€ 480/p
Haftpflicht-/Gepäckversicherung		nein	nein
Gesamtpreis		**€ 6.730**	**€ 8.470**
Bewerbungsschluss		01.04./01.10.	01.04.
Spätbewerbung		möglich	möglich

Bewerbungsverlauf und Kriterien für die Annahme des Bewerbers

Für alle Teilnehmer gilt: Es kommt nicht nur auf die Schulnoten an, wichtig sind auch ihre Motivation und ihr Interesse an dem Gastland und dem Kulturaustausch. Der Austauschschüler sollte Flexibilität, Verständnis, Toleranz und Selbstständigkeit mitbringen. Bewerben können sich Schüler/innen, die über mindestens zufriedenstellende Englischkenntnisse verfügen. Teilnahmealter: 14-18 Jahre.

Bewerbungsverlauf: Ausfüllen des Bewerbungsformulars, persönliches Bewerbungsgespräch gemeinsam mit den Eltern, nach erfolgreichem Gespräch Aufnahme ins Programm.

Vorbereitung auf den Argentinien-Aufenthalt in Deutschland

Intensives Vorbereitungsseminar in Deutschland.

Betreuung während des Auslandsaufenthalts und Nachbereitung

Unsere Partnerorganisation stellt für die Schüler einen Betreuer vor Ort und auch DFSR ist für seine Partner über eine 24h-Notrufnummer immer erreichbar. Nach Rückkehr der Schüler nach Deutschland erhalten sie die Möglichkeit, sich auf dem Welcome Back Seminar über ihre Erfahrungen auszutauschen.

Stipendien und Sonstiges

Mit DFSR kannst du ab sofort deinen Auslandsaufenthalt in Argentinien verbringen! 3 Tage Soft Landing Camp in Córdoba ist inklusive.

Kurz und bündig			
Gründungsjahr	1978	Schülerzahl im Argentinien-Programm 2017/18	neu
ARG-Programm seit	2014	Gesamtschülerzahl im High School Programm 2017/18	379
Gemeinnützigkeit	nein	Partner in Argentinien	EduQuality

e2 - education abroad – Inh. Mario Stiploschek	
Himmelstraße 9	Telefon: 040 / 44 70 700
22299 Hamburg	Telefax: k. A.
info@edu-germany.com	www.e2.de

Preis und Leistung			
Länderwahl	3 Monate	Halbjahr	Schuljahr
Grundpreis*		€ 7.800	€ 8.900
Flug D – Argentinien – D		ja	ja
Flugbegleitung auf Hinreise		ab 15 TN	ab 15 TN
Vorbereitungstreffen		ja	ja
Vorbereitungsseminar		ja	ja
Einführungsseminar in Argentinien		nein	ja
Elterntreffen		ja	ja
Nachbereitungstreffen		ja	ja
Nachbereitungsseminar		ja	ja
Kranken-/Unfallversicherung		ja	ja
Haftpflicht-/Gepäckversicherung		ja/nein	ja/nein
Gesamtpreis		**€ 7.400**	**€ 8.200**
Bewerbungsschluss		30.04./31.10.	30.04.
Spätbewerbung		auf Anfrage	auf Anfrage

Bewerbungsverlauf und Kriterien für die Annahme des Bewerbers

Die Entscheidung, ein Jahr im Ausland zu verbringen, muss in der Familie einvernehmlich gefällt werden um den maximalen Erfolg zu gewährleisten.

Ansonsten erwarten wir von den Kandidaten, sich mit den möglichen unterschiedlichen Ländern auseinanderzusetzen und mit offenem Geist an das Programm zu gehen.

Vorbereitung auf den Argentinien-Aufenthalt in Deutschland

Zuallererst erfolgt das sogenannte Bewerbungsgespräch, dessen Dauer mit ca. 3 Std. ein erstes Kennenlernen ermöglicht. In diesem Gespräch, welches mit den Eltern und dem Teilnehmer geführt wird, werden vor allem mögliche Schwierigkeiten in der Gastfamilie und der Schule besprochen. Es wird intensiv versucht, herauszufinden, was die jeweilige Motivation des Teilnehmers ist und wie es zu dieser Entscheidung schließlich kam. Es werden zu allen Themen Handbücher (länderspezifisch) ausgegeben damit die Teilnehmer auch jederzeit Problemlösungen nachschlagen können. Der Höhepunkt der Vorbereitung ist ein 3-tägiges Vorbereitungsseminar in einer Jugendherberge, wo am Schlusstag auch die Eltern eingeladen sind um nochmal viele Ablaufdetails des Programmes zu erfahren.

Betreuung während des Auslandsaufenthalts und Nachbereitung

Alle Schüler werden während ihres Aufenthaltes im Ausland von den Partnerorganisationen intensiv betreut. Diese und e2 arbeiten im Problemfall eng zusammen.

Stipendien und Sonstige

* In Gesamtpreis ist eine Vermittlungsgebühr von € 1.990 enthalten.

Kurz und bündig			
Gründungsjahr	1997	Schülerzahl im Argentinien-Programm 2017/18	2
ARG-Programm seit	1997	Gesamtschülerzahl im High School Programm 2017/18	40
Gemeinnützigkeit	nein	Partner in Argentinien	Edu quality

Experiment e.V.
Gluckstraße 1
53115 Bonn
info@experiment-ev.de
Telefon: 0228 / 95722 0
Telefax: 0228 / 35 82 82
www.experiment-ev.de

Preis und Leistung

Länderwahlprogramm	3 Monate	Halbjahr	Schuljahr
Grundpreis	€ 5.950	€ 6.600	€ 7.400
Flug D – Argentinien – D	ja	ja	ja
Flugbegleitung auf Hinreise	nein	nein	nein
Vorbereitungstreffen	nein	nein	nein
Vorbereitungsseminar	ja	ja	ja
Einführungsseminar in Argentinien	ja	ja	ja
Elterntreffen	nein	nein	nein
Nachbereitungstreffen	nein	nein	nein
Nachbereitungsseminar	ja	ja	ja
Kranken-/Unfallversicherung	ja	ja	ja
Haftpflicht-/Gepäckversicherung	ja/nein	ja/nein	ja/nein
Gesamtpreis (circa)	**€ 5.950**	**€ 6.600**	**€ 7.400**
Bewerbungsschluss	01.02./01.08	01.02./01.08.	01.02./01.08
Spätbewerbung	möglich	möglich	möglich

Bewerbungsverlauf und Kriterien für die Annahme des Bewerbers
Alter: 14-18 Jahre, Voraussetzungen: Besuch einer weiterführenden Schule bis zur Ausreise, ernsthaftes Interesse am interkulturellen Austausch, Aufgeschlossenheit, Offenheit, Toleranz und Anpassungsvermögen. Grundkenntnisse in der Landessprache bis zur Ausreise werden erwartet. Bewerbung online über unsere Homepage: www.experiment-ev.de/bewerbung

Vorbereitung auf den Argentinien-Aufenthalt in Deutschland
Alle Teilnehmenden werden zu einem überregionalen, 4-tägigen Vorbereitungsseminar eingeladen, auf dem sie von Ehrenamtlichen umfassend auf ihren Auslandsaufenthalt vorbereitet werden. Diese intensive Vorbereitung findet bereits mehrere Wochen vor der Ausreise statt, ist verpflichtend für alle Teilnehmenden und daher bereits im Preis enthalten. Zudem gibt es eine Informationsveranstaltung für Eltern.

Betreuung während des Auslandsaufenthalts und Nachbereitung
Ein persönlicher Betreuer unserer Partnerorganisation hat die Gastfamilie vor der Ankunft des Austauschschülers besucht und ist während des Aufenthaltes Ansprechpartner für Schüler/in und Gastfamilie. Für Eltern und Teilnehmende gibt es zusätzlich in Deutschland einen telefonischen Bereitschaftsdienst von Experiment e.V., der rund um die Uhr erreichbar ist.

Stipendien und Sonstiges
Aufenthalt ab 2 Monaten möglich. 5-tägiges Orientierungsseminar mit Sprachkurs in Córdoba enthalten. Experiment e.V. stellt für den „Schüleraustausch weltweit" einen eigenfinanzierten Stipendienfonds in Höhe von € 85.000 (2019-20) zur Verfügung, darunter Teilstipendien in Höhe von bis zu € 2.000. Aktuelle Stipendien unter: www.experiment-ev.de/stipendien

Kurz und bündig

Gründungsjahr	1932	Schülerzahl im Argentinien-Programm 2017/18	5
ARG-Programm seit	2009	Gesamtschülerzahl im High School Programm 2017/18	500
Gemeinnützigkeit	ja	Partner in Argentinien	langjährige Partnerorganisation

Global Youth Group e.V.	
Eststr. 6	Telefon: 0201 / 6124529
45149 Essen	Telefax: 0201 / 47619824
info@global-youth-group.de	www.global-youth-group.de

Preis und Leistung			
Länderwahlprogramm	3 Monate	Halbjahr	Schuljahr
Grundpreis	€ 6.025	€ 6.925	€ 7.525
Flug D – Argentinien – D	ja	ja	ja
Flugbegleitung auf Hinreise	optional	optional	optional
Vorbereitungstreffen	optional	optional	optional
Vorbereitungsseminar	ja	ja	ja
Einführungsseminar in Argentinien	ja	ja	ja
Elterntreffen	ja	ja	ja
Nachbereitungstreffen	optional	optional	optional
Nachbereitungsseminar	ja	ja	ja
Kranken-/Unfallversicherung	€ 180/opt.	€ 360/opt.	€ 720/opt.
Haftpflicht-/Gepäckversicherung	optional	optional	optional
Gesamtpreis (circa)	**€ 6.205**	**€ 7.285**	**€ 8.245**
Bewerbungsschluss	31.10. / 31.03.	31.10. / 31.03.	31.10. / 31.03.
Spätbewerbung	auf Anfrage	auf Anfrage	auf Anfrage

Bewerbungsverlauf und Kriterien für die Annahme des Bewerbers

Bewirb dich online, per Fax, per E-Mail, per Telefon oder mit unserem Bewerbungsformular per Post. Nach Eingang deiner Bewerbung kontaktieren wir dich für ein unverbindliches und kostenloses Bewerbungsinterview an deinem Wunschort oder per Skype. Du solltest dich für die Kultur und die Sprache in Argentinien interessieren, Vorkenntnisse sind jedoch nicht erforderlich. Die Teilnahme ist für jeden zwischen 14 und 18 Jahren möglich.

Vorbereitung auf den Argentinien-Aufenthalt in Deutschland

Damit du und auch deine Eltern gut vorbereitet sind, organisieren wir deutschlandweit mehrere Vorbereitungsveranstaltungen. Dort bereiten wir dich intensiv auf deinen Argentinien-Aufenthalt vor. Ebenso unterstützen wir dich bei der Organisation des Visums.

Betreuung während des Auslandsaufenthalts und Nachbereitung

Vor Ort hast du stets deinen persönlichen Ansprechpartner, der in der Regel Deutsch spricht. Er steht dir bei Fragen, Wünschen und Problemen stets zur Seite und hilft dir so schnell wie möglich. Daneben hast du immer einen persönlichen Ansprechpartner in Deutschland, der auch für deine Eltern da ist, sowie je eine 24-Stunden-Notrufnummer in Argentinien und Deutschland. Nach deiner Rückkehr findet eine Nachbereitungsveranstaltung statt.

Stipendien und Sonstiges

Inklusiv: Orientierungswoche in Córdoba zu Beginn mit Sprachkurs im Februar oder Juli.
Individueller Beginn möglich; Teilnahme bereits ab 2 Monaten möglich
Teilstipendium: 4 x bis zu € 4.000, ggf. mehr Sonderaktionen findest du auf unserer Website

Kurz und bündig			
Gründungsjahr	2009	Schülerzahl im Argentinien-Programm 2017/18	5
ARG-Programm seit	2013	Gesamtschülerzahl im High School Programm 2017/18	233
Gemeinnützigkeit	ja	Partner in Argentinien	ICC

ICXchange-Deutschland e.V.
Bahnhofstraße 16-18
26122 Oldenburg
info@icxchange.de
Telefon: 0441 / 92398-0
Telefax: 0441 / 92398-99
www.icxchange.de

Preis und Leistung			
Regionenwahlprogramm	3 Monate	Halbjahr	Schuljahr
Grundpreis	€ 6.800	€ 7.750	€ 9.000
Flug D – Argentinien – D	ja	ja	ja
Flugbegleitung auf Hinreise	ab 15 Teiln.	ab 15 Teiln.	ab 15 Teiln.
Vorbereitungstreffen	nein	nein	nein
Vorbereitungsseminar	ja	ja	ja
Einführungsseminar in Argentinien	ja	ja	ja
Elterntreffen	nein	nein	nein
Nachbereitungstreffen	nein	nein	nein
Nachbereitungsseminar	ja	ja	ja
Kranken-/Unfallversicherung	ja	ja	ja
Haftpflicht-/Gepäckversicherung	€ 75/60/opt.	€ 75/60/opt.	€ 75/60/opt.
Gesamtpreis	**€ 6.800**	**€ 7.750**	**€ 9.000**
Bewerbungsschluss	15.02. / 15.08.	15.02. / 15.08.	15.02. / 15.08.
Spätbewerbung	möglich	möglich	möglich

Bewerbungsverlauf und Kriterien für die Annahme des Bewerbers
Nach Eingang der Kurzbewerbung laden wir den Bewerber zu einem persönlichen Gespräch ein. Verlief das Gespräch erfolgreich, folgen Akzeptierung, ausführliche Bewerbungsunterlagen und Vertragsofferte. Teilnahmevoraussetzungen sind: 14 bis 18 Jahre, Besuch einer allgemeinbildenden Schule, Gesundheit, Anpassungsfähigkeit, Aufgeschlossenheit, Spanisch-Grundkenntnisse und ein Notendurchschnitt von 3,5 (Gymnasiasten) bzw. 3,0 (Realschüler).

Vorbereitung auf den Argentinien-Aufenthalt in Deutschland
Vor der Ausreise laden wir alle Teilnehmer zu einem zweitägigen Vorbereitungsseminar ein. Die Eltern kommen für einen Nachmittag dazu. Das Seminar wird von ICX-Mitarbeitern geleitet, die von ehemaligen Teilnehmern unterstützt werden. Zusätzlich erhält jeder Teilnehmer eine ausführliche Informationsmappe.

Betreuung während des Auslandsaufenthalts und Nachbereitung
Während des Programms werden die Schüler von unserer argentinischen Partnerorganisation ICC betreut. Jedem Schüler steht ein persönlicher Ansprechpartner zur Verfügung. Zu Beginn findet in Córdoba ein mehrtätiges Einführungsseminar und Spanischunterricht statt. Nach Beendigung des Programms findet ein Nachbereitungsseminar in Deutschland statt.

Stipendien und Sonstiges
ICX vergibt Teilstipendien bis € 1.000. Die Stipendienvergabe richtet sich nach der Höhe des Familieneinkommens und dem zur Verfügung stehenden Stipendienfonds.

Kurz und bündig			
Gründungsjahr	1975	Schülerzahl im Argentinien-Programm 2017/18	0
ARG-Programm seit	2013	Gesamtschülerzahl im High School Programm 2017/18	146
Gemeinnützigkeit	ja	Partner in Argentinien	ICC

iE – international Experience e.V.	
Amselweg 20	Telefon: 02246 / 915 49 0
53797 Lohmar	Telefax: 02246 / 915 49 12
info@international-experience.net	www.international-experience.net

Preis und Leistung			
Länderwahlprogramm	3 Monate	Halbjahr	Schuljahr
Grundpreis	€ 6.245	€ 7.245	€ 8.495
Flug D – Argentinien – D	€ 1.500/p	€ 1.500/p	€ 1.500/p
Flugbegleitung auf Hinreise	nein	nein	nein
Vorbereitungstreffen	nein	nein	nein
Vorbereitungsseminar	ja	ja	ja
Einführungsseminar in Argentinien	ja	ja	ja
Elterntreffen	nein	nein	nein
Nachbereitungstreffen	ja	ja	ja
Nachbereitungsseminar	nein	nein	nein
Kranken-/Unfallversicherung	ja	ja	ja
Haftpflicht/Gepäckversicherung	ja	ja	ja
Gesamtpreis (ab circa)	**€ 7.745**	**€ 8.745**	**€ 9.995**
Bewerbungsschluss	flexibel	flexibel	flexibel
Spätbewerbung	möglich	möglich	möglich

Bewerbungsverlauf und Kriterien für die Annahme des Bewerbers

Auswahl der Bewerber nach einem ausführlichen Einzelgespräch im persönlichen Umfeld des Schülers und im Beisein der Eltern. Nach Annahme ist vom Schüler ein ausführliches Profil mit ärztlichem Gutachten und Lehrerempfehlung einzureichen. Spanischkenntnisse des Bewerbers sind von Vorteil, aber nicht Voraussetzung. Flexibilität, Offenheit, Toleranz und Freude am spontanen Lebensstil der Südamerikaner sowie Interesse nicht nur an der spanischen Sprache, sondern auch an der argentinischen Kultur sind wichtig.

Vorbereitung auf den Argentinien-Aufenthalt in Deutschland

Vor Abreise findet ein Wochenendseminar zur Vorbereitung statt, das für die Teilnehmer Pflicht ist. Während der gesamten Vorbereitungszeit steht dem Schüler ein persönlicher Ansprechpartner von iE e.V. zur Verfügung.

Betreuung während des Auslandsaufenthalts und Nachbereitung

Die Teilnehmer werden vor Ort durch die Mitarbeiter unserer Partnerorganisation betreut. Direkt zu Beginn wird eine 4-5-tägige Vorbereitung inkl. Sprachkurs (nur bei Halbjahres- und Jahresprogramm) durchgeführt. iE e.V. steht während des Austauschaufenthaltes mit den Partnern und mit der Familie in Deutschland in regelmäßigem persönlichem Kontakt. iE unterhält in Deutschland einen persönlichen 24-Stunden-Notfall Dienst (kein Call-Center).

Stipendien und Sonstiges

Alle Schüler werden in der Regel an Privatschulen vermittelt (Schulgebühren inklusive). Aktueller Testsieger: 1. Platz aller gemeinnützigen Organisationen im Bereich Leistungen & Premium vom Deutsches Institut für Service-Qualität

Kurz und bündig			
Gründungsjahr	2000	Schülerzahl im Argentinien-Programm 2017/18	6
ARG-Programm seit	2006	Gesamtschülerzahl im High School Programm 2017/18	362
Gemeinnützigkeit	ja	Partner in Argentinien	ICC/WEP

KulturLife gGmbH	
Max-Giese-Str. 22	Telefon: 0431 / 888 14 10
24116 Kiel	Telefax: 0431 / 888 14 19
info@kultur-life.de	www.kultur-life.de

Preis und Leistung			
*Länderwahlprogramm**	3 Monate	Halbjahr	Schuljahr
Grundpreis (ab)	€ 6.790	€ 7.990	€ 8.990
Flug D – Argentinien – D	ja	ja	ja
Flugbegleitung auf Hinreise	nein	nein	nein
Vorbereitungstreffen	nein	nein	nein
Vorbereitungsseminar	ja	ja	ja
Einführungsseminar in Argentinien	ja	ja	ja
Elterntreffen	ja	ja	ja
Nachbereitungstreffen	nein	nein	nein
Nachbereitungsseminar	ja	ja	ja
Kranken-/Unfallversicherung	€ 135	€ 225	€ 450
Haftpflicht-/Gepäckversicherung	€ 45 opt./nein	€ 45 opt./nein	€ 90 opt./nein
Gesamtpreis (ab circa)	**€ 6.925**	**€ 8.215**	**€ 9.440**
Bewerbungsschluss	10.04. / 10.10.	10.04. / 10.10.	10.04. / 10.10.
Spätbewerbung	möglich	möglich	möglich

Bewerbungsverlauf und Kriterien für die Annahme des Bewerbers
Wenn du uns deine unverbindliche Anmeldung schickst, möchten wir dich und deine Eltern bei einem persönlichen Gespräch im Kieler Büro oder via Skype kennenlernen. Für uns sind deine Motivation und Offenheit entscheidend. Du musst nicht über Spanischvorkenntnisse verfügen, da das Einführungsseminar in Córdoba einen Sprachkurs beinhaltet. Wenn von unserer Seite deinem Auslandsaufenthalt nichts mehr im Weg steht, schicken wir dir und deinen Eltern ein Vertragsangebot und alle nötigen Unterlagen zu.

Vorbereitung auf den Argentinien-Aufenthalt in Deutschland
Jedes Jahr führen wir mehrere Vorbereitungswochenenden in Hannover durch. Auch deine Eltern sind dazu eingeladen. Besondere Schwerpunkte der Vorbereitungsseminare sind ein intensives interkulturelles Training, sowie praktische Strategien zur Lösung möglicher Probleme oder Schwierigkeiten vor Ort. Neben deinem Programmbetreuer triffst du auch ehemalige Austauschschüler, die von ihren Erfahrungen berichten.

Betreuung während des Auslandsaufenthalts und Nachbereitung
Du wirst von unseren deutschsprachigen Kollegen in Cordobá betreut. Es finden regelmäßige Treffen und Ausflügen statt. Natürlich kannst du auch immer deinen persönlichen Betreuer von KulturLife kontaktieren, den du von Anfang an kennst. Für Notfälle sind wir in Argentinien und in Deutschland mit unserer 24-Stunden-Hotline rund um die Uhr erreichbar.

Stipendien und Sonstiges
Es ist möglich, deinen Schüleraustausch mit einem Schnupperstudium zu verbinden. KulturLife vergibt mehre Stipendien. Weitere Infos: kultur-life.de/ueber-uns/kulturlife-stipendien/

Kurz und bündig			
Gründungsjahr	1995	Schülerzahl im Argentinien-Programm 2017/18	2
ARG-Programm seit	2007	Gesamtschülerzahl im High School Programm 2017/18	120
Gemeinnützigkeit	ja	Partner in Argentinien	ICC

MAP MUNICH ACADEMIC PROGRAM GMBH	
Türkenstraße 104	Telefon: 089 / 35 73 79 77
80799 München	Telefax: 089 / 35 73 79 78
info@map-highschoolyear.com	www.map-highschoolyear.com

Preis und Leistung			
*Länderwahlprogramm**	3 Monate	Halbjahr	Schuljahr
Grundpreis	€ 5.500	€ 6.500	€ 7.200
Flug D – Argentinien – D	€ 1.500/p	€ 1.500/p	€ 1.500/p
Flugbegleitung auf Hinreise	ab 15 Teiln.	ab 15 Teiln.	ab 15 Teiln.
Vorbereitungstreffen	ja	ja	ja
Vorbereitungsseminar	nein	nein	nein
Einführungsseminar in Argentinien	ja (im Feb./Juli)	ja (im Feb./Juli)	ja (im Feb./Juli)
Elterntreffen	nein	nein	nein
Nachbereitungstreffen	ja	ja	ja
Nachbereitungsseminar	nein	nein	nein
Kranken-/Unfallversicherung	€ 207	€ 345	€ 690
Haftpflicht-/Gepäckversicherung	ja/nein	ja/nein	ja/nein
Gesamtpreis (circa)	**€ 7.207**	**€ 8.345**	**€ 9.390**
Bewerbungsschluss	12 Wochen	vor	Schulbeginn
Spätbewerbung	möglich	möglich	möglich

Bewerbungsverlauf und Kriterien für die Annahme des Bewerbers

Aufgeschlossenheit, Anpassungsfähigkeit und Reife, jedoch keine besonderen Alters- und Notenvorgaben. Grundkenntnisse in Spanisch sind von Vorteil, aber nicht Voraussetzung. Nach Bewerbungseingang erhalten Schüler und Eltern eine Einladung zu einem persönlichen Bewerbungs- und Informationsgespräch. Nachdem sich MAP von der Eignung des Bewerbers überzeugt hat, erhält er nach wenigen Tagen ein Vertragsangebot und die MAP Akzeptierungsunterlagen.

Vorbereitung auf den Argentinien-Aufenthalt in Deutschland

Von Anfang an wird jeder Programmteilnehmer umfassend von MAP auf seinen Aufenthalt vorbereitet und über die erforderlichen (organisatorischen) Schritte unterrichtet sowie mit Infomaterial versorgt. Vor Abreise findet ein Vorbereitungstreffen (Orientation) statt.

Betreuung während des Auslandsaufenthalts und Nachbereitung

Der Aufenthalt beginnt in Argentinien mit einem einwöchigen Vorbereitungsseminar. Weiterhin erhält jeder Schüler zu Beginn 60 Stunden Spanischunterricht. Jedem Gastschüler steht vor Ort ein Ansprechpartner für Probleme aller Art zur Seite. Nach Rückkehr organisiert MAP ein "Returnee"-Treffen.

Stipendien und Sonstiges

* Genannte Preise sind für Privatschulen im Großraum Córdoba (inkl. Schulgebühren).
MAP vergibt 5 Teilstipendien im Wert von je € 1.000 für Aufenthalte ab 5 Monaten.
MAP bietet ein speziell für das High School Programm erstelltes Versicherungspaket inkl. Haftpflicht an (ca. € 69 im Monat).

Kurz und bündig			
Gründungsjahr	1996	Schülerzahl im Argentinien-Programm 2017/18	3
ARG-Programm seit	2010	Gesamtschülerzahl im High School Programm 2017/18	231
Gemeinnützigkeit	nein	Partner in Argentinien	ICC, InterCambioCultural, Córdoba

Open Door International e.V. (ODI)	
Thürmchenswall 69	Telefon: 0221 / 6060855 0
50668 Köln	Telefax: 0221 / 6060855 19
info@opendoorinternational.de	www.opendoorinternational.de

Preis und Leistung			
Länderwahlprogramm	3 Monate	Halbjahr	Schuljahr
Grundpreis (ab)	€ 7.590	€ 8.390	€ 8.990
Flug D – Argentinien – D	ja	ja	ja
Flugbegleitung auf Hinreise	ja	nein	ja
Vorbereitungstreffen	nein	nein	nein
Vorbereitungsseminar	ja	ja	ja
Einführungsseminar in Argentinien	ja	ja	ja
Elterntreffen	ja	ja	ja
Nachbereitungstreffen	nein	nein	nein
Nachbereitungsseminar	ja	ja	ja
Kranken-/Unfallversicherung	€ 290	€ 290	€ 560
Haftpflicht-/Gepäckversicherung	ja/nein	ja/nein	ja/nein
Gesamtpreis (circa)	**€ 7.880**	**€ 8.680**	**€ 9.550**
Bewerbungsschluss	31.04.	31.10.	31.04. / 31.10.
Spätbewerbung	möglich	möglich	möglich

Bewerbungsverlauf und Kriterien für die Annahme des Bewerbers

Einer unverbindlichen Online-Anmeldung folgen eine Bestätigung mit den ersten Unterlagen und das persönliche Kennenlerngespräch, das beim Bewerber zu Hause stattfindet. Auswahlkriterien sind die persönliche Eignung, Reife und Motivation, Offenheit, Toleranz, Flexibilität, Selbstständigkeit, Anpassungsbereitschaft, psychische Stabilität, aber auch die schulischen Leistungen, die nicht schlechter als 3,0 im Notendurchschnitt sein sollten. Das Programm ist für Schüler aller Schulformen im Alter von 14 bis 18 Jahren geeignet.

Vorbereitung auf den Argentinien-Aufenthalt in Deutschland

Das 4-tägige Vorbereitungsseminar mit hauptamtlichen Programmbetreuern und Returnees, ist obligatorisch. Mit Workshops und ausführlichem Infomaterial werden die Teilnehmer intensiv auf ihr Zielland, den Aufenthalt und mögliche Probleme vorbereitet. Im Rahmen eines Workshops für die Eltern werden die wichtigsten Fragen aus Elternsicht thematisiert. Die Eltern erhalten vorab ein Handbuch zu Themen wie Visum, Versicherung, Finanzen, etc.

Betreuung während des Auslandsaufenthalts und Nachbereitung

24-Stunden-Notfallnummer; Betreuung durch Partnerorganisation vor Ort; Ansprechperson für Teilnehmer und Eltern im ODI-Büro; Elterntreffen; 3-tägiges Nachbereitungsseminar für Returnees; Möglichkeit zu ehrenamtlicher Mitarbeit im Jugendaustausch.

Stipendien und Sonstiges

ODI vergibt ein Teilstipendium für die USA sowie vier weitere Teilstipendien für alle ODI-Länder. Einwöchiges Einführungsseminar vor Ort und 60 Std. Spanisch-Sprachkurs inklusive.

Kurz und bündig			
Gründungsjahr	1983	Schülerzahl im Argentinien-Programm 2017/18	3
ARG-Programm seit	2005	Gesamtschülerzahl im High School Programm 2017/18	104
Gemeinnützigkeit	ja	Partner in Argentinien	Inter Cambio Cultural (ICC)

Abroad Study Down Under – Inh. Margit Fahrländer
Carl-Orff-Weg 4
79312 Emmendingen
info@abroad-study.eu
Telefon: 07641 / 9599410
Telefax: 07641 / 9599411
www.abroad-study.eu

Preis und Leistung				
Schulwahlprogramm	1 Term	2 Terms	3 Terms	4 Terms
Grundpreis (ab)*	€ 6.640	€ 10.860	€ 15.150	€ 18.950
Flug D – Australien – D	€ 1.700	€ 1.700	€ 1.700	€ 1.700
Flugbegleitung auf Hinreise**	ja	ja	ja	ja
Vorbereitungstreffen	ja	ja	ja	ja
Vorbereitungsseminar	nein	nein	nein	nein
Einführungsseminar in Australien	nein	nein	nein	nein
Elterntreffen	nein	nein	nein	nein
Nachbereitungstreffen	ja	ja	ja	ja
Nachbereitungsseminar	nein	nein	nein	nein
Kranken-/Unfallversicherung	€ 120/p	€ 240/p	€ 360/p	€ 480/p
Haftpflicht-/Gepäckversicherung	optional	optional	optional	optional
Gesamtpreis (ab circa)	**€ 8.460**	**€ 12.800**	**€ 17.210**	**€ 21.130**
Bewerbungsschluss	flexibel	flexibel	flexibel	flexibel
Spätbewerbung	ohne Aufpr.	ohne Aufpr.	ohne Aufpr.	ohne Aufpr.

Bewerbungsverlauf und Kriterien für die Annahme des Bewerbers
Persönliche, individuelle und unverbindliche Beratung beim Schüler zuhause.
Rechnungsstellung erst nach Zusage des Ministeriums in Australien.
Kriterien: Motivation, Interesse, Anpassungsfähigkeit, Offenheit und Toleranz gegenüber dem Gastland und der Schule. Stabile häusliche und gesundheitliche Verhältnisse.

Vorbereitung auf den Australien-Aufenthalt in Deutschland
Persönliche und individuelle Informationen und Beratung. Ständiger E-Mail-Kontakt.
Intensives Vorbereitungstreffen für Schüler und Eltern ca. 2-3 Monate vor Abreise mit allumfassenden Informationen und ausführlicher Info-Mappe. Orientation Day an der AUS-Schule.

Betreuung während des Auslandsaufenthalts und Nachbereitung
Individuelle ständige Betreuung durch KoordinatorIn an der Schule, durch E-Mail- und teilweise persönlichen Kontakt mit Abroad Study Down Under. Intensiver Kontakt mit den Eltern zuhause und der Schule in AUS.

Stipendien und Sonstiges
Stipendien ggf. in Kooperation mit der jeweiligen Schule. Geschwisterrabatt. Der Aufenthalt ist für alle Schüler geeignet: von Haupt-, Realschule und Gymnasium. Kurzaufenthalte (ab 4 Wochen) möglich. Schulabschuss im Land möglich. IB möglich.
Margit Fahrländer ist *Aussie Specialist*.
* Inkl. Vermittlungsgebühr
** bei Flug mit der Gruppe im Januar und Juli bei mind. 10 Schülern
Verlängerungen vor Ort möglich ohne Verwaltungsgebühren von Abroad Study.

Kurz und bündig			
Gründungsjahr	2012	Schülerzahl im Australien Programm 2017/18	16
AUS-Programm seit	2012	Gesamtschülerzahl im High School Programm 2017/18	28
Gemeinnützigkeit	nein	Partner in Australien	Kontaktperson an der Schule direkt

AFS Interkulturelle Begegnungen e.V.	
Friedensallee 48	Telefon: 040 / 399 222-0
22765 Hamburg	Telefax: 040 / 399 222-99
info@afs.de	www.afs.de

Preis und Leistung

Länderwahlprogramm	1 Term	2 Terms	3 Terms	4 Terms
Grundpreis		€ 13.190		€ 13.690
Flug D – Australien – D		ja		ja
Flugbegleitung auf Hinreise		nein		nein
Vorbereitungstreffen		teilweise		teilweise
Vorbereitungsseminar		ja		ja
Einführungsseminar in Australien		ja		ja
Elterntreffen		teilweise		teilweise
Nachbereitungstreffen		ja		ja
Nachbereitungsseminar		ja		ja
Kranken-/Unfallversicherung		ja		ja
Haftpflicht-/Gepäckversicherung		nein		nein
Gesamtpreis (circa)		**€ 13.190**		**€ 13.690**
Bewerbungsschluss		15.05./15.10.		15.05.
Spätbewerbung		auf Anfrage		auf Anfrage

Bewerbungsverlauf und Kriterien für die Annahme des Bewerbers

Die Bewerberinnen und Bewerber werden zu einem Einführungsseminar eingeladen. Für die Aufnahme ins Programm ist die persönliche Eignung, d. h. Eigenschaften wie Offenheit, Toleranz, Selbstständigkeit, Anpassungsbereitschaft und Kommunikationsfähigkeit ausschlaggebend. Nach Bewerbungsschluss ist eine Bewerbung auf noch freie Länderplätze möglich.

Vorbereitung auf den Australien-Aufenthalt in Deutschland

AFS legt großen Wert auf die Vorbereitung der Teilnehmerinnen und Teilnehmer. Es finden bis zu drei Wochenendseminare statt. Im persönlichen Gespräch mit AFS-Ehrenamtlichen und der ganzen Familie wird individuell auf alle Fragen eingegangen.

Betreuung während des Auslandsaufenthalts und Nachbereitung

Die haupt- und ehrenamtlichen Mitarbeiterinnen und Mitarbeiter weltweit ermöglichen die persönliche Betreuung der Jugendlichen vor, während und nach dem Auslandaufenthalt. AFS im Gastland organisiert ein Orientierungsseminar zu Beginn des Programms sowie Auswertungsseminare im weiteren Verlauf. Eine persönliche Ansprechperson vor Ort und hauptamtliche Mitarbeiterinnen und Mitarbeiter in allen AFS-Büros sind für Notfälle jederzeit erreichbar. Nach der Rückkehr hilft AFS mit zwei Nachbereitungsseminaren beim Wiedereinleben.

Stipendien und Sonstiges

Niemand sollte aus finanziellen Gründen auf ein Austauscherlebnis verzichten müssen. Jedes Jahr vergibt AFS gemeinsam mit namhaften Stiftungen und Unternehmen an über 35 % der Teilnehmer innen und Teilnehmer Stipendien. Weitere Infos: www.afs.de/stipendien. Sozial Engagierte können sich darüber hinaus beim Arbeitskreis gemeinnütziger Jugendaustauschorganisationen (AJA) um das AJA-Stipendium bewerben: www.aja-org.de.

Kurz und bündig

Gründungsjahr	1948	Schülerzahl im Australien Programm 2017/18	7
AUS-Programm seit	1977	Gesamtschülerzahl im High School Programm 2017/18	804
Gemeinnützigkeit	ja	Partner in Australien	AFS

American Institute For Foreign Study (Deutschland) GmbH
Friedensplatz 1 | Telefon: 0228 / 957 30-0
53111 Bonn | Telefax: 0228 / 957 30-110
highschool@aifs.de | www.aifs.de

Preis und Leistung				
Regionenwahlprogramm	1 Term	2 Terms	3 Terms	4 Terms
Grundpreis (ab)	€ 5.900	€ 9.500	€ 13.900	€ 17.200
Flug D – Australien – D	€ 1.990	€ 1.990	€ 1.990	€ 1.990
Flugbegleitung auf Hinreise	ja	ja	ja	ja
Vorbereitungstreffen	nein	nein	nein	nein
Vorbereitungsseminar	ja	ja	ja	ja
Einführungsseminar in Australien	ja	ja	ja	ja
Elterntreffen	nein	nein	nein	nein
Nachbereitungstreffen	nein	nein	nein	nein
Nachbereitungsseminar	ja	ja	ja	ja
Kranken-/Unfallversicherung	ja	ja	ja	ja
Haftpflicht-/Gepäckversicherung	ja	ja	ja	ja
Gesamtpreis (ab circa)	**€ 7.890**	**€ 11.490**	**€ 15.890**	**€ 19.190**
Bewerbungsschluss	flexibel	flexibel	flexibel	flexibel
Spätbewerbung	ja	ja	ja	ja

Bewerbungsverlauf und Kriterien für die Annahme des Bewerbers
Bewerbung: Die Bewerbung erfolgt unverbindlich durch das Ausfüllen des Formulars auf www.aifs.de. Sind die formellen Voraussetzungen erfüllt, lädt AIFS den Bewerber zu einem ausführlichen Einzelgespräch (persönlich, per Skype oder telefonisch) mit einem unserer Australien-Spezialisten ein. Bei Eignung des Bewerbers unterbreitet AIFS ein Vertragsangebot. Dieses wird erst durch die Annahme des Bewerbers verbindlich.
Voraussetzungen: 14 bis 18 Jahre; Schülerstatus; mind. drei Jahre Englisch als Unterrichtsfach; tolerant, anpassungsfähig, aufgeschlossen und motiviert

Vorbereitung auf den Australien-Aufenthalt in Deutschland
Die Vorbereitung erfolgt durch das AIFS Team in Bonn als Ansprechpartner, ein zweitägiges Seminar in Bonn oder Umgebung, ausführliche Schüler- und Elternhandbücher sowie Inforundbriefe vor der Ausreise.

Betreuung während des Auslandsaufenthalts und Nachbereitung
Die Betreuung während des Aufenthaltes wird durch einen lokalen Betreuer, Partner vor Ort, das AIFS Büro in Sydney sowie AIFS in Bonn garantiert. Nachbereitung: im Rahmen einer großen Homecoming Party; AIFS Bonusprogramm (Netzwerk ehemaliger Teilnehmer)

Stipendien und Sonstiges
1) Geschwisterrabatt in Höhe von je € 200
2) Rabatt bei Anmeldung gemeinsam mit einem Freund in Höhe von je € 100
3) 4 Tage Orientation Days in Sydney und begleiteter Hinflug im Flugpaket enthalten.

Kurz und bündig			
Gründungsjahr (1964)	1983	Schülerzahl im Australien Programm 2017/18	42
AUS-Programm seit	1987	Gesamtschülerzahl im High School Programm 2017/18	473
Gemeinnützigkeit	nein	Partner in Australien	staatliche Schulbehörden

Ayusa-Intrax GmbH
Giesebrechtstr. 10
10629 Berlin
highschool@intrax.de
Telefon: 030 / 84 39 39 93
Telefax: 030 / 84 39 39 39
www.intrax.de

Preis und Leistung				
Schulwahlprogramm	1 Term	2 Terms	3 Terms	4 Terms
Grundpreis (ab)	€ 8.990	€ 13.490	€ 18.990	€ 23.490
Flug D – Australien – D	ja	ja	ja	ja
Flugbegleitung auf Hinreise	nein	nein	nein	nein
Vorbereitungstreffen	nein	nein	nein	nein
Vorbereitungsseminar	ja	ja	ja	ja
Einführungsseminar in Australien	nein	nein	nein	nein
Elterntreffen	nein	nein	nein	nein
Nachbereitungstreffen	nein	nein	nein	nein
Nachbereitungsseminar	ja	ja	ja	ja
Kranken-/Unfallversicherung	ja	ja	ja	ja
Haftpflicht-/Gepäckversicherung	ja	ja	ja	ja
Gesamtpreis (ab circa)	**€ 8.990**	**€ 13.490**	**€ 18.990**	**€ 23.490**
Bewerbungsschluss	31.01./31.07.	31.01./31.07.	31.01./31.07.	31.01./31.07.
Spätbewerbung	ja	ja	ja	ja

Bewerbungsverlauf und Kriterien für die Annahme des Bewerbers
Neben dem schriftlichen Bewerbungsverlauf gibt es ein persönliches Einzelgespräch in der Nähe des Wohnortes, gern auch mit den Eltern. Kriterien sind: große Motivation, starkes Interesse an Australien, Anpassungsbereitschaft und Flexibilität, gute schulische Leistungen, emotionale Stabilität, realistische Erwartungen und gute englische Sprachkenntnisse. Für Australien können sich 14- bis 18-Jährige bewerben

Vorbereitung auf den Australien-Aufenthalt in Deutschland
Es finden Informationsveranstaltungen und Vorbereitungsseminare für Schüler und Eltern in mehreren Städten in Deutschland statt. Wenn möglich kommen ehemalige Ayusa-Schüler zu diesen Treffen. Es besteht auch die Möglichkeit zum Telefonkontakt mit ehemaligen Teilnehmern. Jeder Teilnehmer bekommt ein Handbuch mit Tipps und Hinweisen zum Gastland.

Betreuung während des Auslandsaufenthalts und Nachbereitung
Unsere Teilnehmer werden von unseren Partnerschulen in New South Wales und Queensland betreut. Ayusa-Intrax steht während der gesamten Programmdauer mit den Eltern im Kontakt. Für die Rückkehrer bietet Ayusa-Intrax ein 2-tägiges Nachbereitungsseminar (Returnee-Treffen) in Berlin an.

Stipendien und Sonstiges
Teilstipendien bis maximal € 3000. Sehr flexibel sind Kurzprogramme: ab 6 Wochen € 5.990. Preisangaben für ein Schulhalbjahr ab Sommer 2019 beinhalten einen Frühbucherrabatt, Details dazu auf unserer Webseite: www.intrax.de. Ganz neu und spannend unser DOWN UNDER Kombiprogramm, 5 Monate: € 10.990 (Australien und Neuseeland).

Kurz und bündig				
Gründungsjahr	1991	Schülerzahl im Australien Programm 2017/18		12
AUS-Programm seit	1997	Gesamtschülerzahl im High School Programm 2017/18		372
Gemeinnützigkeit	nein	Partner in Australien	Student Exchange Australia, Schulen in New South Wales und Queensland	

Carl Duisberg Centren gemeinnützige GmbH
Hansaring 49-51
50670 Köln
highschool@cdc.de
Telefon: 0221 / 16 26 207
Telefax: 0221 / 16 26 217
www.carl-duisberg-highschool.de

Preis und Leistung				
Schulwahlprogramm	1 Term	2 Terms	3 Terms	4 Terms
Grundpreis (ab)	€ 7.940	€ 11.690	€ 15.590	€ 18.790
Flug D – Australien – D	ja	ja	ja	ja
Flugbegleitung auf Hinreise	nein	nein	nein	nein
Vorbereitungstreffen	nein	nein	nein	nein
Vorbereitungsseminar	ja	ja	ja	ja
Einführungsseminar in Australien	nein	nein	nein	nein
Elterntreffen	ja	ja	ja	ja
Nachbereitungstreffen	ja	ja	ja	ja
Nachbereitungsseminar	nein	nein	nein	nein
Kranken-/Unfallversicherung	€ 120	€ 240	€ 360	€ 480
Haftpflicht-/Gepäckversicherung	ja	ja	ja	ja
Gesamtpreis (ab circa)	**€ 8.060**	**€ 11.930**	**€ 15.950**	**€ 19.270**
Bewerbungsschluss	01.04./01.10.	01.04./01.10.	01.04./01.10.	01.04./01.10.
Spätbewerbung	auf Anfrage	auf Anfrage	auf Anfrage	auf Anfrage

Bewerbungsverlauf und Kriterien für die Annahme des Bewerbers

Nach Eingang der schriftlichen Bewerbung (Bewerbungsformular inkl. Zeugniskopie und Selbstbeschreibung) laden wir Schüler und Eltern zu einem persönlichen Beratungs- und Auswahlgespräch ein und erstellen Schulvorschläge, die auf das Interessenprofil des Schülers abgestimmt sind. *Zu den Aufnahmekriterien:* Aufgeschlossenheit für andere Länder und Kulturen; Anpassungsbereitschaft an Gegebenheiten des Gastlandes; Selbstständigkeit im Rahmen der landesüblichen Möglichkeiten; zufriedenstellende Kenntnisse der Landessprache.

Vorbereitung auf den Australien-Aufenthalt in Deutschland

Beratungs- und Auswahlgespräch, umfangreiche Unterstützung bei allen wichtigen Schritten wie z. B. Schulauswahl, Bewerbung in Australien, Visa-Antrag. Wichtigster Teil unserer Vorbereitung sind unsere zweitägigen Seminare, bei denen wir gemeinsam mit ehemaligen Teilnehmern alle wichtigen Aspekte in Diskussionen, Vorträgen und Rollenspielen behandeln. Schüler erhalten ein landesspezifisches Handbuch.

Betreuung während des Auslandsaufenthalts und Nachbereitung

Die Betreuung erfolgt durch das Carl Duisberg High School Team in Deutschland und durch einen Betreuer der Partnerorganisation/-schule in Australien. Wir bieten Elterntreffen an und laden alle Schüler nach ihrer Rückkehr zu einem Nachbereitungstreffen ein.

Stipendien und Sonstiges

Stop-Over-Programm in Singapur buchbar (für Ausreise im Juli). Für das Schuljahr 2019/2020 vergeben wir für öffentliche Schulen in Queensland ein Teilstipendium an begabte/sozial engagierte Schüler. Nähere Informationen auf unserer Website. Für Abiturienten möglich: Besuch einer öffentlichen Schule in Tasmanien oder Queensland.

Kurz und bündig			
Gründungsjahr	1962	Schülerzahl im Australien Programm 2017/18	44
AUS-Programm seit	1998	Gesamtschülerzahl im High School Programm 2017/18	431
Gemeinnützigkeit	ja	Partner in Australien	Schulen und Schulministerien

Deutsches Youth For Understanding Komitee e.V. (YFU)
Oberaltenallee 6
22081 Hamburg
info@yfu.de
Telefon: 040 / 22 70 02-0
Telefax: 040 / 22 70 02-27
www.yfu.de

Preis und Leistung

Länderwahlprogramm	1 Term	2 Terms	3 Terms	4 Terms
Grundpreis		€ 14.000	€ 19.000	€ 23.000
Flug D – Australien – D		ja	ja	ja
Flugbegleitung auf Hinreise		ja	ja	ja
Vorbereitungstreffen		ja	ja	ja
Vorbereitungsseminar		ja	ja	ja
Einführungsseminar in Australien		ja	ja	ja
Elterntreffen		ja	ja	ja
Nachbereitungstreffen		ja	ja	ja
Nachbereitungsseminar		ja	ja	ja
Kranken-/Unfallversicherung		ja	ja	ja
Haftpflicht-/Gepäckversicherung		ja	ja	ja
Gesamtpreis		**€ 14.000**	**€ 19.000**	**€ 23.000**
Bewerbungsschluss		variabel	variabel	variabel
Spätbewerbung		nein	nein	nein

Bewerbungsverlauf und Kriterien für die Annahme des Bewerbers
Bei YFU können sich Schülerinnen und Schüler aller Schularten bewerben. Sie sollten aufgeschlossen, anpassungsfähig und verantwortungsbewusst sein und mindestens durchschnittliche Schulleistungen vorweisen. Nach Durchsicht der schriftlichen Bewerbungsunterlagen führt YFU regional Auswahlgespräche in Form von Gruppen- und Einzelinterviews durch.

Vorbereitung auf den Australien-Aufenthalt in Deutschland
Alle YFU-Austauschschüler nehmen vor Abreise an einem einwöchigen Seminar teil, auf dem sie intensiv auf das Leben in einer fremden Kultur vorbereitet werden und praktische Tipps für den Alltag in Australien erhalten. Auch für Eltern werden eigene Vorbereitungstreffen angeboten. YFU stellt außerdem umfangreiche schriftliche Unterlagen zur Verfügung.

Betreuung während des Auslandsaufenthalts und Nachbereitung
Jeder Austauschschüler hat im Ausland vor Ort einen persönlichen Betreuer. Darüber hinaus stehen die hauptamtlichen YFU-Mitarbeiter in Deutschland und Australien zur Verfügung – im Notfall rund um die Uhr. Während des Austauschjahres finden außerdem begleitende Seminare statt. Nach der Rückkehr gibt es ein zwei- bis dreitägiges Nachbereitungsseminar.

Stipendien und Sonstiges
YFU vergibt jährlich rund 300 Stipendien im Gesamtwert von etwa einer halben Million Euro. Die Vergabe und Höhe der Stipendien richtet sich nach der finanziellen Situation der Familie, nicht nach Schulnoten. Weitere Informationen gibt es unter www.yfu.de/stipendien.

Kurz und bündig

Gründungsjahr	1957	Schülerzahl im Australien-Programm 2017/18	2
AUS-Programm seit	1982	Gesamtschülerzahl im High School Programm 2017/18	902
Gemeinnützigkeit	ja	Partner in Australien	YFU Australien

DFSR – Dr. Frank Sprachen & Reisen GmbH
Industriestr. 35 Telefon: 0621 / 820 565 0
68169 Mannheim Telefax: 0621 / 820 565 80
info@dfsr.de www.dfsr.de

Preis und Leistung

*Länderwahlprogramm***	1 Term	2 Terms	3 Terms*	4 Terms*
Grundpreis	€ 7.990	€ 9.490	€ 12.990	€ ab 12.990
Flug D – Australien – D	ja	ja	ja	ja
Flugbegleitung auf Hinreise	nein	ja	ja	ja
Vorbereitungstreffen	nein	nein	nein	nein
Vorbereitungsseminar	ja	ja	ja	ja
Einführungsseminar in Australien	nein	ja	ja	ja
Elterntreffen	nein	nein	nein	nein
Nachbereitungstreffen	nein	nein	nein	nein
Nachbereitungsseminar	ja	ja	ja	ja
Kranken-/Unfallversicherung	€ 150/p	ja	ja	ja
Haftpflicht-/Gepäckversicherung	nein	nein	nein	nein
Gesamtpreis (ab circa)	**€ 8.140**	**€ 9.490**	**€ 12.990**	**€ 12.990**
Bewerbungsschluss	15.04./15.10.	15.03.	15.03.	15.09.
Spätbewerbung	möglich	möglich	möglich	möglich

Bewerbungsverlauf und Kriterien für die Annahme des Bewerbers
Notendurchschnitt von 3,0 oder besser, keine 5 in den letzten Jahren. Wichtig sind auch ihre Motivation und ihr Interesse an dem Gastland und dem Kulturaustausch. Der Austauschschüler sollte Flexibilität, Verständnis, Toleranz und Selbstständigkeit mitbringen. Bewerben können sich Schüler/innen, die über mindestens zufriedenstellende Englischkenntnisse verfügen. Teilnahmealter: 13-18 Jahre. Bewerbungsverlauf: Ausfüllen des Bewerbungsformulars, persönliches Bewerbungsgespräch gemeinsam mit den Eltern, nach erfolgreichem Gespräch Aufnahme ins Programm.

Vorbereitung auf den Australien-Aufenthalt in Deutschland
Intensives Vorbereitungsseminar in Mannheim und Berlin

Betreuung während des Auslandsaufenthalts und Nachbereitung
Unsere Partnerorganisationen vor Ort stellen für die Schüler einen Betreuer vor Ort und auch DFSR ist für seine Partner über eine 24h-Notrufnummer immer erreichbar. Nach Rückkehr der Schüler nach Deutschland haben sie die Möglichkeit, auf dem Welcome Back Seminar von ihren Erfahrungen zu berichten.

Stipendien und Sonstiges
4 Tage Soft Landing Camp in Sydney bei Programmbeginn im Juli/August oder Januar/Februar inklusive. Es steht nur eine begrenzte Platzanzahl für den o.g. Preis zur Verfügung.
* 3 Terms bei Juli/August-Abreise, 4 Terms bei Januar-Abreise – beides ca. 10 Monate.
** Neben dem landesweiten Programm gibt es auch ein Schulwahlprogramm mit öffentlichen Schulen und Privatschulen in den Regionen New South Wales, Queensland, Victoria, Tasmanien & South Australia. Abreise auch im April (Term 2) u. Oktober (Term 4)

Kurz und bündig

Gründungsjahr	1978	Schülerzahl im Australien Programm 2017/18	86
AUS-Programm seit	1980	Gesamtschülerzahl im High School Programm 2017/18	379
Gemeinnützigkeit	nein	Partner in Australien	SEANZ + SCCE, SPANZ

e2 - education abroad – Inh. Mario Stiploschek	
Himmelstraße 9	Telefon: 040 / 44 70 700
22299 Hamburg	Telefax: k. A.
info@edu-germany.com	www.e2.de

Preis und Leistung				
Regionenwahl	1 Term	2 Terms	3 Terms	4 Terms
Grundpreis* (ab)		€ 11.450		€ 17.800
Flug D – Australien – D		ja		ja
Flugbegleitung auf Hinreise		ab 15 TN		ab 15 TN
Vorbereitungstreffen		ja		ja
Vorbereitungsseminar		ja		ja
Einführungsseminar in Australien		nein		nein
Elterntreffen		ja		ja
Nachbereitungstreffen		ja		ja
Nachbereitungsseminar		ja		ja
Kranken-/Unfallversicherung		€ 240/p		€ 480/p
Haftpflicht-/Gepäckversicherung		ja/nein		ja/nein
Gesamtpreis		**€ 11.690**		**€ 18.280**
Bewerbungsschluss	10	Wochen	vor	Start
Spätbewerbung		nein		nein

Bewerbungsverlauf und Kriterien für die Annahme des Bewerbers
Die Entscheidung, ein Jahr im Ausland zu verbringen, muss in der Familie einvernehmlich gefällt werden um den maximalen Erfolg zu gewährleisten.
Ansonsten erwarten wir von den Kandidaten, sich mit den möglichen unterschiedlichen Ländern auseinanderzusetzen und mit offenem Geist an das Programm zu gehen.

Vorbereitung auf den Australien-Aufenthalt in Deutschland
Zuallererst erfolgt das sogenannte Bewerbungsgespräch, dessen Dauer mit ca. 3 Std. ein erstes Kennenlernen ermöglicht. In diesem Gespräch, welches mit den Eltern und dem Teilnehmer geführt wird, werden vor allem mögliche Schwierigkeiten in der Gastfamilie und der Schule besprochen. Es wird klargemacht, dass es sich keinesfalls um ein „Abenteuer Jahr" o.ä. handelt. Es wird intensiv versucht, herauszufinden, was die jeweilige Motivation des Teilnehmers ist und wie es zu dieser Entscheidung schließlich kam. Es werden zu allen Themen Handbücher (länderspezifisch) ausgegeben damit die Teilnehmer auch jederzeit Problemlösungen nachschlagen können. Der Höhepunkt der Vorbereitung ist ein 3-tägiges Vorbereitungsseminar in einer Jugendherberge, wo am Schlusstag auch die Eltern eingeladen sind um nochmal viele Ablaufdetails des Programmes zu erfahren.

Betreuung während des Auslandsaufenthalts und Nachbereitung
Alle Schüler werden während ihres Aufenthaltes im Ausland von den Partner-Organisationen intensiv betreut. Diese und e2 arbeiten im Problemfall eng zusammen.

Stipendien und Sonstiges
* In Gesamtpreis ist eine Vermittlungsgebühr von € 1.990 enthalten.

Kurz und bündig			
Gründungsjahr	1997	Schülerzahl im Australien-Programm 2017/18	0
AUS-Programm seit	1997	Gesamtschülerzahl im High School Programm 2017/18	40
Gemeinnützigkeit	nein	Partner in Australien	Go. Of Queensland

Experiment e.V.	
Gluckstraße 1	Telefon: 0228 / 95722 0
53115 Bonn	Telefax: 0228 / 35 82 82
info@experiment-ev.de	www.experiment-ev.de

Preis und Leistung				
*Schulwahlprogramm**	1 Term	2 Terms	3 Terms	4 Terms
Grundpreis (ab)	€ 8.250	€ 11.900	€ 17.350	€ 21.250
Flug D – Australien – D	ja	ja	ja	ja
Flugbegleitung auf Hinreise	nein	nein	nein	nein
Vorbereitungstreffen	nein	nein	nein	nein
Vorbereitungsseminar	ja	ja	ja	ja
Einführungsseminar in Australien	nein	nein	nein	nein
Elterntreffen	nein	nein	nein	nein
Nachbereitungstreffen	nein	nein	nein	nein
Nachbereitungsseminar	ja	ja	ja	ja
Kranken-/Unfallversicherung	ja	ja	ja	ja
Haftpflicht-/Gepäckversicherung	ja/nein	ja/nein	ja/nein	ja/nein
Gesamtpreis (ab circa)	**€ 8.250**	**€ 11.900**	**€ 17.350**	**€ 21.250**
Bewerbungsschluss	01.02./01.08.	01.02./01.08.	01.02./01.08.	01.02./01.08.
Spätbewerbung	möglich	möglich	möglich	möglich

Bewerbungsverlauf und Kriterien für die Annahme des Bewerbers

Alter: 14-18 Jahre. Voraussetzungen: Besuch einer weiterführenden Schule bis zur Ausreise, ernsthaftes Interesse am interkulturellen Austausch, Aufgeschlossenheit, Offenheit, Toleranz und Anpassungsvermögen. Grundkenntnisse in Englisch werden erwartet. Bewerbung online über unsere Homepage: www.experiment-ev.de/bewerbung.

Vorbereitung auf den Australien-Aufenthalt in Deutschland

Alle Teilnehmenden werden zu einem überregionalen, 4-tägigen Vorbereitungsseminar eingeladen, auf dem sie von Ehrenamtlichen umfassend auf ihren Auslandsaufenthalt vorbereitet werden. Diese intensive Vorbereitung findet bereits mehrere Wochen vor der Ausreise statt, ist verpflichtend für alle Teilnehmenden und daher bereits im Preis enthalten.

Betreuung während des Auslandsaufenthalts und Nachbereitung

Ein persönlicher Betreuer unserer Partnerorganisation hat die Gastfamilie vor der Ankunft des Austauschschülers besucht und ist während des Aufenthaltes Ansprechpartner für Schüler/in und Gastfamilie. Für Eltern und Teilnehmende gibt es zusätzlich in Deutschland einen telefonischen Bereitschaftsdienst von Experiment e.V., der rund um die Uhr erreichbar ist.

Stipendien und Sonstiges

* 4 Plätze sind ohne Wahlmöglichkeit zu vergeben (4 bzw. 5 Monate: € 9.400, 10 bzw. 11 Monate: € 11.480).

Experiment e.V. stellt für den „Schüleraustausch weltweit“ einen eigenfinanzierten Stipendienfonds in Höhe von € 85.000 (2019-20) zur Verfügung. Aktuelle Stipendien unter: www.experiment-ev.de/stipendien

Kurz und bündig				
Gründungsjahr	1932	Schülerzahl im Australien Programm 2017/18		20
AUS-Programm seit	2011	Gesamtschülerzahl im High School Programm 2017/18		500
Gemeinnützigkeit	ja	Partner in Australien	langjährige Partnerorganisationen	

Global Youth Group e.V.
Eststr. 6
45149 Essen
info@global-youth-group.de
Telefon: 0201 / 6124529
Telefax: 0201 / 47619824
www.global-youth-group.de

Preis und Leistung				
Länderwahlprogramm	1 Term	2 Terms	3 Terms	4 Terms
Grundpreis (ab)	€ 6.575	€ 7.700	€ 8.850	€ 16.075
Flug D – Australien – D	€ 1.800	€ 1.800	€ 1.800	€ 1.800
Flugbegleitung auf Hinreise	optional	optional	optional	optional
Vorbereitungstreffen	optional	optional	optional	optional
Vorbereitungsseminar	ja	ja	ja	ja
Einführungsseminar in Australien	ja	ja	ja	ja
Elterntreffen	ja	ja	ja	ja
Nachbereitungstreffen	optional	optional	optional	optional
Nachbereitungsseminar	ja	ja	ja	ja
Kranken-/Unfallversicherung	ja	ja	ja	ja
Haftpflicht-/Gepäckversicherung	ja/optional	ja/optional	ja/optional	ja/optional
Gesamtpreis (ab)	**€ 8.375**	**€ 9.500**	**€ 10.650**	**€ 17.875**
Bewerbungsschluss	flexibel	flexibel	flexibel	flexibel
Spätbewerbung	auf Anfrage	auf Anfrage	auf Anfrage	auf Anfrage

Bewerbungsverlauf und Kriterien für die Annahme des Bewerbers
Bewirb dich online, per Fax, per E-Mail, per Telefon oder mit unserem Bewerbungsformular per Post. Nach Eingang deiner Bewerbung vereinbaren wir mit dir und deinen Eltern einen Termin für ein unverbindliches und kostenloses Bewerbungsinterview an deinem Wunschort oder per Skype. Die Teilnahme ist für jeden zwischen 14 und 18 Jahren möglich.

Vorbereitung auf den Australien-Aufenthalt in Deutschland
Durch unsere Vorbereitungsveranstaltungen bereiten wir dich, auf Wunsch auch deine Eltern, intensiv auf deinen Aufenthalt in Australien vor. Wir bieten die Veranstaltungen dabei an verschiedenen Standorten in Deutschland an, du hast dabei stets die freie Wahl.

Betreuung während des Auslandsaufenthalts und Nachbereitung
Die Betreuung vor Ort erfolgt in erster Linie durch deinen Betreuer vor Ort, der immer in deinem Umkreis wohnt. Er ist immer für deine Fragen und Wünsche da. Daneben hast du deinen Ansprechpartner in Deutschland, sowie jeweils eine 24-Stunden-Notrufnummer in Deutschland und Australien. Nach deiner Rückkehr findet ein Nachbereitungsseminar statt.

Stipendien und Sonstiges
Optional: 4-Tage Sydney Trip
Teilstipendium: 4 x bis zu € 4.000, ggf. mehr Sonderaktionen findest du auf unserer Website
Programme in Australien: Landesweit (begrenzte Plätze), auch über 6-12 Wochen oder mit Schulwahl, auch eine Kombi Australien – Neuseeland ist möglich.

Kurz und bündig			
Gründungsjahr	2009	Schülerzahl im Australien Programm 2017/18	10
AUS-Programm seit	2010	Gesamtschülerzahl im High School Programm 2017/18	233
Gemeinnützigkeit	ja	Partner in Australien	AAA, Educatius SCCE

GLS Sprachenzentrum – Inh. Barbara Jaeschke	
Kastanienallee 82	Telefon: 030 / 780 089 80
10435 Berlin	Telefax: 030 / 787 419 1
highschool@gls-sprachenzentrum.de	www.gls-sprachenzentrum.de

Preis und Leistung				
Schulwahlprogramm	1 Term	2 Terms	3 Terms	4 Terms
Grundpreis (ab)	€ 5.480	€ 9.480	€ 13.580	€ 16.780
Flug D – Australien – D	€ 2.200	€ 2.200	€ 2.200	€ 2.200
Flugbegleitung auf Hinreise	ja	ja	ja	ja
Vorbereitungstreffen	ja	ja	ja	ja
Vorbereitungsseminar	€ 125/opt.	€ 125/opt.	€ 125/opt.	€ 125/opt.
Einführungsseminar in Australien	opt.	opt.	opt.	opt.
Elterntreffen	nein	nein	nein	nein
Nachbereitungstreffen	nein	nein	nein	nein
Nachbereitungsseminar	ja	ja	ja	ja
Kranken-/Unfallversicherung	€ 110	€ 200	€ 370	€ 480
Haftpflicht-/Gepäckversicherung	ja	ja	ja	ja
Gesamtpreis (ab circa)	**€ 7.790**	**€ 11.880**	**€ 16.150**	**€ 19.460**
Bewerbungsschluss	je nach Verfügbarkeit			
Spätbewerbung	möglich	möglich	möglich	möglich

Bewerbungsverlauf und Kriterien für die Annahme des Bewerbers

Nach Anmeldung laden wir zu Interview und individueller Beratung ein, beides ist unverbindlich und kostenlos. Motivation und Toleranz sind wesentliche Kriterien für die Aufnahme ins Programm. Nach Erhalt von Vertrag und Bewerbungsmappe leiten wir diese unseren Partnern im Ausland weiter, die vor Ort Gastfamilie und/oder Internats-/Schulplatz sicherstellen.

Vorbereitung auf den Australien-Aufenthalt in Deutschland

Neben unseren Orientierungsworkshops vor Abreise für Schüler und Eltern im Frühjahr und im Herbst (deutschlandweit sowie in Zürich und Wien) sowie Infomailings und einem detaillierten Teilnehmer-Handbuch bieten wir optionale Workshops und Sprachkurse zur Vorbereitung in Berlin an. Außerdem besteht in der GLS Community die Möglichkeit, sich mit anderen Teilnehmern über ihre Erfahrungen und Erwartungen auszutauschen, sowie Fragen rund um das Zielland zu stellen.

Betreuung während des Auslandsaufenthalts und Nachbereitung

Jedem Teilnehmer wird ein Betreuer im Gastland zur Seite gestellt. Darüber hinaus unterstützen wir selbstverständlich auch nach Abreise Schüler wie Eltern; wir garantieren umgehende Reaktion und Hilfestellung. Unsere Rückkehrer laden wir im Herbst zum Welcome Back Wochenende nach Berlin ein. Neben Workshops zur Nachbereitung des Auslandsaufenthalts und Austausch mit anderen GLSlern steht ein spannendes Berlin-Programm auf der Agenda.

Stipendien und Sonstiges

18 weitere Zielländer online; 13 Teilstipendien (bis zu € 3.000); bilinguale Programme

Kurz und bündig			
Gründungsjahr	1983	Schülerzahl im Australien Programm 2017/18	55
AUS-Programm seit	1995	Gesamtschülerzahl im High School Programm 2017/18	640
Gemeinnützigkeit	nein	Partner in Australien	Departments of Education, Privatschulen

Hausch & Partner GmbH – Schule und Studium
Gasstr. 16
22761 Hamburg
info@hauschundpartner.de
Telefon: 040 / 4147580
Telefax: 040 / 41475815
www.hauschundpartner.de

Preis und Leistung				
Schulwahlprogramm	1 Term	2 Terms	3 Terms	4 Terms
Grundpreis (ab)*	€ 6.790	€ 11.040	€ 15.377	€ 19.319
Flug D – Australien – D	€ 1.900	€ 1.900	€ 1.900	€ 1.900
Flugbegleitung auf Hinreise	€ 200/opt.	€ 200/opt.	€ 200/opt.	€ 200/opt.
Vorbereitungstreffen	ja	ja	ja	ja
Vorbereitungsseminar	nein	nein	nein	nein
Einführungsseminar in Australien	nein	nein	nein	nein
Elterntreffen	nein	nein	nein	nein
Nachbereitungstreffen	ja	ja	ja	ja
Nachbereitungsseminar	nein	nein	nein	nein
Kranken-/Unfallversicherung	€ 120/p	€ 240/p	€ 360/p	€ 480/p
Haftpflicht-/Gepäckversicherung	ja	ja	ja	ja
Gesamtpreis (ab circa)	**€ 8.810**	**€ 13.180**	**€ 17.637**	**€ 21.699**
Bewerbungsschluss	flexibel	flexibel	flexibel	flexibel
Spätbewerbung	möglich	möglich	möglich	möglich

Bewerbungsverlauf und Kriterien für die Annahme des Bewerbers
Nach Zusendung der unverb. Bewerbung treffen wir jeden Schüler und seine Eltern zu einem Beratungsgespräch. Im Verlauf eines solchen Gesprächs erstellen wir ein Profil des Schülers und empfehlen passende Schulen. Schulnoten und Englischkenntnisse sind für uns zweitrangig; unsere Priorität liegt auf Offenheit, Motivation und Toleranz. Ein Auslandsaufenthalt ist immer eine Vertrauenssache, sodass es uns wichtig ist, jede Familie persönlich zu kennen und zu betreuen.

Vorbereitung auf den Australien-Aufenthalt in Deutschland
Bereits während des Beratungsgespräches informieren wir über das Land und Besonderheiten. Bei einem 1-tägigen Vorbereitungsworkshop gehen wir noch einmal mit allen Schülern und Eltern wichtige Themen und alle offenen Fragen durch.

Betreuung während des Auslandsaufenthalts und Nachbereitung
Die Schüler haben an jeder Schule einen persönlichen Ansprechpartner mit dem auch wir in Kontakt stehen. Wir halten regelmäßigen Kontakt mit den Schülern und Eltern und sind über eine 24-h Notfallnummer auch in Problemsituationen immer erreichbar. Nach Rückkehr laden wir jeden Schüler zu einem Rückkehrertreffen ein.

Stipendien und Sonstiges
Wir vergeben jedes Jahr Teilstipendien in Zusammenarbeit mit den Schulen und Behörden in Australien. Die Programmdauer ist ab 6 Wochen möglich; Schüler ab 13 Jahren können in das Programm aufgenommen werden.
* Inkl. Vermittlungsgebühr in Höhe von € 2.200

Kurz und bündig				
Gründungsjahr	1988	Schülerzahl im Australien Programm 2017/18		41
AUS-Programm seit	2002	Gesamtschülerzahl im High School Programm 2017/18		174
Gemeinnützigkeit	nein	Partner in Australien	Schulen / Behörden direkt	

ICXchange-Deutschland e.V.
Bahnhofstraße 16-18
26122 Oldenburg
info@icxchange.de
Telefon: 0441 / 923 98-0
Telefax: 0441 / 923 98-99
www.icxchange.de

Preis und Leistung				
Regionenwahlprogramm	1 Term	2 Terms	3 Terms	4 Terms
Grundpreis (ab)	€ 8.900	€ 13.100		€ 22.500
Flug D – Australien – D	ja	ja		ja
Flugbegleitung auf Hinreise	ab 15 Teiln.	ab 15 Teiln.		ab 15 Teiln.
Vorbereitungstreffen	nein	nein		nein
Vorbereitungsseminar	ja	ja		ja
Einführungsseminar in Australien	nein	nein		nein
Elterntreffen	nein	nein		nein
Nachbereitungstreffen	nein	nein		nein
Nachbereitungsseminar	ja	ja		ja
Kranken-/Unfallversicherung	ja	ja		ja
Haftpflicht-/Gepäckversicherung	€ 75/60/opt.	€ 75/60/opt.		€ 75/60/opt.
Gesamtpreis (ab)	**€ 8.900**	**€ 13.100**		**€ 22.500**
Bewerbungsschluss	31.03./30.09.	31.03./30.09.		31.03.
Spätbewerbung	möglich	möglich		möglich

Bewerbungsverlauf und Kriterien für die Annahme des Bewerbers

Nach Eingang der Kurzbewerbung laden wir den Bewerber zu einem persönlichen Gespräch am oder in der Nähe seines Wohnortes ein. Verlief das Gespräch erfolgreich, folgen Akzeptierung, ausführliche Bewerbungsunterlagen und Vertragsofferte.

Teilnahmevoraussetzungen sind: 15 bis 18 Jahre, Besuch einer allgemeinbildenden Schule, Gesundheit, Anpassungsfähigkeit, 3 Jahre Englischunterricht sowie ein Notendurchschnitt von 3,5 für Gymnasiasten, 3,0 für Realschüler und 2,0 für Hauptschüler.

Vorbereitung auf den Australien-Aufenthalt in Deutschland

Vor der Ausreise laden wir alle Teilnehmer zu einem zweitägigen Vorbereitungsseminar ein. Die Eltern kommen für einen Nachmittag dazu. Das Seminar wird von ICX-Mitarbeitern geleitet, die von ehemaligen Australien-Teilnehmern unterstützt werden. Zusätzlich erhält jeder Teilnehmer eine ausführliche Informationsmappe.

Betreuung während des Auslandsaufenthalts und Nachbereitung

Während des Programms werden die Schüler von unserer australischen Partnerorganisation WEP-Australia betreut. Jedem Schüler steht in Australien ein örtlicher Repräsentant von WEP-Australia als Ansprechpartner zur Verfügung. Nach Beendigung des Programms findet ein Nachbereitungsseminar in Deutschland statt.

Stipendien und Sonstiges

ICX vergibt Teilstipendien bis € 1.000. Die Stipendienvergabe richtet sich nach der Höhe des Familieneinkommens und dem zur Verfügung stehenden Stipendienfonds.

Kurz und bündig			
Gründungsjahr	1974	Schülerzahl im Australien Programm 2017/18	0
AUS-Programm seit	2001	Gesamtschülerzahl im High School Programm 2017/18	146
Gemeinnützigkeit	ja	Partner in Australien	WEP-Australia

iE – international Experience e.V.
Amselweg 20
53797 Lohmar
info@international-experience.net
Telefon: 02246 / 915 49 0
Telefax: 02246 / 915 49 12
www.international-experience.net

Preis und Leistung				
Regionenwahlprogramm	1 Term	2 Terms	3 Terms	4 Terms
Grundpreis (ab)	€ 6.395	€ 10.490	€ 14.390	€ 18.290
Flug D – Australien – D	€ 1.700/p	€ 1.700/p	€ 1.700/p	€ 1.700/p
Flugbegleitung auf Hinreise	nein	nein	nein	nein
Vorbereitungstreffen	nein	nein	nein	nein
Vorbereitungsseminar	ja	ja	ja	ja
Einführungsseminar in Australien	ja	ja	ja	ja
Elterntreffen	nein	nein	nein	nein
Nachbereitungstreffen	ja	ja	ja	ja
Nachbereitungsseminar	nein	nein	nein	nein
Kranken-/Unfallversicherung	€ 120/p	€ 240/p	€ 360/p	€ 480/p
Haftpflicht-/Gepäckversicherung	ja	ja	ja	ja
Gesamtpreis (ab circa)	**€ 8.215**	**€ 12.430**	**€ 16.450**	**€ 20.470**
Bewerbungsschluss	flexibel	flexibel	flexibel	flexibel
Spätbewerbung	möglich	möglich	möglich	möglich

Bewerbungsverlauf und Kriterien für die Annahme des Bewerbers

Kriterien für die Aufnahme in unser Programm sind neben den Schulnoten besonders persönliche Eigenschaften wie Motivation, Flexibilität und Anpassungsfähigkeit. Wir suchen "great kids" mit positiver Einstellung, die freundlich, aufgeschlossen und aktiv sind.

Vorbereitung auf den Australien-Aufenthalt in Deutschland

Alle Teilnehmer werden bestens auf den Schritt ins Ausland vorbereitet durch persönliche Ansprechpartner, Begleitung während des gesamten Prozesses, mehrtägiges Vorbereitungsseminar mit internationalen Gästen und Informationsmaterial zu allen wichtigen Themen.

Betreuung während des Auslandsaufenthalts und Nachbereitung

International student counselors an den Schulen betreuen die Schüler und deren Gastfamilien vor Ort. Sie helfen bei der Eingliederung in die Schule und in die neue Familie. iE unterhält einen persönlichen 24-Stunden-Notfall Dienst für Schüler/Innen und Eltern in Deutschland (kein Call-Center). Eventuelle Probleme werden zunächst mit iE in Deutschland besprochen. Nach der Rückkehr veranstalten wir ein Returnee-Treffen mit anschließender Party.

Stipendien und Sonstiges

iE ist ein anerkannter Experte für Australien-Reisen (Aussie Specialist). Der o.g. Gesamtpreis kann je nach Staat in Australien variieren. iE arbeitet auch mit ausgewählten Privatschulen und Internaten zusammen. Kurzzeitprogramme sind möglich. Im Programmpreis ist eine Basis-Krankenversicherung vor Ort enthalten. Zusätzlich dazu kann ein Versicherungspaket (inkl. Haftpflicht- und Gepäckversicherung) abgeschlossen werden.
Aktueller Testsieger: 1. Platz aller gemeinnützigen Organisationen im Bereich Leistungen & Premium vom Deutsches Institut für Service-Qualität

Kurz und bündig			
Gründungsjahr	2000	Schülerzahl im Australien Programm 2017/18	14
AUS-Programm seit	2002	Gesamtschülerzahl im High School Programm 2017/18	362
Gemeinnützigkeit	ja	Partner in Australien	Bildungsministerien der Staaten

KulturLife gGmbH
Max-Giese-Str. 22
24116 Kiel
info@kultur-life.de
Telefon: 0431 / 888 14 10
Telefax: 0431 / 888 14 19
www.kultur-life.de

Preis und Leistung				
Schulwahlprogramm	1 Term	2 Terms	3 Terms	4 Terms
Grundpreis (ab)	€ 8.690	€ 13.490	auf Anfrage	€ 22.990
Flug D – Australien – D	ja	ja		ja
Flugbegleitung auf Hinreise	nein	nein		nein
Vorbereitungstreffen	nein	nein		nein
Vorbereitungsseminar	ja	ja		ja
Einführungsseminar in Australien	ja	ja		ja
Elterntreffen	ja	ja		ja
Nachbereitungstreffen	nein	nein		nein
Nachbereitungsseminar	ja	ja		ja
Kranken-/Unfallversicherung	ja	ja		ja
Haftpflicht-/Gepäckversicherung	€ 45 opt/nein	€ 45 opt/nein		€ 90 opt/nein
Gesamtpreis (ab circa)	**€ 8.690**	**€ 13.490**		**€ 22.990**
Bewerbungsschluss	bis etwa drei Monate vor der Abreise			
Spätbewerbung	möglich	möglich		möglich

Bewerbungsverlauf und Kriterien für die Annahme des Bewerbers

Unsere Programme richten sich an alle interessierten Schüler - jeder Schulform. Schulnoten und Englischkenntnisse sind für uns zweitrangig, viel wichtiger sind deine Motivation und Offenheit. Wenn du uns deine unverbindliche Anmeldung schickst, möchten wir dich und deine Eltern bei einem persönlichen Gespräch im Kieler Büro oder via Skype kennenlernen und dir verschiedene Schulen in Australien vorstellen. Wenn von unserer Seite deinem Auslandsaufenthalt nichts mehr im Weg steht, schicken wir dir und deinen Eltern ein Vertragsangebot und alle nötigen Unterlagen zu. Unsere Beratung ist kostenlos und unverbindlich.

Vorbereitung auf den Australien-Aufenthalt in Deutschland

Jedes Jahr führen wir mehrere Vorbereitungswochenenden in Hannover durch. Auch deine Eltern sind dazu eingeladen. Besonderer Schwerpunkt der Vorbereitungsseminare ist ein intensives interkulturelles Training. Neben deinem Programmbetreuer triffst du auch ehemalige Austauschschüler, die von ihren Erfahrungen berichten.

Betreuung während des Auslandsaufenthalts und Nachbereitung

Du wirst von einem Koordinator in Australien betreut. Natürlich kannst du auch immer deinen persönlichen Betreuer von KulturLife kontaktieren, den du von Anfang an kennst. Für Notfälle sind wir mit unserer 24-Stunden-Hotline rund um die Uhr erreichbar.

Stipendien und Sonstiges

KulturLife vergibt verschiedene Stipendien. Weitere Infos auf unserer Webseite.

Kurz und bündig			
Gründungsjahr	1995	Schülerzahl im Australien Programm 2017/18	10
AUS-Programm seit	1998	Gesamtschülerzahl im High School Programm 2017/18	120
Gemeinnützigkeit	ja	Partner in Australien	Schulbehörden in NSW und QLD

MAP MUNICH ACADEMIC PROGRAM GMBH
Türkenstraße 104 Telefon: 089 / 35 73 79 77
80799 München Telefax: 089 / 35 73 79 78
info@map-highschoolyear.com www.map-highschoolyear.com

Preis und Leistung				
*Schulwahlprogramm**	1 Term	2 Terms	3 Terms	4 Terms
Grundpreis (ab)	€ 6.400	€ 11.100	auf Anfrage	€ 19.100
Flug D – Australien – D	€ 1.700/p	€ 1.700/p		€ 1.700/p
Flugbegleitung auf Hinreise	ab 15 Teiln.	ab 15 Teiln.		ab 15 Teiln.
Vorbereitungstreffen	ja	ja		ja
Vorbereitungsseminar	nein	nein		nein
Einführungsseminar in Australien	nein	nein		nein
Elterntreffen	nein	nein		nein
Nachbereitungstreffen	ja	ja		ja
Nachbereitungsseminar	nein	nein		nein
Kranken-/Unfallversicherung	€ 120/p	€ 240/p		€ 480/p
Haftpflicht-/Gepäckversicherung	nein	nein		nein
Gesamtpreis (ab circa)	**€ 8.220**	**€ 13.040**		**€ 21.280**
Bewerbungsschluss	8	Wochen	vor	Schulbeginn
Spätbewerbung	möglich	möglich		möglich

Bewerbungsverlauf und Kriterien für die Annahme des Bewerbers
Aufgeschlossenheit, Anpassungsfähigkeit und Reife, jedoch keine besonderen Alters- und Notenvorgaben. Nach Bewerbungseingang erhalten Schüler und Eltern eine Einladung zu einem persönlichen Bewerbungs- und Informationsgespräch. Nachdem sich MAP von der Eignung des Bewerbers überzeugt hat, erhält er nach wenigen Tagen ein Vertragsangebot und die MAP Akzeptierungsunterlagen.

Vorbereitung auf den Australien-Aufenthalt in Deutschland
Von Anfang an wird jeder Programmteilnehmer umfassend von MAP auf seinen Aufenthalt vorbereitet und über die erforderlichen (organisatorischen) Schritte unterrichtet sowie mit Infomaterial (Literaturhinweisen, Berichten ehemaliger Schüler, Wissenswertem über Land und Leute usw.) versorgt. Vor Abreise findet ein Vorbereitungstreffen (Orientation) statt.

Betreuung während des Auslandsaufenthalts und Nachbereitung
Jedem Gastschüler steht in Australien ein Ansprechpartner für Probleme aller Art zur Seite. Nach Rückkehr organisiert MAP ein "Returnee"-Treffen.

Stipendien und Sonstiges
In Australien bieten wir öffentliche Schulen in Queensland und South Australia sowie Privatschulen in Adelaide und auf Tasmanien an.
MAP vergibt 5 Teilstipendien im Wert von je € 1.000 für Aufenthalte ab 5 Monaten.
Die oben erwähnte Krankenversicherung bezieht sich auf die OSHC, die die australischen Behörden für alle Gastschüler verlangen, sowie eine zu empfehlende Zusatzversicherung.

Kurz und bündig			
Gründungsjahr	1996	Schülerzahl im Australien-Programm 2017/18	16
AUS-Programm seit	1996	Gesamtschülerzahl im High School Programm 2017/18	231
Gemeinnützigkeit	nein	Partner in Australien	EQI, SA und diverse Schulen

Open Door International e.V. (ODI)
Thürmchenswall 69
50668 Köln
info@opendoorinternational.de
Telefon: 0221 / 60 60 85 50
Telefax: 0221 / 60 60 85 519
www.opendoorinternational.de

Preis und Leistung				
Schulwahlprogramm	1 Term	2 Terms	3 Terms	4 Terms
Grundpreis (ab)	€ 6.990	€ 10.990		€ 19.290
Flug D – Australien – D	€ 1.700/p	€ 1.700/p		€ 1.700/p
Flugbegleitung auf Hinreise	nein	nein		nein
Vorbereitungstreffen	nein	nein		nein
Vorbereitungsseminar	ja	ja		ja
Einführungsseminar in Australien	nein	nein		nein
Elterntreffen	ja	ja		ja
Nachbereitungstreffen	nein	nein		nein
Nachbereitungsseminar	ja	ja		ja
Kranken-/Unfallversicherung*	€ 140	€ 290		€ 560
Haftpflicht-/Gepäckversicherung	nein	nein		nein
Gesamtpreis (ab circa)	**€ 8.830**	**€ 12.980**		**€ 21.550**
Bewerbungsschluss	solange	Plätze	vorhanden	sind
Spätbewerbung	möglich	möglich		möglich

Bewerbungsverlauf und Kriterien für die Annahme des Bewerbers

Einer unverbindlichen Online-Anmeldung folgen eine Bestätigung mit den ersten Unterlagen und das persönliche Kennenlerngespräch, das beim Bewerber zu Hause stattfindet. Auswahlkriterien sind die persönliche Eignung, Reife und Motivation, Offenheit, Toleranz, Flexibilität, Selbstständigkeit, Anpassungsbereitschaft, psychische Stabilität, aber auch die schulischen Leistungen, die nicht schlechter als 3,0 im Notendurchschnitt sein sollten. Das Programm ist für Schüler aller Schulformen im Alter von 14 bis 18 Jahren geeignet.

Vorbereitung auf den Australien-Aufenthalt in Deutschland

Das 4-tägige Vorbereitungsseminar mit hauptamtlichen Programmbetreuern und Returnees, ist obligatorisch. Mit Workshops und ausführlichem Infomaterial werden die Teilnehmer intensiv auf ihr Zielland, den Aufenthalt und mögliche Probleme vorbereitet. Im Rahmen eines Workshops für die Eltern werden die wichtigsten Fragen aus Elternsicht thematisiert. Die Eltern erhalten vorab ein Handbuch zu Themen wie Visum, Versicherung, Finanzen, etc.

Betreuung während des Auslandsaufenthalts und Nachbereitung

24-Stunden-Notfallnummer; Betreuung durch Schule vor Ort; Ansprechperson für Teilnehmer und Eltern im ODI-Büro; Elterntreffen; 3-tägiges Nachbereitungsseminar für Returnees; Möglichkeit zu ehrenamtlicher Mitarbeit im Jugendaustausch.

Stipendien und Sonstiges

ODI vergibt ein Teilstipendium für die USA sowie vier weitere Teilstipendien für alle ODI-Länder. Schulwahlprogramm in Queensland und Tasmanien (auch für unter 16-Jährige).
* Eine gesetzlich vorgeschriebene Basiskrankenversicherung ist im Programmpreis enthalten, zusätzlich ist unser Versicherungspaket optional buchbar.

Kurz und bündig			
Gründungsjahr	1983	Schülerzahl im Australien Programm 2017/18	6
AUS-Programm seit	2008	Gesamtschülerzahl im High School Programm 2017/18	104
Gemeinnützigkeit	ja	Partner in Australien	Gov. Tasmania, Edu. Queensland Intern.

Southern Cross – Eine Marke der Dr. Frank Sprachen & Reisen GmbH
Industriestr. 35 Telefon: 0621 / 39187909
68169 Mannheim Telefax: 0621 / 39185194
info@southerncross.eu www.southerncross.eu

Preis und Leistung				
Schulwahlprogramm	1 Term	2 Terms	3 Terms	4 Terms
Grundpreis (ab)	€ 6.460	€ 10.735	€ 15.015	€ 19.285
Flug D – Australien – D	€ 1.795	€ 1.795	€ 1.795	€ 1.795
Flugbegleitung auf Hinreise	€ 295/opt.	€ 295/opt.	€ 295/opt.	€ 295/opt.
Vorbereitungstreffen	ja	ja	ja	ja
Vorbereitungsseminar	nein	nein	nein	nein
Einführungsseminar in Australien	€ 495/opt.	€ 495/opt.	€ 495/opt.	€ 495/opt.
Elterntreffen	nein	nein	nein	nein
Nachbereitungstreffen	nein	nein	nein	nein
Nachbereitungsseminar	nein	nein	nein	nein
Kranken-/Unfallversicherung	ja	ja	ja	ja
Haftpflicht-/Gepäckversicherung	nein	nein	nein	nein
Gesamtpreis (ab circa)	**€ 8.255**	**€ 12.530**	**€ 16.810**	**€ 21.080**
Bewerbungsschluss	flexibel	flexibel	flexibel	flexibel
Spätbewerbung	ja	ja	ja	ja

Bewerbungsverlauf und Kriterien für die Annahme des Bewerbers
Persönliches und individuelles Beratungsgespräch bei Ihnen zu Hause oder in unserem Büro. Schüler können Aufenthaltsort und Gastschule selbst auswählen. Regionen: South Australia, Queensland, New South Wales, Victoria, Tasmania. Einstiegsmöglichkeit vierteljährlich (Term) z.T. auch flexibel. Aufenthaltsverlängerung möglich.

Vorbereitung auf den Australien-Aufenthalt in Deutschland
- Persönliche Beratung und Information durch landeskundigen Mitarbeiter
- Individuelle Betreuung und Planung des Aufenthalts
- Alle angebotenen Schulen sind persönlich bekannt
- Vorbereitungsseminare in verschiedenen Städten in Deutschland und Österreich

Betreuung während des Auslandsaufenthalts und Nachbereitung
Auswahl der Gastfamilie und Betreuung vor Ort durch Mitarbeiter des jeweiligen Ministeriums. Ansprechpartner an jeder Schule ist ein Int. Student Counsellor und unsere deutschsprachige Southern Cross Mitarbeiterin in Australien sowie dem Büro in Deutschland und der Vertretung in Österreich. Fragebogen nach der Rückkehr, Berichterstattung im Internet.

Stipendien und Sonstiges
Vertrag nach deutschem Reiserecht (Veranstalter), 2 Stipendien je Schuljahr
Begleitete Gruppenflüge / garantierte Platzierung / freie Schulwahl / Visumbeantragung
NEU: Kurzzeitaufenthalte (4-10 Wochen) z.B. in den Sommerferien! Flexible Starttermine

Kurz und bündig			
Gründungsjahr	1998	Schülerzahl im Australien Programm 2017/18	60
AUS-Programm seit	1998	Gesamtschülerzahl im High School Programm 2017/18	170
Gemeinnützigkeit	nein	Partner in AUS	Bildungsministerien, Schulen, Private HS

Stepin GmbH – Student Travel and Education Programmes International	
Kaiserstraße 19	Telefon: 0228 / 710 05-0
53113 Bonn	Telefax: 0228 / 710 05-999
school@stepin.de	www.stepin.de

Preis und Leistung				
*Schulwahlprogramm**	1 Term	2 Terms	3 Terms	4 Terms
Grundpreis (ab)	€ 6.155	€ 10.055	€ 14.120	€ 17.420
Flug D – Australien – D	€ 1.940	€ 1.940	€ 1.870	€ 1.870
Flugbegleitung auf Hinreise	teilweise	teilweise	teilweise	teilweise
Vorbereitungstreffen	ja	ja	ja	ja
Vorbereitungsseminar	nein	nein	nein	nein
Einführungsseminar in Australien	€ 490/opt.	€ 490/opt.	€ 490/opt.	€ 490/opt.
Elterntreffen	nein	nein	nein	nein
Nachbereitungstreffen	nein	nein	nein	nein
Nachbereitungsseminar	€ 69/opt.	€ 69/opt.	€ 69/opt.	€ 69/opt.
Kranken-/Unfallversicherung	ab € 99	ab € 198	ab € 297	ab € 396
Haftpflicht-/Gepäckversicherung	ab € 15/M.	ab € 15/M.	ab € 15/M.	ab € 15/M.
Gesamtpreis (ab)	**€ 8.194**	**€ 12.193**	**€ 16.287**	**€ 19.686**
Bewerbungsschluss	Jan. / Okt.	Jan. / Okt.	Jan. / Okt.	Jan. / Okt.
Spätbewerbung	möglich	möglich	möglich	teilweise

Bewerbungsverlauf und Kriterien für die Annahme des Bewerbers

Step 1: Unverbindliche Anmeldung (online od. schriftlich). Step 2: Persönliches Kennenlerngespräch in Wohnortnähe des Bewerbers. Step 3: Bei Eignung des Bewerbers unterbreitet Stepin ein Vertragsangebot. Teilnahmevoraussetzungen sind kulturelle Aufgeschlossenheit, Reife, Toleranz und mindestens befriedigende schulische Leistungen.

Vorbereitung auf den Australien-Aufenthalt in Deutschland

Eltern- und Schülervorbereitungstreffen in mehreren deutschen Städten sowie Handbücher und regelmäßige Info-Rundbriefe für Teilnehmer und Eltern bis zur Ausreise.
Fester Programm-Ansprechpartner im Stepin-Büro.

Betreuung während des Auslandsaufenthalts und Nachbereitung

Zweitägiges Einführungsseminar in Sydney. Betreuung durch unsere Partnerorganisation vor Ort. Auch das Stepin-Team steht während der gesamten Aufenthaltsdauer als Ansprechpartner zur Verfügung. Nachbereitung: Großes Returnee-Wochenende in Deutschland

Stipendien und Sonstiges

Stepin vergibt regelmäßig Vollstipendien.
Optionale Orientation in Sydney und Reisen vor Ort.
* Länderwahlprogramm (begrenzte Plätze) ebenso möglich
Reiseversicherungsschutz und Reiserücktrittsoption optional hinzubuchbar

Kurz und bündig			
Gründungsjahr	1997	Schülerzahl im Australien Programm 2017/18	74
AUS-Programm seit	1997	Gesamtschülerzahl im High School Programm 2017/18	684
Gemeinnützigkeit	nein	Partner in Australien	SCCE, Southern Cross Cult. Exchange sowie Government School Departments

STS Sprachreisen GmbH
Mönckebergstraße 5 (ab 12.18: An der Alster 62)
20095 Hamburg (20099 Hamburg)
highschool@sts-education.de
Telefon: 040 / 303 999-23
Telefax: 040 / 303 999-08
www.sts-education.de

Preis und Leistung				
Schulwahlprogramm	1 Term	2 Terms	3 Terms	4 Terms
Grundpreis (ab)	€ 8.050	€ 12.150	€ 16.249	€ 20.907
Flug D – Australien – D	ja	ja	ja	ja
Flugbegleitung auf Hinreise	in der Regel	in der Regel	in der Regel	in der Regel
Vorbereitungstreffen	ja	ja	ja	ja
Vorbereitungsseminar	nein	nein	nein	nein
Einführungsseminar in Australien	ja	ja	ja	ja
Elterntreffen	nein	nein	nein	nein
Nachbereitungstreffen	ja	ja	ja	ja
Nachbereitungsseminar	nein	nein	nein	nein
Kranken-/Unfallversicherung*	€ 115	€ 230	€ 345	€ 460
Haftpflicht-/Gepäckversicherung	opt.	opt.	opt.	opt.
Gesamtpreis (ab circa)	**€ 8.165**	**€ 12.380**	**€ 16.694**	**€ 21.367**
Bewerbungsschluss	30.09./15.03.	30.09./15.03.	30.09./15.03.	30.09./15.03.
Spätbewerbung	möglich	möglich	möglich	möglich

Bewerbungsverlauf und Kriterien für die Annahme des Bewerbers
Das kostenlose Bewerbungsgespräch findet bei uns im Büro in Hamburg oder per Skype statt. Für die Aufnahme in unser Programm sind dein Interesse an anderen Kulturen, eine hohe Motivation, Offenheit und Anpassungsbereitschaft wichtig.

Vorbereitung auf den Australien-Aufenthalt in Deutschland
Bereits beim Interview informieren wir umfassend über das Programm. Vor der Abreise führen wir ein Vorbereitungstreffen mit allen Teilnehmern und deren Eltern durch. Ehemalige STS-Teilnehmer stehen den Austauschschülern als Kontaktschüler zur Verfügung.

Betreuung während des Auslandsaufenthalts und Nachbereitung
Die Betreuung erfolgt durch STS Deutschland und den lokalen Betreuern. Die Betreuer vor Ort haben immer ein offenes Ohr für deine Anliegen und oft gibt es Zusammenkünfte mit anderen Austauschschülern. Zusätzlich erhältst du eine 24h Notrufnummer. Für die Eltern steht das STS Büro in Deutschland während der gesamten Zeit als Ansprechpartner zur Verfügung. Vor Ort gibt es zusätzliche spannende Reiseangebote.

Stipendien und Sonstiges
Schul- und Regionenwahl ab einem Term in unserem Select-Programm möglich. Verpflichtend ist die Zusatzversicherung OSHC für alle Schüler € 230 / € 460.
* Der Abschluss des opt. Versicherungspakets mit Krankenversicherung wird empfohlen.

Kurz und bündig				
Gründungsjahr	1987	Schülerzahl im Australien Programm 2017/18		1
AUS-Programm seit	1987	Gesamtschülerzahl im High School Programm 2017/18		85
Gemeinnützigkeit	nein	Partner in Australien	EQI, NSW Government, South Australian Government Schools	

travelbee - (into GmbH)
Ostlandstraße 14
50858 Köln
kontakt@travelbee.de
Telefon: 02234 / 946 36-0
Telefax: 02234 / 946 36-23
www.travelbee.de

Preis und Leistung				
*Schulwahlprogramm**	1 Term	2 Terms	3 Terms	4 Terms
Grundpreis (ab)	€ 12.150	€ 15.905	€ 20.250	€ 26.250
Flug D – Australien – D	ja	ja	ja	ja
Flugbegleitung auf Hinreise	nein	nein	nein	nein
Vorbereitungstreffen	nein	nein	nein	nein
Vorbereitungsseminar	ja	ja	ja	ja
Einführungsseminar in Australien	teilweise	teilweise	teilweise	teilweise
Elterntreffen	ja	ja	ja	ja
Nachbereitungstreffen	nein	nein	nein	nein
Nachbereitungsseminar	ja	ja	ja	ja
Kranken-/Unfallversicherung	ja	ja	ja	ja
Haftpflicht-/Gepäckversicherung	ja/nein	ja/nein	ja/nein	ja/nein
Gesamtpreis (ab circa)	**€ 12.150**	**€ 15.905**	**€ 20.250**	**€ 26.250**
Bewerbungsschluss	auf Anfrage	30.04./31.10.	30.04./31.10.	30.04./31.10.
Spätbewerbung	auf Anfrage	auf Anfrage	auf Anfrage	auf Anfrage

Bewerbungsverlauf und Kriterien für die Annahme des Bewerbers
Du musst mindestens 14 Jahre alt sein, Dein Notendurchschnitt muss 2,5 oder besser sein. Das Wichtigste ist, dass Du Motivation, Neugier, Flexibilität und Toleranz mitbringst.

Vorbereitung auf den Australien-Aufenthalt in Deutschland
Du erhältst ein Schüler- und Elternhandbuch sowie regelmäßig Infobriefe mit Hinweisen zum Ablauf des Austauschprogramms, kulturellen Eigenheiten der Gastländer sowie Ratschlägen und Erfahrungsberichten. Circa zwei bis drei Monate vor der Abreise finden unsere zweitägigen Vorbereitungsseminare statt. Dort erhältst Du Infos und Tipps und lernst auch eine Menge über die Regeln während Deines Aufenthaltes. Zudem wirst Du mit Rollenspielen, kreativer Arbeit und lustigen Sketchen auf Deinen Austausch vorbereitet. Es gibt eine Extra-Informationsveranstaltung zur Vorbereitung Deiner Eltern bei Sommerabreisen.

Betreuung während des Auslandsaufenthalts und Nachbereitung
In Australien wird in der Nähe Deines Wohnortes ein Ansprechpartner für Dich und Deine Gastfamilie sein. Auch in Deutschland sind wir immer erreichbar. Nach Deiner Rückkehr ist es noch nicht „vorbei“: Unsere Returnees organisieren „get togethers“, unser traditionelles BBQ und Ausflüge, bei denen sich viele Ehemalige immer wieder treffen.

Stipendien und Sonstiges
* Die genannten Preise beziehen sich auf Queensland.

Kurz und bündig			
Gründungsjahr	1986	Schülerzahl im Australien Programm 2017/18	3
AUS-Programm seit	1996	Gesamtschülerzahl im High School Programm 2017/18	293
Gemeinnützigkeit	nein	Partner in Australien	WEP-Australia

TravelWorks (Travelplus Group GmbH)
Münsterstr. 111
48155 Münster
highschool@travelworks.de
Telefon: 02506 / 8303 600
Telefax: 02506 / 8303 230
www.travelworks.de/schueleraustausch

Preis und Leistung				
Schulwahlprogramm	1 Term	2 Terms	3 Terms	4 Terms
Grundpreis (ab)	€ 8.230	€ 12.350	€ 16.380	€ 19.990
Flug D – Australien – D	ja	ja	ja	ja
Flugbegleitung auf Hinreise	ja	ja	ja	ja
Vorbereitungstreffen	nein	nein	nein	nein
Vorbereitungsseminar	ja	ja	ja	ja
Einführungsseminar in Australien	teilweise	teilweise	teilweise	teilweise
Elterntreffen	nein	nein	nein	nein
Nachbereitungstreffen	ja	ja	ja	ja
Nachbereitungsseminar	nein	nein	nein	nein
Kranken-/Unfallversicherung	€ 120/p	€ 240/p	€ 360/p	€ 480/p
Haftpflicht-/Gepäckversicherung	€ 30	€ 60	€ 90	€ 120
Gesamtpreis (ab circa)	**€ 8.380**	**€ 12.650**	**€ 16.830**	**€ 20.590**
Bewerbungsschluss	01.02./01.05. 01.10.	01.02./01.05. 01.10.	01.02./01.05. 01.10.	01.02./01.05. 01.10.
Spätbewerbung	ja	ja	ja	ja

Bewerbungsverlauf und Kriterien für die Annahme des Bewerbers
Nach der unverbindlichen Bewerbung laden wir SchülerIn und Eltern zum persönlichen Auswahl- und Informationsgespräch ein. Anschließend erhalten Bewerber unsere Buchungsgrundlage mit verbindlichem Anmeldeformular, das bei Interesse am Programm unterschrieben an uns zurückgesendet wird. Bewerber müssen flexibel, motiviert, weltoffen, kompromissbereit und anpassungsfähig sein. Alter: 14 bis 18 Jahre.

Vorbereitung auf den Australienaufenthalt in Deutschland
Ca. zwei bis drei Monate vor Abreise laden wir alle Teilnehmer mit Eltern zum zweitägigen Vorbereitungsseminar in Deutschland (Münster) bzw. Österreich (Salzburg) ein. Teilnehmer und Eltern erhalten zudem ein Handbuch und regelmäßige Inforundschreiben.

Betreuung während des Auslandsaufenthalts und Nachbereitung
Die Schüler nehmen nach Ankunft an einem dreitägigen Orientierungsseminar in Sydney teil. Während des Aufenthalts werden die Schüler von unseren australischen Partnern betreut. Eltern wie Schülern stehen wir zudem über unser deutsches Büro zur Verfügung. 24-Stunden-Notfall-Nummer im Gastland und in Deutschland. Gemeinsames Welcome Back-Wochenende nach Rückkehr nach Deutschland.

Stipendien und Sonstiges
1 Vollstipendium für einen Semesteraufenthalt über den Deutschen Fachverband High School Privatschulen und Summer School (2/3/4/5/6 Wochen) möglich.

Kurz und bündig			
Gründungsjahr	1991	Schülerzahl im Australien Programm 2017/18	48
AUS-Programm seit	2004	Gesamtschülerzahl im High School Programm 2017/18	345
Gemeinnützigkeit	nein	Partner in Australien	Bundesstaaten direkt, Privatschulen

TREFF - Sprachreisen GmbH
Wörthstraße 155
72793 Pfullingen (bei Reutlingen)
info@treff-sprachreisen.de
Telefon: 07121 / 696 696-0
Telefax: 07121 / 696 696-9
www.treff-sprachreisen.de

Preis und Leistung				
Schulwahlprogramm	1 Term	2 Terms	3 Terms	4 Terms
Grundpreis (ab)	€ 8.790	€ 12.690	€ 16.690	€ 19.990
Flug D – Australien – D	ja	ja	ja	ja
Flugbegleitung auf Hinreise	ja	ja	ja	ja
Vorbereitungstreffen	ja	ja	ja	ja
Vorbereitungsseminar	nein	nein	nein	nein
Einführungsseminar in Australien	nein	nein	nein	nein
Elterntreffen	nein	nein	nein	nein
Nachbereitungstreffen	ja	ja	ja	ja
Nachbereitungsseminar	nein	nein	nein	nein
Kranken-/Unfallversicherung	€ 120/p	€ 240/p	€ 360/p	€ 480/p
Haftpflicht-/Gepäckversicherung	nein	nein	nein	nein
Gesamtpreis (ab circa)	**€ 8.910**	**€ 12.930**	**€ 17.050**	**€ 20.470**
Bewerbungsschluss	drei	Monate	vor	Schulbeginn
Spätbewerbung	möglich	möglich	möglich	möglich

Bewerbungsverlauf und Kriterien für die Annahme des Bewerbers
Nach Eingang der Bewerbung vereinbaren wir ein Beratungsgespräch bei Ihnen zuhause, in der Nähe Ihres Wohnortes oder in unserem Büro in Pfullingen. Wir informieren über den Ablauf des High School Aufenthalts, stehen für alle Fragen zur Verfügung und unterbreiten Vorschläge zur Schulwahl. Nach Eingang der schriftl. Bewerbungsunterlagen erhalten Sie ein Aufnahmeangebot der australischen Schule und unser Vertragsangebot. Erst nach Rücksendung des unterschriebenen Vertrags kommt ein Reisevertrag zustande. Wichtige Kriterien: Offenheit, Aufgeschlossenheit, Motivation, Toleranz, Reife, Anpassungsbereitschaft, Wille zur Integration. Alter zwischen 14 und 18,5 Jahren; mindestens befriedigende Schulzeugnisse.

Vorbereitung auf den Australien-Aufenthalt in Deutschland
Einladung zu einem Vorbereitungsseminar, bei dem alle Aspekte des Auslandsaufenthalts besprochen werden. Ehemalige Teilnehmer berichten von ihren Erfahrungen und Sie erhalten Handbücher mit allen wichtigen Informationen. In unserem Buddy Club haben neue Teilnehmer die Möglichkeit, Returnées zu kontaktieren und von deren Erfahrungen zu profitieren.

Betreuung während des Auslandsaufenthalts und Nachbereitung
Bei Beginn im Januar und Juli 2-tägiges Orientierungs- und Sightseeing-Programm in Sydney. An jeder Schule stehen ausgebildete Schulmitarbeiter zur Verfügung. Zudem stehen wir tel. und persön. jederzeit zur Verfügung. Nachtreffen mit Workshops und Freizeitprogramm.

Stipendien und Sonstiges
Teilstipendien bis € 1.500 (formloser schriftlicher Antrag, Bescheid innerhalb einer Woche). Wir orientieren uns an den Noten, an besonderem Engagement und den wirtschaftlichen Verhältnissen der Familien: Einkommensnachweis, Kinderzahl, letztes Jahreszeugnis.

Kurz und bündig			
Gründungsjahr	1984	Schülerzahl im Australien Programm 2017/18	28
AUS-Programm seit	1998	Gesamtschülerzahl im High School Programm 2017/18	198
Gemeinnützigkeit	nein	Partner in AUS	Kultusmin. in QLD, SA, Victoria, Tasmanien Dep. of Educ. SA, QLD, Tasmania, Victoria

World Wide Qualifications Sprach- und Studienreisen GmbH
Buschöhrchen 29 Telefon: 02247 / 969 0 480
53819 Neunkirchen-Seelscheid Telefax: 02247 / 969 0 482
info@schuelerweltweit.de www.schuelerweltweit.de

Preis und Leistung				
*Regionenwahlprogramm**	1 Term	2 Terms	3 Terms	4 Terms
Grundpreis (ab)	€ 6.598	€ 11.299	€ 15.890	€ 20.299
Flug D – Australien – D	€ 1.700/p	€ 1.700/p	€ 1.700/p	€ 1.700/p
Flugbegleitung auf Hinreise	ab 15 Teiln.	ab 15 Teiln.	ab 15 Teiln.	ab 15 Teiln.
Vorbereitungstreffen	nein	nein	nein	nein
Vorbereitungsseminar	ja	ja	ja	ja
Einführungsseminar in Australien	ja	ja	ja	ja
Elterntreffen	nein	nein	nein	nein
Nachbereitungstreffen	ja	ja	ja	ja
Nachbereitungsseminar	nein	nein	nein	nein
Kranken-/Unfallversicherung	€ 250	€ 360	€ 409	€ 660
Haftpflicht-/Gepäckversicherung	ja	ja	ja	ja
Gesamtpreis (ab circa)	**€ 8.548**	**€ 13.359**	**€ 17.999**	**€ 22.659**
Bewerbungsschluss	4 bis	6 Wochen	vor der	Ausreise
Spätbewerbung	möglich	möglich	möglich	möglich

Bewerbungsverlauf und Kriterien für die Annahme des Bewerbers
Individuelles Gespräch für Dich und Deine Eltern. Vorstellung der einzelnen Schulen und Orte, welche Du frei wählen kannst. In einem Einzelinterview mit Dir stellen wir Deine Eignung fest. Kriterien: 14-18 Jahre, Notendurchschnitt 3,2.

Vorbereitung auf den Australien-Aufenthalt in Deutschland
Persönliche Beratung durch die mit den Eigenarten und Besonderheiten Australiens bestens vertraute Firmengründerin, die 12 Jahre in Australien gelebt und dort den Schul- und Universitätsalltag erlebt hat. Ebenso betreut sie bereits jahrelang Austauschschüler in Asien.

1. Tag – Schüler- und Elterntreffen: Über Schulen, das Leben in Australien. u. Organisatorisches
2. Tag – Ein „außergewöhnliches" Englisch-Intensiv Seminar „the Australian way" mit BBQ und Boomerang. Mit anderen Austauschschülern machst Du Rollenspiele auf Englisch, so dass Du Dich in den ersten Tagen in Australien schon sicher zu verständigen weißt und keine Angst mehr vor der Sprache haben wirst!

Betreuung während des Auslandsaufenthalts und Nachbereitung
Student Counsellor der Schule sowie auch speziell dafür ausgebildete Mitarbeiter der regionalen Schulbehörden. Berichterstattung für die Eltern in Deutschland.

Stipendien und Sonstiges
* Schulwahl möglich, Stipendium im Wert von $ 5000, WWQ bietet auch Sprachreisen in Australien ohne Notenvoraussetzungen

Kurz und bündig			
Gründungsjahr	2005	Schülerzahl im Australien-Programm 2017/18	5
AUS-Programm seit	2005	Gesamtschülerzahl im High School Programm 2017/18	67
Gemeinnützigkeit	nein	Partner in Australien	EQI, International House, Schulen direkt

AFS Interkulturelle Begegnungen e.V.	
Friedensallee 48	Telefon: 040 / 399 222-0
22765 Hamburg	Telefax: 040 / 399 222-99
info@afs.de	www.afs.de

Preis und Leistung			
Länderwahlprogramm	1. Halbjahr	2. Halbjahr	Schuljahr
Grundpreis	€ 7.790	€ 7.790	€ 8.290
Flug D – Brasilien – D	ja	ja	ja
Flugbegleitung auf Hinreise	nein	nein	nein
Vorbereitungstreffen	teilweise	teilweise	teilweise
Vorbereitungsseminar	ja	ja	ja
Einführungsseminar in Brasilien	ja	ja	ja
Elterntreffen	teilweise	teilweise	teilweise
Nachbereitungstreffen	ja	ja	ja
Nachbereitungsseminar	ja	ja	ja
Kranken-/Unfallversicherung	ja	ja	ja
Haftpflicht-/Gepäckversicherung	nein	nein	nein
Gesamtpreis (circa)	**€ 7.790**	**€ 7.790**	**€ 8.290**
Bewerbungsschluss	15.10.	15.05.	15.05./15.10.
Spätbewerbung	möglich	möglich	möglich

Bewerbungsverlauf und Kriterien für die Annahme des Bewerbers

Alle Bewerberinnen und Bewerber werden zu einem Einführungsseminar eingeladen. Für die Aufnahme ins Programm ist die persönliche Eignung, d. h. Eigenschaften wie Offenheit, Toleranz, Selbstständigkeit, Anpassungsbereitschaft und Kommunikationsfähigkeit ausschlaggebend. Nach Bewerbungsschluss ist eine Bewerbung auf noch freie Länderplätze möglich.

Vorbereitung auf den Brasilien-Aufenthalt in Deutschland

AFS legt großen Wert auf die Vorbereitung der Teilnehmerinnen und Teilnehmer. Es finden je nach Abreisetermin bis zu drei Wochenendseminare statt. Im persönlichen Gespräch mit AFS-Ehrenamtlichen und der ganzen Familie wird individuell auf alle Fragen eingegangen.

Betreuung während des Auslandsaufenthalts und Nachbereitung

Das weltweite Netz haupt- und ehrenamtlicher Mitarbeiterinnen und Mitarbeiter ermöglicht die persönliche Betreuung der Jugendlichen vor, während und nach dem Auslandsaufenthalt. AFS im Gastland organisiert ein Orientierungsseminar zu Beginn des Programms sowie Auswertungsseminare im weiteren Verlauf. Eine persönliche Ansprechperson vor Ort und hauptamtliche Mitarbeiterinnen und Mitarbeiter in allen AFS-Büros sind für Notfälle jederzeit erreichbar. Nach der Rückkehr hilft AFS mit zwei Nachbereitungsseminaren beim Wiedereinleben.

Stipendien und Sonstiges

Jedes Jahr vergibt AFS gemeinsam mit namhaften Stiftungen und Unternehmen an über 35 % der Teilnehmerinnen und Teilnehmer Stipendien. Weitere Infos: www.afs.de/stipendien.

Kurz und bündig			
Gründungsjahr	1948	Schülerzahl im Brasilien-Programm 2017/18	10
BRA-Programm seit	1974	Gesamtschülerzahl im High School Programm 2017/18	804
Gemeinnützigkeit	ja	Partner in Brasilien	AFS

Deutsches Youth For Understanding Komitee e.V. (YFU)	
Oberaltenallee 6	Telefon: 040 / 22 70 02-0
22081 Hamburg	Telefax: 040 / 22 70 02-27
info@yfu.de	www.yfu.de

Preis und Leistung			
Länderwahlprogramm	1. Halbjahr	2. Halbjahr	Schuljahr
Grundpreis	€ 7.800		€ 8.300
Flug D – Brasilien – D	ja		ja
Flugbegleitung auf Hinreise	ja		ja
Vorbereitungstreffen	ja		ja
Vorbereitungsseminar	ja		ja
Einführungsseminar in Brasilien	ja		ja
Elterntreffen	ja		ja
Nachbereitungstreffen	ja		ja
Nachbereitungsseminar	ja		ja
Kranken-/Unfallversicherung	ja		ja
Haftpflicht-/Gepäckversicherung	ja		ja
Gesamtpreis	**€ 7.800**		**€ 8.300**
Bewerbungsschluss	variabel		variabel
Spätbewerbung	nein		nein

Bewerbungsverlauf und Kriterien für die Annahme des Bewerbers
Bei YFU können sich Schülerinnen und Schüler aller Schularten bewerben. Sie sollten aufgeschlossen, anpassungsfähig und verantwortungsbewusst sein und mindestens durchschnittliche Schulleistungen vorweisen. Nach Durchsicht der schriftlichen Bewerbungsunterlagen führt YFU regional Auswahlgespräche in Form von Gruppen- und Einzelinterviews durch.

Vorbereitung auf den Brasilien-Aufenthalt in Deutschland
Alle YFU-Austauschschüler nehmen vor Abreise an einem einwöchigen Seminar teil, auf dem sie intensiv auf das Leben in einer fremden Kultur vorbereitet werden und praktische Tipps für den Alltag in Brasilien erhalten. Auch für Eltern werden eigene Vorbereitungstreffen angeboten. YFU stellt außerdem umfangreiche schriftliche Unterlagen zur Verfügung.

Betreuung während des Auslandsaufenthalts und Nachbereitung
Jeder Austauschschüler hat im Ausland vor Ort einen persönlichen Betreuer. Darüber hinaus stehen die hauptamtlichen YFU-Mitarbeiter in Deutschland und Brasilien zur Verfügung – im Notfall rund um die Uhr. Während des Austausches finden außerdem begleitende Seminare statt. Nach der Rückkehr gibt es ein zwei- bis dreitägiges Nachbereitungsseminar.

Stipendien und Sonstiges
YFU vergibt jährlich rund 300 Stipendien im Gesamtwert von etwa einer halben Million Euro. Die Vergabe und Höhe der Stipendien richtet sich nach der finanziellen Situation der Familie, nicht nach Schulnoten. Weitere Informationen gibt es unter www.yfu.de/stipendien.

Kurz und bündig			
Gründungsjahr	1957	Schülerzahl im Brasilien-Programm 2017/18	22
BRA-Programm seit	1987	Gesamtschülerzahl im High School Programm 2017/18	902
Gemeinnützigkeit	ja	Partner in Brasilien	YFU Brasilien

Global Youth Group e.V.
Eststr. 6
45149 Essen
info@global-youth-group.de
Telefon: 0201 / 6124529
Telefax: 0201 / 47619824
www.global-youth-group.de

Preis und Leistung			
Länderwahlprogramm	3 Monate	Halbjahr	Schuljahr
Grundpreis	€ 6.275	€ 8.000	€ 8.650
Flug D – Brasilien – D	ja	ja	ja
Flugbegleitung auf Hinreise	ja	ja	ja
Vorbereitungstreffen	optional	optional	optional
Vorbereitungsseminar	ja	ja	ja
Einführungsseminar in Brasilien	ja	ja	ja
Elterntreffen	ja	ja	ja
Nachbereitungstreffen	optional	optional	optional
Nachbereitungsseminar	ja	ja	ja
Kranken-/Unfallversicherung	ja	ja	ja
Haftpflicht-/Gepäckversicherung	ja	ja	ja
Gesamtpreis (ab)	**€ 6.275**	**€ 8.000**	**€ 8.650**
Bewerbungsschluss	31.10. / 31.03.	31.10. / 31.03.	31.10. / 31.03.
Spätbewerbung	auf Anfrage	auf Anfrage	auf Anfrage

Bewerbungsverlauf und Kriterien für die Annahme des Bewerbers
Bewirb dich online, per Fax, per E-Mail, per Telefon oder mit unserem Bewerbungsformular per Post. Nach Eingang deiner Bewerbung kontaktieren wir dich für ein unverbindliches und kostenloses Bewerbungsinterview an deinem Wunschort oder per Skype. Du solltest dich für die Kultur und die Sprache in Brasilien interessieren, Vorkenntnisse sind jedoch nicht erforderlich. Die Teilnahme ist für jeden zwischen 14 und 18 Jahren möglich.

Vorbereitung auf den Brasilien-Aufenthalt in Deutschland
Damit du und auch deine Eltern gut vorbereitet seid, organisieren wir deutschlandweit mehrere Vorbereitungsveranstaltungen. Dort bereiten wir dich intensiv auf deinen Brasilien Aufenthalt vor. Ebenso helfen wir dir bei der Organisation des Visums.

Betreuung während des Auslandsaufenthalts und Nachbereitung
Vor Ort hast du stets deinen persönlichen Ansprechpartner. Er steht dir bei Fragen, Wünschen und Problemen stets zur Seite und hilft dir so schnell wie möglich. Daneben hast du immer einen persönlichen Ansprechpartner in Deutschland, der auch für deine Eltern da ist, sowie je eine 24-Stunden-Notrufnummer in Brasilien und Deutschland.
Nach deiner Rückkehr findet eine Nachbereitungsveranstaltung statt.

Stipendien und Sonstiges
Inklusiv: Orientierungswoche zu Beginn mit Sprachkurs und Kulturprogramm;
Teilstipendium: 4 x bis zu € 4.000.
Mehr Sonderaktionen findest du auf unserer Website.

Kurz und bündig				
Gründungsjahr	2009	Schülerzahl im Brasilien-Programm 2017/18		4
BRA-Programm seit	2012	Gesamtschülerzahl im High School Programm 2017/18		233
Gemeinnützigkeit	ja	Partner in Brasilien	Viamundo	

AFS Interkulturelle Begegnungen e.V.
Friedensallee 48
22765 Hamburg
info@afs.de
Telefon: 040 / 399 222-0
Telefax: 040 / 399 222-99
www.afs.de

Preis und Leistung			
Länderwahlprogramm	1. Halbjahr	2. Halbjahr	Schuljahr
Grundpreis	€ 7.990	€ 7.990	€ 8.490
Flug D – Chile – D	ja	ja	ja
Flugbegleitung auf Hinreise	nein	nein	nein
Vorbereitungstreffen	teilweise	teilweise	teilweise
Vorbereitungsseminar	ja	ja	ja
Einführungsseminar in Chile	ja	ja	ja
Elterntreffen	teilweise	teilweise	teilweise
Nachbereitungstreffen	ja	ja	ja
Nachbereitungsseminar	ja	ja	ja
Kranken-/Unfallversicherung	ja	ja	ja
Haftpflicht-/Gepäckversicherung	nein	nein	nein
Gesamtpreis	**€ 7.990**	**€ 7.990**	**€ 8.490**
Bewerbungsschluss	15.10.	15.05.	15.05./15.10.
Spätbewerbung	möglich	möglich	möglich

Bewerbungsverlauf und Kriterien für die Annahme des Bewerbers
Alle Bewerberinnen und Bewerber werden zu einem Einführungsseminar eingeladen. Für die Aufnahme ins Programm ist die persönliche Eignung, d. h. Eigenschaften wie Offenheit, Toleranz, Selbstständigkeit, Anpassungsbereitschaft und Kommunikationsfähigkeit ausschlaggebend. Nach Bewerbungsschluss ist eine Bewerbung auf noch freie Länderplätze möglich.

Vorbereitung auf den Chile-Aufenthalt in Deutschland
AFS legt großen Wert auf die Vorbereitung der Teilnehmerinnen und Teilnehmer. Es finden je nach Abreisetermin bis zu drei Wochenendseminare statt. Im persönlichen Gespräch mit AFS-Ehrenamtlichen und der ganzen Familie wird individuell auf alle Fragen eingegangen.

Betreuung während des Auslandsaufenthalts und Nachbereitung
Das weltweite Netz haupt- und ehrenamtlicher Mitarbeiterinnen und Mitarbeiter ermöglicht die persönliche Betreuung der Jugendlichen vor, während und nach dem Auslandaufenthalt. AFS bzw. die Partnerorganisation im Gastland organisiert ein Orientierungsseminar zu Beginn des Programms sowie Auswertungsseminare im weiteren Verlauf. Eine persönliche Ansprechperson vor Ort und hauptamtliche Mitarbeiterinnen und Mitarbeiter in allen Partnerorganisationen sind für Notfälle jederzeit erreichbar. Nach der Rückkehr hilft AFS mit zwei Nachbereitungsseminaren beim Wiedereinleben.

Stipendien und Sonstiges
Jedes Jahr vergibt AFS gemeinsam mit namhaften Stiftungen und Unternehmen an über 35 % der Teilnehmerinnen und Teilnehmer Stipendien. Weitere Infos: www.afs.de/stipendien.

Kurz und bündig			
Gründungsjahr	1948	Schülerzahl im Chile-Programm 2017/18	18
Chile-Programm seit	1977	Gesamtschülerzahl im High School Programm 2017/18	804
Gemeinnützigkeit	ja	Partner in Chile	AFS

Deutsches Youth For Understanding Komitee e.V. (YFU)	
Oberaltenallee 6	Telefon: 040 / 22 70 02-0
22081 Hamburg	Telefax: 040 / 22 70 02-27
info@yfu.de	www.yfu.de

Preis und Leistung			
Länderwahlprogramm	1. Halbjahr	2. Halbjahr	Schuljahr
Grundpreis	€ 8.000		€ 8.500
Flug D – Chile – D	ja		ja
Flugbegleitung auf Hinreise	ja		ja
Vorbereitungstreffen	ja		ja
Vorbereitungsseminar	ja		ja
Einführungsseminar in Chile	ja		ja
Elterntreffen	ja		ja
Nachbereitungstreffen	ja		ja
Nachbereitungsseminar	ja		ja
Kranken-/Unfallversicherung	ja		ja
Haftpflicht-/Gepäckversicherung	ja		ja
Gesamtpreis	**€ 8.000**		**€ 8.500**
Bewerbungsschluss	variabel		variabel
Spätbewerbung	nein		nein

Bewerbungsverlauf und Kriterien für die Annahme des Bewerbers

Bei YFU können sich Schülerinnen und Schüler aller Schularten bewerben. Sie sollten aufgeschlossen, anpassungsfähig und verantwortungsbewusst sein und mindestens durchschnittliche Schulleistungen vorweisen. Nach Durchsicht der schriftlichen Bewerbungsunterlagen führt YFU regional Auswahlgespräche in Form von Gruppen- und Einzelinterviews durch.

Vorbereitung auf den Chile-Aufenthalt in Deutschland

Alle YFU-Austauschschüler nehmen vor Abreise an einem einwöchigen Seminar teil, auf dem sie intensiv auf das Leben in einer fremden Kultur vorbereitet werden und praktische Tipps für den Alltag in Chile erhalten. Auch für Eltern werden eigene Vorbereitungstreffen angeboten. YFU stellt außerdem umfangreiche schriftliche Unterlagen zur Verfügung.

Betreuung während des Auslandsaufenthalts und Nachbereitung

Jeder Austauschschüler hat im Ausland vor Ort einen persönlichen Betreuer. Darüber hinaus stehen die hauptamtlichen YFU-Mitarbeiter in Deutschland und Chile zur Verfügung – im Notfall rund um die Uhr. Während des Austausches finden außerdem begleitende Seminare statt. Nach der Rückkehr gibt es ein zwei- bis dreitägiges Nachbereitungsseminar.

Stipendien und Sonstiges

YFU vergibt jährlich rund 300 Stipendien im Gesamtwert von etwa einer halben Million Euro. Die Vergabe und Höhe der Stipendien richtet sich nach der finanziellen Situation der Familie, nicht nach Schulnoten. Weitere Informationen gibt es unter www.yfu.de/stipendien.

Kurz und bündig			
Gründungsjahr	1957	Schülerzahl im Chile-Programm 2017/18	18
Chile-Programm seit	1987	Gesamtschülerzahl im High School Programm 2017/18	902
Gemeinnützigkeit	ja	Partner in Chile	YFU Chile

Experiment e.V.
Gluckstraße 1 — Telefon: 0228 / 95722 0
53115 Bonn — Telefax: 0228 / 35 82 82
info@experiment-ev.de — www.experiment-ev.de

Preis und Leistung			
Länderwahlprogramm	3 Monate	Halbjahr	Schuljahr
Grundpreis (ab)	€ 5.800	€ 6.800	€ 8.200
Flug D – Chile – D	ja	ja	ja
Flugbegleitung auf Hinreise	nein	nein	nein
Vorbereitungstreffen	nein	nein	nein
Vorbereitungsseminar	ja	ja	ja
Einführungsseminar in Chile	ja	ja	ja
Elterntreffen	nein	nein	nein
Nachbereitungstreffen	nein	nein	nein
Nachbereitungsseminar	ja	ja	ja
Kranken-/Unfallversicherung	ja	ja	ja
Haftpflicht-/Gepäckversicherung	ja/nein	ja/nein	ja/nein
Gesamtpreis (circa)	**€ 5.800**	**€ 6.800**	**€ 8.200**
Bewerbungsschluss	01.02./01.08.	01.02.	01.02./01.08.
Spätbewerbung	möglich	möglich	möglich

Bewerbungsverlauf und Kriterien für die Annahme des Bewerbers
Alter: 15-18 Jahre. Voraussetzungen: Besuch einer weiterführenden Schule bis zur Ausreise, ernsthaftes Interesse am interkulturellen Austausch, Aufgeschlossenheit, Offenheit, Toleranz und Anpassungsvermögen. Grundkenntnisse in der Landessprache bis zur Ausreise werden erwartet. Bewerbung online über unsere Homepage: www.experiment-ev.de/bewerbung.

Vorbereitung auf den Chile-Aufenthalt in Deutschland
Alle Teilnehmenden werden zu einem überregionalen, 4-tägigen Vorbereitungsseminar eingeladen, auf dem sie von Ehrenamtlichen auf ihren Auslandsaufenthalt vorbereitet werden. Diese intensive Vorbereitung findet bereits mehrere Wochen vor der Ausreise statt, ist verpflichtend für alle Teilnehmenden und daher bereits im Preis enthalten. Zudem gibt es eine Informationsveranstaltung für Eltern.

Betreuung während des Auslandsaufenthalts und Nachbereitung
Ein persönlicher Betreuer unserer Partnerorganisation hat die Gastfamilie vor der Ankunft des Austauschschülers besucht und ist während des Aufenthaltes Ansprechpartner für Schüler/in und Gastfamilie. Für Eltern und Teilnehmende gibt es zusätzlich in Deutschland einen telefonischen Bereitschaftsdienst von Experiment e.V., der rund um die Uhr erreichbar ist.

Stipendien und Sonstiges
2-wöchiges Einführungsseminar in Santiago de Chile mit Sprachkurs enthalten. Experiment e.V. stellt für den „Schüleraustausch weltweit“ einen eigenfinanzierten Stipendienfonds in Höhe von € 85.000 (2019-2020) bereit, darunter Teilstipendien in Höhe von bis zu € 2.000. Aktuelle Stipendien unter: www.experiment-ev.de/stipendien

Kurz und bündig			
Gründungsjahr	1932	Schülerzahl im Chile-Programm 2017/18	2
Chile-Programm seit	2011	Gesamtschülerzahl im High School Programm 2017/18	500
Gemeinnützigkeit	ja	Partner in Chile	Experiment Chile

iE – international Experience e.V.
Amselweg 20 | Telefon: 02246 / 915 49 0
53797 Lohmar | Telefax: 02246 / 915 49 12
info@international-experience.net | www.international-experience.net

Preis und Leistung			
Länderwahlprogramm	1. Halbjahr	2. Halbjahr	Schuljahr
Grundpreis	€ 5.625	€ 5.625	€ 6.595
Flug D – Chile – D	€ 1.400/p	€ 1.400/p	€ 1.400/p
Flugbegleitung auf Hinreise	nein	nein	nein
Vorbereitungstreffen	nein	nein	nein
Vorbereitungsseminar	ja	ja	ja
Einführungsseminar in Chile	nein	nein	nein
Elterntreffen	nein	nein	nein
Nachbereitungstreffen	ja	ja	ja
Nachbereitungsseminar	nein	nein	nein
Kranken-/Unfallversicherung	ja	ja	ja
Haftpflicht-/Gepäckversicherung	ja	ja	ja
Gesamtpreis	**€ 7.025**	**€ 7.025**	**€ 7.995**
Bewerbungsschluss	flexibel	flexibel	flexibel
Spätbewerbung	möglich	möglich	möglich

Bewerbungsverlauf und Kriterien für die Annahme des Bewerbers
Auswahl der Bewerber nach einem ausführlichen Einzelgespräch im persönlichen Umfeld des Schülers und im Beisein der Eltern. Nach Annahme ist vom Schüler ein Profil mit ärztlichem Gutachten und Lehrerempfehlung einzureichen. Spanischkenntnisse des Bewerbers sind von Vorteil, empfohlen wird 2 Jahre Spanischunterricht. Flexibilität, Offenheit, Toleranz und Freude am spontanen Lebensstil der Südamerikaner sowie Interesse nicht nur an der spanischen Sprache, sondern auch an der chilenischen Kultur sind wichtig.

Vorbereitung auf den Chile-Aufenthalt in Deutschland
Vor Abreise findet ein Wochenendseminar zur Vorbereitung statt, das für die Teilnehmer Pflicht ist. Während der gesamten Vorbereitungszeit steht dem Schüler ein persönlicher Ansprechpartner von iE e.V. zur Verfügung.

Betreuung während des Auslandsaufenthalts und Nachbereitung
Die Teilnehmer werden vor Ort durch die Mitarbeiter unserer Partnerorganisation mit Sitz in Santiago und lokalen Koordinatoren am Ort der Platzierung betreut. Direkt zu Beginn wird eine mehrstündige Vorbereitung durchgeführt. iE e.V. steht während des Austauschaufenthaltes mit den Partnern und der Familie in Deutschland in regelmäßigem persönlichem Kontakt. iE unterhält in Deutschland einen persönlichen 24-Stunden-Notfall Dienst (kein Call-Center).

Stipendien und Sonstiges
iE empfiehlt den Besuch einer Privatschule, monatliche Schulgebühren betragen circa € 300 - 400. Aktueller Testsieger: 1. Platz aller gemeinnützigen Organisationen im Bereich Leistungen & Premium vom Deutsches Institut für Service-Qualität.

Kurz und bündig			
Gründungsjahr	2000	Schülerzahl im Chile-Programm 2017/18	0
Chile-Programm seit	2017	Gesamtschülerzahl im High School Programm 2017/18	362
Gemeinnützigkeit	ja	Partner in Chile	Contact Chile/Contact Mundo

Open Door International e.V. (ODI)
Thürmchenswall 69
50668 Köln
info@opendoorinternational.de
Telefon: 0221 / 60 60 85 50
Telefax: 0221 / 60 60 85 519
www.opendoorinternational.de

Preis und Leistung			
Länderwahlprogramm	3 Monate	Halbjahr	Schuljahr
Grundpreis	€ 5.990	€ 6.990	€ 7.990
Flug D – Chile – D	ja	ja	ja
Flugbegleitung auf Hinreise	ja	nein	ja
Vorbereitungstreffen	nein	nein	nein
Vorbereitungsseminar	ja	ja	ja
Einführungsseminar in Chile	ja	ja	ja
Elterntreffen	ja	ja	ja
Nachbereitungstreffen	nein	nein	nein
Nachbereitungsseminar	ja	ja	ja
Kranken-/Unfallversicherung	€ 140	€ 290	€ 560
Haftpflicht-/Gepäckversicherung	ja/nein	ja/nein	ja/nein
Gesamtpreis	**€ 6.130**	**€ 7.280**	**€ 8.550**
Bewerbungsschluss	31.04.	31.10.	31.04. / 31.10.
Spätbewerbung	möglich	möglich	möglich

Bewerbungsverlauf und Kriterien für die Annahme des Bewerbers

Einer unverbindlichen Online-Anmeldung folgen eine Bestätigung mit den ersten Unterlagen und das persönliche Kennenlerngespräch, das beim Bewerber zu Hause stattfindet. Auswahlkriterien sind die persönliche Eignung, Reife und Motivation, Offenheit, Toleranz, Flexibilität, Selbstständigkeit, Anpassungsbereitschaft, psychische Stabilität, aber auch die schulischen Leistungen, die nicht schlechter als 3,0 im Notendurchschnitt sein sollten. Das Programm ist für Schüler aller Schulformen im Alter von 14 bis 18 Jahren geeignet.

Vorbereitung auf den Chile-Aufenthalt in Deutschland

Das 4-tägige Vorbereitungsseminar mit hauptamtlichen Programmbetreuern und Returnees, ist obligatorisch. Mit Workshops und ausführlichem Infomaterial werden die Teilnehmer intensiv auf ihr Zielland, den Aufenthalt und mögliche Probleme vorbereitet. Im Rahmen eines Workshops für die Eltern werden die wichtigsten Fragen aus Elternsicht thematisiert. Die Eltern erhalten vorab ein Handbuch zu Themen wie Visum, Versicherung, Finanzen, etc.

Betreuung während des Auslandsaufenthalts und Nachbereitung

24-Stunden-Notfallnummer; Betreuung durch Partnerorganisation vor Ort; Ansprechperson für Teilnehmer und Eltern im ODI-Büro; Elterntreffen; 3-tägiges Nachbereitungsseminar für Returnees; Möglichkeit zu ehrenamtlicher Mitarbeit im Jugendaustausch.

Stipendien und Sonstiges

ODI vergibt ein Teilstipendium für die USA sowie vier weitere Teilstipendien für alle ODI-Länder.
Einwöchiges Einführungsseminar vor Ort und 20 Std. Spanisch-Sprachkurs inkl.

Kurz und bündig				
Gründungsjahr	1983	Schülerzahl im Chile-Programm 2017/18		7
Chile-Programm seit	2007	Gesamtschülerzahl im High School Programm 2017/18		104
Gemeinnützigkeit	ja	Partner in Chile	Flecha Extrema	

AFS Interkulturelle Begegnungen e.V.
Friedensallee 48
22765 Hamburg
info@afs.de
Telefon: 040 / 399 222-0
Telefax: 040 / 399 222-99
www.afs.de

Preis und Leistung			
Länderwahlprogramm	1. Halbjahr	2. Halbjahr	Schuljahr
Grundpreis	€ 9.490		€ 9.990
Flug D – China – D	ja		ja
Flugbegleitung auf Hinreise	nein		nein
Vorbereitungstreffen	teilweise		teilweise
Vorbereitungsseminar	ja		ja
Einführungsseminar in China	ja		ja
Elterntreffen	teilweise		teilweise
Nachbereitungstreffen	ja		ja
Nachbereitungsseminar	ja		ja
Kranken-/Unfallversicherung	ja		ja
Haftpflicht-/Gepäckversicherung	nein		nein
Gesamtpreis (circa)	**€ 9.490**		**€ 9.990**
Bewerbungsschluss	15.10.		15.10.
Spätbewerbung	möglich		möglich

Bewerbungsverlauf und Kriterien für die Annahme des Bewerbers
Alle Bewerberinnen und Bewerber werden zu einem Einführungsseminar eingeladen. Für die Aufnahme ins Programm ist die persönliche Eignung, d. h. Eigenschaften wie Offenheit, Toleranz, Selbstständigkeit, Anpassungsbereitschaft und Kommunikationsfähigkeit ausschlaggebend. Nach Bewerbungsschluss ist eine Bewerbung auf noch freie Länderplätze möglich.

Vorbereitung auf den China-Aufenthalt in Deutschland
AFS legt großen Wert auf die Vorbereitung der Teilnehmerinnen und Teilnehmer. Es finden drei Wochenendseminare statt. Im persönlichen Gespräch mit AFS-Ehrenamtlichen und der ganzen Familie wird individuell auf alle Fragen eingegangen.

Betreuung während des Auslandsaufenthalts und Nachbereitung
Das weltweite Netz haupt- und ehrenamtlicher Mitarbeiterinnen und Mitarbeiter ermöglicht die persönliche Betreuung der Jugendlichen vor, während und nach dem Auslandaufenthalt. AFS bzw. die Partnerorganisation im Gastland organisiert ein Orientierungsseminar zu Beginn des Programms sowie Auswertungsseminare im weiteren Verlauf. Eine persönliche Ansprechperson vor Ort und hauptamtliche Mitarbeiterinnen und Mitarbeiter in allen Partnerorganisationen sind für Notfälle jederzeit erreichbar. Nach der Rückkehr hilft AFS mit zwei Nachbereitungsseminaren beim Wiedereinleben.

Stipendien und Sonstiges
Jedes Jahr vergibt AFS an über 35 % der Teilnehmerinnen und Teilnehmer Stipendien. Für China u.a. das AFS-Asien-Stipendium. Auch die Stiftung Mercator bietet Stipendien an. Infos unter www.afs.de/stipendien.

Kurz und bündig			
Gründungsjahr	1948	Schülerzahl im China-Programm 2017/18	14
China-Programm seit	2002	Gesamtschülerzahl im High School Programm 2017/18	804
Gemeinnützigkeit	ja	Partner in China	AFS

China

Deutsches Youth For Understanding Komitee e.V. (YFU)
Oberaltenallee 6 — Telefon: 040 / 22 70 02-0
22081 Hamburg — Telefax: 040 / 22 70 02-27
info@yfu.de — www.yfu.de

Preis und Leistung			
Länderwahlprogramm	1. Halbjahr	2. Halbjahr	Schuljahr
Grundpreis	€ 9.400		€ 9.900
Flug D – China – D	ja		ja
Flugbegleitung auf Hinreise	ja		ja
Vorbereitungstreffen	ja		ja
Vorbereitungsseminar	ja		ja
Einführungsseminar in China	ja		ja
Elterntreffen	ja		ja
Nachbereitungstreffen	ja		ja
Nachbereitungsseminar	ja		ja
Kranken-/Unfallversicherung	ja		ja
Haftpflicht-/Gepäckversicherung	ja		ja
Gesamtpreis	**€ 9.400**		**€ 9.900**
Bewerbungsschluss	variabel		variabel
Spätbewerbung	nein		nein

Bewerbungsverlauf und Kriterien für die Annahme des Bewerbers
Bei YFU können sich Schülerinnen und Schüler aller Schularten bewerben. Sie sollten aufgeschlossen, anpassungsfähig und verantwortungsbewusst sein und mindestens durchschnittliche Schulleistungen vorweisen. Nach Durchsicht der schriftlichen Bewerbungsunterlagen führt YFU regional Auswahlgespräche in Form von Gruppen- und Einzelinterviews durch.

Vorbereitung auf den China-Aufenthalt in Deutschland
Alle YFU-Austauschschüler nehmen vor Abreise an einem einwöchigen Seminar teil, auf dem sie intensiv auf das Leben in einer fremden Kultur vorbereitet werden und praktische Tipps für den Alltag in China erhalten. Auch für Eltern werden eigene Vorbereitungstreffen angeboten. YFU stellt außerdem umfangreiche schriftliche Unterlagen zur Verfügung.

Betreuung während des Auslandsaufenthalts und Nachbereitung
Jeder Austauschschüler hat im Ausland vor Ort einen persönlichen Betreuer. Darüber hinaus stehen die hauptamtlichen YFU-Mitarbeiter in Deutschland und China zur Verfügung – im Notfall rund um die Uhr. Während des Austausches finden außerdem begleitende Seminare statt. Nach der Rückkehr gibt es ein zwei- bis dreitägiges Nachbereitungsseminar.

Stipendien und Sonstiges
YFU vergibt jährlich rund 300 Stipendien im Gesamtwert von etwa einer halben Million Euro. Die Vergabe und Höhe der Stipendien richtet sich nach der finanziellen Situation der Familie, nicht nach Schulnoten. Weitere Informationen gibt es unter www.yfu.de/stipendien.

Kurz und bündig			
Gründungsjahr	1957	Schülerzahl im China-Programm 2017/18	18
China-Programm seit	2004	Gesamtschülerzahl im High School Programm 2017/18	902
Gemeinnützigkeit	ja	Partner in China	YFU China

Experiment e.V.
Gluckstraße 1
53115 Bonn
info@experiment-ev.de
Telefon: 0228 / 95722 0
Telefax: 0228 / 35 82 82
www.experiment-ev.de

Preis und Leistung			
Länderwahlprogramm	1. Halbjahr	2. Halbjahr	Schuljahr
Grundpreis		€ 7.000	€ 9.870
Flug D – China – D		ja	ja
Flugbegleitung auf Hinreise		nein	nein
Vorbereitungstreffen		nein	nein
Vorbereitungsseminar		ja	ja
Einführungsseminar in China		ja	ja
Elterntreffen		nein	nein
Nachbereitungstreffen		nein	nein
Nachbereitungsseminar		ja	ja
Kranken-/Unfallversicherung		ja	ja
Haftpflicht-/Gepäckversicherung		ja/nein	ja/nein
Gesamtpreis (circa)		**€ 7.000**	**€ 9.870**
Bewerbungsschluss		01.02./01.08.	01.02.
Spätbewerbung		möglich	möglich

Bewerbungsverlauf und Kriterien für die Annahme des Bewerbers
Alter: 14-18 Jahre. Voraussetzungen: Besuch einer weiterführenden Schule bis zur Ausreise, ernsthaftes Interesse am interkulturellen Austausch, Aufgeschlossenheit, Offenheit, Toleranz und Anpassungsvermögen. Grundkenntnisse in Mandarin bis zur Ausreise werden erwartet. Bewerbung online über unsere Homepage: www.experiment-ev.de/bewerbung.

Vorbereitung auf den China-Aufenthalt in Deutschland
Alle Teilnehmenden werden zu einem überregionalen, 4-tägigen Vorbereitungsseminar eingeladen, auf dem sie von Ehrenamtlichen umfassend auf ihren Auslandsaufenthalt vorbereitet werden. Diese intensive Vorbereitung findet bereits mehrere Wochen vor der Ausreise statt, ist verpflichtend für alle Teilnehmenden und daher bereits im Preis enthalten.

Betreuung während des Auslandsaufenthalts und Nachbereitung
Ein persönlicher Betreuer unserer Partnerorganisation hat die Gastfamilie vor der Ankunft des Austauschschülers besucht und ist während des Aufenthaltes Ansprechpartner für Schüler/in und Gastfamilie. Für Eltern und Teilnehmende gibt es zusätzlich in Deutschland einen telefonischen Bereitschaftsdienst von Experiment e.V., der rund um die Uhr erreichbar ist.

Stipendien und Sonstiges
Auch Kurzprogramm für 2 Monate im Angebot für € 1.900. Sehr gute Fördermöglichkeiten durch die Stiftung Mercator. Optionaler Sprachkurs vor Ort; Möglichkeit eines Feriensprachkurses in Deutschland. Aktuelle Stipendien unter: www.experiment-ev.de/stipendien

Kurz und bündig			
Gründungsjahr	1932	Schülerzahl im China-Programm 2017/18	6
China-Programm seit	2009	Gesamtschülerzahl im High School Programm 2017/18	500
Gemeinnützigkeit	ja	Partner in China	langjährige Partnerorganisationen

AFS Interkulturelle Begegnungen e.V.	
Friedensallee 48	Telefon: 040 / 399 222-0
22765 Hamburg	Telefax: 040 / 399 222-99
info@afs.de	www.afs.de

Preis und Leistung			
Länderwahlprogramm	1. Halbjahr	2. Halbjahr	Schuljahr
Grundpreis	€ 9.090	€ 9.090	€ 9.590
Flug D – Costa Rica – D	ja	ja	ja
Flugbegleitung auf Hinreise	teilweise	teilweise	teilweise
Vorbereitungstreffen	teilweise	teilweise	teilweise
Vorbereitungsseminar	ja	ja	ja
Einführungsseminar in Costa Rica	ja	ja	ja
Elterntreffen	teilweise	teilweise	teilweise
Nachbereitungstreffen	ja	ja	ja
Nachbereitungsseminar	ja	ja	ja
Kranken-/Unfallversicherung	ja	ja	ja
Haftpflicht-/Gepäckversicherung	nein	nein	nein
Gesamtpreis (circa)	**€ 9.090**	**€ 9.090**	**€ 9.590**
Bewerbungsschluss	15.10.	15.05.	15.05./15.10.
Spätbewerbung	möglich	möglich	möglich

Bewerbungsverlauf und Kriterien für die Annahme des Bewerbers

Alle Bewerberinnen und Bewerber werden zu einem Einführungsseminar eingeladen. Für die Aufnahme ins Programm ist die persönliche Eignung, d. h. Eigenschaften wie Offenheit, Toleranz, Selbstständigkeit, Anpassungsbereitschaft und Kommunikationsfähigkeit ausschlaggebend. Nach Bewerbungsschluss ist eine Bewerbung auf noch freie Länderplätze möglich.

Vorbereitung auf den Costa Rica-Aufenthalt in Deutschland

AFS legt großen Wert auf die Vorbereitung der Teilnehmerinnen und Teilnehmer. Es finden je nach Abreisetermin bis zu drei Wochenendseminare statt. Im persönlichen Gespräch mit AFS-Ehrenamtlichen und der ganzen Familie wird individuell auf alle Fragen eingegangen.

Betreuung während des Auslandsaufenthalts und Nachbereitung

Das weltweite Netz haupt- und ehrenamtlicher Mitarbeiterinnen und Mitarbeiter ermöglicht die persönliche Betreuung der Jugendlichen vor, während und nach dem Auslandaufenthalt. AFS im Gastland organisiert ein Orientierungsseminar zu Beginn des Programms sowie Auswertungsseminare im weiteren Verlauf. Eine Ansprechperson vor Ort und hauptamtliche Mitarbeiterinnen und Mitarbeiter in den AFS-Büros sind für Notfälle jederzeit erreichbar. Nach der Rückkehr hilft AFS mit zwei Nachbereitungsseminaren beim Wiedereinleben.

Stipendien und Sonstiges

Jedes Jahr vergibt AFS gemeinsam mit namhaften Stiftungen und Unternehmen an über 35 % der Teilnehmerinnen und Teilnehmer Stipendien. Infos unter www.afs.de/stipendien.

Kurz und bündig			
Gründungsjahr	1948	Schülerzahl im Costa Rica-Programm 2017/18	35
CR-Programm seit	1975	Gesamtschülerzahl im High School Programm 2017/18	804
Gemeinnützigkeit	ja	Partner in Costa Rica	AFS

Ayusa-Intrax GmbH
Giesebrechtstr. 10
10629 Berlin
highschool@intrax.de
Telefon: 030 / 84 39 39 93
Telefax: 030 / 84 39 39 39
www.intrax.de

Preis und Leistung			
*Länderwahlprogramm**	3 Monate	Halbjahr	Schuljahr
Grundpreis (ab)	€ 6.990	€ 7.490	€ 10.990
Flug D – Costa Rica – D	ja	ja	ja
Flugbegleitung auf Hinreise	nein	nein	nein
Vorbereitungstreffen	nein	nein	nein
Vorbereitungsseminar	ja	ja	ja
Einführungsseminar in Costa Rica	ja	ja	ja
Elterntreffen	ja	ja	ja
Nachbereitungstreffen	nein	nein	nein
Nachbereitungsseminar	ja	ja	ja
Kranken-/Unfallversicherung	ja	ja	ja
Haftpflicht-/Gepäckversicherung	ja	ja	ja
Gesamtpreis (ab circa)	**€ 6.990**	**€ 7.490**	**€ 10.990**
Bewerbungsschluss	30.11. / 15.05.	30.11. / 15.05.	30.11. / 15.05.
Spätbewerbung	möglich	möglich	möglich

Bewerbungsverlauf und Kriterien für die Annahme des Bewerbers
Neben dem schriftlichen Bewerbungsverlauf laden wir zu einem persönlichen Einzelgespräch in der Nähe des Wohnortes ein, gerne auch mit den Eltern. Unsere Auswahlkriterien sind große Motivation, starkes Interesse an Costa Rica, Flexibilität, realistische Erwartungen, gute Englischkenntnisse und Grundkenntnisse in Spanisch bei Ausreise. Für das Programm in Costa Rica können sich 15- bis 17-Jährige bewerben.

Vorbereitung auf den Costa Rica-Aufenthalt in Deutschland
Auf deutschlandweit stattfindenden Veranstaltungen informieren wir Schüler und Eltern und bereiten bei Vorbereitungsseminaren auf den Aufenthalt vor. Weiterhin stellen wir Telefonnummern und Email-Adressen ehemaliger Teilnehmer zur Verfügung. Vor Abreise erhalten alle Teilnehmer ein Handbuch mit Einblicken in das Land und praktischen Hinweisen.

Betreuung während des Auslandsaufenthalts und Nachbereitung
In Costa Rica beginnt der Aufenthalt mit einer 3-tägigen Orientation bei Alajuela. Unsere Teilnehmer werden von Mitarbeitern der Partnerorganisation betreut, die teilw. auch Deutsch sprechen. Es werden Ausflüge und Reisen, z.B. nach Panama oder Nicaragua, angeboten.

Stipendien und Sonstiges
Für einen Aufenthalt in Costa Rica werden im Rahmen des Ayusa-Intrax Stipendienprogrammes Teilstipendien bis maximal € 3.000 vergeben.
* Gegen einen Aufpreis von € 500 können unsere Teilnehmer in ihrer Wunschregion platziert werden. Preisangaben für Halb- und Schuljahr ab Sommer 2019 beinhalten einen Frühbucherrabatt, Details dazu auf unserer Webseite: www.intrax.de

Kurz und bündig			
Gründungsjahr	1991	Schülerzahl im Costa Rica-Programm 2017/18	22
CR-Programm seit	2011	Gesamtschülerzahl im High School Programm 2017/18	372
Gemeinnützigkeit	nein	Partner in Costa Rica	Academia Intercultural de Lenguas

CAMPS International GmbH	
Poolstraße 36	Poolstraße 36
20355 Hamburg	20355 Hamburg
info@camps.de	info@camps.de

Preis und Leistung			
Länderwahlprogramm	3 Monate	Halbjahr	Schuljahr
Grundpreis	€ 4.800	€ 6.800	€ 8.250
Flug D – Costa Rica – D	€ 1.400/p	€ 1.400/p	€ 1.400/p
Flugbegleitung auf Hinreise	nein	nein	nein
Vorbereitungstreffen	ja	ja	ja
Vorbereitungsseminar	nein	nein	nein
Einführungsseminar in Costa Rica	nein	ja	ja
Elterntreffen	nein	nein	nein
Nachbereitungstreffen	nein	nein	nein
Nachbereitungsseminar	ja	ja	ja
Kranken-/Unfallversicherung	€ 120/p	€ 240/p	€ 480/p
Haftpflicht-/Gepäckversicherung	nein	nein	nein
Gesamtpreis (ab circa)	**€ 6.320**	**€ 8.440**	**€ 10.130**
Bewerbungsschluss	3 Monate vor Ausreise	30. Oktober	15. April
Spätbewerbung	Auf Anfrage	Auf Anfrage	Auf Anfrage

Bewerbungsverlauf und Kriterien für die Annahme des Bewerbers

Die Bewerbung erfolgt online unter camps.de. Danach findet ein persönliches Auswahlgespräch statt. Dieses Interview wird bei uns immer als Einzel-, nie als Gruppengespräch geführt. Wir wollen jeden Bewerber und seine Familie bestmöglich kennenlernen und individuell beraten. Noch während des Gesprächs teilen wir dem Schüler mit, ob wir ihn in das Programm aufnehmen werden.

Vorbereitung auf den Costa Rica-Aufenthalt in Deutschland

Im Rahmen des persönlichen Beratungsgespräches sowie unseres Schüler-/ Eltern-Workshops in Deutschland vor der Ausreise bereiten wir unsere Teilnehmer intensiv auf den Costa Rica-Aufenthalt vor. In Costa Rica veranstalten wir gemeinsam mit unserem Partner einen mehrtägigen Workshop in San José zur vertiefenden Vorbereitung.

Betreuung während des Auslandsaufenthalts und Nachbereitung

In Costa Rica hat jeder unserer Teilnehmer einen individuellen Betreuer vor Ort. Dieser ist bei Problemen oder Fragen immer zur Stelle und hilft weiter. Natürlich stehen auch wir von CAMPS vor, während und nach dem Aufenthalt immer bei Fragen zur Verfügung. Nach der Rückkehr veranstalten wir ein Returnee Meeting, welches an einem Wochenende Anfang September stattfindet.

Stipendien und Sonstiges

Kreative Köpfe erhalten von uns eine kleine Finanzspritze, wenn sie sich dafür entscheiden einen Blog oder ähnliches für uns zu schreiben.

Kurz und bündig			
Gründungsjahr	1984	Schülerzahl im Costa Rica-Programm 2017/18	5
CR-Programm seit	2012	Gesamtschülerzahl im High School Programm 2017/18	113
Gemeinnützigkeit	Nein	Partner in Costa Rica	Intercultura

Deutsches Youth For Understanding Komitee e.V. (YFU)	
Oberaltenallee 6	Telefon: 040 / 22 70 02-0
22081 Hamburg	Telefax: 040 / 22 70 02-27
info@yfu.de	www.yfu.de

Preis und Leistung

Länderwahlprogramm	3 Monate	Halbjahr	Schuljahr
Grundpreis			€ 9.600
Flug D – Costa Rica – D			ja
Flugbegleitung auf Hinreise			ja
Vorbereitungstreffen			ja
Vorbereitungsseminar			ja
Einführungsseminar in Costa Rica			ja
Elterntreffen			ja
Nachbereitungstreffen			ja
Nachbereitungsseminar			ja
Kranken-/Unfallversicherung			ja
Haftpflicht-/Gepäckversicherung			ja
Gesamtpreis			**€ 9.600**
Bewerbungsschluss			variabel
Spätbewerbung			nein

Bewerbungsverlauf und Kriterien für die Annahme des Bewerbers
Bei YFU können sich Schülerinnen und Schüler aller Schularten bewerben. Sie sollten aufgeschlossen, anpassungsfähig und verantwortungsbewusst sein und mindestens durchschnittliche Schulleistungen vorweisen. Nach Durchsicht der schriftlichen Bewerbungsunterlagen führt YFU regional Auswahlgespräche in Form von Gruppen- und Einzelinterviews durch.

Vorbereitung auf den Costa Rica-Aufenthalt in Deutschland
Alle YFU-Austauschschüler nehmen vor Abreise an einem einwöchigen Seminar teil, auf dem sie intensiv auf das Leben in einer fremden Kultur vorbereitet werden und praktische Tipps für den Alltag in Costa Rica erhalten. Auch für Eltern werden eigene Vorbereitungstreffen angeboten. YFU stellt außerdem umfangreiche schriftliche Unterlagen zur Verfügung.

Betreuung während des Auslandsaufenthalts und Nachbereitung
Jeder Austauschschüler hat im Ausland vor Ort einen persönlichen Betreuer. Darüber hinaus stehen die hauptamtlichen YFU-Mitarbeiter in Deutschland und Costa Rica zur Verfügung – im Notfall rund um die Uhr. Während des Austauschjahres finden außerdem begleitende Seminare statt. Nach der Rückkehr gibt es ein zwei- bis dreitägiges Nachbereitungsseminar.

Stipendien und Sonstiges
YFU vergibt jährlich rund 300 Stipendien im Gesamtwert von etwa einer halben Million Euro. Die Vergabe und Höhe der Stipendien richtet sich nach der finanziellen Situation der Familie, nicht nach Schulnoten. Weitere Informationen gibt es unter www.yfu.de/stipendien.

Kurz und bündig

Gründungsjahr	1957	Schülerzahl im Costa Rica-Programm 2017/18	8
CR-Programm seit	2010	Gesamtschülerzahl im High School Programm 2017/18	902
Gemeinnützigkeit	ja	Partner in Costa Rica	k. A.

Experiment e.V.	
Gluckstraße 1	Telefon: 0228 / 957 220
53115 Bonn	Telefax: 0228 / 358 282
info@experiment-ev.de	www.experiment-ev.de

Preis und Leistung			
Länderwahlprogramm	3 bzw. 4 Monate	Halbjahr	Schuljahr
Grundpreis (ab)	€ 6.500		€ 7.800
Flug D – Costa Rica – D	ja		ja
Flugbegleitung auf Hinreise	nein		nein
Vorbereitungstreffen	nein		nein
Vorbereitungsseminar	ja		ja
Einführungsseminar in Costa Rica	ja		ja
Elterntreffen	nein		nein
Nachbereitungstreffen	nein		nein
Nachbereitungsseminar	ja		ja
Kranken-/Unfallversicherung	ja		ja
Haftpflicht-/Gepäckversicherung	ja/nein		ja/nein
Gesamtpreis (circa)	**€ 6.500**		**€ 7.800**
Bewerbungsschluss	01.02./01.08.		01.02./01.08.
Spätbewerbung	möglich		möglich

Bewerbungsverlauf und Kriterien für die Annahme des Bewerbers

Alter: 14-18 Jahre. Voraussetzungen: Besuch einer weiterführenden Schule bis zur Ausreise, ernsthaftes Interesse am interkulturellen Austausch, Aufgeschlossenheit, Offenheit, Toleranz und Anpassungsvermögen. Grundkenntnisse in der Landessprache bis zur Ausreise werden erwartet. Bewerbung online über unsere Homepage: www.experiment-ev.de/bewerbung.

Vorbereitung auf den Costa Rica-Aufenthalt in Deutschland

Alle Teilnehmer werden zu einem überregionalen, viertägigen Vorbereitungsseminar eingeladen, auf dem sie von Ehrenamtlichen umfassend auf ihren Auslandsaufenthalt vorbereitet werden. Diese intensive Vorbereitung findet bereits mehrere Wochen vor der Ausreise statt, ist verpflichtend für alle Teilnehmer und daher bereits im Preis enthalten.

Betreuung während des Auslandsaufenthalts und Nachbereitung

Ein persönlicher Betreuer unserer Partnerorganisation hat die Gastfamilie vor der Ankunft des Austauschschülers besucht und ist während des Aufenthaltes Ansprechpartner für Schüler/in und Gastfamilie. Für Eltern und Teilnehmende gibt es zusätzlich in Deutschland einen telefonischen Bereitschaftsdienst von Experiment e.V., der rund um die Uhr erreichbar ist.

Stipendien und Sonstiges

5-tägiges Einführungsseminar in San José durch unseren Partner nach der Ankunft. Beim 10-Monats-Programm Schulwahl gegen Aufpreis möglich. Experiment e.V. stellt für den „Schüleraustausch weltweit“ einen eigenfinanzierten Stipendienfonds in Höhe von € 85.000 (2019-20) bereit, darunter Teilstipendien in Höhe von bis zu € 2.000. Aktuelle Stipendien unter: www.experiment-ev.de/stipendien

Kurz und bündig			
Gründungsjahr	1932	Schülerzahl im Costa-Rica-Programm 2017/18	9
CR-Programm seit	2011	Gesamtschülerzahl im High School Programm 2017/18	500
Gemeinnützigkeit	ja	Partner in Costa Rica	langjährige Partnerorganisationen

Global Youth Group e.V.	
Eststr. 6	Telefon: 0201 / 6124529
45149 Essen	Telefax: 0201 / 47619824
info@global-youth-group.de	www.global-youth-group.de

Preis und Leistung			
Länderwahlprogramm	3 Monate	Halbjahr	Schuljahr
Grundpreis	€ 6.100	€ 7.175	€ 8.825
Flug D – Costa Rica – D	ja	ja	ja
Flugbegleitung auf Hinreise	optional	optional	optional
Vorbereitungstreffen	optional	optional	optional
Vorbereitungsseminar	ja	ja	ja
Einführungsseminar in Costa Rica	ja	ja	ja
Elterntreffen	ja	ja	ja
Nachbereitungstreffen	optional	optional	optional
Nachbereitungsseminar	ja	ja	ja
Kranken-/Unfallversicherung*	€ 180/opt.	€ 360/opt.	€ 720/opt.
Haftpflicht-/Gepäckversicherung	optional	optional	optional
Gesamtpreis	**€ 6.280**	**€ 7.535**	**€ 9.545**
Bewerbungsschluss	30.09. / 31.03.	30.09. / 31.03.	30.09. / 31.03.
Spätbewerbung	auf Anfrage	auf Anfrage	auf Anfrage

Bewerbungsverlauf und Kriterien für die Annahme des Bewerbers
Bewirb dich online, per Fax, per E-Mail, per Telefon oder mit unserem Bewerbungsformular per Post. Nach Eingang deiner Bewerbung kontaktieren wir dich für ein unverbindliches und kostenloses Bewerbungsinterview an deinem Wunschort oder per Skype. Du solltest dich für die Kultur und die Sprache in Costa Rica interessieren. Vorkenntnisse in Spanisch sind nicht erforderlich, aber von Vorteil. Die Teilnahme ist für jeden zwischen 15 u. 17 Jahren möglich.

Vorbereitung auf den Costa Rica-Aufenthalt in Deutschland
Damit du und auch deine Eltern gut vorbereitet seid, organisieren wir deutschlandweit mehrere Vorbereitungsveranstaltungen. Dort bereiten wir dich intensiv auf deinen Aufenthalt vor. Ebenso helfen wir dir bei der Organisation deines Visums.

Betreuung während des Auslandsaufenthalts und Nachbereitung
Vor Ort hast du stets deinen persönlichen Ansprechpartner. Er steht dir bei Fragen, Wünschen und Problemen stets zur Seite und hilft dir so schnell wie möglich. Daneben hast du immer einen persönlichen Ansprechpartner in Deutschland, der auch für deine Eltern da ist, sowie je eine 24-Stunden-Notrufnummer in Costa Rica und Deutschland.
Nach deiner Rückkehr findet eine Nachbereitungsveranstaltung statt.

Stipendien und Sonstiges
Teilstipendium: 4 x bis zu € 4.000, ggf. mehr Sonderaktionen findest du auf unserer Website; Optional: Sprachkurs vor Beginn des Programms, Flugbegleitung, Versicherungspaket; Verschiedene Schulformen sind optional wählbar.
* Der Abschluss des opt. Versicherungspakets mit Krankenversicherung wird empfohlen.

Kurz und bündig			
Gründungsjahr	2009	Schülerzahl im Costa-Rica-Programm 2017/18	5
CR-Programm seit	2015	Gesamtschülerzahl im High School Programm 2017/18	233
Gemeinnützigkeit	ja	Partner in Costa Rica	AVE/ICIES

ICXchange-Deutschland e.V.
Bahnhofstraße 16-18
26122 Oldenburg
info@icxchange.de
Telefon: 0441 / 923 98-0
Telefax: 0441 / 923 98-99
www.icxchange.de

Preis und Leistung

Länderwahlprogramm	3 Monate	Halbjahr	Schuljahr
Grundpreis	€ 6.200	€ 7.950	€ 10.050
Flug D – Costa Rica – D	ja	ja	ja
Flugbegleitung auf Hinreise	ab 15 Teiln.	ab 15 Teiln.	ab 15 Teiln.
Vorbereitungstreffen	nein	nein	nein
Vorbereitungsseminar	ja	ja	ja
Einführungsseminar in Costa Rica	nein	nein	nein
Elterntreffen	nein	nein	nein
Nachbereitungstreffen	nein	nein	nein
Nachbereitungsseminar	ja	ja	ja
Kranken-/Unfallversicherung	ja	ja	ja
Haftpflicht-/Gepäckversicherung	€ 75/60/opt.	€ 75/60/opt.	€ 75/60/opt.
Gesamtpreis	**€ 6.200**	**€ 7.950**	**€ 10.050**
Bewerbungsschluss	30.04. / 30.09.	30.09.	30.04.
Spätbewerbung	möglich	möglich	möglich

Bewerbungsverlauf und Kriterien für die Annahme des Bewerbers

Nach Eingang der Kurzbewerbung laden wir den Bewerber zu einem persönlichen Gespräch am oder in der Nähe seines Wohnortes ein. Danach erfolgen Akzeptierung, ausführliche Bewerbungsunterlagen und Vertragsofferte. Voraussetzungen: 15-18 Jahre, Besuch einer allgemeinbildenden Schule, Gesundheit, Anpassungsfähigkeit, Spanisch-Grundkenntnisse, Notendurchschnitt von 3,5 für Gymnasiasten, 3,0 für Realschüler und 2,0 für Hauptschüler.

Vorbereitung auf den Costa Rica-Aufenthalt in Deutschland

Vor der Ausreise laden wir alle Teilnehmer zu einem zweitägigen Vorbereitungsseminar ein. Die Eltern kommen für einen Nachmittag dazu. Das Seminar wird von ICX-Mitarbeitern geleitet, die von ehemaligen Teilnehmern unterstützt werden. Zusätzlich erhält jeder Teilnehmer eine ausführliche Informationsmappe.

Betreuung während des Auslandsaufenthalts und Nachbereitung

Während des Programms werden die Schüler von unserer costa-ricanischen Partnerorganisation AVE betreut. Jedem Schüler steht am Wohnort oder in der Nähe ein Repräsentant von AVE als Ansprechpartner zur Verfügung. Nach Beendigung des Programms findet ein Nachbereitungsseminar in Deutschland statt.

Stipendien und Sonstiges

ICX vergibt Teilstipendien bis € 1.000. Die Stipendienvergabe richtet sich nach der Höhe des Familieneinkommens und dem zur Verfügung stehenden Stipendienfonds.

Kurz und bündig

Gründungsjahr	1974	Schülerzahl im Costa Rica-Programm 2017/18	1
CR-Programm seit	2012	Gesamtschülerzahl im High School Programm 2017/18	146
Gemeinnützigkeit	ja	Partner in Costa Rica	AVE

iE – international Experience e.V.	
Amselweg 20	Telefon: 02246 / 915 49 0
53797 Lohmar	Telefax: 02246 / 915 49 12
info@international-experience.net	www.international-experience.net

Preis und Leistung			
Länderwahlprogramm	3 Monate	Halbjahr	Schuljahr
Grundpreis (ab)	€ 4.995	€ 6.795	€ 8.195
Flug D – Costa Rica – D	€ 1.400/p	€ 1.400/p	€ 1.400/p
Flugbegleitung auf Hinreise	nein	nein	nein
Vorbereitungstreffen	nein	nein	nein
Vorbereitungsseminar	ja	ja	ja
Einführungsseminar in Costa Rica	nein	nein	nein
Elterntreffen	nein	nein	nein
Nachbereitungstreffen	ja	ja	ja
Nachbereitungsseminar	nein	nein	nein
Kranken-/Unfallversicherung	ja	ja	ja
Haftpflicht-/Gepäckversicherung	ja	ja	ja
Gesamtpreis	**€ 6.395**	**€ 8.195**	**€ 9.595**
Bewerbungsschluss	31.03. / 31.10.	31.03. / 31.10.	31.03. / 31.10.
Spätbewerbung	möglich	möglich	möglich

Bewerbungsverlauf und Kriterien für die Annahme des Bewerbers

Auswahl der Bewerber nach einem ausführlichen Einzelgespräch im persönlichen Umfeld des Schülers und im Beisein der Eltern. Nach Annahme ist vom Schüler ein ausführliches Profil mit ärztlichem Gutachten und Lehrerempfehlung einzureichen. Spanischkenntnisse des Bewerbers sind von Vorteil Flexibilität, Offenheit, Toleranz und Spontanität sowie Interesse an der karibischen Lebensweise und Kultur sind wichtig.

Vorbereitung auf den Costa Rica-Aufenthalt in Deutschland

Vor Abreise findet ein Wochenendseminar zur Vorbereitung statt, das für die Teilnehmer Pflicht ist. Während der gesamten Vorbereitungszeit steht dem Schüler ein persönlicher Ansprechpartner von iE e.V. zur Verfügung.

Betreuung während des Auslandsaufenthalts und Nachbereitung

Die Teilnehmer werden vor Ort durch die Mitarbeiter unserer Partnerorganisation betreut. Direkt zu Beginn wird eine Vorbereitung auf den Aufenthalt durch die Betreuer durchgeführt. Zusätzliche Sprachkurse sind auf Anfrage möglich. iE e.V. steht während des Austauschaufenthaltes mit den Partnern und mit der Familie in Deutschland in regelmäßigem Kontakt. Persönlicher 24-Stunden-Notfall Dienst (kein Call-Center).

Stipendien und Sonstiges

Gegen Aufpreis kann sich der Schüler für eine bilingual ausgerichtete Privatschule oder eine internationale Schule entscheiden. iE empfiehlt den Besuch einer Privatschule.
Aktueller Testsieger: 1. Platz aller gemeinnützigen Organisationen im Bereich Leistungen & Premium vom Deutsches Institut für Service-Qualität

Kurz und bündig			
Gründungsjahr	2000	Schülerzahl im Costa Rica-Programm 2017/18	4
CR-Programm seit	2014	Gesamtschülerzahl im High School Programm 2017/18	362
Gemeinnützigkeit	ja	Partner in Costa Rica	AVE/ICIES

KulturLife gGmbH
Max-Giese-Str. 22
24116 Kiel
info@kultur-life.de
Telefon: 0431 / 888 14 10
Telefax: 0431 / 888 14 19
www.kultur-life.de

Preis und Leistung			
*Länderwahlprogramm**	3 Monate	Halbjahr	Schuljahr
Grundpreis	€ 6.590	€ 7.990	€ 10.990
Flug D – Costa Rica – D	ja	ja	ja
Flugbegleitung auf Hinreise	nein	nein	nein
Vorbereitungstreffen	nein	nein	nein
Vorbereitungsseminar	ja	ja	ja
Einführungsseminar in Costa Rica	ja	ja	ja
Elterntreffen	ja	ja	ja
Nachbereitungstreffen	nein	nein	nein
Nachbereitungsseminar	ja	ja	ja
Kranken-/Unfallversicherung	€ 135	€ 225	€ 450
Haftpflicht-/Gepäckversicherung	€ 45 opt./nein	€ 45 opt./nein	€ 90 opt./nein
Gesamtpreis (circa)	**€ 6.725**	**€ 8.215**	**€ 11.440**
Bewerbungsschluss	20.05. / 20.10.	20.05. / 20.10.	20.05. / 20.10.
Spätbewerbung	möglich	möglich	möglich

Bewerbungsverlauf und Kriterien für die Annahme des Bewerbers
Wenn du uns deine unverbindliche Anmeldung schickst, möchten wir dich und deine Eltern bei einem persönlichen Gespräch im Kieler Büro oder via Skype kennenlernen. Für uns sind deine Motivation und Offenheit entscheidend. Spanischkenntnisse sind keine Voraussetzung, aber von Vorteil. Wenn von unserer Seite deinem Auslandsaufenthalt nichts mehr im Weg steht, schicken wir dir und deinen Eltern ein Vertragsangebot und alle nötigen Unterlagen zu.

Vorbereitung auf den Costa Rica-Aufenthalt in Deutschland
Jedes Jahr führen wir mehrere Vorbereitungswochenenden in Hannover durch. Auch deine Eltern sind dazu eingeladen. Besonderer Schwerpunkt der Vorbereitungsseminare ist ein intensives interkulturelles Training. Neben deinem Programmbetreuer triffst du auch ehemalige Austauschschüler, die von ihren Erfahrungen berichten.

Betreuung während des Auslandsaufenthalts und Nachbereitung
Du wirst von unseren deutschsprachigen Kollegen in San José betreut. Natürlich kannst du auch immer deinen persönlichen Betreuer von KulturLife kontaktieren, den du von Anfang an kennst. Für Notfälle sind wir mit unserer 24-Stunden-Hotline rund um die Uhr erreichbar.

Stipendien und Sonstiges
* Optional ist hier eine Regionenwahl gegen Aufpreis möglich. Du kannst an organisierten Reisen teilnehmen und als Volunteer verschiedene Projekte unterstützen. KulturLife vergibt verschiedene Stipendien: www.kultur-life.de/ueber-uns/kulturlife-stipendien/

Kurz und bündig				
Gründungsjahr	1995	Schülerzahl im Costa Rica-Programm 2017/18		2
CR-Programm seit	2012	Gesamtschülerzahl im High School Programm 2017/18		120
Gemeinnützigkeit	ja	Partner in Costa Rica	AiL	

Open Door International e.V. (ODI)	
Thürmchenswall 69	Telefon: 0221 / 60 60 85 50
50668 Köln	Telefax: 0221 / 60 60 85 519
info@opendoorinternational.de	www.opendoorinternational.de

Preis und Leistung			
Länderwahlprogramm	3 Monate	Halbjahr	Schuljahr
Grundpreis (ab)	€ 7.990	€ 8.290	€ 9.490
Flug D – Costa Rica – D	ja	ja	ja
Flugbegleitung auf Hinreise	nein	nein	nein
Vorbereitungstreffen	nein	nein	nein
Vorbereitungsseminar	ja	ja	ja
Einführungsseminar in Costa Rica	ja	ja	ja
Elterntreffen	ja	ja	ja
Nachbereitungstreffen	nein	nein	nein
Nachbereitungsseminar	ja	ja	ja
Kranken-/Unfallversicherung	€ 140	€ 290	€ 560
Haftpflicht-/Gepäckversicherung	ja/nein	ja/nein	ja/nein
Gesamtpreis (ab circa)	**€ 8.130**	**€ 8.580**	**€ 10.050**
Bewerbungsschluss	15.04./15.10	15.04./15.10.	15.04./15.10.
Spätbewerbung	möglich	möglich	möglich

Bewerbungsverlauf und Kriterien für die Annahme des Bewerbers

Einer unverbindlichen Online-Anmeldung folgen eine Bestätigung mit den ersten Unterlagen und das persönliche Kennenlerngespräch, das beim Bewerber zu Hause stattfindet. Auswahlkriterien sind die persönliche Eignung, Reife und Motivation, Offenheit, Toleranz, Flexibilität, Selbstständigkeit, Anpassungsbereitschaft, psychische Stabilität, aber auch die schulischen Leistungen, die nicht schlechter als 3,0 im Notendurchschnitt sein sollten. Das Programm ist für Schüler aller Schulformen im Alter von 14 bis 17 Jahren geeignet.

Vorbereitung auf den Costa Rica-Aufenthalt in Deutschland

Das 4-tägige Vorbereitungsseminar mit hauptamtlichen Programmbetreuern und Returnees, ist obligatorisch. Mit Workshops und ausführlichem Infomaterial werden die Teilnehmer intensiv auf ihr Zielland, den Aufenthalt und mögliche Probleme vorbereitet. Im Rahmen eines Workshops für die Eltern werden die wichtigsten Fragen aus Elternsicht thematisiert. Die Eltern erhalten vorab ein Handbuch zu Themen wie Visum, Versicherung, Finanzen, etc.

Betreuung während des Auslandsaufenthalts und Nachbereitung

24-Stunden-Notfallnummer; Betreuung durch Partnerorganisation vor Ort; Ansprechperson für Teilnehmer und Eltern im ODI-Büro; Elterntreffen; 3-tägiges Nachbereitungsseminar für Returnees; Möglichkeit zu ehrenamtlicher Mitarbeit im Jugendaustausch.

Stipendien und Sonstiges

ODI vergibt ein Teilstipendium für die USA sowie vier weitere Teilstipendien für alle ODI-Länder. Viertägiges Einführungsseminar vor Ort und 8 Std. Spanisch-Sprachkurs inkl.

Kurz und bündig			
Gründungsjahr	1983	Schülerzahl im Costa Rica-Programm 2017/18	2
CR-Programm seit	2013	Gesamtschülerzahl im High School Programm 2017/18	104
Gemeinnützigkeit	ja	Partner in Costa Rica	Intercultura

TravelWorks (Travelplus Group GmbH)	
Münsterstr. 111	Telefon: 02506 / 8303 600
48155 Münster	Telefax: 02506 / 8303 230
highschool@travelworks.de	www.travelworks.de/schueleraustausch

Preis und Leistung			
Länderwahlprogramm	3 Monate	Halbjahr	Schuljahr
Grundpreis		€ 6.990	€ 8.620
Flug D – Costa Rica – D		ja	ja
Flugbegleitung auf Hinreise		nein	nein
Vorbereitungstreffen		nein	nein
Vorbereitungsseminar		ja	ja
Einführungsseminar in Costa Rica		ja	ja
Elterntreffen		nein	nein
Nachbereitungstreffen		ja	ja
Nachbereitungsseminar		nein	nein
Kranken-/Unfallversicherung		€ 285	€ 627
Haftpflicht-/Gepäckversicherung		ja	ja
Gesamtpreis (circa)		**€ 7.275**	**€ 9.247**
Bewerbungsschluss		15.04. / 15.09.	15.04. / 15.09.
Spätbewerbung		ja	ja

Bewerbungsverlauf und Kriterien für die Annahme des Bewerbers
Nach der unverbindlichen Bewerbung laden wir SchülerIn und Eltern zum persönlichen Auswahl- und Informationsgespräch ein. Anschließend erhalten Bewerber unsere Buchungsgrundlage mit verbindlichem Anmeldeformular, das bei Interesse am Programm unterschrieben an uns zurückgesendet wird. Bewerber müssen flexibel, motiviert, weltoffen, kompromissbereit, anpassungsfähig sowie 14-17 Jahre alt sein. Spanischkenntnisse sind von Vorteil, aber nicht Bedingung.

Vorbereitung auf den Costa Rica-Aufenthalt in Deutschland
Ca. zwei bis drei Monate vor Abreise laden wir alle Teilnehmer mit Eltern zum zweitägigen Vorbereitungsseminar in Deutschland bzw. Österreich ein. Teilnehmer und Eltern erhalten zudem ein Handbuch und regelmäßige Inforundschreiben.

Betreuung während des Auslandsaufenthalts und Nachbereitung
Der Aufenthalt beginnt mit einem viertägigen Orientierungsseminar in San José. Während des Aufenthalts werden die Schüler von unserer örtlichen Partnerorganisation betreut. Eltern wie Schülern stehen zudem die Kollegen in unserem deutschen Büro als Ansprechpartner zur Verfügung. 24-Stunden-Notfall-Nummer im Gastland und in Deutschland. Gemeinsames Welcome Back-Wochenende nach Rückkehr nach Deutschland.

Stipendien und Sonstiges
Summer School Programm ist zubuchbar oder separat buchbar für 3/4/5 Wochen.

Kurz und bündig				
Gründungsjahr	1991	Schülerzahl im Costa Rica-Programm 2017/18		4
CR-Programm seit	2011	Gesamtschülerzahl im High School Programm 2017/18		345
Gemeinnützigkeit	nein	Partner in Costa Rica	Intercultura	

AFS Interkulturelle Begegnungen e.V.	
Friedensallee 48	Telefon: 040 / 399 222-0
22765 Hamburg	Telefax: 040 / 399 222-99
info@afs.de	www.afs.de

Preis und Leistung			
Länderwahlprogramm	1. Halbjahr	2. Halbjahr	Schuljahr
Grundpreis			€ 8.290
Flug D – Ecuador – D			ja
Flugbegleitung auf Hinreise			nein
Vorbereitungstreffen			teilweise
Vorbereitungsseminar			ja
Einführungsseminar in Ecuador			ja
Elterntreffen			teilweise
Nachbereitungstreffen			ja
Nachbereitungsseminar			ja
Kranken-/Unfallversicherung			ja
Haftpflicht-/Gepäckversicherung			nein
Gesamtpreis (circa)			**€ 8.290**
Bewerbungsschluss			15.10.
Spätbewerbung			möglich

Bewerbungsverlauf und Kriterien für die Annahme des Bewerbers

Alle Bewerberinnen und Bewerber werden zu einem Einführungsseminar eingeladen. Für die Aufnahme ins Programm ist die persönliche Eignung, d. h. Eigenschaften wie Offenheit, Toleranz, Selbstständigkeit, Anpassungsbereitschaft und Kommunikationsfähigkeit ausschlaggebend. Nach Bewerbungsschluss ist eine Bewerbung auf noch freie Länderplätze möglich.

Vorbereitung auf den Ecuador-Aufenthalt in Deutschland

AFS legt großen Wert auf die Vorbereitung der Teilnehmerinnen und Teilnehmer. Es finden drei Wochenendseminare statt. Im persönlichen Gespräch mit AFS-Ehrenamtlichen und der ganzen Familie wird individuell auf alle Fragen eingegangen.

Betreuung während des Auslandsaufenthalts und Nachbereitung

Das weltweite Netz haupt- und ehrenamtlicher Mitarbeiterinnen und Mitarbeiter ermöglicht die persönliche Betreuung der Jugendlichen vor, während und nach dem Austauschjahr. AFS im Gastland organisiert ein Orientierungsseminar zu Beginn sowie Auswertungsseminare im weiteren Verlauf. Eine persönliche Ansprechperson vor Ort und hauptamtliche Mitarbeiterinnen und Mitarbeiter in allen AFS-Büros sind für Notfälle jederzeit erreichbar. Nach der Rückkehr hilft AFS mit zwei Nachbereitungsseminaren beim Wiedereinleben.

Stipendien und Sonstiges

Niemand sollte aus finanziellen Gründen auf ein Austauscherlebnis verzichten müssen. Jedes Jahr vergibt AFS gemeinsam mit namhaften Stiftungen und Unternehmen an über 35 % der Teilnehmerinnen und Teilnehmer Stipendien. Infos unter www.afs.de/stipendien.

Kurz und bündig				
Gründungsjahr	1948	Schülerzahl im Ecuador-Programm 2017/18		14
ECU-Programm seit	1977	Gesamtschülerzahl im High School Programm 2017/18		804
Gemeinnützigkeit	ja	Partner in Ecuador	AFS	

Ayusa-Intrax GmbH	
Giesebrechtstr. 10	Telefon: 030 / 84 39 39 93
10629 Berlin	Telefax: 030 / 84 39 39 39
highschool@intrax.de	www.intrax.de

Preis und Leistung			
Länderwahlprogramm	3 Monate	Halbjahr	Schuljahr
Grundpreis	€ 5.490	€ 6.490	€ 8.490
Flug D – Ecuador – D	ja	ja	ja
Flugbegleitung auf Hinreise	nein	nein	nein
Vorbereitungstreffen	nein	nein	nein
Vorbereitungsseminar	ja	ja	ja
Einführungsseminar in Ecuador	nein	nein	nein
Elterntreffen	nein	nein	nein
Nachbereitungstreffen	nein	nein	nein
Nachbereitungsseminar	ja	ja	ja
Kranken-/Unfallversicherung	ja	ja	ja
Haftpflicht-/Gepäckversicherung	ja	ja	ja
Gesamtpreis	**€ 5.490**	**€ 6.490**	**€ 8.490**
Bewerbungsschluss	15.05.	31.10.	15.05.
Spätbewerbung	möglich	möglich	möglich

Bewerbungsverlauf und Kriterien für die Annahme des Bewerbers

Neben dem schriftlichen Bewerbungsverlauf findet ein persönliches Einzelinterview in der Nähe des Wohnorts statt, gern auch mit den Eltern. Teilnahmevoraussetzungen sind Anpassungsvermögen, Lernbereitschaft, Toleranz und großes Interesse an der südamerikanischen Kultur. Bewerben können sich 15-18-Jährige, Grundkenntnisse der spanischen Sprache sollten spätestens bei Programmbeginn vorhanden sein.

Vorbereitung auf den Ecuador-Aufenthalt in Deutschland

Auf Informationsveranstaltungen und Vorbereitungsseminaren in verschiedenen Städten werden Schüler und Eltern rundum informiert und auf den Auslandsaufenthalt vorbereitet. Jeder Teilnehmer erhält ein speziell für Ecuador zugeschnittenes Handbuch zur Vorbereitung.

Betreuung während des Auslandsaufenthalts und Nachbereitung

Die Teilnehmer werden in Ecuador von unserer Partnerorganisation im Gastland betreut. Ayusa-Intrax steht während der gesamten Programmdauer mit den Eltern in Deutschland in Kontakt. Für die Rückkehrer gibt es ein Wochenend-Nachbereitungsseminar in Berlin.

Stipendien und Sonstiges

Es werden Teilstipendien bis maximal € 3.000 vergeben.

In Ecuador werden die Teilnehmer sehr häufig im Großraum von Quito und in Privatschulen platziert. Preisangaben für Halb- und Schuljahr ab Sommer 2019 beinhalten einen Frühbucherrabatt, Details dazu auf unserer Webseite: www.intrax.de

Kurz und bündig			
Gründungsjahr	1991	Schülerzahl im Ecuador-Programm 2017/18	0
ECU-Programm seit	2010	Gesamtschülerzahl im High School Programm 2017/18	372
Gemeinnützigkeit	nein	Partner in Ecuador	Xplorer

Deutsches Youth For Understanding Komitee e.V. (YFU)	
Oberaltenallee 6	Telefon: 040 / 22 70 02-0
22081 Hamburg	Telefax: 040 / 22 70 02-27
info@yfu.de	www.yfu.de

Preis und Leistung			
Länderwahlprogramm	1. Halbjahr	2. Halbjahr	Schuljahr
Grundpreis	€ 7.800		€ 8.300
Flug D – Ecuador – D	ja		ja
Flugbegleitung auf Hinreise	ja		ja
Vorbereitungstreffen	ja		ja
Vorbereitungsseminar	ja		ja
Einführungsseminar in Ecuador	ja		ja
Elterntreffen	ja		ja
Nachbereitungstreffen	ja		ja
Nachbereitungsseminar	ja		ja
Kranken-/Unfallversicherung	ja		ja
Haftpflicht-/Gepäckversicherung	ja		ja
Gesamtpreis	**€ 7.800**		**€ 8.300**
Bewerbungsschluss	variabel		variabel
Spätbewerbung	nein		nein

Bewerbungsverlauf und Kriterien für die Annahme des Bewerbers

Bei YFU können sich Schülerinnen und Schüler aller Schularten bewerben. Sie sollten aufgeschlossen, anpassungsfähig und verantwortungsbewusst sein und mindestens durchschnittliche Schulleistungen vorweisen. Nach Durchsicht der schriftlichen Bewerbungsunterlagen führt YFU regional Auswahlgespräche in Form von Gruppen- und Einzelinterviews durch.

Vorbereitung auf den Ecuador-Aufenthalt in Deutschland

Alle YFU-Austauschschüler nehmen vor Abreise an einem einwöchigen Seminar teil, auf dem sie intensiv auf das Leben in einer fremden Kultur vorbereitet werden und praktische Tipps für den Alltag in Ecuador erhalten. Auch für Eltern werden eigene Vorbereitungstreffen angeboten. YFU stellt außerdem umfangreiche schriftliche Unterlagen zur Verfügung.

Betreuung während des Auslandsaufenthalts und Nachbereitung

Jeder Austauschschüler hat im Ausland vor Ort einen persönlichen Betreuer. Darüber hinaus stehen die hauptamtlichen YFU-Mitarbeiter in Deutschland und Ecuador zur Verfügung – im Notfall rund um die Uhr. Während des Austausches finden außerdem begleitende Seminare statt. Nach der Rückkehr gibt es ein zwei- bis dreitägiges Nachbereitungsseminar.

Stipendien und Sonstiges

YFU vergibt jährlich rund 300 Stipendien im Gesamtwert von etwa einer halben Million Euro. Die Vergabe und Höhe der Stipendien richtet sich nach der finanziellen Situation der Familie, nicht nach Schulnoten. Weitere Informationen gibt es unter www.yfu.de/stipendien.

Kurz und bündig			
Gründungsjahr	1957	Schülerzahl im Ecuador-Programm 2017/18	15
ECU-Programm seit	1987	Gesamtschülerzahl im High School Programm 2017/18	902
Gemeinnützigkeit	ja	Partner in Ecuador	YFU Ecuador

Experiment e.V.
Gluckstraße 1
53115 Bonn
info@experiment-ev.de
Telefon: 0228 / 95722 0
Telefax: 0228 / 35 82 82
www.experiment-ev.de

Preis und Leistung			
Länderwahlprogramm	3 Monate	Halbjahr	Schuljahr
Grundpreis	auf Anfrage	€ 5.990	€ 7.490
Flug D – Ecuador – D		ja	ja
Flugbegleitung auf Hinreise		nein	nein
Vorbereitungstreffen		nein	nein
Vorbereitungsseminar		ja	ja
Einführungsseminar in Ecuador		ja	ja
Elterntreffen		nein	nein
Nachbereitungstreffen		nein	nein
Nachbereitungsseminar		ja	ja
Kranken-/Unfallversicherung		ja	ja
Haftpflicht-/Gepäckversicherung		ja/nein	ja/nein
Gesamtpreis (circa)		**€ 5.990**	**€ 7.490**
Bewerbungsschluss		01.02.	01.02.
Spätbewerbung		möglich	möglich

Bewerbungsverlauf und Kriterien für die Annahme des Bewerbers
Alter: 15-18 Jahre. Voraussetzungen: Besuch einer weiterführenden Schule bis zur Ausreise, ernsthaftes Interesse am interkulturellen Austausch, Aufgeschlossenheit, Offenheit, Toleranz und Anpassungsvermögen. Grundkenntnisse in der Landessprache bis zur Ausreise werden erwartet. Bewerbung online über unsere Homepage: www.experiment-ev.de/bewerbung.

Vorbereitung auf den Ecuador-Aufenthalt in Deutschland
Alle Teilnehmenden werden zu einem überregionalen, 4-tägigen Vorbereitungsseminar mehrere Wochen vor Ausreise eingeladen, auf dem sie von Ehrenamtlichen umfassend auf ihren Auslandsaufenthalt vorbereitet werden. Das Seminar ist verpflichtend für alle Teilnehmenden und daher bereits im Preis enthalten. Zudem gibt es eine Informationsveranstaltung für Eltern.

Betreuung während des Auslandsaufenthalts und Nachbereitung
Ein persönlicher Betreuer unserer Partnerorganisation hat die Gastfamilie vor der Ankunft des Austauschschülers besucht und ist während des Aufenthaltes Ansprechpartner für Schüler und Gastfamilie. Für Eltern und Teilnehmende gibt es zusätzlich in Deutschland einen telefonischen Bereitschaftsdienst von Experiment e.V., der rund um die Uhr erreichbar ist.

Stipendien und Sonstiges
3-tägiges Einführungsseminar in Quito. Experiment e.V. stellt für den „Schüleraustausch weltweit" einen eigenfinanzierten Stipendienfonds in Höhe von € 85.000 (2019-20) zur Verfügung, darunter Teilstipendien in Höhe von bis zu € 2.000. Aktuelle Stipendien unter: www.experiment-ev.de/stipendien

Kurz und bündig			
Gründungsjahr	1932	Schülerzahl im Ecuador-Programm 2017/18	4
ECU-Programm seit	2004	Gesamtschülerzahl im High School Programm 2017/18	500
Gemeinnützigkeit	ja	Partner in Ecuador	Experimento Ecuador

ICXchange-Deutschland e.V.
Bahnhofstraße 16-18
26122 Oldenburg
info@icxchange.de
Telefon: 0441 / 923 98-0
Telefax: 0441 / 923 98-99
www.icxchange.de

Preis und Leistung

Länderwahlprogramm	3 Monate	Halbjahr	Schuljahr
Grundpreis	€ 6.600	€ 7.900	€ 9.300
Flug D – Ecuador – D	ja	ja	ja
Flugbegleitung auf Hinreise	ab 15 Teiln.	ab 15 Teiln.	ab 15 Teiln.
Vorbereitungstreffen	nein	nein	nein
Vorbereitungsseminar	ja	ja	ja
Einführungsseminar in Ecuador	ja, in Quito	ja, in Quito	ja, in Quito
Elterntreffen	nein	nein	nein
Nachbereitungstreffen	nein	nein	nein
Nachbereitungsseminar	ja	ja	ja
Kranken-/Unfallversicherung	ja	ja	ja
Haftpflicht-/Gepäckversicherung	€ 75/60/opt.	€ 75/60/opt.	€ 75/60/opt.
Gesamtpreis	**€ 6.600**	**€ 7.900**	**€ 9.300**
Bewerbungsschluss	15.04.	30.09.	15.04.
Spätbewerbung	möglich	möglich	möglich

Bewerbungsverlauf und Kriterien für die Annahme des Bewerbers
Nach Eingang der Kurzbewerbung laden wir den Bewerber zu einem persönlichen Gespräch ein. Verlief das Gespräch erfolgreich, folgen Akzeptierung, ausführliche Bewerbungsunterlagen und Vertragsofferte. Teilnahmevoraussetzungen sind: 15 bis 18 Jahre, Besuch einer allgemeinbildenden Schule, Gesundheit, Anpassungsfähigkeit, Aufgeschlossenheit, Spanisch-Grundkenntnisse und ein Notendurchschnitt von 3,0 (Gymnasiasten) bzw. 2,0 (Realschüler).

Vorbereitung auf den Ecuador-Aufenthalt in Deutschland
Vor der Ausreise laden wir alle Teilnehmer zu einem zweitägigen Vorbereitungsseminar ein. Die Eltern kommen für einen Nachmittag dazu. Das Seminar wird von ICX-Mitarbeitern geleitet, die von ehemaligen Ecuador-Teilnehmern unterstützt werden. Zusätzlich erhält jeder Teilnehmer eine ausführliche Informationsmappe.

Betreuung während des Auslandsaufenthalts und Nachbereitung
Während des Programms werden die Schüler von unserer ecuadorianischen Partnerorganisation AYEC betreut. Jedem Schüler steht am Wohnort oder in der Nähe ein örtlicher Repräsentant von AYEC zur Verfügung. Nach Beendigung des Programms findet ein Nachbereitungsseminar in Deutschland statt.

Stipendien und Sonstiges
ICX vergibt Teilstipendien bis € 1.000. Die Stipendienvergabe richtet sich nach der Höhe des Familieneinkommens und dem zur Verfügung stehenden Stipendienfonds.

Kurz und bündig

Gründungsjahr	1974	Schülerzahl im Ecuador-Programm 2017/18	0
ECU-Programm seit	1996	Gesamtschülerzahl im High School Programm 2017/18	146
Gemeinnützigkeit	ja	Partner in Ecuador	AYEC

AFS Interkulturelle Begegnungen e.V.	
Friedensallee 48	Telefon: 040 / 399 222-0
22765 Hamburg	Telefax: 040 / 399 222-99
info@afs.de	www.afs.de

Preis und Leistung			
Länderwahlprogramm	3 Monate	Halbjahr	Schuljahr
Grundpreis	€ 3.790	€ 7.390	€ 7.890
Flug D – Frankreich – D	ja	ja	ja
Flugbegleitung auf Hinreise	nein	nein	nein
Vorbereitungstreffen	teilweise	teilweise	teilweise
Vorbereitungsseminar	ja	ja	ja
Einführungsseminar in Frankreich	ja	ja	ja
Elterntreffen	teilweise	teilweise	teilweise
Nachbereitungstreffen	ja	ja	ja
Nachbereitungsseminar	ja	ja	ja
Gesamtpreis (circa)	**€ 3.790**	**€ 7.390**	**€ 7.890**
Bewerbungsschluss	31.01.	15.05./15.10.	15.10.
Spätbewerbung	möglich	möglich	möglich

Bewerbungsverlauf und Kriterien für die Annahme des Bewerbers

Alle Bewerberinnen und Bewerber werden zu einem Einführungsseminar eingeladen. Für die Aufnahme ins Programm ist die persönliche Eignung, d. h. Eigenschaften wie Offenheit, Toleranz, Selbstständigkeit, Anpassungsbereitschaft und Kommunikationsfähigkeit ausschlaggebend. Nach Bewerbungsschluss ist eine Bewerbung auf noch freie Länderplätze möglich.

Vorbereitung auf den Frankreich-Aufenthalt in Deutschland

AFS legt großen Wert auf die Vorbereitung der Teilnehmerinnen und Teilnehmer. Es finden je nach Abreisetermin bis zu drei Wochenendseminare statt. Im persönlichen Gespräch mit AFS-Ehrenamtlichen und der ganzen Familie wird individuell auf alle Fragen eingegangen.

Betreuung während des Auslandsaufenthalts und Nachbereitung

Das weltweite Netz haupt- und ehrenamtlicher Mitarbeiterinnen und Mitarbeiter ermöglicht die persönliche Betreuung der Jugendlichen vor, während und nach dem Auslandsaufenthalt. AFS im Gastland organisiert ein Orientierungsseminar zu Beginn, sowie Auswertungsseminare im weiteren Verlauf. Im 3-Monats-Programm gibt es ein Orientierungsseminar zu Anfang sowie ein Abschlusscamp in Brüssel. Eine persönliche Ansprechperson vor Ort und hauptamtliche Mitarbeiterinnen und Mitarbeiter in allen AFS-Büros sind für Notfälle jederzeit erreichbar. AFS bietet je nach Aufenthaltsdauer ein bis zwei Nachbereitungsseminare an.

Stipendien und Sonstiges

Niemand sollte aus finanziellen Gründen auf ein Austauscherlebnis verzichten müssen. Jedes Jahr vergibt AFS gemeinsam mit namhaften Stiftungen und Unternehmen an über 35 % der Teilnehmerinnen und Teilnehmer Stipendien. Um ein Stipendium bewerben kann sich, wer ein halbes oder ganzes Schuljahr in Frankreich verbringt. Infos unter www.afs.de/stipendien.

Kurz und bündig			
Gründungsjahr	1948	Schülerzahl im Frankreich-Programm 2017/18	17
FR-Programm seit	1977	Gesamtschülerzahl im High School Programm 2017/18	804
Gemeinnützigkeit	ja	Partner in Frankreich	AFS

Ayusa-Intrax GmbH	
Giesebrechtstr. 10	Telefon: 030 / 84 39 39 93
10629 Berlin	Telefax: 030 / 84 39 39 39
highschool@intrax.de	www.intrax.de

Preis und Leistung			
*Länderwahlprogramm**	3 Monate	Halbjahr	Schuljahr
Grundpreis**	€ 4.490	€ 5.490	€ 6.790
Flug D – Frankreich – D	€ 400/p	€ 400/p	€ 400/p
Flugbegleitung auf Hinreise	nein	nein	nein
Vorbereitungstreffen	nein	nein	nein
Vorbereitungsseminar	ja	ja	ja
Einführungsseminar in Frankreich	nein	nein	nein
Elterntreffen	nein	nein	nein
Nachbereitungstreffen	nein	nein	nein
Nachbereitungsseminar	ja	ja	ja
Gesamtpreis (circa)	**€ 4.890**	**€ 5.890**	**€ 7.190**
Bewerbungsschluss	30.04. / 30.09.	30.04. / 30.10.	30.04.
Spätbewerbung	möglich	möglich	möglich

Bewerbungsverlauf und Kriterien für die Annahme des Bewerbers
Neben schriftlichen Bewerbungsverlauf findet ein persönliches Einzelinterview in der Nähe des Wohnortes statt, gern auch mit den Eltern. Persönliche Voraussetzungen sind starkes Interesse an der franz. Sprache, Geschichte und Kultur. Gute Französischkenntnisse, Engagement u. große Lernbereitschaft sind Bedingung, ebenso ein Notendurchschnitt von 3,0 über die letzten 3 Schuljahre, 3 Jahre Schulfranzösisch. Bewerben können sich 14- bis 18-Jährige.

Vorbereitung auf den Frankreich-Aufenthalt in Deutschland
Deutschlandweit finden Informationsveranstaltungen und Vorbereitungsseminare für Schüler und Eltern statt. Wenn möglich kommen ehemalige Ayusa Schüler zu diesen Treffen. Es gibt die Möglichkeit zum Telefonkontakt mit ehemaligen Teilnehmern. Zusätzlich erhalten alle Teilnehmer Handbücher mit Informationen zum Gastland und Hinweisen zur Gastlandkultur.

Betreuung während des Auslandsaufenthalts und Nachbereitung
Die Teilnehmer werden durch die französische Partnerorganisation vor Ort betreut. Ayusa-Intrax steht während der gesamten Programmdauer mit den Eltern in Kontakt. Für die Rückkehrer bietet Ayusa-Intrax ein Nachbereitungsseminar (Returnee-Treffen) in Berlin an.

Stipendien und Sonstiges
Es werden Teilstipendien bis maximal € 3.000 vergeben.
* Ayusa-Intrax bietet auch ein Regionenwahl-Programm an: Großraum Paris/ Bretagne/ Provence/ Aquitaine/ Languedoc. Preise hängen von der Region ab. Möglich sind auch Kurzprogramme ab 8 Wochen.
** Das Mittagessen in der Schule ist in den Programmkosten bereits enthalten. Ein Schuljahr in Frankreich ist auch für Abiturienten geeignet.
Preisangaben für Halb- und Schuljahr ab Sommer 2019 beinhalten einen Frühbucherrabatt, Details dazu auf unserer Webseite: www.intrax.de

Kurz und bündig			
Gründungsjahr	1991	Schülerzahl im Frankreich-Programm 2017/18	9
FR-Programm seit	1997	Gesamtschülerzahl im High School Programm 2017/18	372
Gemeinnützigkeit	nein	Partner in Frankreich	CEI

Deutsches Youth For Understanding Komitee e.V. (YFU)	
Oberaltenallee 6	Telefon: 040 / 22 70 02-0
22081 Hamburg	Telefax: 040 / 22 70 02-27
info@yfu.de	www.yfu.de

Preis und Leistung			
Länderwahlprogramm	3 Monate	Halbjahr	Schuljahr
Grundpreis		€ 7.400	€ 7.900
Flug D – Frankreich – D		ja	ja
Flugbegleitung auf Hinreise		ja	ja
Vorbereitungstreffen		ja	ja
Vorbereitungsseminar		ja	ja
Einführungsseminar in Frankreich		ja	ja
Elterntreffen		ja	ja
Nachbereitungstreffen		ja	ja
Nachbereitungsseminar		ja	ja
Gesamtpreis		**€ 7.400**	**€ 7.900**
Bewerbungsschluss		variabel	variabel
Spätbewerbung		nein	nein

Bewerbungsverlauf und Kriterien für die Annahme des Bewerbers

Bei YFU können sich Schülerinnen und Schüler aller Schularten bewerben. Sie sollten aufgeschlossen, anpassungsfähig und verantwortungsbewusst sein und mindestens durchschnittliche Schulleistungen vorweisen. Nach Durchsicht der schriftlichen Bewerbungsunterlagen führt YFU regional Auswahlgespräche in Form von Gruppen- und Einzelinterviews durch.

Vorbereitung auf den Frankreich-Aufenthalt in Deutschland

Alle YFU-Austauschschüler nehmen vor Abreise an einem einwöchigen Seminar teil, auf dem sie intensiv auf das Leben in einer fremden Kultur vorbereitet werden und praktische Tipps für den Alltag in Frankreich erhalten. Auch für Eltern werden eigene Vorbereitungstreffen angeboten. YFU stellt außerdem umfangreiche schriftliche Unterlagen zur Verfügung.

Betreuung während des Auslandsaufenthalts und Nachbereitung

Jeder Austauschschüler hat im Ausland vor Ort einen persönlichen Betreuer. Darüber hinaus stehen die hauptamtlichen YFU-Mitarbeiter in Deutschland und Frankreich zur Verfügung – im Notfall rund um die Uhr. Während des Austauschjahres finden außerdem begleitende Seminare statt. Nach der Rückkehr gibt es ein zwei- bis dreitägiges Nachbereitungsseminar.

Stipendien und Sonstiges

YFU vergibt jährlich rund 300 Stipendien im Gesamtwert von etwa einer halben Million Euro. Die Vergabe und Höhe der Stipendien richtet sich nach der finanziellen Situation der Familie, nicht nach Schulnoten. Weitere Informationen gibt es unter www.yfu.de/stipendien.

Kurz und bündig			
Gründungsjahr	1957	Schülerzahl im Frankreich-Programm 2017/18	14
FR-Programm seit	1982	Gesamtschülerzahl im High School Programm 2017/18	902
Gemeinnützigkeit	ja	Partner in Frankreich	YFU Frankreich

DFSR – Dr. Frank Sprachen & Reisen GmbH	
Industriestr. 35	Telefon: 0621 / 820 565 0
68169 Mannheim	Telefax: 0621/ 820 565 80
info@dfsr.de	www.dfsr.de

Preis und Leistung			
Länderwahlprogramm	3 Monate	Halbjahr	Schuljahr
Grundpreis	€ 5.490	€ 5.990	€ 6.990
Flug D – Frankreich – D	ja	ja	ja
Flugbegleitung auf Hinreise	nein	nein	nein
Vorbereitungstreffen	nein	nein	nein
Vorbereitungsseminar	ja	ja	ja
Einführungsseminar in Frankreich	€ 490 /opt	€ 490 /opt	€ 490 /opt
Elterntreffen	nein	nein	nein
Nachbereitungstreffen	nein	nein	nein
Nachbereitungsseminar	ja	ja	ja
Gesamtpreis (circa)	**€ 5.490**	**€ 5.990**	**€ 6.990**
Bewerbungsschluss	30.05. / 30.10.	30.05. / 30.10.	30.05. / 30.10.
Spätbewerbung	möglich	möglich	möglich

Bewerbungsverlauf und Kriterien für die Annahme des Bewerbers
Für alle Teilnehmer gilt: Es kommt nicht nur auf die Schulnoten an. Wichtig sind auch ihre Motivation und ihr Interesse an dem Gastland und dem Kulturaustausch. Der zukünftige Austauschschüler sollte Flexibilität, Verständnis, Toleranz und Selbstständigkeit mitbringen. Bewerben können sich Schüler/innen, die über mindestens zufriedenstellende Französischkenntnisse verfügen und einen durchschnittlichen Notendurchschnitt vorweisen können. Teilnahmealter: 14-18 Jahre.
Bewerbungsverlauf: Ausfüllen des Bewerbungsformulars, persönliches Bewerbungsgespräch gemeinsam mit den Eltern, nach erfolgreichem Gespräch Aufnahme ins Programm.

Vorbereitung auf den Frankreich-Aufenthalt in Deutschland
Intensives Vorbereitungsseminar in Mannheim

Betreuung während des Auslandsaufenthalts und Nachbereitung
Unsere Partnerorganisation vor Ort stellt für die Schüler einen Betreuer vor Ort und auch DFSR ist für seine Partner über eine 24h-Notrufnummer immer erreichbar. Nach der Rückkehr der Schüler nach Deutschland erhalten sie die Möglichkeit, auf dem Welcome Back Seminar von ihren Erfahrungen zu berichten.

Stipendien und Sonstiges
4 Tage Soft Landing Camp in Paris zusätzlich buchbar (nicht La Réunion), bei Programmbeginn im Sommer. Regionenwahl (La Réunion) gegen Aufpreis möglich.

Kurz und bündig			
Gründungsjahr	1978	Schülerzahl im Frankreich-Programm 2017/18	10
FR-Programm seit	1980	Gesamtschülerzahl im High School Programm 2017/18	379
Gemeinnützigkeit	nein	Partner in Frankreich	JEV

Experiment e.V.
Gluckstraße 1
53115 Bonn
info@experiment-ev.de
Telefon: 0228 / 95722 0
Telefax: 0228 / 35 82 82
www.experiment-ev.de

Preis und Leistung			
*Länderwahlprogramm**	3 Monate	Halbjahr	Schuljahr
Grundpreis (ab)	€ 3.980	€ 4.780	€ 6.290
Flug D – Frankreich – D	€ 400/p	€ 400/p	€ 400/p
Flugbegleitung auf Hinreise	nein	nein	nein
Vorbereitungstreffen	nein	nein	nein
Vorbereitungsseminar	ja	ja	ja
Einführungsseminar in Frankreich	nein	nein	nein
Elterntreffen	nein	nein	nein
Nachbereitungstreffen	nein	nein	nein
Nachbereitungsseminar	ja	ja	ja
Gesamtpreis (circa)	**€ 4.380**	**€ 5.180**	**€ 6.690**
Bewerbungsschluss	01.02. / 01.08.	01.02. / 01.08.	01.02.
Spätbewerbung	möglich	möglich	möglich

Bewerbungsverlauf und Kriterien für die Annahme des Bewerbers
Alter: 14-18 Jahre. Voraussetzungen: Besuch einer weiterführenden Schule bis zur Ausreise, ernsthaftes Interesse am interkulturellen Austausch, Aufgeschlossenheit, Offenheit, Toleranz und Anpassungsvermögen. Grundkenntnisse in der Landessprache bis zur Ausreise werden erwartet. Bewerbung online über unsere Homepage: www.experiment-ev.de/bewerbung.

Vorbereitung auf den Frankreich-Aufenthalt in Deutschland
Alle Teilnehmenden werden zu einem überregionalen, 4-tägigen Vorbereitungsseminar eingeladen, auf dem sie von Ehrenamtlichen umfassend auf ihren Auslandsaufenthalt vorbereitet werden. Diese intensive Vorbereitung findet bereits mehrere Wochen vor der Ausreise statt, ist verpflichtend für alle Teilnehmenden und daher bereits im Preis enthalten.

Betreuung während des Auslandsaufenthalts und Nachbereitung
Ein persönlicher Betreuer unserer Partnerorganisation hat die Gastfamilie vor der Ankunft des Austauschschülers besucht und ist während des Aufenthaltes Ansprechpartner für Schüler/in und Gastfamilie. Für Eltern und Teilnehmende gibt es zusätzlich in Deutschland einen telefonischen Bereitschaftsdienst von Experiment e.V., der rund um die Uhr erreichbar ist.

Stipendien und Sonstiges
* Regionenwahl gegen Aufpreis möglich. Auch 4 Monate möglich. Transfer von Paris zur Gastfamilie bei der Anreise ist enthalten.
Experiment e.V. stellt für den „Schüleraustausch weltweit" einen eigenfinanzierten Stipendienfonds in Höhe von € 85.000 (2019-20) zur Verfügung, darunter Teilstipendien in Höhe von bis zu € 2.000. Aktuelle Stipendien unter: www.experiment-ev.de/stipendien

Kurz und bündig			
Gründungsjahr	1932	Schülerzahl im Frankreich-Programm 2017/18	12
FR-Programm seit	2003	Gesamtschülerzahl im High School Programm 2017/18	500
Gemeinnützigkeit	ja	Partner in Frankreich	langjährige Partnerorganisation

Global Youth Group e.V.	
Eststr. 6	Telefon: 0201 / 6124529
45149 Essen	Telefax: 0201 / 47619824
info@global-youth-group.de	www.global-youth-group.de

Preis und Leistung			
Länderwahlprogramm	3 Monate	Halbjahr	Schuljahr
Grundpreis	€ 4.425	€ 5.200	€ 6.400
Flug D – Frankreich – D	€ 400/p	€ 400/p	€ 400/p
Flugbegleitung auf Hinreise	optional	optional	optional
Vorbereitungstreffen	optional	optional	optional
Vorbereitungsseminar	ja	ja	ja
Einführungsseminar in Frankreich	ja	ja	ja
Elterntreffen	ja	ja	ja
Nachbereitungstreffen	optional	optional	optional
Nachbereitungsseminar	ja	ja	ja
Gesamtpreis (circa)	**€ 4.825**	**€ 5.600**	**€ 6.800**
Bewerbungsschluss	31.03. / 30.09.	31.03. / 30.09.	31.03.
Spätbewerbung	möglich	möglich	möglich

Bewerbungsverlauf und Kriterien für die Annahme des Bewerbers

Bewirb dich online, per Fax, per E-Mail, per Telefon oder mit unserem Bewerbungsformular per Post. Nach Eingang deiner Bewerbung vereinbaren wir mit dir und deinen Eltern einen Termin für ein unverbindliches und kostenloses Bewerbungsinterview an deinem Wunschort oder per Skype. Du solltest dich für die Kultur und die Sprache in Frankreich interessieren und vor Abreise mindestens 1 Jahr Französisch gelernt haben.

Die Teilnahme ist für jeden zwischen 14 und 18 Jahren möglich.

Vorbereitung auf den Frankreich-Aufenthalt in Deutschland

Damit du und auch deine Eltern gut vorbereitet seid, organisieren wir deutschlandweit mehrere Vorbereitungsveranstaltungen. Dort bereiten wir dich intensiv auf deinen Aufenthalt vor. Zusätzlich findet in Paris ein mehrtägiges Orientierungscamp statt.

Betreuung während des Auslandsaufenthalts und Nachbereitung

Die Betreuung vor Ort erfolgt in erster Linie durch deinen Betreuer vor Ort, der immer in deinem Umkreis wohnt. Er kontaktiert dich min. einmal im Monat und ist auch sonst immer für deine Fragen und Wünsche da. Daneben hast du deinen persönlichen Ansprechpartner in Deutschland, sowie jeweils eine 24-Stunden-Notrufnummer in Deutschland und Frankreich. Nach deiner Rückkehr findet eine Nachbereitungsveranstaltung statt.

Stipendien und Sonstiges

Programme in Frankreich: Landesweit, Regionenwahl, Privatschulen und Internate.

Optional: Flugbegleitung, Elternvorbereitung, Versicherungspaket

Teilstipendium: 4 x bis zu € 4.000, ggf. mehr Sonderaktionen findest du auf unserer Website

Kurz und bündig				
Gründungsjahr	2009	Schülerzahl im Frankreich-Programm 2017/18		9
FR-Programm seit	2010	Gesamtschülerzahl im High School Programm 2017/18		233
Gemeinnützigkeit	ja	Partner in Frankreich	SILC, CEI, JEV	

ICXchange-Deutschland e.V.
Bahnhofstr. 16-18 Telefon: 0441 / 923 98-0
26122 Oldenburg Telefax: 0441 / 923 98-99
info@icxchange.de www.icxchange.de

Preis und Leistung			
Länderwahlprogramm	3 Monate	Halbjahr	Schuljahr
Grundpreis	€ 4.850	€ 5.750	€ 7.600
Flug D – Frankreich – D	ja	ja	ja
Flugbegleitung auf Hinreise	nein	nein	nein
Vorbereitungstreffen	nein	nein	nein
Vorbereitungsseminar	ja	ja	ja
Einführungsseminar in Frankreich	nein	nein	nein
Elterntreffen	nein	nein	nein
Nachbereitungstreffen	nein	nein	nein
Nachbereitungsseminar	ja	ja	ja
Gesamtpreis	**€ 4.850**	**€ 5.750**	**€ 7.600**
Bewerbungsschluss	31.03. / 31.08.	31.03. / 31.08.	31.03.
Spätbewerbung	möglich	möglich	möglich

Bewerbungsverlauf und Kriterien für die Annahme des Bewerbers
Nach Eingang der Kurzbewerbung laden wir den Bewerber zu einem persönlichen Gespräch am oder in der Nähe seines Wohnortes ein. Verlief das Gespräch erfolgreich, folgen Akzeptierung, ausführliche Bewerbungsunterlagen und Vertragsofferte.
Teilnahmevoraussetzungen sind: 15 bis 18 Jahre, Besuch einer allgemeinbildenden Schule, gute Gesundheit, Anpassungsfähigkeit, Aufgeschlossenheit, 3 Jahre Französischunterricht sowie ein Notendurchschnitt von 3,0 für Gymnasiasten und 2,0 für Realschüler.

Vorbereitung auf den Frankreich-Aufenthalt in Deutschland
Vor der Ausreise laden wir alle Teilnehmer zu einem zweitägigen Vorbereitungsseminar ein. Die Eltern kommen für einen Nachmittag dazu. Das Seminar wird von ICX-Mitarbeitern geleitet, die von ehemaligen Frankreich-Teilnehmern unterstützt werden. Zusätzlich erhält jeder Teilnehmer eine ausführliche Informationsmappe.

Betreuung während des Auslandsaufenthalts und Nachbereitung
Während des Programms werden die Schüler von unserer französischen Partnerorganisation HDM betreut. Jedem Schüler steht am Wohnort der Gastfamilie oder in der Nähe ein örtlicher Repräsentant von HDM als Ansprechpartner zur Verfügung. Nach Beendigung des Programms findet ein Nachbereitungsseminar in Deutschland statt.

Stipendien und Sonstiges
ICX vergibt Teilstipendien bis € 1.000. Die Stipendienvergabe richtet sich nach der Höhe des Familieneinkommens und dem zur Verfügung stehenden Stipendienfonds.

Kurz und bündig			
Gründungsjahr	1974	Schülerzahl im Frankreich-Programm 2017/18	2
FR-Programm seit	1994	Gesamtschülerzahl im High School Programm 2017/18	146
Gemeinnützigkeit	ja	Partner in Frankreich	HDM

iE – international Experience e.V.
Amselweg 20
53797 Lohmar
info@international-experience.net
Telefon: 02246 / 915 49 0
Telefax: 02246 / 915 49 12
www.international-experience.net

Preis und Leistung			
Länderwahlprogramm	3 Monate	Halbjahr	Schuljahr
Grundpreis	€ 4.995	€ 5.995	€ 6.495
Flug D – Frankreich – D	€ 400/p	€ 400/p	€ 400/p
Flugbegleitung auf Hinreise	nein	nein	nein
Vorbereitungstreffen	nein	nein	nein
Vorbereitungsseminar	ja	ja	ja
Einführungsseminar in Frankreich	möglich	möglich	möglich
Elterntreffen	nein	nein	nein
Nachbereitungstreffen	ja	ja	ja
Nachbereitungsseminar	nein	nein	nein
Gesamtpreis	**€ 5.395**	**€ 6.395**	**€ 6.895**
Bewerbungsschluss	flexibel	flexibel	flexibel
Spätbewerbung	möglich	möglich	möglich

Bewerbungsverlauf und Kriterien für die Annahme des Bewerbers
Auswahl der Bewerber nach einem ausführlichen Einzelgespräch im persönlichen Umfeld des Schülers und im Beisein der Eltern. Nach Annahme ist vom Schüler ein ausführliches Profil mit ärztlichem Gutachten und Lehrerempfehlung einzureichen. Kriterien für die Aufnahme in unser Programm sind neben den Schulnoten besonders persönliche Eigenschaften wie Motivation, Flexibilität und Anpassungsfähigkeit.
Wir suchen “great kids” mit positiver Einstellung, die ihrer Gastfamilie und Schule etwas zu bieten haben, die freundlich, aufgeschlossen, aktiv in Schule und Freizeit sind, die neugierig auf das Leben und optimistisch auf die vor ihnen liegenden Herausforderungen blicken.

Vorbereitung auf den Frankreich-Aufenthalt in Deutschland
Alle Teilnehmer werden bestens auf den Schritt ins Ausland durch persönliche Ansprechpartner vorbereitet. Begleitung während des gesamten Prozesses, iE-eigenes, mehrtägiges Vorbereitungsseminar mit Returnees in Deutschland, Leitfäden, Handbücher und Informationsmaterial zu allen wichtigen Themen wie z.B. „Leben im Ausland“, Versicherungen.

Betreuung während des Auslandsaufenthalts und Nachbereitung
Ein Vorbereitungsseminar in Paris ist gegen Aufpreis möglich. Die Betreuung im Ausland erfolgt durch erfahrene lokale Betreuer von iE oder seiner Partner und über einen persönlichen 24-Stunden Not-Dienst.

Stipendien und Sonstiges
Jedes Jahr vergibt iE e.V. eigene Teilstipendien an weltoffene und kreative Schüler. Außerdem werden angeboten: Geschwisterrabatt, Frühbucherrabatt, Finder’s Fee, Returneeclub.
Aktueller Testsieger: 1. Platz aller gemeinnützigen Organisationen im Bereich Leistungen & Premium vom Deutsches Institut für Service-Qualität

Kurz und bündig			
Gründungsjahr	2000	Schülerzahl im Frankreich-Programm 2017/18	4
FR-Programm seit	2010	Gesamtschülerzahl im High School Programm 2017/18	362
Gemeinnützigkeit	ja	Partner in Frankreich	WEP-Frankreich

KulturLife gGmbH
Max-Giese-Str. 22
24116 Kiel
info@kultur-life.de
Telefon: 0431 / 888 14-10
Telefax: 0431 / 888 14-19
www.kultur-life.de

Preis und Leistung			
*Schulwahlprogramm**	3 Monate	Halbjahr	Schuljahr
Grundpreis (ab)	€ 3.690	€ 4.990	€ 7.990
Flug D – Frankreich – D	€ 400/p	€ 400/p	€ 400/p
Flugbegleitung auf Hinreise	nein	nein	nein
Vorbereitungstreffen	nein	nein	nein
Vorbereitungsseminar	ja	ja	ja
Einführungsseminar in Frankreich	optional	optional	optional
Elterntreffen	ja	ja	ja
Nachbereitungstreffen	nein	nein	nein
Nachbereitungsseminar	ja	ja	ja
Gesamtpreis (ab circa)	**€ 4.090**	**€ 5.390**	**€ 8.390**
Bewerbungsschluss	01.05./01.10.	01.05./01.10.	01.05.
Spätbewerbung	ja	ja	ja

Bewerbungsverlauf und Kriterien für die Annahme des Bewerbers
Wenn du uns deine unverbindliche Anmeldung schickst, möchten wir dich und deine Eltern bei einem persönlichen Gespräch im Kieler Büro oder via Skype kennenlernen. Für uns sind deine Motivation und Offenheit entscheidend. Mind. 2 Jahre Französisch-Unterricht sind eine Voraussetzung für deinen Schüleraustausch in Frankreich. Wenn von unserer Seite deinem Auslandsaufenthalt nichts mehr im Weg steht, schicken wir dir und deinen Eltern ein Vertragsangebot und alle nötigen Unterlagen zu.

Vorbereitung auf den Frankreich-Aufenthalt in Deutschland
Jedes Jahr führen wir mehrere Vorbereitungswochenenden in Hannover durch. Auch deine Eltern sind dazu eingeladen. Besondere Schwerpunkte sind ein intensives interkulturelles Training, sowie praktische Strategien zur Lösung möglicher Probleme oder Schwierigkeiten vor Ort. Neben deinem Programmbetreuer triffst du auch ehemalige Austauschschüler, die von ihren Erfahrungen berichten.

Betreuung während des Auslandsaufenthalts und Nachbereitung
Die Betreuung vor Ort erfolgt durch lokale Betreuer der Partnerorganisation bzw. der Schule. Natürlich kannst du auch immer deinen persönlichen Betreuer von KulturLife kontaktieren, den du von Anfang an kennst. Für Notfälle sind wir mit unserer 24-Stunden-Hotline rund um die Uhr erreichbar.

Stipendien und Sonstiges
* Es ist auch eine Regionen- und Länderwahl möglich. Du kannst zum Beispiel ein Internat besuchen und bei einer Gastfamilie wohnen. In jedem Frankreich-Programm kannst du dich für ein Stipendium bewerben. Weitere Infos: www.kultur-life.de/ueber-uns/kulturlife-stipendien/.

Kurz und bündig			
Gründungsjahr	1995	Schülerzahl im Frankreich-Programm 2017/18	10
FR-Programm seit	1995	Gesamtschülerzahl im High School Programm 2017/18	120
Gemeinnützigkeit	ja	Partner in Frankreich	Schulen direkt, CEI, Rapididiom

Open Door International e.V. (ODI)
Thürmchenswall 69 — Telefon: 0221 / 60 60 85 50
50668 Köln — Telefax: 0221 / 60 60 85 519
info@opendoorinternational.de — www.opendoorinternational.de

Preis und Leistung

Länderwahlprogramm	3 Monate	Halbjahr	Schuljahr
Grundpreis (ab)	€ 4.990	€ 5.990	€ 7.490
Flug D – Frankreich – D	€ 400/p	€ 400/p	€ 400/p
Flugbegleitung auf Hinreise	nein	nein	nein
Vorbereitungstreffen	nein	nein	nein
Vorbereitungsseminar	ja	ja	ja
Einführungsseminar in Frankreich	nein	nein	nein
Elterntreffen	ja	ja	ja
Nachbereitungstreffen	nein	nein	nein
Nachbereitungsseminar	ja	ja	ja
Gesamtpreis (ab circa)	**€ 5.390**	**€ 6.390**	**€ 7.890**
Bewerbungsschluss	15.04./15.09.	15.04./15.09.	15.04.
Spätbewerbung	möglich	möglich	möglich

Bewerbungsverlauf und Kriterien für die Annahme des Bewerbers

Einer unverbindlichen Online-Anmeldung folgen eine Bestätigung mit den ersten Unterlagen und das persönliche Kennenlerngespräch, das beim Bewerber zu Hause stattfindet. Auswahlkriterien sind die persönliche Eignung, Reife und Motivation, Offenheit, Toleranz, Flexibilität, Selbstständigkeit, Anpassungsbereitschaft, psychische Stabilität, aber auch die schulischen Leistungen, die nicht schlechter als 3,0 im Notendurchschnitt sein sollten. Das Programm ist für Schüler aller Schulformen im Alter von 14 bis 18 Jahren geeignet.

Vorbereitung auf den Frankreich-Aufenthalt in Deutschland

Das 4-tägige Vorbereitungsseminar mit hauptamtlichen Programmbetreuern und Returnees, ist obligatorisch. Mit Workshops und ausführlichem Infomaterial werden die Teilnehmer intensiv auf ihr Zielland, den Aufenthalt und mögliche Probleme vorbereitet. Im Rahmen eines Workshops für die Eltern werden die wichtigsten Fragen aus Elternsicht thematisiert. Die Eltern erhalten vorab ein Handbuch zu Themen wie Visum, Versicherung, Finanzen, etc.

Betreuung während des Auslandsaufenthalts und Nachbereitung

24-Stunden-Notfallnummer; Betreuung durch Partnerorganisation vor Ort; Ansprechperson für Teilnehmer und Eltern im ODI-Büro; Elterntreffen; 3-tägiges Nachbereitungsseminar für Returnees; Möglichkeit zu ehrenamtlicher Mitarbeit im Jugendaustausch.

Stipendien und Sonstiges

ODI vergibt ein Teilstipendium für die USA sowie vier weitere Teilstipendien für alle ODI-Länder.

Kurz und bündig

Gründungsjahr	1983	Schülerzahl im Frankreich Programm 2017/18	3
FR-Programm seit	2002	Gesamtschülerzahl im High School Programm 2017/18	104
Gemeinnützigkeit	ja	Partner in Frankreich	CEI

Terre des Langues – Inh. Petra Schmidt
Pflanzenmayerstr. 16
93049 Regensburg
terre-des-langues@t-online.de
Telefon: 0941 / 56 56 02
Telefax: 0941 / 56 56 04
www.terre-des-langues.de

Preis und Leistung			
Länderwahlprogramm	3 Monate	Halbjahr	Schuljahr
Grundpreis (ab)	€ 4.350	€ 5.850	€ 7.300
Flug D – Frankreich – D	ja	ja	ja
Flugbegleitung auf Hinreise	nein	nein	nein
Vorbereitungstreffen	ja	ja	ja
Vorbereitungsseminar	nein	nein	nein
Einführungsseminar in Frankreich	ja	ja	ja
Elterntreffen	teilweise	teilweise	teilweise
Nachbereitungstreffen	nein	nein	nein
Nachbereitungsseminar	ja	ja	ja
Gesamtpreis (ab circa)	**€ 4.350**	**€ 5.850**	**€ 7.300**
Bewerbungsschluss	solange	Plätze	vorhanden
Spätbewerbung	möglich	möglich	möglich

Bewerbungsverlauf und Kriterien für die Annahme des Bewerbers
Nach Erhalt der Voranmeldung bekommen Sie die ausführlichen Anmeldeunterlagen. Ausschlaggebend für die Annahme bei dem Programm ist die Persönlichkeit des Bewerbers. Bitte bringen Sie die Bereitschaft mit, sich auf neue Erfahrungen und Menschen einzulassen. Sie sollten einen offenen und flexiblen Charakter haben, der es ermöglicht, Schul- und Familienleben sowie die französische Kultur zu akzeptieren. Bitte sind Sie sich Ihrer Rolle als Botschafter bewusst.

Vorbereitung auf den Frankreich-Aufenthalt in Deutschland
Das Vorbereitungsseminar dauert einen Tag und findet in verschiedenen deutschen Städten statt. Hier erklärt man Ihnen den Ablauf der Reise, Versicherung, Schulsystem und Sie bekommen Ratschläge für das tägliche Leben. Ehemalige Teilnehmer stehen Ihnen für Fragen zur Verfügung.

Betreuung während des Auslandsaufenthalts und Nachbereitung
Die Betreuung erfolgt durch den örtlichen Betreuer, durch das Hauptbüro von Terre des Langues in Frankreich und durch Terre des Langues in Deutschland.
Die Teilnehmer erhalten nach der Rückkehr einen Fragebogen. Jedes Jahr im Herbst findet ein Treffen statt. Bei Interesse finden während des Auslandsaufenthalts Elterntreffen statt.

Stipendien und Sonstiges
Wir platzieren in staatlich anerkannten Privatschulen. Die Schulgebühren sind im o.g. Preis inbegriffen. Internate auf Anfrage. Die Teilnehmer haben die Möglichkeit, das französische „BAC" (Abitur) zu absolvieren. Wir nehmen Teilnehmer ab 10 Jahren in das Programm auf.

Kurz und bündig			
Gründungsjahr	1995	Schülerzahl im Frankreich-Programm 2017/18	10
FR-Programm seit	1995	Gesamtschülerzahl im High School Programm 2017/18	56
Gemeinnützigkeit	nein	Partner in Frankreich	Terre des Langues

AEC Anglo European Connections GmbH	
Zum Alten Forsthaus 1	Telefon: 02422 / 500 360
52372 Kreuzau-Langenbroich	Telefax: 02422 / 500 619
info@aec-sprachreisen.de	www.aec.de

Preis und Leistung						
Länderwahlprogramm	Herbst	Winter	Frühjahr	Herbst/ Winter	Winter/ Frühjahr	Schuljahr
Grundpreis	€ 3.998	€ 7.498		€ 7.998		€ 10.998
Flug D – GB – D	€ 400/p	€ 400/p		€ 400/p		€ 400/p
Flugbegleitung	nein	nein		nein		nein
Vorbereitungstreffen	ja	ja		ja		ja
Vorbereitungsseminar	nein	nein		nein		nein
Einführungsseminar in GB	ja	ja		ja		ja
Elterntreffen	nein	nein		nein		nein
Nachbereitungstreffen	nein	nein		nein		nein
Nachbereitungsseminar	nein	nein		nein		nein
Gesamtpreis	**€ 4.398**	**€ 7.898**		**€ 8.398**		**€ 11.398**
Programmbeginn	31.08.	31.08.		31.08.		31.09.
Programmende	21.10.	20.12.		31.01.		07.06.
Bewerbungsschluss	01.03.	01.03.		01.03.		01.03.
Spätbewerbung	möglich	möglich		möglich		möglich

Bewerbungsverlauf und Kriterien für die Annahme des Bewerbers

Nach der Bewerbung (online) suchen wir eine geeignete Schule und Gastfamilie. Gelegentlich findet ein persönliches Interview statt. Neben den schulischen Leistungen und gesundheitlichen Voraussetzungen spielt auch die angeforderte Referenz des Englischlehrers eine große Rolle. Darüber hinaus gelten folgende Aufnahmebedingungen: Notendurchschnitt besser als 3,0; mind. 4 Jahre Englischunterricht; in den letzten Jahren vor Abreise keine Klasse wiederholt; Mindestalter bei Antritt: 15 Jahre, maximal 17 Jahre.

Vorbereitung auf den Großbritannien-Aufenthalt in Deutschland

Vorbereitungstreffen für Teilnehmer und Eltern am 30.03.2019 im LVR Museum Brühl. Teilnahme wird empfohlen, ist aber nicht Bedingung. Wir haben umfangreiche Unterlagen zur Vorbereitung zusammengestellt.

Betreuung während des Auslandsaufenthalts und Nachbereitung

Durch Veranstalter Christian Schmitz (häufig vor Ort in England) und zwei Vertreterinnen vor Ort.

Stipendien und Sonstiges

Veranstalter Christian Schmitz sucht jede Gastfamilie persönlich aus.
Wir vermitteln ausschließlich Schüler im ersten Jahr der Oberstufe an Gymnasien (Grammar Schools) in England. Auch hier werden die Jugendlichen am Unterricht im ersten Oberstufenjahr teilnehmen (Lower Sixth Form).

Kurz und bündig			
Gründungsjahr	1987	Schülerzahl im Großbritannien-Programm 2017/18	67
GB-Programm seit	1987	Gesamtschülerzahl im High School Programm 2017/18	67
Gemeinnützigkeit	nein	Partner in GB	eigenständig

AFS Interkulturelle Begegnungen e.V.
Friedensallee 48
22765 Hamburg
info@afs.de
Telefon: 040 / 399 222-0
Telefax: 040 / 399 222-99
www.afs.de

Preis und Leistung

Länderwahlprogramm	Herbst	Winter	Frühjahr	Herbst/ Winter	Winter/ Frühjahr	Schuljahr
Grundpreis				€ 10.490	€ 10.490	€ 11.990
Flug D – GB – D				ja	ja	ja
Flugbegleitung				nein	nein	nein
Vorbereitungstreffen				teilweise	teilweise	teilweise
Vorbereitungsseminar				ja	ja	ja
Einführungsseminar in GB				ja	ja	ja
Elterntreffen				teilweise	teilweise	teilweise
Nachbereitungstreffen				ja	ja	ja
Nachbereitungsseminar				ja	ja	ja
Gesamtpreis				**€ 10.490**	**€ 10.490**	**€ 11.990**
Programmbeginn				Aug./Sept.	Januar	Aug./Sept.
Programmende				Januar	Mai	Juni
Bewerbungsschluss				15.10.	15.05.	15.10.
Spätbewerbung				möglich	möglich	möglich

Bewerbungsverlauf und Kriterien für die Annahme des Bewerbers
Alle Bewerberinnen und Bewerber werden zu einem Einführungsseminar eingeladen. Für die Aufnahme ins Programm ist die persönliche Eignung, d. h. Eigenschaften wie Offenheit, Toleranz, Selbstständigkeit, Anpassungsbereitschaft und Kommunikationsfähigkeit ausschlaggebend. Nach Bewerbungsschluss ist eine Bewerbung auf freie Länderplätze möglich.

Vorbereitung auf den Großbritannien-Aufenthalt in Deutschland
AFS legt großen Wert auf die Vorbereitung der Teilnehmerinnen und Teilnehmer. Es finden je nach Abreisetermin bis zu drei Wochenendseminare statt. Im persönlichen Gespräch mit AFS-Ehrenamtlichen und der ganzen Familie wird individuell auf alle Fragen eingegangen.

Betreuung während des Auslandsaufenthalts und Nachbereitung
Das weltweite Netz haupt- und ehrenamtlicher Mitarbeiterinnen und Mitarbeiter ermöglicht die persönliche Betreuung der Jugendlichen vor, während und nach dem Auslandsaufenthalt. AFS bzw. die Partnerorganisation im Gastland organisiert ein Orientierungsseminar zu Beginn des Programms sowie Auswertungs- und Nachbereitungsseminare im weiteren Verlauf. Eine persönliche Ansprechperson und die Partnerorganisationen sind für Notfälle jederzeit erreichbar.

Stipendien und Sonstiges
Jedes Jahr vergibt AFS mit namhaften Stiftungen und Unternehmen an über 35 % der Teilnehmerinnen und Teilnehmer Stipendien Infos unter www.afs.de/stipendien. In Großbritannien erhalten die Gastfamilien eine Aufwandsentschädigung, die im Preis enthalten ist.

Kurz und bündig

Gründungsjahr	1948	Schülerzahl im Großbritannien-Programm 2017/18	15
GB-Programm seit	2016	Gesamtschülerzahl im High School Programm 2017/18	804
Gemeinnützigkeit	ja	Partner in GB	Diverse

American Institute For Foreign Study (Deutschland) GmbH	
Friedensplatz 1	Telefon: 0228 / 957 30-0
53111 Bonn	Telefax: 0228 / 957 30-110
highschool@aifs.de	www.aifs.de

Preis und Leistung						
Regionenwahlprogramm	Herbst	Winter	Frühjahr	Herbst/ Winter	Winter/ Frühjahr	Schuljahr
Grundpreis (ab)	€ 6.200	€ 6.700		€ 7.900	€ 8.900	€ 11.700
Flug D – GB – D	€ 690	€ 400/p		€ 690	€ 400/p	€ 690
Flugbegleitung	ja	nein		ja	nein	ja
Vorbereitungstreffen	nein	nein		nein	nein	nein
Vorbereitungsseminar	ja	ja		ja	ja	ja
Einführungsseminar in GB	ja	nein		ja	nein	ja
Elterntreffen	nein	nein		nein	nein	nein
Nachbereitungstreffen	nein	nein		nein	nein	nein
Nachbereitungsseminar	ja	ja		ja	ja	ja
Gesamtpreis (ab circa)	**€ 6.890**	**€ 7.100**		**€ 8.590**	**€ 9.300**	**€ 12.390**
Programmbeginn	Sept.	Januar		Sept.	Januar	Sept.
Programmende	Dez.	März		Januar	Juni/Juli	Juni/Juli
Bewerbungsschluss	flexibel	flexibel		flexibel	flexibel	flexibel
Spätbewerbung	ja	ja		ja	ja	ja

Bewerbungsverlauf und Kriterien für die Annahme des Bewerbers

Bewerbung: Die Bewerbung erfolgt unverbindlich durch das Ausfüllen eines Formulars auf www.aifs.de. Sind die formellen Voraussetzungen erfüllt, lädt AIFS den Bewerber zu einem ausführlichen Einzelgespräch (persönlich, per Skype oder telefonisch) mit einem der England-Spezialisten ein. Bei Eignung des Bewerbers unterbreitet AIFS anschließend ein Vertragsangebot. Dieses wird erst durch die Annahme des Bewerbers verbindlich.

Voraussetzungen: 14 bis 18 Jahre; Schülerstatus; mind. drei Jahre Englisch als Unterrichtsfach; tolerant, anpassungsfähig, aufgeschlossen und motiviert

Vorbereitung auf den Großbritannien-Aufenthalt in Deutschland

Vorbereitung durch das AIFS Team Bonn als Ansprechpartner, zweitägiges Seminar in Bonn oder Umgebung, ausführliche Schüler-/Elternhandbücher, Inforundbriefe vor der Ausreise.

Betreuung während des Auslandsaufenthalts und Nachbereitung

Die Betreuung während des Aufenthaltes wird durch einen lokalen Betreuer, Partner vor Ort sowie AIFS in Bonn garantiert. Nachbereitung: im Rahmen einer großen Homecoming Party

Stipendien und Sonstiges

1) Geschwisterrabatt in Höhe von jeweils € 200; 2) Rabatt bei Anmeldung gemeinsam mit einem Freund in Höhe von jeweils € 100; 3) Bis zu € 375 Rabatt (je nach Programmlänge) bei frühzeitiger Anmeldung 4) Bei Sommerausreise: 3 Tage Orientation-Days in London und begleiteter Hinflug inklusive.

Kurz und bündig			
Gründungsjahr (1964)	1983	Schülerzahl im Großbritannien-Programm 2017/18	36
GB-Programm seit	2010	Gesamtschülerzahl im High School Programm 2017/18	473
Gemeinnützigkeit	nein	Partner in GB	k. A.

aubiko e.V.
Stückenstraße 74
22081 Hamburg
info@aubiko.de

Telefon: 040/ 98672575
Telefax: 040/ 98672586
www.aubiko.de

Preis und Leistung						
Länderwahlprogramm	Herbst	Winter	Frühjahr	Herbst/ Winter	Winter/ Frühjahr	Schuljahr
Grundpreis (ab)	€ 6.450	€ 6.450				€ 9.800
Flug D – GB – D	ja	ja				ja
Flugbegleitung	ab 5 TN	ab 5 TN				ab 5 TN
Vorbereitungstreffen	nein	nein				nein
Vorbereitungsseminar	ja	ja				ja
Einführungsseminar in GB	ja	ja				ja
Elterntreffen	nein	nein				nein
Nachbereitungstreffen	nein	nein				nein
Nachbereitungsseminar	ja	ja				ja
Gesamtpreis (ab circa)	**€ 6.450**	**€ 6.450**				**€ 9.800**
Programmbeginn	30.08.	07.01.				30.08.
Programmende	25.11.	01.04.				08.06.
Bewerbungsschluss	30.04.	07.08.				30.04.
Spätbewerbung	möglich	möglich				möglich

Bewerbungsverlauf und Kriterien für die Annahme des Bewerbers
aubiko e.V. initiiert als gemeinnütziger Verein interkulturelle Bildungsprojekte zur Förderung der Völkerverständigung. Seit dem Schuljahr 2016/2017 haben wir die Möglichkeit, deutschen Schüler/-innen einen Aufenthalt an staatlichen Schulen und in Gastfamilien in Großbritannien zu ermöglichen. Voraussetzung sind ausreichende Englischkenntnisse, ein Notendurchschnitt von mindestens 3,0 und eine offene Einstellung gegenüber einer neuen Kultur.

Vorbereitung auf den Großbritannien-Aufenthalt in Deutschland
Auf unserem Vorbereitungswochenende für Schüler/-innen und Eltern in Hamburg werden alle wichtigen Fragen geklärt sowie auf den Aufenthalt und die Kultur vorbereitet.

Betreuung während des Auslandsaufenthalts und Nachbereitung
Die Betreuung während des Aufenthaltes übernehmen wir gemeinsam mit unserer gemeinnützigen Partnerorganisation. Diese wählt die Gastfamilien aus, bereitet sie vor und pflegt einen engen Kontakt zu den entsprechenden Schulen. Die Betreuer/-innen der Austauschschüler/-innen sind stets erreichbar und stehen bei allen Problemen beratend und begleitend zur Seite.

Stipendien und Sonstiges
Auslands-BaföG, Bildungskredite, Stipendien von Organisationen, Stiftungen und Firmen

Kurz und bündig			
Gründungsjahr	2014	Schülerzahl im Großbritannien-Programm 2017/18	k. A.
GB-Programm seit	2016	Gesamtschülerzahl im High School Programm 2017/18	18
Gemeinnützigkeit	ja	Partner in GB	SPEAK

Ayusa-Intrax GmbH
Giesebrechtstr. 10
10629 Berlin
highschool@intrax.de
Telefon: 030 / 84 39 39 93
Telefax: 030 / 84 39 39 39
www.intrax.de

Preis und Leistung

*Regionenwahlprogramm**	Herbst	Winter	Herbst/ Winter	Herbst/ Winter	Winter/ Frühjahr	Schuljahr
Grundpreis (ab)	€ 6.690	€ 6.290	€ 7.990	€ 8.990	€ 8.990	€ 10.990
Flug D – GB – D	€ 400/p	€ 400/p	€ 400/p	€ 400/p	€ 400/p	€ 400/p
Flugbegleitung	nein	nein	nein	nein	nein	nein
Vorbereitungstreffen	nein	nein	nein	nein	nein	nein
Vorbereitungsseminar	ja	ja	ja	ja	ja	ja
Einführungsseminar in GB	ja	nein	ja	ja	nein	ja
Elterntreffen	nein	nein	nein	nein	nein	nein
Nachbereitungstreffen	nein	nein	nein	nein	nein	nein
Nachbereitungsseminar	ja	ja	ja	ja	ja	ja
Gesamtpreis (ab circa)	**€ 7.090**	**€ 6.690**	**€ 8.390**	**€ 9.390**	**€ 9.390**	**€ 11.390**
Programmbeginn	Sept.	Januar	Sept.	Sept.	Januar	Sept.
Programmende	Dez.	März	Januar	März	Juli	Juli
Bewerbungsschluss	15.05.	15.11.	15.05.	15.05.	15.11.	15.05.
Spätbewerbung	möglich	möglich	möglich	möglich	möglich	möglich

Bewerbungsverlauf und Kriterien für die Annahme des Bewerbers

Neben dem schriftlichen Bewerbungsverlauf findet ein persönliches Einzelinterview in der Nähe des Wohnorts statt, gern auch mit den Eltern. Bewerben können sich 13- bis 18-Jährige.

Vorbereitung auf den Großbritannien-Aufenthalt in Deutschland

Es finden Informationsveranstaltungen und Vorbereitungsseminare für Schüler und Eltern in mehreren Städten in Deutschland. statt. Wenn möglich kommen ehemalige Ayusa Schüler zu diesen Treffen. Telefonkontakt zu Ehemaligen ist möglich. Alle Teilnehmer erhalten spezifische Handbücher.

Betreuung während des Auslandsaufenthalts und Nachbereitung

Beim Programmstart im Sommer und einer Programmlänge von mind. 3 Monaten gibt es ein 3-tägiges Soft Landing Camp in London mit zwei Übernachtungen. Teilnehmer werden von der englischen Partnerorganisation vor Ort betreut. Ayusa-Intrax steht während der Programmdauer mit Eltern in Deutschland in Kontakt. Für die Rückkehrer bietet Ayusa-Intrax ein Wochenend-Nachbereitungsseminar an.

Stipendien und Sonstiges

Teilstipendien bis max. € 3.000.
* Schottland landesweit: 5 Mon. € 7.990, Schuljahr € 10.490/ England landesweit: Schuljahr ab € 9.990/ Schulwahl: Schuljahr ab € 11.990, Kurzprogramme ab 4 Wochen € 3.990
Preisangaben für Halbjahr (5 Monate und 2 Terms) und Schuljahr ab Sommer 2019 beinhalten einen Frühbucherrabatt, Details dazu auf unserer Webseite: www.intrax.de

Kurz und bündig

Gründungsjahr	1991	Schülerzahl im Großbritannien-Programm 2017/18	51
GB-Programm seit	1997	Gesamtschülerzahl im High School Programm 2017/18	372
Gemeinnützigkeit	nein	Partner in GB	White House Guardianship, SEE, ETS

Barnes Educational Services – Deutsche Vertretung
Wohldamm 39
30855 Langenhagen
rachel@barnes-educational.co.uk
Telefon: 0511 / 738200
Telefax: 0511 / 738600
www.schuleinengland.de

Preis und Leistung						
Schulwahlprogramm	Herbst	Winter	Frühjahr	Herbst/ Winter	Winter/ Frühjahr	Schuljahr
Grundpreis (ab)	€ 6.490	€ 6.490	€ 7.100	€ 7.890	€ 7.890	€ 10.550
Flug D – GB – D	€ 400	€ 400	€ 400	€ 400	€ 400	€ 400
Flugbegleitung	nein	nein	nein	nein	nein	nein
Vorbereitungstreffen	nein	nein	nein	nein	nein	nein
Vorbereitungsseminar	nein	nein	nein	nein	nein	nein
Einführungsseminar in GB	nein	nein	nein	nein	nein	nein
Elterntreffen	nein	nein	nein	nein	nein	nein
Nachbereitungstreffen	nein	nein	nein	nein	nein	nein
Nachbereitungsseminar	nein	nein	nein	nein	nein	nein
Gesamtpreis (ab)	**€ 6.890**	**€ 6.890**	**€ 7.500**	**€ 8.290**	**€ 8.290**	**€ 10.950**
Programmbeginn	Sept.	Jan.	Ostern	Sept.	Jan.	Sept.
Programmende	Dez.	Ostern	Juli	Ostern	Juli	Juni
Bewerbungsschluss	01.09.	01.01.	01.04.	01.09.	01.01.	01.09.
Spätbewerbung	ja	ja	ja	ja	ja	ja

Bewerbungsverlauf und Kriterien für die Annahme des Bewerbers

Barnes ist ein kleines Familienteam in England. Wir sind ehemalige Lehrer und können aufgrund der Angaben in den Bewerbungsformularen und Kontakten mit der Familie der SchülerInnen eine Auswahl an passenden Schulen anbieten. Diese Schulen sind über ganz England verteilt und für jeden Kenntnisstand geeignet.

Vorbereitung auf den Großbritannien-Aufenthalt in Deutschland

Unsere Schüler studieren weitab von den vielen anderen internationalen Schülern und werden von Rachel auf ihren Aufenthalt individuell vorbereitet – sie kennt jede Schule persönlich, ebenso wie die Gastfamilien und die örtlichen Repräsentanten. Schüler und ihre Eltern können gerne die Schule und ihre Gastfamilie bereits vor ihrem Aufenthalt besuchen.

Betreuung während des Auslandsaufenthalts und Nachbereitung

Das Familienunternehmen Barnes hat seinen Sitz in England. Barnes organisiert alles, kennt alle Kontaktpersonen und kann im Fall der Fälle rasch reagieren. Viele Schüler und deren Familien halten noch Jahre nach einem Schulaufenthalt Kontakt mit der Organisation.

Stipendien und Sonstiges

Zwei Stipendien über € 2.500 (jeweils für allgemeines Engagement und kulturelles Engagement, mindestens zwei Schuljahre)

Wenn Sie das gewünschte Programm hier nicht gefunden haben, kontakten Sie uns bitte, damit wir für Sie ein geeignetes Programm zusammenstellen können.

Kurz und bündig			
Gründungsjahr	1975	Schülerzahl im Großbritannien-Programm 2017/18	114
GB-Programm seit	1975	Gesamtschülerzahl im High School Programm 2017/18	102
Gemeinnützigkeit	Nein	Partner in GB	Barnes Educational Services

Carl Duisberg Centren gemeinnützige GmbH	
Hansaring 49-51	Telefon: 0221 / 16 26 207
50670 Köln	Telefax: 0221 / 16 26 217
highschool@cdc.de	www.carl-duisberg-highschool.de

Preis und Leistung

Regionenwahlprogramm	Herbst	Winter	Frühjahr	Herbst/ Winter	Winter/ Frühjahr	Schuljahr
Grundpreis (ab)	€ 6.490	€ 5.990		€ 8.690	€ 8.490	€ 11.290
Flug D – GB – D	€ 400/p	€ 400/p		€ 400/p	€ 400/p	€ 400/p
Flugbegleitung	nein	nein		nein	nein	nein
Vorbereitungstreffen	nein	nein		nein	nein	nein
Vorbereitungsseminar	ja	ja		ja	ja	Ja
Einführungsseminar in GB	nein	nein		nein	nein	nein
Elterntreffen	ja	ja		ja	ja	ja
Nachbereitungstreffen	ja	ja		ja	ja	ja
Nachbereitungsseminar	nein	nein		nein	nein	nein
Gesamtpreis (ab circa)	**€ 6.890**	**€ 6.390**		**€ 9.090**	**€ 8.890**	**€ 11.690**
Programmbeginn	Sept.	Januar		Sept.	Januar	Sept.
Programmende	Dez.	April		April	Juli	Juli
Bewerbungsschluss	flexibel	flexibel		flexibel	flexibel	flexibel
Spätbewerbung	möglich	auf		Anfrage		

Bewerbungsverlauf und Kriterien für die Annahme des Bewerbers

Zum Bewerbungsverfahren: 1.) Schriftliche Bewerbung (Formular) inkl. Zeugniskopie und Motivationsschreiben. 2.) Einladung von Schüler und Eltern zu einem persönlichen Auswahlgespräch 3.) Bei Eignung Aufnahme in das Programm und schriftl. Bestätigung des Platzes.

Zu den Aufnahmekriterien: Aufgeschlossenheit für andere Länder und Kulturen; Anpassungsbereitschaft an Gegebenheiten des Gastlandes; Selbstständigkeit im Rahmen der landesüblichen Möglichkeiten; zufriedenstellende Kenntnisse der Landessprache.

Vorbereitung auf den Großbritannien-Aufenthalt in Deutschland

Das Auswahlgespräch und das Ausfüllen der Bewerbungsunterlagen sind bereits Teil der Vorbereitung. Wichtigster Teil unserer Vorbereitung sind unsere 1,5-tägigen Seminare, bei denen wir alle wichtigen Aspekte in Diskussionen, Vorträgen und Rollenspielen behandeln. Man erhält ein landesspezifisches Handbuch.

Betreuung während des Auslandsaufenthalts und Nachbereitung

Die Betreuung erfolgt durch das Carl Duisberg High School Team in Deutschland und durch einen Betreuer der Partner in GB. Wir führen Eltern- u. Nachbereitungstreffen durch.

Stipendien und Sonstiges

Preise beziehen sich auf die Mittelstufe, Preise für die Oberstufe sind generell höher. Auch 1,5 Terms ab September möglich (ab € 7.690); Privatschulen/Internate auf Anfrage.

Kurz und bündig

Gründungsjahr	1962	Schülerzahl im Großbritannien-Programm 2017/18	37
GB-Programm seit	2013	Gesamtschülerzahl im High School Programm 2017/18	431
Gemeinnützigkeit	ja	Partner in GB	White House Guardianships (WHG)

Deutsches Youth For Understanding Komitee e.V. (YFU)
Oberaltenallee 6
22081 Hamburg
info@yfu.de
Telefon: 040 / 22 70 02-0
Telefax: 040 / 22 70 02-27
www.yfu.de

Preis und Leistung						
Länderwahlprogramm	Herbst	Winter	Frühjahr	Herbst/ Winter	Winter/ Frühjahr	Schuljahr
Grundpreis				€ 11.300		€ 11.800
Flug D – GB – D				ja		ja
Flugbegleitung				ja		ja
Vorbereitungstreffen				ja		ja
Vorbereitungsseminar				ja		ja
Einführungsseminar in GB				ja		ja
Elterntreffen				ja		ja
Nachbereitungstreffen				ja		ja
Nachbereitungsseminar				ja		ja
Gesamtpreis				**€ 11.300**		**€ 11.800**
Programmbeginn				Aug/Sept		Aug/Sept
Programmende				Januar		Juni
Bewerbungsschluss				variabel		variabel
Spätbewerbung				nein		nein

Bewerbungsverlauf und Kriterien für die Annahme des Bewerbers

Bei YFU können sich Schülerinnen und Schüler aller Schularten bewerben. Sie sollten aufgeschlossen, anpassungsfähig und verantwortungsbewusst sein und mindestens durchschnittliche Schulleistungen vorweisen. Für Großbritannien sind vor allem in Englisch gute bis durchschnittliche Noten wichtig. Nach Durchsicht der schriftlichen Bewerbungsunterlagen führt YFU regional Auswahlgespräche in Form von Gruppen- und Einzelinterviews durch.

Vorbereitung auf den Großbritannien-Aufenthalt in Deutschland

Alle YFU-Austauschschüler nehmen vor Abreise an einem einwöchigen Seminar teil, auf dem sie intensiv auf das Leben in einer fremden Kultur vorbereitet werden und praktische Tipps für den Alltag in Großbritannien erhalten. Auch für Eltern werden eigene Vorbereitungs-treffen angeboten. YFU stellt außerdem umfangreiche schriftliche Unterlagen zur Verfügung.

Betreuung während des Auslandsaufenthalts und Nachbereitung

Jeder Austauschschüler hat im Ausland vor Ort einen persönlichen Betreuer. Darüber hinaus stehen die hauptamtlichen YFU-Mitarbeiter in Deutschland und Großbritannien zur Verfügung – im Notfall rund um die Uhr. Während des Austausches finden außerdem begleitende Seminare statt. Nach der Rückkehr gibt es ein 2- bis 3-tägiges Nachbereitungsseminar.

Stipendien und Sonstiges

YFU vergibt jährlich rund 300 Stipendien im Gesamtwert von etwa einer halben Million Euro. Die Vergabe und Höhe der Stipendien richtet sich nach der finanziellen Situation der Familie, nicht nach Schulnoten. Weitere Informationen gibt es unter www.yfu.de/stipendien.

Kurz und bündig			
Gründungsjahr	1957	Schülerzahl im Großbritannien-Programm 2017/18	25
GB-Programm seit	2015	Gesamtschülerzahl im High School Programm 2017/18	902
Gemeinnützigkeit	ja	Partner in GB	k. A.

DFSR – Dr. Frank Sprachen & Reisen GmbH	
Industriestr. 35	Telefon: 0621 / 820 565 0
68169 Mannheim	Telefax: 0621 / 820 565 80
info@dfsr.de	www.dfsr.de

Preis und Leistung						
Länderwahlprogramm	Herbst	Winter	Frühjahr	Herbst/ Winter	Winter/ Frühjahr	Schuljahr
Grundpreis	€ 8.890	€ 8.890		€ 9.490	€ 9.490	€ 9.990
Flug D – GB – D	ja	ja		ja	ja	ja
Flugbegleitung	nein	nein		nein	nein	nein
Vorbereitungstreffen	nein	nein		nein	nein	nein
Vorbereitungsseminar	ja	ja		ja	ja	ja
Einführungsseminar in GB	€ 490/opt	€ 490/opt		€ 490/opt	€ 490/opt	€ 490/opt
Elterntreffen	nein	nein		nein	nein	nein
Nachbereitungstreffen	nein	nein		nein	nein	nein
Nachbereitungsseminar	ja	ja		ja	ja	ja
Gesamtpreis (ab circa)	**€ 8.890**	**€ 8.890**		**€ 9.490**	**€ 9.490**	**€ 9.990**
Programmbeginn	Sept	Januar		Aug/Sept	Januar	Sept.
Programmende	Dez.	März		Januar	Juni	Juni
Bewerbungsschluss	31.05.	31.10.		31.05.	31.10.	31.05.
Spätbewerbung	auf Anfr.	auf Anfr.		auf Anfr.	auf Anfr.	auf Anfr.

Bewerbungsverlauf und Kriterien für die Annahme des Bewerbers

Für alle Teilnehmer gilt: Es kommt nicht nur auf die Schulnoten an, wichtig sind auch ihre Motivation und ihr Interesse an dem Gastland und dem Kulturaustausch. Der zukünftige Austauschschüler sollte Flexibilität, Verständnis, Toleranz und Selbstständigkeit mitbringen. Bewerben können sich Schüler/innen, die über gute Englischkenntnisse und Schulnoten verfügen. Für Allergien, schlechtere Noten oder besondere Ernährungsgewohnheiten kann eine zusätzliche Gebühr anfallen. Teilnahmealter: 16-18 Jahre (Unter 16 Jahren gegen Aufpreis). Bewerbungsverlauf: Ausfüllen des Bewerbungsformulars, persönliches Bewerbungsgespräch gemeinsam mit den Eltern, nach erfolgreichem Gespräch Aufnahme ins Programm.

Vorbereitung auf den Großbritannien-Aufenthalt in Deutschland

Intensives Vorbereitungsseminar in Mannheim.

Betreuung während des Auslandsaufenthalts und Nachbereitung

Unsere Partnerorganisation stellt einen Betreuer vor Ort und auch DFSR ist für seine Partner über eine 24h-Notrufnummer immer erreichbar. Nach ihrer Rückkehr nach Deutschland können die Schüler auf dem Welcome Back Seminar von ihren Erfahrungen berichten.

Stipendien und Sonstiges

Im Classic-Programm Stadtwahl möglich. Im Rahmen unseres Select-Programms bieten wir eine Auswahl verschiedener Colleges in ganz Großbritannien an. 3 Tage Soft Landing Camp in London optional buchbar.

Kurz und bündig			
Gründungsjahr	1978	Schülerzahl im Großbritannien-Programm 2017/18	17
GB-Programm seit	2010	Gesamtschülerzahl im High School Programm 2017/18	379
Gemeinnützigkeit	nein	Partner in GB	EDUCATIUS, Colleges

e2 - education abroad – Inh. Mario Stiploschek
Himmelstraße 9 | Telefon: 040 / 44 70 700
22299 Hamburg | Telefax: k. A.
info@edu-germany.com | www.e2.de

Preis und Leistung						
Länderwahl	Herbst	Winter	Frühjahr	Herbst/ Winter	Winter/ Frühjahr	Schuljahr
Grundpreis*	€ 12.300		€ 12.800			€ 14.400
Flug D – GB – D	ja		ja			ja
Flugbegleitung	ab 15 TN		ab 15 TN			ab 15 TN
Vorbereitungstreffen	ja		ja			ja
Vorbereitungsseminar	ja		ja			ja
Einführungsseminar in GB	ja		ja			ja
Elterntreffen	ja		ja			ja
Nachbereitungstreffen	ja		ja			ja
Nachbereitungsseminar	ja		ja			ja
Gesamtpreis	**€ 12.300**		**€ 12.800**			**€ 14.400**
Programmbeginn	Sept.		Feb.			Sept.
Programmende	Januar		Juni			Januar
Bewerbungsschluss	30.04.		31.10.			30.04.
Spätbewerbung	Anfrage		Anfrage			Anfrage

Bewerbungsverlauf und Kriterien für die Annahme des Bewerbers
Die Entscheidung, ein Jahr im Ausland zu verbringen, muss in der Familie einvernehmlich gefällt werden um den maximalen Erfolg zu gewährleisten. Ansonsten erwarten wir von den Kandidaten, sich mit den möglichen unterschiedlichen Ländern auseinanderzusetzen und mit offenem Geist an das Programm zu gehen.

Vorbereitung auf den Großbritannien-Aufenthalt in Deutschland
Zuallererst erfolgt das sogenannte Bewerbungsgespräch, dessen Dauer mit ca. 3 Std. ein erstes Kennenlernen ermöglicht. Es werden zu allen Themen Handbücher (länderspezifisch) ausgegeben damit die Teilnehmer auch jederzeit Problemlösungen nachschlagen können. Der Höhepunkt der Vorbereitung ist ein 3-tägiges Vorbereitungsseminar in einer Jugendherberge, wo am Schlusstag auch die Eltern eingeladen sind um nochmal viele Ablaufdetails des Programmes zu erfahren.

Betreuung während des Auslandsaufenthalts und Nachbereitung
Bei unserem Programm in England steht die Betreuung der Gastfamilien und der ausländischen Schüler im absoluten Mittelpunkt. Sollte es einmal Probleme geben, kann man sicher sein, dass diese mit Hilfe der betreuenden Partnerorganisation im besten Einvernehmen mit allen Beteiligten gelöst werden.

Stipendien und Sonstiges
* Im Gesamtpreis ist eine Vermittlungsgebühr von € 1.990 enthalten.

Kurz und bündig			
Gründungsjahr	1997	Schülerzahl im Großbritannien-Programm 2017/18	2
GB-Programm seit	1997	Gesamtschülerzahl im High School Programm 2017/18	40
Gemeinnützigkeit	nein	Partner in Großbritannien	k. A.

EF Education (Deutschland) GmbH	
Königsallee 92 a	Telefon: 0211 / 688 57 300
40212 Düsseldorf	Telefax: 0211 / 688 57 301
highschoolyear.de@ef.com	www.ef.com/highschool

Preis und Leistung

Länderwahlprogramm	Herbst	Winter	Frühjahr	Herbst/ Winter	Winter/ Frühjahr	Schuljahr
Grundpreis						€ 11.950
Flug D – GB – D						ja
Flugbegleitung						nein
Vorbereitungstreffen						ja
Vorbereitungsseminar						nein
Einführungsseminar in GB						ja
Elterntreffen						ja
Nachbereitungstreffen						ja
Nachbereitungsseminar						nein
Gesamtpreis (circa)						**€ 11.950**
Programmbeginn						August
Programmende						Mai/Juni
Bewerbungsschluss						31.05.
Spätbewerbung						möglich

Bewerbungsverlauf und Kriterien für die Annahme des Bewerbers

Wir laden Dich und Deine Eltern nach Deiner Anmeldung zu einem persönlichen Auswahlgespräch mit EF-Mitarbeitern und ehemaligen Austauschschülern ein. Eine Elternberatung findet parallel statt. Kriterien für die Annahme sind Offenheit, Anpassungsfähigkeit, hohe Motivation, schulische Leistungen und Fremdsprachenkenntnisse.

Vorbereitung auf den Großbritannien-Aufenthalt in Deutschland

Informationsveranstaltungen und Vorbereitungsseminare in mehreren Städten in Deutschland. Monatlich neue Informationen über persönliche Website MyEF und zu Beginn des Jahres finden Welcome Days (4 Tage Vorbereitung im Gastland) oder zusätzlich das 10-tägige EF High School Camp (optional für € 1.375) auf dem Campus der Universität Winchester statt.

Betreuung während des Auslandsaufenthalts und Nachbereitung

Regelmäßiger Kontakt mit dem Betreuer vor Ort / Besuch des Betreuers / Ausflüge bzw. Reiseangebote durch EF vor Ort (optional) / telefonische Unterstützung für Schüler und Eltern während des Austauschjahres durch die EF-Büros in Deutschland und in Großbritannien. Den Schülern steht im Gastland eine 24h-Notrufnummer zur Verfügung.

Stipendien und Sonstiges

Stipendien: EF bietet mehrere Teilstipendien an (www.ef.com/stipendien). *Sonstiges:* EF Discovery Tours und Regionenwahl (England, Schottland oder Wales). Möglichkeit i.R. d. EF Academy einen internationalen Schulabschluss in Großbritannien oder den USA zu erwerben.

Kurz und bündig

Gründungsjahr	1965	Schülerzahl im Großbritannien-Programm 2017/18	80
GB-Programm seit	1979	Gesamtschülerzahl im High School Programm 2017/18	780
Gemeinnützigkeit	nein	Partner in GB	EF Education First

Experiment e.V.
Gluckstraße 1
53115 Bonn
info@experiment-ev.de
Telefon: 0228 / 957 220
Telefax: 0228 / 358 282
www.experiment-ev.de

Preis und Leistung

Länderwahlprogramm	Herbst	Winter	Früh-jahr	Herbst/ Winter	Winter/ Frühjahr	Schul-jahr
Grundpreis	€ 5.740	€ 5.740		€ 9.870	€ 9.870	€ 10.220
Flug D – GB – D	€ 400/p	€ 400/p		€ 400/p	€ 400/p	€ 400/p
Flugbegleitung	nein	nein		nein	nein	nein
Vorbereitungstreffen	nein	nein		nein	nein	nein
Vorbereitungsseminar	ja	ja		ja	ja	ja
Einführungsseminar in GB	ja	ja		ja	ja	ja
Elterntreffen	nein	nein		nein	nein	nein
Nachbereitungstreffen	nein	nein		nein	nein	nein
Nachbereitungsseminar	ja	ja		ja	ja	ja
Gesamtpreis (circa)	**€ 6.140**	**€ 6.140**		**€ 10.270**	**€ 10.270**	**€ 10.620**
Programmbeginn	August	August		August	August	August
Programmende	Dezember	Dezember		April	April	Mai/Juni
Bewerbungsschluss	01.02.	01.02.		01.02.	01.02.	01.02.
Spätbewerbung	möglich	möglich		möglich	möglich	möglich

Bewerbungsverlauf und Kriterien für die Annahme des Bewerbers
Alter: 16-18 Jahre. Voraussetzungen: Besuch einer weiterführenden Schule bis zur Ausreise, ernsthaftes Interesse am interkulturellen Austausch, Aufgeschlossenheit, Offenheit, Toleranz und Anpassungsvermögen. Englischkenntnisse werden erwartet. Bewerbung online.

Vorbereitung auf den Großbritannien-Aufenthalt in Deutschland
Alle Teilnehmenden werden zu einem überregionalen, 4-tägigen Vorbereitungsseminar eingeladen, auf dem sie von Ehrenamtlichen umfassend auf ihren Auslandsaufenthalt vorbereitet werden. Diese intensive Vorbereitung findet bereits mehrere Wochen vor der Ausreise statt, ist verpflichtend für alle Teilnehmenden und daher bereits im Preis enthalten.

Betreuung während des Auslandsaufenthalts und Nachbereitung
Ein persönlicher Betreuer unserer Partnerorganisation hat die Gastfamilie vor der Ankunft des Austauschschülers besucht und ist während des Aufenthaltes Ansprechpartner für Schüler/in und Gastfamilie. Für Eltern und Teilnehmende gibt es zusätzlich in Deutschland einen telefonischen Bereitschaftsdienst von Experiment e.V., der rund um die Uhr erreichbar ist.

Stipendien und Sonstiges
Experiment e.V. stellt für den „Schüleraustausch weltweit" einen eigenfinanzierten Stipendienfonds in Höhe von € 85.000 (2019-20) zur Verfügung, darunter Teilstipendien in Höhe von bis zu € 2.000. Aktuelle Stipendien unter: www.experiment-ev.de/stipendien

Kurz und bündig

Gründungsjahr	1932	Schülerzahl im Großbritannien-Programm 2017/18	16
GB-Programm seit	2006	Gesamtschülerzahl im High School Programm 2017/18	500
Gemeinnützigkeit	ja	Partner in GB	Experiment UK

Global Youth Group e.V.	
Eststr. 6	Telefon: 0201 / 6124529
45149 Essen	Telefax: 0201 / 47619824
info@global-youth-group.de	www.global-youth-group.de

Preis und Leistung

Länderwahlprogramm	Herbst	Winter	Herbst/ Winter	Herbst/ Winter	Winter/ Frühjahr	Schuljahr
Grundpreis (ab)	€ 6.100	€ 6.150	€ 7.050	€ 8.075	€ 6.625	€ 7.975
Flug D – GB – D	€ 400/p	€ 400/p	€ 400/p	€ 400/p	€ 400/p	€ 400/p
Flugbegleitung	optional	optional	optional	optional	optional	optional
Vorbereitungstreffen	optional	optional	optional	optional	optional	optional
Vorbereitungsseminar	ja	ja	ja	ja	ja	ja
Einführungsseminar in GB	ja	ja	ja	ja	ja	ja
Elterntreffen	ja	ja	ja	ja	ja	ja
Nachbereitungstreffen	optional	optional	optional	optional	optional	optional
Nachbereitungsseminar	ja	ja	ja	ja	ja	ja
Gesamtpreis (ab circa)	**€ 6.500**	**€ 6.550**	**€ 7.450**	**€ 8.475**	**€ 7.025**	**€ 8.375**
Programmbeginn	Sept.	Januar	Sept.	Sept.	Januar	Sept.
Programmende	Dez.	April	Februar	März.	Juni	Juni
Bewerbungsschluss	30.04.	30.09.	30.04.	31.03.	30.09.	31.05.
Spätbewerbung	möglich	möglich	möglich	möglich	möglich	möglich

Bewerbungsverlauf und Kriterien für die Annahme des Bewerbers

Bewirb dich online, per Fax, per E-Mail, per Telefon oder mit unserem Bewerbungsformular per Post. Nach Eingang deiner Bewerbung vereinbaren wir mit dir und deinen Eltern einen Termin für ein unverbindliches und kostenloses Bewerbungsinterview an deinem Wunschort oder per Skype. Die Teilnahme ist für jeden ab 12 möglich, auch nach dem Abitur.

Vorbereitung auf den Großbritannien-Aufenthalt in Deutschland

Damit du und auch deine Eltern gut vorbereitet sind, organisieren wir deutschlandweit mehrere Vorbereitungsveranstaltungen. Dort bereiten wir dich intensiv auf deinen Aufenthalt vor. Optional findet zusätzlich in London ein mehrtägiges Orientierungscamp statt.

Betreuung während des Auslandsaufenthalts und Nachbereitung

Die Betreuung vor Ort erfolgt durch deinen Betreuer vor Ort. Er ist immer für deine Fragen und Wünsche da. Daneben hast du deinen Ansprechpartner in Deutschland sowie jeweils eine 24-Stunden-Notrufnummer. Nach deiner Rückkehr findet eine Nachbereitung statt.

Stipendien und Sonstiges

Wir bieten zahlreiche verschiedene Programme in England und Schottland an, u.a. mit einer Städtegarantie oder einer Regionenwahl. Optional: 4-Tage London Orientierungscamp (Achtung: Frühbucheraktion) Teilstipendium: 4 x bis zu € 4.000, ggf. mehr Sonderaktionen findest du auf unserer Website.

Kurz und bündig

Gründungsjahr	2009	Schülerzahl im Großbritannien-Programm 2017/18	32
GB-Programm seit	2010	Gesamtschülerzahl im High School Programm 2017/18	233
Gemeinnützigkeit	ja	Partner in GB	Educatius , IS, SEE, Study UK, WHG, verschiedene Colleges

GLS Sprachenzentrum – Inh. Barbara Jaeschke
Kastanienallee 82 Telefon: 030 / 780 089 80
10435 Berlin Telefax: 030 / 787 419 1
highschool@gls-sprachenzentrum.de www.gls-sprachenzentrum.de

Preis und Leistung						
Länderwahlprogramm	Herbst	Winter	Frühjahr	Herbst/ Winter	Winter/ Frühjahr	Schuljahr
Grundpreis (ab)	€ 6.590	€ 5.990	€ 5.790	€ 8.890	€ 8.790	€ 10.390
Flug D – GB – D	€ 500	€ 500	€ 500	€ 500	€ 500	€ 500
Flugbegleitung	nein	nein	nein	nein	nein	nein
Vorbereitungstreffen	ja	ja	ja	ja	ja	ja
Vorbereitungsseminar	€ 125/opt	€ 125/opt	€ 125/opt	€ 125/opt	€ 125/opt	€ 125/opt
Einführungsseminar in GB	nein	nein	nein	nein	nein	nein
Elterntreffen	nein	nein	nein	nein	nein	nein
Nachbereitungstreffen	nein	nein	nein	nein	nein	nein
Nachbereitungsseminar	ja	ja	ja	ja	ja	ja
Gesamtpreis (ab circa)	**€ 7.090**	**€ 6.490**	**€ 6.290**	**€ 9.390**	**€ 9.290**	**€ 10.890**
Programmbeginn	30.8.-2.9.	2.-5.1.	19.4.	30.8.-2.9.	2.-5.1.	30.8.-2.9.
Programmende	20.12.	27.3.	21.6.	27.3.	20.7.	5.6.-20.7.
Bewerbungsschluss	flexibel	flexibel	flexibel	flexibel	flexibel	flexibel
Spätbewerbung	möglich	möglich	möglich	möglich	möglich	möglich

Bewerbungsverlauf und Kriterien für die Annahme des Bewerbers
Nach Anmeldung laden wir zum Interview auf Englisch und zu einer individuellen Beratung ein, beides ist unverb. und kostenlos. Neben Motivation, Anpassungsbereitschaft und einem Notendurchschnitt von mind. 3,5 bildet das Interview die Voraussetzung für die Aufnahme. Sobald uns die Bewerbungsmappe vorliegt, leiten wir diese nach Durchsicht unseren Partnern im Ausland weiter, die vor Ort Gastfamilie bzw./und Internats- oder Schulplatz sicherstellen.

Vorbereitung auf den Großbritannien-Aufenthalt in Deutschland
Neben unseren Orientierungsworkshops vor Abreise im Frühjahr und im Herbst (deutschlandweit, Zürich, Wien) sowie Infomailings und einem detaillierten Teilnehmer-Handbuch bieten wir regelmäßig opt. Workshops und Sprachkurse zur Vorbereitung in Berlin an. Außerdem besteht in der GLS Community die Möglichkeit, sich mit anderen Teiln. über ihre Erfahrungen und Erwartungen auszutauschen, sowie Fragen rund um das Zielland zu stellen.

Betreuung während des Auslandsaufenthalts und Nachbereitung
Jedem Teiln. wird ein Betreuer im Gastland zur Seite gestellt. Darüber hinaus unterstützen wir auch nach Abreise Schüler wie Eltern; wir garantieren umgehende Reaktion und Hilfestellung. Unsere Rückkehrer laden wir im Herbst zum Welcome Back Wochenende nach Berlin ein. Neben Workshops zur Nachbereitung des Auslandsaufenthalts und Austausch mit anderen GLSlern steht ein spannendes Berlin-Programm auf der Agenda.

Stipendien und Sonstiges
18 weitere Zielländer online; 13 Teilstipendien (bis zu € 3.000); bilinguale Programme

Kurz und bündig				
Gründungsjahr	1983	Schülerzahl im Großbritannien-Programm 2017/18		76
GB-Programm seit	1994	Gesamtschülerzahl im High School Programm 2017/18		640
Gemeinnützigkeit	nein	Partner in GB	HSI, WHG, SPEAK, diverse Schulen	

HiCo Education – High School & College Consulting – Inh. Ilona Wondratschek
Darmstädter Str. 162 | Telefon: 06251 / 58 50 688
64625 Bensheim | Telefax: 06251 / 58 30 002
info@hico-education.de | www.hico-education.de

Preis und Leistung

*Länderwahlprogramm**	Herbst	Winter	Frühjahr	Herbst/ Winter	Winter/ Frühjahr	Schuljahr
Grundpreis (ab)	€ 7.900	€ 7.900		€ 8.400	€ 8.400	€ 8.600
Flug D – GB – D	€ 400/p	€ 400/p		€ 400/p	€ 400/p	€ 400/p
Flugbegleitung	nein	nein		nein	nein	nein
Vorbereitungstreffen	ja	ja		ja	ja	ja
Vorbereitungsseminar	nein	nein		nein	nein	nein
Einführungsseminar in GB	ja	nein		ja	nein	ja
Elterntreffen	nein	nein		nein	nein	nein
Nachbereitungstreffen	optional	optional		optional	optional	optional
Nachbereitungsseminar	nein	nein		nein	nein	nein
Gesamtpreis (circa)	**€ 8.300**	**€ 8.300**		**€ 8.800**	**€ 8.800**	**€ 9.000**
Programmbeginn	Sept.	Januar		Sept.	Januar	Sept.
Programmende	Dez.	März/April		März/April	Juni/Juli	Juni/Juli
Bewerbungsschluss	31.03.	15.10.		31.03.	15.10.	31.03.
Spätbewerbung	mögl.	mögl.		mögl.	mögl.	mögl.

Bewerbungsverlauf und Kriterien für die Annahme des Bewerbers

Für unser GB-Programm im A-Level können sich Schüler von 16-18 Jahren bewerben, mit jedem Bewerber wird ein persönliches Beratungsgespräch vereinbart. Für Schüler ab 14 Jahren bieten wir ein Juniorprogramm im GCSE-Level an. Nach dem Gespräch unterbreiten wir ein Beratungs- und Betreuungsangebot, das sich nach der Dauer des Aufenthaltes richtet.

Vorbereitung auf den Großbritannien-Aufenthalt in Deutschland

Vor Programmbeginn bieten wir für alle Schüler ein 1-tägiges Vorbereitungsseminar an, hier erfahren die Jugendlichen alles rund um das Auslandsjahr, haben die Gelegenheit sich mit "Ehemaligen" auszutauschen, bekommen ein ausführliches Schülerhandbuch GB usw.

Betreuung während des Auslandsaufenthalts und Nachbereitung

Während der gesamten Zeit des Aufenthaltes werden unsere Schüler von unserer Partnerorganisation betreut, jeder Schüler hat an seinem Wohnort einen lokalen Betreuer als Ansprechpartner zur Verfügung. Auch unser Team steht das Jahr über in Kontakt mit den Jugendlichen und daher immer für Fragen verfügbar.

Stipendien und Sonstiges

Wir vergeben ein Teilstipendium im Wert von € 2.000. Bei Programmstart im August ist ein Orientation in London bzw. Edinburgh im Programmpreis inkl.

Kurz und bündig

Gründungsjahr	2009	Schülerzahl im Großbritannien-Programm 2017/18	10
GB-Programm seit	2009	Gesamtschülerzahl im High School Programm 2017/18	224
Gemeinnützigkeit	nein	Partner in GB	Interstudies, Colleges

ICXchange-Deutschland e.V.
Bahnhofstr. 16-18
26122 Oldenburg
icx@icxchange.de
Telefon: 0441 / 9 23 98-0
Telefax: 0441 / 9 23 98-99
www.icxchange.de

Preis und Leistung

Länderwahlprogramm	Herbst	Winter	Frühjahr	Herbst/ Winter	Winter/ Frühjahr	Schuljahr
Grundpreis	€ 6.700	€ 6.150		€ 10.300	€ 8.600	€ 12.500
Flug D – GB – D	ja	ja		ja	ja	ja
Flugbegleitung	ja	nein		ja	nein	ja
Vorbereitungstreffen	nein	nein		nein	nein	nein
Vorbereitungsseminar	ja	ja		ja	ja	ja
Einführungsseminar in GB	ja	ja		ja	ja	ja
Elterntreffen	nein	nein		nein	nein	nein
Nachbereitungstreffen	nein	nein		nein	nein	nein
Nachbereitungsseminar	ja	ja		ja	ja	ja
Gesamtpreis	**€ 6.700**	**€ 6.150**		**€ 10.300**	**€ 8.600**	**€ 12.500**
Programmbeginn	31.08.	04.01.		31.08.	04.01.	31.08.
Programmende	21.12.	06.04.		06.04.	15.06.	15.06.
Bewerbungsschluss	30.04.	30.09.		30.04.	30.09.	30.04.
Spätbewerbung	möglich	möglich		möglich	möglich	möglich

Bewerbungsverlauf und Kriterien für die Annahme des Bewerbers

Nach Eingang der Kurzbewerbung laden wir den Bewerber zu einem persönlichen Gespräch ein. Danach folgen Akzeptierung, ausführliche Bewerbungsunterlagen und Vertragsofferte. Voraussetzungen: 15-18 Jahre, Besuch einer allgemeinbildenden Schule, 3 Jahre Englischunterricht, Notendurchschnitt von 3,5 für Gymnasiasten und 3,0 für Realschüler.

Vorbereitung auf den Großbritannien-Aufenthalt in Deutschland

Vor der Ausreise laden wir alle Teilnehmer zu einem zweitägigen Vorbereitungsseminar ein. Die Eltern kommen für einen Nachmittag dazu. Das Seminar wird von ICX-Mitarbeitern geleitet, die von ehemaligen England-Teilnehmern unterstützt werden. Zusätzlich erhält jeder Teilnehmer eine ausführliche Informationsmappe.

Betreuung während des Auslandsaufenthalts und Nachbereitung

Während des Programms werden die Schüler von unserer englischen Partnerorganisation IEOP betreut. Jedem Schüler steht am Wohnort der Gastfamilie bzw. in der Nähe ein örtlicher Repräsentant von IEOP als Ansprechpartner zur Verfügung. Nach Beendigung des Programms findet ein Nachbereitungsseminar in Deutschland statt.

Stipendien und Sonstiges

ICX vergibt Teilstipendien bis € 1.000. Die Stipendienvergabe richtet sich nach der Höhe des Familieneinkommens und dem zur Verfügung stehenden Stipendienfonds.

Kurz und bündig

Gründungsjahr	1974	Schülerzahl im Großbritannien-Programm 2017/18	35
GB-Programm seit	1990	Gesamtschülerzahl im High School Programm 2017/18	146
Gemeinnützigkeit	ja	Partner in GB	IEOP

iE – international Experience e.V.
Amselweg 20
53797 Lohmar
info@international-experience.net
Telefon: 02246 / 915 49 0
Telefax: 02246 / 915 49 12
www.international-experience.net

Preis und Leistung						
Länderwahlprogramm	Herbst	Winter	Frühjahr	Herbst/ Winter	Winter/ Frühjahr	Schuljahr
Grundpreis (ab)	€ 7.695	€ 7.695		€ 8.595	€ 8.595	€ 11.495
Flug D – GB – D	€ 400/p	€ 400/p		€ 400/p	€ 400/p	€ 400/p
Flugbegleitung	nein	nein		nein	nein	nein
Vorbereitungstreffen	nein	nein		nein	nein	nein
Vorbereitungsseminar	ja	ja		ja	ja	ja
Einführungsseminar in GB	opt.	opt.		opt.	opt.	opt.
Elterntreffen	nein	nein		nein	nein	nein
Nachbereitungstreffen	ja	ja		ja	ja	ja
Nachbereitungsseminar	nein	nein		nein	nein	nein
Gesamtpreis (ab circa)	**€ 8.095**	**€ 8.095**		**€ 8.995**	**€ 8.995**	**€ 11.895**
Programmbeginn	Sept.	Januar		Sept.	Januar	Sept.
Programmende	Dez.	März		März	Juni	Juni
Bewerbungsschluss	flexibel	flexibel		flexibel	flexibel	flexibel
Spätbewerbung	möglich	möglich		möglich	möglich	möglich

Bewerbungsverlauf und Kriterien für die Annahme des Bewerbers
Kriterien für die Aufnahme in unser Programm sind neben den Schulnoten besonders persönliche Eigenschaften wie Motivation, Flexibilität und Anpassungsfähigkeit.
Wir suchen „great kids“ mit positiver Einstellung, die auch ihrer Gastfamilie etwas zu bieten haben, die freundlich, aufgeschlossen und aktiv in Schule und Freizeit sind.

Vorbereitung auf den Großbritannien-Aufenthalt in Deutschland
Alle Teilnehmer werden bestens auf den Schritt ins Ausland vorbereitet durch persönliche Ansprechpartner, Begleitung während des gesamten Prozesses, iE-eigenes, mehrtägiges Vorbereitungsseminar mit internationalen Gästen u. Returnees, Leitfäden, Handbücher und Informationsmaterial zu allen wichtigen Themen wie „Leben im Ausland“ oder Versicherungen.

Betreuung während des Auslandsaufenthalts und Nachbereitung
iE arbeitet in England mit zwei kleineren, sehr persönlich arbeitenden Partnern zusammen. Alle Teilnehmer haben daher einen eigenen Ansprechpartner vor Ort, der sie beim Einleben in die Gastfamilie und den Schulalltag unterstützt. Außerdem bietet iE eine 24/7-Erreichbarkeit per Telefon in Großbritannien sowie in Deutschland.

Stipendien und Sonstiges
iE arbeitet mit ausgewählten staatlichen und privaten Internaten zusammen. Schulgebühr staatliche Internate ab 9500 GBP pro Schuljahr, private Internate pro Term ab 7000 GBP zzgl. iE-Internatsprogrammpreis ab 390 €.
Aktueller Testsieger: 1. Platz aller gemeinnützigen Organisationen im Bereich Leistungen & Premium vom Deutsches Institut für Service-Qualität

Kurz und bündig			
Gründungsjahr	2000	Schülerzahl im Großbritannien-Programm 2017/18	20
GB-Programm seit	2011	Gesamtschülerzahl im High School Programm 2017/18	362
Gemeinnützigkeit	ja	Partner in GB	iE-Partner

KulturLife gGmbH
Max-Giese-Str. 22
24116 Kiel
info@kultur-life.de
Telefon: 0431 / 888 14-10
Telefax: 0431 / 888 14-19
www.kultur-life.de

Preis und Leistung

*Länderwahlprogramm**	Herbst	Winter	Frühjahr	Herbst/ Winter	Winter/ Frühjahr	Schuljahr
Grundpreis (ab)	€ 7.290	€ 7.490		€ 7.990	€ 8.590	€ 9.990
Flug D – GB – D	€ 400/p	€ 400/p		€ 400/p	€ 400/p	€ 400/p
Flugbegleitung	nein	nein		nein	nein	nein
Vorbereitungstreffen	nein	nein		nein	nein	nein
Vorbereitungsseminar	ja	ja		ja	ja	ja
Einführungsseminar in GB	ja	nein		ja	nein	ja
Elterntreffen	ja	ja		ja	ja	ja
Nachbereitungstreffen	nein	nein		nein	nein	nein
Nachbereitungsseminar	ja	ja		ja	ja	ja
Gesamtpreis (ab circa)	**€ 7.690**	**€ 7.890**		**€ 8.390**	**€ 8.990**	**€ 10.390**
Programmbeginn	Aug.	Januar		Aug.	Januar	Aug.
Programmende	Dez.	März		Januar	Juni	Juni
Bewerbungsschluss	15.04.	15.10.		15.04.	15.10.	15.04.
Spätbewerbung	ja	ja		ja	ja	ja

Bewerbungsverlauf und Kriterien für die Annahme des Bewerbers
Wenn du uns deine unverbindliche Anmeldung schickst, möchten wir dich und deine Eltern bei einem persönlichen Gespräch im Kieler Büro oder via Skype kennenlernen. Neben der Beratung zu unseren Schulen und Programmen in England und Schottland wollen wir einen Gesamteindruck von dir als Person bekommen. Wenn von unserer Seite deinem Auslandsaufenthalt nichts mehr im Weg steht, schicken wir dir und deinen Eltern ein Vertragsangebot und alle nötigen Unterlagen zu. Unsere Beratung ist kostenlos und unverbindlich.

Vorbereitung auf den Großbritannien-Aufenthalt in Deutschland
Jedes Jahr führen wir mehrere Vorbereitungswochenenden in Hannover durch. Auch deine Eltern sind dazu eingeladen. Besonderer Schwerpunkt ist ein intensives interkulturelles Training. Außerdem triffst du ehemalige Austauschschüler, die von ihren Erfahrungen berichten.

Betreuung während des Auslandsaufenthalts und Nachbereitung
Vor Ort helfen dir lokale Betreuer unserer Partnerorganisation bzw. von der Schule weiter. Für Notfälle sind wir mit unserer 24-Stunden-Hotline rund um die Uhr erreichbar.

Stipendien und Sonstiges
* Schulwahl möglich. Vermittlung auch an Privatschulen und Internate. Wir vergeben mehrere Stipendien: www.kultur-life.de/ueber-uns/kulturlife-stipendien/.

Kurz und bündig

Gründungsjahr	1995	Schülerzahl im Großbritannien-Programm 2017/18	35
GB-Programm seit	1999	Gesamtschülerzahl im High School Programm 2017/18	120
Gemeinnützigkeit	ja	Partner in GB	verschiedene Schulen, Interstudies, Whitehouse, Southenglandexchange

Open Door International e.V. (ODI)
Thürmchenswall 69
50668 Köln
info@opendoorinternational.de
Telefon: 0221 / 60 60 85 50
Telefax: 0221 / 60 60 85 519
www.opendoorinternational.de

Preis und Leistung						
*Schulwahlprogramm**	Herbst	Winter	Frühjahr	Herbst/ Winter	Winter/ Frühjahr	Schuljahr
Grundpreis (ab)	€ 9.990			€ 10.390	€ 10.390	€ 9.690
Flug D – GB – D	€ 400/p			€ 400/p	€ 400/p	€ 400/p
Flugbegleitung	nein			nein	nein	nein
Vorbereitungstreffen	nein			nein	nein	nein
Vorbereitungsseminar	ja			ja	ja	ja
Einführungsseminar in GB	ja			ja	ja	ja
Elterntreffen	ja			ja	ja	ja
Nachbereitungstreffen	nein			nein	nein	nein
Nachbereitungsseminar	ja			ja	ja	ja
Gesamtpreis (ab circa)	**€ 10.390**			**€ 10.790**	**€ 10.790**	**€ 10.090**
Programmbeginn	Sept.			Sept.	Jan.	Sept.
Programmende	Dez.			Jan.	Juni	Juni
Bewerbungsschluss	Apr./Okt.			Apr./Okt.	Apr./Okt.	April
Spätbewerbung	möglich			möglich	möglich	möglich

Bewerbungsverlauf und Kriterien für die Annahme des Bewerbers
Einer unverbindlichen Online-Anmeldung folgen eine Bestätigung mit ersten Unterlagen und das persönliche Kennenlerngespräch beim Bewerber zu Hause. Auswahlkriterien sind die Reife, Motivation, Offenheit, Toleranz, Flexibilität, Selbstständigkeit, psychische Stabilität, aber auch die schulischen Leistungen, nicht schlechter als 3,0 im Notendurchschnitt. Das Programm ist für Schüler aller Schulformen im Alter von 15 bzw. 16 bis 18 Jahren geeignet.

Vorbereitung auf den Großbritannien-Aufenthalt in Deutschland
Das 4-tägige Vorbereitungsseminar mit hauptamtlichen Programmbetreuern und Returnees, ist obligatorisch. Mit Workshops und ausführlichem Infomaterial werden die Teiln. intensiv auf ihr Zielland, den Aufenthalt und mögliche Probleme vorbereitet. Im Rahmen eines Workshops für die Eltern werden die wichtigsten Fragen aus Elternsicht thematisiert. Die Eltern erhalten vorab ein Handbuch zu Themen wie Visum, Versicherung, Finanzen, etc.

Betreuung während des Auslandsaufenthalts und Nachbereitung
24-Stunden-Notfallnummer; Betreuung durch Partnerorganisation vor Ort; Ansprechperson für Teilnehmer und Eltern im ODI-Büro; Elterntreffen; 3-tägiges Nachbereitungsseminar für Returnees; Möglichkeit zu ehrenamtlicher Mitarbeit im Jugendaustausch.

Stipendien und Sonstiges
ODI vergibt ein Teilstipendium für die USA sowie vier weitere Teilstipendien für alle ODI-Länder. Schulwahlprogramm: Boston College.
* Länderwahlprogramm: Orientierungsseminar ggf. mit Aufpreis (5 Tage, Sightseeing in London, bei Start im September).

Kurz und bündig				
Gründungsjahr	1983	Schülerzahl im Großbritannien-Programm 2017/18		5
GB-Programm seit	2005	Gesamtschülerzahl im High School Programm 2017/18		104
Gemeinnützigkeit	ja	Partner in GB	Boston College; InterStudies	

Partnership International e.V.
Hansaring 85
50670 Köln
office@partnership.de
Telefon: 0221 / 913 973 3
Telefax: 0221 / 913 973 4
www.partnership.de

Preis und Leistung						
Länderwahlprogramm	Herbst	Winter	Frühjahr	Herbst/ Winter	Winter/ Frühjahr	Schuljahr
Grundpreis (circa)	€ 7.300	€ 6.700		€ 8.700	€ 8.700	€ 12.700
Flug D – GB – D	ja	ja		ja	ja	ja
Flugbegleitung	nein	nein		nein	nein	nein
Vorbereitungstreffen	nein	nein		nein	nein	nein
Vorbereitungsseminar	ja	ja		ja	ja	ja
Einführungsseminar in GB	optional	optional		optional	optional	optional
Elterntreffen	ja	ja		ja	ja	ja
Nachbereitungstreffen	nein	nein		nein	nein	nein
Nachbereitungsseminar	ja	ja		ja	ja	ja
Gesamtpreis (circa)	**€ 7.300**	**€ 6.700**		**€ 8.700**	**€ 8.700**	**€ 12.700**
Programmbeginn	Sept.	Januar		Sept.	Januar	Sept.
Programmende	Dez.	Apr.		Januar	Juni	Juni
Bewerbungsschluss	31.03.	31.10.		31.03.	31.10	31.03.
Spätbewerbung	möglich	möglich		möglich	möglich	möglich

Bewerbungsverlauf und Kriterien für die Annahme des Bewerbers
Bewerben kannst Du Dich, wenn Du zwischen 14 und 18 Jahre alt bist und zufriedenstellende schulische Leistungen hast. Wir laden Dich und Deine Eltern zu einem Beratungsgespräch oder zu unserem PI-Kennenlerntag ein. So hast Du die Gelegenheit, unseren Verein und unser Englandprogramm kennenzulernen. Im Gegenzug können wir Dich persönlich kennenlernen.

Vorbereitung auf den Großbritannien-Aufenthalt in Deutschland
Um optimal auf Deinen Auslandsaufenthalt vorbereitet zu sein, nimmst Du vor Deiner Abreise an einem 3-tägigen Seminar teil. Durchgeführt wird dieses Seminar von geschulten, ehemaligen Austauschschülern. Für Deine Eltern bieten wir eine eintägige Informationsveranstaltung an. Darüber hinaus helfen Dir unsere hauptamtlichen Mitarbeiter bei jeder Frage weiter.

Betreuung während des Auslandsaufenthalts und Nachbereitung
Du kannst zu Beginn des Programms an einem 3-tägigen Seminar in London teilnehmen. Jeder Schüler hat vor Ort einen lokalen Ansprechpartner, an den er sich bei Herausforderungen und Fragen wenden kann. Darüber hinaus gibt es eine 24/7 Notfall-Nummer. Ebenfalls inklusive – die E-Mail-Betreuung durch geschulte Alumni und das Nachbereitungsseminar.

Stipendien und Sonstiges
Für das Schuljahr 2019/2020 vergeben wir mehrere Stipendien mit unserem Dachverband AJA und zwei 50%-Stipendien über den Stipendienfonds von Partnership International e.V.

Kurz und bündig				
Gründungsjahr	1961	Schülerzahl im Großbritannien-Programm 2017/18		22
GB-Programm seit	1989	Gesamtschülerzahl im High School Programm 2017/18		188
Gemeinnützigkeit	ja	Partner in GB	EEOP	

Stepin GmbH – Student Travel and Education Programmes International
Kaiserstraße 19 | Telefon: 0228 / 710 05-0
53113 Bonn | Telefax: 0228 / 710 05-999
school@stepin.de | www.stepin.de

Preis und Leistung						
*Länderwahlprogramm**	Herbst	Winter	Frühjahr	Herbst/ Winter	Winter/ Frühjahr	Schuljahr
Grundpreis (ab)**	€ 6.570	€ 6.140		€ 7.870		€ 11.870
Flug D – GB – D	€ 520	€ 450		€ 520		€ 520
Flugbegleitung	nein	nein		nein		nein
Vorbereitungstreffen	ja	ja		ja		ja
Vorbereitungsseminar	nein	nein		nein		nein
Einführungsseminar in GB	€650/opt.	nein		€650/opt.		€ 650/opt.
Elterntreffen	nein	nein		nein		nein
Nachbereitungstreffen	nein	nein		nein		nein
Nachbereitungsseminar	€ 69/opt.	€ 69/opt.		€ 69/opt.		€ 69/opt.
Gesamtpreis (ab)	**€ 7.090**	**€ 6.590**		**€ 8.390**		**€ 12.390**
Programmbeginn	Sept.	Januar		Sept.		Sept.
Programmende	Januar	Mai		Dez.		Juli
Bewerbungsschluss	01.05.	15.10.		01.05.		01.05.
Spätbewerbung	mögl.	mögl.		mögl.		mögl.

Bewerbungsverlauf und Kriterien für die Annahme des Bewerbers
Step 1: Unverbindliche Anmeldung (online od. schriftlich). Step 2: Persönliches Kennenlerngespräch in Wohnortnähe des Bewerbers. Step 3: Bei Eignung des Bewerbers unterbreitet Stepin ein Vertragsangebot. Teilnahmevoraussetzungen sind kulturelle Aufgeschlossenheit, Reife, Toleranz und mindestens befriedigende schulische Leistungen.

Vorbereitung auf den Großbritannien-Aufenthalt in Deutschland
Eltern- und Schülervorbereitungstreffen in mehreren deutschen Städten sowie Handbücher und regelmäßige Info-Rundbriefe für Teilnehmer und Eltern bis zur Ausreise.
Fester Programm-Ansprechpartner im Stepin-Büro.

Betreuung während des Auslandsaufenthalts und Nachbereitung
Einführungstreffen von Schule oder lokalem Betreuer. Betreuung durch unsere Partnerorganisation vor Ort. Auch das Stepin-Team steht während der gesamten Aufenthaltsdauer als Ansprechpartner zur Verfügung. Nachbereitung: Returnee-Wochenende in Deutschland.

Stipendien und Sonstiges
Classic-Programm: 1. Junior (14-15 Jahre) inkl. Regionalwahl, 2. Senior (16-18 Jahre)
Regionalwahl (Südengland, England, Schottland) sowie mehrtägiges Vorbereitungsseminar in London bei Herbstausreise (€ 675) optional buchbar.
* Gesondertes Schulwahlprogramm (England Select) wird ebenfalls angeboten.
** Preis pro Term/Semester/Schuljahr
Reiseversicherungsschutz und Reiserücktrittsoption hinzubuchbar

Kurz und bündig				
Gründungsjahr	1997	Schülerzahl im Großbritannien-Programm 2017/18		19
GB-Programm seit	2013	Gesamtschülerzahl im High School Programm 2017/18		684
Gemeinnützigkeit	nein	Partner in GB	Interstudies, Selectstudies	

STS Sprachreisen GmbH
Mönckebergstraße 5 (ab 12.18: An der Alster 62)
20095 Hamburg (20099 Hamburg)
highschool@sts-education.de
Telefon: 040 / 303 999-23
Telefax: 040 / 303 999-08
www.sts-education.de

Preis und Leistung

Länderwahlprogramm	Herbst	Winter	Frühjahr	Herbst/ Winter	Winter/ Frühjahr	Schuljahr
Grundpreis	€ 7.550	€ 7.550		€ 8.950	€ 8.950	€ 10.650
Flug D – GB – D	ja	ja		ja	ja	ja
Flugbegleitung	nein	nein		nein	nein	nein
Vorbereitungstreffen	ja	ja		ja	ja	ja
Vorbereitungsseminar	nein	nein		nein	nein	nein
Einführungsseminar in GB	ja	ja		ja	ja	ja
Elterntreffen	nein	nein		nein	nein	nein
Nachbereitungstreffen	ja	ja		ja	ja	ja
Nachbereitungsseminar	nein	nein		nein	nein	nein
Gesamtpreis (circa)	**€ 7.550**	**€ 7.550**		**€ 8.950**	**€ 8.950**	**€ 10.650**
Programmbeginn	Sept.	Jan.		Sept.	Jan.	Sept.
Programmende	Dez.	März/Apr.		März	Juni	Juni
Bewerbungsschluss	30.04.	30.09.		30.04.	30.09.	30.04.
Spätbewerbung	möglich	möglich		möglich	möglich	möglich

Bewerbungsverlauf und Kriterien für die Annahme des Bewerbers
Das kostenlose Bewerbungsgespräch findet bei uns im Büro in Hamburg oder per Skype statt. Für die Aufnahme in unser Programm sind dein Interesse an anderen Kulturen, eine hohe Motivation, Offenheit und Anpassungsbereitschaft wichtig.

Vorbereitung auf den Großbritannien-Aufenthalt in Deutschland
Bereits beim Interview informieren wir umfassend über das Programm. Vor der Abreise führen wir ein Vorbereitungstreffen mit allen Teilnehmern und deren Eltern durch. Ehemalige STS-Schüler stehen für Informationen und als Kontaktschüler zur Verfügung.

Betreuung während des Auslandsaufenthalts und Nachbereitung
Die Betreuung erfolgt durch STS Deutschland, den Gebietsrepräsentanten und das STS Büro bzw. unsere Partnerorganisationen vor Ort. Die Betreuer vor Ort haben immer ein offenes Ohr für ihre Schüler und z.T. werden Zusammenkünfte mit anderen Austauschschülern organisiert. Zusätzlich erhältst du eine 24h-Notrufnummer. Für die Eltern steht das STS Büro in Deutschland während der gesamten Zeit als Ansprechpartner zur Verfügung. In der Regel gibt es Reiseangebote vor Ort sowie die STS Europa-Tour im Sommer.

Stipendien und Sonstiges
Versicherungspaket (opt.) € 250 bis € 450 (je nach Aufenthaltsdauer). Städtewahlprogramm: Zehn Städte, inklusive London, können gegen Aufpreis ausgewählt werden. Neu: Internatsaufenthalte.

Kurz und bündig

Gründungsjahr	1987	Schülerzahl im Großbritannien-Programm 2017/18	4
GB-Programm seit	1987	Gesamtschülerzahl im High School Programm 2017/18	85
Gemeinnützigkeit	nein	Partner in Großbritannien	LSC (Tochtergesell. von STS)

Terre des Langues – Inh. Petra Schmidt
Pflanzenmayerstr. 16
93049 Regensburg
terre-des-langues@t-online.de
Telefon: 0941 / 56 56 02
Telefax: 0941 / 56 56 04
www.terre-des-langues.de

Preis und Leistung						
Länderwahlprogramm	Herbst	Winter	Frühjahr	Herbst/ Winter	Winter/ Frühjahr	Schuljahr
Grundpreis	€ 5.590	€ 5.590	€ 5.590	€ 9.990	€ 9.990	€ 13.990
Flug D – GB – D	ja	ja	ja	ja	ja	ja
Flugbegleitung	nein	nein	nein	nein	nein	nein
Vorbereitungstreffen	ja	ja	ja	ja	ja	ja
Vorbereitungsseminar	nein	nein	nein	nein	nein	nein
Einführungsseminar in GB	nein	nein	nein	nein	nein	nein
Elterntreffen	nein	nein	nein	nein	nein	nein
Nachbereitungstreffen	ja	ja	ja	ja	ja	ja
Nachbereitungsseminar	nein	nein	nein	nein	nein	nein
Gesamtpreis (circa)	**€ 5.590**	**€ 5.590**	**€ 5.590**	**€ 9.990**	**€ 9.990**	**€ 13.990**
Programmbeginn	Sept.	Januar	April	Sept.	Januar	Sept.
Programmende	Dez.	März	Juli	Mai	Juli	Juli
Bewerbungsschluss	flexibel	flexibel	flexibel	flexibel	flexibel	flexibel
Spätbewerbung	möglich	möglich	möglich	möglich	möglich	möglich

Bewerbungsverlauf und Kriterien für die Annahme des Bewerbers
Nach Erhalt der Voranmeldung bekommen Sie die ausführlichen Anmeldeunterlagen. Ausschlaggebend für die Annahme bei dem Programm sind die Persönlichkeit des Bewerbers und seine Englischkenntnisse. Bitte bringen Sie die Bereitschaft mit, sich auf neue Erfahrungen und Menschen einzulassen. Sie sollten einen offenen und flexiblen Charakter haben, der es ermöglicht, Schul- und Familienleben sowie die englische Kultur zu akzeptieren. Bitte seien Sie sich Ihrer Rolle als Botschafter bewusst.

Vorbereitung auf den Großbritannien-Aufenthalt in Deutschland
Das Vorbereitungsseminar dauert einen Tag und findet in verschiedenen deutschen Städten statt. Hier erklärt man Ihnen den Ablauf der Reise, Versicherung, Schulsystem, usw.; Sie bekommen Ratschläge für das tägliche Leben, und ehemalige Teilnehmer stehen Ihnen für Fragen zur Verfügung.

Betreuung während des Auslandsaufenthalts und Nachbereitung
Die Betreuung erfolgt durch den örtlichen Betreuer und durch Terre des Langues in Deutschland. Nach der Rückkehr erhalten die Teilnehmer einen Fragebogen. Jedes Jahr im Herbst findet ein Treffen statt.

Stipendien und Sonstiges
Internate auf Anfrage. Wir nehmen Teilnehmer ab 10 Jahren in das Programm auf.

Kurz und bündig			
Gründungsjahr	1995	Schülerzahl im Großbritannien-Programm 2017/18	10
GB-Programm seit	1995	Gesamtschülerzahl im High School Programm 2017/18	56
Gemeinnützigkeit	nein	Partner in GB	Terre des Langues, Whitehouse Guardianship

travelbee - (into GmbH)
Ostlandstraße 14 Telefon: 02234 / 946 36-0
50858 Köln Telefax: 02234 / 946 36-23
kontakt@travelbee.de www.travelbee.de

Preis und Leistung						
Länderwahlprogramm	Herbst	Winter	Frühjahr	Herbst/ Winter	Herbst/ Frühjahr	Schuljahr
Grundpreis	€ 10.500			€ 11.200	€ 11.000	€ 12.500
Flug D – GB – D	ja			ja	ja	ja
Flugbegleitung	nein			nein	nein	nein
Vorbereitungstreffen	nein			nein	nein	nein
Vorbereitungsseminar	ja			ja	ja	ja
Einführungsseminar in GB	ja			ja	ja	ja
Elterntreffen	nein			nein	nein	nein
Nachbereitungstreffen	nein			nein	nein	nein
Nachbereitungsseminar	ja			ja	ja	ja
Gesamtpreis (circa)	**€ 10.500**			**€ 11.200**	**€ 11.000**	**€ 12.500**
Programmbeginn	Sept.			Sept.	Januar	Sept.
Programmende	Dez.			Januar	Juni	Juni
Bewerbungsschluss	30.04.			30.04.	30.04.	30.04.
Spätbewerbung	auf Anfr.			auf Anfr.	auf Anfr.	auf Anfr.

Bewerbungsverlauf und Kriterien für die Annahme des Bewerbers
Das Mindestalter ist 14 Jahre. Dein Notendurchschnitt sollte befriedigend oder besser sein. Wichtigste ist, dass Du Motivation, Neugier, Flexibilität und Toleranz mitbringst.

Vorbereitung auf den Großbritannien-Aufenthalt in Deutschland
Schüler- und Elternhandbuch, regelmäßig Infobriefe mit Infos zum Ablauf, kulturellen Eigenheiten der Gastländer sowie Ratschlägen und Erfahrungsberichten. Circa zwei bis drei Monate vor der Abreise finden unsere zweitägigen Vorbereitungsseminare statt. Dort erhältst Du Infos und Tipps und lernst auch eine Menge über die Regeln während Deines Aufenthaltes. Zudem wirst Du mit Rollenspielen, kreativer Arbeit und lustigen Sketchen auf Deinen Austausch vorbereitet. Es gibt eine Extra-Informationsveranstaltung zur Vorbereitung Deiner Eltern bei Sommerabreise.

Betreuung während des Auslandsaufenthalts und Nachbereitung
In Deutschland und in der Nähe Deines Wohnortes in England wird ein Ansprechpartner für Dich und Deine Gastfamilie sein. Nach Deiner Rückkehr ist es noch nicht „vorbei“: Unsere Returnees organisieren „get togethers“, das traditionelle BBQ und Ausflüge.

Stipendien und Sonstiges
Wir bieten auch Schottland an. In England gibt es auch ein Schulwahlprogramm und ein College 16+-Programm (praxisbezogene Kurse für 16-22-jährige). Bei Sommerabreisen ist im Preis das viertägige Orientation Camp in London enthalten.

Kurz und bündig				
Gründungsjahr	1986	Schülerzahl im Großbritannien-Programm 2017/18		39
GB-Programm seit	1995	Gesamtschülerzahl im High School Programm 2017/18		293
Gemeinnützigkeit	nein	Partner in GB	SEE	

TravelWorks (Travelplus Group GmbH)
Münsterstr. 111
48155 Münster
highschool@travelworks.de
Telefon: 02506 / 8303 600
Telefax: 02506 / 8303 230
www.travelworks.de/schueleraustausch

Preis und Leistung

Regionenwahlprogramm	Herbst	Winter	Frühjahr	Herbst/ Winter	Winter/ Frühjahr	Schuljahr
Grundpreis (ab)	€ 6.650	€ 6.150		€ 8.450	€ 8.950	€ 9.830
Flug D – GB – D	ja	ja		ja	ja	ja
Flugbegleitung	nein	nein		nein	nein	nein
Vorbereitungstreffen	nein	nein		nein	nein	nein
Vorbereitungsseminar	ja	ja		ja	ja	ja
Einführungsseminar in GB	nein	nein		nein	nein	nein
Elterntreffen	nein	nein		nein	nein	nein
Nachbereitungstreffen	ja	ja		ja	ja	ja
Nachbereitungsseminar	nein	nein		nein	nein	nein
Gesamtpreis (ab circa)	**€ 6.650**	**€ 6.150**		**€ 8.450**	**€ 8.950**	**€ 9.830**
Programmbeginn	Sept.	Januar		Sept.	Januar	Sept.
Programmende	Dez.	März		Februar	Juni	Juni
Bewerbungsschluss	01.05.	01.10.		01.05.	01.10.	01.05.
Spätbewerbung	ja	ja		ja	ja	ja

Bewerbungsverlauf und Kriterien für die Annahme des Bewerbers
Nach der unverbindlichen Bewerbung laden wir SchülerIn und Eltern zum persönlichen Auswahl- und Informationsgespräch ein. Anschließend erhalten Bewerber unsere Buchungsgrundlage mit verbindlichem Anmeldeformular, das bei Interesse am Programm unterschrieben an uns zurückgesendet wird. Bewerber sollten motiviert, flexibel und weltoffen sein. Englischnote mindestens befriedigend. Alter: 13-18 Jahre.

Vorbereitung auf den Großbritannienaufenthalt in Deutschland
Ca. zwei bis drei Monate vor Abreise laden wir alle Teilnehmer mit Eltern zum zweitägigen Vorbereitungsseminar in Deutschland (Münster) bzw. Österreich (Salzburg) ein. Teilnehmer und Eltern erhalten zudem ein Handbuch und regelmäßige Inforundschreiben.

Betreuung während des Auslandsaufenthalts und Nachbereitung
Während des Aufenthaltes werden die Schüler von unserer Partnerorganisation vor Ort betreut. Eltern wie Schülern stehen zudem die Kollegen in unserem deutschen Büro als Ansprechpartner zur Verfügung – im Notfall 24 Stunden am Tag. Eine Orientierungsveranstaltung ist teilweise zubuchbar. Gemeinsames Welcome Back-Wochenende nach Rückkehr nach Deutschland.

Stipendien und Sonstiges
Auch Aufenthalte von 1,5 Terms (5 Monate) möglich. Privatschulen und Internate sowie Summer School (1/2/3/4/5/6 Wochen) möglich auch außerhalb der Sommerferien.

Kurz und bündig

Gründungsjahr	1991	Schülerzahl im Großbritannien-Programm 2017/18	10
GB-Programm seit	2004	Gesamtschülerzahl im High School Programm 2017/18	345
Gemeinnützigkeit	nein	Partner in GB	WHG, direkte Schulkontakte, Educatius

Vermittlungsagentur für staatliche Internate in England – Inh. Samira Bohn	
Textorstraße 60	Telefon: 069 / 66 12 48 48
60594 Frankfurt am Main	Telefax: k. A.
info@staatlicheinternate-uk.de	www.staatlicheinternate-uk.de

Preis und Leistung						
Schulwahlprogramm	Herbst	Winter	Frühjahr	Herbst/ Winter	Winter/ Frühjahr	Schuljahr
Grundpreis (ab)*	€ 5.965	€ 5.965	€ 5.965			€ 17.895
Flug D – GB – D	€ 400/p	€ 400/p	€ 400/p			€ 400/p
Flugbegleitung	nein	nein	nein			nein
Vorbereitungstreffen	ja	ja	ja			ja
Vorbereitungsseminar	nein	nein	nein			nein
Einführungsseminar in GB	nein	nein	nein			nein
Elterntreffen	optional	optional	optional			optional
Nachbereitungstreffen	ja	ja	ja			ja
Nachbereitungsseminar	nein	nein	nein			nein
Gesamtpreis (ab circa)	**€ 6.365**	**€ 6.365**	**€ 6.365**			**€ 19.095**
Programmbeginn	Sept.	Jan.	April			Sept.
Programmende	Dez.	April	Juli			Juli
Bewerbungsschluss	Februar	Sept.	Dez./Jan.			Februar
Spätbewerbung	möglich	möglich	möglich			möglich

Bewerbungsverlauf und Kriterien für die Annahme des Bewerbers
Bei unserem ersten Treffen lernen wir uns kennen und finden das/die passende Internate für dich. Wenn die Auswahl getroffen ist, schicken wir deine Bewerbung an die Internate. Bekommst du einen Platz offeriert und du und deine Eltern entscheidet euch dafür, kommt es erst zum verbindlichen Vertrag und wir füllen gemeinsam die Anmeldeformulare aus.

Vorbereitung auf den Großbritannien-Aufenthalt in Deutschland
Vor deiner Abreise werden du und deine Eltern dann in einem weiteren persönlichen Gespräch intensiv auf dein Auslandsschuljahr und Internatsleben in England vorbereitet. Gerne helfen wir bei der Organisation der Reise.

Betreuung während des Auslandsaufenthalts und Nachbereitung
Während deines gesamten Aufenthaltes hast du eine direkte Betreuungsperson vor Ort als auch den regelmäßigen Kontakt mit uns (über Skype und WhatsApp). Genauso unterstützen wir deine Eltern und reagieren sofort, sollte es einmal Probleme geben. Nach deiner Rückkehr findet ein persönliches Nachbereitungstreffen zusammen mit deinen Eltern statt.

Stipendien und Sonstiges
Die Unterbringung erfolgt direkt auf dem Schulcampus. Geschwisterrabatte an einigen Internaten sind möglich. Englisch als Fremdsprache wird an den meisten Internaten angeboten. Auch Aufenthalte für 1 oder 2 Trimester sind möglich. Je nach Internatswahl kann der britische (A-Level od. GCSE) bzw. internationale Schulabschluss (IB) erworben werden (min. 2 Jahre Aufenthalt). Das Angebot wird in Zukunft durch weitere staatliche Internate ergänzt.
*Inkl. Vermittlungsgebühr

Kurz und bündig			
Gründungsjahr	2016	Schülerzahl im Großbritannien-Programm 2017/18	3
GB-Programm seit	2016	Gesamtschülerzahl im High School Programm 2017/18	3
Gemeinnützigkeit	nein	Partner in GB	WHG White House Guardianships

World Wide Qualifications Sprach- und Studienreisen GmbH	
Buschöhrchen 29	Telefon: 02247 / 969 0 480
53819 Neunkirchen-Seelscheid	Telefax: 02247 / 969 0 482
info@schuelerweltweit.de	www.schuelerweltweit.de

Preis und Leistung						
Schulwahlprogramm	Herbst	Winter	Frühjahr	Herbst/ Winter	Winter/ Frühjahr	Schuljahr
Grundpreis	€ 8.072	€ 8.072	€ 5.894	€ 9.199	€ 9.199	€ 9.895
Flug D – GB – D	ja	ja	ja	ja	ja	ja
Flugbegleitung	nein	nein	nein	nein	nein	nein
Vorbereitungstreffen	nein	nein	nein	nein	nein	nein
Vorbereitungsseminar	ja	ja	ja	ja	ja	ja
Einführungsseminar in GB	optional	optional	optional	optional	optional	optional
Elterntreffen	nein	nein	nein	nein	nein	nein
Nachbereitungstreffen	ja	ja	ja	ja	ja	ja
Nachbereitungsseminar	nein	nein	nein	nein	nein	nein
Gesamtpreis (circa)	**€ 8.072**	**€ 8.072**	**€ 5.894**	**€ 9.199**	**€ 9.199**	**€ 9.895**
Programmbeginn	Sept.	Januar	März	Sept.	Januar	Sept.
Programmende	Dez.	März	Juni	März	Juni	Juni
Bewerbungsschluss	15.05.	15.10.	15.01.	15.05.	15.10.	15.05.
Spätbewerbung	möglich	möglich	möglich	möglich	möglich	möglich

Bewerbungsverlauf und Kriterien für die Annahme des Bewerbers

Nach Abfrage Deiner Wünsche wie z.B. Schulfächer, Sport oder Musik schlagen wir mehrere Schulen vor. Im Schulwahlprogramm kannst Du die Schule selber auswählen. Wir bieten auch staatliche Boardingschools, Schulen in England, Schottland und Wales, sowie den Großstädten wie London. Notendurchschnitt 3,3, Alter ab 15 Jahren. Schulabschluss, IB Programm sowie Berufsschulkurse möglich.

Vorbereitung auf den Großbritannien-Aufenthalt in Deutschland

Laufender Informationsaustausch und 2 Tage Vorbereitung: 1. Tag – Schüler- und Elterntreffen: Hier erfahrt Ihr mehr über das „wirkliche“ Leben, das Schulsystem, den Reiseablauf, und Dinge die Du auf der Reise mitnehmen solltest. 2. Tag – Schüler-Seminar: Ein „außergewöhnliches“ Englisch-Intensiv Seminar mit Muttersprachlern und viel Spaß: Mit anderen Austauschschülern machst Du Rollenspiele auf Englisch. Optionen: 5-tägiges Vorbereitungscamp in London mit Workshops und Ausflügen vor Schulaufenthalt.

Betreuung während des Auslandsaufenthalts und Nachbereitung

Während des gesamten Schüleraustausches steht Dir einer unserer „Coordinatoren“ zur Seite. Er stellt Dich Deiner Gastfamilie und Schule vor. Es finden weitere Einführungsseminare in Irland statt. Einige Coordinatoren sprechen deutsch. Berichterstattung an die Eltern.

Stipendien und Sonstiges

Preise für Aug./Sept. Reisebeginn enthalten London 3 Tage Arrival Camp. High School Aufenthalt auch für 8 Wochen möglich. In GB und anderen Ländern bieten wir Summerschools in den Sommerferien an.

Kurz und bündig			
Gründungsjahr	2005	Schülerzahl im Großbritannien-Programm 2017/18	6
GB-Programm seit	2007	Gesamtschülerzahl im High School Programm 2017/18	67
Gemeinnützigkeit	nein	Partner in GB	Interstudies, Schulen direkt

AFS Interkulturelle Begegnungen e.V.	
Friedensallee 48	Telefon: 040 / 399 222-0
22765 Hamburg	Telefax: 040 / 399 222-99
info@afs.de	www.afs.de

Preis und Leistung						
Länderwahlprogramm	Herbst	Winter	Früh-jahr	Herbst/ Winter	Winter/ Frühjahr	Schuljahr
Grundpreis				€ 10.490	€ 10.490	€ 11.990
Flug D – Irland – D				ja	ja	ja
Flugbegleitung				teilweise	teilweise	teilweise
Vorbereitungstreffen				teilweise	teilweise	teilweise
Vorbereitungsseminar				ja	ja	ja
Einführungsseminar in IE				ja	ja	ja
Elterntreffen				teilweise	teilweise	teilweise
Nachbereitungstreffen				ja	ja	ja
Nachbereitungsseminar				ja	ja	ja
Gesamtpreis				**€ 10.490**	**€ 10.490**	**€ 11.990**
Programmbeginn				August	Januar	August
Programmende				Januar	Juni	Mai
Bewerbungsschluss				15.10.	15.05.	15.10.
Spätbewerbung				möglich	möglich	möglich

Bewerbungsverlauf und Kriterien für die Annahme des Bewerbers

Alle Bewerberinnen und Bewerber werden zu einem Einführungsseminar eingeladen. Für die Aufnahme ins Programm ist die persönliche Eignung, d. h. Eigenschaften wie Offenheit, Toleranz, Selbstständigkeit, Anpassungsbereitschaft und Kommunikationsfähigkeit ausschlaggebend. Nach Bewerbungsschluss ist eine Bewerbung auf noch freie Länderplätze möglich.

Vorbereitung auf den Irland-Aufenthalt in Deutschland

AFS legt großen Wert auf die Vorbereitung der Teilnehmerinnen und Teilnehmer. Es finden je nach Abreisetermin bis zu drei Wochenendseminare statt. Im persönlichen Gespräch mit AFS-Ehrenamtlichen und der ganzen Familie wird individuell auf alle Fragen eingegangen.

Betreuung während des Auslandsaufenthalts und Nachbereitung

Das weltweite Netz haupt- und ehrenamtlicher Mitarbeiterinnen und Mitarbeiter ermöglicht die persönliche Betreuung der Jugendlichen vor, während und nach dem Auslandsaufenthalt. AFS bzw. die Partnerorganisation im Gastland organisiert ein Orientierungsseminar zu Beginn sowie Auswertungsseminare im weiteren Verlauf des Auslandsaufenthaltes Eine persönliche Ansprechperson vor Ort und hauptamtliche Mitarbeiterinnen und Mitarbeiter in allen Partnerbüros sind für Notfälle jederzeit erreichbar. Nach der Rückkehr hilft AFS mit zwei Nachbereitungsseminaren beim Wiedereinleben.

Stipendien und Sonstiges

Jedes Jahr vergibt AFS gemeinsam mit namhaften Stiftungen und Unternehmen an über 35 % der Teilnehmerinnen und Teilnehmer Stipendien. Infos unter: www.afs.de/stipendien. In Irland erhält die Gastfamilie eine Aufwandsentschädigung, die im Preis enthalten ist.

Kurz und bündig			
Gründungsjahr	1948	Schülerzahl im Irland-Programm 2017/18	50
IE-Programm seit	2016	Gesamtschülerzahl im High School Programm 2017/18	804
Gemeinnützigkeit	ja	Partner in Irland	Diverse

American Institute For Foreign Study (Deutschland) GmbH
Friedensplatz 1 Telefon: 0228 / 957 30-0
53111 Bonn Telefax: 0228 / 957 30-110
highschool@aifs.de www.aifs.de

Preis und Leistung						
Regionenwahlprogramm	Herbst	Winter	Frühjahr	Herbst/ Winter	Winter/ Frühjahr	Schuljahr
Grundpreis (ab)	€ 6.900	€ 6.300		€ 9.800	€ 7.800	€ 10.900
Flug D – Irland – D	€ 590	€ 400/p		€ 590	€ 400/p	€ 590
Flugbegleitung	ja	nein		ja	nein	ja
Vorbereitungstreffen	nein	nein		nein	nein	nein
Vorbereitungsseminar	ja	ja		ja	ja	ja
Einführungsseminar in IE	ja	nein		ja	nein	ja
Elterntreffen	nein	nein		nein	nein	nein
Nachbereitungstreffen	nein	nein		nein	nein	nein
Nachbereitungsseminar	ja	ja		ja	ja	ja
Gesamtpreis (ab circa)	**€ 7.490**	**€ 6.700**		**€ 10.390**	**€ 8.200**	**€ 11.490**
Programmbeginn	Sept.	Januar		Sept.	Januar	Sept.
Programmende	Dez./Jan.	März/Apr.		März	Juli	Mai/Juni
Bewerbungsschluss	flexibel	flexibel		flexibel	flexibel	flexibel
Spätbewerbung	ja	ja		ja	ja	ja

Bewerbungsverlauf und Kriterien für die Annahme des Bewerbers
Bewerbung: Die Bewerbung erfolgt unverbindlich durch das Ausfüllen eines Formulars auf www.aifs.de. Sind die formellen Voraussetzungen erfüllt, lädt AIFS den Bewerber zu einem ausführlichen Einzelgespräch (persönlich, per Skype oder telefonisch) mit einem unserer Irland-Spezialisten ein. Bei Eignung des Bewerbers unterbreitet AIFS anschließend ein Vertragsangebot, das erst durch die Annahme des Bewerbers verbindlich wird.
Voraussetzungen: 14 bis 18 Jahre; Schülerstatus; mind. drei Jahre Englisch als Unterrichtsfach; tolerant, anpassungsfähig, aufgeschlossen und motiviert

Vorbereitung auf den Irland-Aufenthalt in Deutschland
Die Vorbereitung erfolgt durch das AIFS Team in Bonn als Ansprechpartner, ein zweitägiges Seminar in Bonn oder Umgebung, durch ausführliche Schüler- und Elternhandbücher sowie Inforundbriefe vor der Ausreise.

Betreuung während des Auslandsaufenthalts und Nachbereitung
Die Betreuung während des Aufenthaltes wird durch einen lokalen Betreuer, Partner vor Ort sowie AIFS in Bonn garantiert. Nachbereitung: im Rahmen einer großen Homecoming Party

Stipendien und Sonstiges
Platzierungen nach Wunsch in den Regionen Dublin, Cork und Kerry; Geschwisterrabatt in Höhe von jeweils € 200; Rabatt bei Anmeldung gemeinsam mit einem Freund in Höhe von je € 100; Bei Sommerausreise: 3 Tage Orientation-Days in Dublin und begleiteter Hinflug inkl.

Kurz und bündig				
Gründungsjahr (1964)	1983	Schülerzahl im Irland-Programm 2017/18		20
IE-Programm seit	2010	Gesamtschülerzahl im High School Programm 2017/18		473
Gemeinnützigkeit	nein	Partner in Irland	k. A.	

Ayusa-Intrax GmbH	
Giesebrechtstr. 10	Telefon: 030 / 84 39 39 93
10629 Berlin	Telefax: 030 / 84 39 39 39
highschool@intrax.de	www.intrax.de

Preis und Leistung						
*Schulwahlprogramm**	Herbst	Winter	Herbst/ Winter	Herbst/ Winter	Winter/ Frühjahr	Schuljahr
Grundpreis (ab)	€ 7.990		€ 9.490	€ 11.990	€ 10.490	€ 13.490
Flug D – Irland – D	€ 400/p		€ 400/p	€ 400/p	€ 400/p	€ 400/p
Flugbegleitung	nein		nein	nein	nein	nein
Vorbereitungstreffen	nein		nein	nein	nein	nein
Vorbereitungsseminar	ja		ja	ja	ja	ja
Einführungsseminar in IE	nein		nein	nein	nein	nein
Elterntreffen	nein		nein	nein	nein	nein
Nachbereitungstreffen	nein		nein	nein	nein	nein
Nachbereitungsseminar	ja		ja	ja	ja	ja
Gesamtpreis (circa)	**€ 8.390**		**€ 9.890**	**€ 12.390**	**€ 10.890**	**€ 13.890**
Programmbeginn	Sept.		Sept.	Sept.	Januar	Sept.
Programmende	Dez.		Januar	März	Juni	Juni
Bewerbungsschluss	30.04.		30.04.	30.04.	31.10.	30.04.
Spätbewerbung	möglich		möglich	möglich	möglich	möglich

Bewerbungsverlauf und Kriterien für die Annahme des Bewerbers

Neben dem schriftlichen Bewerbungsverlauf findet ein persönliches Einzelinterview in der Nähe des Wohnortes statt, gern auch mit den Eltern. Voraussetzungen für die Annahme sind Anpassungsvermögen, Lernbereitschaft, Toleranz und großes Interesse an der englischen Sprache und an der irischen Geschichte und Kultur. Bewerben können sich 13- bis 18-Jährige. Ein Schuljahr in Irland ist auch für Abiturienten möglich.

Vorbereitung auf den Irland-Aufenthalt in Deutschland

Es finden diverse Informationsveranstaltungen und Vorbereitungsseminare für Schüler und Eltern in mehreren Städten in Deutschland statt. Wenn möglich kommen ehemalige Ayusa Schüler zu diesen Treffen. Ansonsten haben die Teilnehmer die Möglichkeit zum Telefonkontakt mit ehemaligen Teilnehmern. Jeder Schüler erhält ein Handbuch zum Schulbesuch in Irland.

Betreuung während des Auslandsaufenthalts und Nachbereitung

Die Teilnehmer werden von der irischen Partnerorganisation vor Ort betreut. Ayusa-Intrax steht während der gesamten Programmdauer mit den Eltern in Deutschland in Kontakt. Für die Rückkehrer bietet Ayusa-Intrax ein Wochenend-Nachbereitungsseminar an.

Stipendien und Sonstiges

Es werden Teilstipendien bis maximal € 3.000 vergeben.

* Irland landesweit (ohne Wahlmöglichkeit) für 1 Schuljahr € 9.990. Preisangaben für Halbjahr (5 Monate und 2 Terms) und Schuljahr beinhalten einen Frühbucherrabatt, Details dazu auf unserer Webseite. In Irland bieten wir auch ein Ferienprogramm ab 2 Wochen an.

Kurz und bündig			
Gründungsjahr	1991	Schülerzahl im Irland-Programm 2017/18	11
IE-Programm seit	1998	Gesamtschülerzahl im High School Programm 2017/18	372
Gemeinnützigkeit	nein	Partner in Irland	High School International, Interstudies

Carl Duisberg Centren gemeinnützige GmbH
Hansaring 49-51
50670 Köln
highschool@cdc.de
Telefon: 0221 / 16 26 207
Telefax: 0221 / 16 26 217
www.carl-duisberg-highschool.de

Preis und Leistung

Schulwahlprogramm	Herbst	Winter	Frühjahr	Herbst/ Winter	Winter/ Frühjahr	Schuljahr
Grundpreis	€ 7.790	€ 7.550		€ 9.990	€ 9.290	€ 11.850
Flug D – Irland – D	€ 400/p	€ 400/p		€ 400/p	€ 400/p	€ 400/p
Flugbegleitung	nein	nein		nein	nein	nein
Vorbereitungstreffen	nein	nein		nein	nein	nein
Vorbereitungsseminar	ja	ja		ja	ja	ja
Einführungsseminar in IE	nein	nein		nein	nein	nein
Elterntreffen	ja	ja		ja	ja	ja
Nachbereitungstreffen	ja	ja		ja	ja	ja
Nachbereitungsseminar	nein	nein		nein	nein	nein
Gesamtpreis (circa)	**€ 8.190**	**€ 7.950**		**€ 10.390**	**€ 9.690**	**€ 12.250**
Programmbeginn	Sept.	Januar		Sept.	Januar	Sept.
Programmende	Dez.	März/April		März/April	Mai/Juni	Mai/Juni
Bewerbungsschluss	flexibel	flexibel		flexibel	flexibel	flexibel
Spätbewerbung	auf Anfrage	auf Anfrage		auf Anfrage	auf Anfrage	auf Anfrage

Bewerbungsverlauf und Kriterien für die Annahme des Bewerbers
Zum Bewerbungsverfahren: 1.) Schriftliche Bewerbung (Formular) inkl. Zeugniskopie und Motivationsschreiben. 2.) Einladung von Schüler und Eltern zu einem persönlichen Auswahlgespräch 3.) Schulvorschläge 4.) Bei Eignung Aufnahme in das Programm und schriftliche Bestätigung des Platzes - *Zu den Aufnahmekriterien:* Aufgeschlossenheit für andere Länder und Kulturen; Anpassungsbereitschaft an Gegebenheiten des Gastlandes; Selbstständigkeit im Rahmen der landesüblichen Möglichkeiten; zufriedenstellende Kenntnisse der Landessprache.

Vorbereitung auf den Irland-Aufenthalt in Deutschland
Das Auswahlgespräch und das Ausfüllen der Bewerbungsunterlagen sind bereits Teil der Vorbereitung. Wichtigster Teil unserer Vorbereitung sind unsere 1,5-tägigen Seminare, bei denen wir alle wichtigen Aspekte in Diskussionen, Vorträgen und Rollenspielen behandeln. Man erhält ein landesspezifisches Handbuch.

Betreuung während des Auslandsaufenthalts und Nachbereitung
Die Betreuung erfolgt durch das Carl Duisberg High School Team in Deutschland und durch einen Betreuer der Partnerorganisation/-schule in Irland. Wir führen Elterntreffen durch. Nach Rückkehr laden wir alle Schüler zum Nachbereitungstreffen ein.

Stipendien und Sonstiges
Die Carl Duisberg Centren bieten für den Irlandaufenthalt ein umfassendes Versicherungspaket an. Mögliches Freizeitangebot: Rundreise im Herbst.

Kurz und bündig

Gründungsjahr	1962	Schülerzahl im Irland-Programm 2017/18	31
IE-Programm seit	2003	Gesamtschülerzahl im High School Programm 2017/18	431
Gemeinnützigkeit	ja	Partner in Irland	EDEX

Irland

Deutsches Youth For Understanding Komitee e.V. (YFU)
Oberaltenallee 6 Telefon: 040 / 22 70 02-0
22081 Hamburg Telefax: 040 / 22 70 02-27
info@yfu.de www.yfu.de

Preis und Leistung						
Länderwahlprogramm	Herbst	Winter	Frühjahr	Herbst/ Winter	Winter/ Frühjahr	Schuljahr
Grundpreis (ab)				€ 11.300		€ 11.800
Flug D – Irland – D				ja		ja
Flugbegleitung				ja		ja
Vorbereitungstreffen				ja		ja
Vorbereitungsseminar				ja		ja
Einführungsseminar in IE				ja		ja
Elterntreffen				ja		ja
Nachbereitungstreffen				ja		ja
Nachbereitungsseminar				ja		ja
Gesamtpreis				**€ 11.300**		**€ 11.800**
Programmbeginn				Aug/Sept		Aug/Sept
Programmende				Jan/Feb		Mai/Juni
Bewerbungsschluss				variabel		variabel
Spätbewerbung				nein		nein

Bewerbungsverlauf und Kriterien für die Annahme des Bewerbers
Bei YFU können sich Schülerinnen und Schüler aller Schularten bewerben. Sie sollten aufgeschlossen, anpassungsfähig und verantwortungsbewusst sein und mindestens durchschnittliche Schulleistungen vorweisen. Für Irland sind vor allem in Englisch gute bis durchschnittliche Noten wichtig. Nach Durchsicht der schriftlichen Bewerbungsunterlagen führt YFU regional Auswahlgespräche in Form von Gruppen- und Einzelinterviews durch.

Vorbereitung auf den Irland-Aufenthalt in Deutschland
Alle YFU-Austauschschüler nehmen vor Abreise an einem einwöchigen Seminar teil, auf dem sie intensiv auf das Leben in einer fremden Kultur vorbereitet werden und praktische Tipps für den Alltag in Irland erhalten. Auch für Eltern werden eigene Vorbereitungstreffen angeboten. YFU stellt außerdem umfangreiche schriftliche Unterlagen zur Verfügung.

Betreuung während des Auslandsaufenthalts und Nachbereitung
Jeder Austauschschüler hat im Ausland vor Ort einen persönlichen Betreuer. Darüber hinaus stehen die hauptamtlichen YFU-Mitarbeiter in Deutschland und Irland zur Verfügung – im Notfall rund um die Uhr. Während des Austausches finden außerdem begleitende Seminare statt. Nach der Rückkehr gibt es ein zwei- bis dreitägiges Nachbereitungsseminar.

Stipendien und Sonstiges
YFU vergibt jährlich rund 300 Stipendien im Gesamtwert von etwa einer halben Million Euro. Die Vergabe und Höhe der Stipendien richtet sich nach der finanziellen Situation der Familie, nicht nach Schulnoten. Weitere Informationen gibt es unter www.yfu.de/stipendien.

Kurz und bündig				
Gründungsjahr	1957	Schülerzahl im Irland-Programm 2017/18		58
IE-Programm seit	2015	Gesamtschülerzahl im High School Programm 2017/18		902
Gemeinnützigkeit	ja	Partner in Irland	k. A.	

DFSR – Dr. Frank Sprachen & Reisen GmbH	
Industriestr. 35	Telefon: 0621 / 820 565 0
68169 Mannheim	Telefax: 0621 / 820 565 80
info@dfsr.de	www.dfsr.de

Preis und Leistung						
Länderwahlprogramm	Herbst	Winter	Frühjahr	Herbst/ Winter	Winter/ Frühjahr	Schuljahr
Grundpreis	€ 8.490	€ 8.490		€ 9.490	€ 9.490	€ 10.990
Flug D – Irland – D	ja	ja		ja	ja	ja
Flugbegleitung	nein	nein		nein	nein	nein
Vorbereitungstreffen	nein	nein		nein	nein	nein
Vorbereitungsseminar	ja	ja		ja	ja	ja
Einführungsseminar in IE	€ 490/opt	€ 490/opt		nein	nein	€ 490/opt
Elterntreffen	nein	nein		nein	nein	nein
Nachbereitungstreffen	nein	nein		nein	nein	nein
Nachbereitungsseminar	ja	ja		ja	ja	ja
Gesamtpreis (circa)	**€ 8.490**	**€ 8.490**		**€ 9.490**	**€ 9.490**	**€ 10.990**
Programmbeginn	Sept.	Januar		August	Januar	August
Programmende	Dez.	März		Januar	Mai	Mai
Bewerbungsschluss	30.06.	15.11.		30.06.	15.11.	30.06.
Spätbewerbung	möglich	möglich		möglich	möglich	möglich

Bewerbungsverlauf und Kriterien für die Annahme des Bewerbers

Für alle Teilnehmer gilt: Es kommt nicht nur auf die Schulnoten an, wichtig sind auch ihre Motivation und ihr Interesse an dem Gastland und dem Kulturaustausch. Der zukünftige Austauschschüler sollte Flexibilität, Verständnis, Toleranz und Selbstständigkeit mitbringen. Bewerben können sich Schüler/innen, die über mind. zufriedenstellende Englischkenntnisse und gute Schulnoten verfügen. Für Allergien, schlechtere Noten oder besondere Ernährungsgewohnheiten kann eine zusätzliche Gebühr anfallen. Teilnahmealter: 13-18 Jahre

Bewerbungsverlauf: Ausfüllen des Bewerbungsformulars, persönliches Bewerbungsgespräch gemeinsam mit den Eltern, nach erfolgreichem Gespräch Aufnahme ins Programm.

Vorbereitung auf den Irland-Aufenthalt in Deutschland

Intensives Vorbereitungsseminar in Mannheim.

Betreuung während des Auslandsaufenthalts und Nachbereitung

Unsere Partnerorganisation stellt für die Schüler einen Betreuer vor Ort und auch DFSR ist für seine Partner über eine 24h-Notrufnummer immer erreichbar. Nach Rückkehr der Schüler nach Deutschland erhalten sie die Möglichkeit auf dem Welcome Back Seminar von ihren Erfahrungen zu berichten.

Stipendien und Sonstiges

Innerhalb des Select Programms bieten wir eine Auswahl verschied. Privatschulen und Internate an. Stadtwahl Dublin und Cork. 3 Tage Soft Landing Camp in Dublin optional buchbar.

Kurz und bündig			
Gründungsjahr	1978	Schülerzahl im Irland-Programm 2017/18	10
IE-Programm seit	2002	Gesamtschülerzahl im High School Programm 2017/18	379
Gemeinnützigkeit	nein	Partner in Irland	EDUCATIUS

EF Education (Deutschland) GmbH	
Königsallee 92 a	Telefon: 0211 / 688 57 300
40212 Düsseldorf	Telefax: 0211 / 688 57 301
highschoolyear.de@ef.com	www.ef.com/highschool

Preis und Leistung						
Länderwahlprogramm	Herbst	Winter	Frühjahr	Herbst/ Winter	Winter/ Frühjahr	Schuljahr
Grundpreis						€ 11.450
Flug D – Irland – D						ja
Flugbegleitung						nein
Vorbereitungstreffen						ja
Vorbereitungsseminar						nein
Einführungsseminar in IE						ja
Elterntreffen						ja
Nachbereitungstreffen						ja
Nachbereitungsseminar						nein
Gesamtpreis (circa)						**€ 11.450**
Programmbeginn						August
Programmende						Mai/Juni
Bewerbungsschluss						31.05.
Spätbewerbung						möglich

Bewerbungsverlauf und Kriterien für die Annahme des Bewerbers
Wir laden Dich und Deine Eltern nach Deiner Anmeldung zu einem persönlichen Auswahlgespräch mit EF-Mitarbeitern und ehemaligen Austauschschülern ein. Eine Elternberatung findet parallel statt. Kriterien für die Annahme sind Offenheit, Anpassungsfähigkeit, hohe Motivation, schulische Leistungen und Fremdsprachenkenntnisse.

Vorbereitung auf den Irland-Aufenthalt in Deutschland
Informationsveranstaltungen und Vorbereitungsseminare in mehreren Städten in Deutschland. Monatlich neue Informationen über persönliche Website MyEF und zu Beginn des Jahres finden Welcome Days (4 Tage Vorbereitung im Gastland) oder zusätzlich das 10-tägige EF High School Camp (optional für € 1.375) auf dem Campus der Universität Maynooth statt.

Betreuung während des Auslandsaufenthalts und Nachbereitung
Regelmäßiger Kontakt mit dem Betreuer vor Ort / Besuch des Betreuers / Ausflüge bzw. Reiseangebote durch EF vor Ort (optional) / telefonische Unterstützung für Schüler und Eltern während des Austauschjahres durch die EF-Büros in Deutschland und in Irland. Den Schülern steht im Gastland eine 24h-Notrufnummer zur Verfügung.

Stipendien und Sonstiges
Stipendien: EF bietet mehrere Teilstipendien an (www.ef.com/stipendien).
Sonstiges: EF Discovery Tours und Regionenwahl (nördliches, mittleres, südliches Irland).

Kurz und bündig			
Gründungsjahr	1965	Schülerzahl im Irland-Programm 2017/18	100
IE-Programm seit	2004	Gesamtschülerzahl im High School Programm 2017/18	780
Gemeinnützigkeit	nein	Partner in Irland	EF Education First

ehighschool – Inh. Christian Prelle	
Am Sportplatz 3	Telefon: 03931 / 531 831-0
39576 Stendal	Telefax: 03931 / 531 831-2
info@ehighschool.de	www.ehighschool.de

Preis und Leistung						
Länderwahlprogramm	Herbst	Winter	Frühjahr	Herbst/ Winter	Winter/ Frühjahr	Schuljahr
Grundpreis	€ 6.999	€ 6.999	€ 6.999	€ 8.999	€ 8.999	€ 10.999
Flug D – Irland – D	€ 400	€ 400	€ 400	€ 400	€ 400	€ 400
Flugbegleitung	opt.	nein	nein	nein	nein	opt.
Vorbereitungstreffen	ja	ja	ja	ja	ja	ja
Vorbereitungsseminar	nein	nein	nein	nein	nein	nein
Einführungsseminar in IE	ja	nein	nein	ja	nein	ja
Elterntreffen	nein	nein	nein	nein	nein	nein
Nachbereitungstreffen	ja	ja	ja	ja	ja	ja
Nachbereitungsseminar	nein	nein	nein	nein	nein	nein
Gesamtpreis (ab circa)	**€ 7.400**	**€ 7.400**	**€ 7.400**	**€ 9.400**	**€ 9.400**	**€ 11.400**
Programmbeginn	Sept.	Januar	April	Sept.	Januar	Sept.
Programmende	Dez.	März	Juni	März	Juni	Juni
Bewerbungsschluss	01.05.	01.10.	01.01.	01.05.	01.10.	01.05.
Spätbewerbung	anfragen	anfragen	anfragen	anfragen	anfragen	anfragen

Bewerbungsverlauf und Kriterien für die Annahme des Bewerbers

Bewerbungsverlauf:
1. unverbindliche Bewerbung (Bewerbungsformular oder online)
2. unverbindliches persönliches Bewerbungsgespräch mit dem Schüler und den Eltern
3. Angebot der Teilnahme am Programm und Vorlage eines Buchungsformulars

Aufnahmekriterien: Zeugnisnoten: 4 oder besser, mindestens ordentliche Englischkenntnisse

Vorbereitung auf den Irland-Aufenthalt in Deutschland

Zur Vorbereitung werden angeboten:
1. Vorbereitungstreffen
2. Schüler-Handbuch
3. individuelle Gespräche nach Wunsch.

Auf dem Vorbereitungstreffen soll der Teilnehmer fit gemacht werden für das Leben in einem fremden Land, in einer Gastfamilie und für den Besuch der Gastschule.

Betreuung während des Auslandsaufenthalts und Nachbereitung

Der Schüler hat 3 Ansprechpartner: Den lokalen Betreuer in der Nähe der Gastfamilie, die Zentrale der Partner in Irland und ehighschool in Deutschland. Nach Rückkehr gibt es ein Returneetreffen in Deutschland.

Stipendien und Sonstiges

Ein Regionenwunsch ist ab einer Dauer von 1 Schuljahr möglich.

Kurz und bündig				
Gründungsjahr	2002	Schülerzahl im Irland-Programm 2017/18		2
IE-Programm seit	2016	Gesamtschülerzahl im High School Programm 2017/18		95
Gemeinnützigkeit	nein	Partner in Irland	Ei2	

Experiment e.V.
Gluckstraße 1
53115 Bonn
info@experiment-ev.de
Telefon: 0228 / 957 220
Telefax: 0228 / 358 282
www.experiment-ev.de

Preis und Leistung						
Länderwahlprogramm	Herbst	Winter	Frühjahr	Herbst/ Winter	Winter/ Frühjahr	Schuljahr
Grundpreis (ab)	€ 6.200	€ 6.700	€ 6.200	€ 7.590	€ 7.590	€ 10.570
Flug D – Irland – D	ja	ja	ja	ja	ja	ja
Flugbegleitung	ja	ja	ja	ja	ja	ja
Vorbereitungstreffen	nein	nein	nein	nein	nein	nein
Vorbereitungsseminar	ja	ja	ja	ja	ja	ja
Einführungsseminar in IE	ja	ja	ja	ja	ja	ja
Elterntreffen	nein	nein	nein	nein	nein	nein
Nachbereitungstreffen	nein	nein	nein	nein	nein	nein
Nachbereitungsseminar	ja	ja	ja	ja	ja	ja
Gesamtpreis (circa)	**€ 6.200**	**€ 6.700**	**€ 6.200**	**€ 7.590**	**€ 7.590**	**€ 10.570**
Programmbeginn	August	August	Januar	August	Januar	August
Programmende	Nov.	Dez.	März	Januar	Juni	Juni
Bewerbungsschluss	01.02.	01.02.	01.08.	01.02.	01.08.	01.02.
Spätbewerbung	möglich	möglich	möglich	möglich	möglich	möglich

Bewerbungsverlauf und Kriterien für die Annahme des Bewerbers

Alter: 14-19 Jahre. Voraussetzungen: Besuch einer weiterführenden Schule bis zur Ausreise, ernsthaftes Interesse am interkulturellen Austausch, Aufgeschlossenheit, Offenheit, Toleranz und Anpassungsvermögen. Grundkenntnisse in Englisch werden erwartet. Bewerbung online über unsere Homepage: www.experiment-ev.de/bewerbung

Vorbereitung auf den Irland-Aufenthalt in Deutschland

Alle Teilnehmenden werden zu einem überregionalen, 4-tägigen Vorbereitungsseminar eingeladen, auf dem sie von Ehrenamtlichen umfassend auf ihren Auslandsaufenthalt vorbereitet werden. Diese intensive Vorbereitung findet bereits mehrere Wochen vor der Ausreise statt, ist verpflichtend für alle Teilnehmenden und daher bereits im Preis enthalten.

Betreuung während des Auslandsaufenthalts und Nachbereitung

Ein persönlicher Betreuer unserer Partnerorganisation hat die Gastfamilie vor der Ankunft des Austauschschülers besucht und ist während des Aufenthaltes Ansprechpartner für Schüler/in und Gastfamilie. Für Eltern und Teilnehmende gibt es zusätzlich in Deutschland einen telefonischen Bereitschaftsdienst von Experiment e.V., der rund um die Uhr erreichbar ist.

Stipendien und Sonstiges

3, 4, 5, 7 Monate und ein Schuljahr möglich. Außerdem: College mit Gastfamilienaufenthalt auch nach dem (mittleren) Schulabschluss möglich (17-19 Jahre).
Begleiteter Gruppenflug. 2-tägiges Einführungsseminar in Dublin inklusive
Aktuelle Stipendien unter: www.experiment-ev.de/stipendien

Kurz und bündig			
Gründungsjahr	1932	Schülerzahl im Irland-Programm 2017/18	75
IE-Programm seit	2000	Gesamtschülerzahl im High School Programm 2017/18	500
Gemeinnützigkeit	ja	Partner in Irland	Experiment Ireland

Global Youth Group e.V.
Eststr. 6
45149 Essen
info@global-youth-group.de
Telefon: 0201 / 6124529
Telefax: 0201 / 47619824
www.global-youth-group.de

Preis und Leistung						
Länderwahlprogramm	Herbst	Winter	Herbst/ Winter	Herbst/ Winter	Winter/ Frühjahr	Schuljahr
Grundpreis	€ 7.300	€ 7.300	€ 8.175	€ 9.175	€ 8.175	€ 9.750
Flug D – Irland – D	€ 400/p	€ 400/p	€ 400/p	€ 400/p	€ 400/p	€ 400/p
Flugbegleitung	optional	optional	optional	optional	optional	optional
Vorbereitungstreffen	optional	optional	optional	optional	optional	optional
Vorbereitungsseminar	ja	ja	ja	ja	ja	ja
Einführungsseminar in IE	ja	ja	ja	ja	ja	ja
Elterntreffen	ja	ja	ja	ja	ja	ja
Nachbereitungstreffen	optional	optional	optional	optional	optional	optional
Nachbereitungsseminar	ja	ja	ja	ja	ja	ja
Gesamtpreis (circa)	**€ 7.700**	**€ 7.700**	**€ 8.575**	**€ 9.575**	**€ 8.575**	**€ 10.150**
Programmbeginn	August	Januar	August	August	Januar	August
Programmende	Dez.	April	Januar	März	Juni	Juni
Bewerbungsschluss	31.03.	30.09.	31.03.	31.03.	30.09.	31.03.
Spätbewerbung	möglich	möglich	möglich	möglich	möglich	möglich

Bewerbungsverlauf und Kriterien für die Annahme des Bewerbers
Bewirb dich online, per Fax, per E-Mail, per Telefon oder mit unserem Bewerbungsformular per Post. Nach Eingang deiner Bewerbung vereinbaren wir mit dir und deinen Eltern einen Termin für ein unverbindliches und kostenloses Bewerbungsinterview an deinem Wunschort oder per Skype. Die Teilnahme ist für jeden zwischen 14 und 18 Jahren möglich.

Vorbereitung auf den Irland-Aufenthalt in Deutschland
Damit du und auch deine Eltern gut vorbereitet seid, organisieren wir deutschlandweit mehrere Vorbereitungsveranstaltungen. Dort bereiten wir dich intensiv auf deinen Aufenthalt vor. Optional findet zusätzlich in London / Dublin ein mehrtägiges Orientierungscamp statt.

Betreuung während des Auslandsaufenthalts und Nachbereitung
Die Betreuung vor Ort erfolgt in erster Linie durch deinen Betreuer vor Ort, der immer in deinem Umkreis wohnt. Er ist immer für deine Fragen und Wünsche da. Daneben hast du deinen Ansprechpartner in Deutschland, sowie jeweils eine 24-Stunden-Notrufnummer.
Nach deiner Rückkehr findet eine Nachbereitungsveranstaltung statt.

Stipendien und Sonstiges
Wir bieten ein landesweites Programm, Schulwahl Programm und Städtegarantie Optionen.
Optional: 4-Tage London / Dublin Orientierungscamp (bei einer frühen Anmeldung gratis)
Teilstipendium: 4 x bis zu € 4.000, ggf. mehr Sonderaktionen findest du auf unserer Website

Kurz und bündig			
Gründungsjahr	2009	Schülerzahl im Irland-Programm 2017/18	20
IE-Programm seit	2010	Gesamtschülerzahl im High School Programm 2017/18	233
Gemeinnützigkeit	ja	Partner in Irland	LSC, LLI, InterStudies, EWF, Educatius

HiCo Education – High School & College Consulting – Inh. Ilona Wondratschek
Darmstädter Str. 162 Telefon: 06251 / 58 50 688
64625 Bensheim Telefax: 06251 / 58 30 002
info@hico-education.de www.hico-education.de

Preis und Leistung

*Länderwahlprogramm**	Herbst	Winter	Frühjahr	Herbst/ Winter	Winter/ Frühjahr	Schuljahr
Grundpreis (ab)	€ 8.500	€ 8.500		€ 8.900	€ 8.900	€ 9.500
Flug D – Irland – D	€ 400	€ 400		€ 400	€ 400	€ 400
Flugbegleitung	nein	nein		nein	nein	nein
Vorbereitungstreffen	ja	ja		ja	ja	ja
Vorbereitungsseminar	nein	nein		nein	nein	nein
Einführungsseminar in IE	nein	nein		nein	nein	nein
Elterntreffen	nein	nein		nein	nein	nein
Nachbereitungstreffen	opt.	opt.		opt.	opt.	opt.
Nachbereitungsseminar	nein	nein		nein	nein	nein
Gesamtpreis (circa)	**€ 8.900**	**€ 8.900**		**€ 9.300**	**€ 9.300**	**€ 9.900**
Programmbeginn	Sept.	Januar		Sept.	Januar	Sept.
Programmende	Dez.	April		April	Juni	Juni
Bewerbungsschluss	flexibel	flexibel		flexibel	flexibel	flexibel
Spätbewerbung	ja	ja		ja	ja	ja

Bewerbungsverlauf und Kriterien für die Annahme des Bewerbers
Nach Bewerbungseingang erfolgt ein unverbindliches Beratungs- und Bewerbungsgespräch. Danach kann der Schüler wählen zwischen dem Programm ohne Schulwahl oder einem öffentlichen Programm mit Schulwahl, gerne schlagen wir auf Wunsch eine Schule vor. Nach dem Gespräch unterbreiten wir ein Beratungs- und Betreuungsangebot, das sich nach der Dauer des Aufenthaltes richtet.

Vorbereitung auf den Irland-Aufenthalt in Deutschland
Ca. 2 Monate vor Programmbeginn bieten wir für alle Schüler ein 1-tägiges Vorbereitungsseminar an, hier erfahren die Jugendlichen alles rund um das Auslandsjahr und haben die Gelegenheit sich mit "Ehemaligen" auszutauschen.

Betreuung während des Auslandsaufenthalts und Nachbereitung
Während der gesamten Zeit des Aufenthaltes werden unsere Schüler von unserer Partnerorganisation betreut, jeder Schüler hat an seinem Wohnort einen lokalen Betreuer als Ansprechpartner zur Verfügung. Auch unser Team in Deutschland steht das Jahr über in Kontakt mit den Jugendlichen und ist immer für Fragen verfügbar. Bei dem Programm mit Schulwahl werden die Schüler im Großraum Dublin platziert und haben ein garantiertes Einzelzimmer.

Stipendien und Sonstiges
* In Irland bieten wir Programme mit und ohne Schulwahl an sowie Privatschulen und Internate. Wir vergeben für unser Irland Programm ein Teilstipendium in Höhe von € 2.000.

Kurz und bündig

Gründungsjahr	2009	Schülerzahl im Irland-Programm 2017/18	8
IE-Programm seit	2009	Gesamtschülerzahl im High School Programm 2017/18	224
Gemeinnützigkeit	nein	Partner in Irland	Interstudies, ISI

ICXchange-Deutschland e.V.	
Bahnhofstr. 16-18	Telefon: 0441 / 923 98-0
26122 Oldenburg	Telefax: 0441 / 923 98-99
info@icxchange.de	www.icxchange.de

Preis und Leistung						
Regionenwahlprogramm	Herbst	Winter	Frühjahr	Herbst/ Winter	Winter/ Frühjahr	Schuljahr
Grundpreis (ab)	€ 6.600	€ 6.250		€ 9.350	€ 7.800	€ 11.750
Flug D – Irland – D	ja	ja		ja	ja	ja
Flugbegleitung	ja	nein		ja	nein	ja
Vorbereitungstreffen	nein	nein		nein	nein	nein
Vorbereitungsseminar	ja	ja		ja	ja	ja
Einführungsseminar in IE	nein	nein		nein	nein	nein
Elterntreffen	nein	nein		nein	nein	nein
Nachbereitungstreffen	nein	nein		nein	nein	nein
Nachbereitungsseminar	ja	ja		ja	ja	ja
Gesamtpreis (ab)	**€ 6.600**	**€ 6.250**		**€ 9.350**	**€ 7.800**	**€ 11.750**
Programmbeginn	31.08.	04.01.		31.08.	04.01.	31.08.
Programmende	21.12.	12.04.		23.03.	01.06.	01.06.
Bewerbungsschluss	31.03.	30.09.		31.03.	30.09.	31.03.
Spätbewerbung	möglich	möglich		möglich	möglich	möglich

Bewerbungsverlauf und Kriterien für die Annahme des Bewerbers

Nach Eingang der Kurzbewerbung laden wir den Bewerber zu einem persönlichen Gespräch ein. Danach folgen Akzeptierung, ausführliche Bewerbungsunterlagen und Vertragsofferte. Voraussetzungen: 14-18 Jahre, Besuch einer allgemeinbildenden Schule, 3 Jahre Englischunterricht, Notendurchschnitt von 3,5 für Gymnasiasten und 3,0 für Realschüler.

Vorbereitung auf den Irland-Aufenthalt in Deutschland

Die Teilnehmer werden mit ihren Eltern zu einem gemeinsamen Vorbereitungstreffen eingeladen und erhalten außerdem ausführliche schriftliche Informationen. Für Fragen stehen unsere Programmkoordinatoren jederzeit zur Verfügung.

Betreuung während des Auslandsaufenthalts und Nachbereitung

Im Gastland werden die Schüler von unserem jeweiligen irischen Partner, CELT (Dublin) bzw. Gordon (Cork), betreut. Jedem Schüler steht am Wohnort der Gastfamilie ein Mitarbeiter von CELT bzw. Gordon als Ansprechpartner zur Verfügung. Nach Beendigung des Programms findet ein Nachbereitungsseminar in Deutschland statt.

Stipendien und Sonstiges

ICX vergibt Teilstipendien bis € 1.000. Die Stipendienvergabe richtet sich nach der Höhe des Familieneinkommens und dem zur Verfügung stehenden Stipendienfonds.

Kurz und bündig			
Gründungsjahr	1974	Schülerzahl im Irland-Programm 2017/18	36
IE-Programm seit	1996	Gesamtschülerzahl im High School Programm 2017/18	146
Gemeinnützigkeit	ja	Partner in Irland	CELT, Gordon

iE – international Experience e.V.
Amselweg 20
53797 Lohmar
info@international-experience.net
Telefon: 02246 / 915 49 0
Telefax: 02246 / 915 49 12
www.international-experience.net

Preis und Leistung						
Länderwahlprogramm	Herbst	Winter	Frühjahr	Herbst/ Winter	Winter/ Frühjahr	Schuljahr
Grundpreis	€ 7.195	€ 7.195		€ 8.295	€ 8.295	€ 11.595
Flug D – Irland – D	€ 400/p	€ 400/p		€ 400/p	€ 400/p	€ 400/p
Flugbegleitung	nein	nein		nein	nein	nein
Vorbereitungstreffen	nein	nein		nein	nein	nein
Vorbereitungsseminar	ja	ja		ja	ja	ja
Einführungsseminar in IE	ja	ja		ja	ja	ja
Elterntreffen	nein	nein		nein	nein	nein
Nachbereitungstreffen	ja	ja		ja	ja	ja
Nachbereitungsseminar	nein	nein		nein	nein	nein
Gesamtpreis	**€ 7.595**	**€ 7.595**		**€ 8.695**	**€ 8.695**	**€ 11.995**
Programmbeginn	Sept	Januar		Sept	Januar	Sept
Programmende	Dez.	April		Februar	Juni	Juni
Bewerbungsschluss	flexibel	flexibel		flexibel	flexibel	flexibel
Spätbewerbung	möglich	möglich		möglich	möglich	möglich

Bewerbungsverlauf und Kriterien für die Annahme des Bewerbers
Auswahl der Bewerber nach einem ausführlichen Einzelgespräch im persönlichen Umfeld des Schülers im Beisein der Eltern. Kriterien für die Aufnahme in unser Programm sind neben den Schulnoten besonders persönliche Eigenschaften wie Motivation, Flexibilität und Anpassungsfähigkeit. Wir suchen "great kids" mit positiver Einstellung, die auch ihrer Gastfamilie und Schule etwas zu bieten haben. Sie sollten freundlich, aufgeschlossen sowie aktiv sein, neugierig und optimistisch auf die vor ihnen liegende Herausforderung blicken.

Vorbereitung auf den Irland-Aufenthalt in Deutschland
Alle iE-Teilnehmer werden bestens vorbereitet durch: persönliche Ansprechpartner, Begleitung während des gesamten Prozesses, mehrtägiges Vorbereitungsseminar mit internationalen Gästen und Returnees, Handbücher und Informationsmaterial zu allen wichtigen Themen.

Betreuung während des Auslandsaufenthalts und Nachbereitung
Alle iE-Kids haben einen persönlichen Ansprechpartner vor Ort, der sie beim Einleben unterstützt. Außerdem bietet iE eine 24/7-Erreichbarkeit (kein Call Center).

Stipendien und Sonstiges
Jedes Jahr vergibt iE eigene Teilstipendien an weltoffene und kreative Schüler und erzielt aufgrund langjähriger Kontakte zu Schulen Teilstipendien sowie Finanzhilfen für ambitionierte Schüler. Kriterien können auf der iE-Homepage eingesehen werden. Außerdem werden angeboten: Geschwisterrabatt, Frühbucherrabatt, Finders-fee, Returnee-Club etc.
Aktueller Testsieger: 1. Platz aller gemeinnützigen Organisationen im Bereich Leistungen & Premium vom Deutsches Institut für Service-Qualität

Kurz und bündig			
Gründungsjahr	2000	Schülerzahl im Irland-Programm 2017/18	6
IE-Programm seit	2014	Gesamtschülerzahl im High School Programm 2017/18	362
Gemeinnützigkeit	ja	Partner in Irland	iE-Partner

IrishSummer - Die Irland-Spezialisten
Hochbucher Weg 59
88131 Lindau/Bodensee
info@irishsummer.de
Telefon: 07543 / 6095195
Telefax: k. A.
www.irishsummer.de

Preis und Leistung						
Schulwahlprogramm	Herbst	Winter	Frühjahr	Herbst/ Winter	Winter/ Frühjahr	Schuljahr
Grundpreis (ab)	€ 6.490	€ 5.690	€ 2.590	€ 12.180	€ 8.280	€ 13.590
Flug D – Irland – D	400 €/p	400 €/p	400 €/p	400 €/p	400 €/p	400 €/p
Flugbegleitung	nein	nein	nein	nein	nein	nein
Vorbereitungstreffen	optional	optional	optional	optional	optional	optional
Vorbereitungsseminar	nein	nein	nein	nein	nein	nein
Einführungsseminar in IE	ja	ja	ja	ja	ja	ja
Elterntreffen	nein	nein	nein	nein	nein	nein
Nachbereitungstreffen	ja	ja	ja	ja	ja	ja
Nachbereitungsseminar	nein	nein	nein	nein	nein	nein
Gesamtpreis (ab circa)	**€ 6.890**	**€ 6.090**	**€ 2.990**	**€ 12.580**	**€ 8.680**	**€ 13.990**
Programmbeginn	August	Januar	April	August	Januar	August
Programmende	Dezember	April	Juni	April	Mai	Juni
Bewerbungsschluss	flexibel	flexibel	flexibel	flexibel	flexibel	flexibel
Spätbewerbung	möglich	möglich	möglich	möglich	möglich	möglich

Bewerbungsverlauf und Kriterien für die Annahme des Bewerbers
Während eines persönlichen Gesprächs klären wir mit den Schülern und den Eltern die jeweiligen Wünsche und Vorstellungen für den Schüleraustauch in Irland ab. Die Gast-Familie kann aus einem Portfolio von über 600 persönlich ausgewählten Familien gewählt werden, mit denen wir jedes Jahr für unsere Sommer-Schülersprachreisen zusammenarbeiten. Es besteht die Möglichkeit, die Gastfamilie vorab kennenzulernen. Neben der irischen Gastfamilie können Sie bei uns versch. öffentliche oder private Schulen wählen, mit denen wir bereits seit Jahren zusammenarbeiten. Der Bewerber sollte Spaß an der Schule und dem kulturellen Austausch haben, sowie Interesse für die „grüne Insel" mitbringen.

Vorbereitung auf den Irland-Aufenthalt in Deutschland
Alle Austauschschüler u. Eltern werden in Gesprächen, mit Informationsunterlagen und einer App auf das Sprachabenteuer vorbereitet. Für Fragen ist unser Team jederzeit erreichbar.

Betreuung während des Auslandsaufenthalts und Nachbereitung
Unsere Sprachschule in Kilkenny, Irland betreut die Schüler vor Ort. Ein deutschsprachiger Ansprechpartner steht im regelmäßigen Kontakt mit den Austauschschülern, den Schulen und den Gastfamilien. Mehrere Ansprechpartner sind rund um die Uhr vor Ort erreichbar. Ein Nachbereitungstreffen findet in Irland vor der Abreise statt.

Stipendien und Sonstiges
Neben dem Schulwahl- bieten wir auch ein Regionenwahlprogramm an. Als Sprachschule die vor Ort in Kilkenny (IE) ansässig ist, haben wir die Möglichkeit Ihren Schulaufenthalt individuell nach Ihren Bedürfnissen zu gestalten. Rufen Sie uns gerne an, falls Sie Fragen haben!

Kurz und bündig			
Gründungsjahr	2006	Schülerzahl im Irland-Programm 2017/18	82
IE-Programm seit	2006	Gesamtschülerzahl im High School Programm 2017/18	82
Gemeinnützigkeit	nein	Partner in Irland	IrishSummer

KulturLife gGmbH
Max-Giese-Str. 22
24116 Kiel
info@kultur-life.de
Telefon: 0431 / 888 14-10
Telefax: 0431 / 888 14-19
www.kultur-life.de

Preis und Leistung

*Länderwahlprogramm**	Herbst	Winter	Frühjahr	Herbst/ Winter	Winter/ Frühjahr	Schuljahr
Grundpreis (ab)	€ 8.590			€ 9.290	€ 8.890	€ 9.990
Flug D – Irland – D	€ 400/p			€ 400/p	€ 400/p	€ 400/p
Flugbegleitung	nein			nein	nein	nein
Vorbereitungstreffen	nein			nein	nein	nein
Vorbereitungsseminar	ja			ja	ja	ja
Einführungsseminar in IE	ja			ja	nein	ja
Elterntreffen	ja			ja	ja	ja
Nachbereitungstreffen	nein			nein	nein	nein
Nachbereitungsseminar	ja			ja	ja	ja
Gesamtpreis (ab circa)	**€ 8.990**			**€ 9.690**	**€ 9.290**	**€ 10.390**
Programmbeginn	August			August	Januar	August
Programmende	Dezember			April	Mai	Mai
Bewerbungsschluss	30.04.			30.04.	30.09.	30.04.
Spätbewerbung	ja			ja	ja	ja

Bewerbungsverlauf und Kriterien für die Annahme des Bewerbers
Wenn du uns deine unverbindliche Anmeldung schickst, möchten wir dich und deine Eltern bei einem persönlichen Gespräch im Kieler Büro oder via Skype kennenlernen. Neben der Beratung zu unseren Schulen und Programmen in Irland wollen wir einen Gesamteindruck von dir als Person bekommen. Wenn von unserer Seite deinem Auslandsaufenthalt nichts mehr im Weg steht, schicken wir dir und deinen Eltern ein Vertragsangebot und alle nötigen Unterlagen zu. Unsere Beratung ist kostenlos und unverbindlich.

Vorbereitung auf den Irland-Aufenthalt in Deutschland
Jedes Jahr führen wir mehrere Vorbereitungswochenenden in Hannover durch. Auch deine Eltern sind dazu eingeladen. Besonderer Schwerpunkt ist ein intensives interkulturelles Training. Außerdem triffst du ehemalige Austauschschüler, die von ihren Erfahrungen berichten.

Betreuung während des Auslandsaufenthalts und Nachbereitung
Du fliegst direkt zu deiner Gastfamilie oder nach Dublin, wo du von einem unserer Kollegen vor Ort erwartet wirst. Eine Einführungsveranstaltung gibt es dann vor Ort von unseren Partnern oder direkt an deiner Schule. Für Notfälle sind wir mit unserer 24-Stunden-Hotline rund um die Uhr erreichbar.

Stipendien und Sonstiges
* Schulwahl im Großraum Dublin: Hier kannst du 3 Schulpräferenzen angeben. In jedem Irland-Programm kannst du dich für unsere Stipendien bewerben. Weitere Infos: www. kulturlife.de/ueber-uns/kulturlife-stipendien/.

Kurz und bündig

Gründungsjahr	1995	Schülerzahl im Irland-Programm 2017/18	13
IE-Programm seit	2007	Gesamtschülerzahl im High School Programm 2017/18	120
Gemeinnützigkeit	ja	Partner in Irland	iStudy International, Interstudies

MAP MUNICH ACADEMIC PROGRAM GMBH
Türkenstraße 104 Telefon: 089 / 35 73 79 77
80799 München Telefax: 089 / 35 73 79 78
info@map-highschoolyear.com www.map-highschoolyear.com

Preis und Leistung

*Regionenwahlprogramm**	Herbst	Winter	Frühjahr	Herbst/ Winter	Winter/ Frühjahr	Schuljahr
Grundpreis (ab)	€ 8.050	€ 8.050	auf	€ 12.100	€ 11.000	€ 13.300
Flug D – Irland – D	€ 400/p	€ 400/p	Anfrage	€ 400/p	€ 400/p	€ 400/p
Flugbegleitung	ab 15 TN	ab 15 TN		ab 15 TN	ab 15 TN	ab 15 TN
Vorbereitungstreffen	ja	ja		ja	ja	ja
Vorbereitungsseminar	nein	nein		nein	nein	nein
Einführungsseminar in IE	ja	ja		ja	ja	ja
Elterntreffen	nein	nein		nein	nein	nein
Nachbereitungstreffen	ja	ja		ja	ja	ja
Nachbereitungsseminar	nein	nein		nein	nein	nein
Gesamtpreis (ab circa)	**€ 8.450**	**€ 8.450**		**€ 12.500**	**€ 11.400**	**€ 13.700**
Programmbeginn	Sept.	Januar		Sept.	Januar	Sept.
Programmende	Dez.	April		April	Juni	Juni
Bewerbungsschluss	4 bis 6	Wochen	vor	Beginn	der	Schule
Spätbewerbung	möglich	möglich		möglich	möglich	möglich

Bewerbungsverlauf und Kriterien für die Annahme des Bewerbers
Aufgeschlossenheit, Anpassungsfähigkeit und Reife, jedoch keine besonderen Alters- und Notenvorgaben. Nach Bewerbungseingang erhalten Schüler und Eltern eine Einladung zu einem persönlichen Bewerbungs- und Informationsgespräch. Nachdem sich MAP von der Eignung des Bewerbers überzeugt hat, erhält er nach wenigen Tagen ein Vertragsangebot und die MAP Akzeptierungsunterlagen.

Vorbereitung auf den Irland-Aufenthalt in Deutschland
Von Anfang an wird jeder Programmteilnehmer umfassend von MAP auf seinen Aufenthalt vorbereitet und über die erforderlichen (organisatorischen) Schritte unterrichtet sowie mit Infomaterial (Literaturhinweisen, Berichten ehemaliger Schüler, Wissenswertem über Land und Leute usw.) versorgt. Vor Abreise findet ein Vorbereitungstreffen (Orientation) statt.

Betreuung während des Auslandsaufenthalts und Nachbereitung
In Irland steht jedem Gastschüler ein Ansprechpartner für Probleme aller Art zur Seite.
Nach der Rückkehr organisiert MAP ein "Returnee"-Treffen.

Stipendien und Sonstiges
MAP vergibt 5 Teilstipendien im Wert von je € 1.000 für Aufenthalte ab 5 Monaten.
* Es besteht auch die Möglichkeit eine Privatschule (Unterbringung in einer Gastfamilie oder im Internat) zu besuchen (höhere Schulgebühr).

Kurz und bündig

Gründungsjahr	1996	Schülerzahl im Irland-Programm 2017/18	9
IE-Programm seit	1999	Gesamtschülerzahl im High School Programm 2017/18	231
Gemeinnützigkeit	nein	Partner in Irland	HSI, Dublin

Open Door International e.V. (ODI)	
Thürmchenswall 69	Telefon: 0221 / 60 60 85 50
50668 Köln	Telefax: 0221 / 60 60 85 519
info@opendoorinternational.de	www.opendoorinternational.de

Preis und Leistung						
Länderwahlprogramm	Herbst	Winter	Frühjahr	Herbst/ Winter	Winter/ Frühjahr	Schuljahr
Grundpreis (ab)	€ 8.990			€ 8.990	€ 8.990	€ 10.490
Flug D – Irland – D	€ 400/p			€ 400/p	€ 400/p	€ 400/p
Flugbegleitung	nein			nein	nein	nein
Vorbereitungstreffen	nein			nein	nein	nein
Vorbereitungsseminar	ja			ja	ja	ja
Einführungsseminar in IE	ja			ja	ja	ja
Elterntreffen	ja			ja	ja	ja
Nachbereitungstreffen	nein			nein	nein	nein
Nachbereitungsseminar	ja			ja	ja	ja
Gesamtpreis (ab circa)	**€ 9.390**			**€ 9.390**	**€ 9.390**	**€ 10.890**
Programmbeginn	Sept.			Sept.	Jan.	Sept.
Programmende	Dez.			Jan.	Juni	Juni
Bewerbungsschluss	April			Okt.	Okt.	April
Spätbewerbung	möglich			möglich	möglich	möglich

Bewerbungsverlauf und Kriterien für die Annahme des Bewerbers

Einer unverbindl. Online-Anmeldung folgen eine Bestätigung und das persönl. Kennenlerngespräch, das beim Bewerber zu Hause stattfindet. Auswahlkriterien sind Reife, Motivation, Offenheit, Toleranz, Flexibilität, Selbstständigkeit, Anpassungsbereitschaft, psychische Stabilität und die schulischen Leistungen, die nicht schlechter als 3,0 im Durchschnitt sein sollten. Das Programm ist für Schüler aller Schulformen von 14 bis 18 Jahren geeignet.

Vorbereitung auf den Irland-Aufenthalt in Deutschland

Das 4-tägige Vorbereitungsseminar mit hauptamtlichen Programmbetreuern und Returnees, ist obligatorisch. Mit Workshops und ausführlichem Infomaterial werden die Teilnehmer intensiv auf ihr Zielland, den Aufenthalt und mögliche Probleme vorbereitet. Im Rahmen eines Workshops für die Eltern werden die wichtigsten Fragen aus Elternsicht thematisiert. Die Eltern erhalten vorab ein Handbuch zu Themen wie Visum, Versicherung, Finanzen, etc.

Betreuung während des Auslandsaufenthalts und Nachbereitung

24-Stunden-Notfallnummer; Betreuung durch Partnerorganisation vor Ort; Ansprechperson für Teilnehmer und Eltern im ODI-Büro; Elterntreffen; 3-tägiges Nachbereitungsseminar für Returnees; Möglichkeit zu ehrenamtlicher Mitarbeit im Jugendaustausch.

Stipendien und Sonstiges

ODI vergibt ein Teilstipendium für die USA sowie vier weitere Teilstipendien für alle ODI-Länder. 5-tägiges Orientierungsseminar mit Sightseeing in London bei Programmstart im September optional gegen Aufpreis buchbar.

Kurz und bündig			
Gründungsjahr	1983	Schülerzahl im Irland-Programm 2017/18	7
IE-Programm seit	2013	Gesamtschülerzahl im High School Programm 2017/18	104
Gemeinnützigkeit	ja	Partner in Irland	InterStudies

Partnership International e.V.
Hansaring 85
50670 Köln
office@partnership.de
Telefon: 0221 / 913 973 3
Telefax: 0221 / 913 973 4
www.partnership.de

Preis und Leistung						
Länderwahlprogramm	Herbst	Winter	Frühjahr	Herbst/ Frühjahr	Winter/ Frühjahr	Schuljahr
Grundpreis (circa)	€ 7.400			€ 8.400	€ 8.400	€ 11.900
Flug D – Irland – D	ja			ja	ja	ja
Flugbegleitung	nein			nein	nein	nein
Vorbereitungstreffen	nein			nein	nein	nein
Vorbereitungsseminar	ja			ja	ja	ja
Einführungsseminar in IE	nein			nein	nein	nein
Elterntreffen	ja			ja	ja	ja
Nachbereitungstreffen	nein			nein	nein	nein
Nachbereitungsseminar	ja			ja	ja	ja
Gesamtpreis (circa)	**€ 7.400**			**€ 8.400**	**€ 8.400**	**€ 11.900**
Programmbeginn	Sept.			Sept.	Januar	Sept.
Programmende	Dez.			Januar	Juni	Juni
Bewerbungsschluss	31.03.			31.03.	31.10.	31.03.
Spätbewerbung	möglich			möglich	möglich	möglich

Bewerbungsverlauf und Kriterien für die Annahme des Bewerbers
Bewerben kannst Du Dich, wenn Du zwischen 14 und 18 Jahre alt bist und zufriedenstellende schulische Leistungen hast. Wir laden Dich und Deine Eltern zu einem Beratungsgespräch oder zu unserem PI-Kennenlerntag ein. So hast Du die Gelegenheit unseren Verein und unser Irlandprogramm kennenzulernen. Im Gegenzug können wir Dich persönlich kennenlernen.

Vorbereitung auf den Irland-Aufenthalt in Deutschland
Um optimal auf Deinen Auslandsaufenthalt vorbereitet zu sein, nimmst Du vor Deiner Abreise an einem 3-tägigen Seminar teil. Durchgeführt wird dieses Seminar von geschulten, ehemaligen Austauschschülern. Für Deine Eltern bieten wir eine eintägige Informationsveranstaltung an. Darüber hinaus helfen Dir unsere hauptamtlichen Mitarbeiter bei jeder Frage weiter.

Betreuung während des Auslandsaufenthalts und Nachbereitung
Du verbringst Deinen Schüleraustausch in Wexford oder Waterford in Südirland. Dort stehst Du in engem Kontakt zu unserer deutschsprachigen Betreuerin. Zudem gibt es regelmäßige Treffen und Veranstaltungen für Dich und die anderen Austauschschüler. Ebenfalls inklusive – unsere E-Mail-Betreuung durch geschulte Alumni und das Nachbereitungsseminar.

Stipendien und Sonstiges
Für das Schuljahr 2019/2020 vergeben wir mehrere Stipendien mit unserem Dachverband AJA und zwei 50%-Stipendien über den Stipendienfonds von Partnership International e.V.

Kurz und bündig			
Gründungsjahr	1961	Schülerzahl im Irland-Programm 2017/18	19
IE-Programm seit	1990	Gesamtschülerzahl im High School Programm 2017/18	188
Gemeinnützigkeit	ja	Partner in Irland	Partnership International Irland

Stepin GmbH – Student Travel and Education Programmes International	
Kaiserstraße 19	Telefon: 0228 / 710 05-0
53113 Bonn	Telefax: 0228 / 710 05-999
school@stepin.de	www.stepin.de

Preis und Leistung						
*Länderwahlprogramm**	Herbst	Winter	Frühjahr	Herbst/ Winter	Winter/ Frühjahr	Schuljahr
Grundpreis (ab)**	€ 7.990	€ 9.480		€ 8.440		€ 10.240
Flug D – Irland – D	€ 550	€ 470		€ 550		€ 550
Flugbegleitung	nein	nein		nein		nein
Vorbereitungstreffen	ja	ja		ja		ja
Vorbereitungsseminar	nein	nein		nein		nein
Einführungsseminar in IE	€675/opt.	nein		€675/opt.		€675/opt.
Elterntreffen	nein	nein		nein		nein
Nachbereitungstreffen	nein	nein		nein		nein
Nachbereitungsseminar	€ 69/opt.	€ 69/opt.		€ 69/opt.		€ 69/opt.
Gesamtpreis (ab circa)	**€ 8.540**	**€ 9.950**		**€ 8.990**		**€ 10.790**
Programmbeginn	Aug.	Januar		Aug.		Aug.
Programmende	Januar	Mai		Dez.		Juli
Bewerbungsschluss	15.05.	15.10.		15.05.		15.05.
Spätbewerbung	möglich	möglich		möglich		möglich

Bewerbungsverlauf und Kriterien für die Annahme des Bewerbers

Step 1: Unverbindliche Anmeldung (online od. schriftlich). Step 2: Persönliches Kennenlerngespräch in Wohnortnähe des Bewerbers. Step 3: Bei Eignung des Bewerbers unterbreitet Stepin ein Vertragsangebot. Teilnahmevoraussetzungen sind kulturelle Aufgeschlossenheit, Reife, Toleranz und mindestens befriedigende schulische Leistungen.

Vorbereitung auf den Irland-Aufenthalt in Deutschland

Eltern- und Schülervorbereitungstreffen in mehreren deutschen Städten sowie Handbücher und regelmäßige Info-Rundbriefe für Teilnehmer und Eltern bis zur Ausreise.
Fester Programm-Ansprechpartner im Stepin-Büro.

Betreuung während des Auslandsaufenthalts und Nachbereitung

Betreuung vor Ort durch sehr erfahrene Partnerorganisation und »Local Coordinator«. Auch das Stepin-Team steht während der gesamten Aufenthaltsdauer als Ansprechpartner zur Verfügung. Nachbereitung: Großes Returnee-Wochenende in Deutschland.

Stipendien und Sonstiges

Optional buchbar: Vorbereitungsseminar in London (€ 675), Reiseversicherungsschutz ab € 33/Monat sowie Reiserücktrittsoption (3,9 % des Programmpreises)
* Regionalwahl (Irland Classic Plus) möglich und gesondertes Schulwahlprogramm (Irland Select) mit Schulbesuch in 6 verschiedenen Countys.
** Preis pro Term/Semester/Schuljahr

Kurz und bündig			
Gründungsjahr	1997	Schülerzahl im Irland-Programm 2017/18	17
IE-Programm seit	2001	Gesamtschülerzahl im High School Programm 2017/18	684
Gemeinnützigkeit	nein	Partner in Irland	ISI, Interstudies

STS Sprachreisen GmbH
Mönckebergstraße 5 (ab 12.18: An der Alster 62) Telefon: 040 / 303 999-23
20095 Hamburg (20099 Hamburg) Telefax: 040 / 303 999-08
highschool@sts-education.de www.sts-education.de

Preis und Leistung

Länderwahlprogramm	Herbst	Winter	Frühjahr	Herbst/ Winter	Winter/ Frühjahr	Schuljahr
Grundpreis	€ 8.210	€ 8.210		€ 10.100	€ 10.100	€ 12.200
Flug D – Irland – D	ja	ja		ja	ja	ja
Flugbegleitung	nein	nein		nein	nein	nein
Vorbereitungstreffen	ja	ja		ja	ja	ja
Vorbereitungsseminar	nein	nein		nein	nein	nein
Einführungsseminar in IE	ja	ja		ja	ja	ja
Elterntreffen	nein	nein		nein	nein	nein
Nachbereitungstreffen	ja	ja		ja	ja	ja
Nachbereitungsseminar	nein	nein		nein	nein	nein
Gesamtpreis (circa)	**€ 8.210**	**€ 8.210**		**€ 10.100**	**€ 10.100**	**€ 12.200**
Programmbeginn	Sept.	Jan.		Sept.	Januar	Sept.
Programmende	Dez.	März/Apr.		April	Mai/Juni	Mai/Juni
Bewerbungsschluss	31.03.	01.10.		31.03.	01.10.	31.03.
Spätbewerbung	möglich	möglich		möglich	möglich	möglich

Bewerbungsverlauf und Kriterien für die Annahme des Bewerbers
Das kostenlose Bewerbungsgespräch findet bei uns im Büro in Hamburg oder per Skype statt. Für die Aufnahme in unser Programm sind dein Interesse an anderen Kulturen, eine hohe Motivation, Offenheit und Anpassungsbereitschaft wichtig.

Vorbereitung auf den Irland-Aufenthalt in Deutschland
Bereits beim Interview informieren wir umfassend über das Programm. Vor der Abreise führen wir ein Vorbereitungstreffen mit allen Teilnehmern und deren Eltern durch. Ehem. STS-Schüler informieren die Austauschschüler und stehen als Kontaktschüler zur Verfügung.

Betreuung während des Auslandsaufenthalts und Nachbereitung
Die Betreuung erfolgt durch STS Deutschland und das STS Büro bzw. unsere Partnerorganisationen vor Ort. Die Betreuer vor Ort haben immer ein offenes Ohr für die Anliegen der Schüler und oft werden auch Zusammenkünfte mit anderen Jugendlichen organisiert. Zusätzlich erhältst Du eine 24h-Notrufnummer. In der Regel gibt es Reiseangebote vor Ort und STS-Europa-Tour im Sommer.

Stipendien und Sonstiges
STS vergibt Teilstipendien bis zu € 700 bei eingereichten Anträgen bis Dezember des Vorjahres. Schulische Leistungen, finanzielle Situation und die Referenzen sind entscheidend. Städtewahl gegen Aufpreis möglich.

Kurz und bündig

Gründungsjahr	1987	Schülerzahl im Irland-Programm 2017/18	4
IE-Programm seit	1987	Gesamtschülerzahl im High School Programm 2017/18	85
Gemeinnützigkeit	nein	Partner in Irland	LSC (Tochtergesellschaft von STS)

travelbee - (into GmbH)	
Ostlandstraße 14	Telefon: 02234 / 946 36-0
50858 Köln	Telefax: 02234 / 946 36-23
kontakt@travelbee.de	www.travelbee.de

Preis und Leistung						
Länderwahlprogramm	Herbst	Winter	Frühjahr	Herbst/ Winter	Winter/ Frühjahr	Schuljahr
Grundpreis				€ 10.300	€ 10.300	€ 11.900
Flug D – Irland – D				ja	ja	ja
Flugbegleitung				nein	nein	nein
Vorbereitungstreffen				nein	nein	nein
Vorbereitungsseminar				ja	ja	ja
Einführungsseminar in IE				ja	nein	ja
Elterntreffen				nein	nein	nein
Nachbereitungstreffen				nein	nein	nein
Nachbereitungsseminar				ja	ja	ja
Gesamtpreis (circa)				**€ 10.300**	**€ 10.300**	**€ 11.900**
Programmbeginn				August	Januar	August
Programmende				Januar	Juni	Juni
Bewerbungsschluss				30.04.	15.10.	30.04.
Spätbewerbung				auf Anfr.	auf Anfr.	auf Anfr.

Bewerbungsverlauf und Kriterien für die Annahme des Bewerbers
Du musst mindestens 14 Jahre alt sein, Dein Notendurchschnitt muss befriedigend oder besser sein und Dein Zeugnis darf keine mangelhafte Note in einem Hauptfach enthalten. Das Wichtigste ist, dass Du Motivation, Neugier, Flexibilität und Toleranz mitbringst.

Vorbereitung auf den Irland-Aufenthalt in Deutschland
Schüler- und Elternhandbuch, regelmäßig Infobriefe mit Infos zum Ablauf, kulturellen Eigenheiten der Gastländer sowie Ratschlägen und Erfahrungsberichten. Circa zwei bis drei Monate vor der Abreise finden unsere zweitägigen Vorbereitungsseminare statt. Dort erhältst Du Infos und Tipps und lernst auch eine Menge über die Regeln während Deines Aufenthaltes. Zudem wirst Du mit Rollenspielen, kreativer Arbeit und lustigen Sketchen auf Deinen Austausch vorbereitet. Es gibt eine Extra-Informationsveranstaltung zur Vorbereitung Deiner Eltern bei Sommerabreise.

Betreuung während des Auslandsaufenthalts und Nachbereitung
In Irland wird in der Nähe Deines Wohnortes ein Ansprechpartner für Dich und Deine Gastfamilie sein. Auch in Deutschland sind wir immer erreichbar. Nach Deiner Rückkehr ist es noch nicht „vorbei“: Unsere Returnees organisieren „get togethers“, unser traditionelles Sommer-BBQ und Ausflüge, bei denen sich viele Ehemalige immer wieder treffen.

Stipendien und Sonstiges
travelbee bietet in Irland auch Kurzprogramme ab einem Term, ein Schulwahlprogramm, sowie Internatsaufenthalte an.

Kurz und bündig				
Gründungsjahr	1986	Schülerzahl im Irland-Programm 2017/18		19
IE-Programm seit	2005	Gesamtschülerzahl im High School Programm 2017/18		293
Gemeinnützigkeit	nein	Partner in Irland	into Ireland, ISI	

TravelWorks (Travelplus Group GmbH)	
Münsterstr. 111	Telefon: 02506 / 8303 600
48155 Münster	Telefax: 02506 / 8303 230
highschool@travelworks.de	www.travelworks.de/schueleraustausch

Preis und Leistung						
Regionenwahlprogramm	Herbst	Winter	Frühjahr	Herbst/ Winter	Winter/ Frühjahr	Schuljahr
Grundpreis	€ 7.190	€ 7.190	€ 6.290	€ 8.530	€ 8.530	€ 10.590
Flug D – Irland – D	ja	ja	ja	ja	ja	ja
Flugbegleitung	nein	nein	nein	nein	nein	nein
Vorbereitungstreffen	nein	nein	nein	nein	nein	nein
Vorbereitungsseminar	ja	ja	ja	ja	ja	ja
Einführungsseminar in IE	teilweise	teilweise	teilweise	teilweise	teilweise	teilweise
Elterntreffen	nein	nein	nein	nein	nein	nein
Nachbereitungstreffen	ja	ja	ja	ja	ja	ja
Nachbereitungsseminar	nein	nein	nein	nein	nein	nein
Gesamtpreis (circa)	**€ 7.190**	**€ 7.190**	**€ 6.290**	**€ 8.530**	**€ 8.530**	**€ 10.590**
Programmbeginn	August	Januar	April	August	Januar	Sept.
Programmende	Dez.	April	Mai	April	Juni	Juni
Bewerbungsschluss	01.05.	01.10.	15.02.	01.05.	01.10.	01.05.
Spätbewerbung	ja	ja	ja	ja	ja	ja

Bewerbungsverlauf und Kriterien für die Annahme des Bewerbers

Nach der unverbindlichen Bewerbung laden wir SchülerIn und Eltern zum persönlichen Auswahl- und Informationsgespräch ein. Anschließend erhalten Bewerber unsere Buchungsgrundlage mit verbindlichem Anmeldeformular, das bei Interesse am Programm unterschrieben an uns zurückgesendet wird. Bewerber sollten motiviert, flexibel und weltoffen sein. Alter: 12-18 Jahre.

Vorbereitung auf den Irland-Aufenthalt in Deutschland

Ca. zwei bis drei Monate vor Abreise laden wir alle Teilnehmer mit Eltern zum zweitägigen Vorbereitungsseminar in Deutschland (Münster) bzw. Österreich (Salzburg) ein. Teilnehmer und Eltern erhalten zudem ein Handbuch und regelmäßige Inforundschreiben.

Betreuung während des Auslandsaufenthalts und Nachbereitung

Alle Schüler werden im Gastland von unserer lokalen Partnerorganisation betreut. Außerdem gibt es eine 24-Stunden-Notfallnummer in Irland und Deutschland. Gemeinsames Welcome Back-Wochenende nach Rückkehr nach Deutschland.

Stipendien und Sonstiges

Wir bieten auch ein Schulwahlprogramm, Privatschulplatzierungen und Summer School-Aufenthalte (1/2/3/4 Wochen) an.

Kurz und bündig				
Gründungsjahr	1991	Schülerzahl im Irland-Programm 2017/18		20
IE-Programm seit	2014	Gesamtschülerzahl im High School Programm 2017/18		345
Gemeinnützigkeit	nein	Partner in Irland	iStudy, Educatius	

World Wide Qualifications Sprach- und Studienreisen GmbH
Buschöhrchen 29 Telefon: 02247 / 969 0 480
53819 Neunkirchen-Seelscheid Telefax: 02247 / 969 0 482
info@schuelerweltweit.de www.schuelerweltweit.de

Preis und Leistung

*Regionenwahlprogramm**	Herbst	Winter	Frühjahr	Herbst/ Winter	Winter/ Frühjahr	Schuljahr
Grundpreis	€ 6.999	€ 7.598	€ 6.999	€ 9.344	€ 8.885	€ 10.695
Flug D – Irland – D	ja	ja	ja	ja	ja	ja
Flugbegleitung	ab 8 TN	ab 8 TN	ab 8 TN	ab 8 TN	ab 8 TN	ab 8 TN
Vorbereitungstreffen	nein	nein	nein	nein	nein	nein
Vorbereitungsseminar	ja	ja	ja	ja	ja	ja
Einführungsseminar in IE	ja	ja	ja	ja	ja	ja
Elterntreffen	nein	nein	nein	nein	nein	nein
Nachbereitungstreffen	ja	ja	ja	ja	ja	ja
Nachbereitungsseminar	nein	nein	nein	nein	nein	nein
Gesamtpreis (circa)	**€ 6.999**	**€ 7.598**	**€ 6.999**	**€ 9.344**	**€ 8.885**	**€ 10.695**
Programmbeginn	August	Januar	März	August	Januar	August
Programmende	Dez.	März	Juni	März	Juni	Juni
Bewerbungsschluss	flexibel	flexibel	flexibel	flexibel	flexibel	flexibel
Spätbewerbung	ab 01.04.	ab 01.09.	ab 02.01.	ab 01.04.	ab 01.09.	ab 01.04.

Bewerbungsverlauf und Kriterien für die Annahme des Bewerbers
Beratung durch die Inhaberin, die mehrere Jahre mit Ihrer Familie in Irland lebte. WWQ ist deshalb auch spezialisiert auf Irland. Bewerbung und Informationsgespräch sind unverbindlich. Du kannst die Schule, Ort oder Region bzw. Wünsche wie Sport, Reiten selber auswählen. Alter: 16-19. Schulabschluss ist möglich. Notenvoraussetzungen: keine.

Vorbereitung auf den Irland-Aufenthalt in Deutschland
Laufender Informationsaustausch und 2 Tage Vorbereitung: 1. Tag – Schüler- und Elterntreffen: Hier erfahrt Ihr mehr über das „wirkliche" Leben, die Schulen und das Schulsystem, den Reiseablauf, und Dinge die Du auf der Reise mitnehmen solltest. 2. Tag – Schüler-Seminar: Ein „außergewöhnliches" Englisch-Intensiv-Seminar mit Muttersprachlern und viel Spaß: Mit anderen Austauschschülern machst Du Rollenspiele auf Englisch.

Betreuung während des Auslandsaufenthalts und Nachbereitung
Während des gesamten Schüleraustausches steht Dir einer unserer „Coordinatoren" zur Seite. Er stellt Dich Deiner Gastfamilie und Schule vor. Es finden weitere Einführungsseminare in Irland statt. Einige Coordinatoren sprechen deutsch. Berichterstattung an die Eltern.

Stipendien und Sonstiges:
Wir bieten Teil-Stipendien für High School Irland.
* Preise enthalten je nach Programm weitere Leistungen wie 3 Tage Arrival Camp, Schuluniform, Bücher, Schulbus. Direkte Schulwahl und Privatschulen möglich. Auch im Angebot: Sprachreisen, Summerschools, Au-Pair, Fachpraktikum in Irland.

Kurz und bündig

Gründungsjahr	2005	Schülerzahl im Irland-Programm 2017/18	24
IE-Programm seit	2005	Gesamtschülerzahl im High School Programm 2017/18	67
Gemeinnützigkeit	nein	Partner in Irland	HSI, WWQ Ireland, Schulen direkt

AFS Interkulturelle Begegnungen e.V.	
Friedensallee 48	Telefon: 040 / 399 222-0
22765 Hamburg	Telefax: 040 / 399 222-99
info@afs.de	www.afs.de

Preis und Leistung			
Länderwahlprogramm	3 Monate	Halbjahr	Schuljahr
Grundpreis	€ 3.790	€ 7.590	€ 8.090
Flug D – Italien – D	ja	ja	ja
Flugbegleitung auf Hinreise	nein	nein	nein
Vorbereitungstreffen	teilweise	teilweise	teilweise
Vorbereitungsseminar	ja	ja	ja
Einführungsseminar in Italien	ja	ja	ja
Elterntreffen	teilweise	teilweise	teilweise
Nachbereitungstreffen	ja	ja	ja
Nachbereitungsseminar	ja	ja	ja
Gesamtpreis (circa)	**€ 3.790**	**€ 7.590**	**€ 8.090**
Bewerbungsschluss	31.01.	15.05.	15.10.
Spätbewerbung	möglich	möglich	möglich

Bewerbungsverlauf und Kriterien für die Annahme des Bewerbers

Alle Bewerberinnen und Bewerber werden zu einem Einführungsseminar eingeladen. Für die Aufnahme ins Programm ist die persönliche Eignung, d. h. Eigenschaften wie Offenheit, Toleranz, Selbstständigkeit, Anpassungsbereitschaft und Kommunikationsfähigkeit ausschlaggebend. Nach Bewerbungsschluss ist eine Bewerbung auf freie Länderplätze möglich.

Vorbereitung auf den Italien-Aufenthalt in Deutschland

AFS legt großen Wert auf die Vorbereitung der Teilnehmerinnen und Teilnehmer. Es finden je nach Abreisetermin bis zu drei Wochenendseminare statt. Im persönlichen Gespräch mit AFS-Ehrenamtlichen und der ganzen Familie wird individuell auf alle Fragen eingegangen.

Betreuung während des Auslandsaufenthalts und Nachbereitung

Das weltweite AFS-Netzwerk haupt- und ehrenamtlicher Mitarbeiterinnen und Mitarbeiter ermöglicht die persönliche Betreuung der Jugendlichen vor, während und nach der Austauschzeit. AFS im Gastland organisiert ein Orientierungsseminar zu Beginn des Programms sowie Auswertungsseminare im weiteren Verlauf. Im 3-Monats-Programm gibt es ein Orientierungsseminar zu Anfang sowie ein Abschlusscamp in Brüssel. Eine persönliche Ansprechperson vor Ort und die AFS-Büros sind für Notfälle jederzeit erreichbar. AFS bietet je nach Aufenthaltsdauer ein bis zwei Nachbereitungsseminare an.

Stipendien und Sonstiges

Jedes Jahr vergibt AFS an über 35 % der Teilnehmerinnen und Teilnehmer Stipendien. Um ein Stipendium bewerben kann sich, wer ein halbes oder ganzes Schuljahr in Italien verbringt. Infos unter: www.afs.de/stipendien.

Kurz und bündig				
Gründungsjahr	1948	Schülerzahl im Italien-Programm 2017/18		13
IT-Programm seit	1977	Gesamtschülerzahl im High School Programm 2017/18		804
Gemeinnützigkeit	ja	Partner in Italien	AFS	

Ayusa-Intrax GmbH	
Giesebrechtstr. 10	Telefon: 030 / 84 39 39 93
10629 Berlin	Telefax: 030 / 84 39 39 39
highschool@intrax.de	www.intrax.de

Preis und Leistung			
*Länderwahlprogramm**	3 Monate	Halbjahr	Schuljahr
Grundpreis	€ 5.490	€ 5.990	€ 6.990
Flug D – Italien – D	€ 400/p	€ 400/p	€ 400/p
Flugbegleitung auf Hinreise	nein	nein	nein
Vorbereitungstreffen	nein	nein	nein
Vorbereitungsseminar	ja	ja	ja
Einführungsseminar in Italien	nein	nein	nein
Elterntreffen	nein	nein	nein
Nachbereitungstreffen	nein	nein	nein
Nachbereitungsseminar	ja	ja	ja
Gesamtpreis (circa)	**€ 5.890**	**€ 6.390**	**€ 7.390**
Bewerbungsschluss	15.03.	30.09.	15.03.
Spätbewerbung	möglich	möglich	möglich

Bewerbungsverlauf und Kriterien für die Annahme des Bewerbers
Neben dem schriftlichen Bewerbungsverlauf gibt es ein persönliches Einzelgespräch in der Nähe des Wohnortes, gern auch mit den Eltern. Kriterien sind: große Motivation, starkes Interesse an Italien, Anpassungsbereitschaft und Flexibilität, gute Englischkenntnisse und Grundkenntnisse in Italienisch bei Ausreise. Für Italien können sich 14- bis 18-Jährige bewerben.

Vorbereitung auf den Italien-Aufenthalt in Deutschland
Es finden Informationsveranstaltungen und Vorbereitungsseminare für Schüler und Eltern in mehreren Städten in Deutschland statt. Wenn möglich kommen ehemalige Ayusa Schüler zu diesen Treffen. Für die Eltern gibt es ein halbtägiges Vorbereitungstreffen. Zusätzlich erhalten alle Teilnehmer Handbücher, die erste Einblicke und praktische Hinweise geben.

Betreuung während des Auslandsaufenthalts und Nachbereitung
Der Teilnehmer wird von Mitarbeitern der Partnerorganisation betreut. Ayusa-Intrax steht während der gesamten Programmdauer mit den Eltern in Kontakt. Für die Rückkehrer bietet Ayusa-Intrax ein zweitägiges Nachbereitungsseminar (Returnee-Treffen) in Berlin an.

Stipendien und Sonstiges
Für einen Schulaufenthalt in Italien werden Teilstipendien bis maximal € 3.000 vergeben. Aufenthalte sind auch für 3 Monate möglich: € 5.490
Preisangaben für Halb- und Schuljahr beinhalten einen Frühbucherrabatt, Details dazu auf unserer Webseite: www.intrax.de
* Die Gastfamilien leben ausschließlich im Norden von Italien. Das Programm ist auch für Abiturienten geeignet.

Kurz und bündig			
Gründungsjahr	1991	Schülerzahl im Italien-Programm 2017/18	4
IT-Programm seit	2011	Gesamtschülerzahl im High School Programm 2017/18	372
Gemeinnützigkeit	nein	Partner in Italien	AICEE

Deutsches Youth For Understanding Komitee e.V. (YFU)	
Oberaltenallee 6	Telefon: 040 / 22 70 02-0
22081 Hamburg	Telefax: 040 / 22 70 02-27
info@yfu.de	www.yfu.de

Preis und Leistung			
Länderwahlprogramm	3 Monate	Halbjahr	Schuljahr
Grundpreis		€ 7.400	€ 7.900
Flug D – Italien – D		ja	ja
Flugbegleitung auf Hinreise		ja	ja
Vorbereitungstreffen		ja	ja
Vorbereitungsseminar		ja	ja
Einführungsseminar in Italien		ja	ja
Elterntreffen		ja	ja
Nachbereitungstreffen		ja	ja
Nachbereitungsseminar		ja	ja
Gesamtpreis		**€ 7.400**	**€ 7.900**
Bewerbungsschluss		variabel	variabel
Spätbewerbung		nein	nein

Bewerbungsverlauf und Kriterien für die Annahme des Bewerbers

Bei YFU können sich Schülerinnen und Schüler aller Schularten bewerben. Sie sollten aufgeschlossen, anpassungsfähig und verantwortungsbewusst sein und mindestens durchschnittliche Schulleistungen vorweisen. Nach Durchsicht der schriftlichen Bewerbungsunterlagen führt YFU regional Auswahlgespräche in Form von Gruppen- und Einzelinterviews durch.

Vorbereitung auf den Italien-Aufenthalt in Deutschland

Alle YFU-Austauschschüler nehmen vor Abreise an einem einwöchigen Seminar teil, auf dem sie intensiv auf das Leben in einer fremden Kultur vorbereitet werden und praktische Tipps für den Alltag in Italien erhalten. Auch für Eltern werden eigene Vorbereitungstreffen angeboten. YFU stellt außerdem umfangreiche schriftliche Unterlagen zur Verfügung.

Betreuung während des Auslandsaufenthalts und Nachbereitung

Jeder Austauschschüler hat im Ausland vor Ort einen persönlichen Betreuer. Darüber hinaus stehen die hauptamtlichen YFU-Mitarbeiter in Deutschland und Italien zur Verfügung – im Notfall rund um die Uhr. Während des Austausches finden außerdem begleitende Seminare statt. Nach der Rückkehr gibt es ein zwei- bis dreitägiges Nachbereitungsseminar.

Stipendien und Sonstiges

YFU vergibt jährlich rund 300 Stipendien im Gesamtwert von etwa einer halben Million Euro. Die Vergabe und Höhe der Stipendien richtet sich nach der finanziellen Situation der Familie, nicht nach Schulnoten. Weitere Informationen gibt es unter www.yfu.de/stipendien.

Kurz und bündig			
Gründungsjahr	1957	Schülerzahl im Italien-Programm 2017/18	20
IT-Programm seit	2013	Gesamtschülerzahl im High School Programm 2017/18	902
Gemeinnützigkeit	ja	Partner in Italien	YFU Italien

DFSR – Dr. Frank Sprachen & Reisen GmbH
Industriestr. 35 | Telefon: 0621 / 820 565 0
68169 Mannheim | Telefax: 0621/ 820 565 80
info@dfsr.de | www.dfsr.de

Preis und Leistung			
Länderwahlprogramm	3 Monate	Halbjahr	Schuljahr
Grundpreis	€ 4.990	€ 5.990	€ 6.990
Flug D – Italien – D	ja	ja	ja
Flugbegleitung auf Hinreise	nein	nein	nein
Vorbereitungstreffen	nein	nein	nein
Vorbereitungsseminar	ja	ja	ja
Einführungsseminar in Italien	€ 490 /opt.	€ 490 /opt.	€ 490 /opt.
Elterntreffen	nein	nein	nein
Nachbereitungstreffen	nein	nein	nein
Nachbereitungsseminar	ja	ja	ja
Gesamtpreis (circa)	**€ 4.990**	**€ 5.990**	**€ 6.990**
Bewerbungsschluss	30.04.	15.10.	30.04.
Spätbewerbung	möglich	möglich	möglich

Bewerbungsverlauf und Kriterien für die Annahme des Bewerbers
Für alle Teilnehmer gilt: Es kommt nicht nur auf die Schulnoten an, wichtig sind auch ihre Motivation und ihr Interesse an dem Gastland und dem Kulturaustausch. Der Austauschschüler sollte Flexibilität, Verständnis, Toleranz und Selbstständigkeit mitbringen. Bewerben können sich Schüler/innen, die über mindestens zufriedenstellende Englischkenntnisse verfügen. Italienischkenntnisse von Vorteil, aber kein Muss. Teilnahmealter: 14-18 Jahre.
Bewerbungsverlauf: Ausfüllen des Bewerbungsformulars, persönliches Bewerbungsgespräch gemeinsam mit den Eltern, nach erfolgreichem Gespräch Aufnahme ins Programm.

Vorbereitung auf den Italien-Aufenthalt in Deutschland
Intensives Vorbereitungsseminar in Mannheim.

Betreuung während des Auslandsaufenthalts und Nachbereitung
Unsere Partnerorganisation vor Ort stellt für die Schüler einen Betreuer vor Ort und auch DFSR ist für seine Partner über eine 24h-Notrufnummer immer erreichbar. Nach Rückkehr der Schüler nach Deutschland erhalten sie die Möglichkeit, auf der Welcome-Back Party von ihren Erfahrungen zu berichten.

Stipendien und Sonstiges
Auch Kurzaufenthalt von 4 bis 12 Wochen möglich.
3 Tage Soft Landing Camp in Mailand zusätzlich buchbar, bei Programmbeginn ab 5 Monaten und Abreise im Sommer.

Kurz und bündig			
Gründungsjahr	1978	Schülerzahl im Italien-Programm 2017/18	2
IT-Programm seit	2014	Gesamtschülerzahl im High School Programm 2017/18	379
Gemeinnützigkeit	nein	Partner in Italien	Astudy

Experiment e.V.
Gluckstraße 1
53115 Bonn
info@experiment-ev.de
Telefon: 0228 / 95722 0
Telefax: 0228 / 35 82 82
www.experiment-ev.de

Preis und Leistung			
Länderwahlprogramm	3 Monate	Halbjahr	Schuljahr
Grundpreis	€ 4.990	€ 6.300	€ 7.990
Flug D – Italien – D	€ 400/p	€ 400/p	€ 400/p
Flugbegleitung auf Hinreise	nein	nein	nein
Vorbereitungstreffen	nein	nein	nein
Vorbereitungsseminar	ja	ja	ja
Einführungsseminar in Italien	nein	nein	nein
Elterntreffen	nein	nein	nein
Nachbereitungstreffen	nein	nein	nein
Nachbereitungsseminar	ja	ja	ja
Gesamtpreis (circa)	**€ 5.390**	**€ 6.700**	**€ 8.390**
Bewerbungsschluss	01.02. / 01.08.	01.02. / 01.08.	01.02.
Spätbewerbung	möglich	möglich	möglich

Bewerbungsverlauf und Kriterien für die Annahme des Bewerbers
Alter: 15-18 Jahre. Voraussetzungen: Besuch einer weiterführenden Schule bis zur Ausreise, ernsthaftes Interesse am interkulturellen Austausch, Aufgeschlossenheit, Offenheit, Toleranz und Anpassungsvermögen. Grundkenntnisse in der Landessprache bis zur Ausreise werden erwartet. Bewerbung online über unsere Homepage: www.experiment-ev.de/bewerbung.

Vorbereitung auf den Italien-Aufenthalt in Deutschland
Alle Teilnehmenden werden zu einem überregionalen, 4-tägigen Vorbereitungsseminar eingeladen, auf dem sie von Ehrenamtlichen umfassend auf ihren Auslandsaufenthalt vorbereitet werden. Diese intensive Vorbereitung findet bereits mehrere Wochen vor der Ausreise statt, ist verpflichtend für alle Teilnehmenden und daher bereits im Preis enthalten. Zudem gibt es eine Informationsveranstaltung für Eltern.

Betreuung während des Auslandsaufenthalts und Nachbereitung
Ein persönlicher Betreuer unserer Partnerorganisation hat die Gastfamilie vor der Ankunft des Austauschschülers besucht und ist während des Aufenthaltes Ansprechpartner für Schüler/in und Gastfamilie. Für Eltern und Teilnehmende gibt es zusätzlich in Deutschland einen telefonischen Bereitschaftsdienst von Experiment e.V., der rund um die Uhr erreichbar ist.

Stipendien und Sonstiges
Experiment e.V. stellt für den „Schüleraustausch weltweit" einen eigenfinanzierten Stipendienfonds in Höhe von € 85.000 (2019-20) zur Verfügung, darunter Teilstipendien in Höhe von bis zu € 2.000.
Aktuelle Stipendien unter: www.experiment-ev.de/stipendien

Kurz und bündig			
Gründungsjahr	1932	Schülerzahl im Italien-Programm 2017/18	2
IT-Programm seit	2005	Gesamtschülerzahl im High School Programm 2017/18	500
Gemeinnützigkeit	ja	Partner in Italien	Experiment Italia

Global Youth Group e.V.	
Eststr. 6	Telefon: 0201 / 6124529
45149 Essen	Telefax: 0201 / 47619824
info@global-youth-group.de	www.global-youth-group.de

Preis und Leistung			
Länderwahlprogramm	3 Monate	Halbjahr	Schuljahr
Grundpreis	€ 4.300	€ 5.200	€ 5.700
Flug D – Italien – D	€ 400/p	€ 400/p	€ 400/p
Flugbegleitung auf Hinreise	optional	optional	optional
Vorbereitungstreffen	optional	optional	optional
Vorbereitungsseminar	ja	ja	ja
Einführungsseminar in Italien	optional	optional	optional
Elterntreffen	ja	ja	ja
Nachbereitungstreffen	optional	optional	optional
Nachbereitungsseminar	ja	ja	ja
Gesamtpreis	**€ 4.700**	**€ 5.600**	**€ 6.100**
Bewerbungsschluss	30.09. / 31.03.	30.09. / 31.03.	30.09. / 31.03.
Spätbewerbung	auf Anfrage	auf Anfrage	auf Anfrage

Bewerbungsverlauf und Kriterien für die Annahme des Bewerbers

Bewirb dich online, per Fax, per E-Mail, per Telefon oder mit unserem Bewerbungsformular per Post. Nach Eingang deiner Bewerbung vereinbaren wir mit dir und deinen Eltern einen Termin für ein unverbindliches und kostenloses Bewerbungsinterview an deinem Wunschort oder per Skype.

Du solltest dich für die Kultur und Sprache in Italien interessieren. Vorkenntnisse sind von Vorteil, aber kein Muss. Die Teilnahme ist für jeden zwischen 14 und 18 Jahren möglich.

Vorbereitung auf den Italien-Aufenthalt in Deutschland

Damit du und auch deine Eltern gut vorbereitet seid, organisieren wir deutschlandweit mehrere Vorbereitungsveranstaltungen. Dort bereiten wir dich intensiv auf deinen Aufenthalt vor. Optional findet zusätzlich in Mailand ein mehrtägiges Orientierungscamp statt.

Betreuung während des Auslandsaufenthalts und Nachbereitung

Die Betreuung vor Ort erfolgt in erster Linie durch deinen Betreuer vor Ort, der immer in deinem Umkreis wohnt. Er ist immer für deine Fragen und Wünsche da.

Daneben hast du deinen Ansprechpartner in Deutschland, sowie jeweils eine 24-Stunden-Notrufnummer in Deutschland und Italien.

Nach deiner Rückkehr findet eine Nachbereitungsveranstaltung statt.

Stipendien und Sonstiges

Optional: Soft Landing Camp in Mailand, Städtegarantie (u.a. Rom, Mailand, Florenz, Neapel, Venedig)

Teilstipendium: 4 x bis zu € 4.000, ggf. mehr Sonderaktionen findest du auf unserer Website; weitere Programmlängen: 2 Monate

Kurz und bündig				
Gründungsjahr	2009	Schülerzahl im Italien-Programm 2017/18		6
IT-Programm seit	2015	Gesamtschülerzahl im High School Programm 2017/18		233
Gemeinnützigkeit	ja	Partner in Italien	ASTUDY, LSC	

iE – international Experience e.V.
Amselweg 20
53797 Lohmar
info@international-experience.net
Telefon: 02246 / 915 49 0
Telefax: 02246 / 915 49 12
www.international-experience.net

Preis und Leistung

Länderwahlprogramm	3 Monate	Halbjahr	Schuljahr
Grundpreis	€ 4.295	€ 5.195	€ 5.495
Flug D – Italien – D	€ 400/p	€ 400/p	€ 400/p
Flugbegleitung auf Hinreise	nein	nein	nein
Vorbereitungstreffen	nein	nein	nein
Vorbereitungsseminar	ja	ja	ja
Einführungsseminar in Italien	ja	ja	ja
Elterntreffen	nein	nein	nein
Nachbereitungstreffen	ja	ja	ja
Nachbereitungsseminar	nein	nein	nein
Gesamtpreis	**€ 4.695**	**€ 5.595**	**€ 5.895**
Bewerbungsschluss	flexibel	flexibel	flexibel
Spätbewerbung	möglich	möglich	möglich

Bewerbungsverlauf und Kriterien für die Annahme des Bewerbers

Auswahl der Bewerber nach einem ausführlichen Einzelgespräch im persönlichen Umfeld des Schülers und im Beisein der Eltern. Nach Annahme ist vom Schüler ein ausführliches Profil mit ärztlichem Gutachten und Lehrerempfehlung einzureichen. Kriterien für die Aufnahme in unser Programm sind neben den Schulnoten besonders persönliche Eigenschaften wie Motivation, Flexibilität und Anpassungsfähigkeit.

Wir suchen "great kids" mit positiver Einstellung, die ihrer Gastfamilie und Schule etwas zu bieten haben, die freundlich, aufgeschlossen, aktiv in Schule und Freizeit sind, die neugierig auf das Leben und optimistisch auf die vor ihnen liegenden Herausforderungen blicken.

Vorbereitung auf den Italien-Aufenthalt in Deutschland

Alle Teilnehmer werden bestens auf den Schritt ins Ausland durch persönliche Ansprechpartner vorbereitet. Begleitung während des gesamten Prozesses, iE-eigenes, mehrtägiges Vorbereitungsseminar mit Returnees in Deutschland sowie ein verpflichtendes Vorbereitungsseminar in Rom. Leitfäden, Handbücher und Informationsmaterial zu allen wichtigen Themen wie z.B. „Leben im Ausland", Versicherungen, etc.

Betreuung während des Auslandsaufenthalts und Nachbereitung

Die Betreuung im Ausland erfolgt durch erfahrene lokale Betreuer von iE oder seiner Partner und über einen persönlichen 24-Stunden Not-Dienst.

Stipendien und Sonstiges

Jedes Jahr vergibt iE e.V. eigene Teilstipendien an weltoffene und kreative Schüler. Außerdem werden angeboten: Geschwisterrabatt, Frühbucherrabatt, Finder's Fee, Returneeclub. Aktueller Testsieger: 1. Platz aller gemeinnützigen Organisationen im Bereich Leistungen & Premium vom Deutsches Institut für Service-Qualität

Kurz und bündig

Gründungsjahr	2000	Schülerzahl im Italien-Programm 2017/18	1
IT-Programm seit	2013	Gesamtschülerzahl im High School Programm 2017/18	362
Gemeinnützigkeit	ja	Partner in Italien	WEP Italien

Open Door International e.V. (ODI)
Thürmchenswall 69
50668 Köln
info@opendoorinternational.de
Telefon: 0221 / 6060855 0
Telefax: 0221 / 6060855 19
www.opendoorinternational.de

Preis und Leistung			
Länderwahlprogramm	3 Monate	Halbjahr	Schuljahr
Grundpreis	€ 5.490	€ 6.490	€ 7.490
Flug D – Italien – D	€ 400/p	€ 400/p	€ 400/p
Flugbegleitung auf Hinreise	nein	nein	nein
Vorbereitungstreffen	nein	nein	nein
Vorbereitungsseminar	ja	ja	ja
Einführungsseminar in Italien	ja	ja	ja
Elterntreffen	ja	ja	ja
Nachbereitungstreffen	nein	nein	nein
Nachbereitungsseminar	ja	ja	ja
Gesamtpreis	**€ 5.890**	**€ 6.890**	**€ 7.890**
Bewerbungsschluss	15.04./15.10.	15.04./15.10.	15.04./15.10.
Spätbewerbung	möglich	möglich	möglich

Bewerbungsverlauf und Kriterien für die Annahme des Bewerbers
Einer unverbindlichen Online-Anmeldung folgen eine Bestätigung mit den ersten Unterlagen und das persönliche Kennenlerngespräch, das beim Bewerber zuhause stattfindet. Auswahlkriterien sind die persönliche Eignung, Reife und Motivation, Offenheit, Toleranz, Flexibilität, Selbstständigkeit, Anpassungsbereitschaft, psychische Stabilität, aber auch die schulischen Leistungen, die nicht schlechter als 3,0 sein sollten. Das Programm ist für Schüler aller Schulformen im Alter von 14,5 bis 18 Jahren geeignet.

Vorbereitung auf den Italien-Aufenthalt in Deutschland
Das 4-tägige Vorbereitungsseminar mit hauptamtlichen Programmbetreuern und Returnees, ist obligatorisch. Mit Workshops und ausführlichem Infomaterial werden die Teilnehmer intensiv auf ihr Zielland, den Aufenthalt und mögliche Probleme vorbereitet. Im Rahmen eines Workshops für die Eltern werden die wichtigsten Fragen aus Elternsicht thematisiert. Die Eltern erhalten vorab ein Handbuch zu Themen wie Visum, Versicherung, Finanzen, etc.

Betreuung während des Auslandsaufenthalts und Nachbereitung
24-Stunden-Notfallnummer; Betreuung durch Partnerorganisation vor Ort; Ansprechperson für Teilnehmer und Eltern im ODI-Büro; Elterntreffen; 3-tägiges Nachbereitungsseminar für Returnees; Möglichkeit zu ehrenamtlicher Mitarbeit im Jugendaustausch.

Stipendien und Sonstiges
ODI vergibt ein Teilstipendium für die USA sowie vier Teilstipendien für alle ODI-Länder.
Einführungsseminar vor Ort und 20 Std. Italienisch-Sprachkurs inkl.

Kurz und bündig			
Gründungsjahr	1983	Schülerzahl im Italien-Programm 2017/18	2
IT-Programm seit	2017	Gesamtschülerzahl im High School Programm 2017/18	104
Gemeinnützigkeit	ja	Partner in Italien	AFSAI

AFS Interkulturelle Begegnungen e.V.	
Friedensallee 48	Telefon: 040 / 399 222-0
22765 Hamburg	Telefax: 040 / 399 222-99
info@afs.de	www.afs.de

Preis und Leistung			
Länderwahlprogramm	1. Halbjahr	2. Halbjahr	Schuljahr
Grundpreis			€ 10.490
Flug D – Japan – D			ja
Flugbegleitung auf Hinreise			nein
Vorbereitungstreffen			teilweise
Vorbereitungsseminar			ja
Einführungsseminar in Japan			ja
Elterntreffen			teilweise
Nachbereitungstreffen			ja
Nachbereitungsseminar			ja
Kranken-/Unfallversicherung			ja
Haftpflicht-/Gepäckversicherung			nein
Gesamtpreis (circa)			**€ 10.490**
Bewerbungsschluss			15.05. / 15.10.
Spätbewerbung			möglich

Bewerbungsverlauf und Kriterien für die Annahme des Bewerbers
Alle Bewerberinnen und Bewerber werden zu einem Einführungsseminar eingeladen. Für die Aufnahme ins Programm ist die persönliche Eignung, d. h. Eigenschaften wie Offenheit, Toleranz, Selbstständigkeit, Anpassungsbereitschaft und Kommunikationsfähigkeit ausschlaggebend. Nach Bewerbungsschluss ist eine Bewerbung auf noch freie Länderplätze möglich.

Vorbereitung auf den Japan-Aufenthalt in Deutschland
AFS legt großen Wert auf die Vorbereitung der Teilnehmerinnen und Teilnehmer. Es finden je nach Abreisetermin bis zu drei Wochenendseminare statt. Im persönlichen Gespräch mit AFS-Ehrenamtlichen und der ganzen Familie wird individuell auf alle Fragen eingegangen.

Betreuung während des Auslandsaufenthalts und Nachbereitung
Das weltweite AFS-Netzwerk ermöglicht mit haupt- und ehrenamtlichen Mitarbeiterinnen und Mitarbeiter die persönliche Betreuung der Jugendlichen vor, während und nach dem Austauschjahr. AFS im Gastland organisiert ein Orientierungsseminar zu Beginn des Programms sowie Auswertungsseminare im weiteren Verlauf. Eine persönliche Ansprechperson vor Ort und hauptamtliche Mitarbeiterinnen und Mitarbeiter in allen AFS-Büros sind für Notfälle jederzeit erreichbar. AFS hilft mit zwei Nachbereitungsseminaren beim Wiedereinleben.

Stipendien und Sonstiges
Niemand sollte aus finanziellen Gründen auf ein Austauscherlebnis verzichten müssen. Jedes Jahr vergibt AFS gemeinsam mit namhaften Stiftungen und Unternehmen an über 35 % der Teilnehmerinnen und Teilnehmer Stipendien. Infos unter: www.afs.de/stipendien.

Kurz und bündig			
Gründungsjahr	1948	Schülerzahl im Japan-Programm 2017/18	18
Japan-Programm seit	1981	Gesamtschülerzahl im High School Programm 2017/18	804
Gemeinnützigkeit	ja	Partner in Japan	AFS

Ayusa-Intrax GmbH
Giesebrechtstr. 10
10629 Berlin
highschool@intrax.de
Telefon: 030 / 84 39 39 93
Telefax: 030 / 84 39 39 39
www.intrax.de

Preis und Leistung			
Länderwahlprogramm	3 Monate	Halbjahr	Schuljahr
Grundpreis	€ 7.290	€ 8.490	€ 10.490
Flug D – Japan – D	ja	ja	ja
Flugbegleitung auf Hinreise	nein	nein	nein
Vorbereitungstreffen	nein	nein	nein
Vorbereitungsseminar	ja	ja	ja
Einführungsseminar in Japan	ja	ja	ja
Elterntreffen	nein	nein	nein
Nachbereitungstreffen	nein	nein	nein
Nachbereitungsseminar	ja	ja	ja
Kranken-/Unfallversicherung	ja	ja	ja
Haftpflicht-/Gepäckversicherung	ja	ja	ja
Gesamtpreis (circa)	**€ 7.290**	**€ 8.490**	**€ 10.490**
Bewerbungsschluss	30.10.	28.02.	28.02.
Spätbewerbung	Plätze	sind	limitiert

Bewerbungsverlauf und Kriterien für die Annahme des Bewerbers
Neben dem schriftl. Bewerbungsverlauf findet ein persönl. Einzelinterview in der Nähe des Wohnortes statt. Voraussetzungen sind hohe Anpassungsbereitschaft, viel Einfühlungsvermögen, Toleranz und großes Interesse an der japanischen Sprache, Geschichte und Kultur. Teilnehmer sollten zwischen 15 und 18 Jahre alt sein und über solide Grundkenntnisse der jap. Sprache verfügen. Notendurchschnitt und Englischnote von 3,0 sind Bedingung. Vegetarier können nicht aufgenommen werden. Ein Schulaufenthalt ist auch für Abiturienten möglich.

Vorbereitung auf den Japan-Aufenthalt in Deutschland
Es finden Informationsveranstaltungen und Vorbereitungsseminare für Schüler und Eltern in mehreren Städten in Deutschland statt. Wenn möglich kommen ehemalige Ayusa Schüler zu diesen Treffen. Ansonsten gibt es Möglichkeit zum Telefonkontakt mit ehemaligen Teilnehmern. Zusätzlich erhalten alle Teilnehmer Handbücher.

Betreuung während des Auslandsaufenthalts und Nachbereitung
Bei allen Programmen ab 3 Monaten findet in Tokio ein 2-tägiges Orientierungstreffen statt. Die Teilnehmer werden durch Intrax Japan vor Ort betreut. Ayusa-Intrax steht während der gesamten Programmdauer mit den Eltern in Deutschland in Kontakt.

Stipendien und Sonstiges
Für einen Schulaufenthalt in Japan werden Teilstipendien bis maximal € 3.000 vergeben.
Wir bieten auch 4-Wochen-Schnupperprogramme mit flexiblen Startdaten an: € 4.490.
Preisangaben für Halb- und Schuljahr beinhalten einen Frühbucherrabatt, Details dazu auf unserer Webseite: www.intrax.de

Kurz und bündig			
Gründungsjahr	1991	Schülerzahl im Japan-Programm 2017/18	25
Japan-Programm seit	1991	Gesamtschülerzahl im High School Programm 2017/18	372
Gemeinnützigkeit	nein	Partner in Japan	Intrax Japan

Deutsches Youth For Understanding Komitee e.V. (YFU)
Oberaltenallee 6 Telefon: 040 / 22 70 02-0
22081 Hamburg Telefax: 040 / 22 70 02-27
info@yfu.de www.yfu.de

Preis und Leistung

Länderwahlprogramm	1. Halbjahr	2. Halbjahr	Schuljahr
Grundpreis	€ 9.400		€ 9.900
Flug D – Japan – D	ja		ja
Flugbegleitung auf Hinreise	ja		ja
Vorbereitungstreffen	ja		ja
Vorbereitungsseminar	ja		ja
Einführungsseminar in Japan	ja		ja
Elterntreffen	ja		ja
Nachbereitungstreffen	ja		ja
Nachbereitungsseminar	ja		ja
Kranken-/Unfallversicherung	ja		ja
Haftpflicht-/Gepäckversicherung	ja		ja
Gesamtpreis	**€ 9.400**		**€ 9.900**
Bewerbungsschluss	variabel		variabel
Spätbewerbung	nein		nein

Bewerbungsverlauf und Kriterien für die Annahme des Bewerbers

Bei YFU können sich Schülerinnen und Schüler aller Schularten bewerben. Sie sollten aufgeschlossen, anpassungsfähig und verantwortungsbewusst sein und mindestens durchschnittliche Schulleistungen vorweisen. Nach Durchsicht der schriftlichen Bewerbungsunterlagen führt YFU regional Auswahlgespräche in Form von Gruppen- und Einzelinterviews durch.

Vorbereitung auf den Japan-Aufenthalt in Deutschland

Alle YFU-Austauschschüler nehmen vor Abreise an einem einwöchigen Seminar teil, auf dem sie intensiv auf das Leben in einer fremden Kultur vorbereitet werden und praktische Tipps für den Alltag in Japan erhalten. Auch für Eltern werden eigene Vorbereitungstreffen angeboten. YFU stellt außerdem umfangreiche schriftliche Unterlagen zur Verfügung.

Betreuung während des Auslandsaufenthalts und Nachbereitung

Jeder Austauschschüler hat im Ausland vor Ort einen persönlichen Betreuer. Darüber hinaus stehen die hauptamtlichen YFU-Mitarbeiter in Deutschland und Japan zur Verfügung – im Notfall rund um die Uhr. Während des Austausches finden außerdem begleitende Seminare statt. Nach der Rückkehr gibt es ein zwei- bis dreitägiges Nachbereitungsseminar.

Stipendien und Sonstiges

YFU vergibt jährlich rund 300 Stipendien im Gesamtwert von etwa einer halben Million Euro. Die Vergabe und Höhe der Stipendien richtet sich nach der finanziellen Situation der Familie, nicht nach Schulnoten. Weitere Informationen gibt es unter www.yfu.de/stipendien.

Kurz und bündig

Gründungsjahr	1957	Schülerzahl im Japan-Programm 2017/18	32
Japan-Programm seit	1982	Gesamtschülerzahl im High School Programm 2017/18	902
Gemeinnützigkeit	ja	Partner in Japan	YFU Japan

DFSR – Dr. Frank Sprachen & Reisen GmbH	
Industriestr. 35	Telefon: 0621 / 820 565 0
68169 Mannheim	Telefax: 0621 / 820 565 80
info@dfsr.de	www.dfsr.de

Preis und Leistung			
Länderwahlprogramm	3 Monate	Halbjahr	Schuljahr
Grundpreis		€ 9.990	€ 10.990
Flug D – Japan – D		ja	ja
Flugbegleitung auf Hinreise		nein	nein
Vorbereitungstreffen		nein	nein
Vorbereitungsseminar		ja	ja
Einführungsseminar in Japan		ja	ja
Elterntreffen		nein	nein
Nachbereitungstreffen		nein	nein
Nachbereitungsseminar		ja	ja
Kranken-/Unfallversicherung*		€ 345	€ 690
Haftpflicht-/Gepäckversicherung		nein	nein
Gesamtpreis (circa)		**€ 10.335**	**€ 11.680**
Bewerbungsschluss		15.04./31.12	31.12./15.04.
Spätbewerbung		möglich	möglich

Bewerbungsverlauf und Kriterien für die Annahme des Bewerbers
Für alle Teilnehmer gilt: Es kommt nicht nur auf die Schulnoten an. Wichtig sind auch ihre Motivation und ihr Interesse an dem Gastland und dem Kulturaustausch. Der zukünftige Austauschschüler sollte Flexibilität, Verständnis, Toleranz und Selbstständigkeit mitbringen. Bewerben können sich Schüler/innen, die mindestens über zufriedenstellende Englischkenntnisse und mindestens 1 Jahr Japanisch gelernt haben. Teilnahmealter: 15-18 Jahre.
Bewerbungsverlauf: Ausfüllen des Bewerbungsformulars, persönliches Bewerbungsgespräch gemeinsam mit den Eltern, nach erfolgreichem Gespräch Aufnahme ins Programm.

Vorbereitung auf den Japan-Aufenthalt in Deutschland
Intensives Vorbereitungsseminar in Mannheim

Betreuung während des Auslandsaufenthalts und Nachbereitung
Unsere Partnerorganisation vor Ort stellt für die Schüler einen Betreuer vor Ort und auch DFSR ist für seine Partner über eine 24h-Notrufnummer immer erreichbar. Nach Rückkehr der Schüler nach Deutschland erhalten sie die Möglichkeit, auf dem Welcome Back Seminar von ihren Erfahrungen zu berichten.

Stipendien und Sonstiges
4 Tage Soft Landing Camp in Tokio inklusive (nicht für Okinawa), bei Programmbeginn im August oder März. Außerdem bieten wir die Region Okinawa an.
* Es wird empfohlen, das optionale Versicherungspaket inklusive Krankenversicherung abzuschließen.

Kurz und bündig			
Gründungsjahr	1978	Schülerzahl im Japan-Programm 2017/18	7
Japan-Programm seit	1998	Gesamtschülerzahl im High School Programm 2017/18	379
Gemeinnützigkeit	nein	Partner in Japan	WYS, OPSAC , KNT

Experiment e.V.
Gluckstraße 1
53115 Bonn
info@experiment-ev.de
Telefon: 0228 / 95722 0
Telefax: 0228 / 35 82 82
www.experiment-ev.de

Preis und Leistung			
Länderwahlprogramm	3 Monate	Halbjahr	Schuljahr
Grundpreis		€ 10.050	€ 10.670
Flug D – Japan – D		ja	ja
Flugbegleitung auf Hinreise		nein	nein
Vorbereitungstreffen		nein	nein
Vorbereitungsseminar		ja	ja
Einführungsseminar in Japan		ja	ja
Elterntreffen		nein	nein
Nachbereitungstreffen		nein	nein
Nachbereitungsseminar		ja	ja
Kranken-/Unfallversicherung		ja	ja
Haftpflicht-/Gepäckversicherung		ja/nein	ja/nein
Gesamtpreis (circa)		**€ 10.050**	**€ 10.670**
Bewerbungsschluss		01.02.	01.02. / 01.08.
Spätbewerbung		möglich	möglich

Bewerbungsverlauf und Kriterien für die Annahme des Bewerbers

Alter: 15-18 Jahre. Voraussetzungen: Besuch einer weiterführenden Schule bis zur Ausreise, ernsthaftes Interesse am interkulturellen Austausch, Aufgeschlossenheit, Offenheit, Toleranz und Anpassungsvermögen. Bewerber/innen sollten bereits ein Jahr Japanisch gelernt haben und müssen die Alphabete Hiragana und Katakana beherrschen. Bewerbung online über unsere Homepage: www.experiment-ev.de/bewerbung.

Vorbereitung auf den Japan-Aufenthalt in Deutschland

Alle Teilnehmenden werden zu einem überregionalen, 4-tägigen Vorbereitungsseminar eingeladen, auf dem sie von Ehrenamtlichen umfassend auf ihren Auslandsaufenthalt vorbereitet werden. Diese intensive Vorbereitung findet bereits mehrere Wochen vor der Ausreise statt, ist verpflichtend für alle Teilnehmenden und daher bereits im Preis enthalten.

Betreuung während des Auslandsaufenthalts und Nachbereitung

Ein persönlicher Betreuer unserer Partnerorganisation hat die Gastfamilie vor der Ankunft des Austauschschülers besucht und ist während des Aufenthaltes Ansprechpartner für Schüler/in und Gastfamilie. Für Eltern und Teilnehmende gibt es zusätzlich in Deutschland einen telefonischen Bereitschaftsdienst von Experiment e.V., der rund um die Uhr erreichbar ist.

Stipendien und Sonstiges

2-wöchiges Einführungsseminar mit Sprachkurs in Tokio nach Ankunft inklusive.
Experiment e.V. stellt für den „Schüleraustausch weltweit" einen eigenfinanzierten Stipendienfonds in Höhe von € 85.000 (2019-20) zur Verfügung, darunter Teilstipendien in Höhe von bis zu € 2.000. Aktuelle Stipendien unter: www.experiment-ev.de/stipendien

Kurz und bündig			
Gründungsjahr	1932	Schülerzahl im Japan-Programm 2017/18	9
Japan-Programm seit	2014	Gesamtschülerzahl im High School Programm 2017/18	500
Gemeinnützigkeit	ja	Partner in Japan	langjährige Partnerorganisation

Global Youth Group e.V.
Eststr. 6
45149 Essen
info@global-youth-group.de
Telefon: 0201 / 6124529
Telefax: 0201 / 47619824
www.global-youth-group.de

Preis und Leistung			
Länderwahlprogramm	3 Monate	Schulhalbjahr	Schuljahr
Grundpreis	€ 7.950	€ 9.000	€ 9.650
Flug D – Japan – D	ja	ja	ja
Flugbegleitung auf Hinreise	ja	ja	ja
Vorbereitungstreffen	optional	optional	optional
Vorbereitungsseminar	ja	ja	ja
Einführungsseminar in Japan	teilweise	teilweise	teilweise
Elterntreffen	ja	ja	ja
Nachbereitungstreffen	optional	optional	optional
Nachbereitungsseminar	ja	ja	ja
Kranken-/Unfallversicherung	€ 180/opt.	€ 360/opt.	€ 720/opt.
Haftpflicht-/Gepäckversicherung	ja	ja	ja
Gesamtpreis (circa)	**€ 8.130**	**€ 9.360**	**€ 10.370**
Bewerbungsschluss	30.11.	31.08.	30.11. / 31.08.
Spätbewerbung	auf Anfrage	auf Anfrage	auf Anfrage

Bewerbungsverlauf und Kriterien für die Annahme des Bewerbers
Bewirb dich online, per Fax, per E-Mail, per Telefon oder mit unserem Bewerbungsformular per Post. Nach Eingang deiner Bewerbung vereinbaren wir mit dir und deinen Eltern einen Termin für ein unverbindliches und kostenloses Bewerbungsinterview an deinem Wunschort oder per Skype. Du solltest dich intensiv mit Japan auseinandergesetzt haben und vor Abreise mindestens 1 Jahr Japanisch gelernt haben. Die Teilnahme ist für alle zwischen 15 und 17 Jahren möglich. Du darfst keine Allergien oder chronische Krankheiten haben.

Vorbereitung auf den Japan-Aufenthalt in Deutschland
Damit du und auch deine Eltern gut vorbereitet seid, organisieren wir deutschlandweit mehrere Vorbereitungsveranstaltungen. Dort bereiten wir dich intensiv auf deinen Aufenthalt vor. Zusätzlich findet in Tokio ein mehrtägiges Orientierungscamp statt.

Betreuung während des Auslandsaufenthalts und Nachbereitung
Betreut wirst du durch deinen lokalen Betreuer, der immer in deinem Umkreis wohnt. Zusätzlich hast du eine 24-Stunden Notrufnummer. Während der gesamten Zeit stehen wir für dich und deine Eltern als Ansprechpartner zur Verfügung.
Nach deiner Rückkehr findet eine Nachbereitungsveranstaltung statt.

Stipendien und Sonstiges
Teilstipendium: 4 x bis zu € 4.000, ggf. mehr Sonderaktionen findest du auf unserer Website
Inklusiv: Einführungstage in Tokio – nur sehr begrenzte Anzahl an Plätzen verfügbar!

Kurz und bündig			
Gründungsjahr	2009	Schülerzahl im Japan-Programm 2017/18	5
Japan-Programm seit	2012	Gesamtschülerzahl im High School Programm 2017/18	233
Gemeinnützigkeit	ja	Partner in Japan	WYS

AFS Interkulturelle Begegnungen e.V.	
Friedensallee 48	Telefon: 040 / 399 222-0
22765 Hamburg	Telefax: 040 / 399 222-99
info@afs.de	www.afs.de

Preis und Leistung			
Länderwahlprogramm	3 Monate	Halbjahr	Schuljahr
Grundpreis		€ 13.990	€ 15.990
Flug D – Kanada – D		ja	ja
Flugbegleitung auf Hinreise		nein	nein
Vorbereitungstreffen		teilweise	teilweise
Vorbereitungsseminar		ja	ja
Einführungsseminar in Kanada		ja	ja
Elterntreffen		teilweise	teilweise
Nachbereitungstreffen		ja	ja
Nachbereitungsseminar		ja	ja
Kranken-/Unfallversicherung		ja	ja
Haftpflicht-/Gepäckversicherung		nein	nein
Gesamtpreis (circa)		**€ 13.990**	**€ 15.990**
Bewerbungsschluss		15.10.	15.10.
Spätbewerbung		möglich	möglich

Bewerbungsverlauf und Kriterien für die Annahme des Bewerbers

Alle Bewerberinnen und Bewerber werden zu einem Einführungsseminar eingeladen. Für die Aufnahme ins Programm ist die persönliche Eignung, d.h. Eigenschaften wie Offenheit, Toleranz, Selbstständigkeit, Anpassungsbereitschaft und Kommunikationsfähigkeit, ausschlaggebend. Nach Bewerbungsschluss ist eine Bewerbung auf noch freie Länderplätze möglich.

Vorbereitung auf den Kanada-Aufenthalt in Deutschland

AFS legt großen Wert auf die Vorbereitung der Teilnehmerinnen und Teilnehmer. Es finden drei Wochenendseminare statt. Im persönlichen Gespräch mit AFS-Ehrenamtlichen und der ganzen Familie wird individuell auf alle Fragen eingegangen.

Betreuung während des Auslandsaufenthalts und Nachbereitung

Das weltweite AFS-Netzwerk ermöglicht mit haupt- und ehrenamtlichen Mitarbeitern die persönliche Betreuung der Teilnehmerinnen und Teilnehmer vor, während und nach dem Auslandaufenthalt AFS im Gastland organisiert ein Orientierungsseminar zu Beginn des Programms sowie Auswertungsseminare im weiteren Verlauf. Eine persönliche Ansprechperson vor Ort und hauptamtliche Mitarbeiterinnen und Mitarbeiter in allen AFS-Büros sind für Notfälle jederzeit erreichbar. AFS hilft mit zwei Nachbereitungsseminaren beim Wiedereinleben.

Stipendien und Sonstiges

Sozial Engagierte können sich beim Arbeitskreis gemeinnütziger Jugendaustauschorganisationen (AJA) auf das AJA-Stipendium bewerben. Der Auslandaufenthalt ist im französischsprachigen Teil Kanadas möglich. Im Preis ist eine Schulgebühr von rund 5.000 € enthalten.

Kurz und bündig			
Gründungsjahr	1948	Schülerzahl im Kanada-Programm 2017/18	9
CAN-Programm seit	1980	Gesamtschülerzahl im High School Programm 2017/18	804
Gemeinnützigkeit	ja	Partner in Kanada	AFS

American Institute For Foreign Study (Deutschland) GmbH	
Friedensplatz 1	Telefon: 0228 / 957 30-0
53111 Bonn	Telefax: 0228 / 957 30-110
highschool@aifs.de	www.aifs.de

Preis und Leistung			
Regionenwahlprogramm	3 Monate	Halbjahr	Schuljahr
Grundpreis (ab) *engl./ franz. Teil*	€ 5.400/€ 6.900	€ 7.600/€ 9.900	€ 12.900/€ 15.800
Flug D – Kanada – D (ab)	€ 1.490	€ 1.490	€ 1.490
Flugbegleitung auf Hinreise	ja	ja	ja
Vorbereitungstreffen	nein	nein	nein
Vorbereitungsseminar	ja	ja	ja
Einführungsseminar in Kanada	ja	ja	ja
Elterntreffen	nein	nein	nein
Nachbereitungstreffen	nein	nein	nein
Nachbereitungsseminar	ja	ja	ja
Kranken-/Unfallversicherung	ja	ja	ja
Haftpflicht-/Gepäckversicherung	ja	ja	ja
Gesamtpreis (ab)	**€ 6.890/€ 8.390**	**€ 9.090/€ 11.390**	**€ 14.390/€ 17.290**
Bewerbungsschluss	flexibel	flexibel	flexibel
Spätbewerbung	ja	ja	ja

Bewerbungsverlauf und Kriterien für die Annahme des Bewerbers

Bewerbung: Die Bewerbung erfolgt unverbindlich durch das Ausfüllen eines Formulars auf www.aifs.de. Sind die formellen Voraussetzungen erfüllt, lädt AIFS den Bewerber zu einem ausführlichen Einzelgespräch (persönlich, per Skype oder telefonisch) mit einem unserer Kanada-Experten ein. Bei Eignung des Bewerbers unterbreitet AIFS anschließend ein Vertragsangebot. Dieses wird erst durch die Annahme des Bewerbers verbindlich.

Voraussetzungen: 14 bis 18 Jahre; Schülerstatus; mind. drei Jahre Englisch (ggf. zwei Jahre Französisch) als Unterrichtsfach; tolerant, anpassungsfähig, aufgeschlossen und motiviert

Vorbereitung auf den Kanada-Aufenthalt in Deutschland

Vorbereitung durch das AIFS Team in Bonn als Ansprechpartner, zweitägiges Seminar in Hannover und Bonn oder Umgebung, ausführliche Schüler-/Elternhandbücher sowie Inforundbriefe vor der Ausreise.

Betreuung während des Auslandsaufenthalts und Nachbereitung

Die Betreuung während des Aufenthaltes wird durch einen lokalen Betreuer, Partner vor Ort sowie AIFS in Bonn garantiert. Nachbereitung: im Rahmen einer große Homecoming Party; AIFS Bonusprogramm (Netzwerk ehemaliger Teilnehmer)

Stipendien und Sonstiges

1) Geschwisterrabatt in Höhe von jeweils € 200
2) Rabatt bei Anmeldung gemeinsam mit einem Freund in Höhe von jeweils € 100

Kurz und bündig				
Gründungsjahr (1964)	1983	Schülerzahl im Kanada-Programm 2017/18		82
CAN-Programm seit	2004	Gesamtschülerzahl im High School Programm 2017/18		473
Gemeinnützigkeit	nein	Partner in Kanada	Schuldistrikte	

Ayusa-Intrax GmbH	
Giesebrechtstr. 10	Telefon: 030 / 84 39 39 93
10629 Berlin	Telefax: 030 / 84 39 39 39
highschool@intrax.de	www.intrax.de

Preis und Leistung			
*Schulwahlprogramm**	3 Monate	Halbjahr	Schuljahr
Grundpreis (ab)	€ 7.490	€ 9.990	€ 16.490
Flug D – Kanada – D	ja	ja	ja
Flugbegleitung auf Hinreise	nein	nein	nein
Vorbereitungstreffen	nein	nein	nein
Vorbereitungsseminar	ja	ja	ja
Einführungsseminar in Kanada**	teilweise	teilweise	teilweise
Elterntreffen	nein	nein	nein
Nachbereitungstreffen	nein	nein	nein
Nachbereitungsseminar	ja	ja	ja
Kranken-/Unfallversicherung	ja	ja	ja
Haftpflicht-/Gepäckversicherung	ja	ja	ja
Gesamtpreis (ab circa)	**€ 7.490**	**€ 9.990**	**€ 16.490**
Bewerbungsschluss	15.10. / 30.04.	15.10. / 30.04.	15.10.
Spätbewerbung	möglich	möglich	möglich

Bewerbungsverlauf und Kriterien für die Annahme des Bewerbers

Neben dem schriftlichen Bewerbungsverlauf findet ein persönliches Einzelgespräch in der Nähe des Wohnortes statt, gern auch mit den Eltern. Für Kanada können sich 14- bis 18-Jährige bewerben. Ein Schuljahr in Kanada ist auch für Abiturienten möglich.

Vorbereitung auf den Kanada-Aufenthalt in Deutschland

Deutschlandweit finden Informationsveranstaltungen und Vorbereitungsseminare statt. Wenn möglich kommen ehemalige Ayusa Schüler zu diesen Treffen. Die Teilnehmer haben die Möglichkeit zum Telefonkontakt mit Ehemaligen. Alle Teilnehmer erhalten Handbücher.

Betreuung während des Auslandsaufenthalts und Nachbereitung

Betreuung durch einen lokalen Betreuer vor Ort. Für Eltern sind Ayusa-Intrax Mitarbeiter in Berlin Ansprechpartner während des gesamten Jahres. Anfang September findet ein Returnee Wochenende in Berlin statt.

Stipendien und Sonstiges

Für einen Schulaufenthalt in Kanada werden Teilstipendien bis maximal € 3.000 vergeben.
* Unsere Schulen liegen in British Columbia, New Brunswick, Ontario, Nova Scotia; Regionswahlprogramm Nova Scotia: 5 Monate: € 8.790, Schuljahr: € 14.790. Kurz-Programme von 8 Wochen sind in New Brunswick und Ontario möglich. In Ontario/ Ottawa auch französischsprachige Schulen im Angebot.
Preisangaben für Halb- und Schuljahr beinhalten einen Frühbucherrabatt, Details dazu auf unserer Webseite: www.intrax.de
** Für die Sommerausreise bieten wir opt. das New York Paket für € 690.

Kurz und bündig			
Gründungsjahr	1991	Schülerzahl im Kanada-Programm 2017/18	44
CAN-Programm seit	2004	Gesamtschülerzahl im High School Programm 2017/18	372
Gemeinnützigkeit	nein	Partner in Kanada	Schulbezirke

Breidenbach Educational Consulting GmbH	
Mozartstraße 20a	Telefon: 0711 219 560 0
70180 Stuttgart	Telefax: 0711 219 560 40
info@breidenbach-education.com	www.breidenbach-education.com

Preis und Leistung			
Schulwahlprogramm	3 Monate	Halbjahr	Schuljahr
Grundpreis		CA$ 8.925	CA$ 17.900
Flug D – Kanada – D		€ 1.400/p	€ 1.400/p
Flugbegleitung auf Hinreise		auf Anfrage	auf Anfrage
Vorbereitungstreffen		ja	ja
Vorbereitungsseminar		nein	nein
Einführungsseminar in Kanada		ja	ja
Elterntreffen		nein	nein
Nachbereitungstreffen		ja	ja
Nachbereitungsseminar		nein	nein
Kranken-/Unfallversicherung		CA$ 275	CA$ 550
Haftpflicht-/Gepäckversicherung		nein	nein
Gesamtpreis*		**€ 9.084**	**€ 15.731**
Bewerbungsschluss		flexibel	flexibel
Spätbewerbung		jederzeit möglich	jederzeit möglich

Bewerbungsverlauf und Kriterien für die Annahme des Bewerbers

Breidenbach Education bietet seit 15 Jahren ausschließlich Schulaufenthalte in Kanada an. Grundsätzlich dürfen sich alle Schüler im Alter von 13 bis 18 Jahren bewerben, unabhängig von Schulart und Leistungen. Jedoch erwarten wir ein hohes Maß an Motivation und persönlicher Reife sowie Ernsthaftigkeit, Verantwortungsbewusstsein, Offenheit und Toleranz.

1. Unverbindliches, persönliches Beratungsgespräch
2. Erarbeitung von individuellen Schulempfehlungen
3. Schriftliche Bewerbung
4. Verbindliche Zusage mit Schulplatz in der Regel innerhalb von 14 Tagen

Vorbereitung auf den Kanada-Aufenthalt in Deutschland

Persönliche Hilfestellung beim gesamten Bewerbungsprozess, inkl. Flugbuchungen (auch für die Eltern), Visa-Beantragung etc.

Schüler erhalten u.a. ein ausführliches Handbuch, Checklisten, Hilfevideos, Notfallkarte, kanadische SIM-Karte, Prepaid-Kreditkarte, moderierte WhatsApp-Gruppe. Intensive Vorbereitung (siehe auch www.kanadablog.de).

Betreuung während des Auslandsaufenthalts und Nachbereitung

1. Betreuung in Kanada durch Schule und Gastfamilienkoordinatoren
2. Betreuung durch eigene Mitarbeiter in Kanada, 24h-Hotline in Kanada und in Deutschland
3. Nachbereitungstreffen in Deutschland

Stipendien und Sonstiges

5 bis 10 Teilstipendien pro Jahr, € 1.000 bis € 5.000, * inkl. Vermittlungshonorar

Kurz und bündig			
Gründungsjahr	2003	Schülerzahl im Kanada-Programm 2017/18	85
CAN-Programm seit	2003	Gesamtschülerzahl im High School Programm 2017/18	85
Gemeinnützigkeit	nein	Partner in Kanada	wir arbeiten direkt mit den Schulen

Carl Duisberg Centren gemeinnützige GmbH	
Hansaring 49-51	Telefon: 0221 / 16 26 207
50670 Köln	Telefax: 0221 / 16 26 217
highschool@cdc.de	www.carl-duisberg-highschool.de

Preis und Leistung			
Schulwahlprogramm	3 Monate	Halbjahr	Schuljahr
Grundpreis (ab)	€ 8.170	€ 10.240	€ 16.410
Flug D – Kanada – D	ja	ja	ja
Flugbegleitung auf Hinreise	nein	nein	nein
Vorbereitungstreffen	nein	nein	nein
Vorbereitungsseminar	ja	ja	ja
Einführungsseminar in Kanada	teilweise	teilweise	teilweise
Elterntreffen	ja	ja	ja
Nachbereitungstreffen	ja	ja	ja
Nachbereitungsseminar	nein	nein	nein
Kranken-/Unfallversicherung	€ 180	€ 300	€ 600
Haftpflicht-/Gepäckversicherung	ja	ja	ja
Gesamtpreis (ab circa)*	**€ 8.350**	**€ 10.540**	**€ 17.010**
Bewerbungsschluss	15.05. / 15.10.	15.05. / 15.10.	15.05.
Spätbewerbung	auf Anfrage	auf Anfrage	auf Anfrage

Bewerbungsverlauf und Kriterien für die Annahme des Bewerbers
Zum Bewerbungsverfahren: 1.) Schriftliche Bewerbung (Formular) inkl. Zeugniskopie und Motivationsschreiben. 2.) Einladung von Schüler und Eltern zu einem persönlichen Auswahlgespräch 3.) Schulvorschläge 4.) Bei Eignung Aufnahme in das Programm und schriftliche Bestätigung des Platzes – *Zu den Aufnahmekriterien:* Aufgeschlossenheit für andere Länder und Kulturen; Anpassungsbereitschaft an Gegebenheiten des Gastlandes; Selbstständigkeit im Rahmen der landesüblichen Möglichkeiten; zufriedenstellende Kenntnisse der Landessprache; Notendurchschnitt 3,0 und besser.

Vorbereitung auf den Kanada-Aufenthalt in Deutschland
Das Auswahlgespräch und das Ausfüllen der Bewerbungsunterlagen sind bereits Teil der Vorbereitung. Wichtigster Teil unserer Vorbereitung sind unsere zweitägigen Seminare, bei denen wir alle wichtigen Aspekte in Diskussionen, Vorträgen und Rollenspielen behandeln. Man erhält ein landesspezifisches Handbuch.

Betreuung während des Auslandsaufenthalts und Nachbereitung
Die Betreuung erfolgt durch das Carl Duisberg High School Team in Deutschland und durch einen Betreuer der Partnerorganisation, -schule oder des -distrikts in Kanada. Wir führen Elterntreffen durch. Nach Rückkehr laden wir alle Schüler zum Nachbereitungstreffen ein.

Stipendien und Sonstiges
* Kooperation mit zahlreichen Schulbezirken. Auch Privatschulen sind möglich.

Kurz und bündig			
Gründungsjahr	1962	Schülerzahl im Kanada-Programm 2017/18	96
CAN-Programm seit	1998	Gesamtschülerzahl im High School Programm 2017/18	431
Gemeinnützigkeit	ja	Partner in Kanada	EDUTOUR, Schulbezirke, CISS

Deutsches Youth For Understanding Komitee e.V. (YFU)	
Oberaltenallee 6	Telefon: 040 / 22 70 02-0
22081 Hamburg	Telefax: 040 / 22 70 02-27
info@yfu.de	www.yfu.de

Preis und Leistung			
Länderwahlprogramm	3 Monate	Halbjahr	Schuljahr
Grundpreis		€ 11.600	€ 16.800
Flug D – Kanada – D		ja	ja
Flugbegleitung auf Hinreise		ja	ja
Vorbereitungstreffen		ja	ja
Vorbereitungsseminar		ja	ja
Einführungsseminar in Kanada		ja	ja
Elterntreffen		ja	ja
Nachbereitungstreffen		ja	ja
Nachbereitungsseminar		ja	ja
Kranken-/Unfallversicherung		ja	ja
Haftpflicht-/Gepäckversicherung		ja	ja
Gesamtpreis		**€ 11.600**	**€ 16.800**
Bewerbungsschluss		variabel	variabel
Spätbewerbung		nein	nein

Bewerbungsverlauf und Kriterien für die Annahme des Bewerbers

Bei YFU können sich Schülerinnen und Schüler aller Schularten bewerben. Sie sollten aufgeschlossen, anpassungsfähig und verantwortungsbewusst sein und benötigen je nach Programm eine gute Englisch- oder Französisch-Note. Nach Durchsicht der schriftlichen Bewerbung führt YFU regional Auswahlgespräche in Form von Gruppen- und Einzelinterviews durch.

Vorbereitung auf den Kanada-Aufenthalt in Deutschland

Alle YFU-Austauschschüler nehmen vor Abreise an einem einwöchigen Seminar teil, auf dem sie intensiv auf das Leben in einer fremden Kultur vorbereitet werden und praktische Tipps für den Alltag in Kanada erhalten. Auch für Eltern werden eigene Vorbereitungstreffen angeboten. YFU stellt außerdem umfangreiche schriftliche Unterlagen zur Verfügung.

Betreuung während des Auslandsaufenthalts und Nachbereitung

Jeder Austauschschüler hat im Ausland vor Ort einen persönlichen Betreuer. Darüber hinaus stehen die hauptamtlichen YFU-Mitarbeiter in Deutschland und Kanada zur Verfügung – im Notfall rund um die Uhr. Während des Austausches finden außerdem begleitende Seminare statt. Nach der Rückkehr gibt es ein zwei- bis dreitägiges Nachbereitungsseminar.

Stipendien und Sonstiges

YFU vergibt jährlich rund 300 Stipendien im Gesamtwert von etwa einer halben Million Euro. Die Vergabe und Höhe der Stipendien richtet sich nach der finanziellen Situation der Familie, nicht nach Schulnoten. Weitere Informationen gibt es unter www.yfu.de/stipendien.

Kurz und bündig			
Gründungsjahr	1957	Schülerzahl im Kanada-Programm 2017/18	113
CAN-Programm seit	1994	Gesamtschülerzahl im High School Programm 2017/18	902
Gemeinnützigkeit	ja	Partner in Kanada	k. A.

DFSR – Dr. Frank Sprachen & Reisen GmbH
Industriestr. 35
68169 Mannheim
info@dfsr.de
Telefon: 0621 / 820 565 0
Telefax: 0621 / 820 565 80
www.dfsr.de

Preis und Leistung			
*Länderwahlprogramm**	3 Monate	Halbjahr	Schuljahr
Grundpreis *engl. Teil*	€ 7.590	€ 8.890	€ 14.590
Flug D – Kanada – D	ja	ja	ja
Flugbegleitung auf Hinreise	nein	nein	nein
Vorbereitungstreffen	nein	nein	nein
Vorbereitungsseminar	ja	ja	ja
Einführungsseminar in Kanada**	€ 490/opt.	€ 490/opt.	€ 490/opt.
Elterntreffen	nein	nein	nein
Nachbereitungstreffen	nein	nein	nein
Nachbereitungsseminar	ja	ja	ja
Kranken-/Unfallversicherung	ja	ja	ja
Haftpflicht-/Gepäckversicherung	€ 105/opt.	€ 175/opt.	€ 350/opt.
Gesamtpreis (ab circa)	**€ 7.590**	**€ 8.890**	**€ 14.590**
Bewerbungsschluss	flexibel	flexibel	flexibel
Spätbewerbung	möglich	möglich	möglich

Bewerbungsverlauf und Kriterien für die Annahme des Bewerbers
Für alle Teilnehmer gilt: Es kommt nicht nur auf die Schulnoten an. Der Austauschschüler sollte Flexibilität, Verständnis, Toleranz und Selbstständigkeit mitbringen. Bewerben können sich Schüler/innen, die über mindestens zufriedenstellende Englischkenntnisse verfügen. Teilnahmealter: 14-19 Jahre. Bewerbungsverlauf: Ausfüllen des Bewerbungsformulars, persönliches Bewerbungsgespräch gemeinsam mit den Eltern. Nach erfolgreichem Gespräch bekommen die Schüler ein unverbindliches Angebot. Nach Einreichung und Prüfung der Bewerbungsunterlagen kann eine Programmaufnahme ausschließlich vom kanadischen Schuldistrikt ausgesprochen werden.

Vorbereitung auf den Kanada-Aufenthalt in Deutschland
Vorbereitungswochenende in 5 Städten deutschlandweit

Betreuung während des Auslandsaufenthalts und Nachbereitung
Über die Schuldistrikte in Kanada wird für die Schüler ein direkter Betreuer vor Ort gestellt und auch DFSR ist für seine Partner über eine 24h-Notrufnummer immer erreichbar. Nach Rückkehr der Schüler nach Deutschland erhalten sie die Möglichkeit, auf dem Welcome Back Seminar von ihren Erfahrungen zu berichten.

Stipendien und Sonstiges
* Es gibt ein Regionen- bzw. Schulwahlprogramm in British Columbia, Alberta, Manitoba, Québec, Ontario, New Brunswick, Neufundland & Nova Scotia für eine Aufenthaltsdauer von 3, 5 oder 10 Monaten.
** 5 Tage Soft Landing Camp in NYC bei Programmstart im Sommer zubuchbar für € 490.

Kurz und bündig				
Gründungsjahr	1978	Schülerzahl im Kanada-Programm 2017/18		41
CAN-Programm seit	1980	Gesamtschülerzahl im High School Programm 2017/18		379
Gemeinnützigkeit	nein	Partner in Kanada	div. Schuldistrikte	

Die AustauschExperten GmbH
Gehrenwaldstr. 64
70327 Stuttgart
info@austauschexperten.de
Telefon: 0711 / 219 565 90
Telefax: k. A.
www.austauschexperten.de

Preis und Leistung

Schulwahlprogramm	3 Monate	Halbjahr	Schuljahr
Grundpreis* (ab)	€ 6.078	€ 8.548	€ 14.435
Flug D – Kanada – D	€ 1.400/p	€ 1.400/p	€ 1.400/p
Flugbegleitung auf Hinreise	ja	ja	ja
Vorbereitungstreffen	ja	ja	ja
Vorbereitungsseminar	ja	ja	ja
Einführungsseminar in Kanada	nein	nein	nein
Elterntreffen	ja	ja	ja
Nachbereitungstreffen	ja	ja	ja
Nachbereitungsseminar	€ 30/opt.	€ 30/opt.	€ 30/opt.
Kranken-/Unfallversicherung	ja / opt.	ja / opt.	ja / opt.
Haftpflicht-/Gepäckversicherung	€ 50/opt.	€ 92/opt.	€ 180/opt.
Gesamtpreis (ab circa)	**€ 7.478**	**€ 9.948**	**€ 15.835**
Bewerbungsschluss	3 Mon. vor Start	3 Mon. vor Start	3 Mon. vor Start
Spätbewerbung	2 Mon. vor Start	2 Mon. vor Start	2 Mon. vor Start

Bewerbungsverlauf und Kriterien für die Annahme des Bewerbers
Ein erfolgreicher Austausch beginnt bei der Beratung! Wir laden deshalb alle Bewerber mit ihren Eltern zu einem rund 3-stündigen Beratungs- und Auswahlgespräch ein. Wir beraten zur Wahl der Schulen, die wir alle kennen und zu deren Mitarbeitern wir regelmäßig persönlichen Kontakt haben. Wir lernen dich persönlich kennen und informieren dich über die schönen und spannenden Herausforderungen eines Austauschs.

Vorbereitung auf den Kanada-Aufenthalt in Deutschland
Bei einem 2-tägigen Workshop bereiten wir unsere Teilnehmer auf Kanada vor. Thematisiert werden z.B. Kulturunterschiede, Regeln und Konfliktlösungsstrategien und vieles mehr. In angenehmer Atmosphäre erläutern wir den Eltern am Sonntag nochmals die Abläufe und bereiten sie mit einem eigens konzipierten Elternworkshop auf den Austausch ihrer Kinder vor.

Betreuung während des Auslandsaufenthalts und durch Nachbereitung
Während des Austauschjahres stehen wir mit den Eltern telefonisch und beim Elternabend in Kontakt. In Kanada wird die Betreuung durch Mitarbeiter der Schulbezirke sichergestellt. Eine 24-Stunden-Notrufnummer ist selbstverständlich. Nach der Rückkehr bieten wir unseren Schülern Nachbereitungstreffen an und geben Tipps zur Bewältigung des re-entry-shocks.

Stipendien und Sonstiges
2 Teilstipendien à € 1.000 für Teilnehmer eines Jahresprogramms 2019/20. Die Vergabe erfolgt nach Bewerbung und Aufnahme in das Programm.
* inkl. Vermittlung

Kurz und bündig

Gründungsjahr	2016	Schülerzahl im Kanada-Programm 2017/18	40
CAN-Programm seit	2016	Gesamtschülerzahl im High School Programm 2017/18	91
Gemeinnützigkeit	nein	Partner in Kanada	School Districts in allen Provinzen

e2 - education abroad - Inh. Mario Stiploschek
Himmelstraße 9 Telefon: 040 – 44 70 700
22299 Hamburg Telefax: k. A.
info@edu-germany.com www.e2.de

Preis und Leistung			
Schulwahlprogramm	3 Monate	Halbjahr	Schuljahr
Grundpreis* (ab)	€ 7.750	€ 9.500	€ 14.000
Flug D – Kanada – D	ja	ja	ja
Flugbegleitung auf Hinreise	ab 15 TN	ab 15 TN	ab 15 TN
Vorbereitungstreffen	ja	ja	ja
Vorbereitungsseminar	ja	ja	ja
Einführungsseminar in Kanada	teilweise	teilweise	teilweise
Elterntreffen	ja	ja	ja
Nachbereitungstreffen	ja	ja	ja
Nachbereitungsseminar	ja	ja	ja
Kranken-/Unfallversicherung	ja	ja	ja
Haftpflicht-/Gepäckversicherung	ja/nein	ja/nein	ja/nein
Gesamtpreis	**€ 7.750**	**€ 9.900**	**€ 14.600**
Bewerbungsschluss	30.04	30.04	30.04
Spätbewerbung	auf Anfrage	auf Anfrage	auf Anfrage

Bewerbungsverlauf und Kriterien für die Annahme des Bewerbers
Die Entscheidung, ein Jahr im Ausland zu verbringen, muss in der Familie einvernehmlich gefällt werden um den maximalen Erfolg zu gewährleisten. Ansonsten erwarten wir von den Kandidaten, sich mit den möglichen unterschiedlichen Ländern auseinanderzusetzen und mit offenem Geist an das Programm zu gehen.

Vorbereitung auf den Kanada-Aufenthalt in Deutschland
Zuallererst erfolgt das sogenannte Bewerbungsgespräch, dessen Dauer mit ca. 3 Std. ein erstes Kennenlernen ermöglicht. In diesem Gespräch werden vor allem mögliche Schwierigkeiten in der Gastfamilie und der Schule besprochen. Es werden zu allen Themen Handbücher ausgegeben damit die Teilnehmer auch jederzeit Problemlösungen nachschlagen können. Der Höhepunkt der Vorbereitung ist ein 3-tägiges Vorbereitungsseminar in einer Jugendherberge, wo am Schlusstag auch die Eltern eingeladen sind um nochmal viele Ablaufdetails des Programmes zu erfahren.

Betreuung während des Auslandsaufenthalts und Nachbereitung
Alle Schüler werden während ihres Aufenthaltes im Ausland von den Partnerorganisationen intensiv betreut. Diese und e2 arbeiten im Problemfall eng zusammen.

Stipendien und Sonstiges
* Im Gesamtpreis ist eine Vermittlungsgebühr von € 1.990 enthalten.

Kurz und bündig			
Gründungsjahr	1997	Schülerzahl im Kanada-Programm 2017/18	16
CAN-Programm seit	1997	Gesamtschülerzahl im High School Programm 2017/18	40
Gemeinnützigkeit	nein	Partner in Kanada	Schulbezirke

ehighschool – Inh. Christian Prelle
Am Sportplatz 3
39576 Stendal
info@ehighschool.de
Telefon: 03931 / 531 831-0
Telefax: 03931 / 531 831-2
www.ehighschool.de

Preis und Leistung			
Regionenwahlprogramm	3 Monate	Halbjahr	Schuljahr
Grundpreis	€ 6.999	€ 7.999	€ 14.999
Flug D – Kanada – D	€ 1.250	€ 1.250	€ 1.250
Flugbegleitung auf Hinreise	bis USA	nein	bis USA
Vorbereitungstreffen	ja	ja	ja
Vorbereitungsseminar	nein	nein	nein
Einführungsseminar in Kanada	nein	nein	nein
Elterntreffen	ja	ja	ja
Nachbereitungstreffen	ja	ja	ja
Nachbereitungsseminar	nein	nein	nein
Kranken-/Unfallversicherung	ja/€ 75	ja/€ 125	ja/€ 250
Haftpflicht-/Gepäckversicherung	ja/nein	ja/nein	ja/nein
Gesamtpreis (circa)	**€ 8.324**	**€ 9.374**	**€ 16.499**
Bewerbungsschluss	09.04. / 09.09.	09.04. / 09.09.	09.04.
Spätbewerbung	nein	möglich	möglich

Bewerbungsverlauf und Kriterien für die Annahme des Bewerbers

Bewerbungsverlauf:

1. unverbindliche Bewerbung des Schülers/der Schülerin (Bewerbungsformular oder online)
2. unverbindliches persönliches Bewerbungsgespräch mit dem Schüler und den Eltern
3. Angebot der Teilnahme am High School-Programm und Vorlage eines Buchungsformulars

Aufnahmekriterien: Zeugnisnoten: 4 oder besser, mindestens ordentliche Englischkenntnisse

Vorbereitung auf den Kanada-Aufenthalt in Deutschland

Zur Vorbereitung werden angeboten:

1. Vorbereitungstreffen
2. Schüler-Handbuch
3. individuelle Gespräche (auf Wunsch).

Auf dem Vorbereitungstreffen soll der Teilnehmer fit gemacht werden für das Leben in einem fremden Land, in einer Gastfamilie und für den Besuch der Gastschule.

Betreuung während des Auslandsaufenthalts und Nachbereitung

Der Schüler hat 3 Ansprechpartner: Den lokalen Betreuer in der Nähe der Gastfamilie, die Zentrale der Partner in Kanada und ehighschool in Deutschland.

Stipendien und Sonstiges

Weltbürger-Stipendien: Infos zu Stipendien unter www.ehighschool.de/stipendium/weltbuerger

Kurz und bündig				
Gründungsjahr	2002	Schülerzahl im Kanada-Programm 2017/18		10
CAN-Programm seit	2008	Gesamtschülerzahl im High School Programm 2017/18		95
Gemeinnützigkeit	nein	Partner in Kanada	Schulbezirke	

Experiment e.V.	
Gluckstraße 1	Telefon: 0228 / 95722 0
53115 Bonn	Telefax: 0228 / 35 82 82
info@experiment-ev.de	www.experiment-ev.de

Preis und Leistung			
*Regionenwahlprogramm**	3 Monate	Halbjahr	Schuljahr
Grundpreis (ab)	€ 7.050	€ 9.300	€ 14.900
Flug D – Kanada – D	ja	ja	ja
Flugbegleitung auf Hinreise	ja	ja	ja
Vorbereitungstreffen	nein	nein	nein
Vorbereitungsseminar	ja	ja	ja
Einführungsseminar in Kanada	teilweise	teilweise	teilweise
Elterntreffen	nein	nein	nein
Nachbereitungstreffen	nein	nein	nein
Nachbereitungsseminar	ja	ja	ja
Kranken-/Unfallversicherung	ja	ja	ja
Haftpflicht-/Gepäckversicherung	ja/nein	ja/nein	ja/nein
Gesamtpreis (ab circa)	**€ 7.050**	**€ 9.300**	**€ 14.900**
Bewerbungsschluss	01.02. / 01.08.	01.02. / 01.08.	01.02.
Spätbewerbung	möglich	möglich	möglich

Bewerbungsverlauf und Kriterien für die Annahme des Bewerbers
Alter: 14-18 Jahre. Voraussetzungen: Besuch einer weiterführenden Schule bis zur Ausreise, ernsthaftes Interesse am interkulturellen Austausch, Aufgeschlossenheit, Offenheit, Toleranz und Anpassungsvermögen. Grundkenntnisse in der Landessprache bis zur Ausreise werden erwartet. Bewerbung online über unsere Homepage: www.experiment-ev.de/bewerbung

Vorbereitung auf den Kanada-Aufenthalt in Deutschland
Alle Teilnehmenden werden zu einem überregionalen, 4-tägigen Vorbereitungsseminar eingeladen, auf dem sie von Ehrenamtlichen umfassend auf ihren Auslandsaufenthalt vorbereitet werden. Diese intensive Vorbereitung findet bereits mehrere Wochen vor der Ausreise statt, ist verpflichtend für alle Teilnehmenden und daher bereits im Preis enthalten.

Betreuung während des Auslandsaufenthalts und Nachbereitung
Ein persönlicher Betreuer unserer Partnerorganisation hat die Gastfamilie vor der Ankunft des Austauschschülers besucht und ist während des Aufenthaltes Ansprechpartner für Schüler/in und Gastfamilie. Für Eltern und Teilnehmende gibt es zusätzlich in Deutschland einen telefonischen Bereitschaftsdienst von Experiment e.V., der rund um die Uhr erreichbar ist.

Stipendien und Sonstiges
* Vermittlung in den englischen und französischen Teil möglich. Begleiteter Gruppenflug bei Sommerausreise. Experiment e.V. stellt für den „Schüleraustausch weltweit“ einen eigenfinanzierten Stipendienfonds in Höhe von € 85.000 (2019-20) zur Verfügung. Aktuelle Stipendien unter: www.experiment-ev.de/stipendien

Kurz und bündig			
Gründungsjahr	1932	Schülerzahl im Kanada-Programm 2017/18	57
CAN-Programm seit	2007	Gesamtschülerzahl im High School Programm 2017/18	500
Gemeinnützigkeit	ja	Partner in Kanada	Verschiedene Schulbezirke

Global Youth Group e.V.
Eststr. 6
45149 Essen
info@global-youth-group.de
Telefon: 0201 / 6124529
Telefax: 0201 / 47619824
www.global-youth-group.de

Preis und Leistung			
Schulwahlprogramm	3 Monate	Halbjahr	Schuljahr
Grundpreis (ab)	€ 7.100	€ 9.275	€ 14.725
Flug D – Kanada – D	ja	ja	ja
Flugbegleitung auf Hinreise	optional	optional	optional
Vorbereitungstreffen	optional	optional	optional
Vorbereitungsseminar	ja	ja	ja
Einführungsseminar in Kanada	optional	optional	optional
Elterntreffen	ja	ja	ja
Nachbereitungstreffen	optional	optional	optional
Nachbereitungsseminar	ja	ja	ja
Kranken-/Unfallversicherung	ja	ja	ja
Haftpflicht-/Gepäckversicherung	ja	ja	ja
Gesamtpreis (ab circa)	**€ 7.100**	**€ 9.275**	**€ 14.725**
Bewerbungsschluss	31.03. / 31.10.	31.03. / 31.10.	31.03.
Spätbewerbung	möglich	möglich	möglich

Bewerbungsverlauf und Kriterien für die Annahme des Bewerbers
Bewirb dich online, per Fax, per E-Mail, per Telefon oder mit unserem Bewerbungsformular per Post. Nach Eingang deiner Bewerbung vereinbaren wir mit dir und deinen Eltern einen Termin für ein unverbindliches und kostenloses Bewerbungsinterview an deinem Wunschort oder per Skype. Du solltest dich für die Kultur und die Sprache(-n) in Kanada interessieren. Die Teilnahme ist für jeden zwischen 13 und 19 Jahren möglich.

Vorbereitung auf den Kanada-Aufenthalt in Deutschland
Damit du und auch deine Eltern gut vorbereitet seid, organisieren wir deutschlandweit mehrere Vorbereitungsveranstaltungen. Dort bereiten wir dich intensiv auf deinen Aufenthalt vor. Optional findet zusätzlich in NY oder Vancouver ein mehrtägiges Orientierungscamp statt.

Betreuung während des Auslandsaufenthalts und Nachbereitung
Die Betreuung vor Ort erfolgt in erster Linie durch deinen Betreuer vor Ort, der immer in deinem Umkreis wohnt. Er ist immer für deine Fragen und Wünsche da. Daneben hast du deinen Ansprechpartner in Deutschland, sowie jeweils eine 24-Stunden-Notrufnummer in Deutschland und Kanada. Nach deiner Rückkehr findet eine Nachbereitungsveranstaltung statt.

Stipendien und Sonstiges
Programme in Kanada: Distriktwahl, Kurzprogramme ab 1 Monat
Optional: 5 Tage New York / Vancouver Orientierungscamp
Teilstipendium: 4 x bis zu € 4.000, ggf. mehr Sonderaktionen findest du auf unserer Website

Kurz und bündig				
Gründungsjahr	2009	Schülerzahl im Kanada-Programm 2017/18		15
CAN-Programm seit	2011	Gesamtschülerzahl im High School Programm 2017/18		233
Gemeinnützigkeit	ja	Partner in Kanada	Educatius, SMG, verschiedene Distrikte	

GLS Sprachenzentrum – Inh. Barbara Jaeschke	
Kastanienallee 82	Telefon: 030 / 780 089 80
10435 Berlin	Telefax: 030 / 787 419 1
highschool@gls-sprachenzentrum.de	www.gls-sprachenzentrum.de

Preis und Leistung			
Schulwahlprogramm	3 Monate	Halbjahr	Schuljahr
Grundpreis (ab)	€ 4.890	€ 7.190	€ 12.990
Flug D – Kanada – D	€ 1.400/p	€ 1.400/p	€ 1.400/p
Flugbegleitung auf Hinreise	ja	ja	ja
Vorbereitungstreffen	ja	ja	ja
Vorbereitungsseminar	€ 125/opt.	€ 125/opt.	€ 125/opt.
Einführungsseminar in Kanada	nein	nein	nein
Elterntreffen	nein	nein	nein
Nachbereitungstreffen	nein	nein	nein
Nachbereitungsseminar	ja	ja	ja
Kranken-/Unfallversicherung	€ 174/opt.	€ 290/opt.	€ 580/opt.
Haftpflicht-/Gepäckversicherung	ja	ja	ja
Gesamtpreis (ab circa)	**€ 6.290**	**€ 8.590**	**€ 14.390**
Bewerbungsschluss	flexibel	flexibel	flexibel
Spätbewerbung	möglich	möglich	möglich

Bewerbungsverlauf und Kriterien für die Annahme des Bewerbers
Nach Anmeldung laden wir zum Interview und einer individuellen Beratung ein, beides ist natürlich unverbindlich und kostenlos. Motivation und Toleranz sind die wesentlichen Kriterien für die Aufnahme ins Programm. Nach Erhalt des Vertrags und der Bewerbungsmappe leiten wir diese unseren Partnern im Ausland weiter, die vor Ort Gastfamilie und/oder Internats-/Schulplatz sicherstellen.

Vorbereitung auf den Kanada-Aufenthalt in Deutschland
Neben unseren Orientierungsworkshops vor Abreise für Schüler und Eltern im Frühjahr und im Herbst (deutschlandweit sowie in Zürich und Wien) sowie Infomailings und einem detaillierten Teilnehmer-Handbuch bieten wir regelmäßig optionale Workshops und Sprachkurse zur Vorbereitung auf unserem Campus in Berlin an. Außerdem besteht in der GLS Community die Möglichkeit, sich mit anderen Teilnehmern über ihre Erfahrungen und Erwartungen auszutauschen, sowie Fragen rund um das Zielland zu stellen.

Betreuung während des Auslandsaufenthalts und Nachbereitung
Jedem Teilnehmer wird ein Betreuer im Gastland zur Seite gestellt. Darüber hinaus unterstützen wir selbstverständlich auch nach Abreise Schüler wie Eltern; wir garantieren umgehende Reaktion und Hilfestellung. Unsere Rückkehrer laden wir im Herbst zum Welcome Back Wochenende nach Berlin ein. Neben Workshops zur Nachbereitung des Auslandsaufenthalts und Austausch mit anderen GLSlern steht ein spannendes Berlin-Programm auf der Agenda.

Stipendien und Sonstiges
18 weitere Zielländer online; 13 Teilstipendien (bis zu € 3.000); bilinguale Programme

Kurz und bündig			
Gründungsjahr	1983	Schülerzahl im Kanada-Programm 2017/18	184
CAN-Programm seit	1995	Gesamtschülerzahl im High School Programm 2017/18	640
Gemeinnützigkeit	nein	Partner in Kanada	Schulen + Schulbezirke direkt

Hausch & Partner GmbH – Schule und Studium	
Gasstr. 16	Telefon: 040 / 4147580
22761 Hamburg	Telefax: 040 / 41475815
info@hauschundpartner.de	www.hauschundpartner.de

Preis und Leistung			
Schulwahlprogramm	3 Monate	Halbjahr	Schuljahr
Grundpreis*	€ 6.185	€ 9.861	€ 16.457
Flug D – Kanada – D	€ 1.600	€ 1.600	€ 1.600
Flugbegleitung auf Hinreise	€ 200/opt.	€ 200/opt.	€ 200/opt.
Vorbereitungstreffen	ja	ja	ja
Vorbereitungsseminar	nein	nein	nein
Einführungsseminar in Kanada	nein	nein	nein
Elterntreffen	nein	nein	nein
Nachbereitungstreffen	ja	ja	ja
Nachbereitungsseminar	nein	nein	nein
Kranken-/Unfallversicherung	€ 170	€ 243	€ 510
Haftpflicht-/Gepäckversicherung	ja	ja	ja
Gesamtpreis	**€ 7.955**	**€ 11.704**	**€ 18.567**
Bewerbungsschluss	Vorgabe	aus	Kanada
Spätbewerbung	auf Anfrage	auf Anfrage	auf Anfrage

Bewerbungsverlauf und Kriterien für die Annahme des Bewerbers

Nach Zusendung der unverb. Bewerbung treffen wir jeden Schüler und seine Eltern zu einem Beratungsgespräch. Im Verlauf eines solchen Gesprächs erstellen wir ein Profil des Schülers und empfehlen passende Schulen, denen wir dann das Schülerprofil mit der Bitte um ein Angebot zuschicken. Schulnoten und Englischkenntnisse sind für uns zweitrangig; unsere Priorität liegt auf Offenheit, Motivation und Toleranz. Ein Auslandsaufenthalt ist immer eine Vertrauenssache, sodass es uns wichtig ist, jede Familie persönlich zu kennen und zu betreuen.

Vorbereitung auf den Kanada-Aufenthalt in Deutschland

Bereits während des Beratungsgespräches informieren wir über das Land, die Unterschiede und kulturelle Besonderheiten. Bei einem 1-tägigen Vorbereitungsworkshop gehen wir noch einmal mit allen Schülern und Eltern wichtige Themen und alle offenen Fragen durch.

Betreuung während des Auslandsaufenthalts und Nachbereitung

Der Schüler wird vor Ort von den Koordinatoren direkt an der Schule betreut. Wir stehen im regelmäßigen Kontakt mit unseren Familien und sind über eine 24-h Notfallnummer auch in Problemsituationen immer erreichbar. Nach Rückkehr laden wir jeden Schüler zu einem Rückkehrertreffen ein.

Stipendien und Sonstiges

Teilstipendien sind auf Anfrage in Zusammenarbeit mit den Schulen möglich. Wir bieten Schulen in fast allen Bezirken Kanadas an und können individuelle Wünsche (Sprache, Hobbys etc.) entsprechend berücksichtigen.

* Inkl. Vermittlungsgebühr von € 2.200

Kurz und bündig			
Gründungsjahr	1988	Schülerzahl im Kanada-Programm 2017/18	30
CAN-Programm seit	2015	Gesamtschülerzahl im High School Programm 2017/18	174
Gemeinnützigkeit	nein	Partner in Kanada	Direktoren der Schulbezirke

HiCo Education – High School & College Consulting – Inh. Ilona Wondratschek
Darmstädter Str. 162 Telefon: 06251 / 58 50 688
64625 Bensheim Telefax: 06251 / 58 30 002
info@hico-education.de www.hico-education.de

Preis und Leistung			
Regionenwahlprogramm	3 Monate	Halbjahr	Schuljahr
Grundpreis (ab)	€ 7.400	€ 8.900	€ 13.900
Flug D – Kanada – D	ja	ja	ja
Flugbegleitung auf Hinreise	nein	nein	nein
Vorbereitungstreffen	ja	ja	ja
Vorbereitungsseminar	nein	nein	nein
Einführungsseminar in Kanada	teilweise	teilweise	teilweise
Elterntreffen	nein	nein	nein
Nachbereitungstreffen	auf Wunsch	auf Wunsch	auf Wunsch
Nachbereitungsseminar	nein	nein	nein
Kranken-/Unfallversicherung	€ 150	€ 250	€ 500
Haftpflicht-/Gepäckversicherung	ja	ja	ja
Gesamtpreis (circa)*	**€ 7.550**	**€ 9.150**	**€ 14.400**
Bewerbungsschluss	30.05.	30.03. / 01.12.	30.05.
Spätbewerbung	möglich	möglich	möglich

Bewerbungsverlauf und Kriterien für die Annahme des Bewerbers
Sobald die Kurz-Bewerbung vorliegt, setzen wir uns zwecks eines unverbindlichen Beratungsgespräches mit den Familien in Verbindung. Dabei wird ein ausführliches Schülerprofil erstellt. Es werden Wünsche, Stärken und Schwächen besprochen. Dieses Profil dient als Grundlage für unser Angebot. Nachdem sich der Schüler entschieden hat, prüfen wir die Platzsituation. Nach Zusage der Schule, begleiten wir die Familie bei dem gesamten Bewerbungsauflauf, der Fächerauswahl und der Studypermit-Beantragung, Versicherung und Flug.

Vorbereitung auf den Kanada-Aufenthalt in Deutschland
Wir stellen wichtige Unterlagen zum Auslandsaufenthalt, Land und der Schule bereit, stehen vor und während des gesamten Aufenthaltes für alle Fragen zur Verfügung.

Betreuung während des Auslandsaufenthalts und Nachbereitung
In der Regel führen alle kanadischen Schuldistrikte nach Ankunft ein mehrtägiges Vorbereitungstreffen durch. Die Betreuung vor Ort erfolgt über die Mitarbeiter/Betreuer des Schuldistriktes, die extra nur für die Internationalen Schüler zuständig sind, veranstalten Ausflüge, Aktivitäten und vieles mehr. Das HiCo Team steht Eltern wie auch Schülern während des gesamten Aufenthaltes als Ansprechpartner zur Verfügung.

Stipendien und Sonstiges
In Verbindung mit Weltbürger-Stipendien vergeben wir jährlich jeweils zwei Teilstipendien für kanadische Schuldistrikte im Wert von € 2.000 pro Schuldistrikt.
** Beratungs- und Betreuungsangebot im Gesamtpreis enthalten.*

Kurz und bündig			
Gründungsjahr	2009	Schülerzahl im Kanada-Programm 2017/18	45
CAN-Programm seit	2009	Gesamtschülerzahl im High School Programm 2017/18	224
Gemeinnützigkeit	nein	Partner in Kanada	Schuldistrikte

ICXchange-Deutschland e.V.	
Bahnhofstr. 16-18	Telefon: 0441 / 923 98-0
26122 Oldenburg	Telefax: 0441 / 923 98-99
info@icxchange.de	www.icxchange.de

Preis und Leistung			
Regionenwahlprogramm	3 Monate	Halbjahr	Schuljahr
Grundpreis (ab) *engl. / franz. Teil*	€ 6.700/€ 6.750	€ 9.300/€ 9.200	€ 15.550/€ 12.750
Flug D – Kanada – D	ja	ja	ja
Flugbegleitung auf Hinreise	ab 15 Teiln.	ab 15 Teiln.	ab 15 Teiln.
Vorbereitungstreffen	nein	nein	nein
Vorbereitungsseminar	ja	ja	ja
Einführungsseminar in Kanada	nein	nein	nein
Elterntreffen	nein	nein	nein
Nachbereitungstreffen	nein	nein	nein
Nachbereitungsseminar	ja	ja	ja
Kranken-/Unfallversicherung	ja	ja	ja
Haftpflicht-/Gepäckversicherung	€ 75/60/opt.	€ 75/60/opt.	€ 75/60/opt.
Gesamtpreis (ab)	**€ 6.700/€ 6.750**	**€ 9.300/€ 9.200**	**€ 15.550/€ 12.750**
Bewerbungsschluss	30.04. / 30.09.	15.04. / 30.09.	30.04.
Spätbewerbung	möglich	möglich	möglich

Bewerbungsverlauf und Kriterien für die Annahme des Bewerbers
Nach Eingang der Kurzbewerbung laden wir den Bewerber zu einem persönlichen Gespräch ein. Danach folgen Akzeptierung, ausführliche Bewerbungsunterlagen und Vertragsofferte. Voraussetzungen: 14-18 Jahre, Besuch einer allgemeinbildenden Schule, 3 Jahre Englischunterricht (bzw. 3 Jahre Französischunterricht für die Provinz Québec), Notendurchschnitt von 3,5 für Gymnasiasten und 3,0 für Realschüler.

Vorbereitung auf den Kanada-Aufenthalt in Deutschland
2-tägiges Vorbereitungsseminar, die Eltern kommen einen Nachmittag dazu; ausführliche schriftliche Informationsmappe.

Betreuung während des Auslandsaufenthalts und Nachbereitung
Während des Programms werden die Schüler von unserer jeweiligen kanadischen Partnerorganisation betreut. Jedem Schüler steht am Wohnort der Gastfamilie ein Mitarbeiter unserer Partner als Ansprechpartner zur Verfügung. Nach Beendigung des Programms findet ein Nachbereitungsseminar in Deutschland statt.

Stipendien und Sonstiges
ICX vergibt Teilstipendien bis € 1.000. Die Stipendienvergabe richtet sich nach der Höhe des Familieneinkommens und dem zur Verfügung stehenden Stipendienfonds.

Kurz und bündig			
Gründungsjahr	1974	Schülerzahl im Kanada-Programm 2017/18	11
CAN-Programm seit	2003	Gesamtschülerzahl im High School Programm 2017/18	146
Gemeinnützigkeit	ja	Partner in Kanada	CBE, NLSD, QSD, OCDSB, RETSD, SLI

iE – international Experience e.V.	
Amselweg 20	Telefon: 02246 / 915 49 0
53797 Lohmar	Telefax: 02246 / 915 49 12
info@international-experience.net	www.international-experience.net

Preis und Leistung			
Regionenwahlprogramm	3 Monate	Halbjahr	Schuljahr
Grundpreis (ab)	€ 6.460	€ 8.650	€ 13.750
Flug D – Kanada – D	€ 1.400/p	€ 1.400/p	€ 1.400/p
Flugbegleitung auf Hinreise	nein	nein	nein
Vorbereitungstreffen	nein	nein	nein
Vorbereitungsseminar	ja	ja	ja
Einführungsseminar in Kanada	nein	nein	nein
Elterntreffen	nein	nein	nein
Nachbereitungstreffen	ja	ja	ja
Nachbereitungsseminar	nein	nein	nein
Kranken-/Unfallversicherung	€ 150/p	€ 250/p	€ 500/p
Haftpflicht-/Gepäckversicherung	möglich	möglich	möglich
Gesamtpreis (circa)	**€ 8.010**	**€ 10.300**	**€ 15.650**
Bewerbungsschluss	flexibel	flexibel	flexibel
Spätbewerbung	möglich	möglich	möglich

Bewerbungsverlauf und Kriterien für die Annahme des Bewerbers

Kriterien für die Aufnahme in unser Programm sind neben den Schulnoten besonders persönliche Eigenschaften wie Motivation, Flexibilität und Anpassungsfähigkeit. Wir suchen "great kids" mit positiver Einstellung, die freundlich, aufgeschlossen und aktiv sind.

Vorbereitung auf den Kanada-Aufenthalt in Deutschland

Alle Teilnehmer werden bestens auf den Schritt ins Ausland vorbereitet durch persönliche Ansprechpartner, Begleitung während des gesamten Prozesses, mehrtägiges Vorbereitungsseminar mit internationalen Gästen, Informationsmaterial zu allen wichtigen Themen.

Betreuung während des Auslandsaufenthalts und Nachbereitung

International student counselors betreuen die Schüler und deren Gastfamilien vor Ort. Sie helfen bei der Eingliederung in die Schule und in die neue Familie. iE unterhält einen persönlichen 24-Stunden-Notfall-Dienst für Schüler und Eltern hier in Deutschland (kein Call-Center). Eventuelle Probleme werden zunächst mit dem iE-Büro in Deutschland besprochen.

Stipendien und Sonstiges

iE ist ein anerkannter Experte für Kanada-Reisen (Canada Specialist). Der o.g. Gesamtpreis kann je nach Schulbezirk und Auswahl der Schule variieren. iE arbeitet auch mit ausgewählten Privatschulen und Internaten zusammen. Kurzzeitprogramme sind möglich. Im Programmpreis ist eine Basis-Krankenversicherung vor Ort enthalten. Zusätzlich kann ein Versicherungspaket (inkl. Haftpflicht- und Gepäckversicherung) abgeschlossen werden.
Aktueller Testsieger: 1. Platz aller gemeinnützigen Organisationen im Bereich Leistungen & Premium vom Deutsches Institut für Service-Qualität

Kurz und bündig			
Gründungsjahr	2000	Schülerzahl im Kanada-Programm 2017/18	34
CAN-Programm seit	2002	Gesamtschülerzahl im High School Programm 2017/18	362
Gemeinnützigkeit	ja	Partner in Kanada	Schulbezirke

KulturLife gGmbH
Max-Giese-Str. 22 Telefon: 0431 / 888 14 10
24116 Kiel Telefax: 0431 / 888 14 19
info@kultur-life.de www.kultur-life.de

Preis und Leistung			
Schulwahlprogramm	3 Monate	Halbjahr	Schuljahr
Grundpreis (ab)	€ 7.990	€ 10.990	€ 14.290
Flug D – Kanada – D	ja	ja	ja
Flugbegleitung auf Hinreise	ja	ja	ja
Vorbereitungstreffen	nein	nein	nein
Vorbereitungsseminar	ja	ja	ja
Einführungsseminar in Kanada	ja	ja	ja
Elterntreffen	ja	ja	ja
Nachbereitungstreffen	nein	nein	nein
Nachbereitungsseminar	ja	ja	ja
Kranken-/Unfallversicherung	ja	ja	ja
Haftpflicht-/Gepäckversicherung	€ 45 opt/nein	€ 45 opt/nein	€ 90 opt/nein
Gesamtpreis (ab circa)	**€ 7.990**	**€ 10.990**	**€ 14.290**
Bewerbungsschluss	auch kurzfristig, so lange Plätze vorhanden sind		
Spätbewerbung	möglich	möglich	möglich

Bewerbungsverlauf und Kriterien für die Annahme des Bewerbers
Gute Beratung ist alles! Angesichts der Vielzahl von Schuloptionen bieten wir eine persönliche Beratung, um genau die richtige Schule für dich zu finden. Du erhältst von uns Anmeldeunterlagen und Erläuterungen zum Programmablauf. Im Anschluss an ein persönliches Gespräch mit deinem Programmbetreuer erhältst du ein Vertragsangebot.

Vorbereitung auf den Neuseeland-Aufenthalt in Deutschland
Jedes Jahr führen wir mehrere Vorbereitungswochenenden in Hannover durch. Auch deine Eltern sind dazu eingeladen. Besonderer Schwerpunkt ist ein intensives interkulturelles Training. Außerdem triffst du ehemalige Austauschschüler, die von ihren Erfahrungen berichten.

Betreuung während des Auslandsaufenthalts und Nachbereitung
Ein Koordinator wird dir als fester Ansprechpartner mit Rat und Tat zur Seite stehen. Außerdem gibt es eine 24-Stunden-Notfallnummer im In- und Ausland. Natürlich kannst du auch immer deinen persönlichen Betreuer von KulturLife kontaktieren, den du von Anfang an kennst.

Stipendien und Sonstiges
KulturLife arbeitet in Kanada mit einer Vielzahl von ausgewählten Schulen direkt zusammen. Das ermöglicht eine schnelle und effiziente Kommunikation, trotz Zeitverschiebung.

Kurz und bündig			
Gründungsjahr	1995	Schülerzahl im Kanada-Programm 2017/18	15
CAN-Programm seit	1995	Gesamtschülerzahl im High School Programm 2017/18	120
Gemeinnützigkeit	ja	Partner in Kanada	Schuldistrikte, Provinzen

MAP MUNICH ACADEMIC PROGRAM GMBH	
Türkenstraße 104	Telefon: 089 / 35 73 79 77
80799 München	Telefax: 089 / 35 73 79 78
info@map-highschoolyear.com	www.map-highschoolyear.com

Preis und Leistung			
*Schulwahlprogramm**	3 Monate	Halbjahr	Schuljahr
Grundpreis (ab)	€ 5.450	€ 8.050	€ 12.900
Flug D – Kanada – D	€ 1.400/p	€ 1.400/p	€ 1.400/p
Flugbegleitung auf Hinreise	ab 15 Teiln.	ab 15 Teiln.	ab 15 Teiln.
Vorbereitungstreffen	ja	ja	ja
Vorbereitungsseminar	nein	nein	nein
Einführungsseminar in Kanada	€ 550/ € 650 (opt.)	€ 550/ € 650 (opt.)	€ 550/ € 650 (opt.)
Elterntreffen	nein	nein	nein
Nachbereitungstreffen	ja	ja	ja
Nachbereitungsseminar	nein	nein	nein
Kranken-/Unfallversicherung	€ 150/p	€ 250/p	€ 500/p
Haftpflicht-/Gepäckversicherung	nein	nein	nein
Gesamtpreis (ab circa)	**€ 7.000**	**€ 9.700**	**€ 14.800**
Bewerbungsschluss	4 bis 6 Wochen	vor	Schulbeginn
Spätbewerbung	möglich	möglich	möglich

Bewerbungsverlauf und Kriterien für die Annahme des Bewerbers

Aufgeschlossenheit, Anpassungsfähigkeit und Reife, jedoch keine besonderen Alters- und Notenvorgaben. Nach Bewerbungseingang erhalten Schüler und Eltern eine Einladung zu einem persönlichen Bewerbungs- und Informationsgespräch. Nachdem sich MAP von der Eignung des Bewerbers überzeugt hat, erhält er nach wenigen Tagen ein Vertragsangebot und die MAP Akzeptierungsunterlagen.

Vorbereitung auf den Kanada-Aufenthalt in Deutschland

Von Anfang an wird jeder Programmteilnehmer umfassend von MAP auf seinen Aufenthalt vorbereitet und über die erforderlichen (organisatorischen) Schritte unterrichtet sowie mit Infomaterial versorgt. Vor Abreise findet ein Vorbereitungstreffen (Orientation) zusammen mit einem kanadischen Partner statt.

Betreuung während des Auslandsaufenthalts und Nachbereitung

In Kanada steht jedem Gastschüler der sog. Homestay Coordinator als Ansprechpartner für Probleme aller Art zur Seite. Nach der Rückkehr organisiert MAP ein "Returnee"-Treffen.

Stipendien und Sonstiges

MAP vergibt 5 Teilstipendien im Wert von je € 1.000 für Aufenthalte ab 5 Monaten.

* MAP bietet Schulen in den Provinzen B.C., Alberta, Manitoba, Ontario, New Brunswick, Nova Scotia und Neufundland an. Optional können die Schüler an einem 3-tägigen Vorbereitungsseminar in Vancouver oder Toronto teilnehmen (Vancouver: € 550/ Toronto: € 650).

Kurz und bündig				
Gründungsjahr	1996	Schülerzahl im Kanada-Programm 2017/18		90
CAN-Programm seit	1996	Gesamtschülerzahl im High School Programm 2017/18		231
Gemeinnützigkeit	nein	Partner in Kanada	diverse Schulen	

Open Door International e.V. (ODI)	
Thürmchenswall 69	Telefon: 0221 / 60 60 85 50
50668 Köln	Telefax: 0221 / 60 60 85 519
info@opendoorinternational.de	www.opendoorinternational.de

Preis und Leistung			
Schulwahlprogramm	3 Monate	Halbjahr	Schuljahr
Grundpreis (ab)	€ 6.490	€ 8.790	€ 14.390
Flug D – Kanada – D	€ 1.400/p	€ 1.400/p	€ 1.400/p
Flugbegleitung auf Hinreise	ja	ja	ja
Vorbereitungstreffen	nein	nein	nein
Vorbereitungsseminar	ja	ja	ja
Einführungsseminar in Kanada	teilweise	teilweise	teilweise
Elterntreffen	ja	ja	ja
Nachbereitungstreffen	nein	nein	nein
Nachbereitungsseminar	ja	ja	ja
Kranken-/Unfallversicherung	€ 140	€ 290	€ 560
Haftpflicht-/Gepäckversicherung	ja	ja	ja
Gesamtpreis (ab circa)	**€ 8.030**	**€ 10.480**	**€ 16.350**
Bewerbungsschluss	nein	nein	nein
Spätbewerbung	möglich	möglich	möglich

Bewerbungsverlauf und Kriterien für die Annahme des Bewerbers

Einer unverbindlichen Online-Anmeldung folgen eine Bestätigung mit den ersten Unterlagen und das persönliche Kennenlerngespräch, das beim Bewerber zu Hause stattfindet. Auswahlkriterien sind die persönliche Eignung, Reife und Motivation, Offenheit, Toleranz, Flexibilität, Selbstständigkeit, Anpassungsbereitschaft, psychische Stabilität, aber auch die schulischen Leistungen, die nicht schlechter als 3,0 im Notendurchschnitt sein sollten. Das Programm ist für Schüler aller Schulformen im Alter von 14 bis 18 Jahren geeignet.

Vorbereitung auf den Kanada-Aufenthalt in Deutschland

Das 4-tägige Vorbereitungsseminar mit hauptamtlichen Programmbetreuern und Returnees, ist obligatorisch. Mit Workshops und ausführlichem Infomaterial werden die Teilnehmer intensiv auf ihr Zielland, den Aufenthalt und mögliche Probleme vorbereitet. Im Rahmen eines Workshops für die Eltern werden die wichtigsten Fragen aus Elternsicht thematisiert. Die Eltern erhalten vorab ein Handbuch zu Themen wie Visum, Versicherung, Finanzen, etc.

Betreuung während des Auslandsaufenthalts und Nachbereitung

24-Stunden-Notfallnummer; Betreuung durch Schule vor Ort; Ansprechperson für Teilnehmer und Eltern im ODI-Büro; Elterntreffen; 3-tägiges Nachbereitungsseminar für Returnees; Möglichkeit zu ehrenamtlicher Mitarbeit im Jugendaustausch.

Stipendien und Sonstiges

ODI vergibt ein Teilstipendium für die USA sowie vier weitere Teilstipendien für alle ODI-Länder. Kanadische Basiskrankenversicherung ist obligatorisch und im Programmpreis enthalten. Begleitete Gruppenflüge.

Kurz und bündig			
Gründungsjahr	1983	Schülerzahl im Kanada-Programm 2017/18	17
CAN-Programm seit	2006	Gesamtschülerzahl im High School Programm 2017/18	104
Gemeinnützigkeit	ja	Partner in Kanada	diverse Schuldistrikte

Partnership International e.V.
Hansaring 85
50670 Köln
office@partnership.de
Telefon: 0221 / 913 973 3
Telefax: 0221 / 913 973 4
www.partnership.de

Preis und Leistung			
Schulwahlprogramm	3 Monate	Halbjahr	Schuljahr
Grundpreis		€ 14.500	€ 21.900
Flug D – Kanada – D		ja	ja
Flugbegleitung auf Hinreise		nein	nein
Vorbereitungstreffen		nein	nein
Vorbereitungsseminar		ja	ja
Einführungsseminar in Kanada		ja	ja
Elterntreffen		ja	ja
Nachbereitungstreffen		nein	nein
Nachbereitungsseminar		ja	ja
Kranken-/Unfallversicherung		ja	ja
Haftpflicht-/Gepäckversicherung		nein	nein
Gesamtpreis		**€ 14.500**	**€ 21.900**
Bewerbungsschluss		31.03./ 31.10.	31.10.
Spätbewerbung		möglich	möglich

Bewerbungsverlauf und Kriterien für die Annahme des Bewerbers
Du bist zwischen 14 und 18 Jahre alt, hast eine kommunikative Persönlichkeit und bist offen für Neues? Dann kannst du Dich bei uns für ein Halb- oder Schuljahr in Kanada bewerben. Wir laden Dich und Deine Eltern zunächst zu einem Beratungsgespräch oder unserem PI-Kennenlerntag ein. So hast Du die Gelegenheit unseren Verein und unser Kanadaprogramm kennenzulernen. Im Gegenzug können wir auch Dich persönlich kennenlernen.

Vorbereitung auf den Kanada-Aufenthalt in Deutschland
Um optimal auf Deinen Auslandsaufenthalt vorbereitet zu sein, nimmst Du vor Deiner Abreise an einem 3-tägigen Seminar teil. Durchgeführt wird dieses Seminar von geschulten, ehemaligen Austauschschülern. Für Deine Eltern bieten wir eine eintägige Informationsveranstaltung an. Darüber hinaus helfen Dir unsere hauptamtlichen Mitarbeiter bei jeder Frage weiter.

Betreuung während des Auslandsaufenthalts und Nachbereitung
Wir arbeiten mit dem Schuldistrikt Richmond in der Metropolregion Vancouver zusammen. Vor Ort stehen Dir verschiedene Ansprechpartner zur Seite, an die Du Dich genauso wenden kannst, wie an unsere hauptamtlichen Mitarbeiter in Deutschland. Ebenfalls inklusive – unsere E-Mail-Betreuung durch geschulte Alumni und das Nachbereitungsseminar.

Stipendien und Sonstiges
Für das Schuljahr 2019/2020 vergeben wir mit unserem Dachverband AJA mehrere Teilstipendien. Darunter sind auch Stipendien für unser Austauschprogramm in Kanada.

Kurz und bündig			
Gründungsjahr	1961	Schülerzahl im Kanada-Programm 2017/18	0
CAN-Programm seit	2019	Gesamtschülerzahl im High School Programm 2017/18	188
Gemeinnützigkeit	ja	Partner in Kanada	Richmond International Education

Southern Cross – Eine Marke der Dr. Frank Sprachen & Reisen GmbH	
Industriestr. 35	Telefon: 0621 / 39187909
68169 Mannheim	Telefax: 0621 / 39185194
info@southerncross.eu	www.southerncross.eu

Preis und Leistung			
Schulwahlprogramm	3 Monate	Halbjahr	Schuljahr
Grundpreis (ab)	€ 6.090	€ 7.970	€ 13.540
Flug D – Kanada – D	€ 1.395	€ 1.395	€ 1.395
Flugbegleitung auf Hinreise	€ 195/opt.	€ 195/opt.	€ 195/opt.
Vorbereitungstreffen	ja	ja	ja
Vorbereitungsseminar	nein	nein	nein
Einführungsseminar in Kanada	nein	nein	nein
Elterntreffen	nein	nein	nein
Nachbereitungstreffen	auf Anfrage	auf Anfrage	auf Anfrage
Nachbereitungsseminar	nein	nein	nein
Kranken-/Unfallversicherung	ja	ja	ja
Haftpflicht-/Gepäckversicherung	nein	nein	nein
Gesamtpreis (circa)	**€ 7.485**	**€ 9.365**	**€ 14.935**
Bewerbungsschluss	flexibel	flexibel	flexibel
Spätbewerbung	ja	ja	ja

Bewerbungsverlauf und Kriterien für die Annahme des Bewerbers

Persönliches und individuelles Bewerbungsgespräch bei Ihnen zu Hause oder in unserem Mannheimer Büro. Schüler können Aufenthaltsort und Gastschule selbst auswählen. Regionen: Alberta, British Columbia, New Brunswick, New Foundland and Labrador, Nova Scotia, Ontario, Manitoba, Quebec

Einstiegsmöglichkeit jederzeit. Aufenthaltsverlängerung möglich.

Vorbereitung auf den Kanada-Aufenthalt in Deutschland

- Persönliche Beratung und Information durch landeskundige Mitarbeiter.
- Individuelle Betreuung und Planung des Aufenthalts.
- Vorbereitungsseminar in verschiedenen Städten Deutschlands, ca. 2 Monate vor Abreise.

Betreuung während des Auslandsaufenthalts und Nachbereitung

Auswahl der Gastfamilie und Betreuung vor Ort durch Mitarbeiter des jeweiligen Districts. Ansprechpartner an jeder Schule ist ein International Student Counsellor. Fragebogen nach der Rückkehr, Berichterstattung im Internet. Auf Wunsch Nachbereitungstreffen für interessierte Schüler.

Stipendien und Sonstiges

2 Stipendien je Schuljahr

Staatliche Schulen im Rahmen des International Student Program der Ministerien und Privatschulen. Sicherungsschein nach deutschem Reiserecht.

Garantierte Platzierung / freie Schulwahl / Hilfe bei der Visumbeantragung

Neu: Kurzzeitprogramme!

Kurz und bündig			
Gründungsjahr	1998	Schülerzahl im Kanada-Programm 2017/18	45
CAN-Programm seit	2005	Gesamtschülerzahl im High School Programm 2017/18	170
Gemeinnützigkeit	nein	Partner in Kanada	Schulen und Privatschulen

Stepin GmbH (Student Travel and Education Programmes International)	
Kaiserstraße 19	Telefon: 0228 / 710 05-0
53113 Bonn	Telefax: 0228 / 710 05-999
school@stepin.de	www.stepin.de

Preis und Leistung			
Regionenwahlprogramm	3 Monate	Halbjahr	Schuljahr
Grundpreis (ab)	€ 5.570	€ 7.640	€ 13.420
Flug D – Kanada – D	€ 1.220	€ 1.350	€ 1.570
Flugbegleitung auf Hinreise	teilweise	teilweise	teilweise
Vorbereitungstreffen	ja	ja	ja
Vorbereitungsseminar	nein	nein	nein
Einführungsseminar in Kanada*	€ 610/opt.	€ 610/opt.	€ 610/opt.
Elterntreffen	nein	nein	nein
Nachbereitungstreffen	nein	nein	nein
Nachbereitungsseminar	€ 69/opt.	€ 69/opt.	€ 69/opt.
Kranken-/Unfallversicherung	ja	ja	ja
Haftpflicht-/Gepäckversicherung	optional	optional	optional
Gesamtpreis (ab circa)	**€ 6.790**	**€ 8.990**	**€ 14.990**
Bewerbungsschluss	30.05. / 30.11.	30.05. / 30.11.	30.05.
Spätbewerbung	möglich	möglich	möglich

Bewerbungsverlauf und Kriterien für die Annahme des Bewerbers
Step 1: Unverbindliche Anmeldung (online od. schriftlich).
Step 2: Persönliches Kennenlerngespräch in Wohnortnähe des Bewerbers.
Step 3: Bei Eignung des Bewerbers unterbreitet Stepin ein Vertragsangebot.
Teilnahmevoraussetzungen sind kulturelle Aufgeschlossenheit, Reife, Toleranz und mindestens befriedigende schulische Leistungen.

Vorbereitung auf den Kanada-Aufenthalt in Deutschland
Eltern- und Schülervorbereitungstreffen in mehreren deutschen Städten sowie Handbücher und regelmäßige Info-Rundbriefe für Teilnehmer und Eltern bis zur Ausreise.
Fester Programm-Ansprechpartner im Stepin-Büro.

Betreuung während des Auslandsaufenthalts und Nachbereitung
Einführungstreffen im Gastland. Betreuung durch unsere Partnerorganisation vor Ort. Auch das Stepin-Team steht während der gesamten Aufenthaltsdauer als Ansprechpartner zur Verfügung. Nachbereitung: Großes Returnee-Wochenende in Deutschland.

Stipendien und Sonstiges
Stepin vergibt regelmäßig Vollstipendien. Reiseversicherungsschutz (ab € 33/Monat) und Reiserücktrittsoption (3,9 % des Programmpreises) hinzubuchbar.
* Für Teilnehmer des Nova Scotia-Programms begleitete Gruppenausreisen (nur Sommerausreise) möglich und optionale Orientation in Toronto.

Kurz und bündig			
Gründungsjahr	1997	Schülerzahl im Kanada-Programm 2017/18	184
CAN-Programm seit	2000	Gesamtschülerzahl im High School Programm 2017/18	684
Gemeinnützigkeit	nein	Partner in Kanada	ca. 30 Schulbezirke in 6 Provinzen

STS Sprachreisen GmbH	
Mönckebergstraße 5 (ab 12.18: An der Alster 62)	Telefon: 040 / 303 999-23
20095 Hamburg (20099 Hamburg)	Telefax: 040 / 303 999-08
highschool@sts-education.de	www.sts-education.de

Preis und Leistung			
Schulwahlprogramm	3 Monate	Halbjahr	Schuljahr
Grundpreis (ab)	€ 8.422	€ 11.208	€ 18.408
Flug D – Kanada – D	ja	ja	ja
Flugbegleitung auf Hinreise	in der Regel	in der Regel	in der Regel
Vorbereitungstreffen	ja	ja	ja
Vorbereitungsseminar	nein	nein	nein
Einführungsseminar in Kanada	ja	ja	ja
Elterntreffen	nein	nein	nein
Nachbereitungstreffen	ja	ja	ja
Nachbereitungsseminar	nein	nein	nein
Kranken-/Unfallversicherung*	€ 220	€ 410	€ 720
Haftpflicht-/Gepäckversicherung	ja	ja	ja
Gesamtpreis (circa)	**€ 8.642**	**€ 11.418**	**€ 19.128**
Bewerbungsschluss	15.03. / 31.08.	15.03. / 31.08.	15.03.
Spätbewerbung	möglich	möglich	möglich

Bewerbungsverlauf und Kriterien für die Annahme des Bewerbers
Das kostenlose Bewerbungsgespräch findet bei uns im Büro in Hamburg oder per Skype statt. Für die Aufnahme in unser Programm sind dein Interesse an anderen Kulturen, eine hohe Motivation, Offenheit und Anpassungsbereitschaft wichtig.

Vorbereitung auf den Kanada-Aufenthalt in Deutschland
Bereits beim Interview informieren wir umfassend über das Programm. Vor der Abreise führen wir ein Vorbereitungstreffen mit allen Teilnehmern und deren Eltern durch. Ehemalige STS-Schüler informieren die Austauschschüler darüber hinaus und stehen als Kontaktschüler zur Verfügung.

Betreuung während des Auslandsaufenthalts und Nachbereitung
Die Betreuung erfolgt durch STS Deutschland, den lokalen Betreuern und das STS Büro in Kanada. Die Betreuer vor Ort haben immer ein offenes Ohr für deine Anliegen und oft gibt es Zusammenkünfte mit anderen Austauschschülern. Zusätzlich erhältst du eine 24h Notrufnummer. Für die Eltern steht das STS Büro in Deutschland während der gesamten Zeit als Ansprechpartner zur Verfügung.

Stipendien und Sonstiges
Privates und öffentliches High School Programm, Schul- und Gebietswahl sowie Kurzprogramm (ein Monat) möglich. Bilinguales Programm (Französisch und Englisch) oder Aufenthalte über ein Schuljahr hinaus möglich!
* Der Abschluss des opt. Versicherungspakets mit Krankenversicherung wird empfohlen.

Kurz und bündig			
Gründungsjahr	1987	Schülerzahl im Kanada-Programm 2017/18	0
CAN-Programm seit	1987	Gesamtschülerzahl im High School Programm 2017/18	85
Gemeinnützigkeit	nein	Partner in Kanada	Eigenes STS Büro

travelbee - (into GmbH)	
Ostlandstraße 14	Telefon: 02234 / 946 36-0
50858 Köln	Telefax: 02234 / 946 36-23
kontakt@travelbee.de	www.travelbee.de

Preis und Leistung			
Schulwahlprogramm	3 Monate	Halbjahr	Schuljahr
Grundpreis (ab)	€ 13.300	€ 16.730	€ 22.540
Flug D – Kanada – D	ja	ja	ja
Flugbegleitung auf Hinreise	nein	nein	nein
Vorbereitungstreffen	nein	nein	nein
Vorbereitungsseminar	ja	ja	ja
Einführungsseminar in Kanada*	ja	ja	ja
Elterntreffen	nein	nein	nein
Nachbereitungstreffen	nein	nein	nein
Nachbereitungsseminar	ja	ja	ja
Kranken-/Unfallversicherung	ja	ja	ja
Haftpflicht-/Gepäckversicherung	nein	nein	nein
Gesamtpreis (ab circa)	**€ 13.300**	**€ 16.730**	**€ 22.540**
Bewerbungsschluss	30.04. / 31.10.	30.04. / 31.10.	30.04.
Spätbewerbung	auf Anfrage	auf Anfrage	auf Anfrage

Bewerbungsverlauf und Kriterien für die Annahme des Bewerbers

Du musst mindestens 14 Jahre alt sein, Dein Notendurchschnitt sollte befriedigend oder besser sein. Das Wichtigste ist, dass Du Neugier, Motivation, Flexibilität und Toleranz mitbringst.

Vorbereitung auf den Kanada-Aufenthalt in Deutschland

Schüler- und Elternhandbuch, regelmäßig Infobriefe mit Infos zum Ablauf, kulturellen Eigenheiten der Gastländer sowie Ratschlägen und Erfahrungsberichten. Circa zwei bis drei Monate vor der Abreise finden unsere zweitägigen Vorbereitungsseminare statt. Dort erhältst Du Infos und Tipps und lernst auch eine Menge über die Regeln während Deines Aufenthaltes. Zudem wirst Du mit Rollenspielen, kreativer Arbeit und lustigen Sketchen auf Deinen Austausch vorbereitet. Es gibt eine Info-Veranstaltung zur Vorbereitung Deiner Eltern bei Sommerabreise.

Betreuung während des Auslandsaufenthalts und Nachbereitung

In Kanada wird in der Nähe Deines Wohnortes ein Ansprechpartner für Dich und Deine Gastfamilie sein. Auch in Deutschland sind wir immer erreichbar. Nach Deiner Rückkehr ist es noch nicht „vorbei": Unsere Returnees organisieren „get togethers", unser traditionelles Sommer-BBQ und Ausflüge, bei denen sich viele Ehemalige immer wieder treffen.

Stipendien und Sonstiges

* Bei Sommerabreise kann ein viertägiges Orientation Camp in Toronto optional dazu gebucht werden. Kosten € 500.

Kurz und bündig			
Gründungsjahr	1986	Schülerzahl im Kanada-Programm 2017/18	29
CAN-Programm seit	1994	Gesamtschülerzahl im High School Programm 2017/18	293
Gemeinnützigkeit	nein	Partner in Kanada	Schuldistrikte in Alberta, British Columbia, Ontario, etc., into Canada

TravelWorks (Travelplus Group GmbH)
Münsterstr. 111
48155 Münster
highschool@travelworks.de
Telefon: 02506 / 8303-600
Telefax: 02506 / 8303-230
www.travelworks.de/schueleraustausch

Preis und Leistung			
Schulwahlprogramm	3 Monate	Halbjahr	Schuljahr
Grundpreis (ab)	€ 6.990	€ 8.250	€ 14.350
Flug D – Kanada – D	ja	ja	ja
Flugbegleitung auf Hinreise	nein	nein	nein
Vorbereitungstreffen	nein	nein	nein
Vorbereitungsseminar	ja	ja	ja
Einführungsseminar in Kanada	teilweise	teilweise	teilweise
Elterntreffen	nein	nein	nein
Nachbereitungstreffen	ja	ja	ja
Nachbereitungsseminar	nein	nein	nein
Kranken-/Unfallversicherung	€ 30	€ 60	€ 90
Haftpflicht-/Gepäckversicherung	ja	ja	ja
Gesamtpreis (ab circa)	**€ 7.020**	**€ 8.310**	**€ 14.440**
Bewerbungsschluss	01.05. / 01.10.	01.05. / 01.10.	01.05. / 01.10.
Spätbewerbung	ja	ja	ja

Bewerbungsverlauf und Kriterien für die Annahme des Bewerbers
Nach der unverbindlichen Bewerbung laden wir SchülerIn und Eltern zum persönlichen Auswahl- und Informationsgespräch ein. Anschließend erhalten Bewerbern unsere Buchungsgrundlage mit verbindlichem Anmeldeformular, das bei Interesse am Programm unterschrieben an uns zurückgesendet wird. Bewerber sollten motiviert, flexibel und weltoffen sein. Alter: 14-18 (Québec: 14-16) Jahre.

Vorbereitung auf den Kanada-Aufenthalt in Deutschland
Ca. zwei bis drei Monate vor Abreise laden wir alle Teilnehmer mit Eltern zum zweitägigen Vorbereitungsseminar in Deutschland (Münster) bzw. Österreich (Salzburg) ein. Teilnehmer und Eltern erhalten zudem ein Handbuch und regelmäßige Inforundschreiben.

Betreuung während des Auslandsaufenthalts und Nachbereitung
Fast alle Partnerschulen führen nach Ankunft der Schüler z.T. mehrtägige Orientierungsveranstaltungen durch. Während des Aufenthaltes werden die Schüler von unserer Partnerschule vor Ort betreut. Eltern wie Schülern stehen wir zudem über unser deutsches Büro zur Verfügung. 24-Stunden-Notfall-Nummer im Gastland und in Deutschland. Gemeinsames Welcome Back-Wochenende nach Rückkehr nach Deutschland.

Stipendien und Sonstiges
Teilstipendium à € 2.000. Platzierungen an Privatschulen möglich. Französischsprachiges Programm in Québec, bilinguales Angebot in Ontario (Englisch/Französisch). Summer School-Aufenthalte von 2, 3 oder 4 Wochen während der hiesigen Ferien

Kurz und bündig			
Gründungsjahr	1991	Schülerzahl im Kanada-Programm 2017/18	79
CAN-Programm seit	2004	Gesamtschülerzahl im High School Programm 2017/18	345
Gemeinnützigkeit	nein	Partner in Kanada	CISS / Schulen bzw. Schulbezirke direkt

TREFF - Sprachreisen GmbH	
Wörthstraße 155	Telefon: 07121 / 696 696-0
72793 Pfullingen (bei Reutlingen)	Telefax: 07121 / 696 696-9
info@treff-sprachreisen.de	www.treff-sprachreisen.de

Preis und Leistung			
Schulwahlprogramm	3 Monate	Halbjahr	Schuljahr
Grundpreis (ab)	€ 6.980	€ 9.980	€ 15.680
Flug D – Kanada – D	ja	ja	ja
Flugbegleitung auf Hinreise	teilweise	teilweise	teilweise
Vorbereitungstreffen	ja	ja	ja
Vorbereitungsseminar	nein	nein	nein
Einführungsseminar in Kanada	ja	ja	ja
Elterntreffen	nein	nein	nein
Nachbereitungstreffen	ja	ja	ja
Nachbereitungsseminar	nein	nein	nein
Kranken-/Unfallversicherung	ja/nein	ja/nein	ja/nein
Haftpflicht-/Gepäckversicherung	ja	ja	ja
Gesamtpreis (ab circa)	**€ 6.980**	**€ 9.980**	**€ 15.680**
Bewerbungsschluss	31.05. / 31.10.	31.05. / 31.10.	31.05.
Spätbewerbung	möglich	möglich	möglich

Bewerbungsverlauf und Kriterien für die Annahme des Bewerbers

Nach Eingang der Bewerbung vereinbaren wir ein Beratungsgespräch bei Ihnen zuhause, in der Nähe Ihres Wohnortes oder in unserem Büro in Pfullingen. Wir informieren über den Ablauf des High School Aufenthalts, stehen für alle Fragen zur Verfügung und unterbreiten Vorschläge zur Schulwahl. Nach Eingang der schriftl. Bewerbungsunterlagen erhalten Sie unser Vertragsangebot. Erst nach Rücksendung des unterschriebenen Vertrags kommt ein Reisevertrag zustande. Kriterien: Offenheit, Aufgeschlossenheit, Motivation, Toleranz, Reife, Anpassungsbereitschaft, Wille zur Integration. Alter 14-18,5 Jahre; mind. befriedigende Schulnoten.

Vorbereitung auf den Kanada-Aufenthalt in Deutschland

Eltern und Teilnehmer werden zu einem Vorbereitungsseminar eingeladen, bei dem alle Aspekte eines Auslandsaufenthalts besprochen werden. Ehemalige Teilnehmer berichten von ihren Erfahrungen und Sie erhalten Handbücher mit allen wichtigen Informationen. In unserem Buddy Club haben neue Teilnehmer die Möglichkeit, Returnées zu kontaktieren und von deren Erfahrungen zu profitieren.

Betreuung während des Auslandsaufenthalts und Nachbereitung

- bei Start im Sommer: 1½-wöchiges Orientation Programm oder 2 Wochen Summer Camp
- Betreuung durch Mitarbeiter der Schule und des jeweiligen kanadischen Schulamts
- Wir stehen selbstverständlich telefonisch und persönlich jederzeit zur Verfügung.
- Erfahrungsaustausch bei einem Nachtreffen mit Workshops und Freizeitprogramm.

Stipendien und Sonstiges

Teilstipendien bis € 1.500 (formloser schriftlicher Antrag, Bescheid innerhalb einer Woche). Wir orientieren uns an den Noten, an besonderem Engagement und den wirtschaftlichen Verhältnissen der Familien: Einkommensnachweis, Kinderzahl, letztes Jahreszeugnis

Kurz und bündig			
Gründungsjahr	1984	Schülerzahl im Kanada-Programm 2017/18	51
CAN-Programm seit	1998	Gesamtschülerzahl im High School Programm 2017/18	198
Gemeinnützigkeit	nein	Partner in Kanada	School Districts in versch. Regionen

weltgewandt – Internationale Schulberatung GmbH
Adenauerallee 208-210 Telefon: 0228 / 748 709 92
53113 Bonn Telefax: 0228 / 748 709 94
info@weltgewandt.de www.weltgewandt.de

Preis und Leistung			
Regionenwahlprogramm	3 Monate	Halbjahr	Schuljahr
Grundpreis (ab)	€ 6.790	€ 8.950	€ 14.800
Flug D – Kanada – D	ja	ja	ja
Flugbegleitung auf Hinreise	nein	nein	nein
Vorbereitungstreffen	ja	ja	ja
Vorbereitungsseminar	nein	nein	nein
Einführungsseminar in Kanada	€ 550/opt.	€ 550/opt.	€ 550/opt.
Elterntreffen	nein	nein	nein
Nachbereitungstreffen	ja	ja	ja
Nachbereitungsseminar	nein	nein	nein
Kranken-/Unfallversicherung	€ 150/p	€ 250/p	€ 500/p
Haftpflicht-/Gepäckversicherung	ja	ja	ja
Gesamtpreis (ab circa)	**€ 6.940**	**€ 9.200**	**€ 15.300**
Bewerbungsschluss	30.05. / 30.11.	30.05. / 30.11.	30.05.
Spätbewerbung	möglich	möglich	möglich

Bewerbungsverlauf und Kriterien für die Annahme des Bewerbers
Unverbindliche, persönliche Beratung der Bewerber und Eltern, Interview mit dem Bewerber und schriftliche Bewerbungsunterlagen. Teilnahmevoraussetzungen sind kulturelle Aufgeschlossenheit, eigene Motivation, Toleranz und befriedigende schulische Leistungen.

Vorbereitung auf den Kanada-Aufenthalt in Deutschland
Vor der Ausreise finden Eltern- und Schülervorbereitungstreffen in Deutschland statt. Regelmäßige Info-Rundbriefe für Teilnehmer und Eltern bis zur Ausreise. Optional bieten wir unseren Teilnehmern bei der Sommerausreise ein 3-tägiges Vorbereitungsseminar in Vancouver und Toronto an. Zudem ist ein 5-wöchiges Sprachcamp während der Sommerferien buchbar.

Betreuung während des Auslandsaufenthalts und Nachbereitung
Die Kanada-Teilnehmer werden am Zielflughafen von der Gastfamilie bzw. ihrem Betreuer abgeholt. Gleich in den ersten Tagen nach Ankunft findet in den meisten Schuldistrikten ein Vorbereitungstreffen statt. Die Betreuung erfolgt durch unsere Partner und den lokalen Betreuer vor Ort. Das weltgewandt-Team steht Ihnen jederzeit als Ansprechpartner zur Verfügung. Ein Nachbereitungstreffen findet nach der Rückkehr in Deutschland statt.

Stipendien und Sonstiges
Für Jugendliche zwischen 13 und 18 Jahren. Für Schulabgänger, die noch keine 19 Jahre sind als sog. *Gap Year* buchbar. Der o. g. Gesamtpreis kann je nach Schulbezirk und Auswahl der Schule variieren. Freie Auswahl des Schulbezirks (NB, PEI, NL, ON, AB, MB, SK, BC); sowie meist freie Schulwahl.

Kurz und bündig			
Gründungsjahr	2010	Schülerzahl im Kanada-Programm 2017/18	54
CAN-Programm seit	2010	Gesamtschülerzahl im High School Programm 2017/18	77
Gemeinnützigkeit	nein	Partner in Kanada	ausgewählte Schulen u. Schulbezirke

World Wide Qualifications Sprach- und Studienreisen GmbH	
Buschöhrchen 29	Telefon: 02247 / 969 0 480
53819 Neunkirchen-Seelscheid	Telefax: 02247 / 969 0 482
info@schuelerweltweit.de	www.schuelerweltweit.de

Preis und Leistung			
Regionenwahlprogramm	3 Monate	Halbjahr	Schuljahr
Grundpreis (ab)	€ 7.677	€ 9.998	€ 16.248
Flug D – Kanada – D	€ 1.400/p	€ 1.400/p	€ 1.400/p
Flugbegleitung auf Hinreise	nein	nein	nein
Vorbereitungstreffen	ja	ja	ja
Vorbereitungsseminar	ja	ja	ja
Einführungsseminar in Kanada	teilweise	teilweise	teilweise
Elterntreffen	nein	nein	nein
Nachbereitungstreffen	ja	ja	ja
Nachbereitungsseminar	nein	nein	nein
Kranken-/Unfallversicherung	€ 290	€ 390	€ 499
Haftpflicht-/Gepäckversicherung	ja	ja	ja
Gesamtpreis (ab circa)	**€ 9.367**	**€ 11.788**	**€ 18.147**
Bewerbungsschluss	2	Monate	vorher
Spätbewerbung	möglich	möglich	möglich

Bewerbungsverlauf und Kriterien für die Annahme des Bewerbers
Individuelles Gespräch für Dich und Deine Eltern. Vorstellung der einzelnen Schulen und Orte. Regionen können frei gewählt werden. In einem Einzelinterview mit Dir stellen wir Deine Eignung fest. Kriterien: 12-20 Jahre, Notendurchschnitt 3,0.

Vorbereitung auf den Kanada-Aufenthalt in Deutschland
Persönliche Beratung durch landes- und ortskundige Mitarbeiter. Englisch-Fernlehrgang zur Vorbereitung auf Englisch und einzelne Schulfächer. Weitere Treffen:
1. Tag: Schüler- und Elterntreffen: Über Schulen, das Leben in Kanada. u. Organisatorisches
2. Tag: Ein „außergewöhnliches" Englisch-Intensiv-Seminar: Mit anderen Austauschschülern machst Du Rollenspiele auf Englisch, so dass Du Dich in den ersten Tagen in Kanada schon sicher verständigen kannst und keine Angst mehr vor der Sprache haben brauchst!

Betreuung während des Auslandsaufenthalts und Nachbereitung
Student Coordinator unserer Partnerorganisation sowie zusätzlicher Ansprechpartner an der Schule selbst. Vor Ort findet ein Einführungsseminar statt. Berichterstattung für die Eltern in Deutschland.

Stipendien und Sonstiges
Bei frühzeitiger Anmeldung Schulwahl in den meisten Regionen möglich.
In Kanada bieten wir auch Sommerschools in den Ferien an.

Kurz und bündig			
Gründungsjahr	2005	Schülerzahl im Kanada-Programm 2017/18	3
CAN-Programm seit	2005	Gesamtschülerzahl im High School Programm 2017/18	67
Gemeinnützigkeit	nein	Partner in Kanada	UPI (ISE)

Abroad Study Down Under – Inh. Margit Fahrländer	
Carl-Orff-Weg 4	Telefon: 07641 / 9599410
79312 Emmendingen	Telefax: 07641 / 9599411
info@abroad-study.eu	www.abroad-study.eu

Preis und Leistung				
Schulwahlprogramm	1 Term	2 Terms	3 Terms	4 Terms
Grundpreis (ab)*	€ 6.030	€ 9.400	€ 12.770	€ 16.130
Flug D – Neuseeland – D	€ 1.800	€ 1.800	€ 1.800	€ 1.800
Flugbegleitung auf Hinreise**	ja	ja	ja	ja
Vorbereitungstreffen	ja	ja	ja	ja
Vorbereitungsseminar	nein	nein	nein	nein
Einführungsseminar in Neuseeland	nein	nein	nein	nein
Elterntreffen	nein	nein	nein	nein
Nachbereitungstreffen	ja	ja	ja	ja
Nachbereitungsseminar	nein	nein	nein	nein
Kranken-/Unfallversicherung	€ 120/p	€ 240/p	€ 360/p	€ 480/p
Haftpflicht-/Gepäckversicherung	optional	optional	optional	optional
Gesamtpreis (ab circa)	**€ 7.950**	**€ 11.440**	**€ 14.930**	**€ 18.410**
Bewerbungsschluss	flexibel	flexibel	flexibel	flexibel
Spätbewerbung	ohne Aufpr.	ohne Aufpr.	ohne Aufpr.	ohne Aufpr.

Bewerbungsverlauf und Kriterien für die Annahme des Bewerbers

Persönliche, individuelle und unverbindliche Beratung beim Schüler zuhause.
Rechnungsstellung erst nach Zusage der Schule in Neuseeland.
Kriterien: Motivation, Interesse, Anpassungsfähigkeit, Offenheit und Toleranz gegenüber dem Gastland und der Schule. Stabile häusliche und gesundheitliche Verhältnisse.

Vorbereitung auf den Neuseeland-Aufenthalt in Deutschland

Persönliche und individuelle Informationen und Beratung. Ständiger E-Mail-Kontakt.
Intensives Vorbereitungstreffen für Schüler und Eltern ca. 2-3 Monate vor Abreise mit allumfassenden Informationen und ausführlicher Info-Mappe. Orientation Day an der NZ-Schule.

Betreuung während des Auslandsaufenthalts und Nachbereitung

Individuelle ständige Betreuung durch KoordinatorIn an der Schule, durch E-Mail- und teilweise persönlichen Kontakt mit Abroad Study Down Under. Intensiver Kontakt mit den Eltern zuhause und der Schule in NZ.

Stipendien und Sonstiges

Stipendien ggf. in Kooperation mit der jeweiligen Schule. Geschwisterrabatt. Der Aufenthalt ist für alle Schüler geeignet: Haupt-, Realschule und Gymnasium. Schulabschluss möglich.
Kurzaufenthalte (ab 4 Wochen) möglich.
Margit Fahrländer ist *Education New Zealand Recognised Agent.*
* Inkl. Vermittlungsgebühr
** bei Flug mit der Gruppe im Januar und Juli bei mind. 10 Schülern
Verlängerungen vor Ort möglich ohne Verwaltungsgebühren von Abroad Study.

Kurz und bündig				
Gründungsjahr	2012	Schülerzahl im Neuseeland-Programm 2017/18		12
NZ-Programm seit	2012	Gesamtschülerzahl im High School Programm 2017/18		28
Gemeinnützigkeit	nein	Partner in Neuseeland	Kontaktperson an den Schulen	

AFS Interkulturelle Begegnungen e.V.	
Friedensallee 48	Telefon: 040 / 399 222-0
22765 Hamburg	Telefax: 040 / 399 222-99
info@afs.de	www.afs.de

Preis und Leistung

Länderwahlprogramm	1 Term	2 Terms	3 Terms	4 Terms
Grundpreis (ab)		€ 13.190		€ 13.690
Flug D – Neuseeland – D		ja		ja
Flugbegleitung auf Hinreise		nein		nein
Vorbereitungstreffen		teilweise		teilweise
Vorbereitungsseminar		ja		ja
Einführungsseminar in Neuseeland		ja		ja
Elterntreffen		teilweise		teilweise
Nachbereitungstreffen		ja		ja
Nachbereitungsseminar		ja		ja
Kranken-/Unfallversicherung		ja		ja
Haftpflicht-/Gepäckversicherung		nein		nein
Gesamtpreis (ab circa)		**€ 13.190**		**€ 13.690**
Bewerbungsschluss		15.05.		15.05.
Spätbewerbung		auf Anfrage		auf Anfrage

Bewerbungsverlauf und Kriterien für die Annahme des Bewerbers
Alle Bewerberinnen und Bewerber werden zu einem Einführungsseminar eingeladen. Für die Aufnahme ins Programm ist die persönliche Eignung, d. h. Eigenschaften wie Offenheit, Toleranz, Selbstständigkeit oder Kommunikationsfähigkeit ausschlaggebend. Nach Bewerbungsschluss ist eine Bewerbung auf noch freie Länderplätze auf Anfrage möglich.

Vorbereitung auf den Neuseeland-Aufenthalt in Deutschland
AFS legt großen Wert auf die Vorbereitung der Teilnehmerinnen und Teilnehmer. Es finden zwei Wochenendseminare statt. Im persönlichen Gespräch mit AFS-Ehrenamtlichen und der ganzen Familie wird individuell auf alle Fragen eingegangen.

Betreuung während des Auslandsaufenthalts und Nachbereitung
Das weltweite AFS-Netzwerk ermöglicht mit haupt- und ehrenamtlichen Mitarbeiterinnen und Mitarbeitern die persönliche Betreuung vor, während und nach dem Auslandsaufenthalt. AFS im Gastland organisiert ein Orientierungsseminar zu Beginn des Programms sowie Auswertungsseminare im weiteren Verlauf. Eine persönliche Ansprechperson vor Ort und hauptamtliche Mitarbeiterinnen und Mitarbeiter in allen AFS-Büros sind für Notfälle jederzeit erreichbar. AFS hilft mit zwei Nachbereitungsseminaren beim Wiedereinleben.

Stipendien und Sonstiges
Jedes Jahr vergibt AFS gemeinsam mit namhaften Stiftungen und Unternehmen an über 35 % der Teilnehmer Stipendien. Sozial Engagierte können sich darüber hinaus beim Arbeitskreis gemeinnütziger Jugendaustauschorganisationen (AJA) um das AJA-Stipendium bewerben: www.aja-org.de. Infos unter: www.afs.de/stipendien

Kurz und bündig

Gründungsjahr	1948	Schülerzahl im Neuseeland-Programm 2017/18	3
NZ-Programm seit	1973	Gesamtschülerzahl im High School Programm 2017/18	804
Gemeinnützigkeit	ja	Partner in Neuseeland	AFS

American Institute For Foreign Study (Deutschland) GmbH	
Friedensplatz 1	Telefon: 0228 / 957 30-0
53111 Bonn	Telefax: 0228 / 957 30-110
highschool@aifs.de	www.aifs.de

Preis und Leistung				
Schulwahlprogramm	1 Term	2 Terms	3 Terms	4 Terms
Grundpreis (ab)	€ 6.100	€ 9.600	auf Anfr.	€ 15.900
Flug D – Neuseeland – D	€ 2.200	€ 2.200		€ 2.200
Flugbegleitung auf Hinreise*	ja	ja		ja
Vorbereitungstreffen	nein	nein		nein
Vorbereitungsseminar	ja	ja		ja
Einführungsseminar in Neuseeland*	ja	ja		ja
Elterntreffen	nein	nein		nein
Nachbereitungstreffen	nein	nein		nein
Nachbereitungsseminar	ja	ja		ja
Kranken-/Unfallversicherung	ja	ja		ja
Haftpflicht-/Gepäckversicherung	ja	ja		ja
Gesamtpreis (ab circa)	**€ 8.300**	**€ 11.800**		**€ 18.100**
Bewerbungsschluss	flexibel	flexibel		flexibel
Spätbewerbung	ja	ja		ja

Bewerbungsverlauf und Kriterien für die Annahme des Bewerbers

Bewerbung: Die Bewerbung erfolgt unverbindlich durch das Ausfüllen eines Formulars auf www.aifs.de. Sind die formellen Voraussetzungen erfüllt, lädt AIFS den Bewerber zu einem ausführlichen Einzelgespräch (persönlich, per Skype oder telefonisch) mit einem unserer Neuseeland-Experten ein. Bei Eignung des Bewerbers unterbreitet AIFS anschließend ein Vertragsangebot, das erst durch die Annahme des Bewerbers verbindlich wird.

Voraussetzungen: 14 bis 18 Jahre; Schülerstatus; mind. drei Jahre Englisch als Unterrichtsfach; tolerant, anpassungsfähig, aufgeschlossen und motiviert

Vorbereitung auf den Neuseeland-Aufenthalt in Deutschland

Die Vorbereitung erfolgt durch das AIFS Team in Bonn als Ansprechpartner, ein zweitägiges Seminar in Bonn oder Umgebung, ausführliche Schüler- und Elternhandbücher sowie Inforundbriefe vor der Ausreise.

Betreuung während des Auslandsaufenthalts und Nachbereitung

Die Betreuung während des Aufenthaltes wird durch einen lokalen Betreuer, Partner vor Ort sowie AIFS in Bonn garantiert. Nachbereitung: im Rahmen einer großen Homecoming Party

Stipendien und Sonstiges

1) Geschwisterrabatt in Höhe von jeweils € 200 2) Rabatt bei Anmeldung gemeinsam mit einem Freund in Höhe von jeweils € 100

* Das Einführungsseminar (4 Tage Orientation Days) findet – zusammen mit den Australien-Schülern – in Sydney statt. Der Flug bis Sydney ist von AIFS begleitet – der Weiterflug nach NZ nicht.

Kurz und bündig			
Gründungsjahr (1964)	1983	Schülerzahl im Neuseeland-Programm 2017/18	28
NZ-Programm seit	2004	Gesamtschülerzahl im High School Programm 2017/18	473
Gemeinnützigkeit	nein	Partner in Neuseeland	Schulen vor Ort

Ayusa-Intrax GmbH	
Giesebrechtstr. 10	Telefon: 030 / 84 39 39 93
10629 Berlin	Telefax: 030 / 84 39 39 39
highschool@intrax.de	www.intrax.de

Preis und Leistung				
Schulwahlprogramm	1 Term	2 Terms	3 Terms	4 Terms
Grundpreis (ab)	€ 7.990	€ 11.990	€ 16.490	€ 19.990
Flug D – Neuseeland – D	ja	ja	ja	ja
Flugbegleitung auf Hinreise	nein	nein	nein	nein
Vorbereitungstreffen	nein	nein	nein	nein
Vorbereitungsseminar	ja	ja	ja	ja
Einführungsseminar in NZ	ja	ja	ja	ja
Elterntreffen	nein	nein	nein	nein
Nachbereitungstreffen	nein	nein	nein	nein
Nachbereitungsseminar	ja	ja	ja	ja
Kranken-/Unfallversicherung	ja	ja	ja	ja
Haftpflicht-/Gepäckversicherung	ja	ja	ja	ja
Gesamtpreis (ab circa)	**€ 7.990**	**€ 11.990**	**€ 16.490**	**€ 19.990**
Bewerbungsschluss	31.07./31.01	31.07./31.01	31.07./31.01.	31.07./31.01.
Spätbewerbung	möglich	möglich	möglich	möglich

Bewerbungsverlauf und Kriterien für die Annahme des Bewerbers

Neben dem schriftlichen Bewerbungsverlauf findet ein persönliches Einzelinterview in der Nähe des Wohnortes statt, gern auch mit den Eltern. Bewerben können sich Schüler zwischen 14 und 18 Jahren.

Vorbereitung auf den Neuseeland-Aufenthalt in Deutschland

Deutschlandweit finden Informationsveranstaltungen und Vorbereitungsseminare für Schüler statt. Wenn möglich kommen ehemalige Ayusa Schüler zu diesen Treffen. Ansonsten haben die Teilnehmer die Möglichkeit zum Telefonkontakt mit ehemaligen Teilnehmern. Zusätzlich erhalten sie Handbücher, die erste Einblicke und praktische Hinweise geben.

Betreuung während des Auslandsaufenthalts und Nachbereitung

Die Teilnehmer werden von unseren Partnerschulen betreut. beim Ayusa-Intrax steht während der gesamten Programmdauer mit den Eltern in Kontakt. Für die Rückkehrer bietet Ayusa-Intrax ein Wochenend-Nachbereitungsseminar an.

Stipendien und Sonstiges

Es werden Teilstipendien bis maximal € 3.000 vergeben. Ganz neu unser DOWN UNDER Kombiprogramm, 5 Monate: € 10.990

Preisangaben für Halb- und Schuljahr beinhalten einen Frühbucherrabatt, Details dazu auf unserer Webseite: www.intrax.de.

Kurz und bündig			
Gründungsjahr	1991	Schülerzahl im Neuseeland-Programm 2017/18	14
NZ-Programm seit	1997	Gesamtschülerzahl im High School Programm 2017/18	372
Gemeinnützigkeit	nein	Partner in Neuseeland	SEANZ, Schulen

Carl Duisberg Centren gemeinnützige GmbH
Hansaring 49-51 | Telefon: 0221 / 16 26 207
50670 Köln | Telefax: 0221 / 16 26 217
highschool@cdc.de | www.carl-duisberg-highschool.de

Preis und Leistung				
Schulwahlprogramm	1 Term	2 Terms	3 Terms	4 Terms
Grundpreis (ab)	€ 7.530	€ 11.220	€ 14.570	€ 17.330
Flug D – Neuseeland – D	ja	ja	ja	ja
Flugbegleitung auf Hinreise	nein	nein	nein	nein
Vorbereitungstreffen	nein	nein	nein	nein
Vorbereitungsseminar	ja	ja	ja	ja
Einführungsseminar in Neuseeland	teilweise	teilweise	teilweise	teilweise
Elterntreffen	ja	ja	ja	ja
Nachbereitungstreffen	ja	ja	ja	ja
Nachbereitungsseminar	nein	nein	nein	nein
Kranken-/Unfallversicherung	€ 120	€ 240	€ 360	€ 480
Haftpflicht-/Gepäckversicherung	ja	ja	ja	ja
Gesamtpreis (ab circa)	**€ 7.650**	**€ 11.460**	**€ 14.930**	**€ 17.810**
Bewerbungsschluss	flexibel	flexibel	flexibel	flexibel
Spätbewerbung	möglich	ohne	zusätzliche	Gebühren

Bewerbungsverlauf und Kriterien für die Annahme des Bewerbers
Zum Bewerbungsverfahren: 1.) Schriftliche Bewerbung (Formular) inkl. Zeugniskopie und Motivationsschreiben. 2.) Einladung von Schüler und Eltern zu einem persönlichen Auswahlgespräch 3.) Schulvorschläge 4.) Bei Eignung Aufnahme in das Programm und schriftliche Bestätigung des Platzes - *Zu den Aufnahmekriterien:* Aufgeschlossenheit für andere Länder und Kulturen; Anpassungsbereitschaft an Gegebenheiten des Gastlandes; Selbstständigkeit im Rahmen der landesüblichen Möglichkeiten; zufriedenstellende Kenntnisse der Landessprache.

Vorbereitung auf den Neuseeland-Aufenthalt in Deutschland
Das Auswahlgespräch und das Ausfüllen der Bewerbungsunterlagen sind bereits Teil der Vorbereitung. Wichtigster Teil unserer Vorbereitung sind unsere zweitägigen Seminare, bei denen wir alle wichtigen Aspekte in Diskussionen, Vorträgen und Rollenspielen behandeln. Man erhält ein landesspezifisches Handbuch.

Betreuung während des Auslandsaufenthalts und Nachbereitung
Die Betreuung erfolgt durch die Carl Duisberg Centren und durch einen Betreuer in Neuseeland. Wir führen Elterntreffen durch. Nach Rückkehr laden wir alle Schüler zum Nachbereitungstreffen ein.

Stipendien und Sonstiges
Partnerschulen in Neuseeland sind u.a. Rangitoto, Macleans, Kamo, Burnside, Mount Maunganui, Tepuke u.v.m.; Stop-Over-Programm in Singapur buchbar. Kurzprogramm (6 Wochen) an ausgewählten Schulen möglich. Einige unserer neuseeländischen Partnerschulen vergeben (Teil-)Stipendien an begabte oder sozial engagierte Schüler.

Kurz und bündig			
Gründungsjahr	1962	Schülerzahl im Neuseeland-Programm 2017/18	72
NZ-Programm seit	1998	Gesamtschülerzahl im High School Programm 2017/18	431
Gemeinnützigkeit	ja	Partner in Neuseeland	Partnerschulen

DFSR – Dr. Frank Sprachen & Reisen GmbH	
Industriestr. 35	Telefon: 0621 / 820 565 0
68169 Mannheim	Telefax: 0621/ 820 565 80
info@dfsr.de	www.dfsr.de

Preis und Leistung				
*Länderwahlprogramm***	1 Term	2 Terms	3 Terms*	4 Terms*
Grundpreis	€ 7.990	€ 10.990	€ 13.990	€ 13.990
Flug D – Neuseeland – D	ja	ja	ja	ja
Flugbegleitung auf Hinreise	nein	ja	ja	ja
Vorbereitungstreffen	nein	nein	nein	nein
Vorbereitungsseminar	ja	ja	ja	ja
Einführungsseminar in Neuseeland	nein	ja	ja	ja
Elterntreffen	nein	nein	nein	nein
Nachbereitungstreffen	nein	nein	nein	nein
Nachbereitungsseminar	ja	ja	ja	ja
Kranken-/Unfallversicherung	€ 120/p	ja	ja	ja
Haftpflicht-/Gepäckversicherung	nein	nein	nein	nein
Gesamtpreis (ab circa)	**€ 7.990**	**€ 10.990**	**€ 13.990**	**€ 13.990**
Bewerbungsschluss	15.10./15.04.	15.02./15.09.	15.02.	15.09.
Spätbewerbung	möglich	möglich	möglich	möglich

Bewerbungsverlauf und Kriterien für die Annahme des Bewerbers

Notendurchschnitt von 3,0 oder besser und keine 5 in den letzten Jahren. Wichtig sind auch Motivation und Interesse an dem Gastland und dem Kulturaustausch. Der Austauschschüler sollte Flexibilität, Verständnis, Toleranz und Selbstständigkeit mitbringen. Bewerben können sich Schüler/innen, die über mindestens zufriedenstellende Englischkenntnisse verfügen. Teilnahmealter: 14-18 Jahre (13 auf Anfrage). Bewerbungsverlauf: Ausfüllen des Bewerbungsformulars, persönliches Bewerbungsgespräch gemeinsam mit den Eltern, nach erfolgreichem Gespräch Aufnahme ins Programm.

Vorbereitung auf den Neuseeland-Aufenthalt in Deutschland

Intensives Vorbereitungsseminar in Mannheim oder Berlin

Betreuung während des Auslandsaufenthalts und Nachbereitung

Unsere Partnerorganisation vor Ort stellt für die Schüler einen Betreuer vor Ort und auch DFSR ist für seine Partner über eine 24h-Notrufnummer immer erreichbar. Nach Rückkehr der Schüler nach Deutschland erhalten sie die Möglichkeit, auf dem Welcome Back Seminar von ihren Erfahrungen zu berichten.

Stipendien und Sonstiges

2 Tage Soft Landing Camp in Auckland inklusive, bei Start im Jan./Feb. oder Juli/August.

* 3 Terms bei Juli Abreise; 4 Terms bei Januar/Februar Abreise – beides 9-10 Monate

** Neben dem landesweiten Programm gibt es auch ein Schulwahlprogramm in verschiedenen Regionen auf der Nord- und Südinsel. Mögl. Aufenthaltsdauer zwischen 3 & 12 Monaten.

Kurz und bündig			
Gründungsjahr	1978	Schülerzahl im Neuseeland-Programm 2017/18	45
NZ-Programm seit	1995	Gesamtschülerzahl im High School Programm 2017/18	379
Gemeinnützigkeit	nein	Partner in Neuseeland	SEANZ, SCCE und SPANZ

Die AustauschExperten GmbH
Gehrenwaldstr. 64
70327 Stuttgart
info@austauschexperten.de
Telefon: 0711 / 219 565 90
Telefax: k. A.
www.austauschexperten.de

Preis und Leistung				
Schulwahlprogramm	1 Term	2 Terms	3 Terms	4 Terms
Grundpreis inkl. Vermittlung (ab)	€ 6.162	€ 9.619	€ 14.293	€ 18.246
Flug D – Neuseeland – D	€ 1.800/p	€ 1.800/p	€ 1.800/p	€ 1.800/p
Flugbegleitung auf Hinreise	ja	ja	ja	ja
Vorbereitungstreffen	ja	ja	ja	ja
Vorbereitungsseminar	ja	ja	ja	ja
Einführungsseminar in Neuseeland	€ 293/opt.	€ 293/opt.	€ 293/opt.	€ 293/opt.
Elterntreffen	ja	ja	ja	ja
Nachbereitungstreffen	ja	ja	ja	ja
Nachbereitungsseminar	€ 30/opt.	€ 30/opt.	€ 30/opt.	€ 30/opt.
Kranken-/Unfallversicherung	ja / opt.	ja / opt.	ja / opt.	ja / opt.
Haftpflicht-/Gepäckversicherung	€ 54/opt.	€ 108/opt.	€ 162/opt.	€ 216/opt.
Gesamtpreis (ab circa)	**€ 7.962**	**€ 11.419**	**€ 16.093**	**€ 20.046**
Bewerbungsschluss	3	Monate	vor	Start
Spätbewerbung	2	Monate	vor	Start

Bewerbungsverlauf und Kriterien für die Annahme des Bewerbers
Wir laden alle Bewerber mit ihren Eltern zu einem rund 3-stündigen Beratungs- und Auswahlgespräch ein. Wir kennen die Schulen und deren Mitarbeiter durch viele Besuche, was uns eine optimale, individuelle und realistische Empfehlung für jeden Schüler ermöglicht.

Vorbereitung auf den Neuseeland-Aufenthalt in Deutschland
Während eines 2-tägigen Vorbereitungsworkshops werden Kulturunterschiede, Lösungsstrategien bei Konflikten, die unterschiedlichen Regeln u.v.m. thematisiert. Umfassendes Wissen und Erfahrungen aus erster Hand bringen unsere ehemaligen Austauschschüler ein. Ein eigener Workshop für die Eltern am 2. Tag rundet die Vorbereitung ab.

Betreuung während des Auslandsaufenthalts und durch Nachbereitung
Während des Programmes sind wir und unsere regionalen Ansprechpartner für die Eltern jederzeit ansprechbar (einschließlich einer 24-Stunden Notrufnummer). In NZ wird die Betreuung durch Mitarbeiter der Schulen sichergestellt. Nach der Rückkehr bieten wir überregionale und regionale Treffen an und geben Tipps zur Bewältigung des re-entry-shocks.

Stipendien und Sonstiges
2 Teilstipendien von je € 1.000 für Teilnehmer eines Jahresprogramms 2019/20.
Außerdem Teilstipendien in Kooperation mit unseren Partnerschulen im Gesamtwert von bis zu € 10.000. Die Vergabe erfolgt nach Bewerbung und Aufnahme in das Programm.

Kurz und bündig			
Gründungsjahr	2016	Schülerzahl im Neuseeland Programm 2017/18	18
NZ-Programm seit	2016	Gesamtschülerzahl im High School Programm 2017/18	91
Gemeinnützigkeit	nein	Partner in Neuseeland	Schulen, ODENZ, ISENZ

e2 - education abroad – Inh. Mario Stiploschek
Himmelstraße 9 Telefon: 040 / 44 70 700
22299 Hamburg Telefax: k. A.
info@edu-germany.com www.e2.de

Preis und Leistung				
Schulwahlprogramm	1 Term	2 Terms	3 Terms	4 Terms
Grundpreis* (ab)	€ 8.200	€ 9.900	€ 12.900	€ 14.900
Flug D – Neuseeland – D	ja	ja	ja	ja
Flugbegleitung auf Hinreise	ab 15 TN	ab 15 TN	ab 15 TN	ab 15 TN
Vorbereitungstreffen	ja	ja	ja	ja
Vorbereitungsseminar	ja	ja	ja	ja
Einführungsseminar in Neuseeland	teilweise	teilweise	teilweise	teilweise
Elterntreffen	ja	ja	ja	ja
Nachbereitungstreffen	ja	ja	ja	ja
Nachbereitungsseminar	ja	ja	ja	ja
Kranken-/Unfallversicherung	ja	ja	ja	ja
Haftpflicht-/Gepäckversicherung	ja/nein	ja/nein	ja/nein	ja/nein
Gesamtpreis	**€ 8.200**	**€ 9.900**	**€ 12.900**	**€ 14.900**
Bewerbungsschluss	30.04./15.10.	30.04./15.10.	30.04./15.10.	30.04./15.10.
Spätbewerbung	auf Anfrage	auf Anfrage	auf Anfrage	auf Anfrage

Bewerbungsverlauf und Kriterien für die Annahme des Bewerbers
Die Entscheidung, ein Jahr im Ausland zu verbringen, muss in der Familie einvernehmlich gefällt werden um den maximalen Erfolg zu gewährleisten. Ansonsten erwarten wir von den Kandidaten, sich mit den möglichen unterschiedlichen Ländern auseinanderzusetzen und mit offenem Geist an das Programm zu gehen.

Vorbereitung auf den Neuseeland-Aufenthalt in Deutschland
Zuallererst erfolgt das sogenannte Bewerbungsgespräch, dessen Dauer mit ca. 3 Std. ein erstes Kennenlernen ermöglicht. In diesem Gespräch, welches mit den Eltern und dem Teilnehmer geführt wird, werden vor allem mögliche Schwierigkeiten in der Gastfamilie und der Schule besprochen. Es wird intensiv versucht, herauszufinden, was die jeweilige Motivation des Teilnehmers ist und wie es zu dieser Entscheidung schließlich kam. Es werden zu allen Themen Handbücher (länderspezifisch) ausgegeben damit die Teilnehmer auch jederzeit Problemlösungen nachschlagen können. Der Höhepunkt der Vorbereitung ist ein 3-tägiges Vorbereitungsseminar in einer Jugendherberge, wo am Schlusstag auch die Eltern eingeladen sind um nochmal viele Ablaufdetails des Programmes zu erfahren

Betreuung während des Auslandsaufenthalts und Nachbereitung
Alle Schüler werden während ihres Aufenthaltes im Ausland von den Partner-Organisationen intensiv betreut. Partner-Orga und e2 arbeiten im Problemfall eng zusammen.

Stipendien und Sonstiges
* Im Gesamtpreis ist eine Vermittlungsgebühr von € 1.990 enthalten.

Kurz und bündig			
Gründungsjahr	1997	Schülerzahl im Neuseeland Programm 2017/18	2
NZ-Programm seit	1997	Gesamtschülerzahl im High School Programm 2017/18	40
Gemeinnützigkeit	nein	Partner in Neuseeland	Schulen

Experiment e.V.	
Gluckstraße 1	Telefon: 0228 / 95722 0
53115 Bonn	Telefax: 0228 / 35 82 82
info@experiment-ev.de	www.experiment-ev.de

Preis und Leistung				
*Schulwahlprogramm**	1 Term	2 Terms	3 Terms	4 Terms
Grundpreis (ab)	€ 8.120	€ 11.450	€ 16.100	€ 19.750
Flug D – Neuseeland – D	ja	ja	ja	ja
Flugbegleitung auf Hinreise	ja	ja	ja	ja
Vorbereitungstreffen	nein	nein	nein	nein
Vorbereitungsseminar	ja	ja	ja	ja
Einführungsseminar in Neuseeland	teilweise	teilweise	teilweise	teilweise
Elterntreffen	nein	nein	nein	nein
Nachbereitungstreffen	nein	nein	nein	nein
Nachbereitungsseminar	ja	ja	ja	ja
Kranken-/Unfallversicherung	ja	ja	ja	ja
Haftpflicht-/Gepäckversicherung	ja/nein	ja/nein	ja/nein	ja/nein
Gesamtpreis (ab circa)	**€ 8.120**	**€ 11.450**	**€ 16.100**	**€ 19.750**
Bewerbungsschluss	01.02./01.08.	01.02./01.08.	01.02./01.08.	01.02./01.08.
Spätbewerbung	möglich	möglich	möglich	möglich

Bewerbungsverlauf und Kriterien für die Annahme des Bewerbers
Alter: 14-18 Jahre. Voraussetzungen: Besuch einer weiterführenden Schule bis zur Ausreise, ernsthaftes Interesse am interkulturellen Austausch, Aufgeschlossenheit, Offenheit, Toleranz und Anpassungsvermögen. Grundkenntnisse in Englisch werden erwartet. Bewerbung online über unsere Homepage: www.experiment-ev.de/bewerbung

Vorbereitung auf den Neuseeland-Aufenthalt in Deutschland
Alle Teilnehmenden werden zu einem überregionalen, 4-tägigen Vorbereitungsseminar eingeladen, auf dem sie von Ehrenamtlichen umfassend auf ihren Auslandsaufenthalt vorbereitet werden. Diese intensive Vorbereitung findet bereits mehrere Wochen vor der Ausreise statt, ist verpflichtend für alle Teilnehmenden und daher bereits im Preis enthalten.

Betreuung während des Auslandsaufenthalts und Nachbereitung
Ein persönlicher Betreuer unserer Partnerorganisation hat die Gastfamilie vor der Ankunft des Austauschschülers besucht und ist während des Aufenthaltes Ansprechpartner für Schüler/in und Gastfamilie. Für Eltern und Teilnehmende gibt es zusätzlich in Deutschland einen telefonischen Bereitschaftsdienst von Experiment e.V., der rund um die Uhr erreichbar ist.

Stipendien und Sonstiges
* Einige Plätze ohne Wahlmöglichkeit verfügbar (4 Terms: € 13.900). Experiment e.V. stellt für den „Schüleraustausch weltweit" einen eigenfinanzierten Stipendienfonds in Höhe von € 85.000 (2019-20) zur Verfügung. Aktuelle Stipendien unter: www.experiment-ev.de/stipendien

Kurz und bündig			
Gründungsjahr	1932	Schülerzahl im Neuseeland-Programm 2017/18	10
NZ-Programm seit	2005	Gesamtschülerzahl im High School Programm 2017/18	500
Gemeinnützigkeit	ja	Partner in Neuseeland	langjährige Partnerorganisationen

FernZiele	
Schönwasserstraße 117	Telefon: 0160 / 5370057
47800 Krefeld	Telefax: k. A.
info@fern-ziele.de	www.fern-ziele.de

Preis und Leistung				
Schulwahlprogramm	1 Term	2 Terms	3 Terms	4 Terms
Grundpreis (ab)	€ 6.100	€ 9.935	€ 14.085	€ 17.420
Flug D – Neuseeland – D	€ 1.800/p	€ 1.800/p	€ 1.800/p	€ 1.800/p
Flugbegleitung auf Hinreise	€ 300 /opt.	€ 300 /opt.	€ 300 /opt.	€ 300 /opt.
Vorbereitungstreffen	opt.	opt.	opt.	opt.
Vorbereitungsseminar	nein	nein	nein	nein
Einführungsseminar in Neuseeland	opt.	opt.	opt.	opt.
Elterntreffen	nein	nein	nein	nein
Nachbereitungstreffen	opt.	opt.	opt.	opt.
Nachbereitungsseminar	nein	nein	nein	nein
Kranken-/Unfallversicherung	€ 120/p	€ 240/p	€ 360/p	€ 480/p
Haftpflicht-/Gepäckversicherung	opt.	opt.	opt.	opt.
Gesamtpreis (ab)	**€ 8.020**	**€ 11.975**	**€ 16.245**	**€ 19.700**
Bewerbungsschluss	flexibel	flexibel	flexibel	flexibel
Spätbewerbung	ja	ja	ja	ja

Bewerbungsverlauf und Kriterien für die Annahme des Bewerbers

Das persönliche Beratungsgespräch mit dem Teilnehmer und seinen Eltern ist uns sehr wichtig. Nur so können wir herausfinden, welche Schule für den Teilnehmer die richtige ist und von Anfang an eine vertrauensvolle Basis aufbauen. Die Schulnoten sind zweitrangig; viel wichtiger ist die persönliche Motivation und Aufgeschlossenheit.

Vorbereitung auf den Neuseeland-Aufenthalt in Deutschland

Wir geben den Teilnehmern bereits im ersten Beratungsgespräch viele Informationen zum Auslandsaufenthalt. Zusätzlich wird jeder Teilnehmer regelmäßig mit weiteren wichtigen Informationen versorgt. Ein Vorbereitungstreffen kann auf Wunsch kurzfristig organisiert werden.

Betreuung während des Auslandsaufenthalts und Nachbereitung

Die persönliche Betreuung vor Ort wird durch die Betreuer der Schulen garantiert. Wir halten regelmäßig engen Kontakt zu den Teilnehmern und deren Eltern sowie zu den Betreuern an den Schulen von Deutschland aus. (per Email, Skype, Telefon)
Ein Nachbereitungstreffen kann auf Wunsch kurzfristig organisiert werden.

Stipendien und Sonstiges

Altersvoraussetzung: 14-18 Jahre. In den deutschen Sommerferien bieten wir 6-wöchige Kurzaufenthalte zum Kennenlernen an. Zusätzlich buchbar: 2 Tage Sydney Stop-Over auf dem Hinflug (Mindestteilnehmerzahl erforderlich). Alle unsere Partnerschulen in Neuseeland kennen wir persönlich und besuchen diese regelmäßig.

Kurz und bündig			
Gründungsjahr (2012)	2017	Schülerzahl im Neuseeland Programm 2017/18	10
NZ-Programm seit	2012	Gesamtschülerzahl im High School Programm 2017/18	10
Gemeinnützigkeit	nein	Partner in Neuseeland	Schulen direkt

Global Youth Group e.V.
Eststr. 6
45149 Essen
info@global-youth-group.de
Telefon: 0201 / 6124529
Telefax: 0201 / 47619824
www.global-youth-group.de

Preis und Leistung				
Länderwahlprogramm	1 Term	2 Terms	3 Terms	4 Terms
Grundpreis (ab)	€ 6.300	€ 7.700	€ 8.850	€ 15.475
Flug D – Neuseeland – D	€ 1.800/p	€ 1.800/p	€ 1.800/p	€ 1.800/p
Flugbegleitung auf Hinreise	optional	optional	optional	optional
Vorbereitungstreffen	optional	optional	optional	optional
Vorbereitungsseminar	ja	ja	ja	ja
Einführungsseminar in Neuseeland	optional	optional	optional	optional
Elterntreffen	ja	ja	ja	ja
Nachbereitungstreffen	optional	optional	optional	optional
Nachbereitungsseminar	ja	ja	ja	ja
Kranken-/Unfallversicherung	€ 180/opt.	€ 360/opt.	€ 540/opt.	€ 720/opt.
Haftpflicht-/Gepäckversicherung	optional	optional	optional	optional
Gesamtpreis (ab circa)	**€ 8.280**	**€ 9.860**	**€ 11.190**	**€ 17.995**
Bewerbungsschluss	flexibel	flexibel	flexibel	flexibel
Spätbewerbung	flexibel	flexibel	flexibel	flexibel

Bewerbungsverlauf und Kriterien für die Annahme des Bewerbers
Bewirb dich online, per Fax, per E-Mail, per Telefon oder mit unserem Bewerbungsformular per Post. Nach Eingang deiner Bewerbung vereinbaren wir mit dir und deinen Eltern einen Termin für ein unverbindliches und kostenloses Bewerbungsinterview an deinem Wunschort oder per Skype. Du solltest dich für die Kultur in Neuseeland interessierten.
Die Teilnahme ist für jeden zwischen 14 und 19 Jahren möglich.

Vorbereitung auf den Neuseeland-Aufenthalt in Deutschland
Damit du und auch deine Eltern gut vorbereitet seid, organisieren wir deutschlandweit mehrere Vorbereitungsveranstaltungen. Dort bereiten wir dich intensiv auf deinen Aufenthalt vor. Optional findet zusätzlich in Sydney ein mehrtägiges Orientierungscamp statt.

Betreuung während des Auslandsaufenthalts und Nachbereitung
Die Betreuung vor Ort erfolgt in erster Linie durch deinen Betreuer vor Ort, der immer in deinem Umkreis wohnt. Er ist immer für deine Fragen und Wünsche da. Daneben hast du deinen Ansprechpartner in Deutschland, sowie jeweils eine 24-Stunden-Notrufnummer in Deutschland und Neuseeland. Nach deiner Rückkehr findet eine Nachbereitungsveranstaltung statt.

Stipendien und Sonstiges
Optional: 4-Tage Sydney-Trip; Teilstipendium: 4 x bis zu € 4.000, ggf. mehr Sonderaktionen findest du auf unserer Website, Programme in Neuseeland: Landesweit (ab 6 Wochen) und Schulwahl, auch eine Kombi Neuseeland – Australien ist möglich.

Kurz und bündig			
Gründungsjahr	2009	Schülerzahl im Neuseeland-Programm 2017/18	12
NZ-Programm seit	2010	Gesamtschülerzahl im High School Programm 2017/18	233
Gemeinnützigkeit	ja	Partner in Neuseeland	Educatius, LSC und versch. Schulen

Hausch & Partner GmbH – Schule und Studium	
Gasstr. 16	Telefon: 040 / 4147580
22761 Hamburg	Telefax: 040 / 41475815
info@hauschundpartner.de	www.hauschundpartner.de

Preis und Leistung				
Schulwahlprogramm	1 Term	2 Terms	3 Terms	4 Terms
Grundpreis (ab)*	€ 6.689	€ 11.178	€ 15.667	€ 18.474
Flug D – Neuseeland – D	€ 2.000	€ 2.000	€ 2.000	€ 2.000
Flugbegleitung auf Hinreise	€ 200/opt.	€ 200/opt.	€ 200/opt.	€ 200/opt.
Vorbereitungstreffen	ja	ja	ja	ja
Vorbereitungsseminar	nein	nein	nein	nein
Einführungsseminar in Neuseeland	€ 320/opt.	€ 320/opt.	€ 320/opt.	€ 320/opt.
Elterntreffen	nein	nein	nein	nein
Nachbereitungstreffen	ja	ja	ja	ja
Nachbereitungsseminar	nein	nein	nein	nein
Kranken-/Unfallversicherung	€ 96	€ 195	€ 290	€ 320
Haftpflicht-/Gepäckversicherung	ja	ja	ja	ja
Gesamtpreis (ab circa)	**€ 8.785**	**€ 13.373**	**€ 17.957**	**€ 20.794**
Bewerbungsschluss	flexibel	flexibel	flexibel	flexibel
Spätbewerbung	möglich	möglich	möglich	möglich

Bewerbungsverlauf und Kriterien für die Annahme des Bewerbers

Nach Zusendung der unverb. Bewerbung treffen wir jeden Schüler und seine Eltern zu einem Beratungsgespräch. Im Verlauf eines solchen Gesprächs erstellen wir ein Profil des Schülers und empfehlen passende Schulen. Schulnoten und Englischkenntnisse sind für uns zweitrangig; unsere Priorität liegt auf Offenheit, Motivation und Toleranz. Ein Auslandsaufenthalt ist immer eine Vertrauenssache, sodass es uns wichtig ist, jede Familie persönlich zu kennen und zu betreuen.

Vorbereitung auf den Neuseeland-Aufenthalt in Deutschland

Bereits während des Beratungsgespräches informieren wir über das Land und Besonderheiten. Bei einem 1-tägigen Vorbereitungsworkshop gehen wir noch einmal mit allen Schülern und Eltern wichtige Themen und alle offenen Fragen durch.

Betreuung während des Auslandsaufenthalts und Nachbereitung

Die Schüler haben an jeder Schule einen pers. Ansprechpartner mit dem auch wir im Kontakt stehen. Wir halten regelmäßigen Kontakt mit den Schülern und Eltern und sind über eine 24-h Notfallnummer auch in Problemsituationen immer erreichbar. Nach Rückkehr laden wir jeden Schüler zu einem Rückkehrertreffen ein.

Stipendien und Sonstiges

Wir vergeben jedes Jahr Teilstipendien in Zusammenarbeit mit den Schulen in Neuseeland. Die Programmdauer ist ab 6 Wochen möglich; Schüler ab 12 Jahren können in das Programm aufgenommen werden.

* Inkl. Vermittlungsgebühr in Höhe von € 2.200.

Kurz und bündig			
Gründungsjahr	1988	Schülerzahl im Neuseeland-Programm 2017/18	99
NZ-Programm seit	2001	Gesamtschülerzahl im High School Programm 2017/18	174
Gemeinnützigkeit	nein	Partner in Neuseeland	Schulen direkt

ICXchange-Deutschland e.V.
Bahnhofstraße 16-18 Telefon: 0441 / 923 98-0
26122 Oldenburg Telefax: 0441 / 923 98-99
info@icxchange.de www.icxchange.de

Preis und Leistung				
Schulwahlprogramm	1 Term	2 Terms	3 Terms	4 Terms
Grundpreis (ab)	€ 7.400	€ 11.400		€ 19.200
Flug D – Neuseeland – D	ja	ja		ja
Flugbegleitung auf Hinreise	ab 15 Teiln.	ab 15 Teiln.		ab 15 Teiln.
Vorbereitungstreffen	nein	nein		nein
Vorbereitungsseminar	ja	ja		ja
Einführungsseminar in Neuseeland	ja	ja		ja
Elterntreffen	nein	nein		nein
Nachbereitungstreffen	nein	nein		nein
Nachbereitungsseminar	ja	ja		ja
Kranken-/Unfallversicherung	ja	ja		ja
Haftpflicht-/Gepäckversicherung	€ 75/60/opt.	€ 75/60/opt.		€ 75/60/opt.
Gesamtpreis (ab)	**€ 7.400**	**€ 11.400**		**€ 19.200**
Bewerbungsschluss	zwei	Monate	vor	Abreise
Spätbewerbung	möglich	möglich		möglich

Bewerbungsverlauf und Kriterien für die Annahme des Bewerbers

Nach Eingang der Kurzbewerbung laden wir den Bewerber zu einem persönlichen Gespräch am oder in der Nähe seines Wohnortes ein. Verlief das Gespräch erfolgreich, folgen Akzeptierung, ausführliche Bewerbungsunterlagen und Vertragsofferte.
Teilnahmevoraussetzungen sind: 14 bis 19 Jahre, Gesundheit, Anpassungsfähigkeit.

Vorbereitung auf den Neuseeland-Aufenthalt in Deutschland

Vor der Ausreise laden wir alle Teilnehmer zu einem zweitägigen Vorbereitungsseminar ein. Die Eltern kommen für einen Nachmittag dazu. Das Seminar wird von ICX-Mitarbeitern geleitet, die von ehemaligen Teilnehmern unterstützt werden. Zusätzlich erhält jeder Teilnehmer eine ausführliche Informationsmappe.

Betreuung während des Auslandsaufenthalts und Nachbereitung

Zu Beginn des Neuseeland-Aufenthaltes findet ein einwöchiges Vorbereitungsseminar in Auckland oder Wellington statt. Während des Programms werden die Schüler von unserer neuseeländischen Partnerorganisation NtoZ betreut. Jedem Schüler steht ein deutschsprachiger Ansprechpartner in Neuseeland zur Verfügung. Nach Beendigung des Programms findet ein Nachbereitungsseminar in Deutschland statt.

Stipendien und Sonstiges

ICX vergibt Teilstipendien bis € 1.000. Die Stipendienvergabe richtet sich nach der Höhe des Familieneinkommens und dem zur Verfügung stehenden Stipendienfonds.

Kurz und bündig			
Gründungsjahr	1974	Schülerzahl im Neuseeland-Programm 2017/18	3
NZ-Programm seit	2017	Gesamtschülerzahl im High School Programm 2017/18	146
Gemeinnützigkeit	ja	Partner in Neuseeland	NtoZ International

iE – international Experience e.V.	
Amselweg 20	Telefon: 02246 / 915 49 0
53797 Lohmar	Telefax: 02246 / 915 49 12
info@international-experience.net	www.international-experience.net

Preis und Leistung				
Schulwahlprogramm	1 Term	2 Terms	3 Terms	4 Terms
Grundpreis (ab)	€ 7.995	€ 11.450	€ 14.950	€ 18.445
Flug D – Neuseeland – D	€ 1.800/p	€ 1.800/p	€ 1.800/p	€ 1.800/p
Flugbegleitung auf Hinreise	nein	nein	nein	nein
Vorbereitungstreffen	nein	nein	nein	nein
Vorbereitungsseminar	ja	ja	ja	ja
Einführungsseminar in Neuseeland	ja	ja	ja	ja
Elterntreffen	nein	nein	nein	nein
Nachbereitungstreffen	ja	ja	ja	ja
Nachbereitungsseminar	nein	nein	nein	nein
Kranken-/Unfallversicherung	€ 120/p	€ 240/p	€ 360/p	€ 480/p
Haftpflicht-/Gepäckversicherung	möglich	möglich	möglich	möglich
Gesamtpreis (ab circa)	**€ 9.915**	**€ 13.490**	**€ 17.110**	**€ 20.725**
Bewerbungsschluss	flexibel	flexibel	flexibel	flexibel
Spätbewerbung	möglich	möglich	möglich	möglich

Bewerbungsverlauf und Kriterien für die Annahme des Bewerbers

Bei uns erhält jeder Schüler jeglicher Schulform eine Chance! Du möchtest Neuseeland und seine einmalige Natur und Kultur kennenlernen? Du bist aufgeschlossen, flexibel und motiviert? Dann bringst Du die idealen Voraussetzungen für einen Austausch in Neuseeland mit.

Vorbereitung auf den Neuseeland-Aufenthalt in Deutschland

Alle Teilnehmer werden bestens auf den Schritt ins Ausland vorbereitet durch persönliche Ansprechpartner, Begleitung während des gesamten Prozesses, mehrtägiges Vorbereitungsseminar mit internationalen Gästen und Informationsmaterial zu allen wichtigen Themen.

Betreuung während des Auslandsaufenthalts und Nachbereitung

International student counselors an den Schulen betreuen die Schüler und deren Gastfamilien vor Ort. Sie helfen bei der Eingliederung in die Schule und in die neue Familie. iE unterhält einen persönlichen 24-Stunden-Notfall-Dienst für Schüler/Innen und Eltern (kein Call-Center). Eventuelle Probleme werden zunächst mit dem iE-Büro in Deutschland besprochen. Wir laden Dich nach Deiner Rückkehr auf unsere „legendäre“ Returnee-Party ein.

Stipendien und Sonstiges

iE ist ein von „Education New Zealand“ zertifizierter Bildungsexperte und als „New Zealand Specialist Agent“ anerkannt. Der o.g. Gesamtpreis kann je nach Schule variieren. iE arbeitet auch mit ausgewählten Privatschulen und Internaten zusammen. Im Programmpreis ist eine Basis-Krankenversicherung vor Ort enthalten. Zusätzlich dazu kann ein Versicherungspaket (inkl. Haftpflicht- und Gepäckversicherung) abgeschlossen werden.

Aktueller Testsieger: 1. Platz aller gemeinnützigen Organisationen im Bereich Leistungen & Premium vom Deutsches Institut für Service-Qualität

Kurz und bündig			
Gründungsjahr	2000	Schülerzahl im Neuseeland-Programm 2017/18	29
NZ-Programm seit	2002	Gesamtschülerzahl im High School Programm 2017/18	362
Gemeinnützigkeit	ja	Partner in Neuseeland	Schulen

KulturLife gGmbH	
Max-Giese-Str. 22	Telefon: 0431 / 888 14-10
24116 Kiel	Telefax: 0431 / 888 14-19
info@kultur-life.de	www.kultur-life.de

Preis und Leistung				
Schulwahlprogramm	1 Term	2 Terms	3 Terms	4 Terms
Grundpreis (ab)	€ 7.990	€ 11.990	€ 16.690	€ 18.990
Flug D – Neuseeland – D	ja	ja	ja	ja
Flugbegleitung auf Hinreise	ja	ja	ja	ja
Vorbereitungstreffen	nein	nein	nein	nein
Vorbereitungsseminar	ja	ja	ja	ja
Einführungsseminar in NZ	ja	ja	ja	ja
Elterntreffen	ja	ja	ja	ja
Nachbereitungstreffen	nein	nein	nein	nein
Nachbereitungsseminar	ja	ja	ja	ja
Kranken-/Unfallversicherung	ja	ja	ja	ja
Haftpflicht-/Gepäckversicherung	€ 45 opt/nein	€ 45 opt/nein	€ 90 opt/nein	€ 90 opt/nein
Gesamtpreis (ab circa)	**€ 7.990**	**€ 11.990**	**€ 16.690**	**€ 18.990**
Bewerbungsschluss	bis drei Monate vor Abreise			
Spätbewerbung	möglich	möglich	möglich	möglich

Bewerbungsverlauf und Kriterien für die Annahme des Bewerbers

Gute Beratung ist alles! Angesichts der Vielzahl von Schuloptionen bieten wir eine persönliche Beratung, um genau die richtige Schule für dich in Neuseeland zu finden. Du erhältst von uns Anmeldeunterlagen und Erläuterungen zum Programmablauf. Im Anschluss an ein persönliches Gespräch mit deinem Programmbetreuer erhältst du ein Vertragsangebot.

Vorbereitung auf den Neuseeland-Aufenthalt in Deutschland

Jedes Jahr führen wir mehrere Vorbereitungswochenenden in Hannover durch. Auch deine Eltern sind dazu eingeladen. Besonderer Schwerpunkt ist ein intensives interkulturelles Training. Außerdem triffst du ehemalige Austauschschüler, die von ihren Erfahrungen berichten.

Betreuung während des Auslandsaufenthalts und Nachbereitung

Ein Koordinator wird dir als fester Ansprechpartner mit Rat und Tat zur Seite stehen. Außerdem gibt es eine 24-Stunden-Notfallnummer im In- und Ausland. Natürlich kannst du auch immer deinen persönlichen Betreuer von KulturLife kontaktieren, den du von Anfang an kennst.

Stipendien und Sonstiges

KulturLife arbeitet in Neuseeland mit einer Vielzahl von ausgewählten Schulen direkt zusammen. Das ermöglicht eine schnelle und effiziente Kommunikation, trotz Zeitverschiebung.

Kurz und bündig			
Gründungsjahr	1995	Schülerzahl im Neuseeland-Programm 2017/18	10
NZ-Programm seit	2000	Gesamtschülerzahl im High School Programm 2017/18	120
Gemeinnützigkeit	ja	Partner in Neuseeland	verschiedene Schulen

MAP MUNICH ACADEMIC PROGRAM GMBH
Türkenstraße 104 — Telefon: 089 / 35 73 79 77
80799 München — Telefax: 089 / 35 73 79 78
info@map-highschoolyear.com — www.map-highschoolyear.com

Preis und Leistung				
Schulwahlprogramm	1 Term	2 Terms	3 Terms	4 Terms
Grundpreis (ab)	€ 5.800	€ 9.800	auf Anfrage	€ 17.200
Flug D – Neuseeland – D	€ 1.800/p	€ 1.800/p		€ 1.800/p
Flugbegleitung auf Hinreise	ab 15 Teiln.	ab 15 Teiln.		ab 15 Teiln.
Vorbereitungstreffen	ja	ja		ja
Vorbereitungsseminar	nein	nein		nein
Einführungsseminar in Neuseeland	€ 400/opt.	€ 400/opt.		€ 400/opt.
Elterntreffen	nein	nein		nein
Nachbereitungstreffen	ja	ja		ja
Nachbereitungsseminar	nein	nein		nein
Kranken-/Unfallversicherung	€ 120/p	€ 240/p		€ 480/p
Haftpflicht-/Gepäckversicherung	ja	ja		ja
Gesamtpreis (ab circa)	**€ 7.720**	**€ 11.840**		**€ 19.480**
Bewerbungsschluss	6 bis 8	Wochen	vor	Schulbeginn
Spätbewerbung	möglich	möglich		möglich

Bewerbungsverlauf und Kriterien für die Annahme des Bewerbers
Aufgeschlossenheit, Anpassungsfähigkeit und Reife, jedoch keine besonderen Alters- und Notenvorgaben. Nach Bewerbungseingang erhalten Schüler und Eltern eine Einladung zu einem persönlichen Bewerbungs- und Informationsgespräch. Nachdem sich MAP von der Eignung des Bewerbers überzeugt hat, erhält er nach wenigen Tagen ein Vertragsangebot und die MAP Akzeptierungsunterlagen.

Vorbereitung auf den Neuseeland-Aufenthalt in Deutschland
Von Anfang an wird jeder Programmteilnehmer umfassend von MAP auf seinen Aufenthalt vorbereitet und über die erforderlichen (organisatorischen) Schritte unterrichtet sowie mit Infomaterial versorgt. Vor Abreise findet ein Vorbereitungstreffen (Orientation) statt.

Betreuung während des Auslandsaufenthalts und Nachbereitung
In Neuseeland steht jedem Gastschüler ein Ansprechpartner für Probleme aller Art zur Seite. Nach der Rückkehr organisiert MAP ein “Returnee”-Treffen.

Stipendien und Sonstiges
MAP vergibt 5 Teilstipendien im Wert von je € 1.000 für Aufenthalte ab 5 Monaten.
Das Versicherungspaket wird über die jeweilige neuseeländische Schule abgeschlossen. In dem genannten Preis ist die Haftpflicht- und Reisegepäckversicherung enthalten.
MAP bietet zusätzlich ein mehrtägiges Vorbereitungsseminar in Auckland im Januar und im Juli an (€ 400).

Kurz und bündig			
Gründungsjahr	1996	Schülerzahl im Neuseeland-Programm 2017/18	19
NZ-Programm seit	1996	Gesamtschülerzahl im High School Programm 2017/18	231
Gemeinnützigkeit	nein	Partner in Neuseeland	diverse Schulen

Open Door International e.V. (ODI)
Thürmchenswall 69
50668 Köln
info@opendoorinternational.de
Telefon: 0221 / 60 60 85 50
Telefax: 0221 / 60 60 85 519
www.opendoorinternational.de

Preis und Leistung				
Schulwahlprogramm	1 Term	2 Terms	3 Terms	4 Terms
Grundpreis (ab)	€ 6.990	€ 10.190		€ 17.490
Flug D – Neuseeland – D	€ 1.800/p	€ 1.800/p		€ 1.800/p
Flugbegleitung auf Hinreise	ja	ja		ja
Vorbereitungstreffen	nein	nein		nein
Vorbereitungsseminar	ja	ja		ja
Einführungsseminar in Neuseeland	optional	optional		optional
Elterntreffen	ja	ja		ja
Nachbereitungstreffen	nein	nein		nein
Nachbereitungsseminar	ja	ja		ja
Kranken-/Unfallversicherung	ja	ja		ja
Haftpflicht-/Gepäckversicherung	ja	ja		ja
Gesamtpreis (ab circa)	**€ 8.790**	**€ 11.990**		**€ 19.290**
Bewerbungsschluss	drei	Monate	vor	Abreise
Spätbewerbung	möglich	möglich		möglich

Bewerbungsverlauf und Kriterien für die Annahme des Bewerbers
Einer unverbindlichen Online-Anmeldung folgen eine Bestätigung mit den ersten Unterlagen und das persönliche Kennenlerngespräch, das beim Bewerber zu Hause stattfindet. Auswahlkriterien sind die persönliche Eignung, Reife und Motivation, Offenheit, Toleranz, Flexibilität, Selbstständigkeit, Anpassungsbereitschaft, psychische Stabilität, aber auch die schulischen Leistungen, die nicht schlechter als 3,0 im Notendurchschnitt sein sollten. Das Programm ist für Schüler aller Schulformen im Alter von 14 bis 18 Jahren geeignet.

Vorbereitung auf den Neuseeland-Aufenthalt in Deutschland
Das 4-tägige Vorbereitungsseminar mit hauptamtlichen Programmbetreuern und Returnees, ist obligatorisch. Mit Workshops und ausführlichem Infomaterial werden die Teilnehmer intensiv auf ihr Zielland, den Aufenthalt und mögliche Probleme vorbereitet. Im Rahmen eines Workshops für die Eltern werden die wichtigsten Fragen aus Elternsicht thematisiert. Die Eltern erhalten vorab ein Handbuch zu Themen wie Visum, Versicherung, Finanzen, etc.

Betreuung während des Auslandsaufenthalts und Nachbereitung
24-Stunden-Notfallnummer; Betreuung durch Schule vor Ort; Ansprechperson für Teilnehmer und Eltern im ODI-Büro; Elterntreffen; 3-tägiges Nachbereitungsseminar für Returnees; Möglichkeit zu ehrenamtlicher Mitarbeit im Jugendaustausch.

Stipendien und Sonstiges
ODI vergibt ein Teilstipendium für die USA sowie vier weitere Teilstipendien für alle ODI-Länder. Begleitete Gruppenflüge mit der Option, an einer 2-tägigen Orientierungsveranstaltung mit Sightseeing in Auckland teilzunehmen.

Kurz und bündig			
Gründungsjahr	1983	Schülerzahl im Neuseeland-Programm 2017/18	4
NZ-Programm seit	1995	Gesamtschülerzahl im High School Programm 2017/18	104
Gemeinnützigkeit	ja	Partner in Neuseeland	verschiedene Schulen

Southern Cross – Eine Marke der Dr. Frank Sprachen & Reisen GmbH
Industriestr. 35
68169 Mannheim
info@southerncross.eu
Telefon: 0621 / 39187909
Telefax: 0621 / 39185194
www.southerncross.eu

Preis und Leistung				
Schulwahlprogramm	1 Term	2 Terms	3 Terms	4 Terms
Grundpreis (ab)	€ 6.375	€ 10.205	€ 14.030	€ 17.550
Flug D – Neuseeland – D	€ 1.895	€ 1.895	€ 1.895	€ 1.895
Flugbegleitung auf Hinreise	€ 295/opt.	€ 295/opt.	€ 295/opt.	€ 295/opt.
Vorbereitungstreffen	ja	ja	ja	ja
Vorbereitungsseminar	nein	nein	nein	nein
Einführungsseminar in Neuseeland	€ 495/opt.	€ 495/opt.	€ 495/opt.	€ 495/opt.
Elterntreffen	nein	nein	nein	nein
Nachbereitungstreffen	nein	nein	nein	nein
Nachbereitungsseminar	nein	nein	nein	nein
Kranken-/Unfallversicherung	optional	optional	optional	optional
Haftpflicht-/Gepäckversicherung	ja	ja	ja	ja
Gesamtpreis (ab circa)	**€ 8.270**	**€ 12.100**	**€ 15.925**	**€ 19.445**
Bewerbungsschluss	flexibel	flexibel	flexibel	flexibel
Spätbewerbung	ja	ja	ja	ja

Bewerbungsverlauf und Kriterien für die Annahme des Bewerbers
Persönliches und individuelles Beratungsgespräch bei Ihnen zu Hause oder in unserem Büro.
Schüler können Aufenthaltsort und Gastschule selbst wählen.
Große Auswahl an Schulen in ganz Neuseeland. Platzierungen an nicht von uns gelisteten Schulen sind ebenfalls möglich.
Einstiegsmöglichkeit vierteljährlich (Term) z.T. auch flexibel. Verlängerung möglich.

Vorbereitung auf den Neuseeland-Aufenthalt in Deutschland
Persönliche Beratung und Information durch landeskundigen Mitarbeiter.
Individuelle Planung und Betreuung des Aufenthalts.
Alle angebotenen Schulen sind uns persönlich bekannt. Vorbereitungstreffen in verschiedenen Städten Deutschlands und in Österreich ca. 2 Monate vor Abreise.

Betreuung während des Auslandsaufenthalts und Nachbereitung
Individuelle Betreuung durch einen Tutor an der ausgewählten Schule und unsere deutschsprachige Southern Cross Mitarbeiterin in Neuseeland, dem Büro in Deutschland und der Vertretung in Österreich. Standards nach NZ International Student Programm. Fragebogen nach Rückkehr, Berichterstattung im Internet. Auswahl und Kontakt zur Gastfamilie durch die Schule.

Stipendien und Sonstiges
Vertrag nach deutschem Reiserecht (Veranstalter), 4 Stipendien je Schuljahr.
Begleitete Gruppenflüge / garantierte Platzierung / freie Schulwahl / Visumbeantragung
NEU: Kurzzeitaufenthalte (4-10 Wochen) z.B. in den Sommerferien! Flexible Starttermine!

Kurz und bündig			
Gründungsjahr	1998	Schülerzahl im Neuseeland-Programm 2017/18	60
NZ-Programm seit	2001	Gesamtschülerzahl im High School Programm 2017/18	170
Gemeinnützigkeit	nein	Partner in Neuseeland	Schulen und Privatschulen

Stepin GmbH - Student Travel and Education Programmes International	
Kaiserstraße 19	Telefon: 0228 / 710 05-0
53113 Bonn	Telefax: 0228 / 710 05-999
school@stepin.de	www.stepin.de

Preis und Leistung				
*Schulwahlprogramm**	1 Term	2 Terms	3 Terms	4 Terms
Grundpreis (ab)	€ 6.055	€ 10.175	€ 14.855	€ 17.875
Flug D – Neuseeland – D	€ 1.935	€ 1.935	€ 1.935	€ 1.935
Flugbegleitung auf Hinreise	ja	ja	ja	ja
Vorbereitungstreffen	ja	ja	ja	ja
Vorbereitungsseminar	nein	nein	nein	nein
Einführungsseminar in NZ	ja	ja	ja	ja
Elterntreffen	nein	nein	nein	nein
Nachbereitungstreffen	nein	nein	nein	nein
Nachbereitungsseminar	€ 69/opt.	€ 69/opt.	€ 69/opt.	€ 69/opt.
Kranken-/Unfallversicherung	ab € 99	ab € 198	ab € 297	ab € 396
Haftpflicht-/Gepäckversicherung	optional	optional	optional	optional
Gesamtpreis (ab)	**€ 8.089**	**€ 12.308**	**€ 17.087**	**€ 20.206**
Bewerbungsschluss	15.03./15.10.	15.03./15.10.	15.03./15.10.	15.03./15.10.
Spätbewerbung	möglich	möglich	möglich	möglich

Bewerbungsverlauf und Kriterien für die Annahme des Bewerbers

Step 1: Unverbindliche Anmeldung (online od. schriftlich).
Step 2: Persönliches Kennenlerngespräch in Wohnortnähe des Bewerbers.
Step 3: Bei Eignung des Bewerbers unterbreitet Stepin ein Vertragsangebot.
Teilnahmevoraussetzungen sind kulturelle Aufgeschlossenheit, Reife, Toleranz und mindestens befriedigende schulische Leistungen.

Vorbereitung auf den Neuseeland-Aufenthalt in Deutschland

Eltern- und Schülervorbereitungstreffen in Deutschland sowie Handbücher und regelmäßige Info-Rundbriefe für Teilnehmer und Eltern bis zur Ausreise.

Betreuung während des Auslandsaufenthalts und Nachbereitung

Zweitägiges Einführungsseminar nach Ankunft in Auckland. Persönliche Beratung und Betreuung durch Stepin sowie exklusive Betreuung für Stepin-Teilnehmer durch unsere langjährigen Partner vor Ort. Das Stepin Team steht jederzeit als Ansprechpartner zur Verfügung. Großes Returnee-Wochenende in Deutschland.

Stipendien und Sonstiges

Stepin vergibt regelmäßig Vollstipendien.
Reiseversicherungsschutz ab € 33/Monat und Reiserücktrittsoption (3,9 % des Programmpreises) hinzubuchbar
* Länderwahlprogramm (Classic) mit begrenzten Plätzen möglich. Classic Plus-Programm mit vier ausgewählten Schulen.

Kurz und bündig			
Gründungsjahr	1997	Schülerzahl im Neuseeland-Programm 2017/18	61
NZ-Programm seit	2000	Gesamtschülerzahl im High School Programm 2017/18	684
Gemeinnützigkeit	nein	Partner in Neuseeland	ca. 30 Schulen in Neuseeland, Your Education

STS Sprachreisen GmbH	
Mönckebergstraße 5 (ab 12.18: An der Alster 62)	Telefon: 040 / 303 999-23
20095 Hamburg (20099 Hamburg)	Telefax: 040 / 303 999-08
highschool@sts-education.de	www.sts-education.de

Preis und Leistung				
Länderwahlprogramm	1 Term	2 Terms	3 Terms	4 Terms
Grundpreis		€ 13.550	€ 14.870	
Flug D – Neuseeland – D		ja	ja	
Flugbegleitung auf Hinreise		ja	ja	
Vorbereitungstreffen		ja	ja	
Vorbereitungsseminar		nein	nein	
Einführungsseminar in Neuseeland		ja	ja	
Elterntreffen		nein	nein	
Nachbereitungstreffen		ja	ja	
Nachbereitungsseminar		ja	ja	
Kranken-/Unfallversicherung*		€ 520	€ 720	
Haftpflicht-/Gepäckversicherung		ja	ja	
Gesamtpreis (circa)		**€ 14.070**	**€ 15.590**	
Bewerbungsschluss		15.03./31.08	15.03./31.08.	
Spätbewerbung		möglich	möglich	

Bewerbungsverlauf und Kriterien für die Annahme des Bewerbers
Das kostenlose Bewerbungsgespräch findet bei uns im Büro in Hamburg oder per Skype statt. Für die Aufnahme in unser Programm sind dein Interesse an anderen Kulturen, eine hohe Motivation, Offenheit und Anpassungsbereitschaft wichtig.

Vorbereitung auf den Neuseeland-Aufenthalt in Deutschland
Bereits beim Interview informieren wir umfassend über das Programm. Vor der Abreise führen wir ein Vorbereitungstreffen mit allen Teilnehmern und deren Eltern durch. Ehemalige STS-Schüler stehen den Austauschschülern als Kontaktschüler zur Verfügung.

Betreuung während des Auslandsaufenthalts und Nachbereitung
Die Betreuung erfolgt durch STS Deutschland, den lokalen Betreuern und das STS Büro in Neuseeland. Die Betreuer vor Ort haben immer ein offenes Ohr für deine Anliegen und oft gibt es Zusammenkünfte mit anderen Austauschschülern. Zusätzlich erhältst du eine 24h Notrufnummer. Für die Eltern steht das STS Büro in Deutschland während der gesamten Zeit als Ansprechpartner zur Verfügung. In der Regel gibt es Reiseangebote vor Ort.

Stipendien und Sonstiges
Im Rahmen unseres Select-Programmes ist eine Wahl der Schule und der Aufenthaltsregion möglich. Auch Aufenthalte von ein, zwei, drei oder vier Terms sind im Rahmen dieses Programmes möglich.
* Der Abschluss des opt. Versicherungspakets mit Krankenversicherung wird empfohlen.

Kurz und bündig			
Gründungsjahr	1987	Schülerzahl im Neuseeland-Programm 2017/18	3
NZ-Programm seit	1987	Gesamtschülerzahl im High School Programm 2017/18	85
Gemeinnützigkeit	nein	Partner in NZ	Eigenes STS Büro

Study Nelson Ltd. – Deutsches Kontaktbüro	
Kurfürstendamm 132 – c/o Blue Sky	Telefon: 030 / 89 00 95 94
10711 Berlin	Telefax: 030 / 89 00 95 24
info@studynelson.com	www.studynelson.com

Preis und Leistung				
Schulwahlprogramm	1 Term	2 Terms	3 Terms	4 Terms
Grundpreis (ab)	€ 8.450	€ 11.850	€ 15.950	€ 19.250
Flug D – Neuseeland – D	ja	ja	ja	ja
Flugbegleitung auf Hinreise	ja	ja	ja	ja
Vorbereitungstreffen	ja	ja	ja	ja
Vorbereitungsseminar	nein	nein	nein	nein
Einführungsseminar in Neuseeland	ja	ja	ja	ja
Elterntreffen	optional	optional	optional	optional
Nachbereitungstreffen	ja	ja	ja	ja
Nachbereitungsseminar	ja	ja	ja	ja
Kranken-/Unfallversicherung	ja	ja	ja	ja
Haftpflicht-/Gepäckversicherung	ja	ja	ja	ja
Gesamtpreis (ab circa)	**€ 8.450**	**€ 11.850**	**€ 15.950**	**€ 19.250**
Bewerbungsschluss	keiner	keiner	keiner	keiner
Spätbewerbung	ja	ja	ja	ja

Bewerbungsverlauf und Kriterien für die Annahme des Bewerbers
Persönliche Gespräche in Deutschland. Vermittlung an Wunsch-Schule. Teilnehmer sind 14-18 Jahre (jünger/älter möglich) mit gefestigter Persönlichkeit. Gymnasiasten, Real- und Gesamtschüler sowie Schüler, die bereits eine Schule abgeschlossen haben. Aufenthaltslänge nach Wunsch, Verlängerung jederzeit möglich, auch anerkannter Schulabschluss NCEA.

Vorbereitung auf den Neuseeland-Aufenthalt in Deutschland
Vor Abreise ausführliche Beratungsgespräche und Vorbereitungstreffen Unsere „Buddies“ (ehemalige Teilnehmer) stehen zusätzlich zur Seite. Neuseeland-Handbuch für Eltern. Online Vorbereitung mit Englischkurs für Schüler (im Select Plus Programm). Organisation von Schulanmeldung, Versicherung, Visumsbeantragung und Flug.

Betreuung während des Auslandsaufenthalts und Nachbereitung
Mit Hauptsitz vor Ort leisten wir persönliche Rund-um-die-Uhr-Betreuung durch unser deutschsprachiges Team. Persönliche Auswahl der Gastfamilie, schulische Betreuung durch Pädagogen mit Erfahrung an neuseeländischen und deutschen Schulen, Einführungskurs in NZ, Emails u. Newsletter an Eltern, Schülertreffen, Ferienreisen, Teilnahmezertifikat, Nachbereitungstreffen.

Stipendien und Sonstiges
Agentur mit Hauptsitz vor Ort, seit 20 Jahren auf Schulaufenthalte in Neuseeland spezialisiert. Ausgezeichnet als „New Zealand Education Recognised Agency".
Angebotene Programme: High School Select Plus, High School Basis, Gap Year, Familienauszeit. Regelmäßige Vergabe von Stipendien und Ermäßigungen: www.studynelson.com

Kurz und bündig			
Gründungsjahr	1999	Schülerzahl im Neuseeland-Programm 2017/18	160
NZ-Programm seit	1999	Gesamtschülerzahl im High School Programm 2017/18	165
Gemeinnützigkeit	nein	Partner in Neuseeland	selbst mit Hauptsitz vor Ort

StudyNZ Ltd
Lessingstraße 2
40667 Meerbusch
isabel.schrader@study.nz
Telefon: 02132 / 80 430
Telefax: k. A.
www.study.nz

Preis und Leistung				
Schulwahlprogramm	1 Term	2 Terms	3 Terms	4 Terms
Grundpreis (ab)	€ 6.360	€ 10.800	€ 15.000	€ 19.220
Flug D – Neuseeland – D	€ 1.800/p	€ 1.800/p	€ 1.800/p	€ 1.800/p
Flugbegleitung auf Hinreise*	nein	nein	nein	nein
Vorbereitungstreffen	ja	ja	ja	ja
Vorbereitungsseminar	nein	nein	nein	nein
Einführungsseminar in Neuseeland	€ 480/opt.	€ 480/opt.	€ 480/opt.	€ 480/opt.
Elterntreffen	ja	ja	ja	ja
Nachbereitungstreffen	nein	nein	nein	nein
Nachbereitungsseminar	€ 460/opt.	€ 460/opt.	€ 460/opt.	€ 460/opt.
Kranken-/Unfallversicherung	€ 115	€ 180	€ 260	€ 300
Haftpflicht-/Gepäckversicherung	opt.	opt.	opt.	opt.
Gesamtpreis (ab circa)	**€ 8.275**	**€ 12.780**	**€ 17.060**	**€ 22.220**
Bewerbungsschluss	flexibel	flexibel	flexibel	flexibel
Spätbewerbung	möglich	ohne	zusätzliche	Gebühr

Bewerbungsverlauf und Kriterien für die Annahme des Bewerbers
Nachdem Du zu uns Kontakt aufgenommen hast, führen wir ein persönliches Gespräch mit Dir und Deinen Eltern, möglichst bei Dir zu Hause. Gemeinsam finden wir die optimale Schule für Dich. Neugier, Anpassungsfähigkeit, Eigeninitiative, Zuverlässigkeit und Toleranz erwarten wir von Dir.

Vorbereitung auf den Neuseeland-Aufenthalt in Deutschland
Persönlich durch Isabel Schrader, Eva Meyer oder Lena Dörner, alle „Recognised Agent" geprüft durch „New Zealand Educated". Susanne Dörner – Firmeninhaberin, die in Neuseeland lebt und Euch dort betreut, kommt einmal im Jahr zum Kennenlerntreffen nach Deutschland. Ihr und Eure Eltern kennt sie also schon vor Eurer Abreise.

Betreuung während des Auslandsaufenthalts und Nachbereitung
Bei Ankunft im Juli habt Ihr ein viertägiges Orientierungscamp mit Susanne Dörner, Coach und Team und vor Eurem Abflug. StudyNZ betreut Euch während Eures gesamten Aufenthaltes (bei anderem Anreisetermin Kurzorientierungen 1-2 Tage).

Stipendien und Sonstiges
Wir sind eine neuseeländische Firma mit deutschen Büros. Als deutsche Neuseeländerin kann Susanne Dörner mit ihrem StudyNZ Team in Neuseeland eine optimale Betreuung vor Ort garantieren. Bei uns zählt jeder Einzelne – Du bist keine anonyme Zahl. Wir bilden das Netz und den doppelten Boden für Dich und Deine Eltern. Unser Ziel: auch Dich für Neuseeland zu begeistern! Öffentliche und private Schulen, Unterbringung in Gastfamilien oder Internat. Teilstipendium für Feldhockey und Fussball.
* Die Schüler im Juli fliegen als Gruppe in Begleitung unserer 18+-jährigen Gapyear Tutoren.

Kurz und bündig				
Gründungsjahr	2009	Schülerzahl im Neuseeland Programm 2017/18		25
NZ-Programm seit	2009	Gesamtschülerzahl im High School Programm 2017/18		36
Gemeinnützigkeit	nein	Partner in Neuseeland	StudyNZ Ltd	

Terre des Langues – Inh. Petra Schmidt
Pflanzenmayerstr. 16
93049 Regensburg
terre-des-langues@t-online.de
Telefon: 0941 / 56 56 02
Telefax: 0941 / 56 56 04
www.terre-des-langues.de

Preis und Leistung				
Schulwahlprogramm	1 Term	2 Terms	3 Terms	4 Terms
Grundpreis (ab circa)	€ 6.800	€ 10.300	€ 15.700	€ 19.900
Flug D – Neuseeland – D	ja	ja	ja	ja
Flugbegleitung auf Hinreise	nein	nein	nein	nein
Vorbereitungstreffen	ja	ja	ja	ja
Vorbereitungsseminar	nein	nein	nein	nein
Einführungsseminar in Neuseeland	nein	nein	nein	nein
Elterntreffen	nein	nein	nein	nein
Nachbereitungstreffen	ja	ja	ja	ja
Nachbereitungsseminar	nein	nein	nein	nein
Kranken-/Unfallversicherung	ja	ja	ja	ja
Haftpflicht-/Gepäckversicherung	ja	ja	ja	ja
Gesamtpreis (ab circa)	**€ 6.800**	**€ 10.300**	**€ 15.700**	**€ 19.900**
Bewerbungsschluss	auf	Anfrage	auf	Anfrage
Spätbewerbung	möglich	möglich	möglich	möglich

Bewerbungsverlauf und Kriterien für die Annahme des Bewerbers
Nach Erhalt der Voranmeldung bekommen Sie die ausführlichen Anmeldeunterlagen. Ausschlaggebend für die Annahme bei dem Programm ist die Persönlichkeit des Bewerbers. Bitte bringen Sie die Bereitschaft mit, sich auf neue Erfahrungen und Menschen einzulassen. Sie sollten einen offenen und flexiblen Charakter haben, der es ermöglicht, Schul- und Familienleben sowie die Kultur der Maori und der Neuseeländer zu akzeptieren. Bitte seien Sie sich Ihrer Rolle als Botschafter bewusst.

Vorbereitung auf den Neuseeland-Aufenthalt in Deutschland
Das Vorbereitungsseminar dauert einen Tag und findet in verschiedenen deutschen Städten statt. Hier erklärt man Ihnen den Ablauf der Reise, Versicherung, Schulsystem und Sie bekommen wichtige Ratschläge. Ehemalige Teilnehmer stehen für Fragen zur Verfügung.

Betreuung während des Auslandsaufenthalts und Nachbereitung
Die Betreuung erfolgt durch den örtlichen Betreuer und durch Terre des Langues in Deutschland. Die Teilnehmer erhalten nach der Rückkehr einen Fragebogen.
Jedes Jahr im Herbst findet ein Treffen statt.

Stipendien und Sonstiges
Sie können die Schule selbst wählen und jederzeit einsteigen. Wir berechnen nach Wochen. Terre des Langues organisiert Reisen für die Ferienzeiten für die Teilnehmer. Das Programm ist auch für Schulabbrecher geeignet.
Aufenthalte ab 4 Wochen möglich. Wir nehmen Teilnehmer ab 12 Jahren i. d. Programm auf.

Kurz und bündig				
Gründungsjahr	1995	Schülerzahl im Neuseeland-Programm 2017/18		20
NZ-Programm seit	1997	Gesamtschülerzahl im High School Programm 2017/18		56
Gemeinnützigkeit	nein	Partner in Neuseeland	Schulen direkt	

travelbee - (into GmbH)	
Ostlandstraße 14	Telefon: 02234 / 946 36-0
50858 Köln	Telefax: 02234 / 946 36-23
kontakt@travelbee.de	www.travelbee.de

Preis und Leistung				
Länderwahlprogramm	1 Term	2 Terms	3 Terms	4 Terms
Grundpreis (ab)	€ 11.150	€ 14.350	€ 15.950	€ 18.500
Flug D – Neuseeland – D	ja	ja	ja	ja
Flugbegleitung auf Hinreise	ja	ja	ja	ja
Vorbereitungstreffen	nein	nein	nein	nein
Vorbereitungsseminar	ja	ja	ja	ja
Einführungsseminar in Neuseeland	ja	ja	ja	ja
Elterntreffen	nein	nein	nein	nein
Nachbereitungstreffen	nein	nein	nein	nein
Nachbereitungsseminar	ja	ja	ja	ja
Kranken-/Unfallversicherung	ja	ja	ja	ja
Haftpflicht-/Gepäckversicherung	nein	nein	nein	nein
Gesamtpreis (ab circa)	**€ 11.150**	**€ 14.350**	**€ 15.950**	**€ 18.500**
Bewerbungsschluss	30.04./15.10.	30.04./15.10.	30.04./15.10.	30.04.
Spätbewerbung	auf Anfrage	auf Anfrage	auf Anfrage	auf Anfrage

Bewerbungsverlauf und Kriterien für die Annahme des Bewerbers

Du musst mindestens 14 Jahre alt sein, Dein Notendurchschnitt sollte befriedigend oder besser sein. Das Wichtigste ist, dass Du Motivation, Neugier, Flexibilität und Toleranz mitbringst.

Vorbereitung auf den Neuseeland-Aufenthalt in Deutschland

Schüler- und Elternhandbuch, regelmäßig Infobriefe mit Infos zum Ablauf, kulturellen Eigenheiten der Gastländer sowie Ratschlägen und Erfahrungsberichten. Circa zwei bis drei Monate vor der Abreise finden unsere zweitägigen Vorbereitungsseminare statt. Dort erhältst Du Infos und Tipps und lernst auch eine Menge über die Regeln während Deines Aufenthaltes. Zudem wirst Du mit Rollenspielen, kreativer Arbeit und lustigen Sketchen auf Deinen Austausch vorbereitet. Es gibt eine Extra-Informationsveranstaltung zur Vorbereitung Deiner Eltern bei Sommerabreise.

Betreuung während des Auslandsaufenthalts und Nachbereitung

In Neuseeland wird in der Nähe Deines Wohnortes ein Ansprechpartner für Dich und Deine Gastfamilie sein. Auch in Deutschland sind wir immer erreichbar. Nach Deiner Rückkehr ist es noch nicht „vorbei“: Unsere Returnees organisieren „get togethers“, unser traditionelles Sommer-BBQ und Ausflüge, bei denen sich viele Ehemalige immer wieder treffen.

Stipendien und Sonstiges

Vier Tage Orientation Camp in Auckland bei Sommer- sowie Winterausreise im Preis inbegriffen.

Kurz und bündig			
Gründungsjahr	1986	Schülerzahl im Neuseeland-Programm 2017/18	13
NZ-Programm seit	2001	Gesamtschülerzahl im High School Programm 2017/18	293
Gemeinnützigkeit	nein	Partner in Neuseeland	Schulen

TravelWorks (Travelplus Group GmbH)	
Münsterstr. 111	Telefon: 02506 / 8303 600
48155 Münster	Telefax: 02506 / 8303 230
highschool@travelworks.de	www.travelworks.de/schueleraustausch

Preis und Leistung				
Schulwahlprogramm	1 Term	2 Terms	3 Terms	4 Terms
Grundpreis (ab)	€ 7.870	€ 11.290	€ 15.170	€ 18.990
Flug D – Neuseeland – D	ja	ja	ja	ja
Flugbegleitung auf Hinreise	ja	ja	ja	ja
Vorbereitungstreffen	nein	nein	nein	nein
Vorbereitungsseminar	ja	ja	ja	ja
Einführungsseminar in Neuseeland	ja	ja	ja	ja
Elterntreffen	nein	nein	nein	nein
Nachbereitungstreffen	ja	ja	ja	ja
Nachbereitungsseminar	nein	nein	nein	nein
Kranken-/Unfallversicherung	€ 171	€ 342	€ 513	€ 684
Haftpflicht-/Gepäckversicherung	ja	ja	ja	ja
Gesamtpreis (ab circa)	**€ 8.041**	**€ 11.632**	**€ 15.683**	**€ 19.674**
Bewerbungsschluss	15.02./01.05. 01.10.	15.02./01.05. 01.10.	15.02./01.05. 01.10.	15.02./01.05. 01.10.
Spätbewerbung	ja	ja	ja	ja

Bewerbungsverlauf und Kriterien für die Annahme des Bewerbers
Nach der unverbindlichen Bewerbung laden wir SchülerIn und Eltern zum persönlichen Auswahl- und Informationsgespräch ein. Anschließend erhalten Bewerber unsere Buchungsgrundlage mit verbindlichem Anmeldeformular, das zur Buchung unterschrieben an uns zurückgesendet wird. Bewerber sollten motiviert, flexibel und weltoffen sein. Alter: 14-18

Vorbereitung auf den Neuseelandaufenthalt in Deutschland
Ca. zwei bis drei Monate vor Abreise laden wir alle Teilnehmer mit Eltern zum zweitägigen Vorbereitungsseminar in Deutschland (Münster) bzw. Österreich (Salzburg) ein. Teilnehmer und Eltern erhalten zudem ein Handbuch und regelmäßige Inforundschreiben.

Betreuung während des Auslandsaufenthalts und Nachbereitung
Der Aufenthalt startet mit einer dreitägigen Orientierungsveranstaltung in der Nähe von Auckland. Während des Aufenthaltes werden die Schüler von unseren Partnern an den örtlichen Schulen betreut. Eltern wie Schülern stehen zudem die Kollegen in unserem deutschen Büro als Ansprechpartner zur Verfügung – im Notfall 24 Stunden am Tag.
Gemeinsames Welcome Back-Wochenende nach Rückkehr nach Deutschland.

Stipendien und Sonstiges
1 Teilstipendium à € 2.000, 1 Musikstipendium (ca. 25% der Schulgebühren), Privatschulen, IB World Schools, ODENZ-Schulen (Outdoor Education) buchbar
18-Monats-Programm, das zum neuseeländischen Abituräquivalent führt, möglich
Summer School-Aufenthalte über 3, 4 oder 5 Wochen möglich

Kurz und bündig			
Gründungsjahr	1991	Schülerzahl im Neuseeland-Programm 2017/18	46
NZ-Programm seit	2004	Gesamtschülerzahl im High School Programm 2017/18	345
Gemeinnützigkeit	nein	Partner in Neuseeland	Schulen direkt

TREFF - Sprachreisen GmbH	
Wörthstraße 155	Telefon: 07121 / 696 696-0
72793 Pfullingen (bei Reutlingen)	Telefax: 07121 / 696 696-9
info@treff-sprachreisen.de	www.treff-sprachreisen.de

Preis und Leistung				
Schulwahlprogramm	1 Term	2 Terms	3 Terms	4 Terms
Grundpreis (ab)	€ 8.990	€ 12.590	€ 15.990	€ 18.990
Flug D – Neuseeland – D	ja	ja	ja	ja
Flugbegleitung auf Hinreise	ja	ja	ja	ja
Vorbereitungstreffen	ja	ja	ja	ja
Vorbereitungsseminar	nein	nein	nein	nein
Einführungsseminar in Neuseeland	nein	nein	nein	nein
Elterntreffen	nein	nein	nein	nein
Nachbereitungstreffen	ja	ja	ja	ja
Nachbereitungsseminar	nein	nein	nein	nein
Kranken-/Unfallversicherung	ja	ja	ja	ja
Haftpflicht-/Gepäckversicherung	ja/nein	ja/nein	ja/nein	ja/nein
Gesamtpreis (circa)	**€ 8.990**	**€ 12.590**	**€ 15.990**	**€ 18.990**
Bewerbungsschluss	2	Monate	vor	Schulbeginn
Spätbewerbung	möglich	möglich	möglich	möglich

Bewerbungsverlauf und Kriterien für die Annahme des Bewerbers
Nach Eingang der Bewerbung vereinbaren wir ein Beratungsgespräch bei Ihnen zuhause, in der Nähe Ihres Wohnortes oder bei uns im Büro in Pfullingen. Wir informieren über den Ablauf des High School Aufenthalts, stehen für alle Fragen zur Verfügung und unterbreiten Vorschläge zur Schulwahl. Nach Eingang der schriftl. Bewerbungsunterlagen erhalten Sie ein Aufnahmeangebot der neuseeländischen Schule und unser Vertragsangebot. Erst nach Rücksendung des unterschriebenen Vertrags kommt ein Reisevertrag zustande. Wichtige Kriterien: Offenheit, Aufgeschlossenheit, Motivation, Toleranz, Reife, Anpassungsbereitschaft, Wille zur Integration. Alter zwischen 14 und 19 Jahren; mindestens befriedigende Schulzeugnisse.

Vorbereitung auf den Neuseeland-Aufenthalt in Deutschland
Eltern u. Teilnehmer werden zu einem Vorbereitungsseminar eingeladen, bei dem alle Aspekte des Aufenthalts besprochen werden. Ehem. Teilnehmer berichten von ihren Erfahrungen und Sie erhalten Handbücher mit allen Informationen. In unserem Buddy Club haben Teilnehmer die Möglichkeit, Returnées zu kontaktieren u. von deren Erfahrungen zu profitieren.

Betreuung während des Auslandsaufenthalts und Nachbereitung
Bei Programmbeginn im Januar und Juli 2-tägiges Orientierungs- und Sightseeing Programm in Sydney. An jeder Schule stehen ausgebildete Schulmitarbeiter den Austauschschülern zur Verfügung. Selbstverständlich stehen auch wir telefonisch und persönlich jederzeit zur Verfügung. Erfahrungsaustausch bei einem Nachtreffen mit Workshops und Freizeitprogramm.

Stipendien und Sonstiges
Teilstipendien bis € 1.500 (formloser schriftlicher Antrag, Bescheid innerhalb einer Woche). Wir orientieren uns an den Noten, an besonderem Engagement und den wirtschaftlichen Verhältnissen der Familien: Einkommensnachweis, Kinderzahl, letztes Jahreszeugnis

Kurz und bündig			
Gründungsjahr	1984	Schülerzahl im Neuseeland-Programm 2017/18	28
NZ-Programm seit	1998	Gesamtschülerzahl im High School Programm 2017/18	198
Gemeinnützigkeit	nein	Partner in Neuseeland	Schulen auf der Nord- und Südinsel

weltgewandt – Internationale Schulberatung GmbH	
Adenauerallee 208-210	Telefon: 0228 / 748 709 92
53113 Bonn	Telefax: 0228 / 748 709 94
info@weltgewandt.de	www.weltgewandt.de

Preis und Leistung				
Schulwahlprogramm	1 Term	2 Terms	3 Terms	4 Terms
Grundpreis (ab)	€ 8.250	€ 12.150	€ 16.900	€ 19.900
Flug D – Neuseeland – D	ja	ja	ja	ja
Flugbegleitung auf Hinreise	nein	nein	nein	nein
Vorbereitungstreffen	ja	ja	ja	ja
Vorbereitungsseminar	nein	nein	nein	nein
Einführungsseminar in Neuseeland	ja	ja	ja	ja
Elterntreffen	nein	nein	nein	nein
Nachbereitungstreffen	ja	ja	ja	ja
Nachbereitungsseminar	nein	nein	nein	nein
Kranken-/Unfallversicherung	€ 120/p	€ 240/p	€ 360/p	€ 480/p
Haftpflicht-/Gepäckversicherung	ja	ja	ja	ja
Gesamtpreis (ab)	**€ 8.370**	**€ 12.390**	**€ 17.260**	**€ 20.380**
Bewerbungsschluss	flexibel	flexibel	flexibel	flexibel
Spätbewerbung	möglich	möglich	möglich	möglich

Bewerbungsverlauf und Kriterien für die Annahme des Bewerbers
Unverbindliche, persönliche Beratung der Bewerber und Eltern, Interview mit dem Bewerber und schriftliche Bewerbungsunterlagen. Teilnahmevoraussetzungen sind kulturelle Aufgeschlossenheit, eigene Motivation und Toleranz.

Vorbereitung auf den Neuseeland-Aufenthalt in Deutschland
Vor der Ausreise finden Eltern- und Schülervorbereitungstreffen in Deutschland statt. 2-tägiges Vorbereitungsseminar nach Ankunft in Auckland. Regelmäßige Info-Rundbriefe für Teilnehmer und Eltern bis zur Ausreise.

Betreuung während des Auslandsaufenthalts und Nachbereitung
Die Teilnehmer werden am Zielflughafen von der Gastfamilie bzw. ihrem Betreuer abgeholt. In den ersten Tagen findet in den meisten Schulen ein Vorbereitungstreffen für die Internationalen Schüler statt. Jedem Teilnehmer steht mind. eine Betreuungsperson der Schule mit Rat und Tat zur Seite. Das weltgewandt-Team steht Ihnen jederzeit als Ansprechpartner zur Verfügung. Außerdem haben die Teilnehmer einen weltgewandt-Repräsentanten als zusätzlichen Kontakt vor Ort. Ein Nachbereitungstreffen findet nach Rückkehr in Deutschland statt.

Stipendien und Sonstiges
Für Jugendliche zwischen 13 und 18 Jahren. Für Schulabgänger, die noch keine 19 Jahre sind als sog. *Gap Year* buchbar. Der o. g. Gesamtpreis variiert von Schule zu Schule. Freie Schulwahl. weltgewandt-Ansprechpartner vor Ort.

Kurz und bündig			
Gründungsjahr	2010	Schülerzahl im Neuseeland-Programm 2017/18	23
NZ-Programm seit	2010	Gesamtschülerzahl im High School Programm 2017/18	77
Gemeinnützigkeit	nein	Partner in Neuseeland	ausgewählte Schulen

World Wide Qualifications Sprach- und Studienreisen GmbH
Buschöhrchen 29 Telefon: 02247 / 969 0 480
53819 Neunkirchen-Seelscheid Telefax: 02247 / 969 0 482
info@schuelerweltweit.de www.schuelerweltweit.de

Preis und Leistung				
Schulwahlprogramm	1 Term	2 Terms	3 Terms	4 Terms
Grundpreis (ab)	€ 7.290	€ 11.799	€ 16.756	€ 19.990
Flug D – Neuseeland – D	€ 1.800/p	€ 1.800/p	€ 1.800/p	€ 1.800/p
Flugbegleitung auf Hinreise	nein	nein	nein	nein
Vorbereitungstreffen	ja	ja	ja	ja
Vorbereitungsseminar	ja	ja	ja	ja
Einführungsseminar in Neuseeland	ja	ja	ja	ja
Elterntreffen	nein	nein	nein	nein
Nachbereitungstreffen	ja	ja	ja	ja
Nachbereitungsseminar	nein	nein	nein	nein
Kranken-/Unfallversicherung	€ 290	€ 390	€ 420	€ 560
Haftpflicht-/Gepäckversicherung	ja	ja	ja	ja
Gesamtpreis (ab circa)	**€ 9.380**	**€ 13.989**	**€ 18.976**	**€ 22.350**
Bewerbungsschluss	2	Monate	vor	Ausreise
Spätbewerbung	auf	Anfrage	auf	Anfrage

Bewerbungsverlauf und Kriterien für die Annahme des Bewerbers
Individuelles Gespräch für Dich und Deine Eltern. Vorstellung der einzelnen Schulen und Orte, welche Du frei wählen kannst. In einem Einzelinterview mit Dir stellen wir Deine Eignung fest. Kriterien: 13-19 Jahre, Notendurchschnitt mind. 3,2.

Vorbereitung auf den Neuseeland-Aufenthalt in Deutschland
Persönliche Beratung durch landes- und ortskundige Mitarbeiterin. Englisch-Fernlehrgang zur Vorbereitung auf Englisch und einzelne Schulfächer. Weitere Treffen:
1. Tag: Schüler- und Elterntreffen: Über Schulen, das Leben in NZ. u. Organisatorisches
2. Tag: Ein „außergewöhnliches“ Englisch-Intensiv-Seminar. Mit anderen Austauschschülern machst Du Rollenspiele auf Englisch, so dass Du Dich in den ersten Tagen in Neuseeland schon sicher zu verständigen weißt und keine Angst mehr vor der Sprache haben brauchst!

Betreuung während des Auslandsaufenthalts und Nachbereitung
Student Counsellor der Schule sowie zusätzlich speziell dafür ausgebildete Betreuer. Berichterstattung für die Eltern in Deutschland.

Stipendien und Sonstiges
Schuluniform teilweise im Preis enthalten. Garantierte Platzierung an ausgewählten Schulen bei frühzeitiger Anmeldung. Neuseeland-Reiseberatung für Eltern.

Kurz und bündig			
Gründungsjahr	2005	Schülerzahl im Neuseeland-Programm 2017/18	4
NZ-Programm seit	2005	Gesamtschülerzahl im High School Programm 2017/18	67
Gemeinnützigkeit	nein	Partner in Neuseeland	Schulen direkt

AFS Interkulturelle Begegnungen e.V.
Friedensallee 48
22765 Hamburg
info@afs.de
Telefon: 040 / 399 222-0
Telefax: 040 / 399 222-99
www.afs.de

Preis und Leistung			
Länderwahlprogramm	3 Monate	Halbjahr	Schuljahr
Grundpreis			€ 8.090
Flug D – Norwegen – D			ja
Flugbegleitung auf Hinreise			nein
Vorbereitungstreffen			teilweise
Vorbereitungsseminar			ja
Einführungsseminar in Norwegen			ja
Elterntreffen			teilweise
Nachbereitungstreffen			ja
Nachbereitungsseminar			ja
Gesamtpreis			**€ 8.090**
Bewerbungsschluss			15.10.
Spätbewerbung			möglich

Bewerbungsverlauf und Kriterien für die Annahme des Bewerbers
Die Bewerberinnen und Bewerber werden zu einem Einführungsseminar eingeladen. Für die Aufnahme ins Programm ist die persönliche Eignung, d. h. Eigenschaften wie Offenheit, Toleranz, Selbstständigkeit, Anpassungsbereitschaft und Kommunikationsfähigkeit ausschlaggebend. Nach Bewerbungsschluss ist eine Bewerbung auf noch freie Länderplätze möglich.

Vorbereitung auf den Norwegen-Aufenthalt in Deutschland
AFS legt großen Wert auf die Vorbereitung der Teilnehmerinnen und Teilnehmer. Es finden drei Wochenendseminare statt. Im persönlichen Gespräch mit AFS-Ehrenamtlichen und der ganzen Familie wird individuell auf alle Fragen eingegangen.

Betreuung während des Auslandsaufenthalts und Nachbereitung
Das weltweite Netz haupt- und ehrenamtlicher Mitarbeiterinnen und Mitarbeiter ermöglicht die persönliche Betreuung der Jugendlichen vor, während und nach dem Auslandsaufenthalt. AFS im Gastland organisiert ein Orientierungsseminar zu Beginn des Programms sowie Auswertungsseminare im weiteren Verlauf. Eine persönliche Ansprechperson vor Ort und hauptamtliche Mitarbeiterinnen und Mitarbeiter in allen Partnerorganisationen sind für Notfälle jederzeit erreichbar. Nach der Rückkehr hilft AFS mit zwei Nachbereitungsseminaren beim Wiedereinleben.

Stipendien und Sonstiges
Niemand sollte aus finanziellen Gründen auf ein Austauscherlebnis verzichten müssen. Jedes Jahr vergibt AFS gemeinsam mit namhaften Stiftungen und Unternehmen an über 35 % der Teilnehmerinnen und Teilnehmer Stipendien. Weitere Infos: www.afs.de/stipendien.
Sozial Engagierte können sich außerdem um das AJA-Stipendium bewerben: www.aja-org.de.

Kurz und bündig			
Gründungsjahr	1948	Schülerzahl im Norwegen-Programm 2017/18	15
NOR-Programm seit	1976	Gesamtschülerzahl im High School Programm 2017/18	804
Gemeinnützigkeit	ja	Partner in Norwegen	AFS

Deutsches Youth For Understanding Komitee e.V. (YFU)	
Oberaltenallee 6	Telefon: 040 / 22 70 02-0
22081 Hamburg	Telefax: 040 / 22 70 02-27
info@yfu.de	www.yfu.de

Preis und Leistung			
Länderwahlprogramm	3 Monate	Halbjahr	Schuljahr
Grundpreis		€ 7.400	€ 7.900
Flug D – Norwegen – D		ja	ja
Flugbegleitung auf Hinreise		ja	ja
Vorbereitungstreffen		ja	ja
Vorbereitungsseminar		ja	ja
Einführungsseminar in Norwegen		ja	ja
Elterntreffen		ja	ja
Nachbereitungstreffen		ja	ja
Nachbereitungsseminar		ja	ja
Gesamtpreis		**€ 7.400**	**€ 7.900**
Bewerbungsschluss		variabel	variabel
Spätbewerbung		nein	nein

Bewerbungsverlauf und Kriterien für die Annahme des Bewerbers

Bei YFU können sich Schülerinnen und Schüler aller Schularten bewerben. Sie sollten aufgeschlossen, anpassungsfähig und verantwortungsbewusst sein und mindestens durchschnittliche Schulleistungen vorweisen. Nach Durchsicht der schriftlichen Bewerbungsunterlagen führt YFU regional Auswahlgespräche in Form von Gruppen- und Einzelinterviews durch.

Vorbereitung auf den Norwegen-Aufenthalt in Deutschland

Alle YFU-Austauschschüler nehmen vor Abreise an einem einwöchigen Seminar teil, auf dem sie intensiv auf das Leben in einer fremden Kultur vorbereitet werden und praktische Tipps für den Alltag in Norwegen erhalten. Auch für Eltern werden eigene Vorbereitungstreffen angeboten. YFU stellt außerdem umfangreiche schriftliche Unterlagen zur Verfügung.

Betreuung während des Auslandsaufenthalts und Nachbereitung

Jeder Austauschschüler hat im Ausland vor Ort einen persönlichen Betreuer. Darüber hinaus stehen die hauptamtlichen YFU-Mitarbeiter in Deutschland und Norwegen zur Verfügung – im Notfall rund um die Uhr. Während des Austausches finden begleitende Seminare statt. Nach der Rückkehr gibt es ein zwei- bis dreitägiges Nachbereitungsseminar.

Stipendien und Sonstiges

YFU vergibt jährlich rund 300 Stipendien im Gesamtwert von etwa einer halben Million Euro. Die Vergabe und Höhe der Stipendien richtet sich nach der finanziellen Situation der Familie, nicht nach Schulnoten. Weitere Informationen gibt es unter www.yfu.de/stipendien.

Kurz und bündig			
Gründungsjahr	1957	Schülerzahl im Norwegen-Programm 2017/18	10
NOR-Programm seit	1982	Gesamtschülerzahl im High School Programm 2017/18	902
Gemeinnützigkeit	ja	Partner in Norwegen	YFU Norwegen

DFSR – Dr. Frank Sprachen & Reisen GmbH
Industriestr. 35
68169 Mannheim
info@dfsr.de
Telefon: 0621 / 820 565 0
Telefax: 0621 / 820 565 80
www.dfsr.de

Preis und Leistung			
Länderwahlprogramm	3 Monate	Halbjahr	Schuljahr
Grundpreis		€ 6.990	€ 7.990
Flug D – Norwegen – D		ja	ja
Flugbegleitung auf Hinreise		nein	nein
Vorbereitungstreffen		nein	nein
Vorbereitungsseminar		ja	ja
Einführungsseminar in Norwegen		€ 490 /opt.	€ 490 /opt.
Elterntreffen		nein	nein
Nachbereitungstreffen		nein	nein
Nachbereitungsseminar		ja	ja
Gesamtpreis (circa)		**€ 6.990**	**€ 7.990**
Bewerbungsschluss		01.04./01.10.	01.04.
Spätbewerbung		möglich	möglich

Bewerbungsverlauf und Kriterien für die Annahme des Bewerbers

Für alle Teilnehmer gilt: Es kommt nicht nur auf die Schulnoten an, wichtig sind auch ihre Motivation und ihr Interesse an dem Gastland und dem Kulturaustausch. Der Austauschschüler sollte Flexibilität, Verständnis, Toleranz und Selbstständigkeit mitbringen. Bewerben können sich Schüler/innen, die über mindestens zufriedenstellende Englischkenntnisse verfügen. Teilnahmealter: 14-18 Jahre.

Bewerbungsverlauf: Ausfüllen des Bewerbungsformulars, persönliches Bewerbungsgespräch gemeinsam mit den Eltern, nach erfolgreichem Gespräch Aufnahme ins Programm.

Vorbereitung auf den Norwegen-Aufenthalt in Deutschland

Intensives Vorbereitungsseminar in Deutschland.

Betreuung während des Auslandsaufenthalts und Nachbereitung

Unsere Partnerorganisation vor Ort stellt für die Schüler einen Betreuer vor Ort und auch DFSR ist für seine Partner über eine 24h-Notrufnummer immer erreichbar. Nach Rückkehr der Schüler nach Deutschland erhalten sie die Möglichkeit, auf dem Welcome Back Seminar von ihren Erfahrungen zu berichten.

Stipendien und Sonstiges

3 Tage Soft Landing Camp in Kopenhagen kann zusätzlich gebucht werden bei Programmbeginn im Sommer. Dänemark, Schweden und Finnland ebenfalls im Angebot.

Kurz und bündig			
Gründungsjahr	1978	Schülerzahl im Norwegen-Programm 2017/18	5
NOR-Programm seit	2014	Gesamtschülerzahl im High School Programm 2017/18	379
Gemeinnützigkeit	nein	Partner in Norwegen	Explorius

Experiment e.V.
Gluckstraße 1
53115 Bonn
info@experiment-ev.de
Telefon: 0228 / 95722 0
Telefax: 0228 / 35 82 82
www.experiment-ev.de

Preis und Leistung

Länderwahlprogramm	3 Monate	Halbjahr	Schuljahr
Grundpreis	€ 5.750	€ 5.970	€ 5.570
Flug D – Norwegen – D	€ 400/p	€ 400/p	€ 400/p
Flugbegleitung auf Hinreise	nein	nein	nein
Vorbereitungstreffen	nein	nein	nein
Vorbereitungsseminar	ja	ja	ja
Einführungsseminar in Norwegen	teilweise	teilweise	teilweise
Elterntreffen	nein	nein	nein
Nachbereitungstreffen	nein	nein	nein
Nachbereitungsseminar	ja	ja	ja
Gesamtpreis	**€ 6.150**	**€ 6.370**	**€ 5.970**
Bewerbungsschluss	01.02./01.08.	01.02./01.08.	01.02./01.08.
Spätbewerbung	möglich	möglich	möglich

Bewerbungsverlauf und Kriterien für die Annahme des Bewerbers
Alter: 15-18 Jahre. Besuch einer weiterführenden Schule bis zur Ausreise, ernsthaftes Interesse am interkulturellen Austausch, Aufgeschlossenheit, Offenheit, Toleranz und Anpassungsvermögen. Grundkenntnisse in Englisch und Norwegisch bis zur Ausreise werden erwartet. Bewerbung online über unsere Homepage: www.experiment-ev.de/bewerbung.

Vorbereitung auf den Norwegen-Aufenthalt in Deutschland
Alle Teilnehmenden werden zu einem überregionalen, 4-tägigen Vorbereitungsseminar eingeladen, auf dem sie von Ehrenamtlichen umfassend auf ihren Auslandsaufenthalt vorbereitet werden. Diese intensive Vorbereitung findet bereits mehrere Wochen vor der Ausreise statt, ist verpflichtend für alle Teilnehmenden und daher bereits im Preis enthalten. Zudem gibt es eine Informationsveranstaltung für Eltern.

Betreuung während des Auslandsaufenthalts und Nachbereitung
Ein persönlicher Betreuer unserer Partnerorganisation hat die Gastfamilie vor der Ankunft des Austauschschülers besucht und ist während des Aufenthaltes Ansprechpartner für Schüler/in und Gastfamilie. Für Eltern und Teilnehmende gibt es zusätzlich in Deutschland einen telefonischen Bereitschaftsdienst von Experiment e.V., der rund um die Uhr erreichbar ist.

Stipendien und Sonstiges
Optionales 3-tägiges Orientierungsseminar in Oslo oder Kopenhagen gegen Aufpreis möglich. Experiment e.V. stellt für den „Schüleraustausch weltweit" einen eigenfinanzierten Stipendienfonds in Höhe von € 85.000 (2019-20) zur Verfügung, darunter Teilstipendien in Höhe von bis zu € 2.000. Aktuelle Stipendien unter: www.experiment-ev.de/stipendien

Kurz und bündig

Gründungsjahr	1932	Schülerzahl im Norwegen-Programm 2017/18	5
NOR-Programm seit	2013	Gesamtschülerzahl im High School Programm 2017/18	500
Gemeinnützigkeit	ja	Partner in Norwegen	langjährige Partnerorganisation

Global Youth Group e.V.
Eststr. 6
45149 Essen
info@global-youth-group.de
Telefon: 0201 / 6124529
Telefax: 0201 / 47619824
www.global-youth-group.de

Preis und Leistung			
Länderwahlprogramm	3 Monate	Halbjahr	Schuljahr
Grundpreis	€ 5.950	€ 6.350	€ 6.950
Flug D – Norwegen – D	€ 400/p	€ 400/p	€ 400/p
Flugbegleitung auf Hinreise	optional	optional	optional
Vorbereitungstreffen	optional	optional	optional
Vorbereitungsseminar	ja	ja	ja
Einführungsseminar in Norwegen	ja	ja	ja
Elterntreffen	ja	ja	ja
Nachbereitungstreffen	optional	optional	optional
Nachbereitungsseminar	ja	ja	ja
Gesamtpreis	**€ 6.350**	**€ 6.750**	**€ 7.350**
Bewerbungsschluss	30.09. / 31.03.	30.09. / 31.03.	30.09. / 31.03.
Spätbewerbung	auf Anfrage	auf Anfrage	auf Anfrage

Bewerbungsverlauf und Kriterien für die Annahme des Bewerbers
Bewirb dich online, per Fax, per E-Mail, per Telefon oder mit unserem Bewerbungsformular per Post. Nach Eingang deiner Bewerbung vereinbaren wir mit dir und deinen Eltern einen Termin für ein unverbindliches und kostenloses Bewerbungsinterview an deinem Wunschort oder per Skype. Du solltest dich für die Kultur und Sprache in Norwegen interessierten und mittlere Englischkenntnisse haben. Teilnehmen kann jeder zwischen 15 und 18 Jahren.

Vorbereitung auf den Norwegen-Aufenthalt in Deutschland
Damit du und auch deine Eltern gut vorbereitet seid, organisieren wir deutschlandweit mehrere Vorbereitungsveranstaltungen. Dort bereiten wir dich intensiv auf deinen Aufenthalt vor. Optional findet zusätzlich in Skandinavien ein mehrtägiges Orientierungscamp statt.

Betreuung während des Auslandsaufenthalts und Nachbereitung
Die Betreuung vor Ort erfolgt in erster Linie durch deinen Betreuer vor Ort, der immer in deinem Umkreis wohnt. Er ist immer für deine Fragen und Wünsche da.
Daneben hast du deinen Ansprechpartner in Deutschland, sowie jeweils eine 24-Stunden-Notrufnummer in Deutschland und Norwegen. Nach deiner Rückkehr findet eine Nachbereitungsveranstaltung statt.

Stipendien und Sonstiges
Optional: Soft Landing Camp in Skandinavien, Flugbegleitung
Teilstipendium: 4 x bis zu € 4.000, ggf. mehr Sonderaktionen findest du auf unserer Website
€ 350 Preisnachlass bei einer Anmeldung bis zum 30.11. (Sommerausreise) und 31.03. (Winterausreise), Programme in Skandinavien: Schweden, Norwegen, Finnland, Dänemark

Kurz und bündig			
Gründungsjahr	2009	Schülerzahl im Norwegen-Programm 2017/18	7
NOR-Programm seit	2014	Gesamtschülerzahl im High School Programm 2017/18	233
Gemeinnützigkeit	ja	Partner in Norwegen	Explorius

AFS Interkulturelle Begegnungen e.V.	
Friedensallee 48	Telefon: 040/ 399 222-0
22765 Hamburg	Telefax: 040/399 222-99
info@afs.de	www.afs.de

Preis und Leistung			
Länderwahlprogramm	3 Monate	Halbjahr	Schuljahr
Grundpreis	€ 3.790	€ 5.390	€ 5.890
Flug D – Polen – D	ja	ja	ja
Flugbegleitung auf Hinreise	nein	nein	nein
Vorbereitungstreffen	teilweise	teilweise	teilweise
Vorbereitungsseminar	ja	ja	ja
Einführungsseminar in Polen	ja	ja	ja
Elterntreffen	teilweise	teilweise	teilweise
Nachbereitungstreffen	ja	ja	ja
Nachbereitungsseminar	ja	ja	ja
Gesamtpreis	**€ 3.790**	**€ 5.390**	**€ 5.890**
Bewerbungsschluss	31.01.	15.10.	15.10.
Spätbewerbung	möglich	möglich	möglich

Bewerbungsverlauf und Kriterien für die Annahme des Bewerbers

Die Bewerberinnen und Bewerber werden zu einem Einführungsseminar eingeladen. Für die Aufnahme ins Programm ist die persönliche Eignung, d. h. Eigenschaften wie Offenheit, Toleranz, Selbstständigkeit, Anpassungsbereitschaft und Kommunikationsfähigkeit ausschlaggebend. Nach Bewerbungsschluss ist eine Bewerbung auf noch freie Länderplätze möglich.

Vorbereitung auf den Polen-Aufenthalt in Deutschland

AFS legt großen Wert auf die Vorbereitung der Teilnehmerinnen und Teilnehmer. Es finden bis zu drei Wochenendseminare statt. Im persönlichen Gespräch mit AFS-Ehrenamtlichen und der ganzen Familie wird individuell auf alle Fragen eingegangen.

Betreuung während des Auslandsaufenthalts und Nachbereitung

Das weltweite AFS-Netzwerk ermöglicht mit haupt- und ehrenamtlichen Mitarbeiterinnen und Mitarbeitern die persönliche Betreuung der Jugendlichen vor, während und nach dem Auslandaufenthalt. AFS im Gastland organisiert ein Orientierungsseminar zu Beginn des Programms sowie Auswertungsseminare im weiteren Verlauf. Im Trimesterprogramm gibt es ein Orientierungsseminar zu Anfang sowie ein Abschlusscamp in Brüssel. Eine persönliche Ansprechperson vor Ort und hauptamtliche Mitarbeiterinnen und Mitarbeiter in allen AFS-Büros sind für Notfälle jederzeit erreichbar. AFS bietet je nach Aufenthaltsdauer ein bis zwei Nachbereitungsseminare an.

Stipendien und Sonstiges

Jedes Jahr vergibt AFS gemeinsam mit namhaften Stiftungen und Unternehmen an über 35 % der Teilnehmerinnen und Teilnehmer Stipendien. Wer ein halbes oder ganzes Schuljahr in Polen verbringt, kann sich um ein Stipendium bewerben. Weitere Infos: ww.afs.de/stipendien.

Kurz und bündig			
Gründungsjahr	1948	Schülerzahl im Polen-Programm 2017/18	1
PL-Programm seit	2001	Gesamtschülerzahl im High School Programm 2017/18	804
Gemeinnützigkeit	ja	Partner in Polen	AFS

Deutsches Youth For Understanding Komitee e.V. (YFU)	
Oberaltenallee 6	Telefon: 040 / 22 70 02-0
22177 Hamburg	Telefax: 040 / 22 70 02-27
info@yfu.de	www.yfu.de

Preis und Leistung			
Länderwahlprogramm	3 Monate	Halbjahr	Schuljahr
Grundpreis		€ 5.700	€ 6.200
Flug D – Polen – D		ja	ja
Flugbegleitung auf Hinreise		ja	ja
Vorbereitungstreffen		ja	ja
Vorbereitungsseminar		ja	ja
Einführungsseminar in Polen		ja	ja
Elterntreffen		ja	ja
Nachbereitungstreffen		ja	ja
Nachbereitungsseminar		ja	ja
Gesamtpreis		**€ 5.700**	**€ 6.200**
Bewerbungsschluss		variabel	variabel
Spätbewerbung		nein	nein

Bewerbungsverlauf und Kriterien für die Annahme des Bewerbers

Bei YFU können sich Schülerinnen und Schüler aller Schularten bewerben. Sie sollten aufgeschlossen, anpassungsfähig und verantwortungsbewusst sein und mindestens durchschnittliche Schulleistungen vorweisen. Nach Durchsicht der schriftlichen Bewerbungsunterlagen führt YFU regional Auswahlgespräche in Form von Gruppen- und Einzelinterviews durch.

Vorbereitung auf den Polen-Aufenthalt in Deutschland

Alle YFU-Austauschschüler nehmen vor Abreise an einem einwöchigen Seminar teil, auf dem sie intensiv auf das Leben in einer fremden Kultur vorbereitet werden und praktische Tipps für den Alltag in Polen erhalten. Auch für Eltern werden eigene Vorbereitungstreffen angeboten. YFU stellt außerdem umfangreiche schriftliche Unterlagen zur Verfügung.

Betreuung während des Auslandsaufenthalts und Nachbereitung

Jeder Austauschschüler hat im Ausland vor Ort einen persönlichen Betreuer. Darüber hinaus stehen die hauptamtlichen YFU-Mitarbeiter in Deutschland und Polen zur Verfügung – im Notfall rund um die Uhr. Während des Austausches finden begleitende Seminare statt. Nach der Rückkehr gibt es ein zwei- bis dreitägiges Nachbereitungsseminar.

Stipendien und Sonstiges

YFU vergibt jährlich rund 300 Stipendien im Gesamtwert von etwa einer halben Million Euro. Die Vergabe und Höhe der Stipendien richtet sich nach der finanziellen Situation der Familie, nicht nach Schulnoten. Weitere Informationen gibt es unter www.yfu.de/stipendien.

Kurz und bündig				
Gründungsjahr	1957	Schülerzahl im Polen-Programm 2017/18		2
PL-Programm seit	1990	Gesamtschülerzahl im High School Programm 2017/18		902
Gemeinnützigkeit	ja	Partner in Polen	YFU Polen	

AFS Interkulturelle Begegnungen e.V.
Friedensallee 48 | Telefon: 040 / 399 222-0
22765 Hamburg | Telefax: 040 / 399 222-99
info@afs.de | www.afs.de

Preis und Leistung			
Länderwahlprogramm	1. Halbjahr	2. Halbjahr	Schuljahr
Grundpreis			€ 8.090
Flug D – Schweden – D			ja
Flugbegleitung auf Hinreise			nein
Vorbereitungstreffen			teilweise
Vorbereitungsseminar			ja
Einführungsseminar in Schweden			ja
Elterntreffen			teilweise
Nachbereitungstreffen			ja
Nachbereitungsseminar			ja
Gesamtpreis (circa)			**€ 8.090**
Bewerbungsschluss			15.10.
Spätbewerbung			möglich

Bewerbungsverlauf und Kriterien für die Annahme des Bewerbers
Alle Bewerberinnen und Bewerber werden zu einem Einführungsseminar eingeladen. Für die Aufnahme ins Programm ist die persönliche Eignung, d. h. Eigenschaften wie Offenheit, Toleranz, Selbstständigkeit, Anpassungsbereitschaft und Kommunikationsfähigkeit, ausschlaggebend. Nach Bewerbungsschluss ist eine Bewerbung auf noch freie Länderplätze möglich.

Vorbereitung auf den Schweden-Aufenthalt in Deutschland
AFS legt großen Wert auf die Vorbereitung der Teilnehmerinnen und Teilnehmer. Es finden drei Wochenendseminare statt. Im persönlichen Gespräch mit AFS-Ehrenamtlichen und der ganzen Familie wird individuell auf alle Fragen eingegangen.

Betreuung während des Auslandsaufenthalts und Nachbereitung
Das weltweite AFS-Netzwerk ermöglicht mit haupt- und ehrenamtlichen Mitarbeiterinnen und Mitarbeitern die persönliche Betreuung der Jugendlichen vor, während und nach der Austauschzeit. AFS im Gastland organisiert ein Orientierungsseminar zu Beginn des Programms sowie Auswertungsseminare im weiteren Verlauf. Eine persönliche Ansprechperson vor Ort und hauptamtliche Mitarbeiterinnen und Mitarbeiter in allen AFS-Büros sind für Notfälle jederzeit erreichbar. AFS hilft mit zwei Nachbereitungsseminaren beim Wiedereinleben.

Stipendien und Sonstiges
Niemand sollte aus finanziellen Gründen auf ein Austauscherlebnis verzichten müssen. Jedes Jahr vergibt AFS gemeinsam mit namhaften Stiftungen und Unternehmen an über 35 % der Teilnehmerinnen und Teilnehmer Stipendien. Infos unter: www.afs.de/stipendien.

Kurz und bündig			
Gründungsjahr	1948	Schülerzahl im Schweden-Programm 2017/18	3
SWE-Programm seit	1978	Gesamtschülerzahl im High School Programm 2017/18	804
Gemeinnützigkeit	ja	Partner in Schweden	AFS

Ayusa-Intrax GmbH	
Giesebrechtstr. 10	Telefon: 030 / 84 39 39 93
10629 Berlin	Telefax: 030 / 84 39 39 39
highschool@intrax.de	www.intrax.de

Preis und Leistung			
Länderwahlprogramm	1. Halbjahr	2. Halbjahr	Schuljahr
Grundpreis	€ 6.990	€ 6.490	€ 7.490
Flug D – Schweden – D	€ 400/p	€ 400/p	€ 400/p
Flugbegleitung auf Hinreise	nein	nein	nein
Vorbereitungstreffen	nein	nein	nein
Vorbereitungsseminar	ja	ja	ja
Einführungsseminar in Schweden*	optional	optional	optional
Elterntreffen	nein	nein	nein
Nachbereitungstreffen	nein	nein	nein
Nachbereitungsseminar	ja	ja	ja
Gesamtpreis (circa)	**€ 7.390**	**€ 6.890**	**€ 7.890**
Bewerbungsschluss	31.03.	30.09.	31.03.
Spätbewerbung	möglich	möglich	möglich

Bewerbungsverlauf und Kriterien für die Annahme des Bewerbers

Neben dem schriftlichen Bewerbungsverlauf gibt es ein persönliches Einzelgespräch in der Nähe des Wohnortes, gern auch mit den Eltern. Kriterien sind: große Motivation, starkes Interesse an Schweden, Anpassungsbereitschaft und Flexibilität, gute Englischkenntnisse, realistische Erwartungen und Grundkenntnisse in Schwedisch sind empfehlenswert. Für Schweden können sich 15- bis 18-Jährige bewerben.

Vorbereitung auf den Schweden-Aufenthalt in Deutschland

Es finden diverse Informationsveranstaltungen und Vorbereitungsseminare für Schüler in mehreren Städten in Deutschland statt. Wenn möglich kommen ehemalige Ayusa Schüler zu diesen Treffen. Ansonsten haben die Teilnehmer die Möglichkeit zum Telefonkontakt mit ehemaligen Teilnehmern. Zusätzlich erhalten die Teilnehmer Handbücher, die erste Einblicke und praktische Hinweise geben.

Betreuung während des Auslandsaufenthalts und Nachbereitung

Der Teilnehmer wird von Mitarbeitern der Partnerorganisation betreut. Für alle Schweden Teilnehmer, die im Sommer einreisen, gibt es ein optionales Einführungsseminar in Skandinavien (ca. € 500). Ayusa-Intrax steht während der gesamten Programmdauer mit den Eltern in Kontakt. Für die Rückkehrer bietet Ayusa-Intrax ein 2-tägiges Nachbereitungsseminar an

Stipendien und Sonstiges

Für einen Schulaufenthalt in Schweden werden Teilstipendien bis maximal € 3.000 vergeben. Preisangaben für Halb- und Schuljahr beinhalten einen Frühbucherrabatt, Details dazu auf unserer Webseite: www.intrax.de.

* Ein dreitägiges Einführungstreffen im Gastland kann optional dazu gebucht werden.

Kurz und bündig			
Gründungsjahr	1991	Schülerzahl im Schweden-Programm 2017/18	3
SWE-Programm seit	2011	Gesamtschülerzahl im High School Programm 2017/18	372
Gemeinnützigkeit	nein	Partner in Schweden	Explorius

Deutsches Youth For Understanding Komitee e.V. (YFU)	
Oberaltenallee 6	Telefon: 040 / 22 70 02-0
22081 Hamburg	Telefax: 040 / 22 70 02-27
info@yfu.de	www.yfu.de

Preis und Leistung			
Länderwahlprogramm	3 Monate	Halbjahr	Schuljahr
Grundpreis		€ 7.400	€ 7.900
Flug D – Schweden – D		ja	ja
Flugbegleitung auf Hinreise		ja	ja
Vorbereitungstreffen		ja	ja
Vorbereitungsseminar		ja	ja
Einführungsseminar in Schweden		ja	ja
Elterntreffen		ja	ja
Nachbereitungstreffen		ja	ja
Nachbereitungsseminar		ja	ja
Gesamtpreis		**€ 7.400**	**€ 7.900**
Bewerbungsschluss		variabel	variabel
Spätbewerbung		nein	nein

Bewerbungsverlauf und Kriterien für die Annahme des Bewerbers

Bei YFU können sich Schülerinnen und Schüler aller Schularten bewerben. Sie sollten aufgeschlossen, anpassungsfähig und verantwortungsbewusst sein und mindestens durchschnittliche Schulleistungen vorweisen. Nach Durchsicht der schriftlichen Bewerbungsunterlagen führt YFU regional Auswahlgespräche in Form von Gruppen- und Einzelinterviews durch.

Vorbereitung auf den Schweden-Aufenthalt in Deutschland

Alle YFU-Austauschschüler nehmen vor Abreise an einem einwöchigen Seminar teil, auf dem sie intensiv auf das Leben in einer fremden Kultur vorbereitet werden und praktische Tipps für den Alltag in Schweden erhalten. Auch für Eltern werden eigene Vorbereitungstreffen angeboten. YFU stellt außerdem umfangreiche schriftliche Unterlagen zur Verfügung.

Betreuung während des Auslandsaufenthalts und Nachbereitung

Jeder Austauschschüler hat im Ausland vor Ort einen persönlichen Betreuer. Darüber hinaus stehen die hauptamtlichen YFU-Mitarbeiter in Deutschland und Schweden zur Verfügung – im Notfall rund um die Uhr. Während des Austausches finden außerdem begleitende Seminare statt. Nach der Rückkehr gibt es ein zwei- bis dreitägiges Nachbereitungsseminar.

Stipendien und Sonstiges

YFU vergibt jährlich rund 300 Stipendien im Gesamtwert von etwa einer halben Million Euro. Die Vergabe und Höhe der Stipendien richtet sich nach der finanziellen Situation der Familie, nicht nach Schulnoten. Weitere Informationen gibt es unter www.yfu.de/stipendien.

Kurz und bündig			
Gründungsjahr	1957	Schülerzahl im Schweden-Programm 2017/18	8
SWE-Programm seit	1984	Gesamtschülerzahl im High School Programm 2017/18	902
Gemeinnützigkeit	ja	Partner in Schweden	YFU Schweden

DFSR – Dr. Frank Sprachen & Reisen GmbH
Industriestr. 35
68169 Mannheim
info@dfsr.de
Telefon: 0621 / 820 565 0
Telefax: 0621 / 820 565 80
www.dfsr.de

Preis und Leistung			
Länderwahlprogramm	3 Monate	Halbjahr	Schuljahr
Grundpreis		€ 6.990	€ 7.990
Flug D – Schweden – D		ja	ja
Flugbegleitung auf Hinreise		nein	nein
Vorbereitungstreffen		nein	nein
Vorbereitungsseminar		ja	ja
Einführungsseminar in Schweden		€ 490 /opt.	€ 490 /opt.
Elterntreffen		nein	nein
Nachbereitungstreffen		nein	nein
Nachbereitungsseminar		ja	ja
Gesamtpreis (circa)		**€ 6.990**	**€ 7.990**
Bewerbungsschluss		01.04./01.10.	01.04.
Spätbewerbung		möglich	möglich

Bewerbungsverlauf und Kriterien für die Annahme des Bewerbers
Für alle Teilnehmer gilt: Es kommt nicht nur auf die Schulnoten an, wichtig sind auch ihre Motivation und ihr Interesse an dem Gastland und dem Kulturaustausch. Der zukünftige Austauschschüler sollte Flexibilität, Verständnis, Toleranz und Selbstständigkeit mitbringen. Bewerben können sich Schüler/innen, die über mindestens zufriedenstellende Englischkenntnisse verfügen. Teilnahmealter: 15-18 Jahre. Bewerbungsverlauf: Ausfüllen des Bewerbungsformulars, persönliches Bewerbungsgespräch gemeinsam mit den Eltern, nach erfolgreichem Gespräch Aufnahme ins Programm.

Vorbereitung auf den Schweden-Aufenthalt in Deutschland
Intensives Vorbereitungsseminar in Deutschland.

Betreuung während des Auslandsaufenthalts und Nachbereitung
Unsere Partnerorganisation vor Ort stellt für die Schüler einen Betreuer vor Ort und auch DFSR ist für seine Partner über eine 24h-Notrufnummer immer erreichbar. Nach Rückkehr der Schüler nach Deutschland erhalten sie die Möglichkeit, auf dem Welcome Back Seminar von ihren Erfahrungen zu berichten.

Stipendien und Sonstiges
3 Tage Soft Landing Camp in Kopenhagen kann zusätzlich gebucht werden bei Programmbeginn im Sommer. Dänemark, Norwegen und Finnland ebenfalls im Angebot.

Kurz und bündig				
Gründungsjahr	1978	Schülerzahl im Schweden-Programm 2017/18		7
SWE-Programm seit	2014	Gesamtschülerzahl im High School Programm 2017/18		379
Gemeinnützigkeit	nein	Partner in Schweden	Explorius	

Experiment e.V.	
Gluckstraße 1	Telefon: 0228 / 95722 0
53115 Bonn	Telefax: 0228 / 35 82 82
info@experiment-ev.de	www.experiment-ev.de

Preis und Leistung			
Länderwahlprogramm	3 Monate	Halbjahr	Schuljahr
Grundpreis	€ 5.570	€ 5.970	€ 6.570
Flug D – Schweden – D	€ 400/p	€ 400/p	€ 400/p
Flugbegleitung auf Hinreise	nein	nein	nein
Vorbereitungstreffen	nein	nein	nein
Vorbereitungsseminar	ja	ja	ja
Einführungsseminar in Schweden	nein	nein	nein
Elterntreffen	nein	nein	nein
Nachbereitungstreffen	nein	nein	nein
Nachbereitungsseminar	ja	ja	ja
Gesamtpreis (circa)	**€ 5.970**	**€ 6.370**	**€ 6.970**
Bewerbungsschluss	01.02. / 01.08.	01.02. / 01.08.	01.02.
Spätbewerbung	möglich	möglich	möglich

Bewerbungsverlauf und Kriterien für die Annahme des Bewerbers

Alter: 15-18 Jahre. Voraussetzungen: Besuch einer weiterführenden Schule bis zur Ausreise, ernsthaftes Interesse am interkulturellen Austausch, Aufgeschlossenheit, Offenheit, Toleranz und Anpassungsvermögen. Grundkenntnisse in Englisch und Schwedisch bis zur Ausreise werden erwartet. Bewerbung online über unsere Homepage: www.experiment-ev.de/bewerbung.

Vorbereitung auf den Schweden-Aufenthalt in Deutschland

Alle Teilnehmenden werden zu einem überregionalen, 4-tägigen Vorbereitungsseminar eingeladen, auf dem sie von Ehrenamtlichen umfassend auf ihren Auslandsaufenthalt vorbereitet werden. Diese intensive Vorbereitung findet bereits mehrere Wochen vor der Ausreise statt, ist verpflichtend für alle Teilnehmenden und daher bereits im Preis enthalten. Zudem gibt es eine Informationsveranstaltung für Eltern.

Betreuung während des Auslandsaufenthalts und Nachbereitung

Ein persönlicher Betreuer unserer Partnerorganisation hat die Gastfamilie vor der Ankunft des Austauschschülers besucht und ist während des Aufenthaltes Ansprechpartner für Schüler/in und Gastfamilie. Für Eltern und Teilnehmende gibt es zusätzlich in Deutschland einen telefonischen Bereitschaftsdienst von Experiment e.V., der rund um die Uhr erreichbar ist.

Stipendien und Sonstiges

Optionales 3-tägiges Orientierungsseminar in Kopenhagen oder Stockholm gegen Aufpreis möglich. Experiment e.V. stellt für den „Schüleraustausch weltweit“ einen eigenfinanzierten Stipendienfonds in Höhe von € 85.000 (2019-20) zur Verfügung, darunter Teilstipendien in Höhe von bis zu € 2.000. Aktuelle Stipendien unter: www.experiment-ev.de/stipendien

Kurz und bündig			
Gründungsjahr	1932	Schülerzahl im Schweden-Programm 2017/18	5
SWE-Programm seit	2011	Gesamtschülerzahl im High School Programm 2017/18	500
Gemeinnützigkeit	ja	Partner in Schweden	langjährige Partnerorganisation

Global Youth Group e.V.
Eststr. 6
45149 Essen
info@global-youth-group.de
Telefon: 0201 / 6124529
Telefax: 0201 / 47619824
www.global-youth-group.de

Preis und Leistung			
Länderwahlprogramm	3 Monate	Halbjahr	Schuljahr
Grundpreis	€ 5.950	€ 6.350	€ 6.950
Flug D – Schweden – D	€ 400/p	€ 400/p	€ 400/p
Flugbegleitung auf Hinreise	optional	optional	optional
Vorbereitungstreffen	optional	optional	optional
Vorbereitungsseminar	ja	ja	ja
Einführungsseminar in Schweden	optional	optional	optional
Elterntreffen	ja	ja	ja
Nachbereitungstreffen	optional	optional	optional
Nachbereitungsseminar	ja	ja	ja
Gesamtpreis (circa)	**€ 6.350**	**€ 6.750**	**€ 7.350**
Bewerbungsschluss	30.09. / 31.03.	30.09. / 31.03.	30.09. / 31.03.
Spätbewerbung	auf Anfrage	auf Anfrage	auf Anfrage

Bewerbungsverlauf und Kriterien für die Annahme des Bewerbers
Bewirb dich online, per Fax, per E-Mail, per Telefon oder mit unserem Bewerbungsformular per Post. Nach Eingang deiner Bewerbung vereinbaren wir mit dir und deinen Eltern einen Termin für ein unverbindliches und kostenloses Bewerbungsinterview an deinem Wunschort oder per Skype. Du solltest dich für die Kultur und Sprache in Schweden interessierten und mittlere Englischkenntnisse haben.
Die Teilnahme ist für jeden zwischen 15 und 18 Jahren möglich.

Vorbereitung auf den Schweden-Aufenthalt in Deutschland
Damit du und auch deine Eltern gut vorbereitet seid, organisieren wir deutschlandweit mehrere Vorbereitungsveranstaltungen. Dort bereiten wir dich intensiv auf deinen Aufenthalt vor. Optional findet zusätzlich in Skandinavien ein mehrtägiges Orientierungscamp statt.

Betreuung während des Auslandsaufenthalts und Nachbereitung
Die Betreuung vor Ort erfolgt in erster Linie durch deinen Betreuer vor Ort, der immer in deinem Umkreis wohnt. Er ist immer für deine Fragen und Wünsche da.
Daneben hast du deinen Ansprechpartner in Deutschland, sowie jeweils eine 24-Stunden-Notrufnummer in Deutschland und Schweden. Nach deiner Rückkehr findet eine Nachbereitungsveranstaltung statt.

Stipendien und Sonstiges
Optional: Soft Landing Camp in Skandinavien, Flugbegleitung
Teilstipendium: 4 x bis zu € 4.000, ggf. mehr Sonderaktionen findest du auf unserer Website
€ 350 Preisnachlass bei einer Anmeldung bis zum 30.11. (Sommerausreise) und 31.03. (Winterausreise); Programme in Skandinavien: Schweden, Norwegen, Finnland, Dänemark

Kurz und bündig			
Gründungsjahr	2009	Schülerzahl im Schweden-Programm 2017/18	6
SWE-Programm seit	2014	Gesamtschülerzahl im High School Programm 2017/18	233
Gemeinnützigkeit	ja	Partner in Schweden	Explorius

AFS Interkulturelle Begegnungen e.V.	
Friedensallee 48	Telefon: 040 / 399 222-0
22765 Hamburg	Telefax: 040 / 399 222-99
info@afs.de	www.afs.de

Preis und Leistung			
Länderwahlprogramm	3 Monate	Halbjahr	Schuljahr
Grundpreis	€ 3.790	€ 7.590	€ 8.090
Flug D – Spanien – D	ja	ja	ja
Flugbegleitung auf Hinreise	teilweise	teilweise	teilweise
Vorbereitungstreffen	teilweise	teilweise	teilweise
Vorbereitungsseminar	ja	ja	ja
Einführungsseminar in Spanien	ja	ja	ja
Elterntreffen	teilweise	teilweise	teilweise
Nachbereitungstreffen	ja	ja	ja
Nachbereitungsseminar	ja	ja	ja
Gesamtpreis (circa)	**€ 3.790**	**€ 7.590**	**€ 8.090**
Bewerbungsschluss	31.01.	15.05.	15.10.
Spätbewerbung	möglich	möglich	möglich

Bewerbungsverlauf und Kriterien für die Annahme des Bewerbers
Alle Bewerberinnen und Bewerber werden zu einem Einführungsseminar eingeladen. Für die Aufnahme ins Programm ist die persönliche Eignung, d. h. Eigenschaften wie Offenheit, Toleranz, Selbstständigkeit, Anpassungsbereitschaft und Kommunikationsfähigkeit, ausschlaggebend. Nach Bewerbungsschluss ist eine Bewerbung auf noch freie Länderplätze möglich.

Vorbereitung auf den Spanien-Aufenthalt in Deutschland
AFS legt großen Wert auf die Vorbereitung der Teilnehmerinnen und Teilnehmer. Es finden je nach Abreisetermin bis zu drei Wochenendseminare statt. Im persönlichen Gespräch mit AFS-Ehrenamtlichen und der ganzen Familie wird individuell auf alle Fragen eingegangen.

Betreuung während des Auslandsaufenthalts und Nachbereitung
Das weltweite AFS-Netzwerk ermöglicht mit haupt- und ehrenamtlichen Mitarbeiterinnen und Mitarbeitern die persönliche Betreuung der Jugendlichen vor, während und nach der Autauschzeit. AFS im Gastland organisiert ein Orientierungsseminar zu Beginn des Programms sowie Auswertungsseminare im weiteren Verlauf. Im 3-Monats-Programm gibt es ein Orientierungsseminar zu Anfang sowie ein Abschlusscamp in Brüssel. Eine persönliche Ansprechperson vor Ort und die AFS-Büros sind für Notfälle jederzeit erreichbar. AFS bietet je nach Aufenthaltsdauer ein bis zwei Nachbereitungsseminare an.

Stipendien und Sonstiges
Niemand sollte aus finanziellen Gründen auf ein Austauscherlebnis verzichten müssen. Jedes Jahr vergibt AFS gemeinsam mit namhaften Stiftungen und Unternehmen an über 35 % der Teilnehmerinnen und Teilnehmer Stipendien. Wer ein halbes oder ganzes Schuljahr in Spanien verbringt, kann sich um ein Stipendium bewerben. Infos unter: www.afs.de/stipendien.

Kurz und bündig			
Gründungsjahr	1948	Schülerzahl im Spanien-Programm 2017/18	21
ESP-Programm seit	1978	Gesamtschülerzahl im High School Programm 2017/18	804
Gemeinnützigkeit	ja	Partner in Spanien	AFS

Ayusa-Intrax GmbH	
Giesebrechtstr. 10	Telefon: 030 / 84 39 39 93
10629 Berlin	Telefax: 030 / 84 39 39 39
highschool@intrax.de	www.intrax.de

Preis und Leistung			
*Länderwahlprogramm**	3 Monate	Halbjahr	Schuljahr
Grundpreis (ab)	€ 4.990	€ 5.490	€ 6.490
Flug D – Spanien – D	€ 400/p	€ 400/p	€ 400/p
Flugbegleitung auf Hinreise	nein	nein	nein
Vorbereitungstreffen	nein	nein	nein
Vorbereitungsseminar	ja	ja	ja
Einführungsseminar in Spanien	nein	nein	nein
Elterntreffen	nein	nein	nein
Nachbereitungstreffen	nein	nein	nein
Nachbereitungsseminar	ja	ja	ja
Gesamtpreis (circa)	**€ 5.390**	**€ 5.890**	**€ 6.890**
Bewerbungsschluss	30.04. / 31.10.	30.04. / 31.10.	30.04.
Spätbewerbung	möglich	möglich	möglich

Bewerbungsverlauf und Kriterien für die Annahme des Bewerbers

Neben dem schriftlichen Bewerbungsverlauf findet ein persönliches Einzelgespräch in der Nähe des Wohnortes statt, gern auch mit den Eltern. Grundkenntnisse in der spanischen Sprache erleichtern den Programmeinstieg enorm, sind jedoch keine Grundvoraussetzung. Bewerben können sich 15- bis 18-Jährige.

Vorbereitung auf den Spanien-Aufenthalt in Deutschland

Es finden diverse Informationsveranstaltungen und Vorbereitungsseminare für Schüler und Eltern in mehreren Städten in Deutschland statt. Wenn möglich kommen ehemalige Ayusa Schüler zu diesen Treffen. Ansonsten haben die Teilnehmer die Möglichkeit zum Telefonkontakt mit ehemaligen Teilnehmern. Zusätzlich erhalten die Teilnehmer Handbücher, die erste Einblicke und praktische Hinweise geben.

Betreuung während des Auslandsaufenthalts und Nachbereitung

In Spanien steht der örtliche Betreuer bei allen Fragen und Problemen hilfreich zur Seite. In Deutschland bleiben die Ayusa-Intrax Mitarbeiter während des ganzen Jahres mit den Eltern in Kontakt. Für die Rückkehrer bietet Ayusa-Intrax ein Wochenend-Nachbereitungsseminar an.

Stipendien und Sonstiges

Für einen Schulaufenthalt in Spanien werden Teilstipendien bis maximal € 3.000 vergeben.
* Es gibt auch ein Regionswahlprogramm in Andalusien, 1 Schuljahr € 7.990.
Preisangaben für Halb- und Schuljahr beinhalten einen Frühbucherrabatt, Details dazu auf unserer Webseite: www.intrax.de.

Kurz und bündig				
Gründungsjahr	1991	Schülerzahl im Spanien-Programm 2017/18		9
ESP-Programm seit	2004	Gesamtschülerzahl im High School Programm 2017/18		372
Gemeinnützigkeit	nein	Partner in Spanien	Moguer Academy, Juventud	

Deutsches Youth For Understanding Komitee e.V. (YFU)	
Oberaltenallee 6	Telefon: 040 / 22 70 02-0
22081 Hamburg	Telefax: 040 / 22 70 02-27
info@yfu.de	www.yfu.de

Preis und Leistung			
Länderwahlprogramm	3 Monate	Halbjahr	Schuljahr
Grundpreis			€ 7.900
Flug D – Spanien – D			ja
Flugbegleitung auf Hinreise			ja
Vorbereitungstreffen			ja
Vorbereitungsseminar			ja
Einführungsseminar in Spanien			ja
Elterntreffen			ja
Nachbereitungstreffen			ja
Nachbereitungsseminar			ja
Gesamtpreis			**€ 7.900**
Bewerbungsschluss			variabel
Spätbewerbung			nein

Bewerbungsverlauf und Kriterien für die Annahme des Bewerbers

Bei YFU können sich Schülerinnen und Schüler aller Schularten bewerben. Sie sollten aufgeschlossen, anpassungsfähig und verantwortungsbewusst sein und mindestens durchschnittliche Schulleistungen vorweisen. Nach Durchsicht der schriftlichen Bewerbungsunterlagen führt YFU regional Auswahlgespräche in Form von Gruppen- und Einzelinterviews durch.

Vorbereitung auf den Spanien-Aufenthalt in Deutschland

Alle YFU-Austauschschüler nehmen vor Abreise an einem einwöchigen Seminar teil, auf dem sie intensiv auf das Leben in einer fremden Kultur vorbereitet werden und praktische Tipps für den Alltag in Spanien erhalten. Auch für Eltern werden eigene Vorbereitungstreffen angeboten. YFU stellt außerdem umfangreiche schriftliche Unterlagen zur Verfügung.

Betreuung während des Auslandsaufenthalts und Nachbereitung

Jeder Austauschschüler hat im Ausland vor Ort einen persönlichen Betreuer. Darüber hinaus stehen die hauptamtlichen YFU-Mitarbeiter in Deutschland und Spanien zur Verfügung – im Notfall rund um die Uhr. Während des Austauschjahres finden außerdem begleitende Seminare statt. Nach der Rückkehr gibt es ein zwei- bis dreitägiges Nachbereitungsseminar.

Stipendien und Sonstiges

YFU vergibt jährlich rund 300 Stipendien im Gesamtwert von etwa einer halben Million Euro. Die Vergabe und Höhe der Stipendien richtet sich nach der finanziellen Situation der Familie, nicht nach Schulnoten. Weitere Informationen gibt es unter www.yfu.de/stipendien.

Kurz und bündig			
Gründungsjahr	1957	Schülerzahl im Spanien-Programm 2017/18	10
ESP-Programm seit	2014	Gesamtschülerzahl im High School Programm 2017/18	902
Gemeinnützigkeit	ja	Partner in Spanien	YFU Spanien

DFSR – Dr. Frank Sprachen & Reisen GmbH
Industriestr. 35 Telefon: 0621 / 820 565 0
68169 Mannheim Telefax: 0621 / 820 565 80
info@dfsr.de www.dfsr.de

Preis und Leistung			
Länderwahlprogramm	3 Monate	Halbjahr	Schuljahr
Grundpreis	€ 5.990	€ 6.990	€ 8.990
Flug D – Spanien – D	ja	ja	ja
Flugbegleitung auf Hinreise	nein	nein	nein
Vorbereitungstreffen	nein	nein	nein
Vorbereitungsseminar	ja	ja	ja
Einführungsseminar in Spanien	€ 490 /opt.	€ 490 /opt.	€ 490 /opt.
Elterntreffen	nein	nein	nein
Nachbereitungstreffen	nein	nein	nein
Nachbereitungsseminar	ja	ja	ja
Gesamtpreis (circa)	**€ 5.990**	**€ 6.990**	**€ 8.990**
Bewerbungsschluss	15.05./31.10.	15.05./31.10.	15.05.
Spätbewerbung	möglich	möglich	möglich

Bewerbungsverlauf und Kriterien für die Annahme des Bewerbers
Für alle Teilnehmer gilt: Es kommt nicht nur auf die Schulnoten an. Wichtig sind auch ihre Motivation und ihr Interesse an dem Gastland und dem Kulturaustausch. Der zukünftige Austauschschüler sollte Flexibilität, Verständnis, Toleranz und Selbstständigkeit mitbringen. Bewerben können sich Schüler/innen, die über mindestens zufriedenstellende Spanischkenntnisse verfügen. Teilnahmealter: 14-18 Jahre. Bewerbungsverlauf: Ausfüllen des Bewerbungsformulars, persönliches Bewerbungsgespräch gemeinsam mit den Eltern, nach erfolgreichem Gespräch Aufnahme ins Programm.

Vorbereitung auf den Spanien-Aufenthalt in Deutschland
Intensives Vorbereitungsseminar in Mannheim.

Betreuung während des Auslandsaufenthalts und Nachbereitung
Unsere Partnerorganisation vor Ort stellt für die Schüler einen Betreuer vor Ort und auch DFSR ist für seine Partner über eine 24h-Notrufnummer immer erreichbar. Nach Rückkehr der Schüler nach Deutschland erhalten sie die Möglichkeit, auf dem Welcome Back Seminar von ihren Erfahrungen zu berichten.

Stipendien und Sonstiges
City-Garantie: Sevilla, Valencia, Madrid, Granada, Alicante oder Cádiz gegen Aufpreis. Sprachkurs vor Programmbeginn optional buchbar.
3 Tage Soft Landing Camp in Barcelona kann zusätzlich gebucht werden, bei Programmbeginn im Sommer.

Kurz und bündig				
Gründungsjahr	1978	Schülerzahl im Spanien-Programm 2017/18		2
ESP-Programm seit	2004	Gesamtschülerzahl im High School Programm 2017/18		379
Gemeinnützigkeit	nein	Partner in Spanien	GetReady	

e2 - education abroad – Inh. Mario Stiploschek	
Himmelstraße 9	Telefon: 040 / 44 70 700
22299 Hamburg	Telefax: k. A.
info@edu-germany.com	www.e2.de

Preis und Leistung			
Länderwahl	3 Monate	Halbjahr	Schuljahr
Grundpreis*		€ 6.400	€ 7.000
Flug D – Spanien		ja	ja
Flugbegleitung auf Hinreise		ab 15 TN	ab 15 TN
Vorbereitungstreffen		ja	ja
Vorbereitungsseminar		ja	ja
Einführungsseminar in Spanien		ja	ja
Elterntreffen		ja	ja
Nachbereitungstreffen		ja	ja
Nachbereitungsseminar		ja	ja
Gesamtpreis		**€ 6.400**	**€ 7.000**
Bewerbungsschluss		31.03.	31.03.
Spätbewerbung		nein	nein

Bewerbungsverlauf und Kriterien für die Annahme des Bewerbers

Die Entscheidung, ein Jahr im Ausland zu verbringen, muss in der Familie einvernehmlich gefällt werden um den maximalen Erfolg zu gewährleisten.

Ansonsten erwarten wir von den Kandidaten, sich mit den möglichen unterschiedlichen Ländern auseinanderzusetzen und mit offenem Geist an das Programm zu gehen.

Vorbereitung auf den Spanien-Aufenthalt in Deutschland

Zuallererst erfolgt das sogenannte Bewerbungsgespräch, dessen Dauer mit ca. 3 Std. ein erstes Kennenlernen ermöglicht. In diesem Gespräch, welches mit den Eltern und dem Teilnehmer geführt wird, werden vor allem mögliche Schwierigkeiten in der Gastfamilie und der Schule besprochen. Es wird intensiv versucht, herauszufinden, was die jeweilige Motivation des Teilnehmers ist und wie es zu dieser Entscheidung schließlich kam. Es werden zu allen Themen Handbücher (länderspezifisch) ausgegeben damit die Teilnehmer auch jederzeit Problemlösungen nachschlagen können. Der Höhepunkt der Vorbereitung ist ein 3-tägiges Vorbereitungsseminar in einer Jugendherberge, wo am Schlusstag auch die Eltern eingeladen sind um nochmal viele Ablaufdetails des Programmes zu erfahren.

Betreuung während des Auslandsaufenthalts und durch Nachbereitung

Alle Schüler werden während ihres Aufenthaltes im Ausland von den Partnerorganisationen intensiv betreut. Diese und e2 arbeiten im Problemfall eng zusammen.

Stipendien und Sonstiges

* Im Gesamtpreis ist eine Vermittlungsgebühr von € 1.990 enthalten.

Kurz und bündig			
Gründungsjahr	1997	Schülerzahl im Spanien-Programm 2017/18	2
ESP-Programm seit	1997	Gesamtschülerzahl im High School Programm 2017/18	40
Gemeinnützigkeit	nein	Partner in Spanien	Edu quality

Experiment e.V.	
Gluckstraße 1	Telefon: 0228 / 95722 0
53115 Bonn	Telefax: 0228 / 35 82 82
info@experiment-ev.de	www.experiment-ev.de

Preis und Leistung			
*Länderwahlprogramm**	3 Monate	Halbjahr	Schuljahr
Grundpreis (ab)	€ 4.740	€ 5.540	€ 6.100
Flug D – Spanien – D	€ 400/p	€ 400/p	€ 400/p
Flugbegleitung auf Hinreise	nein	nein	nein
Vorbereitungstreffen	nein	nein	nein
Vorbereitungsseminar	ja	ja	ja
Einführungsseminar in Spanien	ja	ja	ja
Elterntreffen	nein	nein	nein
Nachbereitungstreffen	nein	nein	nein
Nachbereitungsseminar	ja	ja	ja
Gesamtpreis (ab circa)	**€ 5.140**	**€ 5.940**	**€ 6.500**
Bewerbungsschluss	01.08.	01.02. / 01.08.	01.02.
Spätbewerbung	möglich	möglich	möglich

Bewerbungsverlauf und Kriterien für die Annahme des Bewerbers
Alter: 14-18 Jahre. Voraussetzungen: Besuch einer weiterführenden Schule bis zur Ausreise, ernsthaftes Interesse am interkulturellen Austausch, Aufgeschlossenheit, Offenheit, Toleranz und Anpassungsvermögen. Grundkenntnisse in der Landessprache bis zur Ausreise werden erwartet. Bewerbung online über unsere Homepage: www.experiment-ev.de/bewerbung.

Vorbereitung auf den Spanien-Aufenthalt in Deutschland
Alle Teilnehmenden werden zu einem überregionalen, 4-tägigen Vorbereitungsseminar eingeladen, auf dem sie von Ehrenamtlichen umfassend auf ihren Auslandsaufenthalt vorbereitet werden. Diese intensive Vorbereitung findet bereits mehrere Wochen vor der Ausreise statt, ist verpflichtend für alle Teilnehmenden und daher bereits im Preis enthalten. Zudem gibt es Informationsveranstaltung für Eltern.

Betreuung während des Auslandsaufenthalts und Nachbereitung
Ein persönlicher Betreuer unserer Partnerorganisation hat die Gastfamilie vor der Ankunft des Austauschschülers besucht und ist während des Aufenthaltes Ansprechpartner für Schüler/in und Gastfamilie. Für Eltern und Teilnehmende gibt es zusätzlich in Deutschland einen telefonischen Bereitschaftsdienst von Experiment e.V., der rund um die Uhr erreichbar ist.

Stipendien und Sonstiges
* Regionenwahl möglich (Málaga, Madrid, Valencia, San Sebastian, Alméria). Auch 4 und 7 Monate möglich. Einführungsseminar nach Ankunft enthalten.
Experiment e.V. stellt für den „Schüleraustausch weltweit" einen eigenfinanzierten Stipendienfonds in Höhe von € 85.000 (2019-20) zur Verfügung, darunter Teilstipendien in Höhe von bis zu € 2.000. Aktuelle Stipendien unter: auf www.experiment-ev.de/stipendien

Kurz und bündig			
Gründungsjahr	1932	Schülerzahl im Spanien-Programm 2017/18	10
ESP-Programm seit	2006	Gesamtschülerzahl im High School Programm 2017/18	500
Gemeinnützigkeit	ja	Partner in Spanien	langjährige Partnerorganisation

Global Youth Group e.V.	
Eststr. 6	Telefon: 0201 / 6124529
45149 Essen	Telefax: 0201 / 47619824
info@global-youth-group.de	www.global-youth-group.de

Preis und Leistung			
*Länderwahlprogramm**	3 Monate	Halbjahr	Schuljahr
Grundpreis	€ 5.200	€ 5.650	€ 7.650
Flug D – Spanien – D	€ 400/p	€ 400/p	€ 400/p
Flugbegleitung auf Hinreise	optional	optional	optional
Vorbereitungstreffen	optional	optional	optional
Vorbereitungsseminar	ja	ja	ja
Einführungsseminar in Spanien	ja	ja	ja
Elterntreffen	ja	ja	ja
Nachbereitungstreffen	optional	optional	optional
Nachbereitungsseminar	ja	ja	ja
Gesamtpreis (circa)	**€ 5.600**	**€ 6.050**	**€ 8.050**
Bewerbungsschluss	31.03. / 30.09.	31.03. / 30.09.	31.03.
Spätbewerbung	möglich	möglich	möglich

Bewerbungsverlauf und Kriterien für die Annahme des Bewerbers

Bewirb dich online, per Fax, per E-Mail, per Telefon oder mit unserem Bewerbungsformular per Post. Nach Eingang deiner Bewerbung vereinbaren wir mit dir und deinen Eltern einen Termin für ein unverbindliches und kostenloses Bewerbungsinterview an deinem Wunschort oder per Skype. Du solltest dich für die Kultur und Sprache in Spanien interessieren und mittlere Englischkenntnisse haben. Sprachkenntnisse in Spanisch sind nicht vorausgesetzt.
Die Teilnahme ist für jeden zwischen 14 und 18 Jahren und nach dem Abitur möglich.
Teilnahme ab 2 Wochen möglich, mit individuellem Starttermin.

Vorbereitung auf den Spanien-Aufenthalt in Deutschland

Damit du und auch deine Eltern gut vorbereitet seid, organisieren wir deutschlandweit mehrere Vorbereitungsveranstaltungen. Dort bereiten wir dich intensiv auf deinen Aufenthalt vor. Zusätzlich findet in Barcelona ein mehrtägiges Orientierungscamp statt.

Betreuung während des Auslandsaufenthalts und Nachbereitung

Die Betreuung vor Ort erfolgt in erster Linie durch deinen Betreuer vor Ort, der immer in deinem Umkreis wohnt. Er ist immer für deine Fragen und Wünsche da. Daneben hast du deinen Ansprechpartner in Deutschland, sowie jeweils eine 24-Stunden-Notrufnummer in Deutschland und Spanien. Nach deiner Rückkehr findet eine Nachbereitungsveranstaltung statt.

Stipendien und Sonstiges

Optional: Regionenwahl, Städtegarantie, Städtetrips (ein freier Trip nach Wahl bei Frühbuchung)
Teilstipendium: 2 x bis zu € 1.000, ggf. mehr Sonderaktionen findest du auf unserer Website

Kurz und bündig				
Gründungsjahr	2009	Schülerzahl im Spanien-Programm 2017/18		15
ESP-Programm seit	2010	Gesamtschülerzahl im High School Programm 2017/18		233
Gemeinnützigkeit	ja	Partner in Spanien	Inter Hispania	

ICXchange-Deutschland e.V.	
Bahnhofstraße 16-18	Telefon: 0441 / 923 98-0
26122 Oldenburg	Telefax: 0441 / 923 98-99
info@icxchange.de	www.icxchange.de

Preis und Leistung			
Regionenwahlprogramm	3 Monate	Halbjahr	Schuljahr
Grundpreis (ab)	€ 5.000	€ 6.900	€ 10.100
Flug D – Spanien – D	ja	ja	ja
Flugbegleitung auf Hinreise	ab 15 Teiln.	ab 15 Teiln.	ab 15 Teiln.
Vorbereitungstreffen	nein	nein	nein
Vorbereitungsseminar	ja	ja	ja
Einführungsseminar in Spanien	nein	nein	nein
Elterntreffen	nein	nein	nein
Nachbereitungstreffen	nein	nein	nein
Nachbereitungsseminar	ja	ja	ja
Gesamtpreis (ab)	**€ 5.000**	**€ 6.900**	**€ 10.100**
Bewerbungsschluss	30.04. / 30.09.	30.04. / 30.09.	30.04.
Spätbewerbung	möglich	möglich	möglich

Bewerbungsverlauf und Kriterien für die Annahme des Bewerbers

Es kann zwischen den Regionen Valencia und Madrid gewählt werden. Nach Eingang der Kurzbewerbung laden wir den Bewerber zu einem persönlichen Gespräch ein. Verlief das Gespräch erfolgreich, folgen Akzeptierung, ausführliche Bewerbungsunterlagen und Vertragsofferte. Teilnahmevoraussetzungen: 15 bis 18 Jahre, Besuch einer allgemeinbildenden Schule, gute Gesundheit, Aufgeschlossenheit, Anpassungsfähigkeit, möglichst zwei Jahre Spanischunterricht sowie ein Notendurchschnitt von 3,0.

Vorbereitung auf den Spanien-Aufenthalt in Deutschland

Vor der Ausreise laden wir alle Teilnehmer zu einem zweitägigen Vorbereitungsseminar ein. Die Eltern kommen für einen Nachmittag dazu. Das Seminar wird von ICX-Mitarbeitern geleitet, die von ehemaligen Spanien-Teilnehmern unterstützt werden. Zusätzlich erhält jeder Teilnehmer eine ausführliche Informationsmappe.

Betreuung während des Auslandsaufenthalts und Nachbereitung

Während des Programms werden die Schüler von unserer spanischen Partnerorganisation SCHOLA betreut. Jedem Schüler steht am Wohnort der Gastfamilie oder in der Nähe ein örtlicher Repräsentant von SCHOLA zur Verfügung. Nach Beendigung des Programms findet ein Nachbereitungsseminar in Deutschland statt.

Stipendien und Sonstiges

ICX vergibt Teilstipendien bis € 1.000. Die Stipendienvergabe richtet sich nach der Höhe des Familieneinkommens und dem zur Verfügung stehenden Stipendienfonds.

Kurz und bündig				
Gründungsjahr	1974	Schülerzahl im Spanien Programm 2017/18		4
ESP-Programm seit	2004	Gesamtschülerzahl im High School Programm 2017/18		146
Gemeinnützigkeit	ja	Partner in Spanien	SCHOLA	

iE – international Experience e.V.	
Amselweg 20	Telefon: 02246 / 915 49 0
53797 Lohmar	Telefax: 02246 / 915 49 12
info@international-experience.net	www.international-experience.net

Preis und Leistung			
Länderwahlprogramm	3 Monate	Halbjahr	Schuljahr
Grundpreis	€ 4.995	€ 5.995	€ 7.995
Flug D – Spanien – D	€ 400/p	€ 400/p	€ 400/p
Flugbegleitung auf Hinreise	nein	nein	nein
Vorbereitungstreffen	nein	nein	nein
Vorbereitungsseminar	ja	ja	ja
Einführungsseminar in Spanien	nein	nein	nein
Elterntreffen	nein	nein	nein
Nachbereitungstreffen	ja	ja	ja
Nachbereitungsseminar	nein	nein	nein
Gesamtpreis (ab circa)	**€ 5.395**	**€ 6.395**	**€ 8.395**
Bewerbungsschluss	flexibel	flexibel	flexibel
Spätbewerbung	möglich	möglich	möglich

Bewerbungsverlauf und Kriterien für die Annahme des Bewerbers

Auswahl der Bewerber nach einem ausführlichen Einzelgespräch im persönlichen Umfeld des Schülers im Beisein der Eltern. Nach Annahme ist vom Schüler ein ausführliches Profil mit ärztlichem Gutachten und Lehrerempfehlung einzureichen. Gute Spanischkenntnisse sind von Vorteil, Basiskenntnisse werden vorausgesetzt. Ein vorbereitender Spanischkurs an einer Sprachschule vor Ort kann vermittelt werden. Flexibilität, Offenheit, Toleranz, Freude und Interesse am spontanen Lebensstil der Spanier und der spanischen Kultur sind wichtig.

Vorbereitung auf den Spanien-Aufenthalt in Deutschland

Alle Teilnehmer werden bestens auf den Schritt ins Ausland vorbereitet durch persönliche Ansprechpartner, Begleitung während des gesamten Prozesses, iE-eigenes, mehrtägiges Vorbereitungsseminar mit Returnees, Leitfäden, Handbücher und Informationmaterial zu allen wichtigen Themen, wie z.B. „Leben im Ausland“, Versicherungen und Schulsystem.

Betreuung während des Auslandsaufenthalts und Nachbereitung

Die Teilnehmer werden vor Ort durch die Mitarbeiter unserer Partnerorganisationen betreut. iE e.V. steht während des Austauschaufenthaltes mit den Partnern und mit der Familie in Deutschland in regelmäßigem persönlichem Kontakt. iE unterhält in Deutschland einen persönlichen 24-Stunden-Notfall Dienst (kein Call-Center).

Stipendien und Sonstiges

Auf Anfrage sind auch Platzierungen an Privatschulen und Internaten möglich. Die jeweiligen Schulgebühren werden dem Teilnehmer zusätzlich in Rechnung gestellt.
Alle Schülerinnen und Schüler werden ausschließlich in Regionen Spaniens platziert, in denen auch Spanisch gesprochen wird.
Aktueller Testsieger: 1. Platz aller gemeinnützigen Organisationen im Bereich Leistungen & Premium vom Deutsches Institut für Service-Qualität

Kurz und bündig			
Gründungsjahr	2000	Schülerzahl im Spanien-Programm 2017/18	4
ESP-Programm seit	2012	Gesamtschülerzahl im High School Programm 2017/18	362
Gemeinnützigkeit	ja	Partner in Spanien	SCHOLA/iE Spanien

MAP MUNICH ACADEMIC PROGRAM GMBH
Türkenstraße 104
80799 München
info@map-highschoolyear.com
Telefon: 089 / 35 73 79 77
Telefax: 089 / 35 73 79 78
www.map-highschoolyear.com

Preis und Leistung			
*Regionenwahlprogramm**	3 Monate	Halbjahr	Schuljahr
Grundpreis (ab)	€ 6.600	€ 8.900	€ 10.200
Flug D – Spanien – D	€ 400/p	€ 400/p	€ 400/p
Flugbegleitung auf Hinreise	ab 15 Teiln.	ab 15 Teiln.	ab 15 Teiln.
Vorbereitungstreffen	ja	ja	ja
Vorbereitungsseminar	nein	nein	nein
Einführungsseminar in Spanien	ja	ja	ja
Elterntreffen	nein	nein	nein
Nachbereitungstreffen	ja	ja	ja
Nachbereitungsseminar	nein	nein	nein
Gesamtpreis (circa)	**€ 7.000**	**€ 9.300**	**€ 10.600**
Bewerbungsschluss	4 bis 6	Wochen vor	Schulbeginn
Spätbewerbung	möglich	möglich	möglich

Bewerbungsverlauf und Kriterien für die Annahme des Bewerbers
Aufgeschlossenheit, Anpassungsfähigkeit und Reife, jedoch keine besonderen Alters- und Notenvorgaben. Grundkenntnisse in Spanisch sind von Vorteil, aber nicht Voraussetzung.

Nach Bewerbungseingang erhalten Schüler und Eltern eine Einladung zu einem persönlichen Bewerbungs- und Informationsgespräch. Nachdem sich MAP von der Eignung des Bewerbers überzeugt hat, erhält er nach wenigen Tagen ein Vertragsangebot und die MAP Akzeptierungsunterlagen.

Vorbereitung auf den Spanien-Aufenthalt in Deutschland
Von Anfang an wird jeder Programmteilnehmer umfassend von MAP auf seinen Aufenthalt vorbereitet und über die erforderlichen (organisatorischen) Schritte unterrichtet sowie mit Infomaterial versorgt. Vor Abreise findet ein Vorbereitungstreffen (Orientation) statt.

Betreuung während des Auslandsaufenthalts und Nachbereitung
In Spanien steht jedem Gastschüler ein Ansprechpartner für Probleme aller Art zur Seite.
Nach der Rückkehr organisiert MAP ein "Returnee"-Treffen.

Stipendien und Sonstiges
MAP vergibt 5 Teilstipendien im Wert von je € 1.000 für Aufenthalte ab 5 Monaten.
* Es besteht die Möglichkeit eine Privatschule (Unterbringung bei einer Gastfamilie oder im Internat) in einer bestimmten Region zu besuchen (höhere Schulgebühr).

Kurz und bündig			
Gründungsjahr	1996	Schülerzahl im Spanien-Programm 2017/18	5
ESP-Programm seit	2004	Gesamtschülerzahl im High School Programm 2017/18	231
Gemeinnützigkeit	nein	Partner in Spanien	CCI, Madrid

Open Door International e.V. (ODI)	
Thürmchenswall 69	Telefon: 0221 / 60 60 85 50
50668 Köln	Telefax: 0221 / 60 60 85 519
info@opendoorinternational.de	www.opendoorinternational.de

Preis und Leistung			
*Länderwahlprogramm**	3 Monate	Halbjahr	Schuljahr
Grundpreis	€ 5.790	€ 6.790	€ 8.590
Flug D – Spanien – D	€ 400/p	€ 400/p	€ 400/p
Flugbegleitung auf Hinreise	nein	nein	nein
Vorbereitungstreffen	nein	nein	nein
Vorbereitungsseminar	ja	ja	ja
Einführungsseminar in Spanien	ja	ja	ja
Elterntreffen	ja	ja	ja
Nachbereitungstreffen	nein	nein	nein
Nachbereitungsseminar	ja	ja	ja
Gesamtpreis (circa)	**€ 6.190**	**€ 7.190**	**€ 8.990**
Bewerbungsschluss	15.04./15.09.	15.04./15.09.	15.04.
Spätbewerbung	möglich	möglich	möglich

Bewerbungsverlauf und Kriterien für die Annahme des Bewerbers

Einer unverbindlichen Online-Anmeldung folgen eine Bestätigung mit den ersten Unterlagen und das persönliche Kennenlerngespräch, das beim Bewerber zu Hause stattfindet. Auswahlkriterien sind die persönliche Eignung, Reife und Motivation, Offenheit, Toleranz, Flexibilität, Selbstständigkeit, Anpassungsbereitschaft, psychische Stabilität, aber auch die schulischen Leistungen, die nicht schlechter als 3,0 im Notendurchschnitt sein sollten. Das Programm ist für Schüler aller Schulformen im Alter von 14 bis 17 Jahren geeignet.

Vorbereitung auf den Spanien-Aufenthalt in Deutschland

Das 4-tägige Vorbereitungsseminar mit hauptamtlichen Programmbetreuern und Returnees, ist obligatorisch. Mit Workshops und ausführlichem Infomaterial werden die Teilnehmer intensiv auf ihr Zielland, den Aufenthalt und mögliche Probleme vorbereitet. Im Rahmen eines Workshops für die Eltern werden die wichtigsten Fragen aus Elternsicht thematisiert. Die Eltern erhalten vorab ein Handbuch zu Themen wie Visum, Versicherung, Finanzen, etc.

Betreuung während des Auslandsaufenthalts und Nachbereitung

24-Stunden-Notfallnummer; Betreuung durch Partnerorganisation vor Ort; Ansprechperson für Teilnehmer und Eltern im ODI-Büro; Elterntreffen; 3-tägiges Nachbereitungsseminar für Returnees; Möglichkeit zu ehrenamtlicher Mitarbeit im Jugendaustausch.

Stipendien und Sonstiges

ODI vergibt ein Teilstipendium für die USA sowie vier weitere Teilstipendien für alle ODI-Länder; 2-tägiges Orientierungsseminar in Barcelona

* Regionenwahl optional gegen Aufpreis buchbar.

Kurz und bündig			
Gründungsjahr	1983	Schülerzahl im Spanien-Programm 2017/18	8
ESP-Programm seit	2002	Gesamtschülerzahl im High School Programm 2017/18	104
Gemeinnützigkeit	ja	Partner in Spanien	InterHispania

Stepin GmbH - Student Travel and Education Programmes International	
Kaiserstraße 19	Telefon: 0228 / 710 05-0
53113 Bonn	Telefax: 0228 / 710 05-999
school@stepin.de	www.stepin.de

Preis und Leistung			
*Regionenwahlprogramm**	3 Monate	Halbjahr	Schuljahr
Grundpreis	€ 6.300	€ 7.100	€ 9.670
Flug D – Spanien	€ 490	€ 490	€ 490
Flugbegleitung auf Hinreise	nein	nein	nein
Vorbereitungstreffen	ja	ja	ja
Vorbereitungsseminar	nein	nein	nein
Einführungsseminar in Spanien	ja	ja	ja
Elterntreffen	nein	nein	nein
Nachbereitungstreffen	nein	nein	nein
Nachbereitungsseminar	€ 69/opt.	€ 69/opt.	€ 69/opt.
Gesamtpreis	**€ 6.790**	**€ 7.590**	**€ 10.160**
Bewerbungsschluss	31.03./15.10.	15.10.	15.10.
Spätbewerbung	möglich	möglich	möglich

Bewerbungsverlauf und Kriterien für die Annahme des Bewerbers

Step 1: Unverbindliche Anmeldung (online od. schriftlich). Step 2: Persönliches Kennenlerngespräch in Wohnortnähe des Bewerbers. Step 3: Bei Eignung des Bewerbers unterbreitet Stepin ein Vertragsangebot. Teilnahmevoraussetzungen sind kulturelle Aufgeschlossenheit, Reife, Toleranz und mindestens befriedigende schulische Leistungen. Spanischkenntnisse von Vorteil

Vorbereitung auf den Spanien-Aufenthalt in Deutschland

Eltern- und Schülervorbereitungstreffen in Deutschland sowie Handbücher und regelmäßige Info-Rundbriefe für Teilnehmer und Eltern bis zur Ausreise.

Betreuung während des Auslandsaufenthalts und durch Nachbereitung

Zweitägiges Einführungsseminar nach Ankunft in Barcelona. Betreuung vor Ort durch sehr erfahrene Partnerorganisation und »Local Coordinator«. Auch das Stepin-Team steht während der gesamten Aufenthaltsdauer als Ansprechpartner zur Verfügung.
Nachbereitung: Großes Returnee-Wochenende in Deutschland.

Stipendien und Sonstiges

Teilnahme an organisierten Reisen vor Ort durch Partnerorganisation möglich (optional).
Sprachkurs 12 oder 19 Tage optional buchbar ab € 1.490
Reiseversicherungsschutz ab € 33/Monat
* wahlweise Galicien, Léon, Madrid, Valencia, Teneriffa und Andalusien (hier auch Städtewahl – Cádiz, Málaga, Sevilla, Granada – zzgl. € 460)

Kurz und bündig			
Gründungsjahr	1997	Schülerzahl im Spanien-Programm 2017/18	12
ESP-Programm seit	2000	Gesamtschülerzahl im High School Programm 2017/18	684
Gemeinnützigkeit	nein	Partner in Spanien	Openmind

travelbee - (into GmbH)	
Ostlandstraße 14	Telefon: 02234 / 946 36-0
50858 Köln	Telefax: 02234 / 946 36-23
kontakt@travelbee.de	www.travelbee.de

Preis und Leistung			
*Länderwahlprogramm**	3 Monate	Halbjahr	Schuljahr
Grundpreis (ab)	€ 7.250	€ 7.950	€ 10.150
Flug D – Spanien – D	ja	ja	ja
Flugbegleitung auf Hinreise	nein	nein	nein
Vorbereitungstreffen	nein	nein	nein
Vorbereitungsseminar	ja	ja	ja
Einführungsseminar in Spanien	optional	optional	optional
Elterntreffen	nein	nein	nein
Nachbereitungstreffen	nein	nein	nein
Nachbereitungsseminar	ja	ja	ja
Gesamtpreis (ab circa)	**€ 7.250**	**€ 7.950**	**€ 10.150**
Bewerbungsschluss	30.04. / 15.10.	30.04. / 15.10.	30.04.
Spätbewerbung	auf Anfrage	auf Anfrage	auf Anfrage

Bewerbungsverlauf und Kriterien für die Annahme des Bewerbers
Du musst mindestens 14 Jahre alt sein, Dein Notendurchschnitt sollte befriedigend oder besser sein. Auch solltest Du ein paar Grundkenntnisse in Spanisch mitbringen. Das Wichtigste ist, dass Du Neugier, Motivation, Flexibilität und Toleranz mitbringst.

Vorbereitung auf den Spanien-Aufenthalt in Deutschland
Schüler- und Elternhandbuch, regelmäßig Infobriefe mit Infos zum Ablauf, kulturellen Eigenheiten der Gastländer sowie Ratschlägen und Erfahrungsberichten. Circa zwei bis drei Monate vor der Abreise finden unsere zweitägigen Vorbereitungsseminare statt. Dort erhältst Du Infos und Tipps und lernst auch eine Menge über die Regeln während Deines Aufenthaltes. Zudem wirst Du mit Rollenspielen, kreativer Arbeit und lustigen Sketchen auf Deinen Austausch vorbereitet. Es gibt eine Extra-Informationsveranstaltung zur Vorbereitung Deiner Eltern bei Sommerabreise.

Betreuung während des Auslandsaufenthalts und Nachbereitung
In Spanien wird in der Nähe Deines Wohnortes ein Ansprechpartner für Dich und Deine Gastfamilie sein. Auch in Deutschland sind wir immer erreichbar. Nach Deiner Rückkehr ist es noch nicht „vorbei“: Unsere Returnees organisieren „get togethers“, unser traditionelles BBQ und Ausflüge, bei denen sich viele Ehemalige immer wieder treffen.

Stipendien und Sonstiges
Wir bieten in Spanien die Möglichkeit an, bestimmte Regionen oder auch Städte zu wählen. Regionenwahl bis zum 31.01. kostenlos, ab 01.02. € 400. Städtewahl: € 900.
* Bei Sommerabreise achttägiges Orientation-Camp bei Madrid mit Spanischkurs, Workshops und Ausflügen optional buchbar. Preis € 480.

Kurz und bündig			
Gründungsjahr	1986	Schülerzahl im Spanien Programm 2017/18	8
ESP-Programm seit	2003	Gesamtschülerzahl im High School Programm 2017/18	293
Gemeinnützigkeit	nein	Partner in Spanien	*into* Intercambio Estudiantil

AFS Interkulturelle Begegnungen e.V.
Friedensallee 48
22765 Hamburg
info@afs.de
Telefon: 040 / 399 222-0
Telefax: 040 / 399 222-99
www.afs.de

Preis und Leistung			
Länderwahlprogramm	3 Monate	Halbjahr	Schuljahr
Grundpreis			€ 8.490
Flug D – Südafrika – D			ja
Flugbegleitung auf Hinreise			nein
Vorbereitungstreffen			teilweise
Vorbereitungsseminar			ja
Einführungsseminar in Südafrika			ja
Elterntreffen			teilweise
Nachbereitungstreffen			ja
Nachbereitungsseminar			ja
Kranken-/Unfallversicherung			ja
Haftpflicht-/Gepäckversicherung			nein
Gesamtpreis (circa)			**€ 8.490**
Bewerbungsschluss			15.10.
Spätbewerbung			möglich

Bewerbungsverlauf und Kriterien für die Annahme des Bewerbers
Alle Bewerberinnen und Bewerber werden zu einem Einführungsseminar eingeladen. Für die Aufnahme ins Programm ist die persönliche Eignung, d.h. Eigenschaften wie Offenheit, Toleranz, Selbstständigkeit oder Kommunikationsfähigkeit, ausschlaggebend. Nach Bewerbungsschluss ist eine Bewerbung auf noch freie Länderplätze möglich.

Vorbereitung auf den Südafrika-Aufenthalt in Deutschland
AFS legt großen Wert auf die Vorbereitung der Teilnehmerinnen und Teilnehmer. Es finden drei Wochenendseminare statt. Im persönlichen Gespräch mit AFS-Ehrenamtlichen und der ganzen Familie wird individuell auf alle Fragen eingegangen.

Betreuung während des Auslandsaufenthalts und Nachbereitung
Das weltweite AFS-Netzwerk ermöglicht mit haupt- und ehrenamtlichen Mitarbeiterinnen und Mitarbeitern die persönliche Betreuung der Jugendlichen vor, während und nach der Austauschzeit. AFS im Gastland organisiert ein Orientierungsseminar zu Beginn des Programms sowie Auswertungsseminare im weiteren Verlauf. Eine persönliche Ansprechperson vor Ort und hauptamtliche Mitarbeiterinnen und Mitarbeiter in allen AFS-Büros sind für Notfälle jederzeit erreichbar. AFS hilft mit zwei Nachbereitungsseminaren beim Wiedereinleben.

Stipendien und Sonstiges
Jedes Jahr vergibt AFS gemeinsam mit namhaften Stiftungen und Unternehmen an über 35 % der Teilnehmerinnen und Teilnehmer Stipendien. Infos unter: www.afs.de/stipendien.

Kurz und bündig			
Gründungsjahr	1948	Schülerzahl im Südafrika-Programm 2017/18	2
ZA-Programm seit	1978	Gesamtschülerzahl im High School Programm 2017/18	804
Gemeinnützigkeit	ja	Partner in Südafrika	AFS

Deutsches Youth For Understanding Komitee e.V. (YFU)	
Oberaltenallee 6	Telefon: 040 / 22 70 02-0
22081 Hamburg	Telefax: 040 / 22 70 02-27
info@yfu.de	www.yfu.de

Preis und Leistung			
Länderwahlprogramm	3 Monate	Halbjahr	Schuljahr
Grundpreis		€ 7.800	€ 8.300
Flug D – Südafrika – D		ja	ja
Flugbegleitung auf Hinreise		ja	ja
Vorbereitungstreffen		ja	ja
Vorbereitungsseminar		ja	ja
Einführungsseminar in Südafrika		ja	ja
Elterntreffen		ja	ja
Nachbereitungstreffen		ja	ja
Nachbereitungsseminar		ja	ja
Kranken-/Unfallversicherung		ja	ja
Haftpflicht-/Gepäckversicherung		ja	ja
Gesamtpreis		**€ 7.800**	**€ 8.300**
Bewerbungsschluss		variabel	variabel
Spätbewerbung		nein	nein

Bewerbungsverlauf und Kriterien für die Annahme des Bewerbers

Bei YFU können sich Schülerinnen und Schüler aller Schularten bewerben. Sie sollten aufgeschlossen, anpassungsfähig und verantwortungsbewusst sein und mindestens durchschnittliche Schulleistungen vorweisen. Nach Durchsicht der schriftlichen Bewerbungsunterlagen führt YFU regional Auswahlgespräche in Form von Gruppen- und Einzelinterviews durch.

Vorbereitung auf den Südafrika-Aufenthalt in Deutschland

Alle YFU-Austauschschüler nehmen vor Abreise an einem einwöchigen Seminar teil, auf dem sie intensiv auf das Leben in einer fremden Kultur vorbereitet werden und praktische Tipps für den Alltag in Südafrika erhalten. Auch für Eltern werden eigene Vorbereitungstreffen angeboten. YFU stellt außerdem umfangreiche schriftliche Unterlagen zur Verfügung.

Betreuung während des Auslandsaufenthalts und Nachbereitung

Jeder Austauschschüler hat im Ausland vor Ort einen persönlichen Betreuer. Darüber hinaus stehen die hauptamtlichen YFU-Mitarbeiter in Deutschland und Südafrika zur Verfügung – im Notfall rund um die Uhr. Während des Austausches finden begleitende Seminare statt. Nach der Rückkehr gibt es ein zwei- bis dreitägiges Nachbereitungsseminar.

Stipendien und Sonstiges

YFU vergibt jährlich rund 300 Stipendien im Gesamtwert von etwa einer halben Million Euro. Die Vergabe und Höhe der Stipendien richtet sich nach der finanziellen Situation der Familie, nicht nach Schulnoten. Weitere Informationen gibt es unter www.yfu.de/stipendien.

Kurz und bündig			
Gründungsjahr	1957	Schülerzahl im Südafrika-Programm 2017/18	18
ZA-Programm seit	1995	Gesamtschülerzahl im High School Programm 2017/18	902
Gemeinnützigkeit	ja	Partner in Südafrika	YFU Südafrika

DFSR – Dr. Frank Sprachen & Reisen GmbH	
Industriestr. 35	Telefon: 0621 / 820 565 0
68169 Mannheim	Telefax: 0621 / 820 565 80
info@dfsr.de	www.dfsr.de

Preis und Leistung			
Länderwahlprogramm	3 Monate	Halbjahr	Schuljahr
Grundpreis	€ 6.990	€ 9.990	€ 14.990
Flug D – Südafrika – D	ja	ja	ja
Flugbegleitung auf Hinreise	nein	nein	nein
Vorbereitungstreffen	nein	nein	nein
Vorbereitungsseminar	ja	ja	ja
Einführungsseminar in Südafrika	nein	nein	nein
Elterntreffen	nein	nein	nein
Nachbereitungstreffen	nein	nein	nein
Nachbereitungsseminar	ja	ja	ja
Kranken-/Unfallversicherung	€ 120/p	€ 240/p	€ 480/p
Haftpflicht-/Gepäckversicherung	nein	nein	nein
Gesamtpreis	**€ 7.110**	**€ 10.230**	**€ 15.470**
Bewerbungsschluss	01.04./15.09.	01.04./15.09.	01.04./15.09.
Spätbewerbung	möglich	möglich	möglich

Bewerbungsverlauf und Kriterien für die Annahme des Bewerbers

Für alle Teilnehmer gilt: Es kommt nicht nur auf die Schulnoten an, wichtig sind auch ihre Motivation und ihr Interesse an dem Gastland und dem Kulturaustausch. Der Austauschschüler sollte Flexibilität, Verständnis, Toleranz und Selbstständigkeit mitbringen. Bewerben können sich Schüler/innen, die über mindestens zufriedenstellende Englischkenntnisse verfügen. Teilnahmealter: 15-17 Jahre

Bewerbungsverlauf: Ausfüllen des Bewerbungsformulars, persönliches Bewerbungsgespräch gemeinsam mit den Eltern, nach erfolgreichem Gespräch Aufnahme ins Programm.

Vorbereitung auf den Südafrika-Aufenthalt in Deutschland

Intensives Vorbereitungsseminar in Deutschland.

Betreuung während des Auslandsaufenthalts und Nachbereitung

Unsere Partnerorganisation vor Ort stellt für die Schüler einen Betreuer vor Ort und auch DFSR ist für seine Partner über eine 24h-Notrufnummer immer erreichbar. Nach Rückkehr der Schüler nach Deutschland erhalten sie die Möglichkeit, auf dem Welcome Back Seminar von ihren Erfahrungen zu berichten.

Stipendien und Sonstiges

Mit DFSR kannst du ab sofort deinen Auslandsaufenthalt an einer High School in Südafrika verbringen!

Kurz und bündig			
Gründungsjahr	1978	Schülerzahl im Südafrika-Programm 2017/18	neu
ZA-Programm seit	2014	Gesamtschülerzahl im High School Programm 2017/18	379
Gemeinnützigkeit	nein	Partner in Südafrika	South African Homestays

Experiment e.V.
Gluckstraße 1
53115 Bonn
info@experiment-ev.de
Telefon: 0228 / 957 220
Telefax: 0228 / 358 282
www.experiment-ev.de

Preis und Leistung

Länderwahlprogramm	3 Monate	Halbjahr	Schuljahr
Grundpreis (ab)	€ 6.450	€ 7.950	€ 10.900
Flug D – Südafrika – D	ja	ja	ja
Flugbegleitung auf Hinreise	nein	nein	nein
Vorbereitungstreffen	nein	nein	nein
Vorbereitungsseminar	ja	ja	ja
Einführungsseminar in Südafrika	ja	ja	ja
Elterntreffen	nein	nein	nein
Nachbereitungstreffen	nein	nein	nein
Nachbereitungsseminar	ja	ja	ja
Kranken-/Unfallversicherung	ja	ja	ja
Haftpflicht-/Gepäckversicherung	ja/nein	ja/nein	ja/nein
Gesamtpreis (ab circa)	**€ 6.450**	**€ 7.950**	**€ 10.900**
Bewerbungsschluss	01.02. / 01.08.	01.02. / 01.08.	01.02. / 01.08.
Spätbewerbung	möglich	möglich	möglich

Bewerbungsverlauf und Kriterien für die Annahme des Bewerbers
Alter: 14-18 Jahre. Voraussetzungen: Besuch einer weiterführenden Schule bis zur Ausreise, ernsthaftes Interesse am interkulturellen Austausch, Aufgeschlossenheit, Offenheit, Toleranz und Anpassungsvermögen. Grundkenntnisse in Englisch werden erwartet.
Bewerbung online über unsere Homepage: www.experiment-ev.de/bewerbung.

Vorbereitung auf den Südafrika-Aufenthalt in Deutschland
Alle Teilnehmenden werden zu einem überregionalen, 4-tägigen Vorbereitungsseminar eingeladen, auf dem sie von Ehrenamtlichen umfassend auf ihren Auslandsaufenthalt vorbereitet werden. Diese intensive Vorbereitung findet bereits mehrere Wochen vor der Ausreise statt, ist verpflichtend für alle Teilnehmenden und daher bereits im Preis enthalten.

Betreuung während des Auslandsaufenthalts und Nachbereitung
Ein persönlicher Betreuer unserer Partnerorganisation hat die Gastfamilie vor der Ankunft des Austauschschülers besucht und ist während des Aufenthaltes Ansprechpartner für Schüler/in und Gastfamilie. Für Eltern und Teilnehmende gibt es zusätzlich in Deutschland einen telefonischen Bereitschaftsdienst von Experiment e.V., der rund um die Uhr erreichbar ist.

Stipendien und Sonstiges
1, 2, 3 und 4 Terms möglich. Einführungsveranstaltung in Kapstadt inklusive. Die Gastfamilien leben ausschließlich im Großraum Kapstadt. Experiment e.V. stellt für den „Schüleraustausch weltweit" einen eigenfinanzierten Stipendienfonds in Höhe von € 85.000 (2019-20) zur Verfügung. Aktuelle Stipendien unter: www.experiment-ev.de/stipendien

Kurz und bündig

Gründungsjahr	1932	Schülerzahl im Südafrika-Programm 2017/18	20
ZA-Programm seit	2006	Gesamtschülerzahl im High School Programm 2017/18	500
Gemeinnützigkeit	ja	Partner in ZA: langjährige Partnerorganisation	

iE – international Experience e.V.
Amselweg 20 Telefon: 02246 / 915 49 0
53797 Lohmar Telefax: 02246 / 915 49 12
info@international-experience.net www.international-experience.net

Preis und Leistung			
Länderwahlprogramm	3 Monate	Halbjahr	Schuljahr
Grundpreis	€ 4.540	€ 6.180	€ 9.360
Flug D – Südafrika – D	€ 1.200/p	€ 1.200/p	€ 1.200/p
Flugbegleitung auf Hinreise	nein	nein	nein
Vorbereitungstreffen	nein	nein	nein
Vorbereitungsseminar	ja	ja	ja
Einführungsseminar in Südafrika	ja	ja	ja
Elterntreffen	nein	nein	nein
Nachbereitungstreffen	nein	nein	nein
Nachbereitungsseminar	ja	ja	ja
Kranken-/Unfallversicherung	€ 165	€ 330	€ 550
Haftpflicht-/Gepäckversicherung	ja	ja	ja
Gesamtpreis (circa)	**€ 5.905**	**€ 7.710**	**€ 11.110**
Bewerbungsschluss	flexibel	flexibel	flexibel
Spätbewerbung	möglich	möglich	möglich

Bewerbungsverlauf und Kriterien für die Annahme des Bewerbers
Kriterien für die Aufnahme in unser Programm sind neben den Schulnoten besonders persönliche Eigenschaften wie Motivation, Flexibilität und Anpassungsfähigkeit. Wir suchen „great kids" mit positiver Einstellung, die freundlich, aufgeschlossen und aktiv sind.

Vorbereitung auf den Südafrika-Aufenthalt in Deutschland
Alle Teilnehmer werden bestens auf den Schritt ins Ausland vorbereitet durch persönliche Ansprechpartner, Begleitung während des gesamten Prozesses, mehrtägiges Vorbereitungsseminar mit internationalen Gästen und Returnees, Leitfäden, Handbücher und Informationsmaterial zu allen wichtigen Themen, wie Leben im Ausland, Visaprozess, Versicherungen.

Betreuung während des Auslandsaufenthalts
Eigene deutsche iE-Mitarbeiterin in Kapstadt mit langjähriger Erfahrung, die persönlich maximal 12 Austauschschüler vor Ort betreut. Sie hilft bei der Eingliederung in die Schule und in die neue Familie. iE unterhält einen persönlichen 24-Stunden-Notfall Dienst für Schüler/Innen, Eltern in Deutschland und Gasteltern im Ausland (kein Call-Center).

Nachbereitung
Nach der Rückkehr veranstalten wir ein Returnee-Treffen mit anschließender Party.

Stipendien und Sonstiges
Es ist auch ein 9-monatiger Aufenthalt zu o.g. Konditionen möglich. Grundpreis: € 7.190, Versicherung € 495. Auf Anfrage ist die Vermittlung an Privatschule und Internat möglich. Aktueller Testsieger: 1. Platz aller gemeinnützigen Organisationen im Bereich Leistungen & Premium vom Deutsches Institut für Service-Qualität

Kurz und bündig				
Gründungsjahr	2000	Schülerzahl im Südafrika Programm 2017/18		24
ZA-Programm seit	2003	Gesamtschülerzahl im High School Programm 2017/18		362
Gemeinnützigkeit	ja	Partner in Südafrika	iE-Südafrika	

KulturLife gGmbH	
Max-Giese-Str. 22	Telefon: 0431 / 888 14 10
24116 Kiel	Telefax: 0431 / 888 14 19
info@kultur-life.de	www.kultur-life.de

Preis und Leistung			
Länderwahlprogramm	3 Monate	Halbjahr	Schuljahr
Grundpreis (ab)	€ 4.990	€ 6.990	€ 8.590
Flug D – Südafrika – D	ja	ja	ja
Flugbegleitung auf Hinreise	nein	nein	nein
Vorbereitungstreffen	nein	nein	nein
Vorbereitungsseminar	ja	ja	ja
Einführungsseminar in Südafrika	ja	ja	ja
Elterntreffen	ja	ja	ja
Nachbereitungstreffen	nein	nein	nein
Nachbereitungsseminar	ja	ja	ja
Kranken-/Unfallversicherung	ca. € 135	ca. € 225	ca. € 450
Haftpflicht-/Gepäckversicherung	€ 45 opt./nein	€ 45 opt./nein	€ 90 opt./nein
Gesamtpreis (ab circa)	**€ 5.125**	**€ 7.215**	**€ 9.040**
Bewerbungsschluss	31.03. / 01.10.	31.03. / 01.10.	31.03. / 01.10.
Spätbewerbung	möglich	möglich	möglich

Bewerbungsverlauf und Kriterien für die Annahme des Bewerbers
Wenn du uns deine unverbindliche Anmeldung schickst, möchten wir dich und deine Eltern bei einem persönlichen Gespräch im Kieler Büro oder via Skype kennenlernen. Schulnoten und Englischkenntnisse sind für uns zweitrangig, viel wichtiger sind deine Motivation und Offenheit. Neben der Beratung wollen wir einen Gesamteindruck von dir als Person bekommen. Wenn von unserer Seite deinem Auslandsaufenthalt nichts mehr im Weg steht, schicken wir dir und deinen Eltern ein Vertragsangebot und alle nötigen Unterlagen zu.

Vorbereitung auf den Südafrika-Aufenthalt in Deutschland
Jedes Jahr im Frühjahr und Herbst führen wir mehrere Vorbereitungswochenenden in Hannover durch. Auch deine Eltern sind dazu eingeladen. Besondere Schwerpunkte der Vorbereitungsseminare sind ein intensives interkulturelles Training, sowie praktische Strategien zur Lösung möglicher Probleme oder Schwierigkeiten vor Ort. Neben deinem Programmbetreuer triffst du auch ehemalige Austauschschüler, die von ihren Erfahrungen berichten.

Betreuung während des Auslandsaufenthalts und Nachbereitung
Ein persönlicher Betreuer unserer Partnerorganisation in Südafrika ist während deines Aufenthalts dein Ansprechpartner. Natürlich kannst du auch immer deinen persönlichen Betreuer von KulturLife kontaktieren, den du von Anfang an kennst. Für Notfälle sind wir in Südafrika und in Deutschland mit unserer 24-Stunden-Hotline rund um die Uhr erreichbar.

Stipendien und Sonstiges
KulturLife vergibt mehrere Stipendien: www.kultur-life.de/ueber-uns/kulturlife-stipendien/.

Kurz und bündig			
Gründungsjahr	1995	Schülerzahl im Südafrika-Programm 2017/18	2
ZA-Programm seit	2007	Gesamtschülerzahl im High School Programm 2017/18	120
Gemeinnützigkeit	ja	Partner in Südafrika	MYEO

Open Door International e.V. (ODI)	
Thürmchenswall 69	Telefon: 0221 / 60 60 85 50
50668 Köln	Telefax: 0221 / 60 60 85 519
info@opendoorinternational.de	www.opendoorinternational.de

Preis und Leistung			
Länderwahlprogramm	3 Monate	Halbjahr	Schuljahr
Grundpreis	auf Anfrage	€ 8.790	€ 10.590
Flug D – Südafrika – D	ja	ja	ja
Flugbegleitung auf Hinreise	nein	nein	nein
Vorbereitungstreffen	nein	nein	nein
Vorbereitungsseminar	ja	ja	ja
Einführungsseminar in Südafrika	ja	ja	ja
Elterntreffen	ja	ja	ja
Nachbereitungstreffen	nein	nein	nein
Nachbereitungsseminar	ja	ja	ja
Kranken-/Unfallversicherung	ca. € 140	ca. € 290	ca. € 560
Haftpflicht-/Gepäckversicherung	ja/nein	ja/nein	ja/nein
Gesamtpreis (circa)	**auf Anfrage**	**€ 9.080**	**€ 11.150**
Bewerbungsschluss	01.04.	31.10.	01.04./31.10.
Spätbewerbung	möglich	möglich	möglich

Bewerbungsverlauf und Kriterien für die Annahme des Bewerbers

Einer unverbindlichen Online-Anmeldung folgen eine Bestätigung mit den ersten Unterlagen und das persönliche Kennenlerngespräch, das beim Bewerber zu Hause stattfindet. Auswahlkriterien sind die persönliche Eignung, Reife und Motivation, Offenheit, Toleranz, Flexibilität, Selbstständigkeit, Anpassungsbereitschaft, psychische Stabilität, aber auch die schulischen Leistungen, die nicht schlechter als 3,0 im Notendurchschnitt sein sollten. Das Programm ist für Schüler aller Schulformen im Alter von 15 bis 17 Jahren geeignet.

Vorbereitung auf den Südafrika-Aufenthalt in Deutschland

Das 4-tägige Vorbereitungsseminar mit hauptamtlichen Programmbetreuern und Returnees, ist obligatorisch. Mit Workshops und ausführlichem Infomaterial werden die Teilnehmer intensiv auf ihr Zielland, den Aufenthalt und mögliche Probleme vorbereitet. Im Rahmen eines Workshops für die Eltern werden die wichtigsten Fragen aus Elternsicht thematisiert. Die Eltern erhalten vorab ein Handbuch zu Themen wie Visum, Versicherung, Finanzen, etc.

Betreuung während des Auslandsaufenthalts und Nachbereitung

24-Stunden-Notfallnummer; Betreuung durch Partnerorganisation vor Ort; Ansprechperson für Teilnehmer und Eltern im ODI-Büro; Elterntreffen; 3-tägiges Nachbereitungsseminar für Returnees; Möglichkeit zu ehrenamtlicher Mitarbeit im Jugendaustausch.

Stipendien und Sonstiges

ODI vergibt ein Teilstipendium für die USA sowie vier weitere Teilstipendien für alle ODI-Länder. Einführungswochenende in Kapstadt.

Kurz und bündig			
Gründungsjahr	1983	Schülerzahl im Südafrika-Programm 2017/18	2
ZA-Programm seit	2016	Gesamtschülerzahl im High School Programm 2017/18	104
Gemeinnützigkeit	ja	Partner in Südafrika	You2Africa

TravelWorks (Travelplus Group GmbH)
Münsterstr. 111
48155 Münster
highschool@travelworks.de
Telefon: 02506 / 8303 600
Telefax: 02506 / 8303 230
www.travelworks.de/schueleraustausch

Preis und Leistung			
Länderwahlprogramm	3 Monate	Halbjahr	Schuljahr
Grundpreis (ab)	€ 7.890	€ 9.250	€ 12.190
Flug D – Südafrika – D	ja	ja	ja
Flugbegleitung auf Hinreise	nein	nein	nein
Vorbereitungstreffen	nein	nein	nein
Vorbereitungsseminar	ja	ja	ja
Einführungsseminar in Südafrika	ja	ja	ja
Elterntreffen	nein	nein	nein
Nachbereitungstreffen	ja	ja	ja
Nachbereitungsseminar	nein	nein	nein
Kranken-/Unfallversicherung	€ 171	€ 342	€ 627
Haftpflicht-/Gepäckversicherung	ja	ja	ja
Gesamtpreis (ab circa)	**€ 8.061**	**€ 9.592**	**€ 12.817**
Bewerbungsschluss	15.04. / 15.09.	15.04. / 15.09.	15.04.
Spätbewerbung	nein	nein	nein

Bewerbungsverlauf und Kriterien für die Annahme des Bewerbers
Nach unverbindlicher Bewerbung laden wir SchülerIn und Eltern zum persönlichen Auswahl- und Informationsgespräch ein. Anschließend erhalten Bewerber unsere Buchungsgrundlage mit verbindlichem Anmeldeformular, das bei Interesse unterschrieben an uns zurückgesendet wird. Bewerber sollten motiviert, flexibel, weltoffen sowie 14-18 Jahre alt sein.

Vorbereitung auf den Südafrika-Aufenthalt in Deutschland
Ca. drei Monate vor Abreise laden wir alle Teilnehmer mit Eltern zum zweitägigen Vorbereitungsseminar in Deutschland (Münster) bzw. Österreich (Salzburg) ein. Teilnehmer und Eltern erhalten zudem ein Handbuch und regelmäßige Inforundschreiben.

Betreuung während des Auslandsaufenthalts und Nachbereitung
Der Aufenthalt beginnt mit einer Orientierungsveranstaltung unserer lokalen Partner. Für Schüler, die 2 oder 4 Terms bleiben, ist eine zweitägige begleitete Tour inklusive. Die Partner betreuen die Schüler während des gesamten Aufenthalts. Eltern wie Schülern stehen wir zudem über unser deutsches Büro zur Verfügung. 24-Stunden-Notfall-Nummer im Gastland und in Deutschland. Gemeinsames Welcome Back-Wochenende nach Rückkehr nach Deutschland.

Stipendien und Sonstiges
Privatschulprogramm

Kurz und bündig				
Gründungsjahr	1991	Schülerzahl im Südafrika-Programm 2017/18		7
ZA-Programm seit	2009	Gesamtschülerzahl im High School Programm 2017/18		345
Gemeinnützigkeit	nein	Partner in Südafrika	You 2 Africa	

AFS Interkulturelle Begegnungen e.V.
Friedensallee 48
22765 Hamburg
info@afs.de
Telefon: 040/399 222 -0
Telefax: 040/ 399 222-99
www.afs.de

Selbstbeschreibung
AFS ist eine der erfahrensten und größten Austauschorganisationen in Deutschland. Als gemeinnütziger und ehrenamtlich basierter Verein bietet AFS Schüleraustausch, Gastfamilienprogramme, internationale Ferienprogramme und Freiwilligendienste in rund 50 Länder weltweit an. Damit fördert AFS Jugendliche in ihrer Persönlichkeitsentwicklung und begleitet sie dabei, aktive, globale Weltbürger zu werden und somit eine friedlichere und tolerantere Welt zu gestalten. In den vergangenen 70 Jahren haben weltweit mehr als 450.000 Jugendliche und Gastfamilien an den AFS-Programmen teilgenommen.

Zielländer, Schulbeispiele, Kosten
AFS bietet ein Privatschul-Programm in den USA an. Bei diesem dreimonatigen Austauschprogramm können Interessierte aus einem breiten Angebot von Privatschulen in verschiedenen US-Bundesstaaten (Kalifornien, Oregon, Florida, New York, uvm.) wählen. Die Kosten betragen € 8.990.

Bewerbungsverlauf und Kriterien für die Annahme des Bewerbers
Bewerben können sich Schülerinnen und Schüler, die während des Auslandsaufenthalts zwischen 14 und 18 Jahren alt sind. Gute Englischkenntnisse werden in den USA vorausgesetzt (mindestens Schulnote 3). Interessenten sollten offen und aufgeschlossen gegenüber anderen Kulturen sowie neugierig darauf sein, in eine fremde Lebensweise einzutauchen. Weitere Voraussetzung für die Programmteilnahme ist, dass die jeweilige Schule die Teilnehmerin, bzw. den Teilnehmer für den Austauschzeitraum freistellt.

Vorbereitung, Betreuung, Nachbereitung
Das weltweite Netz haupt- und ehrenamtlicher Mitarbeiterinnen und Mitarbeiter ermöglicht die persönliche Betreuung der Jugendlichen vor, während und nach dem Auslandsaufenthalt. AFS bzw. die Partnerorganisation organisiert ein Orientierungsseminar zu Beginn des Programms sowie Nachbereitungsseminare nach der Rückkehr. Eine persönliche Ansprechperson vor Ort und hauptamtliche Mitarbeiterinnen und Mitarbeiter in allen Partnerorganisationen sind für Notfälle jederzeit erreichbar.

Stipendien und Sonstiges
Es sind zwei Ausreisezeiträume möglich. Für eine Ausreise von Mitte März bis Mitte Juni bewerben sich Interessierte bis zum 31.10. des Vorjahres. Für eine Ausreise zwischen Anfang September und Ende November bewerben sich Interessierte bis zum 14.04. des Ausreisejahres.

Kurz und bündig			
Gründungsjahr	1948	Anzahl Privatschüler/innen 2017/18	10
Programm seit	2016	Gesamtschülerzahl im High School Programm 2017/18	804

American Institute For Foreign Study (Deutschland) GmbH
Friedensplatz 1 Telefon: 0228 / 957 30-0
53111 Bonn Telefax: 0228 / 957 30-110
highschool@aifs.de www.aifs.de

Selbstbeschreibung
Seit 1964 verfolgt AIFS das Ziel, mit qualitativ hochwertigen Programmen den internationalen Kulturaustausch zu fördern und jungen Leuten wertvolle Auslandserfahrungen zu ermöglichen. Als deutsche Tochter der American Institute For Foreign Study Group besitzt AIFS ausgezeichnete Kontakte in die USA. Neben Schulaufenthalten werden Au Pair Programme, Work and Travel und Farmwork Aufenthalte, Camp America, Freiwilligenprojekte, Auslandspraktika sowie Studieren im Ausland angeboten.

Zielländer, Schulbeispiele, Kosten
USA – eine Reihe von persönlich ausgewählten und besuchten Schulen in ganz USA (auch Hawaii) mit der Möglichkeit von Gastaufenthalt oder Internatsunterbringung.

Kosten – inklusive Flug und Versicherung für ein Schulhalbjahr bereits ab € 12.800.

Bewerbungsverlauf und Kriterien für die Annahme des Bewerbers
Bewerbung: Die Bewerbung erfolgt unverbindlich durch das Ausfüllen eines Formulars, welches unter www.aifs.de zu finden ist. Sind die formellen Voraussetzungen erfüllt, findet ein persönliches Beratungsgespräch mit einem AIFS Privatschulexperten statt. Anschließend unterbreitet AIFS ein Vertragsangebot. Dieses wird erst durch die Annahme des Bewerbers verbindlich.

Voraussetzungen: 14 bis 18 Jahre; Schülerstatus; mind. drei Jahre Englisch als Unterrichtsfach; tolerant, anpassungsfähig, aufgeschlossen und motiviert.

Vorbereitung, Betreuung, Nachbereitung
Vorbereitung:
Die Vorbereitung erfolgt durch das AIFS Team in Bonn durch zweitägige Treffen bzw. Seminare in Bonn sowie durch ausführliche Schüler- und Elternhandbücher und Inforundbriefen vor der Ausreise.

Betreuung:
Die Betreuung während des Aufenthaltes wird durch einen lokalen Betreuer an der Schule sowie durch die Mitarbeiter des AIFS Büros in Bonn und in den USA garantiert. Für den Notfall steht außerdem eine 24-Stunden-Notfallhotline zur Verfügung.

Nachbereitung:
Die Nachbereitung erfolgt in Form einer großen Homecoming Party. Außerdem ermöglicht das AIFS Bonusprogramm (Netzwerk ehemaliger Teilnehmer) den Austausch mit anderen Teilnehmern.

Stipendien und Sonstiges

Kurz und bündig

Gründungsjahr	1983	Anzahl Privatschüler/innen 2017/18	7
Programm seit	2012	Gesamtschülerzahl im High School Programm 2017/18	473

ASSIST Inc. – Deutsche Vertretung
Rodenwald 2
40883 Ratingen
simone.oliver@assistscholars.org
Telefon: 02102 / 389 69 38
Telefax: 02102 / 389 69 39
www.assistscholars.de

Selbstbeschreibung
Begabtenförderung durch Vermittlung von Stipendien: ASSIST vermittelt ausschließlich Stipendien für einen einjährigen Aufenthalt an einer amerikanischen Privatschule, und zwar in der 10. oder 11. Klasse oder als Senior (nach dem Abitur). ASSIST ist eine Non-Profit-Organisation, und hat in den über 50 Jahren ihrer Existenz bereits über 3.000 talentierte Schülerinnen und Schüler aus Deutschland vermittelt. Erfolgreiche Kandidaten zeichnen sich neben guter bis sehr guter akademischer Leistung durch breit angelegte Interessen in sportlicher, kultureller und/oder künstlerischer Beziehung aus, sind kontaktfreudig und bereit, ein herausforderndes Jahr in den USA in einer intensiven Lernatmosphäre zu verbringen. Pro Jahr werden im Moment ca. 10 Vollstipendien und ca. 60 Teilstipendien vergeben.

Zielländer, Schulbeispiele, Kosten
Ausschließlich USA, und ausschließlich angesehene Privatschulen, zumeist Boarding Schools (Internate). Links zu den „ASSIST-Schulen“ können über unsere Website www.assist-online.net besucht werden. Wird ein Vollstipendium vergeben, werden Programmkosten in Höhe von z.Zt. € 13.500 erhoben. Bei Gewährung eines Teilstipendiums liegen die Kosten für den Aufenthalt z.Zt. bei € 27.500, Flugkosten werden separat erhoben, desgleichen fallen zusätzlich Visagebühren und Krankenversicherungskosten an.

Bewerbungsverlauf und Kriterien für die Annahme des Bewerbers
Die Online-Bewerbung muss bis zum 15.11. erfolgen und schließt ein selbst verfasstes Essay in englischer Sprache und Referenzgutachten von mindestens drei Lehrern ein. Bewerber sollten sich im oberen Leistungsdrittel ihres Jahrgangs bewegen. Erfolgreiche Kandidaten müssen sich einem Gruppen-Interview und einem Englischtest stellen und werden bei erfolgreicher Bewerbung einer passenden Privatschule zugeteilt, welche die besten Voraussetzungen bietet, entwicklungsfähige Talente des Schülers zu fördern.

Vorbereitung, Betreuung, Nachbereitung
Erfolgreiche Bewerber werden Mitte Mai zusammen mit den Eltern zu einem intensiven, Vorbereitungsseminar eingeladen, wo neben organisatorischen Fragen die Visumbeantragung, der Schulalltag, die Gasteltern etc. im Vordergrund stehen. Kurz vor der Abreise im August findet ein 2. Seminar statt, bei dem die Schüler auf ihre Vorgänger treffen und praktische Fragen diskutiert sowie Erfahrungen weitergegeben werden. Nach Ankunft in den USA findet dann ein weiteres 4-tägiges Seminar an einem Internat statt, an dem auch die ASSIST-Stipendiaten aus den anderen Ländern der Welt teilnehmen. Nach Abschluss des Schuljahrs folgt ein 2-tägiges Nachbereitungsseminar, das mit dem Kennenlernen des neuen Jahrgangs verknüpft wird und Hilfestellung zur Reintegration in Deutschland bietet.

Stipendien und Sonstiges
Siehe oben: Es werden ausschließlich Voll- und Teilstipendien vermittelt. Bei finanzieller Bedürftigkeit hilft der ASSIST-Förderverein e.V. Köln durch Gewährung von Beihilfen, die aus Mitgliedsbeiträgen und Spenden finanziert werden.

Kurz und bündig			
Gründungsjahr	1969	Anzahl Privatschüler/innen 2017/18	63
Programm seit	1969	Gesamtschülerzahl im High School Programm 2017/18	63

Barnes Educational Services – Deutsche Vertretung
Wohldamm 39
30855 Langenhagen
rachel@barnes-educational.co.uk
Telefon: 511 738200
Telefax: 0511 738600
www.schuleinengland.de

Selbstbeschreibung

Wir sind ein kleines Familienteam ehemaliger Lehrkräfte in England und daher mit dem englischen Schulsystem sehr vertraut. Die Schulen werden sehr sorgfältig und passend für jeden Kenntnisstand ausgewählt.

Viele Schulen stehen zur Verfügung, daher ist es sehr wichtig für die Auswahl des Schulangebotes möglichst genaue Informationen über die Bedürfnisse der SchülerInnen zu bekommen.

Zielländer, Schulbeispiele, Kosten

Wir bieten ausschließlich Schulen in England an, wo wir selbst wohnen und absolutes Vertrauen in die von den Schulen angebotene Lehr- und Lernqualität sowie die Betreuung haben.

Wir sind an keine der Schulen gebunden und können daher selbst die Schulen auswählen, die wir anbieten. Kosten – € 26.250 bis € 41.600 – pro Schuljahr.

Bewerbungsverlauf und Kriterien für die Annahme des Bewerbers

Wir bieten eine Auswahl an geeigneten Schulen an auf Basis der Angaben in den Bewerbungsformularen und direkten Kontakten mit der Familie der SchülerInnen.

Unsere Schulen sind über ganz England verstreut und geeignet für jeden Kenntnisstand.

Vorbereitung, Betreuung, Nachbereitung

Die SchülerInnen werden von Rachel in England persönlich auf ihren Schulaufenthalt vorbereitet. SchülerInnen und Eltern können auf Wunsch einige der vorgeschlagenen Schulen besuchen bevor sie eine Entscheidung treffen.

Wenn sie sich für Barnes als Guardian entscheiden, bieten wir ihnen unsere persönliche Unterstützung während des gesamten Aufenthaltes an und organisieren liebevolle Gastfamilien für die kurzen Ferienzeiten. (half-term etc.)

Stipendien und Sonstiges

Wenn Sie das gewünschte Programm hier nicht gefunden haben, kontakten Sie uns bitte, damit wir für Sie ein geeignetes Programm zusammenstellen können.

Kurz und bündig			
Gründungsjahr	1975	Anzahl Privatschüler/innen 2017/18	12
Programm seit	1975	Gesamtschülerzahl im High School Programm 2017/18	102

Breidenbach Educational Consulting GmbH
Mozartstraße 20a
70180 Stuttgart
info@breidenbach-education.com
Telefon: 0711 219 560 0
Telefax: 0711 219 560 40
www.breidenbach-education.com

Selbstbeschreibung

Breidenbach Education ist seit 15 Jahren Spezialist für Schulaufenthalte in Kanada. Unsere Büros in Stuttgart und Hamburg betreuen individuell und sehr persönlich rund 100 Schüler pro Jahr aus ganz Deutschland, die für mindestens 5 Monate in Kanada zur Schule gehen möchten. Die Spezialisierung auf nur ein Land bietet uns unzählige Vorteile: Wir arbeiten ausschließlich direkt mit Schulen, wir kennen alle Schulen persönlich und unser eigenes Betreuungsnetzwerk ermöglicht es uns, in Notfällen schnell vor Ort zu sein.

Im Programm finden sich zahlreiche Privatschulen mit Gastfamilienunterkunft. Die sehr sorgfältig ausgewählten Gastfamilien haben meist auch eigene Kinder an der jeweiligen Schule. Ein gehobenes Umfeld und eine deutlich schnellere Integration der Gastschüler ist somit gewährleistet.

Außerdem arbeitet Breidenbach Education sehr eng mit zahlreichen renommierten Internaten in fast allen Provinzen in Kanada zusammen. Darunter finden sich traditionelle Jungen- und Mädcheninternate, gemischte Schulen und Internate mit sportlichen Schwerpunkten.

Zielländer, Schulbeispiele, Kosten

Privatschule mit Gastfamilienunterkunft für ein Schuljahr € 22.000 bis ca. € 40.000
Internate in Quebec ab ca. € 22.000
Internate in British Columbia, Ontario, Manitoba, Nova Scotia € 35.000 bis ca. € 60.000
Preise sind Richtwerte jeweils inkl. Flug, Versicherung, Vorbereitung, Betreuung etc.

Bewerbungsverlauf und Kriterien für die Annahme des Bewerbers

1. Unverbindliches, persönliches Erstgespräch
2. Schriftliche Bewerbung
3. Englisch- oder Französischtest, ggf. weitere Fächer wie z.B. Mathematik
4. Skype-Interview
4. Verbindliches Angebot eines Schulplatzes in der Regel innerhalb von 14 Tagen

Vorbereitung, Betreuung, Nachbereitung

Persönliche und individuelle Hilfestellung beim gesamten Bewerbungsprozess, inkl. Flugbuchungen (auch für die Eltern), Beantragung vom Visum etc. Teilnehmer erhalten u.a. ein Handbuch, Checklisten, Hilfevideos, eine Notfallkarte, eine kanadische SIM-Karte, eine Prepaid-Kreditkarte und Zugang zu moderierten WhatsApp-Gruppen. Zur Vorbereitung finden intensive Vorbereitungsworkshops in Deutschland statt und in Kanada gibt es eine Orientation (je nach Programm 1 bis 7 Tage). Die Betreuung erfolgt durch die Schule und die lokalen Koordinatoren, zusätzlich aber auch durch unsere deutschsprachigen Mitarbeiter vor Ort in Kanada. Darüber gibt es eine eigene 24-Stunden Hotline in Kanada und in Deutschland. Für die Returnees gibt es Nachbereitungstreffen.

Stipendien und Sonstiges

Stipendien für Internate werden in geringem Umfang angeboten.

Kurz und bündig

Gründungsjahr	2003	Anzahl Privatschüler/innen 2017/18	20
Programm seit	2003	Gesamtschülerzahl im High School Programm 2017/18	85

Carl Duisberg Centren gemeinnützige GmbH
Hansaring 49-51 Telefon: 0221 / 16 26 207
50670 Köln Telefax: 0221 / 16 26 217
boarding@cdc.de www.carl-duisberg-internate-im-ausland.de

Selbstbeschreibung
Die Carl Duisberg Centren bietet im Rahmen des Carl Duisberg High School Programm sowie des Carl Duisberg Internatsprogramm jedem/r Schüler/in die Möglichkeit, gemeinsam mit unseren erfahrenen Bildungsberatern zunächst kostenlos und unverbindlich ein ganz persönliches Anforderungsprofil hinsichtlich schulischer Erfordernisse (Sprachen, Mathematik, Naturwissenschaften, etc.) und besonderer Interessen im sportlichen, musischen oder sonstigen Bereichen zu erstellen. Im Anschluss ermitteln wir auf Wunsch die für Ihr Kind am besten geeignete Privatschule - ob Tages- oder Internatsschule, ob in den USA, in Kanada, Australien, Großbritannien oder Irland. Unser Ziel ist es, für jeden Teilnehmer das "perfect match" zu finden.

Zielländer, Schulbeispiele, Kosten
Die Carl Duisberg Centren arbeiten mit ausgezeichneten Privatschulen in den USA, Kanada, Australien, Großbritannien und Irland zusammen. Dabei ist die Unterbringung in Gastfamilien oder auf dem Campus des Internates (USA, Kanada, Großbritannien) möglich. Entscheidend ist zunächst das persönliche Anforderungsprofil jedes einzelnen Schülers im schulischen und im außerschulischen Bereich.
Zudem sollte überlegt werden, welcher Kostenrahmen für das Projekt "Schulbesuch im Ausland" zur Verfügung steht. Hier reicht die Spannbreite für ein volles Schuljahr von ca. € 21.000 (ab) für einige katholische Tagesschulen in Kanada bis zu ca. € 55.000 für Top-Internate in den USA, Kanada und Großbritannien. Wir ermitteln für jeden Teilnehmer passgenaue Optionen, die auf besondere Weise die akademische und persönliche Entwicklung jedes Schülers fördern.

Bewerbungsverlauf und Kriterien für die Annahme des Bewerbers
Die persönlichen und akademischen Anforderungen variieren je nach Privatschule. Hier bieten wir eine erste kostenlose Beratung an. Sobald wir die Kurzbewerbung des Bewerbers geprüft haben, laden wir Sie und Ihr Kind zu einem umfassenden, kostenlosen und unverbindlichen Vorstellungs- und Beratungsgespräch mit einem unserer erfahrenen Bildungsberater ein. Hier erstellen wir Ihr persönliches Anforderungs- und Interessenprofil und stufen Ihre jeweiligen Fremdsprachenkenntnisse ein. Erst dann wird ggf. eine vertragliche Vereinbarung über weitere Leistungen bzw. eine Programmteilnahme getroffen.

Vorbereitung, Betreuung, Nachbereitung
Zweitägige intensive Vorbereitungsseminare, umfangreiche Unterstützung bei der Vorbereitung des Aufenthaltes, eine umfassende Betreuung während des gesamten Auslandsaufenthaltes sowie Nachbereitungstreffen sind wichtige Bestandteile unserer vielfältigen Serviceleistungen. Nähere Informationen geben wir gerne auf Anfrage.

Stipendien und Sonstiges
Die Carl Duisberg Centren können in Einzelfällen bei der Vermittlung von Teilstipendien, die von einigen Internaten vergeben werden, behilflich sein. Näheres auf Anfrage.

Kurz und bündig			
Gründungsjahr	1962	Anzahl Privatschüler/innen 2017/18	65
Programm seit	1998	Gesamtschülerzahl im High School Programm 2017/18	431

Hausch & Partner GmbH – Schule und Studium
Gasstr. 16 Telefon: 040 / 4147580
22761 Hamburg Telefax: 040 / 41475815
info@hauschundpartner.de www.hauschundpartner.de

Selbstbeschreibung
Seit 1988 sind wir Spezialanbieter für Australien und Neuseeland und pflegen einen engen und direkten Kontakt zu Schulen und Behörden. Unser Ziel ist es, für jeden Schüler eine Schule zu finden, die seinen Bedürfnissen und Interessen entspricht. Kanada haben wir als drittes Land in unser Programm aufgenommen und sind sicher, auch hier unseren hohen Qualitätsstandards hinsichtlich Beratung und Betreuung gerecht werden zu können.

Zielländer, Schulbeispiele, Kosten
In Australien bieten wir zahlreiche Schulen in fast allen Bundesstaaten an, in Neuseeland arbeiten wir mit ca. 150 Schulen landesweit zusammen, für Kanada bestehen bereits Verträge mit Distrikten in fast allen Provinzen. Wir arbeiten hauptsächlich mit staatl. Schulen, haben aber in Australien und Neuseeland auch Privatschulen im Programm.
Kosten AUS (6 Monate/12 Monate): ca. € 13.000/€ 21.000
Kosten NZ (6 Monate/12 Monate): ca. € 12.000/€ 20.000
Kosten CAN (6 Monate/12 Monate): ca. € 10.000/€ 16.000

Bewerbungsverlauf und Kriterien für die Annahme des Bewerbers
Nach Zusendung der unverb. Bewerbung treffen wir Schüler und Eltern zu einem Beratungsgespräch. Wir erstellen ein Profil des Schülers und empfehlen passende Schulen, denen wir dann das Schülerprofil mit der Bitte um ein Angebot zuschicken. Schulnoten und Englischkenntnisse sind für uns zweitrangig; unsere Priorität liegt auf Offenheit, Motivation und Toleranz. Ein Auslandsaufenthalt ist immer eine Vertrauenssache, sodass es uns wichtig ist, jede Familie persönlich zu kennen und zu betreuen.

Vorbereitung, Betreuung, Nachbereitung
Das persönliche Gespräch führen Mitarbeiter der Agentur (keine Interviewer). So können hier schon viele wichtige Fragen der Familien beantwortet werden. Eine selbst erstellte Info-Mappe und ein 1-tägiges Vorbereitungsseminar für Schüler und Eltern in Hamburg (auch zum Kennenlernen der anderen Teilnehmer geeignet) ergänzen die Informationen. Für die Teilnehmer unseres begleiteten Gruppenfluges gestalten wir zusätzlich eine 1-tägige „Welcome Orientation" in Auckland direkt nach Anreise. Im Notfall kann man uns jederzeit (24 Std.) über eine Notfallnummer erreichen. Zum 1-tägigen Nachtreffen laden wir alle unsere Rückkehrer ein.

Stipendien und Sonstiges
- jährlich Teilstipendien in Zusammenarbeit mit den Schulen/Behörden in Australien, Kanada und Neuseeland
- langjährige Erfahrung mit dem neuseeländischen Schulabschluss
- für Jugendliche ab 12 (NZ) bzw. 13 (AUS+CAN) Jahren
- Einmal im Jahr (Frühjahr) organisieren wir in Hamburg, Frankfurt und Wien eine eigene Messe („Meet the Schools!").

Kurz und bündig			
Gründungsjahr	1988	Anzahl Privatschüler/innen 2017/18	4
Programm seit	2001	Gesamtschülerzahl im High School Programm 2017/18	174

HiCo Education – High School & College Consulting – Inh. Ilona Wondratschek
Darmstädter Str. 162 Telefon: 06251 / 58 50 688
64625 Bensheim Telefax: 06251 / 58 30 002
info@hico-education.de www.hico-education.de

Selbstbeschreibung
Wir bieten Schülern die Möglichkeit, eine Schule entsprechend ihren Neigungen und Interessen zu besuchen. Wir arbeiten mit sorgfältig ausgesuchten Privatschulen und Internaten in USA, Kanada, England, Irland, Frankreich, China und Spanien zusammen. Alle Schulen wurden nach bestimmten Kriterien ausgewählt, dabei spielen das akademische Angebot wie eine gute Betreuung während des Aufenthaltes eine große Rolle. Zu unserem Angebot gehören konfessionelle Privatschulen und unabhängige Privatschulen und Internate. Die Bewerber können zwischen einem Internat oder einer Privatschule mit Gastfamilie wählen. Durch die Zusammenarbeit können wir freie Plätze prüfen, späte Bewerber platzieren und Fächerkombinationen oder Sportmöglichkeiten abklären.

Zielländer, Schulbeispiele, Kosten
Beratungs- und Betreuungskosten 1 Schuljahr /1 Schulhalbjahr € 1.990 inkl. MwSt.

USA (Beispiele - wir haben in den USA ca. 200 Privatschulen/Internate zur Auswahl)
St. Thomas High School, New Hampshire Schuljahr ca. € 21.800 / Semester € 12.700
St. Anthony's, Long Island, New York Schuljahr ca. € 21.800 / Semester € 12.700
England (Beispiel)
Flyling Hall Schuljahr ca. € 27.900 / Semester € 9.800
Preise ohne Flug, Versicherung und Beratungs- und Betreuungsgebühren.

Bewerbungsverlauf und Kriterien für die Annahme des Bewerbers
Für den ersten Kontakt reicht eine Kurz-Bewerbung aus, sobald uns diese vorliegt, setzen wir uns zwecks eines unverbindlichen Beratungsgespräches mit den Familien in Verbindung. Bei diesem Gespräch wird ein ausführliches Schülerprofil erstellt. Es werden Wünsche, Stärken und Schwächen besprochen, dieses dient als Grundlage für unser Angebot. Wir schlagen 3 bis 4 Schulen vor. Nachdem sich der Schüler für eine Schule entschieden hat, prüfen wir die Platzsituation. Danach begleiten wir die Familie beim gesamten Bewerbungsablauf an der Schule, der Fächerauswahl und der Visa-Beantragung, Krankenversicherung, Flug.

Vorbereitung, Betreuung, Nachbereitung
HiCo Education stellt den Schülern wichtige Unterlagen zum Auslandsaufenthalt, Land und der Schule bereit. In Deutschland bieten wir ein 1-tägiges Vorbereitungstreffen an. Bei den Privatschulen/Internaten wird zu Schulbeginn auch eine Vorbereitung vor Ort angeboten. Wir stehen den Schülern und Eltern vor und während des Aufenthaltes für alle Fragen zur Verfügung. Die Betreuung vor Ort erfolgt seitens der Schulen. In den USA und Kanada haben wir eigene Mitarbeiter, die stets als Ansprechpartner für alle Fragen hilfreich zur Seite stehen.

Stipendien und Sonstiges
Mit unseren Long Island Schulen in NY vergeben wir ein Teilstipendium für alle Teilnehmer. Weiter bieten wir Stipendien an Internaten in den USA (ohne Schulwahl) an.

Kurz und bündig

Gründungsjahr	2009	Anzahl Privatschüler/innen 2017/18	35
Programm seit	2009	Gesamtschülerzahl im High School Programm 2017/18	224

iE – international Experience e.V.
Amselweg 20
53797 Lohmar
info@international-experience.net
Telefon: 02246 / 915 49 0
Telefax: 02246 / 915 49 12
www.international-experience.net

Selbstbeschreibung

iE e.V. ist ein gemeinnütziger Verein und arbeitet weltweit direkt mit ausgewählten Privatschulen und Internaten zusammen. Wir können auf langjährige Erfahrung, persönliche Kontakte und eine umfangreiche, eigene Datenbank zurückgreifen, um die optimalen Schulen für unsere Schüler zu finden. Wir besuchen unsere Schulen regelmäßig, stehen in ständigem Kontakt mit unseren Ansprechpartnern vor Ort und können so unseren Schülern die ideal zu den individuellen Bedürfnissen, Wünschen, Stärken und Fähigkeiten passenden Schulen vorstellen. Um ein möglichst umfangreiches Portfolio an Schulen anbieten zu können, arbeiten wir mit staatlichen und privaten Internaten unterschiedlicher Preiskategorie zusammen. Wir vermitteln Stipendien und können individuell zugeschnittene Bildungswege aufzeigen. Unser Team berät umfassend und unabhängig im Sinne unserer Schüler und versteht sich als Wegbegleiter für Eltern und Schüler vor, während und nach dem Auslandsaufenthalt.

Zielländer, Schulbeispiele, Kosten

iE bietet Vermittlungen an Privatschulen und Internate weltweit an, Schulgebühren ab € 14.395 für ein Schuljahr zzgl. iE-Internatsprogrammpreis ab € 390.

Bewerbungsverlauf und Kriterien für die Annahme des Bewerbers

1. schriftliche Bewerbung der Interessenten (Bewerbungsessay + Zeugnisse der letzten zwei Schuljahre und Bewerbungsbogen) online.
2. persönliches Einzelinterview zu Hause mit dem Bewerber und seinen Eltern.
3. bei Eignung des Schülers Unterbreitung eines Vertragsangebotes nach dem Interview.

Kriterien für die Aufnahme in unser Programm sind neben den Schulnoten besonders persönliche Eigenschaften wie Motivation, Flexibilität und Anpassungsfähigkeit.
Wir suchen "great kids" mit positiver Einstellung, die ihrer Gastfamilie und Schule etwas zu bieten haben, die freundlich, aufgeschlossen, aktiv in Schule und Freizeit sind, die neugierig auf das Leben und optimistisch auf die vor ihnen liegenden Herausforderungen blicken.

Vorbereitung, Betreuung, Nachbereitung

Alle Teilnehmer werden bestens auf den Schritt ins Ausland vorbereitet durch persönliche Ansprechpartner, Begleitung während des gesamten Prozesses, iE eigenes, mehrtägiges Vorbereitungsseminar mit internationalen Gästen und Returnees, Leitfäden, Handbücher und Informationsmaterial zu allen wichtigen Themen wie z.B. „Leben im Ausland", Visaprozess, Versicherungen. Die Betreuung im Ausland erfolgt durch erfahrene lokale Betreuer von iE oder seiner Partner und über einen persönlichen 24-Stunden Not-Dienst.

Stipendien und Sonstiges

Jedes Jahr vergibt iE e.V. eigene Teilstipendien an weltoffene und kreative Schüler und erzielt aufgrund langjähriger Kontakte zu Schulen Teilstipendien sowie Finanzhilfen für ambitionierte Schüler. Außerdem werden angeboten: Geschwisterrabatt, Frühbucherrabatt, Finder's Fee, Returneeclub, verschiedene Trips z.B. nach Kalifornien und N.Y.
Aktueller Testsieger: 1. Platz aller gemeinnützigen Organisationen im Bereich Leistungen & Premium vom Deutsches Institut für Service-Qualität

Kurz und bündig

Gründungsjahr	2000	Anzahl Privatschüler/innen 2017/18	68
Programm seit	2000	Gesamtschülerzahl im High School Programm 2017/18	362

i-Way – Verein für individuelle deutsch-amerikanische Bildungsprogramme e.V.	
Gleueler Straße 272	Telefon: 0221 / 463947
50935 Köln	Telefax: 0221 / 464214
info@i-way-ev.de	(keine Webadresse)

Selbstbeschreibung

i-Way vermittelt Studienaufenthalte ausschließlich an privaten „Independent Schools" in USA und Canada. Eine wesentliche Besonderheit unserer Arbeit liegt in einem betont individuellen Ansatz. Wir gehen bei unserem Schulwahlprogramm von den ganz persönlichen, daher sehr vielfältigen Wünschen und Bedürfnissen unserer Bewerberinnen und Bewerber aus und vermitteln Schulen, die von ihren Erziehungszielen und Ausbildungsmöglichkeiten her optimal geeignet sind für die Persönlichkeitsentwicklung und den Lernerfolg.

Zielländer, Schulbeispiele, Kosten

Generell alle Staaten der USA, Schwerpunkt in den Neuenglandstaaten; dazu auch Canada. Vermittlung an fast 100 Schulen, z.B.: Gould Academy ME, Phillips Exeter Academy NH, Holderness School NH, Vermont Academy VT, Phillips Andover Academy MA, Concord Academy MA, Middlesex School MA, Tabor Academy MA, St. George's School RI, Taft School CT, Hotchkiss School CT, Pomfret School CT, Ethel Walker School CT, Masters School NY, Peddie School NJ, Bolles School FL, Thacher School CA, Stevenson School CA
Tuition: USD 45.000-65.000 (Internate), USD 25.000-45.000 (Familienunterbringung)
Vermittlungsgebühr: € 2.900

Bewerbungsverlauf und Kriterien für die Annahme des Bewerbers

i-Way stellt keine selektiven Bedingungen für die Annahme einer Bewerbung. Wir setzen aber voraus, dass unsere Bewerberinnen und Bewerber offen sind für die vielen neuen Eindrücke und bereit zu einer selbstkritischen Überprüfung ihrer Wunschvorstellungen sowie zu wohldurchdachten Änderungen ihrer Lebens- und Arbeitsweise.

Nach eingehenden individuellen Beratungen stellen deutsche und amerikanische Experten optimal geeignete Schulen vor. Die Eltern wählen aus, i-Way vermittelt die Aufnahme.

Vorbereitung, Betreuung, Nachbereitung

Der Amerika-Aufenthalt soll die Persönlichkeitsentwicklung optimal fördern und darüber hinaus so in die deutsche Schullaufbahn integriert werden, dass kein zusätzliches Schuljahr nötig wird. Sogar ein dem deutschen Abitur gleichgestellter Abschluss kann erreicht werden. Wir verdeutlichen die zwingenden Notwendigkeiten und die freien Optionen bei der Auswahl der Schule und der Kurse, der Dauer des Aufenthaltes und der zu erwartenden Intensität der Arbeit. Wir stellen Übungsmaterial für die obligatorischen Sprach- und Placement-Tests bereit. Während des ganzen Schuljahres und auch nach der Rückkehr werden unsere Teilnehmerinnen und Teilnehmer von uns persönlich betreut.

Stipendien und Sonstiges

Die i-Way-Vermittlungen sind i.d.R. keine Stipendienprogramme. Dennoch gelang es uns in Einzelfällen, für wissenschaftlich, künstlerisch oder sportlich besonders talentierte, aber finanzschwache Bewerber Teilstipendien von Spezialschulen ihres Fachgebietes zu vermitteln.

Kurz und bündig			
Gründungsjahr	1994	Anzahl Privatschüler/innen 2017/18	11
Programm seit	1994	Gesamtschülerzahl im High School Programm 2017/18	11

MAP MUNICH ACADEMIC PROGRAM GMBH
Türkenstraße 104 Telefon: 089 / 35 73 79 77
80799 München Telefax: 089 / 35 73 79 78
info@map-highschoolyear.com www.map-highschoolyear.com

Selbstbeschreibung
Mit mehr als 30 Jahren Erfahrung hat sich MAP auf langfristige High School Aufenthalte mit einer Programmdauer ab 3 Monaten in den USA (für Privatschulen, ansonsten ab 5 Monaten), Kanada, Australien, Neuseeland, Argentinien, Spanien und Irland spezialisiert. Die Schüler wohnen in ausgewählten Gastfamilien und besuchen entweder eine öffentliche High School oder auf Wunsch eine Privatschule oder ein Internat. MAP bietet ein umfangreiches Service-Paket an. Dies umfasst u.a. das persönliche Bewerbungsgespräch, Auswahl der passenden Gastfamilie und High School, Flugbuchung und -begleitung sowie eine umfassende Vorbereitung auf den Auslandsaufenthalt inkl. Unterstützung bei der Visumsbeantragung.

Zielländer, Schulbeispiele, Kosten
Programmgebühren USA 10 Monate: ab € 20.000 (weitere Preise auf Anfrage)
Programmgebühren USA 5 Monate: ab € 15.000 (weitere Preise auf Anfrage)
Programmgebühren USA 3 Monate: ab € 12.000 (weitere Preise auf Anfrage)
In allen anderen Ländern sind Privatschulen auf Anfrage möglich.

Bewerbungsverlauf und Kriterien für die Annahme des Bewerbers
Voraussetzung ist ein guter Notendurchschnitt. Das Mindestalter liegt bei 14 Jahren. Nach Bewerbungseingang erhalten Schüler und Eltern eine Einladung zu einem persönlichen Bewerbungs- und Informationsgespräch. Nachdem sich MAP von der Eignung des Bewerbers überzeugt hat, erhält er nach wenigen Tagen ein Vertragsangebot und die MAP Akzeptierungsunterlagen.

Vorbereitung, Betreuung, Nachbereitung
Bei der Schulauswahl steht MAP beratend zur Seite und vermittelt Privatschulen, unter Berücksichtigung der jeweiligen Wünsche, entweder mit Unterbringung in einer Gastfamilie oder im Internat. Von Anfang an wird jeder Programmteilnehmer umfassend von MAP auf seinen Aufenthalt im Gastland vorbereitet und über die erforderlichen (organisatorischen) Schritte unterrichtet und mit Infomaterial (Literaturhinweisen, Berichten ehemaliger Schüler, Wissenswertem über Land und Leute usw.) versorgt.

In dem jeweiligen Land steht jedem Gastschüler ein Betreuer der jeweiligen Schule zur Seite. Nach der Rückkehr organisiert MAP ein "Returnee"-Treffen.

Stipendien und Sonstiges
Wer sich für eine Privatschule entscheidet, kann sicher sein, die bestmögliche Schulbildung zu erhalten. Neben den hervorragenden akademischen Möglichkeiten bietet eine Privatschule auch ein erstklassiges Angebot im außerschulischen Bereich an.

Kurz und bündig			
Gründungsjahr	1996	Anzahl Privatschüler/innen 2017/18	15
Programm seit	1996	Gesamtschülerzahl im High School Programm 2017/18	231

OISE Sprachtraining GmbH
Poststraße 48 | Telefon: 06221 / 4340 480
69115 Heidelberg | Telefax: -
sprachreisen@oise.com | www.oise.de

Selbstbeschreibung
OISE wurde 1973 in Großbritannien als Sprachreiseunternehmen gegründet. Die positive Erfahrung mit den Sprachschülern und Sommerkursen in Newbury führte 1995 zu der Eröffnung der Privatschule OISE Newbury Hall mit Langzeitprogrammen. Die Schule bietet neben Sprachreisen seither auch Schulaufenthalte von drei Monaten, einem halben und ganzen Schuljahr für Schülerinnen und Schüler im Alter von 13 bis 17 Jahren an. Schuluniform, individuell abgestimmter Unterricht und Klassen mit max. 8 Schülern sind besondere Merkmale. Die Vorbereitung auf die britischen A Level oder GCSE sind hier ebenso möglich. Die Langzeitschüler sind meist aus unterschiedlichen Ländern und streben eine universitäre Laufbahn in Großbritannien an. Die Unterbringung in OISE Newbury Hall erfolgt in Einzelzimmern direkt an der Schule. Wann der Schulaufenthalt beginnen soll, wie auch die Anzahl und das Datum der Ferienwochen, werden individuell besprochen und vereinbart.

Zielländer, Schulbeispiele, Kosten
OISE verfügt über eine eigene Privatschule in Newbury, Großbritannien. Kinder im Alter von 13 bis 17 Jahren können hier zur Schule gehen. Die Kosten werden von der Anzahl der Wochen in der Schule bestimmt. Dauer und Länge der Schulferien werden individuell vereinbart. Ein dreimonatiger Schulaufenthalt (12 W.) beginnt bei € 18.500. Ein halbes Schuljahr (24 W.) mit 3 Ferienwochen: ab € 32.300. Ein Schuljahr mit 8 Ferienwochen: ab € 67.300.

Bewerbungsverlauf und Kriterien für die Annahme des Bewerbers
Eltern sollten sich mit OISE in Verbindung setzen. Abhängig vom Schuljahr des/der Schülers/in werden die schulischen Bedürfnisse (Unterrichtsinhalte, Fächer, Schweregrad und individuelle Wünsche) analysiert, explizit besprochen und vereinbart. Die Anmeldung erfolgt dann über das handschriftlich ausgefüllte Anmeldeformular.

Vorbereitung, Betreuung, Nachbereitung
In Zusammenarbeit mit der Schule, den deutschsprachigen Mitarbeitern von OISE und den Eltern wird abgestimmt, welche Vorbereitung für die Dauer des Aufenthalts notwendig und gewünscht ist. Während der gesamten Schulzeit stehen englischsprachige Mitarbeiter in der Schule für alle Fragen zur Verfügung. Die deutschsprachigen Mitarbeiter von OISE sind weiterhin für Sie da, auch wenn Ihr Kind in England ist.

Stipendien und Sonstiges
OISE ist es wichtig, dass die Erwartungen vor dem Langzeitaufenthalt genau geklärt sind und Eltern wie Schüler wissen, welches Umfeld und welche Unterrichtsinhalte in OISE Newbury Hall bereitgestellt werden.

Kurz und bündig

Gründungsjahr	1987	Anzahl Privatschüler/innen 2017/18	0
Programm seit	1995	Gesamtschülerzahl im High School Programm 2017/18	0

Partnership International e.V.
Hansaring 85
50670 Köln
office@partnership.de
Telefon: 0221 / 913 973 3
Telefax: 0221 / 913 973 4
www.partnership.de

Selbstbeschreibung
Ein Schüleraustausch ist eine Erfahrung, die Dich verändern und ein Leben lang begleiten wird. Wir möchten Dich bei diesem einzigartigen Erlebnis vom ersten Schritt an unterstützen. Von begeisterten Alumni 1961 gegründet, gestalten wir seit über 55 Jahren spannende internationale Austauschprogramme für Schüler. Unseren haupt- und ehrenamtlichen Mitarbeitern liegt der individuelle Erfolg des Austauschs für jeden unserer Teilnehmer am Herzen. Die persönliche Betreuung von Schülern und Eltern steht bei uns deshalb im Vordergrund!

Zielländer, Schulbeispiele, Kosten
Besuche mit Partnership International für 3, 5 oder 10 Monate eine Privatschule in den USA.
Schulen: Wir arbeiten mit ausgezeichneten Privatschulen in verschiedenen Bundesstaaten der USA zusammen – zum Beispiel in Kalifornien, New York, Florida, Pennsylvania oder in Maine. Alle Schulen bieten Dir eine exzellente Ausstattung, spannende Wahlfächer und ein großes Freizeitangebot. Starten kannst du im Sommer oder im Frühjahr.
Kosten: Im Programmpreis enthalten sind Hin- und Rückflug in die USA, die Unterkunft und Verpflegung in Deiner Gastfamilie, Betreuung vor Ort, ein umfassendes Versicherungspaket, Deine Vor- und Nachbereitung und Dein persönlicher E-Mail-Buddy. Jede Schule hat ihren individuellen Preis. Mehr Infos gibt es auf: www.partnership.de/privatschule-usa

Bewerbungsverlauf und Kriterien für die Annahme des Bewerbers
Kriterien: Bewerben kannst Du Dich, wenn Du zwischen 14 und 18 Jahre alt bist und zufriedenstellende schulische Leistungen hast. Viel wichtiger als Deine Noten sind uns aber Deine Persönlichkeit und Deine Motivation, am Schul- und Familienleben teilzunehmen.
Verlauf: Du bewirbst Dich zunächst auf unserer Internetseite und kannst dort angeben, was Dir bei Deiner Schule wichtig ist. Wir schlagen Dir im nächsten Schritt Schulen vor, die zu Dir passen und Du wählst bis zu drei davon aus. In einem Kennenlerngespräch beantworten wir Dir alle Fragen zum Programm. Nach dem erfolgreichen Gespräch senden wir Dir und Deinen Eltern ein Vertragsangebot zu, das durch Unterschrift bestätigt werden kann.

Vorbereitung, Betreuung, Nachbereitung
Vorbereitung: Um optimal auf Deinen Aufenthalt vorbereitet zu sein, nimmst Du an einem dreitägigen Seminar teil. Auch für Deine Eltern bieten wir ein Vorbereitungstreffen an.
Betreuung: Während Deines Aufenthalts in den USA kümmert sich ein lokaler Ansprechpartner unserer Partnerorganisation um Dich. Er hilft Dir vor Ort bei allen Fragen und Herausforderungen. Darüber hinaus kannst Du Dich rund um die Uhr an die Notfallnummer unserer Partnerorganisation in den USA wenden.
Nachbereitungsseminar: Auf dem dreitägigen Seminar kannst Du Dich mit anderen Austauschschülern austauschen, die im vorigen Jahr ähnliche Erfahrungen gesammelt haben.

Stipendien und Sonstiges
Wir vergeben zusammen mit sechs Schulen in Maine, Kalifornien, Colorado, New York und Pennsylvania Privatschulstipendien. Jeder Schüler kann sich auf die Stipendien bewerben.

Kurz und bündig			
Gründungsjahr	1961	Anzahl Privatschüler/innen 2017/18	0
Programm seit	2016	Gesamtschülerzahl im High School Programm 2017/18	188

petra heinemann internationale schulberatung – Inh. Petra Kirschke
Alsterchaussee 5 Telefon: 040 / 54 80 30 75
20149 Hamburg Telefax: 040 / 54 80 30 76
info@heinemann-schulberatung.de www.heinemann-schulberatung.de

Selbstbeschreibung

Die „petra heinemann internationale schulberatung“ berät Eltern und Schüler, die sich für Aufenthalte in privaten Internaten in Großbritannien (England, Schottland und Wales) interessieren. Firmeninhaberin Frau Petra Kirschke und ihr Team beraten Eltern und Schüler seit über 15 Jahren und verfügen somit über eine langjährige Beratungserfahrung sowie über fundierte Kenntnisse der britischen Internatskultur: „Wir arbeiten mit über 150 Internaten in Großbritannien zusammen, die wir alle – aufgrund zahlreicher Schulbesuchsreisen – persönlich kennen. Die Internate haben zum Teil unterschiedliche Aufnahmekriterien und Anforderungsprofile. Wichtig sind für uns die angestrebte Aufenthaltsdauer (1-6 Terms), die derzeitige schulische Situation (Notendurchschnitt), akademische Stärken und Schwächen, Hobbies, Interessen, Neigungen, etc.“

Zielländer, Schulbeispiele, Kosten

Unsere Partnerinternate sind private Boarding Schools und kostenpflichtig. Ein Trimester kostet ca. € 10.000-12.000; ein ganzes Schuljahr somit ca. € 30.000-36.000 (abhängig vom Wechselkurs); in diesen Kosten sind enthalten: Unterbringung, Verpflegung, Unterricht, Aktivitäten. Hinzu kommen Taschengeld und die Flugkosten. Die Internate bieten zum Teil das pre-IB, das IB bzw. die A-levels an, abhängig von der Klassenstufe.

Bewerbungsverlauf und Kriterien für die Annahme des Bewerbers

Der Schüler (entweder aus der 8. oder 9. Klasse – G8 – oder der 10. Klasse oder auch der 11. Klasse) sollte ein Bewerbungsformular von uns ausfüllen und dies zusammen mit den letzten beiden Schulzeugnissen und einer auf Englisch verfassten Selbstbeschreibung an uns zurückschicken. Wir beraten die Schüler entweder am Telefon, über Skype, aber vorzugsweise persönlich auf unseren Beratungstagen und in unseren Büros in Hamburg und Bremen.
Danach erstellen wir ein Persönlichkeitsprofil des Schülers und empfehlen dem Schüler mehrere in die engere Wahl kommende Schulen. Neben unserer Firmenbroschüre erhält der Schüler Einzelkataloge der empfohlenen Schulen. Wir reichen die Bewerbungsunterlagen bei den Schulen ein und vereinbaren auf Wunsch Besuchstermine bei den ausgewählten Internaten, die in die engere Wahl kommen. Wir geben dem Schüler eine Entscheidungshilfe nach der Besuchsreise und helfen bei den Anmeldeformalitäten.

Vorbereitung, Betreuung, Nachbereitung

Nach Registrierung gibt es einen direkten Kontakt zwischen dem Schüler und der Schule seiner Wahl. Dennoch stehen wir vor und während des Aufenthaltes für den Schüler als Ansprechpartner zur Verfügung und beantworten im Vorfeld noch offene Fragen bzgl. der Fächerkombination, Kleiderliste, etc. Wir versuchen die Schüler während ihres Aufenthaltes in Großbritannien direkt vor Ort zu besuchen.

Stipendien und Sonstiges

Die Schulen vergeben nach gewissen Kriterien Teilstipendien. Allerdings nur, wenn Schüler für 2 Jahre bleiben möchten. Es werden keine Stipendien bei kürzeren Aufenthalten vergeben.

Kurz und bündig			
Gründungsjahr	2004	Anzahl Privatschüler/innen 2017/18	100
Programm seit	2004	Gesamtschülerzahl im High School Programm 2017/18	150

ssb Nottebohm Internatsberatung – Inh. Monika Nottebohm
Bergstraße 124 Telefon: 06221 / 9850 950
69121 Heidelberg Telefax: 06221 / 9850 952
info@ssb-nottebohm.de www.ssb-nottebohm.de

Selbstbeschreibung
ssb Nottebohm widmet sich der Vermittlung und Betreuung deutschsprachiger Schüler an „Boarding Schools", d.h. an privaten Internaten in den USA und Kanada. Der hohe akademische Leistungsstandard dieses Schultyps ist mit dem eines deutschen Gymnasiums vergleichbar. Anders als an deutschen Schulen steht jedoch nicht die bloße Wissensvermittlung im Vordergrund, sondern die Förderung des Schülers in seiner Gesamtpersönlichkeit. Der Jugendliche erfährt eigenständiges und effizientes Lernen, Werte wie „Teamwork", „Leadership" und interkulturelle Kompetenz und wird in seinen individuellen Begabungen und Interessen gefördert, wobei die hervorragende Ausstattung im Bereich Sport, Musik und Kunst eine wichtige Rolle spielt.
Im Mittelpunkt unserer Beratung stehen die Wahl der für den jeweiligen Schüler geeigneten, d. h. auf seine Interessen und Begabungen abgestimmten Boarding School sowie die richtige Fächerplatzierung. Besonders im Hinblick auf G8 bedarf es einer eingehenden und kompetenten akademischen Betreuung im Vorfeld sowie während des Aufenthaltes, damit nach Rückkehr der Einstieg in die nächsthöhere Klasse (ohne Wiederholung) gelingen kann.

Zielländer, Schulbeispiele, Kosten
Zielländer: USA und Kanada
- Schulgeld im Schuljahr 2018/19: ca. € 39.000 bis € 56.000; ssb Beratungskosten: € 2.650
- Zusatzkosten: Bücher, Taschengeld, Reisekosten, Ausflüge, Versicherung, ggf. Uniform
- Teilnahmegebühr für Summer Schools/Camps im Sommer 2018: ca. € 1.300 bis € 7.000 (je nach Aufenthaltsdauer, Intensität des Unterrichts und Rahmenprogramm)

Bewerbungsverlauf und Kriterien für die Annahme des Bewerbers
1. Unverbindliches, ausführliches Beratungs- und Bewerbungsgespräch (Schüler + Eltern)
2. Erstellung und Einreichung der Bewerbungsunterlagen bei ssb Nottebohm
3. Vorstellung geeigneter Schulen und Schulwahl
4. Begleitung des Bewerbungsverfahrens an der gewählten Schule (ggf. Tests)

Für jeden Schüler kann unabhängig vom Notenschnitt die passende Schule gefunden werden.

Vorbereitung, Betreuung, Nachbereitung
- Unterstützung bei der Organisation des Aufenthaltes nach Zusage der Schule
- Akademische Beratung zu den Themen Kurswahl und Schulabschluss und individuelle Abstimmung der im Ausland zu belegenden Kurse mit den Anforderungen des jeweiligen Bundes- bzw. Heimatlandes
- Intensive Vorbereitung mit viertägigem Seminar (inkl. interkulturellem Training und Elterninformationsveranstaltung) / Beratung und Betreuung während des Aufenthaltes, u.a. zu akademischen Fragen (inkl. geplantem Besuch durch einen ssb-Repräsentanten vor Ort)
- ssb Nottebohm organisiert ein Rückkehrertreffen, das dem Erfahrungsaustausch dient

Stipendien und Sonstiges
Begrenzte Anzahl an Teilstipendien.

Kurz und bündig			
Gründungsjahr	2001	Anzahl Privatschüler/innen 2017/18	57
Programm seit	2001	Gesamtschülerzahl im High School Programm 2017/18	57

STS Sprachreisen GmbH
Mönckebergstraße 5 (ab 12.18: An der Alster 62) Telefon: 040 / 303 999-23
20095 Hamburg (20099 Hamburg) Telefax: 040 / 303 999-08
highschool@sts-education.de www.sts-education.de

Selbstbeschreibung
STS Sprachreisen ist Teil einer weltweit tätigen Organisation mit eigenen Niederlassungen in 14 Ländern. STS organisiert seit 60 Jahren High School Programme für Schüler zwischen 14 und 18 Jahren in verschiedenen Zielländern.
Privatschulangebote im Rahmen unseres Select-Programms in den USA, Australien, Neuseeland, Kanada, Großbritannien und Irland runden unser Angebot ab.

Zielländer, Schulbeispiele, Kosten
USA: In den USA bieten wir dir Privatschulen mit Unterbringung in einer Gastfamilie im ganzen Land. Halbes Schuljahr ab € 11.057 und für ein ganzes Schuljahr ab € 17.739.

Kanada: In Kanada bieten wir dir exzellente Privatschulen in Vancouver, Toronto, Ottawa und in ganz British Columbia und Ontario. Du kannst dich zwischen Internatsunterbringung oder Gastfamilie entscheiden. Preis für ein halbes Schuljahr ab € 11.208 und für ein ganzes Schuljahr ab € 18.408.

Großbritannien: In Großbritannien bieten wir ein breites Netzwerk an Internaten und Privatschulen an. Internatspreis für zwei Terms ab € 27.991 und für 3 Terms ab € 39.633.

Andere Länder mit Privatschulprogramm: Australien, Neuseeland, Irland

Bewerbungsverlauf und Kriterien für die Annahme des Bewerbers
Das kostenlose Bewerbungsgespräch findet bei uns im Büro in Hamburg oder per Skype statt. Aufgeschlossenheit, Anpassungsbereitschaft und -fähigkeit sowie Offenheit gegenüber der Kultur des Gastlandes sind wesentliche Voraussetzungen für die Teilnahme.

Vorbereitung, Betreuung, Nachbereitung
Vor der Abreise führen wir ein ganztägiges Vorbereitungstreffen für alle Teilnehmer und deren Eltern durch. Ehemalige STS-Schüler stehen als Kontaktschüler zur Verfügung. Die Betreuung erfolgt durch STS Deutschland sowie durch den Gebietsrepräsentanten (Local Coordinators) und das STS Büro bzw. unsere Partnerorganisationen vor Ort.
Die Betreuer vor Ort haben immer ein offenes Ohr für die Anliegen der Schüler und oft werden auch Treffen mit anderen Austauschschülern organisiert. Zusätzlich erhältst du eine 24h Notrufnummer. Für die Eltern steht das STS Büro in Deutschland während der gesamten Zeit als Ansprechpartner zur Verfügung.

Stipendien und Sonstiges
STS vergibt mehrere Teilstipendien in Höhe von € 700.

Kurz und bündig			
Gründungsjahr	1987	Anzahl Privatschüler/innen 2017/18	8
Programm seit	2000	Gesamtschülerzahl im High School Programm 2017/18	85

Study Nelson Ltd. – Deutsches Kontaktbüro
Kurfürstendamm 132 – c/o Blue Sky
10711 Berlin
info@studynelson.com
Telefon: 030 / 89 00 95 94
Telefax: 030 / 89 00 95 24
www.studynelson.com

Selbstbeschreibung
Seit 1999 organisiert Study Nelson Schulaufenthalte in Neuseeland und betreut Teilnehmer mit einem einzigartigen Programm, das Sicherheit und schulischen Erfolg garantiert. Dabei unterscheidet sich die deutschsprachige Organisation durch ihren Hauptsitz vor Ort in Neuseeland. Der Aufenthalt wird individuell auf die Teilnehmer zugeschnitten.

Zielländer, Schulbeispiele, Kosten
Nur Neuseeland. Schulbeispiele unabhängiger Privatschulen in der Hauptstadt Wellington: Scots College, Jungenschule (ab 2020 gemischte Schule), ca. 850 Schüler. Unterbringung im Schulinternat oder in Internatswohnungen sowie in Gastfamilien.
Samuel Marsden Collegiate School, Mädchenschule, ca. 700 Schülerinnen, Unterbringung in ausgesuchten Gastfamilien.
Bei beiden Schulen: Uniformpflicht, breites Fächer-, Sport- und Kulturangebot, großzügiger Campus, kleine Klassen, exzellentes Lehrpersonal, sehr nette Schulatmosphäre und vielfältiges Freizeitprogramm. Kosten je nach Programm und Schule, bitte fordern Sie unverbindlich einen Kostenvoranschlag an.

Bewerbungsverlauf und Kriterien für die Annahme des Bewerbers
Persönliche Bewerbungsgespräche in Deutschland. Vermittlung an Wunsch-Schule. Aufenthaltslänge nach Wunsch, Verlängerung jederzeit möglich, auch 18-monatiger Aufenthalt zum Schulabschluss (NCEA) oder 2-jähriger Aufenthalt zur Erlangung des IB am Scots College möglich, beide als Hochschulzugang in Europa anerkannt.
Teilnehmer sind 14-18 Jahre (jünger/älter möglich) mit gefestigter Persönlichkeit. Gymnasiasten, Real- und Gesamtschüler sowie Schüler, die bereits eine Schule abgeschlossen haben.

Vorbereitung, Betreuung, Nachbereitung
Ausführliche Beratungsgespräche u. Vorbereitungstreffen. Unsere „Buddies“ (ehemalige Teilnehmer) stehen mit Informationen aus erster Hand zur Seite. Eltern erhalten ein umfassendes Neuseeland-Handbuch. Online Vorbereitungskurs mit Sprachkurs für Schüler. Organisation von Schulanmeldung, Versicherung, Visum und Flug. Persönliche Rund-um-die-Uhr Betreuung durch unser deutschsprachiges Team vor Ort, einschließlich schulischer Betreuung durch Pädagogen mit Erfahrung an neuseeländischen und deutschen Schulen, Persönliche Auswahl der Gastfamilie, Einführungskurs in NZ, Emails und Newsletter an Eltern, Ferienreisen, Teilnahmezertifikat, Nachbereitungstreffen. Zusätzliches Angebot eines Study Care-Programms an den Schulen sowie ein Freizeitprogramm, das auch gemeinsame Ausflüge der Mädchen- und Jungenschulen beinhaltet.

Stipendien und Sonstiges
Wir sind seit fast 20 Jahren auf Schulaufenthalte in Neuseeland spezialisiert und sitzen direkt vor Ort! Vergabe eines speziellen Study Nelson Privatschul-Stipendiums!

Kurz und bündig			
Gründungsjahr	1999	Anzahl Privatschüler/innen 2017/18	5
Programm seit	1999	Gesamtschülerzahl im High School Programm 2017/18	165

StudyNZ Ltd
Lessingstraße 2
40667 Meerbusch
isabel.schrader@study.nz
Telefon: 02132 / 80 430
Telefax: k. A.
www.study.nz

Selbstbeschreibung
Wir sind eine neuseeländische Firma mit deutschen Büros. Als deutsche Neuseeländerin kann Susanne Dörner mit ihrem StudyNZ Team in Neuseeland eine optimale Betreuung vor Ort garantieren. Bei uns zählt jeder Einzelne – Du bist keine anonyme Zahl. Wir bilden das Netz und den doppelten Boden für Dich und Deine Eltern. Unser Ziel: Auch Dir eine sichere Zeit der persönlichen Entwicklung in Neuseeland zu ermöglichen! Auswahl verschiedenster privater Schulen, mit Unterbringung in Gastfamilien oder Internat. Wir passen Deinen Aufenthalt Deinen Bedürfnissen an!

Zielländer, Schulbeispiele, Kosten
Wir vermitteln nur nach Neuseeland, z.B. an St. Paul's Collegiate, St. Peter's College, Iona College, Nga Tawa, St. Kentrigren, New Plymouth Boys' and Girls' Highschool, Otago Boys' and Girls' Highschool und viele mehr. Die Auswahl an Schulen ist groß und großartig. Die Kunst ist das perfekte Match von Schüler und Schule. Kosten ab ca. € 20.000 für ein Halbjahr an einer Privatschule.

Bewerbungsverlauf und Kriterien für die Annahme des Bewerbers
Nachdem Du zu uns Kontakt aufgenommen hast, führen wir ein persönliches Gespräch mit Dir und Deinen Eltern, möglichst bei Dir zu Hause. Gemeinsam finden wir die optimale Schule für Dich. Neugier, Anpassungsfähigkeit, Eigeninitiative, Zuverlässigkeit und Toleranz Deinerseits sind wichtige Zutaten für den Erfolg Deines Auslandsaufenthaltes, glauben wir.

Vorbereitung, Betreuung, Nachbereitung
Persönlich durch Isabel Schrader, Eva Meyer oder Lena Doerner, alle „Recognised Agent" geprüft durch „New Zealand Educated". Susanne Dörner – Firmeninhaberin, die in Neuseeland lebt und Euch dort betreut, kommt einmal im Jahr zum Kennenlerntreffen nach Deutschland. Ihr und Eure Eltern kennt sie also schon vor Eurer Abreise.

Stipendien und Sonstiges
Wir sind eine neuseeländische Firma mit deutschen Büros. Als deutsche Neuseeländerin kann Susanne Dörner mit ihrem StudyNZ Team in Neuseeland eine optimale Betreuung vor Ort garantieren. Bei uns zählt jeder Einzelne – Du bist keine anonyme Zahl. Wir bilden das Netz und den doppelten Boden für Dich und Deine Eltern. Unser Ziel: auch Dich für Neuseeland zu begeistern!
Teilstipendium für Feldhockey und Fussball.

Kurz und bündig			
Gründungsjahr	2009	Anzahl Privatschüler/innen 2017/18	3
Programm seit	2009	Gesamtschülerzahl im High School Programm 2017/18	36

Terre des Langues – Inh. Petra Schmidt
Pflanzenmayerstr. 16 Telefon: 0941 / 56 56 02
93049 Regensburg Telefax: 0941 / 56 56 04
terre-des-langues@t-online.de www.terre-des-langues.de

Selbstbeschreibung
Wir sind eine Terre des Langues-Familie. Unsere Mitarbeiter haben viele Jahre Erfahrung im High School-Bereich. Das bedeutet, dass sich Gastfamilien, Lehrer und Schüler als auch alle Organisatoren persönlich kennen. Der gute Geist dieser Familie lebt weit über die Zeit eines Aufenthaltes hinaus.

Zielländer, Schulbeispiele, Kosten
Terre des Langues bietet in allen Ländern auch Privatschulen und Internate an.
In Frankreich platzieren wir in Privatschulen, ein Schuljahr im Internat kostet ab € 10.900, in Spanien kostet ein Schuljahr in einer Privatschule circa € 26.000.
Die Anfragen nach Privatschulen und Internaten in die Länder Großbritannien, Irland, Kanada, USA, Australien und Neuseeland bearbeiten wir individuell. In Kanada, Australien und Neuseeland können sich die Teilnehmer die Region und die Schule selbst auswählen.
Die Schulen in Ecuador sind Privatschulen. Hier ist der Preis für die Privatschule bereits inbegriffen (ein Schuljahr € 12.850).
Bei allen Programmen sind die Flüge im Preis inbegriffen. Bei Programmen nach Übersee ist auch die Versicherung inbegriffen.

Bewerbungsverlauf und Kriterien für die Annahme des Bewerbers
Nach Erhalt der Voranmeldung bekommen Sie die ausführlichen Anmeldeunterlagen. Ausschlaggebend für die Annahme bei dem Programm ist die Persönlichkeit des Bewerbers.
Bitte bringen Sie die Bereitschaft mit, sich auf neue Erfahrungen und Menschen einzulassen. Sie sollten einen offenen und flexiblen Charakter haben, der es ermöglicht, Schul- und Familienleben sowie eine fremde Kultur zu akzeptieren. Bitte sind Sie sich Ihrer Rolle als Botschafter bewusst.
Terre des Langues nimmt auch junge Teilnehmer ab 9 Jahre ohne Sprachkenntnisse in diese Programme auf.

Vorbereitung, Betreuung, Nachbereitung
Das Vorbereitungsseminar dauert ein bis zwei Tage und findet in verschiedenen deutschen Städten statt (je nach Teilnehmerzahl in den einzelnen Bundesländern). Hier erklärt man Ihnen den Ablauf der Reise, Versicherung, Schulsystem und Sie bekommen Ratschläge für das tägliche Leben. Ehemalige Teilnehmer stehen Ihnen für Fragen zur Verfügung.

Die Betreuung erfolgt durch den örtlichen Betreuer, durch die jeweilige Schule oder durch das Hauptbüro von Terre des Langues in den jeweiligen Ländern und durch Terre des Langues in Deutschland. Alle Teilnehmer erhalten nach der Rückkehr einen Fragebogen.
Im Herbst nach der Rückkehr findet ein Treffen statt.

Stipendien und Sonstiges

Kurz und bündig

Gründungsjahr	1995	Anzahl Privatschüler/innen 2017/18	6
Programm seit	1995	Gesamtschülerzahl im High School Programm 2017/18	56

TravelWorks (Travelplus Group GmbH)
Münsterstr. 111
48155 Münster
highschool@travelworks.de
Telefon: 02506 / 8303-600
Telefax: 02506 / 8303-230
www.travelworks.de/schueleraustausch

Selbstbeschreibung
Bei der Suche nach einer geeigneten Privatschule bzw. einem Internat legen wir viel Wert auf eine individuelle Beratung, damit die gewählte Schule bestmöglich zu den Interessen, Vorstellungen und Bedürfnissen des Schülers bzw. der Schülerin passt.

Zielländer, Schulbeispiele, Kosten
USA: Wir bieten verschiedene private High Schools, u.a. in New York, Kalifornien, Florida und auf Hawaii an. Einige der Schulen bieten das International Baccalaureate (IB) an. Auch Kurzaufenthalte von 3 Monaten bzw. Summer School-Aufenthalte von 2/3/4/5/6 Wochen sind möglich. Im Angebot ist zudem ein preisgünstigeres Privatschul-Classic Programm, bei dem lediglich der Schultyp (Internat oder Tagesschule mit Gastfamilie) gewählt wird. Die konkrete Schulwahl übernehmen unsere Partner.
Kanada: In Kanada arbeiten wir mit einer Privatschule in Ontario zusammen.
Australien: Wir kooperieren mit drei Privatschulen (Queensland und Südaustralien), von denen zwei auch das International Baccalaureate (IB) anbieten.
Neuseeland: Hier bieten wir zwei renommierte Privatschulen an. Wir arbeiten mit der Springbank High School in Kerikeri (Region Bay of Islands) und der Nga Tawa School in Marton zusammen – allesamt kleine, persönlich geführte Privatschulen.
Großbritannien: Hier stehen 5 Privatschulen/-internate in England – darunter eine IB World School – zur Auswahl. Auch Summer School-Aufenthalte (1-6 Wochen) sind möglich.
Irland: Zur Auswahl stehen vier Privatschulen (Tagesschulen wie auch Internate).

Bewerbungsverlauf und Kriterien für die Annahme des Bewerbers
Nach unverbindlicher Bewerbung laden wir SchülerIn und Eltern zum persönlichen Auswahl- und Informationsgespräch ein. Anschließend senden wir den Bewerbern unsere Buchungsgrundlage sowie das verbindliche Anmeldeformular zu, das bei Interesse unterschrieben an uns zurückgesandt werden muss. Bewerber müssen flexibel, motiviert, weltoffen, kompromissbereit und anpassungsfähig sein. Ihr Alter liegt zwischen 14 und 18 Jahren (teilweise auch ab 13 Jahren möglich).

Vorbereitung, Betreuung, Nachbereitung
Ca. zwei bis drei Monate vor Abreise laden wir alle Teilnehmer mit Eltern zum zweitägigen Vorbereitungsseminar in Deutschland (Münster) bzw. Österreich (Salzburg) ein. Teilnehmer und Eltern erhalten zudem ein Handbuch und regelmäßige Inforundschreiben. Unsere Privatschulen/Internate bieten nach Ankunft der Schüler verschiedene, z.T. mehrtägige Einführungsveranstaltungen an. Nach der Rückkehr der Schüler gibt es ein gemeinsames Welcome Back-Wochenende in Deutschland oder Österreich.

Stipendien und Sonstiges
Das Teilstipendien für Kanada (€ 2.000) kann auch auf einen Privatschulaufenthalt angerechnet werden.

Kurz und bündig			
Gründungsjahr	1991	Anzahl Privatschüler/innen 2017/18	27
Programm seit	2007	Gesamtschülerzahl im High School Programm 2017/18	345

World Wide Qualifications Sprach- und Studienreisen GmbH	
Buschöhrchen 29	Telefon: 02247 / 969 0 480
53819 Neunkirchen-Seelscheid	Telefax: 02247 / 969 0 482
info@schuelerweltweit.de	www.schuelerweltweit.de

Selbstbeschreibung

World Wide Qualifications wurde 1999 in Irland gegründet und ist seit 2005 in Deutschland tätig. Die meisten Mitarbeiter lebten jahrzehntelang im Ausland, gingen dort zur Schule und Universität. Mit ihrer Auslandserfahrung betreuten sie bereits vor der Firmengründung Austauschschüler in Australien, England und Irland. Unsere ESL Lehrer unternahmen das Gleiche auch in den USA und Thailand. Durch das Engagement in diesen Ländern, lernten wir schon frühzeitig viele Privatschulen, Boardingschools, sowie Schulleiter kennen. Privatschulen werden von unseren Koordinatoren seitdem vor Ort regelmäßig überprüft. Beratung: Für jeden Schüler wird ein detailliertes Profil erstellt, damit die Wahl der geeigneten Schule, gewünschte Schulfächer und präferierte Orte sowie Unterschiede im Bildungssystem aufgezeigt werden können und eine entsprechende Beratung erfolgen kann. Einbezogen ist auch eine eingehende Darstellung in Hinblick auf G8, sowie den weiteren schulischen bzw. beruflichen Werdegang des Schülers. Schüler und Eltern können sich daraufhin aus mehreren Möglichkeiten eine Schule selbst aussuchen.

Zielländer, Schulbeispiele, Kosten

Private und staatliche Boardingschools mit Unterkunft auf dem Campus (Internat) sowie Privatschulen mit Unterkunft in ausgesuchten Gastfamilien. Altersbegrenzung Schüler: 6-19 Jahre. Schulabschluss möglich, z.B. IB, A-Level, HSC usw. Preise pro Schuljahr inkl. Unterkunft und Verpflegung – Irland – ab € 15.990
USA – ab € 15.990 (wir bieten auch Stipendien für USA Privatschulen)
England – ab € 26.500 (staatliche Boardingschools ab € 13.224)
Australien – ab € 20.000

Bewerbungsverlauf und Kriterien für die Annahme des Bewerbers

Schüler/Eltern reichen ein Bewerbungsformular sowie Zeugnisse ein. Nach einer Beratung u. Interview erstellen wir ein Schülerprofil. Daraufhin werden Schulen empfohlen, aus denen der Schüler eine bestimmte, für ihn sinnvolle Auswahl treffen kann. Nach der Anmeldung erfolgt die Schulplatzierung, Dokumente für das Visum, Organisation der Reise, Unterkunft usw. Schüler sollten die Bereitschaft zeigen, auch an schulischen Veranstaltungen, wie Sport, Kunst/Musik sowie Ausflügen teilzunehmen.

Vorbereitung, Betreuung, Nachbereitung

Wir bieten unseren Schülern und Eltern eine intensive Vorbereitung in 3 Phasen:
1. Homexercises – eine Art Korrespondenzkurs mit Übungen und Informationen
2. Vorbereitungstreffen 3. Englisch Seminar mit einem Nativespeaker vor Abreise
Betreuung: Schülerkoordinator vor Ort, zusätzlich 24-Stunden-Notfall-Nummer. World Wide Qualifications bleibt in Deutschland zusätzlich Ansprechpartner.

Stipendien und Sonstiges

Teil-Stipendien für USA – private und staatliche Schulen, Summerschools und Sprachreisen

Kurz und bündig			
Gründungsjahr	2005	Anzahl Privatschüler/innen 2017/18	4
Programm seit	2005	Gesamtschülerzahl im High School Programm 2017/18	67

Liste aller Gastländer

Deutsche Austauschorganisationen und Agenturen führen mehrmonatige Schulprogramme in rund 60 Gastländern durch. Jenseits der in den ausführlichen Preis-Leistungs-Tabellen aufgeführten Programme für 20 Zielländer bieten folgende Organisationen weitere Gastländer an:

AFS: Ägypten, Belgien, Bolivien, Bosnien & Herzegowina, Bulgarien, Dänemark, Estland, Dom. Republik, Finnland, Hongkong, Indien, Indonesien, Island, Kolumbien, Kroatien, Lettland, Malta, Malaysia, Mexiko, Niederlande, Panama, Paraguay, Peru, Philippinen, Portugal, Rumänien, Russland, Schweiz, Serbien, Slowakei, Slowenien, Südkorea, Thailand, Tschechien, Türkei, Ungarn, Vietnam

aubiko: Kolumbien

DFSR: Dänemark

Experiment: Dänemark, Indien, Thailand

Global Youth Group: Dänemark, Finnland

GLS: Mexiko

international Experience: Finnland

STS: Niederlande

travelbee (into GmbH): Niederlande, Ungarn

Xplore: Malta

YFU: Aserbaidschan, Belgien, Bulgarien, Dänemark, Estland, Finnland, Indien, Lettland, Litauen, Mexiko, Niederlande, Paraguay, Russland, Schweiz, Serbien, Slowakei, Thailand, Tschechien, Ungarn, Uruguay

Unabhängige Beratungsstellen

weltweiser® – Der unabhängige Bildungsberatungsdienst
Büro Bonn – Auslands- und Bildungsberatung
Prinz-Albert-Str. 31 – 53113 Bonn
Fon: 0228 / 391 847 84 – Fax: 0228 /391 847 86
info@weltweiser.de – www.weltweiser.de

weltweiser@Facebook: www.facebook.com/weltweiser
weltweiser@Twitter: www.twitter.com/weltweiser
weltweiser@Instagram: www.instagram.com/weltweiser
weltweiser@YouTube: www.youtube.com/weltweiser-fernweh
weltweiser NewsLetter: www.weltweiser.de/newsletter.htm

Der vom Autor dieses Buches geleitete, unabhängige Bildungsberatungsdienst weltweiser hat es sich zur Aufgabe gemacht, sachkundig über Auslandsaufenthalte und internationale Bildungsangebote zu informieren. weltweiser hilft bei der ersten Orientierung und der Suche nach dem individuell passenden Programm.

Auf Wunsch werden neben den Charakteristika der verschiedenen Angebote die notwendigen persönlichen Voraussetzungen, Bewerbungsverfahren und die Möglichkeiten der Finanzierung eines Auslandsaufenthalts thematisiert. Da teure Programme nicht notwendigerweise die besten sind, spielen in den Beratungen auch detaillierte Preis-Leistungs-Vergleiche eine wichtige Rolle. Neben persönlichen Beratungen im Bonner weltweiser-Büro, Vorträgen und Seminaren bietet weltweiser zu den Themen Schüleraustausch, Sprachreisen, Work & Travel, Praktika, Au-Pair, Freiwilligendienste und Auslandsstudium auch Beratung am Telefon oder via E-Mail an.

Auf den von weltweiser im gesamten deutschen Bundesgebiet veranstalteten JugendBildungsmessen „JuBi“ präsentieren insgesamt rund 100 Veranstalter ihre Programme und informieren die Besucher über die vielfältigen Facetten von Auslandsaufenthalten. Ausführliche Informationen über die beschriebenen Serviceleistungen, die aktuellen Termine der JuBi-Messen sowie zahlreiche Angebote, Hinweise und Tipps verschiedener Austauschorganisationen finden sich unter www.weltweiser.de.

Durch ausgewählte Städte in Österreich tourt außerdem die Messereihe „Youth Education & Travel Fair" als Infobörse zu Reisen und Bildung im Ausland.
www.youth-education-travel-fair.com

Aktion Bildungsinformation e.V. (ABI)
Lange Straße 51 – 70174 Stuttgart
Fon: 0711 / 220 216 30 – Fax: 0711 / 220 216 40
info@abi-ev.de – www.abi-ev.de

ABI versteht sich selbst als eine Verbraucherschutzeinrichtung, die sich insbesondere mit dem Bildungs- und Kulturaustausch befasst. Zahlreiche Veranstalter von High-School-Programmen bezeichnen ABI hingegen als „Abmahnverein". Für viele Medienvertreter ist die Aktion Bildungsinformation wiederum eine beliebte Anlaufstelle, da man als „investigativer" Journalist auf der Suche nach dem Skandal hier nicht selten Informationen bekommt, die es erlauben, komplexe Sachverhalte auf das „Wesentliche" zu reduzieren. Dass der Schüleraustausch dadurch in der öffentlichen Wahrnehmung zu Unrecht großen Schaden nimmt, wird dabei offensichtlich von beiden Seiten fahrlässig bzw. bewusst in Kauf genommen.
Zusammenfassend kann man sagen, dass die Informationen von ABI zum Schüleraustausch zu großen Teilen auf einzelnen Berichten von Jugendlichen und Eltern basieren, die negative Erfahrungen mit dem Auslandsaufenthalt gemacht haben. Sie sind folglich nicht repräsentativ – und daher wohl auch nur begrenzt hilfreich bei der Wahl der richtigen Austauschorganisation.

Schüleraustausch-Verbände

18 deutsche Veranstalter sind in Schüleraustausch-Verbänden organisiert. Da es sich bei diesen Zusammenschlüssen nicht zuletzt um Interessengemeinschaften handelt, sagt eine Mitgliedschaft in einem solchen Verband jedoch nichts über die Qualität der angebotenen Programme aus.* Derzeit gibt es zwei Schüleraustausch-Verbände in Deutschland, die jährlich auch Stipendien ausschreiben:

AJA – Arbeitskreis gemeinnütziger Jugendaustauschorganisationen

AJA als Verband der gemeinnützigen Jugendaustauschorganisationen setzt sich für die Einhaltung von Qualitätskriterien im Schüleraustausch ein. Seine Mitglieder führen bildungsorientierte Austauschprogramme in über 50 Ländern durch und vergeben jährlich Stipendien mit einem Gesamtwert von bis zu vier Millionen Euro.

Mitglieder: AFS, Experiment, Open Door International, Partnership International, Rotary Jugenddienst Deutschland, YFU

Kontakt: AJA – Gormannstr. 14 – 10119 Berlin
Fon: 030 / 33 30 98 75 – info@aja-org.de – www.aja-org.de

DFH – Deutscher Fachverband High School e.V.

Der DFH versteht sich als „unabhängiges Beratungs- und Informationsgremium zu Fragen internationaler High-School-Programme. Die Mitglieder haben sich zur Einhaltung der Richtlinien des DFH verpflichtet, was kontinuierlich durch einen unabhängigen Beirat überprüft wird". (Quelle: DFH-Richtlinien)

Mitglieder: AIFS, Ayusa-Intrax, CAMPS, Carl Duisberg Centren, DFSR, GIVE, GLS, into, iSt, Stepin, team!, TravelWorks, Xplore

Kontakt: DFH – Marburger Str. 15 – 60487 Frankfurt
Fon: 069 / 977 84 608 – info@dfh.org – www.dfh.org

---

* Siehe hierzu auch das Kapitel *Weitere Qualitätsmerkmale.*

Rotary Club

Der Rotary Club hat es sich zum Ziel gesetzt, jungen Menschen Begegnungen mit anderen Kulturen und Lebensweisen sowie ein Kennenlernen unterschiedlicher Sichtweisen und Perspektiven zu ermöglichen. In diesem Sinne führt der Rotary Club u.a. Jahresaustauschprogramme durch, die auf Gegenseitigkeit beruhen. In diesem Kulturaustausch sollen Austauschschüler einerseits ein neues Land, seine Bevölkerung und Lebensgewohnheiten kennen lernen, andererseits im Gastland über ihre Heimat berichten. Es können sich sowohl Kinder von Rotariern als auch Kinder aus Familien ohne Mitgliedschaft in einem Rotary Club bewerben. Interessenten können sich beim örtlichen Rotary Club vorstellen. Die Bewerbungen sind in der Regel bis spätestens Anfang Oktober für das darauf folgende Schuljahr abzugeben. Programmkosten entstehen nicht. Es müssen lediglich die Kosten für die Hin- und Rückreise, Krankenversicherung, das Taschengeld sowie ein Teil für die Orientierungsseminare und die Ausstattung getragen werden. Bei einer Aufnahme von Gastkindern in der eigenen Familie entstehen Kosten für die Versorgung und Betreuung. Ausführliche Infos sind abrufbar unter www.rotary-jd.de.

Schüleraustausch privat organisieren

Wenn man an einem Schüleraustauschprogramm teilnehmen will, muss man nicht zwangsläufig auf einen Veranstalter zurückgreifen. Ist man zum Beispiel mit einer Familie in einem anderen Land befreundet, so ist die private Organisation möglich. Gerade bei Ländern innerhalb der EU sind die Behördengänge relativ problemlos, soweit man von der „Gegenseite“ zum Beispiel bei der Schulanmeldung unterstützt wird. Nicht nur für die USA ist ein privater Austausch jedoch relativ unsinnig, da seit 1996 hierfür an öffentlichen Schulen Schulgeld verlangt wird, welches nicht selten höher als die Programmkosten der Austauschorganisationen (inklusive Flug, Versicherungen und Betreuung) liegt.

Außerdem ist es nur unter sehr speziellen Voraussetzungen möglich, überhaupt ohne eine anerkannte Organisation die notwendigen Visumsunterlagen für die USA zu erhalten. Informationen dazu gibt es u.a. auf www.educationusa.de.

Ohnehin sollte man den organisatorischen Aufwand jedoch genauso wenig unterschätzen wie den Umstand, dass auch in befreundeten Familien Probleme auftreten können, die dann nicht durch einen Betreuer bzw. eine funktionierende Organisationsstruktur aufgefangen werden können. Viele Organisationen bieten übrigens so genannte Self-Placements an, das heißt man nennt bereits bei der Bewerbung die Gastfamilie, bei der man platziert werden möchte, soweit das Bewerbungsverfahren positiv verläuft: Das ist häufig die bessere Alternative!

Privatschulen und Internate

Die große Mehrheit deutscher Austauschschüler lebt bei einer Gastfamilie und besucht die weiterführende öffentliche Schule vor Ort. Alternativ besteht jedoch die Möglichkeit, sich als zukünftiger Gastschüler ganz bewusst für einen Aufenthalt an einer Privatschule zu entscheiden. Privatschulen sind Bildungseinrichtungen in nichtstaatlicher, freier Trägerschaft. So haben beispielsweise viele private Schulen eine Religionsgemeinschaft bzw. Kirche als Träger; was übrigens nicht ausschließt, dass auch andersgläubige Jugendliche diese Schule besuchen. Natürlich gibt es nicht nur konfessionelle Privatschulen. Private Schulen können verschiedenste Philosophien, Erziehungsrichtungen und Lernansätze verfolgen, wie die Montessori- oder Waldorfschulen, um zwei vor allem in Deutschland verbreitete Beispiele zu nennen.

Da private Schulen gar nicht oder nur bedingt aus staatlichen Geldern finanziert werden, fallen zum Teil nicht unerhebliche Schulgebühren an. Diese können für internationale Schüler höher sein als für die einheimischen Schüler. Ein Richtwert lässt sich kaum benennen, da die Schulgebühren je nach Träger, Gastland, Renommee oder Lage der Schule stark variieren. Nach oben ist die Gebührenskala offen und so kann ein Schuljahr an einem privaten Internat 30.000 bis 55.000 Euro kosten. Privatschulen werden häufig in einem Atemzug mit Internaten genannt. Private Schulen haben aber nicht notwendigerweise einen Internatsbetrieb. Es gibt durchaus viele private Tagesschulen. In diesem Fall leben die Gastschüler bei einer Gastfamilie. Möchtest du gern auf ein Internat gehen und zusammen mit anderen Jugendlichen auf dem Schulgelände wohnen, bedeutet das in der Regel, dass du dich damit automatisch für den Besuch einer Privatschule entscheidest. So handelt es sich bei den in englischsprachigen Gastländern als Boarding Schools bezeichneten Internaten fast immer um Privatschulen. Nur sehr wenige öffentliche Schulen im Ausland haben überhaupt ein Internat bzw. Wohnheim.

Um die Sache noch komplizierter zu machen: Private Schulen, die sowohl Internatsplätze anbieten als auch Tagesschüler zulassen, setzen von internationalen Schülern meist voraus, dass sie die Unterkunftsform Internat wählen. Dies hat den einfachen Grund, dass die Schulen ihre Internatsplätze allein schon unter dem finanziellen Gesichtspunkt betrachtet „füllen" müssen und ihre reinen Tagesplätze gern an einheimische Jugendliche aus dem Einzugsgebiet der Schule vergeben. Gerade in englischsprachigen Gastländern wie den USA nehmen Internate internationale Schüler häufig erst ab der Dauer von mindestens einem Schuljahr auf. Da die Nachfrage nach Ganzjahresplätzen groß genug ist, besteht keine Notwendigkeit, Halbjahresschülern einen Platz anzubieten.

Privatschulprogramme sind – zumindest in allen englischsprachigen Gastländern – mit wenigen Ausnahmen immer Schulwahlprogramme: Du entscheidest aufgrund des Schulprofils, welche Privatschule dir zusagt. Es bleibt natürlich der Schule überlassen, zu entscheiden, ob sie dich aufnimmt. So musst du zum Beispiel bestimmte Aufnahmevoraussetzungen erfüllen, wie ausreichende Sprachkenntnisse oder einen bestimmten Notendurchschnitt.

Oft wird der Begriff Eliteschule mit Privatschulen in Verbindung gebracht und der Schluss gezogen, dass private Schulen zwangsläufig besser sind als öffentliche. Diese Ansicht solltest du kritisch hinterfragen, denn letztlich ist entscheidend, dass du dich an deiner Gastschule wohl fühlst und Fächer belegen kannst, die dich interessieren. Dazu musst du nicht unbedingt eine Privatschule besuchen. Auch viele öffentliche Schulen können dir eine breite Palette an klassischen akademischen und eher praxisorientierten Schulfächern auf unterschiedlichen Niveaus bieten. Unabhängig von der Schulform liegt es somit an dir, dich aktiv in den Schulalltag einzubringen und – wenn du das willst – dich selbst zu fordern.

Weiterführende Informationen zum Thema Privatschulaufenthalte im Ausland bietet das Portal www.privatschulen-weltweit.de. Hier werden u.a. Bedingungen und Schulabschlüsse in englischsprachigen Ländern näher erläutert.

Gastfamilie werden

Rund 35 deutsche Austauschorganisationen führen im Schuljahr 2017/18 ein Inbound-Programm durch, d.h. sie geben derzeit etwa 2.600 ausländischen Jugendlichen die Möglichkeit, ein halbes oder ganzes Schuljahr in Deutschland zu verbringen.

Da sich die Platzierung der Austauschschüler nicht selten schwierig gestaltet, freuen sich die Veranstalter über jede Familie, die sich bereit erklärt, einen Austauschschüler aufzunehmen. Der unabhängige Bildungsberatungsdienst weltweiser stellt bei Interesse gerne kostenlos Kontakte zu Organisationen her, die noch Gastfamilien suchen. Weitere Informationen gibt es unter www.weltweiser.de.

Folgende Organisationen haben im Schuljahr 2017/18 Austauschschüler an deutsche Gastfamilien vermittelt und bis zum Redaktionsschluss

(September 2018) die für die Veröffentlichung in dieser Tabelle notwendigen Zahlen mitgeteilt:

Organisation	Teilnehmer Inbound-Programme 2017/18
AFS	493
aubiko	124
Ayusa-Intrax	40
CAMPS	1
DFSR	140
e2	22
Experiment	184
GLS	130
ICXchange	16
international Experience	12
Open Door International	95
Partnership International	69
Rotary	498
Stepin	70
STS	31
Swan College	2
TASTE	1
Terre des Langues	30
travelbee (into GmbH)	15
World Wide Qual.	1
Xplore	5
YFU	521

Staatliche Austauschprogramme

Trotz der vollmundigen wie kryptischen Sprüche vieler Politiker, die „von den Jugendlichen in Zeiten der Globalisierung internationale Kompetenz" einfordern, fördern Bund und Länder – gemessen an dem Bedarf – den individuellen Schülereinzelaustausch erschreckend wenig. Einem winzigen Prozentsatz von Interessenten werden jedoch gute Austauschmöglichkeiten geboten:

Parlamentarisches Patenschafts-Programm

Das Parlamentarische Patenschafts-Programm (PPP) ist ein zwischen dem Deutschen Bundestag und dem Kongress der USA vereinbartes Jugendaustauschprogramm. 1983, auf dem Höhepunkt der „neuen" Friedensbewegung, wurde das PPP von beiden Häusern anlässlich des 300. Jahrestages der ersten deutschen Einwanderung in die Vereinigten Staaten aus Furcht vor zunehmendem Antiamerikanismus beschlossen. Dieser hatte nicht zuletzt im NATO-Doppelbeschluss seine Wurzeln, der die Stationierung von atomar bestückten, amerikanischen Pershing II-Raketen in Europa ermöglichte.* Das Programm sieht einen einjährigen Aufenthalt von jungen Deutschen und Amerikanern im jeweiligen Gastland vor, mit dem Ziel, den Jugendlichen die Bedeutung der freundschaftlichen Zusammenarbeit zwischen beiden Ländern zu vermitteln. In der Zeit des Stipendiums übernehmen Bundestagsabgeordnete die Patenschaft für die Junior-Botschafter.

Stipendien

Im Rahmen des PPP-Stipendiums werden vom Deutschen Bundestag und dem Kongress der USA die Flug- und sonstige Reisekosten, die Programmkosten, Versicherungskosten und die Kosten für Vor- und

* Vgl. u.a. Herzog, Susanne B.: Die westdeutsche „Nachfolgegeneration" und die Entstehung des PPP. Unveröffentlichte Magisterarbeit, Berlin 2005.

Nachbereitungsseminare übernommen. Nicht inbegriffen sind das Taschengeld und die Fahrtkosten zu den Auswahlgesprächen.

Teilnahmevoraussetzungen

An dem Programm können (neben der Gruppe der jungen Berufstätigen bis 24 Jahre) gute Schülerinnen und Schüler teilnehmen, die ihren ersten Wohnsitz in der Bundesrepublik Deutschland haben, kein Kind oder Pflegekind eines Bundestagsabgeordneten sind und keine amerikanische Staatsbürgerschaft oder Greencard besitzen sowie zum Zeitpunkt der Ausreise mindestens 15 und höchstens 17 Jahre alt sind. Die Schulausbildung darf noch nicht mit dem Abitur abgeschlossen sein.

Bewerbung

Das PPP wird mit Unterstützung verschiedener Austauschorganisationen durchgeführt. Die Bewerbung wird an die für den Wahlkreis zuständige Austauschorganisation geschickt und ist direkt online oder per offizieller Bewerbungspostkarte möglich. Die Bewerbungsfrist beginnt Anfang Mai und endet im September des jeweiligen Vorjahres.
Genauere Informationen zum Auswahlverfahren, den Fristen und Daten sowie Infos zur Zuständigkeit der Organisationen gibt es auf der Homepage: www.bundestag.de/ppp

Chancen

Neben guten Schulleistungen und guten Englischkenntnissen der Bewerber kommt es vor allem auch auf die soziale Kompetenz, das politische Allgemeinwissen und das Interesse am politischen und gesellschaftlichen Leben an. Entscheidend für die Auswahl ist das gesamte Persönlichkeitsbild. Es werden in jedem Jahr 360 Stipendien vergeben, 285 für Schüler und 75 für junge Berufstätige.
Kontakt: Deutscher Bundestag – Referat WI 4 – Platz der Republik 1 – 11011 Berlin – ppp@bundestag.de – www.bundestag.de/ppp

Deutsch-Französisches Jugendwerk

Das 1963 gegründete Deutsch-Französische Jugendwerk (DFJW) sieht seine Aufgabe darin, die Beziehungen zwischen jungen Menschen aus Deutschland und Frankreich enger zu gestalten und das gegenseitige Verständnis zu vertiefen. Es regt den deutsch-französischen Austausch an und fördert ihn mit einer großen Bandbreite von Austauschmöglichkeiten und Mobilitätsprogrammen. Die Organisation der Programme geschieht im Wesentlichen durch die Partnerorganisationen des DFJW, d.h. Jugendverbände, Jugendämter, Sportverbände, Gewerkschaften, Schulen etc. Allgemeinbildende Schulen, die eine Schülerbegegnung mit einer französischen Schule oder einen langfristigen individuellen Schüleraustausch planen, können bei den zuständigen Schulaufsichtsbehörden einen Antrag auf Förderung aus DFJW-Mitteln stellen. Das DFJW bietet folgende individuelle Austauschprogramme für deutsche und französische Schüler an:

Voltaire-Programm

Das auf Gegenseitigkeit angelegte Voltaire-Programm wird im Schuljahr 2017/18 von 214 deutschen und französischen Jugendlichen genutzt. Im Rahmen des wechselseitigen Austauschs verbringen sie jeweils sechs Monate im Partnerland. Teilnehmen können Schülerinnen und Schüler der 9. und 10. Klasse (in einigen Bundesländern nur 9. Klasse) von Schulen mit Sekundarstufe I und II. Bei Zustimmung des jeweiligen Kultusministeriums können auch Schüler der 8. Klasse sowie von Realschulen bzw. anderen Schulen der Sekundarstufe I und von berufsbildenden Schulen aufgenommen werden. Vorausgesetzt werden ausreichende Sprachkenntnisse, um dem Unterricht im Partnerland folgen zu können, sowie ausreichende schulische Leistungen für die Rückkehr in die bisherige Klassenstufe. Es entstehen keine Programmkosten. Das Deutsch-Französische-Jugendwerk stellt auf Antrag ein Kulturportfolio von 250 Euro für die gesamte Zeit des Auslandsaufenthalts und einen Fahrtkostenzuschuss zur Verfügung.

Brigitte-Sauzay-Programm

Seit 1989 besteht zudem für Schülerinnen und Schüler der 8. bis 11. Klasse, die seit mindestens zwei Jahren Französisch lernen, im Rahmen des Brigitte-Sauzay-Programms die Möglichkeit, an einem dreimonatigen individuellen Schüleraustausch auf Gegenseitigkeit teilzunehmen. Der Austausch wird mit Hilfe der Schule selbstständig organisiert. Das DFJW kann einen Fahrtkostenzuschuss gewähren.
Kontakt: DFJW – Molkenmarkt 1 – 10179 Berlin
Fon: 030 / 288 7570 – info@dfjw.org – www.dfjw.org

Deutsch-Polnisches Jugendwerk

Das Deutsch-Polnische Jugendwerk (DPJW) wurde aufgrund einer gemeinsamen Initiative der Regierungen der Bundesrepublik Deutschland und der Republik Polen am 17. Juni 1991 als internationale Organisation errichtet. Das DPJW hat sich zum Ziel gesetzt, durch Begegnungen und gemeinsame Projekte das Kennenlernen, die Neugier und Empathie zwischen jungen Deutschen und Polen zu fördern und Freundschaften zwischen den Jugendlichen entstehen zu lassen. Das DPJW fördert deutsch-polnische Jugendbegegnungen im schulischen und außerschulischen Bereich, Praktika sowie Kleinprojekte wie Publikationen oder Ausstellungen.

Seit dem Jahr 2010/2011 unterstützt das DPJW außerdem Schülerinnen und Schüler ab der 9. Klasse, die an einem individuellen Schüleraustausch auf Gegenseitigkeit mit Polen teilnehmen wollen. Die Austauschschüler erhalten ein Taschengeld und einen Fahrtkostenzuschuss. Die Aufenthaltsdauer beträgt drei bis sechs Monate.
Kontakt: DPJW – Friedhofsgasse 2 – 14473 Potsdam
Fon: 0331 / 284790 – buero@dpjw.org – www.dpjw.org

Gesellschaft für Deutsch-Australischen/ Neuseeländischen Schüleraustausch

Jedes Jahr erhalten etwa 25-30 Schüler die Möglichkeit, über ein Stipendium der Gesellschaft für Deutsch-Australischen/Neuseeländischen Schüleraustausch (GDANSA) an einem Austausch auf Gegenseitigkeit teilzunehmen. Von November bis Februar erleben zunächst die Austauschpartner aus Australien/Neuseeland den deutschen Schul- und Familienalltag, anschließend wohnen die deutschen Teilnehmer von Juni bis September bei ihren Gastgeschwistern und besuchen die dortige High School. Das Programm richtet sich an Schüler weiterführender Schulen, die den Austausch in der Funktion eines Juniorbotschafters gestalten können. Schul- und Visagebühren, Organisation und Betreuung der Jugendlichen sind Teil des Stipendiums. Flugkosten, begleitende Camps, Versicherung und Taschengeld müssen selbst getragen werden. Bewerbungsschluss ist in der Regel im April des vorangehenden Schuljahres.
Weitere Informationen: www.gdansa.de

Deutsch-Finnische Gesellschaft

Deutsche Schüler im Alter zwischen 15 und 17 Jahren können sich über die Deutsch-Finnische Gesellschaft (DFG) für einen vierwöchigen oder viereinhalbmonatigen Austauschbesuch in Finnland bewerben. Der Aufenthalt ist sowohl auf dem Land als auch in der Stadt möglich. Die Unterbringung erfolgt in der Regel in Gastfamilien mit gleichaltrigen Kindern, mit denen die Austauschschüler dann zusammen die Schule besuchen. Voraussetzung sind gute Englischkenntnisse, Finnischkenntnisse sind zumindest von Vorteil. In schwedischsprachigen Gebieten findet der Schulunterricht auf Schwedisch statt.
Die Deutsch-Finnische Gesellschaft wurde 1952 in München gegründet und agiert seitdem als Informationsnetzwerk, sie vermittelt Ansprechpartner und kooperiert mit verschiedenen Institutionen in beiden Län-

dern. Bei Konzerten, Lesungen, Vorträgen oder Ausstellungen können sich interessierte Besucher in Deutschland näher mit der finnischen Kultur beschäftigen.
Kontakt: DFG – Referat Schüleraustausch – Brückes 58a
55545 Bad Kreuznach – Fon: 0671 / 92 02 64 07
www.deutsch-finnische-gesellschaft.de/aktivitaten/jugendarbeit

Deutsch-Russischer Austausch

Der DRA e.V. engagiert sich für ein friedliches Miteinander Deutschlands und Russlands sowie weiterer Länder Osteuropas. Ausgangspunkt der Arbeit sind die Menschen und ihre Bereitschaft zum Engagement. Der Dialog zwischen Menschen spielt hier eine besondere Rolle. Die Organisation unterstützt die Entwicklung demokratischer Gesellschaften und zivilgesellschaftliche Akteure in Russland, der Ukraine, Belarus und in weiteren europäischen Ländern und führt internationale Projekte u.a. in den Bereichen Umwelt, Bildung, Jugendaustausch, Bürgerrechte, Geschichte, Medien und Soziales durch.
Das Programm zum Schüleraustausch wurde leider zum Ende des letzten Jahres vorübergehend eingestellt. Es wird jedoch nicht ausgeschlossen, dass es demnächst wieder aufgenommen wird.
Kontakt: DRA – Schüleraustausch – Badstraße 44 – 13357 Berlin
Fon: 030 / 4466 80 14 – schueler@austausch.org – www.austausch.org

German American Partnership Program

Der Pädagogische Austauschdienst (PAD) des Sekretariats der Kultusministerkonferenz koordiniert und betreut das German American Partnership Program (GAPP). Hierbei handelt es sich um ein Förderprogramm für langfristige Schulpartnerschaften, in dessen Rahmen sich Gruppen gegenseitig besuchen und dabei das schulische und familiäre Leben im Gastland näher kennenlernen. Bezu-

schusst werden Flugkosten sowie ggf. Projektkosten im Rahmen der Begegnung. Das GAPP richtet sich in der Regel an amerikanische High Schools und deutsche Schulen ab Sekundarbereich I, die eine Partnerschaft auf Gegenseitigkeit und auf Dauer eingehen wollen. Für Schüler der Schulen, die an einem GAPP-Austausch teilgenommen haben, besteht darüber hinaus die Möglichkeit eines halb- oder ganzjährigen Einzelaustauschs, der vom Goethe-Institut New York organisiert wird.
Kontakt: PAD – Graurheindorfer Str. 157 – 53117 Bonn
Fon: 0228 / 501 216 – gapp@kmk.org – www.kmk-pad.org/programme/german-american-partnership-program-gapp.html

Koordinierungszentrum Deutsch-Israelischer Jugendaustausch – ConAct

ConAct ist ein Service- und Informationszentrum des Bundesministeriums für Familie, Senioren, Frauen und Jugend, das Kontakte zwischen deutschen und israelischen Jugendlichen fördert und neue Begegnungen anregt. Neben der Bereitstellung von Informationen und Vernetzungsangeboten sowie pädagogischen Handreichungen zur Vorbereitung und Durchführung von Jugendbegegnungen bietet das Zentrum auch Beratung rund um deutsch-israelische Projektpartnerschaften sowie Seminare und Fachtagungen an.
Kontakt: ConAct – Markt 26 – 06886 Lutherstadt Wittenberg
Fon: 03491 / 4202 60 – info@conact-org.de – www.conact-org.de

Stiftung Deutsch-Russischer Jugendaustausch

Zentrale Aufgabe der Stiftung ist die finanzielle Unterstützung von Jugend- und Schülerbegegnungen sowie von Austauschprogrammen für Fach- und Lehrkräfte. Darüber hinaus fördert die Stiftung Projekte zur Vertiefung der jeweils anderen Sprache und ist beim Auf- und Ausbau von Partnerschaften sowie bei der Intensivierung von Kontakten zwischen Austauschorganisationen behilflich. Seit der Gründung 2006 bringt die Stiftung pro Jahr ca. 17.000 Schülerinnen und Schüler, Jugendliche und Lehr- und Fachkräfte aus Deutschland und Russland in Berührung mit dem jeweils anderen Land, seinen Menschen, seiner Sprache und seiner Kultur. Publikationen und Materialien der Stiftung DRJA können unterstützend für die Projekt- und Begegnungsarbeit genutzt werden.

Kontakt: Stiftung DRJA – Mittelweg 117b – 20149 Hamburg
Fon: 040 / 87 88 679 0 – info@stiftung-drja.de – www.stiftung-drja.de

Koordinierungszentrum Deutsch-Tschechischer Jugendaustausch – Tandem

Die Koordinierungszentren Deutsch-Tschechischer Jugendaustausch – Tandem in Regensburg und Pilsen fördern die gegenseitige Annäherung und die Entwicklung freundschaftlicher Beziehungen zwischen jungen Menschen aus Deutschland und Tschechien. Die Koordinierungszentren beraten und unterstützen staatliche und nichtstaatliche Institutionen und Organisationen in beiden Ländern bei der Durchführung und Intensivierung des deutsch-tschechischen Jugendaustausches und der internationalen Zusammenarbeit im Bereich der Jugendarbeit. Sie sind die zentralen Fachstellen der Bundesrepublik Deutschland und der Tschechischen Republik für den Jugend- und Schüleraustausch zwischen den beiden Staaten. Im Zentrum der Arbeit steht die Begegnung junger Menschen. Tandem Regensburg ist eine Einrichtung des Bundesministeriums für Familie, Senioren, Frauen und Jugend und der Freistaaten Bayern und Sachsen. Die Trägerschaft liegt beim Bayerischen Jugendring. Tandem Pilsen ist eine Einrichtung des tschechischen Ministeriums für Schulwesen, Jugend und Sport und ist an die Westböhmische Universität angegliedert.

Kontakt: Tandem – Maximilianstr. 7 – 93047 Regensburg
Fon: 0941 / 58 55 70 – tandem@tandem-org.de – www.tandem-org.eu

Austauschprogramme der Bundesländer

Bei den Austauschprogrammen der Bundesländer handelt es sich in vielen Fällen um die klassische, auf Gegenseitigkeit beruhende Form des Schüleraustausches: Die Teilnehmer partizipieren auf diese Weise am Schul- und Familienleben in einem anderen Land, erfahren aber auch, was es heißt, Gastgeber zu sein. Neben der wichtigen Erfahrung, einen Austausch aus verschiedenen Blickwinkeln zu erleben, können durch das Prinzip der Gegenseitigkeit die Kosten relativ gering gehalten werden. Um an den folgenden Programmen teilzunehmen, muss man seinen Wohnsitz in dem entsprechenden Bundesland haben.

Baden-Württemberg

Für Jugendliche aus Baden-Württemberg im Alter von 14 bis 18 Jahren bieten sich folgende Möglichkeiten: Austauschprogramme auf Gegenseitigkeit nach Argentinien, Australien, Chile, China, Indien, Neuseeland und Peru. Der Auslandsaufenthalt dauert zwei Monate, die Kosten betragen je nach Land zwischen 3.500 und 5.000 Euro. Für die Länder Argentinien, Chile, China, Indien und Peru werden Teilstipendien vergeben.

Weitere Informationen: www.schueleraustausch-bw.de

Die Deutsch-Französische Schülerbegegnungsstätte organisiert schulartübergreifend Austausche auf Gegenseitigkeit zwischen Baden-Württemberg und Frankreich. In Zusammenarbeit mit Partnerregionen (Alsace, Champagne-Ardenne, Haute Normandie und Rhône-Alpes) werden Austauschaufenthalte unterschiedlicher Dauer angeboten (zwischen 2 Wochen und 3 Monaten), für die sich Schüler der Klassenstufen 7 bis 10 bewerben können. Abgesehen von Fahrtkosten entstehen für die Teilnehmer keine Kosten.

Weitere Informationen: hwww.km-bw.de/,Lde/Startseite/Schule/dfsaustausch

Bayern

In Bayern führt seit 1951 der Bayerische Jugendring (BJR) den internationalen Schüleraustausch im Auftrag des Bayerischen Staatsministeriums für Bildung und Kultus, Wissenschaft und Kunst durch. Es handelt sich hierbei in der Regel um Auslandsaufenthalte auf Gegenseitigkeit von zwei- bis dreimonatiger Dauer in den Ländern Argentinien, Australien, Frankreich, Großbritannien, Kanada (Québec), Neuseeland und Südafrika. Die Kosten sind programmabhängig und betragen zwischen circa 160 und 3.350 Euro.

Weitere Informationen: www.bjr.de/themen/internationales/individueller-schueleraustausch.html

Als „Botschafter Bayerns" können sich Schülerinnen und Schüler bayerischer Schulen bewerben, die zwischen 15 und 18 Jahre alt sind und für ein ganzes Schuljahr ins Ausland gehen möchten. Eine Bewerbung ist ebenso für Schüler der Abschlussklassen an Real- und Wirtschaftsschulen bzw. im M-Zug der Mittelschulen möglich, wenn sie im Anschluss die Fachoberschule oder das Gymnasium besuchen. Mögliche Zielländer sind Brasilien, Bulgarien, China, Indien, Polen, Rumänien, Russland, Serbien, Slowakei, Südafrika, Tschechien und Ungarn. Musikalisch begabte Schüler können sich zudem für ein Musikprogramm in Ungarn oder Tschechien bewerben. Je nach Programm ist mit einem Eigenanteil zwischen 1.000 und 4.100 Euro sowie Kosten für Taschengeld, Versicherungen und (falls erforderlich) für Visum, Impfungen und Schulmaterialien zu rechnen.

Weitere Informationen: www.km.bayern.de/botschafter

Berlin

In Berlin existieren keine länderspezifischen Programme zur Förderung des individuellen Schüleraustausches.

Brandenburg

Brandenburgische Schüler haben die Möglichkeit, zu besonderen Konditionen eine Schule in Polen über eine Dauer von bis zu einem Schuljahr zu besuchen. Das Ministerium für Bildung, Jugend und Sport des Landes Brandenburg unterstützt interessierte Schülerinnen und Schüler bei der Vermittlung einer Gastschule im grenznahen Raum. Die Jugendlichen werden während dieser Zeit in Familien oder in Wohnheimen untergebracht.

Mehr Informationen: www.bildungsserver.berlin-brandenburg.de/themen/internationales/kooperation-brandenburg-polen/gastschulaufenthalte-in-polen

Bremen

In Bremen existieren keine länderspezifischen Programme zur Förderung des individuellen Schüleraustausches.

Hamburg

Für Hamburger Schüler gibt es Austauschprogramme auf Gegenseitigkeit mit Frankreich, Kanada und der französischsprachigen Schweiz. Die Jugendlichen reisen bei erfolgreicher Vermittlung für zwei Wochen (Schweiz) bzw. drei Monate in ihr Gastland. Reisekosten und Taschengeld werden von den Teilnehmern getragen, Unterkunft und Verpflegung stellt jeweils der Austauschpartner. Die Anzahl der Vermittlungen hängt von der Teilnehmerzahl der Austauschpartner ab und liegt derzeit bei rund 100 Schülern. Informationen zur Förderung eines Schülereinzelaustauschs mit bis zu 5.000 Euro finden sich im folgenden Kapitel „Versetzungsrichtlinien“.

Mehr Informationen: https://bildung-international.hamburg.de/sus/org/bsb

Hessen

Im Rahmen der Partnerschaft Hessen – Wisconsin können Schülerinnen und Schüler ab 15 Jahren für 5 Monate in einer amerikanischen Familie leben und eine Schule besuchen. Anschließend erfolgt ein dreimonatiger Gegenbesuch der Austauschpartner. Die Kosten u.a. für Flug, Visum, Taschengeld und Versicherungen müssen selbst getragen werden, dafür entfallen die Schulgebühren. Auch mit der kanadischen Provinz Alberta besteht für hessische Schüler zwischen 15 und 16 Jahren die Möglichkeit, im direkten Austausch (Familie zu Familie) für 3 Monate an dortige Schulen vermittelt zu werden.
Zudem arbeitet das Land Hessen im Rahmen eines Austauschprogramm s mit der französischen Partnerregion Aquitaine zusammen und vermittelt Schülerinnen und Schüler der Jahrgangsstufen 8 bis 10 für 4 bis 6 Wochen.

Kontakt: Staatliches Schulamt für den Landkreis Groß-Gerau und den Main-Taunus-Kreis – Servicestelle „Internationale Begegnungen“ – Walter-Flex-Str. 60 – 65428 Rüsselsheim
https://schulaemter.hessen.de/schulbesuch

Mecklenburg-Vorpommern

In Mecklenburg-Vorpommern existieren keine länderspezifischen Programme zur Förderung des individuellen Schüleraustausches.

Niedersachsen

Niedersächsische Schüler können in der 9. und 10. Klasse an einem dreimonatigen Austausch nach Frankreich auf Gegenseitigkeit teilnehmen. Kosten für Reise, Versicherung und Taschengeld sind selbst aufzubringen.

Kontakt: Niedersächsisches Kultusministerium – Referat 44 – Schiffgraben 12
30159 Hannover – www.3080.nibis.de/austausch_frankreich

Nordrhein-Westfalen

Die Bezirksregierung Düsseldorf vermittelt individuelle Schüleraustauschprogramme auf Gegenseitigkeit nach Australien, Neuseeland, Kanada (Provinz Québec), die Schweiz und Frankreich. Schülerinnen und Schüler verschiedener Jahrgangsstufen und Schulformen können sich für die Teilnahme an den Programmen bewerben. Kosten entstehen den Teilnehmenden für die Anreise, Versicherungen, das Taschengeld sowie für eventuelle Einführungsseminare oder Exkursionen. Kosten für Unterkunft und Verpflegung fallen nicht an.

Kontakt: Bezirksregierung Düsseldorf – Internationaler Austausch
Am Bonneshof 35 – 40474 Düsseldorf
int-austausch@brd.nrw.de – www.bezreg-duesseldorf.nrw.de

Rheinland-Pfalz

Rheinland-Pfalz führt derzeit einen zehnwöchigen, auf Gegenseitigkeit ausgelegten Schüleraustausch mit der kanadischen Provinz British Columbia durch. Je nach Schuljahr werden Bewerbungen für bestimmte Regionen von Rheinland-Pfalz ermöglicht. Nach einer erfolgreichen Bewerbung reisen die deutschen Teilnehmer aus den 10. und 11. Klassen Ende August nach Kanada, der Gegenbesuch findet Anfang März statt. Die Kosten liegen bei ungefähr 1.900 Euro. Zudem gibt es u.a. die Möglichkeit, im Rahmen des SCHUMAN-Programms an einem vierwöchigen Schüleraustausch auf Gegenseitigkeit in Frankreich oder Belgien teilzunehmen.

Kontakt: Ministerium für Bildung – Mittlere Bleiche 61 – 55116 Mainz
www.eu-int.bildung-rp.de

Saarland

Im Saarland gibt es für Schüler der Klassen 7 und 8 sowie 9 und 10 die Möglichkeit, im Rahmen des SCHUMAN-Programms an einem individuellen zweiwöchigen Schüleraustausch auf Gegenseitigkeit in einer der Nachbarregionen (Lothringen, Luxemburg, Belgien) teilzunehmen.

Kontakt: Ministerium für Bildung und Kultur – Referat B6 – Trierer Str. 33 66111 Saarbrücken – www.saarland.de/230785.htm

Sachsen-Anhalt

In Sachsen-Anhalt existieren keine länderspezifischen Programme zur Förderung des individuellen Schüleraustausches.

Sachsen

Das Sächsische Staatsministerium für Kultus vergibt jedes Jahr Stipendien für einen vierwöchigen Schulbesuch im Ausland. Es sind Schulbesuche im Vereinigten Königreich, den USA, Kanada, Frankreich, Malta und Tschechien möglich. Von den Teilnehmern wird ein Eigenanteil von 150 Euro gezahlt.

Weitere Informationen: www.schule.sachsen.de/8104.htm

Schleswig-Holstein

Zwischen dem Ministerium für Schule und Berufsbildung des Landes Schleswig-Holstein und dem französischsprachigen Kanton Waadt in der Schweiz wird ein zweiwöchiger Schüleraustausch auf Gegenseitigkeit angeboten. Ab 2017 ist die Bewerbung für folgende Zeiträume möglich: 1. Ausreise der schleswig-holsteinischen Schüler im April und Gegenbesuch der Austauschpartner im Juli/August oder 2. Ausreise der deutschen Teilnehmer im April mit Gegenbesuch entweder im Sommer oder im Oktober. Bewerber sollten mindestens ein Jahr Französisch nachweisen können. Die Programmausschreibung geht Anfang November an die Schulen. Die Kosten für dieses Programm betragen 300 Euro zzgl. Taschengeld.

Darüber hinaus besteht die Möglichkeit, über das Programm „Ein Jahr in Deutschland“ schwedische Gastschüler bei sich zu Hause aufzunehmen.

Kontakt: Ministerium für Schule und Berufsbildung – Jensendamm 5 – 24103 Kiel – www.schleswig-holstein.de/DE/Fachinhalte/B/bildungInternational/austauschprogramme.html

Thüringen

In Thüringen existieren keine länderspezifischen Programme zur Förderung des individuellen Schüleraustausches.

Versetzungsrichtlinien

Die folgenden Informationen sind den jeweiligen Bestimmungen der Länder entnommen oder beruhen auf der Korrespondenz mit den zuständigen Behörden. Um Missverständnisse und Unannehmlichkeiten zu vermeiden, sind bei der Vorbereitung eines Auslandsaufenthalts auch stets die aktuellen Versetzungsbestimmungen mit der Schulleitung abzuklären. Dies gilt insbesondere deshalb, da in zahlreichen Bundesländern aufgrund der Verkürzung der gymnasialen Oberstufe neue Versetzungsrichtlinien verabschiedet worden sind, die den Schulleitungen häufig einen relativ großen Ermessensspielraum einräumen. Während Gymnasiasten des G9 und Gesamtschüler ihren Auslandsaufenthalt häufig nach der Jahrgangsstufe 10 beginnen und ihre Schullaufbahn nach ihrer Rückkehr aus dem Ausland oftmals in der Jahrgangsstufe 12 fortsetzen können, gestaltet sich ein „Überspringen" einer gesamten Jahrgangsstufe für G8-Oberstufenschüler ggf. schwieriger. Da beim G8 in den Jahrgangsstufen 11 und 12 abiturrelevante Punkte gesammelt werden, müssen diese beiden Jahrgangsstufen in der Regel in Deutschland besucht werden. In einigen Bundesländern werden daher nun die Jahrgangsstufen 9 bzw. 10 für den Auslandsaufenthalt empfohlen.

Die Teilnahme an einem Schüleraustauschprogramm sollte allerdings ohnehin nicht von der Frage abhängig gemacht werden, ob ein Schuljahr übersprungen werden kann. Selbstverständlich wird es auch zukünftig möglich bleiben, ein Schuljahr zu wiederholen. Oftmals ist bzw. war dies auch für Real-, Gesamt- und G9-Schüler eine gute Option. Schließlich eröffnet ein Schuljahr im Ausland auf verschiedenen Ebenen enorme Perspektiven, für die es sich lohnt, auch eine um ein Jahr längere Schulzeit in Kauf zu nehmen.

Baden-Württemberg

Ein Schüler, für den zum Ende der Klassen 5 bis 10 kein Zeugnis erteilt werden und damit keine Versetzungsentscheidung getroffen werden kann, weil er an einem längerfristigen Einzelschüleraustausch mit dem Ausland teilgenommen und dort die Schule besucht hat, wird auf Antrag der Erziehungsberechtigten, bei Volljährigkeit auf seinen Antrag ohne Versetzungsentscheidung (gemäß § 3 Abs. 3 der Versetzungsordnung für Gymnasien bzw. Realschulen und § 5 für Werkrealschulen) in die nächsthöhere Klasse bzw. in die Jahrgangsstufe 11 aufgenommen. Sollte sich innerhalb der ersten acht Wochen nach Unterrichtsbeginn abzeichnen, dass er den Anforderungen dieser Klasse nicht gewachsen ist, kann er in die nächst niedrigere Klasse überwechseln. Dies gilt dann nicht als Nichtversetzung bzw. Wiederholung, da die Klasse als nicht besucht gilt.
Sollte ein Schüler in den Klassen 6–9 G8 eine zweite Fremdsprache nicht durchgängig besucht haben, kann er nur nach Bestehen (mindestens die Note „ausreichend“) einer Feststellungsprüfung in der zweiten Fremdsprache in die Jahrgangsstufe 11 G8 aufgenommen werden. Wird die Feststellungsprüfung nicht bestanden („mangelhaft“ oder schlechter), wird der Schüler in die Klasse 10 G8 aufgenommen.

Bayern

Schülern, für die eine Vorrückungsentscheidung nicht getroffen werden kann, weil sie zum Schulbesuch im Ausland beurlaubt waren, wird auf Antrag das Vorrücken auf Probe in die nächst höhere Jahrgangsstufe des Gymnasiums gestattet, wenn eine Schule im Ausland ordnungsgemäß besucht wurde und hierüber sowie über die dabei erzielten Leistungen eine Bestätigung der Schule vorgelegt wird. Dies gilt nicht für Schüler, die im der Beurlaubung vorangegangenen Schuljahr das Klassenziel nicht erreicht haben. Solche Schüler müssen die nicht bestandene Jahrgangsstufe wiederholen. Bei Schülern der Jahrgangsstufen 6 bis 10 ist unter bestimmten Bedingungen eine sogenannte Nachprüfung möglich, nach deren Bestehen auch Schüler, die zunächst keine Vorrückenserlaubnis im Jahreszeugnis erreicht hatten, in die nächsthöhere Jahrgangsstufe aufrücken können (Näheres s. § 35 i.V.m. §§ 31 und 33 GSO).

Berlin

Bei einem Auslandsaufenthalt von mehr als drei Monaten entscheidet der Schulleiter oder die Schulleiterin über die Einstufung in eine Jahrgangsstu-

fe. Die Einstufung richtet sich danach, ob eine erfolgreiche Mitarbeit erwartet werden kann. Nach einer Beurlaubung für das zweite Halbjahr oder die gesamte Zeit der Jahrgangsstufe 10 können Schülerinnen und Schüler auf Probe in die Jahrgangsstufe 11 der gymnasialen Oberstufe ihrer vor der Beurlaubung besuchten Schule aufgenommen werden. Am Ende des ersten Halbjahres der Jahrgangsstufe 11 entscheidet die Klassenkonferenz, die Jahrgangskonferenz oder der Oberstufenausschuss, ob die Probezeit erfolgreich abgeschlossen ist. Wer die Probezeit erfolgreich abgeschlossen hat, erwirbt einen dem mittleren Schulabschluss gleichwertigen Abschluss und setzt seine Schullaufbahn in der gymnasialen Oberstufe fort. Bei nicht erfolgreich abgeschlossener Probezeit treten die Schülerinnen und Schüler in die Jahrgangsstufe 10 der besuchten Schule zurück.
Wenn die Qualifikationsphase an einer Auslandsschule verbracht wurde, die zu einer allgemeinen Hochschulreife nach deutschem Recht führt, können die erbrachten Leistungen für die Gesamtqualifikation angerechnet werden. Anderenfalls ist nach Rückkehr von einem Auslandsaufenthalt die Anrechnung des ersten Kurshalbjahres durch die Schulleiterin oder den Schulleiter möglich, wenn nach Aufnahmeprüfungen in den Prüfungsfächern und Übernahme der im Ausland erbrachten Leistungen eine erfolgreiche Fortführung der Schulausbildung zu erwarten ist.

Brandenburg

Schüler können für einen längstens einjährigen Schulbesuch im Ausland beurlaubt werden. Die Zeit des Schulbesuchs im Ausland bleibt bei der Berechnung der Höchstverweildauer in der Sekundarstufe I unberücksichtigt. Versetzungen und der Erwerb von Abschlüssen und Berechtigungen können auf der Grundlage der während des Schulbesuchs im Ausland erbrachten und nachgewiesenen Leistungen erfolgen, wenn diese Leistungen und die Leistungen vor dem Schulbesuch im Ausland den nach der Sekundarstufe-I-Verordnung zu erbringenden Leistungen für eine Versetzung oder für den Erwerb von Abschlüssen oder Berechtigungen gleichwertig sind. Die Entscheidung trifft der Schulleiter. Für die Information und Beratung über die Schullaufbahn in der gymnasialen Oberstufe und für die Beantragung eines Schulbesuchs im Ausland im Verlauf der Jahrgangsstufe 10 gelten die Gymnasiale-Oberstufe-Verordnung und die diese Verordnung betreffenden Verwaltungsvorschriften. Im Verlauf der Jahrgangsstufe 9 sind die Schülerinnen und Schüler über die Regelungen der gymnasialen Oberstufe zu informieren, insbesondere über die Belegverpflichtungen in der Einführungs- und Qualifikationsphase.

Bremen

Bevor eine Beurlaubung für einen Schulbesuch im Ausland beantragt wird, findet ein Beratungsgespräch in der vor dem Auslandsaufenthalt besuchten Schule und, wenn die Wiederaufnahme des Schulbesuchs nach dem Auslandsaufenthalt an einer anderen Schule beabsichtigt ist, zusätzlich in der neuen Schule statt. Schüler und Schülerinnen der Sekundarstufe I einer Oberschule oder eines Gymnasiums können mit Genehmigung der Schulleiterin oder des Schulleiters bei einem halbjährigen Schulbesuch einer ausländischen Schule im Ausland ihre Ausbildung in Bremen ohne zeitliche Verzögerung fortsetzen. Bei einem Auslandsaufenthalt im zweiten Halbjahr der Jahrgangsstufe 10 kann die Prüfung zum Erwerb eines Abschlusses der Sekundarstufe I nicht abgelegt werden. Bei einem Auslandsaufenthalt im letzten Halbjahr vor dem Übergang in die Gymnasiale Oberstufe (GyO) können die Schülerinnen und Schüler nach ihrer Rückkehr nicht umgehend in die GyO versetzt werden. Über Ausnahmen entscheidet die Schulleiterin oder der Schulleiter auf Antrag der Versetzungskonferenz. In der Sekundarstufe I berät bei Auslandsaufenthalten von mehr als einem halben Jahr zunächst die Schule. Zur Entscheidung wendet sich die Schulleitung an die zuständige Fachaufsicht. Auslandsaufenthalte in der Sekundarstufe II sollten zu Beginn der Qualifikationsphase beendet sein. Der Schulbesuch im Ausland muss hier durch entsprechende Leistungsnachweise (Zeugnisse, Reports o.ä.) belegt werden. Die versäumten Halbjahre der GyO können entweder nachgeholt oder – unter bestimmten Voraussetzungen – übersprungen werden. Nach der Rückkehr aus dem Ausland führen die Erziehungsberechtigten bzw. volljährigen Schülerinnen und Schüler ein Beratungsgespräch über die weitere Schullaufbahn in der GyO. Nähere Informationen zu Auslandsaufenthalten in der Sekundarstufe I und II sind in den jeweiligen Merkblättern über Auslandsaufenthalte geregelt, die bei der Senatorin für Kinder und Bildung in Bremen erhältlich sind.

Hamburg

Schüler des Gymnasiums und der Stadtteilschule, die im zwölfjährigen Bildungsgang nach dem Besuch der Jahrgangsstufe 9 in die Jahrgangsstufe 10 oder im dreizehnjährigen Bildungsgang nach dem Besuch der Jahrgangsstufe 10 in die Jahrgangsstufe 11 versetzt wurden, rücken unter Anrechnung der Dauer des Schulbesuchs im Ausland in die Studienstufe ihrer Schule auf, wenn sie während der gesamten nachfolgenden Jahrgangsstufe oder während des zweiten Halbjahres der nachfolgenden Jahrgangsstufe eine vergleichbare Schule im Ausland regelmäßig besucht haben und wenn zu erwarten ist, dass sie den Anforderungen der Studienstufe gewachsen sein werden. Die Entscheidung trifft die Schule auf Grundlage der Voten der Fachlehrkräfte für die Fächer Deutsch, Mathematik, erste und zweite Fremdsprache im Rahmen eines pädagogisch-fachlichen Gesprächs, welches durch Tests in einzelnen Fächern ergänzt werden kann. Schüler, die die oben genannten Voraussetzungen erfüllen, erhalten überdies auf Antrag eine einkommensabhängige finanzielle Förderung, sofern sie nach der Rückkehr ihren Bildungsgang in der Stammschule, einer anderen Schule derselben Schulform oder einer anderen weiterführenden Schule fortsetzen. Der Höchstsatz der Förderung orientiert sich an den Lehrerpersonalkosten, die anfielen, wenn der Schüler am Unterricht in einer staatlichen Schule teilnehmen würde und liegt bei circa 2.500 Euro für ein Schulhalbjahr bzw. bei circa 5.000 Euro pro Schuljahr. Die Höhe der Förderung wird auf der Grundlage des Einkommens der Eltern der Antragsteller ermittelt und anteilsmäßig bis zu einem monatlichen Einkommen der Eltern von 4.000 Euro erteilt. Vom erzielten Einkommen sind für jedes zum Haushalt gehörende Familienmitglied 435 Euro abziehbar. Weitere Informationen zur finanziellen Förderung sowie zur Antragstellung unter http://bildung-international.hamburg.de/sus/finanzierung/bsb.

Hessen

Schülern soll ermöglicht werden, ihre schulische Ausbildung nach einem Auslandsaufenthalt ohne zeitlichen Verlust fortzusetzen. Die Entscheidung über ein Überprüfungsverfahren nach § 2 Abs. 6 der OAVO (drei schriftliche Arbeiten in Deutsch, erster Fremdsprache und Mathematik, zwei mündliche Prüfungen in Geschichte oder Politik und Wirtschaft sowie einer Naturwissenschaft) trifft die Schulleitung. Findet der Auslandsaufenthalt von mindestens halbjähriger Dauer während der Qualifikationsphase statt, so können auf Antrag Leistungen der Pflichtfächer aus der Einführungsphase bei der Gesamtqualifikation (§ 26) nach § 23 Abs. 5 angerechnet werden.

Mecklenburg-Vorpommern

Auf Antrag kann die Verpflichtung zum Besuch der Einführungsphase um die Zeit eines nachgewiesenen, regelmäßigen und gleichwertigen Schulbesuchs im Ausland verkürzt werden. Erstreckt sich dieser Schulbesuch über die ganze Einführungsphase oder über die Dauer des zweiten Schulhalbjahres, so kann die Versetzung in die Qualifikationsphase auf der Grundlage einer geeigneten Leistungsüberprüfung erfolgen. Die Entscheidung trifft die Klassenkonferenz. Der Schulleiter kann Ausnahmen von den Bestimmungen der Wahl der Prüfungsfächer hinsichtlich der Belegungsverpflichtung in der Einführungsphase zulassen. Eine Verkürzung des Besuchs der gymnasialen Oberstufe um die Einführungsphase ist nur möglich, wenn die erfolgreiche Teilnahme am Unterricht mindestens folgender Unterrichtsfächer nachgewiesen wird: 1. Unterricht in beiden Pflichtfremdsprachen aus dem Sekundarbereich I oder Fortsetzung der ersten Pflichtfremdsprache und Beginn einer neuen Fremdsprache, 2. Mathematik, 3. ein naturwissenschaftliches Fach (Chemie, Biologie, Physik), 4. ein Fach aus dem gesellschaftswissenschaftlichen Aufgabenfeld. Wer ohne Besuch der Einführungsphase in die Qualifikationsphase eintritt, kann zur Erfüllung der Fremdsprachenverpflichtungen nur eine Fremdsprache wählen, in der er mindestens im Pflicht- oder Wahlpflichtunterricht der Stufen 8 und 9 durchgehend teilgenommen hat.

Niedersachsen

Für den dreizehnjährigen Bildungsgang bis zum Erwerb der Allgemeinen Hochschulreife besuchen die Schülerinnen und Schüler eine Schule im Ausland im Regelfall während des 11. Schuljahrgangs. Die Einführungsphase der gymnasialen Oberstufe kann auf Antrag verkürzt werden, wenn die erfolgreiche Teilnahme an vorgegebenen Fächern nachgewiesen wird. Ausnahmsweise ist auch ein Auslandsschulbesuch im 10. Schuljahrgang möglich; dieser sollte sich dann aber auf das 1. Schulhalbjahr des 10. Schuljahrgangs beschränken. Weitere Informationen können einem Merkblatt entnommen werden, das unter folgendem Link auf der Homepage des Niedersächsischen Kultusministeriums zu finden ist: http://www.mk.niedersachsen.de/startseite/schule/unsere_schulen/allgemein_bildende_schulen/gymnasium/gymnasium-6319.html. Es wird dringend empfohlen, sich rechtzeitig vor Antritt des Auslandsschulbesuchs über die Auswirkungen auf Schulzeitdauer und Abschlüsse durch die Schule beraten zu lassen.

Nordrhein-Westfalen

Schüler des G8 können die Jahrgangsstufe 10 (EF) überspringen, wenn sie im Schuljahr vor dem Auslandsaufenthalt mindestens befriedigende Leistungen, keine nicht ausreichenden Leistungen und in Fächern mit schriftlichen Arbeiten höchstens eine ausreichende Leistung vorweisen können.

Über Ausnahmen entscheidet die Konferenz der die Schülerin / den Schüler unterrichtenden Lehrkräfte.
Der mit dem Zeugnis am Ende der Einführungsphase verbundene Abschluss gemäß APO-GOSt § 40 Abs. 2 wird nach erfolgreichem Durchgang durch das erste Jahr der Qualifikationsphase erworben. Bei einem Schulwechsel entscheidet über die Beurlaubung und die Fortsetzung der Schullaufbahn die aufnehmende Schule.
Bei Schülerinnen und Schülern anderer Schulformen kann die Schullaufbahn mit Beginn der Qualifikationsphase fortgesetzt werden, wenn auf dem Zeugnis der Klasse 10/I oder 10/II ein Notenbild erreicht wird, das in allen Fächern um eine Notenstufe besser ist als die für den Übergang in die gymnasiale Oberstufe geforderte Leistung. Über Ausnahmen entscheidet die obere Schulaufsicht.
Ein Nachweis über die durchgehende Teilnahme am Unterricht einer ausländischen Schule ist zu erbringen.

Rheinland-Pfalz

Schüler, die für die Dauer der Einführungsphase zum Besuch einer Auslandsschule beurlaubt waren, können im neunjährigen Bildungsgang ausnahmsweise in die Jahrgangsstufe 12, im achtjährigen Bildungsgang ausnahmsweise in die Jahrgangsstufe 11 eintreten. Spätestens nach 10 Wochen entscheidet die Kurslehrerkonferenz, ob die bis dahin gezeigten Leistungen die Zulassung zur Qualifikationsphase rechtfertigen. Bei Verbleib in Jahrgangsstufe 12 werden die Noten des Halbjahres 12/2 doppelt gerechnet. Im achtjährigen Bildungsgang gilt: Bei einer Versetzung in besonderen Fällen von Klassenstufe 10 nach Jahrgangsstufe 11 des Gymnasiums wird der qualifizierte Sekundarabschluss I erst mit der Zulassung zur Jahrgangsstufe 12 des Gymnasiums erreicht.

Saarland

Schülerinnen und Schülern wird empfohlen, einen geplanten Schulbesuch an einer ausländischen Schule in der Sekundarstufe I beziehungsweise in der Einführungsphase der gymnasialen Oberstufe durchzuführen. So haben sie die Möglichkeit, ihre Schullaufbahn nach ihrer Rückkehr ohne zeitliche Verzögerung fortzusetzen. Ob die Lernvoraussetzungen dafür vorliegen, entscheidet die Schulleitung. Sie kann dies insbesondere vor dem Eintritt in die Qualifikationsphase durch eine Aufnahmeprüfung in den Fächern Deutsch, Mathematik, der Pflichtfremdsprache sowie dem gesellschafts- und dem naturwissenschaftlichen Pflichtfach feststellen.

Sachsen

Auf Antrag der Eltern oder des volljährigen Schülers kann der Schulleiter genehmigen, dass ein Schüler, der die Klassen- oder Jahrgangsstufe nicht wiederholen muss, für einen längstens einjährigen Schulbesuch im Ausland beurlaubt wird. Bei Beurlaubung nach der Jahrgangsstufe 11 besteht kein Anspruch darauf, dass bisherige Fächer in der Jahrgangsstufe 12 fortgeführt werden können. Nach Beendigung des Schulbesuchs im Ausland wird der Unterricht in der Klassen- oder Jahrgangsstufe fortgesetzt, in die der Schüler vor der Beurlaubung versetzt worden ist. Auf Antrag kann die Schulaufsichtsbehörde genehmigen, dass der Unterricht in der nächsthöheren Klassenstufe oder bei Beurlaubung nach der Klassenstufe 9 in der Jahrgangsstufe 11 fortgesetzt wird, wenn eine Schule im Ausland mit vergleichbaren Lerninhalten regelmäßig besucht wurde und hierüber sowie über die dabei erzielten Leistungen eine Bestätigung dieser Schule vorgelegt wird. Nach Beendigung des Schulbesuchs im Ausland im Anschluss an die Jahrgangsstufe 11 wird der Unterricht in der Jahrgangsstufe 12 fortgesetzt.

Sachsen-Anhalt

Eine Beurlaubung zum Schulbesuch im Ausland kann auf Antrag für die Zeit eines nachgewiesenen längstens einjährigen Schulbesuchs im Ausland durch das Landesschulamt genehmigt werden, wenn regelmäßiger Schulbesuch in einem vergleichbaren Bildungsgang im Rahmen eines Schüleraustauschs nachgewiesen wird. Der Schulbesuch im Ausland kann auf Antrag auf den Besuch der Einführungsphase angerechnet werden. Umfasst dieser Schulbesuch im Ausland auch das 2. Halbjahr der Einführungsphase, kann der Eintritt in die Qualifikationsphase ohne Versetzungsentscheid erfolgen, wenn in zwei Fremdsprachen, Mathematik, einer Naturwissenschaft und einem Fach des gesellschaftswiss. Aufgabenfeldes zumindest ausreichende Leistungen erzielt worden sind. Erfolgt die Beurlaubung nach Absolvieren der Einführungsphase und vor Eintritt in die Qualifikationsphase, wird diese Zeit nicht auf die Verweildauer in der gymnasialen Oberstufe angerechnet. Eine Beurlaubung vom Besuch der Qualifikationsphase für einen Schulbesuch im Ausland ist unzulässig. Leistungen, die an einer deutschen Auslandsschule oder einer Europäischen Schule erzielt worden sind, sind bei Rückkehr während der Einführungsphase für die Erstellung der Jahresnoten zu berücksichtigen.

Schleswig-Holstein

Schüler in Schleswig-Holstein gehen normalerweise in der Einführungsphase der gymnasialen Oberstufe (im achtjährigen Bildungsgang ist das die 10., im neunjährigen Bildungsgang die 11. Jahrgangsstufe) für eine längere Zeit ins Ausland. Die Möglichkeit besteht grundsätzlich allerdings auch im ersten Jahr der Qualifikationsphase sowie – nach einem begründeten und von der Schulaufsicht genehmigten Antrag auf Beurlaubung gemäß § 15 SchulG – in der 9. bzw. 10. Klasse der Sek I. Nach dem Auslandsaufenthalt wird die Schullaufbahn in der Jahrgangsstufe fortgesetzt, in der der Auslandsaufenthalt begonnen wurde. Besonders leistungsfähige Schülerinnen und Schüler, die in der Einführungsphase für einen halb- bis ganzjährigen Schulaufenthalt im Ausland beurlaubt wurden, können nach Rückkehr einen Antrag auf Überspringen eines Schulhalbjahres der Einführungszeit bzw. der gesamten Einführungszeit stellen. Bei einer Beurlaubung im ersten Jahr der Qualifikationsphase im Rahmen eines mind. halbjährigen Schulbesuchs im Ausland können auf Antrag Ergebnisse aus der Einführungsphase für die Qualifikationsphase angerechnet werden. Ausländische Leistungsnachweise werden bei der Berechnung der Gesamtqualifikation nicht übernommen. Die Genehmigungen erteilen die Schulleiter.

Thüringen

Auslandsaufenthalte können bis zur Dauer eines Schuljahres genehmigt werden. Schüler sind verpflichtet, während dieser Zeit eine Schule im Ausland zu besuchen und den Schulbesuch nach Rückkehr nachzuweisen. Nach der Rückkehr wird die Klassenstufe besucht, in die der Schüler/ die Schülerin vor dem Auslandsaufenthalt versetzt worden ist. Abweichend davon kann vor dem Auslandsaufenthalt, außer in der Qualifikationsphase, eine Fortsetzung der Schullaufbahn in der nächst höheren Klassenstufe beantragt werden. Hierüber entscheidet die Schulleitung nach Anhörung der Klassenkonferenz und vor Antritt des Auslandsaufenthalts. Diese Möglichkeit kann eingeräumt werden, wenn auf der Grundlage der bisher gezeigten Leistungen zu erwarten ist, dass der Schüler erfolgreich am Unterricht teilnehmen kann. Wird ein Schuljahr während der 10. Klasse im Ausland verbracht und anschließend in die 11. Klasse vorgerückt, wird keine dem Realschulabschluss gleichwertige Schulbildung bescheinigt. Es besteht aber die Möglichkeit, nach der 11. Klasse an der externen Prüfung zur Erlangung des Realschulabschlusses teilzunehmen (siehe thür. Schulordnung „Durchführungsbestimmungen zur Thüringer Oberstufe“ vom 29. Juni 2009, letzte Änderung 2014).

Förderung nach dem BAföG

Auslands-BAföG ist eine finanzielle Förderung seitens des deutschen Staates, die für Auslandsaufenthalte z.B. während der Schulzeit, beantragt werden kann. Die Ausbildungsförderung für einen Auslandsschulbesuch nach dem Bundesausbildungsförderungsgesetz (BAföG) unterliegt bestimmten Voraussetzungen. Die Höhe der Förderung wird nach einem komplizierten Schlüssel errechnet, bei dem das Einkommen der Eltern eine entscheidende Rolle spielt. Grundlage für die Berechnung des Einkommens ist die Summe der positiven Einkünfte im Sinne des Einkommensteuergesetzes. Davon abgezogen werden u.a. die Einkommen- und Kirchensteuer, pauschal festgesetzte Beträge für die soziale Sicherung wie Kranken-, Arbeitslosen- und Rentenversicherung, der Altersentlastungsbetrag und ggf. geförderte Altersvorsorgebeiträge. Für die Einkommensberechnung wird grundsätzlich der Lohn- oder Einkommensteuerbescheid des vorletzten Kalenderjahres vor Beginn des Bewilligungszeitraumes zugrunde gelegt. Ob bzw. in welcher Höhe eine Förderung gewährt wird, kann neben dem Einkommen der Eltern mit davon abhängen, ob sich weitere unterhaltspflichtige Kinder, die im gleichen Haushalt leben, in der Ausbildung (z.B. Schule, Lehre, Studium) befinden.

Nach dem Ausfüllen von einigen Metern Papier bzw. etlichen Onlineformularen können Jugendliche mit bis zu 504 Euro (seit August 2016) monatlich gefördert werden. Die Ausbildungsförderung wird in der Regel längstens für ein Jahr und frühestens ab einem halben Jahr geleistet. BAföG-berechtigten werden ferner 500 Euro bei Aufenthalten innerhalb Europas und 1.000 Euro bei Aufenthalten außerhalb Europas als pauschaler Reisekostenzuschlag zur Verfügung gestellt. Je nachdem, wohin die Reise führen soll, sind verschiedene Behörden für die Bearbeitung der Anträge zuständig.

Neben den schon für eine Förderung in Deutschland geltenden Bedingungen müssen u.a. folgende Voraussetzungen erfüllt sein:

- Du solltest deinen ständigen Wohnsitz im Inland (Deutschland) haben (Ausnahmen siehe § 5 Abs. 2).
- In den Bundesländern mit 12 Schuljahren bis zum Abitur kann ein Gastschulaufenthalt ab der 10. Jahrgangsstufe gefördert werden. Der Auslandsaufenthalt muss nicht auf die Inlandsschulbildung anrechenbar sein. Auch wenn das Austauschjahr eingeschoben wird, ist eine Förderung möglich.
- In den Bundesländern mit 13 Schuljahren bis zum Abitur kann ein Gastschulaufenthalt ab der 11. Jahrgangsstufe gefördert werden. Der Auslandsaufenthalt muss nicht auf die Inlandsschulbildung anrechenbar sein. Auch wenn das Austauschjahr eingeschoben wird, ist eine Förderung möglich.
- Die im Ausland besuchte Schule muss der Heimatschule gleichwertig sein, was meist der Fall ist. Letztlich entscheidet das zuständige BAföG-Amt über die Gleichwertigkeit.
- Nach dem Auslandsschulbesuch muss der Schüler seine Schulausbildung fortsetzen.

Der Antrag sollte mindestens sechs Monate vor Beginn des Auslandsaufenthalts gestellt werden.

Weiterführende Links:
www.bafög.de (Bundesministerium für Bildung und Forschung)
www.auslandsbafoeg.de – www.bafoeg-rechner.de (BAföG-Rechner)

Da für jedes Gastland spezielle Richtlinien gelten, empfiehlt sich die frühzeitige Kontaktaufnahme zu den zuständigen Ämtern. Die für dein Gastland zuständige Behörde und ihre Kontaktdaten findest du in der folgenden Liste:

Afrika, Neuseeland
Studentenwerk Frankfurt/Oder – Amt für Ausbildungsförderung
Paul-Feldner-Str. 8 – 15230 Frankfurt/Oder

Fon: 0335 / 5650 922 – Fax: 0335 / 5650 999
bafoeg@studentenwerk-frankfurt.de – www.studentenwerk-frankfurt.de

Australien
Studentenwerk Marburg – Amt für Ausbildungsförderung
Postfach 22 80 – 35010 Marburg
Besucheranschrift: Erlenring 5 – 35037 Marburg
Fon: 06421 / 296 0 – Fax: 06421 / 296 223
bafoeg@studentenwerk-marburg.de – www.studentenwerk-marburg.de

China, Indien, Japan, Südkorea, Thailand usw.
Studierendenwerk Tübingen-Hohenheim
Amt für Ausbildungsförderung – Wilhelmstr. 15 – 72074 Tübingen
Besucheranschrift: Bismarckstraße 24 – 72764 Reutlingen
Fon: 07121 / 9477 0 – Fax: 07121 / 9477 1195
auslandsbafoeg@sw-tuebingen-hohenheim.de
www.my-stuwe.de/auslandsbafoeg

Dänemark, Island, Norwegen
Studentenwerk Schleswig-Holstein – Amt für Ausbildungsförderung
Westring 385 – 24118 Kiel
Besucheranschrift DK: Eckernförder Landstraße 65 – 24941 Flensburg
Fon: 0431 / 8816 400 – Fax: 0431 / 8816 204
bafoeg@studentenwerk.sh – www.studentenwerk.sh

Finnland
Studentenwerk Halle – Amt für Ausbildungsförderung
Wolfgang-Langenbeck-Str. 5 – 06120 Halle/Saale
Fon: 0345 / 6847 113 – Fax: 0345 / 6847 202
bafoeg.finnland@studentenwerk-halle.de
www.studentenwerk-halle.de

Frankreich, Monaco
Kreisverwaltung Mainz-Bingen – Amt für Ausbildungsförderung

Postfach 13 55 – 55206 Ingelheim am Rhein
Besucheranschrift: Kreuzhof 1 – 55268 Nieder-Olm
Fon: 06132 / 787 0 – Fax: 06132 / 787 3298
kreisverwaltung@mainz-bingen.de – www.mainz-bingen.de

Großbritannien, Irland
Region Hannover – Fachbereich Schulen – Ausbildungsförderung
Hildesheimer Str. 20 – 30169 Hannover
Fon: 0511 / 616 22252 – bafoeg@region-hannover.de
www.hannover.de/Leben-in-der-Region-Hannover/Bildung/Schulen

Italien
Bezirksamt Charlottenburg-Wilmersdorf
Amt für Ausbildungsförderung – Auslandsamt – 10617 Berlin
Besucheranschrift: Rathaus Charlottenburg – 10585 Berlin
Fon: 030 / 9029 10 – Fax: 030 / 9029 13460
bafoegitalien@charlottenburg-wilmersdorf.de
www.berlin.de/ba-charlottenburg-wilmersdorf/verwaltung

Kanada
Studentenwerk Thüringen – Amt für Ausbildungsförderung
Am Planetarium 4 – 07743 Jena
Fon: 03641 / 930570 – Fax: 03641 / 930589
f@stw-thueringen.de – www.stw-thueringen.de

Lateinamerika
Freie Hansestadt Bremen – Die Senatorin für Kinder und Bildung
Landesamt für Ausbildungsförderung
Rembertiring 8–12 – 28195 Bremen
Fon: 0421 / 361 11993 – Fax: 0421 / 361 15543
auslands-bafoeg.lfa@bildung.bremen.de – www.bildung.bremen.de

Osteuropa
Studentenwerk Chemnitz-Zwickau – Amt für Ausbildungsförderung
Postfach 1032 – 09010 Chemnitz

Besucheranschrift: Thüringer Weg 3 – 09126 Chemnitz
Fon: 0371 / 5628 450 – Fax: 0371 / 5628 455
auslands.bafoeg@swcz.de – www.swcz.de

Schweden
Studentenwerk Rostock – Amt für Ausbildungsförderung
St.-Georg-Str. 104–107 – 18055 Rostock
Fon: 0381 / 4592 -878 (A–Ka), -881 (Kb–R), -879 (S–Z)
auslands-bafoeg@studentenwerk-rostock.de
www.studentenwerk-rostock.de

Spanien
Studierendenwerk Heidelberg – Amt für Ausbildungsförderung
Marstallhof 1 – 69117 Heidelberg
Fon: 06221 / 54 5404 – Fax: 06221 / 54 3524
foe@stw.uni-heidelberg.de
www.studentenwerk.uni-heidelberg.de

USA
Studierendenwerk Hamburg – Amt für Ausbildungsförderung
Postfach 13 01 13 – 20101 Hamburg
Besucheranschrift: Nagelsweg 39 – 20097 Hamburg
Fon: 040/42815 5107, -5108 – Fax: 040/41902 6126
bafoeg@studierendenwerk-hamburg.de
www.studierendenwerk-hamburg.de

Stipendien der Austauschorganisationen

Im Schuljahr 2018/19 bieten über 35 Austauschorganisationen Teil- und Vollstipendienprogramme im Wert von insgesamt über 5,8 Millionen Euro an. Darunter fallen sowohl Stipendien, die von den Organisationen selbst ausgeschrieben werden, als auch einige Förderprogramme, bei denen die ausführende Austauschorganisation nicht von den Bewerbern selbst oder nur indirekt ausgesucht werden kann. Dies ist z.B. der Fall, wenn das Programm von staatlicher Seite, auf Bundesländerebene oder von Stiftungen gefördert wird. Stipendiaten werden dann automatisch von der jeweils zuständigen Organisation rund um ihren Aufenthalt betreut und vorbereitet. Viele Stipendien sind übrigens nicht an (sehr gute) Schulnoten gebunden, sondern an Kriterien wie soziale Bedürftigkeit oder soziales Engagement. Wer es nicht probiert, wird nie wissen, ob eine finanzielle Förderung möglich ist – oder eben nicht.

Folgende Organisationen vergeben Stipendien und haben fristgerecht die für die Veröffentlichung in dieser Tabelle notwendigen Daten – bezogen auf das Schuljahr 2018/19 – geliefert:

Organisation	Teil-Stipendien (Anzahl)	Voll-Stipendien (Anzahl)	Volumen in Euro (circa)
AFS	183	78	1.300.000
AIFS	0	2	21.200
ASSIST	65	9	1.947.500
aubiko	10	0	30.000
Ayusa-Intrax	40	1	50.000
Barnes Edu.	2	0	5.000
CAMPS	7	1	20.100
Carl Duisberg Centren	2	1	9.390
DFSR	50	1	40.000
Die AustauschExperten	3	0	3.000

Organisation	Teil-stipendien (Anzahl)	Voll-stipendien (Anzahl)	Volumen in Euro (circa)
EF	10	0	30.000
ehighschool	12	0	20.000
Experiment	110	57	890.000
GLS	5	1	16.000
Hausch & Partner	73	0	80.000
HiCo	5	0	10.000
ICXchange	5	0	8.000
international Experience	4	1	16.500
KulturLife	2	0	4.000
MAP	5	0	5.000
OneWorld	5	0	5.000
Open Door International	4	1	22.380
Partnership International	37	57	659.700
Southern Cross	6	0	12.000
Stepin	0	3	25.000
STS	5	0	3.500
StudyNZ	3	0	5.100
TASTE	1	0	1.200
Terre des Langues	4	0	3.200
travelbee (into GmbH)	0	1	10.980
TravelWorks	3	1	18.500
TREFF	5	0	7.500
World Wide Qualif.	25	0	45.000
Xplore	2	1	14.000
YFU	ca. 300	5	500.000

WELTBÜRGER-Stipendien

Deutsche Austauschorganisationen, Unternehmen und der unabhängige Bildungsberatungsdienst weltweiser schreiben jedes Jahr im Rahmen der JugendBildungsmessen JuBi zahlreiche WELTBÜRGER-Stipendien aus. Ziel ist es, Jugendliche auf ihrem ganz individuellen Weg zum Weltbürger zu fördern. Die Stipendien richten sich an Jugendliche und junge Erwachsene. Weitere Informationen, Ausschreibungen und Deadlines unter www.weltbuerger-stipendien.de.

Veranstalter in Österreich und der Schweiz

In der folgenden Liste sind die Veranstalter von Austauschprogrammen aus Österreich und der Schweiz aufgelistet. In der Regel können deutsche Jugendliche genauso an den Programmen dieser Anbieter teilnehmen wie österreichische und Schweizer Jugendliche an den Programmen der deutschen Organisationen.

Österreich

AFS – Maria-Theresien-Straße 9/6 – 1090 Wien
Fon: 01 / 319 25 20 – Fax: 01 / 319 25 31 32
E-Mail: office@afs.at – www.afs.at

AIFS Wien – Erdbergstraße 10/46 – 1030 Wien
Fon: 01 / 236 1030 46 – E-Mail: wien@aifs.at
www.aifs.de/aifs-in-oesterreich.html

EF Wien – Kärntner Str. 11 – 1010 Wien
Fon: 01 / 512 14 60 – Fax: 01 / 512 20 76
E-Mail: highschoolyear.at@ef.com – www.ef.co.at/highschool

international Experience – Anton Scharffgasse 6/Top 4A – 1120 Wien
Fon: 0660 / 2283322 – E-Mail: austria@international-experience.net
www.international-experience.at

into Schüleraustausch GmbH – Währinger Straße 145/15 – 1180 Wien
Fon: 01 / 478 75 15 – Fax: 01 / 478 66 03
E-Mail: austria@into-exchange.com – www.into.at/schueleraustausch

iSt Internationale Sprach- und Studienreisen GmbH
Mariahilfer Straße 123 – 1060 Wien
E-Mail: info@ist-sprachreisen.at – www.ist-sprachreisen.at

Mohrenschildt Education – Rudolfstraße 21 – 8010 Graz
Fon: 0316 / 328 810 – E-Mail: office@mohrenschildt-education.at
www.mohrenschildt-education.at

Rotary Jugendaustausch – www.rotary.at/5_dienste/jugenddienst_1
Ansprechpartner nach Zielregionen – Kontaktdaten siehe Webseite

SFA Sprachreisen – Nußdorferstraße 4 – 5020 Salzburg
Fon: 0662 / 82 89 70 – Fax: 0662 / 82 89 70 16
E-Mail: info@sfa-sprachreisen.at – www.sfa-sprachreisen.at

STS Austria – Juchgasse 16/17 – 1030 Wien
Fon: 01 / 715 2692
E-Mail: info@sts-highschool.at – www.sts.eu/de-at

TravelWorks – Tautenhayngasse 21/3 – 1150 Wien
Fon: 01 / 817378010 – E-Mail: info@travelworks.at – www.travelworks.at

YFU Austria – Tulpengasse 5/1 – 1080 Wien
Fon: 01 / 890 15 06 – E-Mail: kontakt@yfu.at – www.yfu.at

Schweiz

AFS – Kernstrasse 57 – 8004 Zürich
Fon: 044 / 218 19 19 – E-Mail: info@afs.ch – www.afs.ch

Didac Schulen AG – Alpeneggstrasse 1 – 3012 Bern
Fon: 031 / 313 52 52 – E-Mail: briefe@didac.ch – www.didac.ch

EF Education AG – Bärengasse 25 – 8001 Zürich
Fon: 043 / 430 41 18 – Fax: 043 / 430 4100
E-Mail: highschoolyear.cd@ef.com – www.efswiss.ch/de/highschool

Gfeller-Eickhoff Internatsberatung – Ziegelweg 9 – 4105 Biel-Benken
Fon: 078 / 747 64 54 – www.gfeller-eickhoff.ch

international Experience Schweiz – Kirchenackerstrasse 44
8757 Filzbach – Fon: 055 / 511 22 63 – E-Mail: info@ie-schweiz.ch
http://switzerland.international-experience.net

into Schüleraustausch GmbH – Quaderstrasse 16 – 7000 Chur
Fon: 081 / 410 30 30 – E-Mail: schweiz@into.ch
www.into-schueleraustausch.ch

iSt – Bahnhofsstrasse 52 – 8001 Zürich
E-Mail: info@ist-sprachreisen.ch – www.ist-sprachreisen.ch

Lingua Net Sprachaufenthalte – Florastrasse 14 – 8008 Zürich
Fon: 044 / 392 11 88
E-Mail: info@linguanet.ch - www.linguanet.ch

LinguaService – Poststrasse 22 – 7000 Chur
Fon: 081 / 353 47 85 – Fax: 081 / 353 47 86
E-Mail: info@linguaservice.ch – www.linguaservice.ch

LSI Switzerland AG – Kreuzstrasse 36 – 8008 Zürich
Fon: 044 / 251 58 25 – Fax: 044 / 251 5805
E-Mail: info-zur@lsi.edu – www.lsizh.ch

Verein Rotary Jugendaustausch Schweiz – Bleicheweg 6 – 5605 Dottikon
Fon: 056 / 426 50 58 – Fax: 056 / 426 79 91
E-Mail: info@rotaryswissyep.ch – www.rotaryswissyep.ch

STS Student Travel Schools – Biberlinstrasse 6 – 8032 Zürich
Fon: 044 / 388 6888 – E-Mail: highschool@sts-education.ch
www.sts-highschool.com/de-ch

TravelWorks – Aeschenvorstadt 71 – 4051 Basel
Fon: 061 / 58 80 579 – E-Mail: info@travelworks.ch
www.travelworks.ch

weltweitblick Experiment Switzerland – Hirschengraben 34 – 8001 Zürich
Fon: 044 / 251 00 76 – www.experiment-switzerland.ch

YFU Schweiz – Monbijoustrasse 73 – 3007 Bern
Fon: 031 / 305 30 60 – E-Mail: info@yfu.ch
www.yfu.ch

Einige Schweizer Veranstalter sind in dem 1987 gegründeten Dachverband „Intermundo" zusammengeschlossen:

Intermundo – Schw. Dachverband zur Förderung von Jugendaustausch
Effingerstrasse 19 – 3008 Bern
Fon: 031 / 533 46 00 – www.intermundo.ch

CSIET Advisory List

Das „Council on Standards for International Educational Travel" (CSIET) ist eine gemeinnützige Organisation in den USA, die sich seit 1984 damit beschäftigt, die Qualität der Schüleraustauschprogramme zu sichern. Die amerikanischen Austauschorganisationen können sich jährlich um

die Aufnahme in die Advisory List bewerben und werden darauf geprüft, ob sie die vom CSIET erstellten Standards erfüllen. Viele Schulen machen die Aufnahme von Austauschschülern in ihre Sportteams von einer Listung ihrer Partnerorganisation in der Advisory List abhängig.
Kontakt: CSIET – 212 South Henry Street – Alexandria, VA 22314
Fon: 703 / 739 9050 – mailbox@csiet.org

Weitere Informationen über das CSIET und seine Richtlinien findet man unter www.csiet.org. In der CSIET Advisory List 2018-2019 sind folgende Organisationen verzeichnet:

Academic Foundation for International Cultural Exchange (AFICE)
www.afice.org

AFS-USA
www.afsusa.org

American Councils for International Education
www.americancouncils.org

American Cultural Exchange Service (ACES)
www.exploretheworld.org

American Institute for Foreign Study Foundation
www.academicyear.org

Amicus International Student Exchange
www.younglife.org/ForEveryKid/Amicus

Aspect Foundation
www.aspectfoundation.org

ASSE International Student Exchange Programs
www.asse.com

ASSIST
www.assist-inc.org

Association for Teen-Age Diplomats
www.atad.org

Ayusa International
www.ayusa.org

Borderless Friends Forever Foundation

Children of All Nations

Council for Educational Travel, USA (CETUSA)
www.cetusa.org

Council on International Educational Exchange (CIEE)
www.ciee.org

Cultural Academic Student Exchange (CASE)
www.case-usa.org

Cultural Homestay International (CHI)
www.chinet.org

Educational Merit Foundation
www.emfusa.org

Educational Resource Development Trust (ERDT/SHARE!)
www.erdtshare.org

Education Travel & Culture
www.edutrav.org

EF High School Exchange Year
www.efexchangeyear.org

Face the World Foundation
www.facetheworld.org

Foreign Links Around the Globe (FLAG)
www.flag-intl.org

Forte International Exchange Association
www.forteexchange.org

Foundation for Academic Cultural Exchange (FACE)
www.facexchange.org

Foundation for Worldwide International Student Exchange (WISE)
www.wisefoundation.com

German American Partnership Program, Inc (GAPP)

Global Insights
www.globalinsights.org

Greenheart Exchange

iE-international Experience USA
http://usa.international-experience.net

Inter-Ed, LTD

International Cultural Exchange Service (ICES)
www.icesusa.org

International Fellowship
www.internationalfellowship.org

International Student Exchange
www.iseusa.com

Nacel Open Door
www.nacelopendoor.org

NorthWest Student Exchange
www.nwse.com

NW Services
www.nw-services.com

Organization for Cultural Exchange Among Nations (OCEAN)
www.ocean-intl.org

Pan Atlantic Foundation
www.panatlanticfoundation.org

Pro American Educational Cultural Exchange (PEACE)
www.peace-inc.org

Program of Academic Exchange (PAX) and The Laurasian Institution
www.paxlaurasianexchange.org

Reflections International
www.reflectionsinternational.org

Rotary Youth Exchange Programs (verschiedene Distrikte)
www.rotary.org/en

Sister Cities Internationl

States 4-H International Exchange Program
www.states4hexchange.org

STS Foundation
www.stsfoundation.org

Student American International (SAI)
www.studentamericaninternational.com

Terra Lingua USA
www.tlusa.org

UCEUS
www.uceus.com

United Studies

World Link
www.worldlinkinc.org

Youth for Understanding (YFU) USA
www.yfuusa.org

Schüleraustausch und Internet

Das Internet entpuppt sich auch in Bezug auf den Schüleraustausch als Fundgrube für Informationen. Alle Organisationen haben eine Homepage und darüber hinaus stellen immer mehr ehemalige Austauschschüler/innen ihre Erfahrungen „online" zur Verfügung.

Auch zu diesem Buch gibt es im World Wide Web eine Plattform. Unter der Adresse **www.handbuchfernweh.de** findest du Infos, Links und eine Community rund um den Schüleraustausch. Das Angebot dieser Homepage wird ständig aktualisiert.

Weitere Surftipps:
www.weltweiser.de – www.weltbuerger-stipendien.de
www.highschooljahr-usa.de – www.jugendbildungsmesse.de
www.schueleraustausch-weltweit.de/highschoolcommunity
www.privatschulen-weltweit.de – www.stubenhocker-zeitung.de
www.austauschschueler.de – www.ausgetauscht.de

Literatur über Deutschland und Gastländer

Wie zuvor erwähnt, sollte man sich als Austauschschüler/in bereits vor der Abreise ein wenig über die Kultur, Sitten, Gewohnheiten, Geschichte und Gesellschaft des Gastlandes und vor allem auch Deutschlands informieren. In jeder Buchhandlung und Bibliothek gibt es unzählige Bücher zu diesen Themengebieten. Zudem kann man bei Kulturzentren oder Fremdenverkehrsämtern landeskundliche und touristische Informationen einholen bzw. anfordern.

Über die Bundeszentrale für politische Bildung (bpb) können ebenfalls informative Publikationen bezogen werden. Die bpb sieht ihre Aufgabe darin, „Verständnis für politische Sachverhalte zu fördern, das demokratische Bewusstsein zu festigen und die Bereitschaft zur politischen Mitarbeit zu stärken“. Zu diesem Zweck vertreibt sie u.a. Informationshefte, Bücher, CDs und DVDs sowie verschiedene Apps – teils kostenlos, teils gegen eine geringe Bereitstellungspauschale. Die Publikationen können im Online-Shop der bpb unter www.bpb.de bestellt werden, über die Mediathek stehen zahlreiche Filme als Stream zur Verfügung.

In jedem Bundesland existiert darüber hinaus eine Landeszentrale für politische Bildung, die Publikationen an die in ihrem Bundesland wohnenden Bürger ausgibt. Die Adressen der einzelnen Landeszentralen können auf der oben genannten Webseite der Bundeszentrale eingesehen werden. Viele nützliche Informationen über Deutschland finden

sich auch z.B. hier:
www.deutschland.de / www.deutschland-tourismus.de
www.bundesregierung.de / www.bundestag.de

Die Online-Ausgabe des kompakten Buches *Tatsachen über Deutschland* steht unter www.tatsachen-ueber-deutschland.de zur Verfügung, u.a. in einer Version für Jugendliche.

Literatur zum Schüleraustausch

Noch Ende der 1980er Jahre war es schwierig, sich über den Schüleraustausch zu informieren. Vielleicht hing in der Schule das eine oder andere Plakat einer Austauschorganisation oder man hatte das Glück, dass ein engagierter Englischlehrer seine Schüler mit Adressen von einigen Anbietern versorgte. Außerdem konnte man noch in den Amerika-Häusern, in einigen Kulturzentren und beim Auswärtigen Amt fündig werden. Bücher über den Schüleraustausch waren aber so gut wie nicht existent. Die Situation hat sich seitdem grundlegend geändert. Heute sind eine Reihe von Erfahrungsberichten ehemaliger Austauschschüler und andere Ratgeber im Buchhandel erhältlich. Leider beschränken sich diese Veröffentlichungen fast ausschließlich auf den Austausch mit den USA.
Als Orientierungshilfe für die weiterführende Lektüre werden auf den folgenden Seiten einige dieser Monografien vorgestellt. Die Auswahl der besprochenen Bücher erfolgte rein subjektiv und erhebt keinen Anspruch auf Vollständigkeit. Positive und negative Wertungen entsprechen ausschließlich der Meinung der Redaktion und sind keine allgemeinen Wahrheiten. Die Kommentierung erfolgt in umgekehrter Reihenfolge der Erstveröffentlichung. Einige Titel sind nicht mehr im Buchhandel erhältlich. Das bedeutet aber grundsätzlich nicht, dass es sich hierbei um schlechte Bücher handelt. Gegebenenfalls ist daher ein Bezug über die Bibliotheken zu empfehlen.

Christopher Wulf, Gilles Brougère u.a.: Begegnung mit dem Anderen. Orte, Körper und Sinne im Schüleraustausch. Münster 2018, 260 Seiten.

Das Buch als Ergebnis einer binationalen Forschergruppe beleuchtet auf wissenschaftliche, aber anschauliche Art und Weise, welche Erfahrungen junge Menschen im Rahmen eines Auslandsschuljahres machen. Ohne Frage führt das anstrengende und zugleich faszinierende Besuchsprogramm zu intensiven Erlebnissen. Was fasziniert junge Menschen an diesen Erfahrungen? Welche Schwierigkeiten haben sie? Wie erweitern ihre Erinnerungen ihren Horizont? Letztlich hängt die Zukunft Europas wesentlich davon ab, ob und wie es gelingt mit dem Fremden und dem Anderen umzugehen und Kulturen zu verstehen. Es zeigt sich, dass Schüleraustausch-Programme letztlich mehr als ein Mosaikstein auf dem Weg zu einem pluralen und gemeinsam geteilten europäischen Werteverständnis sein können.

Janina Gatzky: Das Gastfamilien-Handbuch. Eine Anleitung zur interkulturellen Verständigung für den Hausgebrauch. Norderstedt 2017, 288 Seiten.

Für alle, die ein Auslandsschuljahr verbringen möchten oder auch selber eine Austauschschülerin oder einen Austauschschüler bei sich aufnehmen werden, stellt dieses Handbuch eine gute Option zur Vorbereitung dar. Denn damit die gemeinsame Zeit für alle eine Bereicherung wird, gilt es mitunter Einiges zu beachten. Dieser Ratgeber hilft Familien bei der Entscheidung für einen Austausch in den eigenen vier Wänden und begleitet Gastfamilien mit vielen Tipps und Hintergrundinformationen auf einer spannenden Erfahrungsreise - Kulturschock inklusive.

Birthe Ringhoff: Ein Schuljahr in den USA. Gastschüler an einer High-School in Amerika. Berlin 2015, 224 Seiten.

Wer die Vereinigten Staaten schon als Gastland auserkoren hat, der findet in diesem Handbuch aufschlussreiche, speziell auf die USA zugeschnittene Infos u.a. rund um das bevorstehende Bewerbungsverfahren, Tipps für den Alltag vor Ort sowie kurze, mit farbigen Bildern ergänzte Erfahrungsberichte. Die Liste an möglichen Austauschorganisationen ist überschaubar, aber dank des Erfahrungsschatzes der Autorin als ehemalige Austauschschülerin und Au-Pair in den USA sowie ihrer Arbeit im Schüleraustausch können zukünftige Gastschüler und ihre Eltern von den praktischen und prägnanten Inhalten im handlichen Taschenbuchformat profitieren.

N. Leypoldt, Dr. A. Maidhof, P. Metschar, L. Taylor, I. Ridgway: Pons Erste Hilfe Schüleraustausch – Frankreich – Großbritannien & Irland – USA & Kanada. Stuttgart 2013, 112 Seiten.
„Erste Hilfe" trifft es ganz gut: Die Pons-Heftchen kommen im praktischen Kleinformat daher, das in jede Handtasche passt, und bieten erste Hilfestellungen zur Landeskunde, eventuell benötigtem Vokabular sowie alltagsrelevante Infos und Adressen. Kapitel wie „Land und Leute", „Ankunft in der Familie" oder „Essen und Trinken" werden durch kurze Quizaufgaben ergänzt. Am Ende gibt es (außer bei Frankreich) eine kleine Notizseite, auf der An- und Abreisetag, die Adressen der Familie, der Schule sowie der neu gewonnenen Freunde eingetragen werden können. Ein kostengünstiges „Notfallpaket" für Schüler, die noch ein bisschen Sicherheit brauchen und ihren Aufenthalt mit erstem Wissen vorbereiten, bzw. vor Ort schnell etwas nachschlagen möchten.

Adrian und Solveig Salomon: Ausgetauscht: Ein Austauschjahr in den USA – Mutter und Sohn erzählen, Köln 2012, 176 S.
Der Versuch, Erlebnisse und Gefühle von Mutter und Sohn auf beiden Seiten der Erdkugel mit abwechselnden Berichten vor, während und nach Adrians Jahr in den USA darzustellen, ist etwas holprig geworden. Das Buch erinnert aber an die wichtige Tatsache, dass es beim „Erlebnis High School" eben nicht nur eine Seite gibt und die Familie zu Hause mindestens genauso emotional am Erlebnis teilhat.

Mona I. Thraen: Schonungslos Japanisch. Ein High School-Jahr zwischen Moderne, Tradition, Gastfamilie und Manga. Hamburg 2012, 312 Seiten.

Ein toller Einblick für jeden, der einen Schüleraustausch im Land der aufgehenden Sonne plant. Klug, unterhaltsam sowie mit einer Auswahl an Bildern verarbeitet Mona Thraen ihre Erfahrungen beim einjährigen Schulbesuch in Japan. Mit reichem Erzählstil und ergänzenden Worterklärungen vermittelt die junge Autorin ein ganz persönliches Bild ihres Austauschjahres, bei dem sich Liebe und Faszination für das Land sowie wiederkehrende Frustration die Hand reichen. Dabei bleibt sie erfrischend und ehrlich. Daumen ganz weit oben!

Annike B. Henrix, Thomas Terbeck: Handbuch Schulwelten. Der Ratgeber für Privatschulaufenthalte weltweit, Cappenberg 2011, 224 Seiten.

Das Handbuch Schulwelten richtet sich an deutsche Jugendliche und ihre Eltern, die einen Aufenthalt oder Schulabschluss an einer ausländischen Privatschule planen. Der Ratgeber informiert u.a. über verschiedene Formen von Privatschulen, Voraussetzungen und Aufnahmekriterien, den Bewerbungsablauf und finanzielle Aspekte sowie das Leben vor Ort im Gastland. Austauschorganisationen und Agenturen stellen ihre Privatschulprogramme für die sechs englischsprachigen Länder Großbritannien, Irland, USA, Kanada, Australien und Neuseeland vor.

Lisa Levermann: Good on ya, Lisa! Ein Highschool-Jahr in Neuseeland. Düsseldorf 2010, 240 Seiten.

Ein unaufgeregter Bericht über das Alltagsleben als Austauschschülerin in Neuseeland, ergänzt durch Bilder und Zeichnungen. Wer genug von Hochglanzbroschüren und Berichten über das perfekte Jahr im Ausland hat, dem wird dieses Buch, das hier und da an Tagebucheinträge erinnert, vielleicht ganz gut tun. Abenteuergeschichten oder werbetaugliche Bilderbuchsituationen wird man hier eher nicht finden und das ist auch gut so – das Erleben des (manchmal sogar langweiligen) Alltags gehört schließlich zu einem langfristigen High School Aufenthalt dazu. Auch wenn sich manch einer sicher wünschen würde, dass Schulfächer wie „New Zealand Experience“ und „Maori“ oder Surfen, Höhlenwanderungen und Rafting zum Alltag gehören.

Ingeborg Gierke: Highschool für Anfänger. Ein Schuljahr in den USA, Berlin 2009, 240 Seiten.

„Highschool für Anfänger“ ist ein informativer Ratgeber für die USA aus der Sicht einer Mutter, die selbst den American Way of Life kennen gelernt hat. Die Autorin beschreibt anschaulich die eigentümlichen, aber auch vorbildlichen Seiten des amerikanischen Schulsystems. Der Umstand, dass Gierke gemeinsam mit ihrer Familie viele Jahre in den USA lebte und ihr Sohn die Highschool besuchte, erlaubt ihr einen tiefen Einblick in die vielschichtigen Facetten des Schulalltags.

Heidi Koffner: Drei Austauschschüler. In den USA, Australien und Deutschland. Tagebuch einer Mutter, Gelnhausen 2007, 225 S.

Das Tagebuch einer Mutter von zwei Töchtern und einem australischen Gastschüler gibt persönliche Einblicke in die Gefühlswelt und den Alltag der Beteiligten.

W.B. Llenroc: The Viking Chronicles. Rotary Student Exchange, Swedish Style, Lincoln 2006, 166 Seiten.

Ein amerikanischer Austauschschüler kommentiert seine Zeit in Schweden auf seine ganz eigene, spezielle Art. Llenrocs Humor und seine Sicht der Welt sind sicherlich nicht „Mainstream“, aber gerade deshalb kann dieses Buch nicht nur Schweden-Fans wichtige Denkanstöße geben.

Horst Giesler: Ein Schuljahr in Australien. Das Handbuch für ein High-School-Jahr Down Under, Berlin 2006 (^{4}2015), 157 S.

Wenngleich in weiten Teilen dieses Ratgebers die gesetzlich erlaubte Grenze der Verwendung von ungekennzeichneten Textpassagen aus anderen Büchern (vor allem „Handbuch Fernweh“) erheblich überschritten worden ist, finden Australienbegeisterte hilfreiche Informationen. Allerdings sollte ein „hervorragender Kenner“ des Landes seine jugendlichen Leser nicht bereits in der dritten Zeile seines Buches auf die Besteigung des für die Aboriginies heiligen Ayers Rock heiß machen.

Dana Willfroth: Mein Japanjahr. Ein Tagebuch, Norderstedt 2006, 228 Seiten.

Japan hautnah aus der sehr persönlichen Sicht einer Austauschschülerin, die in der elften Klasse ein Jahr an einer buddhistischen Mädchenhighschool und bei Gastfamilien in Tokyo verbrachte.

Claus-Daniel Bartel: The Best Year of my Life. Ein Jahr als Gastschüler, Ottendorf 2006, 280 Seiten.

Der Autor hat im Schuljahr 2004/05 „das beste Jahr seines Lebens“ in den USA verbracht. Sein Tagebuch hat ihn dabei begleitet und bietet mit seiner Veröffentlichung dem Leser die Möglichkeit, in den Alltag eines Austauschschülers einzutauchen.

Janina Gatzky, Bent Richter: Die Rückkehr aus dem Austauschjahr. Das Ende vom Anfang, Norderstedt 2006, 168 Seiten.

Ratgeber mit Hilfestellungen für die nicht immer einfache Zeit nach der Rückkehr aus dem Ausland.

Bent Richter: Ein Austauschjahr. Vom Zauber des Dazugehörens, Norderstedt 2005, 96 Seiten.

Netter Ratgeber von einem der zwei Gründer von ausgetauscht.de. Man merkt, dass der Autor sich seit Jahren intensiv mit dem Thema beschäftigt. Richters psycho- bzw. soziologische Erklärungsversuche einiger Phänomene sind zweifelsohne aufschlussreich. Die „Wissenschaft“ wird jedoch z.T. ein wenig überstrapaziert, u.a. bezüglich des Konstrukts der Gemeinschaft.

Patrik Plöger, Jan Stimberg: Far away at home. In der Welt zu Hause, Münster 2004 (^{5}2008), 176 Seiten.

Ratgeber von zwei ehemaligen Austauschschülern, der sich überwiegend an Teilnehmer des rotarischen Jugendaustausches richtet.

Stefan Klein: Rechtshandbuch Schüleraustausch, Münster 2004, 240 Seiten (auch unter d. Titel „Schüleraustausch" erschienen)

Wie der Titel schon sagt, ist dieses Buch eher etwas für Juristen bzw. Spezialisten und nur bedingt tauglich für die „private" Lektüre. Der Versuch, juristisch zwischen gemeinnützigen und nicht-gemeinnützigen Organisationen zu unterscheiden wirkt (wohl nicht nur) auf den Laien sehr konstruiert, da in der Praxis keinerlei prinzipielle Unterschiede zwischen Organisationen unterschiedlicher Rechtsformen erkennbar sind.

Alexandra Albert: Ein Schuljahr in Neuseeland: Gastschüler an einer High-School Down Under, Berlin 2003 (^{6}2016), 190 S.

Mit fundiertem Wissen schließt Alexandra Albert eine Lücke in der Literatur zum Schüleraustausch: wen es nach Neuseeland zieht, sollte sich dieses Buch kaufen, da es Informationen vom Bildungssystem, über das Leben, den Alltag und die Kultur bis hin zum Kiwi Slang gibt: eine runde Sache!

Daniel Faltin: Mein Jahr in den USA. Class of 2000. Erfahrungen – Informationen – Hinweise, Berlin 2001 (^{3}2010), 170 S.

Daniel Faltin lässt den Leser an seinen „interessantesten Erfahrungen" und „schönsten Momenten" teilhaben und vermittelt auf diese Weise ein aufschlussreiches Bild von dem Leben als Austauschschüler. Der Vergleich der Bücher von Rauner, Kitz und Faltin zeigt, dass die „Class of 2000" in vieler Hinsicht der „Class of 1995" und sogar der „Class of 1988" ähnelt.

Ronny Frenzel: Alaska mal anders, Berlin 2000, 94 Seiten.

Bei diesem Buch handelt es sich um eine nicht selten zynische Aufarbeitung des Schüleraustauschs von Ronny Frenzel anhand seiner (ganz) persönlichen Erfahrungen.

Jutta Eichhorn, Julia Motta: Schüleraustausch. Englisch lernen – Kultur erleben, Wiesbaden 1999, 189 Seiten.

Die Autorinnen dieses Buches geben u.a. Orientierungshilfen zur Vorbereitung, Durchführung und Nachbereitung eines Auslandsaufenthalts. Dadurch, dass viele ehemalige Austauschschüler zu Wort kommen, entsteht ein buntes, nicht immer klar strukturiertes Bild vom Schüleraustausch. Hilfreich sind für zukünftige Austauschschüler vor allem die zahlreichen Checklisten, Fragebögen und interkulturellen Übungen sowie die allgemeinen Informationen zu einigen englischsprachigen Gastländern.

Mareike Lanbacher: Zur High School in die USA. Bonn 1999, 306 Seiten.

Mareike Lanbacher kombiniert in ihrem Buch persönliche Erfahrungsberichte von zahlreichen Austauschschülern mit allgemeinen Informationen zum Schüleraustausch und zur USA. Diese Mischung sorgt für eine abwechslungsreiche Lektüre, wenngleich der Informationsgehalt einiger Erfahrungsberichte eher begrenzt erscheint.

Christina Gille: Als Schüler ins Ausland. Ein Ratgeber für Eltern und Jugendliche, Reinbek bei Hamburg 1999, 160 Seiten.

Christina Gille ist es gelungen, auf wenigen Seiten viele Facetten des Schüleraustausches darzustellen. Aufgrund ihrer neunjährigen Mitarbeit in einer Austauschorganisation kann Gille auf konkrete Beispiele aus der Praxis zurückgreifen, anhand derer sie mögliche Problembereiche des Schüleraustausches thematisiert und Wege zu ihrer Entschärfung skizziert. Trotz dieses problemorientierten Ansatzes wird dem Leser deutlich, dass der Schüleraustausch für den überwiegenden Teil der Jugendlichen ein einmaliges Erlebnis ist. Der abschließende Serviceteil ist mittlerweile veraltet. „Als Schüler ins Ausland" ist eine gute Ergänzung zu einem der oben aufgeführten Erfahrungsberichte von ehemaligen Austauschschülern und versorgt auch „betroffene" Eltern mit notwendigen Informationen.

Sylvia Englert: Ein Schuljahr im Ausland. Alles, was Jugendliche und Eltern wissen müssen, Frankfurt am Main/New York 1996, (^{2}1999), 271 Seiten.

„Ein Schuljahr im Ausland" ist ein exzellent recherchiertes und gut lesbares Buch. Sylvia Englert – die selbst nicht an einem Schüleraustauschprogramm teilgenommen hat – lässt in ihrer Darstellung zahlreiche Mitarbeiter von Austauschorganisationen sowie Returnees verschiedenen Alters zu Wort kommen, und zeichnet auf diese Weise ein fundiertes Bild über den Schüleraustausch. Vom ersten Kapitel „Ein Schuljahr im Ausland – ja oder nein?" spannt Englert einen chronologischen Bogen über „Die Zeit im Ausland" zu „Wieder daheim", der durch die Erfahrungsberichte von drei ehemaligen Austauschschülern und einen Serviceteil mit den Programmkosten der Austauschorganisationen ergänzt wird. Englerts Buch ist gerade auch für die Eltern von potentiellen Austauschschülern zu empfehlen.

Johann Herberth: Als Schüler in den Vereinigten Staaten, Freiburg 1998 (^{2}2000), 218 Seiten.
Johann Herberths „Als Schüler in den Vereinigten Staaten" ist der etwas verunglückte Versuch, aus einem Tagebuch ein Buch zu machen. Nach 60 Seiten bricht die Darstellung der persönlichen Erlebnisse Herberths abrupt ab, um auf den nächsten 70 Seiten als Tagebucheintragungen ihre Fortsetzung zu finden.
Wer kein näheres Interesse an dem Tagesablauf Herberths vom 28. Oktober oder 15. Dezember hat, dem wird die Lektüre des Buches etwas zäh erscheinen. Allerdings lässt sich anhand seines Tagebuchs ein möglicher Verlauf eines Austauschjahres rekonstruieren und es wird deutlich, dass nicht jeder Tag im Ausland zum aufregenden Erlebnis wird.

Volker Kitz: Das USA-Gastschülerbuch. Anleitung für einen gelungenen Auslandsaufenthalt, Frankfurt am Main 2002, 240 S. (Erstausgabe 1996, erschienen unter dem Titel „I did it!")
Volker Kitz vermittelt durch die Beschreibung seiner Erfahrungen als Austauschschüler in Texas einen detaillierten Einblick in den American Way of Life und das Leben an einer Highschool. Dass Kitz ein „tolles Jahr" im Ausland verbracht hat, merkt man seinen Erlebnisberichten an. Neben diesen persönlichen Erfahrungen werden u.a. auch allge-

meine Informationen über den Schüleraustausch und die Vereinigten Staaten von Amerika dargestellt sowie einige Daten zu den Programmanbietern aufgelistet.

Christian Gundlach, Sylvia Schill: Ein Schuljahr in den USA und weltweit. Austausch-Organisationen auf dem Prüfstand, Hamburg 1995 (^{13}2013), 299 Seiten.

Christian Gundlachs „Ein Schuljahr in den USA" ermöglichte Mitte der 90er Jahre den ersten weit reichenden Überblick über Austauschprogramme in die USA. Im ersten Teil des Buchesfinden sich zahlreiche Informationen zum Schüleraustausch, wobei das Kapitel über die „Wahl der Organisation" im Vordergrund steht. Auf je einer Doppelseite sind die USA-Programme der Austauschorganisationen aufgeführt. Die im Untertitel des Buches angegebene Zahl von „70 Anbietern" setzt sich aus den im Buch detailliert dargestellten gut 40 deutschen Veranstaltern sowie den Adressen von Vermittlern von Austauschprogrammen und Anbietern aus Österreich bzw. der Schweiz zusammen.

Heike Berg: What's up. Das Buch für Austauschschüler und Eltern, Berlin 1994, 192 Seiten.

In „What's up" erzählt Heike Berg die Geschichte ihres erlebnisreichen und positiv verlaufenden Austauschjahres. Die Darstellung gleicht in weiten Teilen einem Roman und erlaubt einen guten Einblick in das Gefühls- und Alltagsleben einer Austauschschülerin. Obwohl viele Passagen dieses Buches durchaus interessant sind, hätte dem Text ein bisschen weniger Pathos gut getan.

Bettina Hansel: The Exchange Student Survival Kit, Boston 1993 (^{2}2007), 166 Seiten.

Der Titel verspricht nicht zu viel: Hiermit im (geistigen) Gepäck „überleben" Jugendliche und Eltern ein Austauschjahr sicherlich besser. Vor allem versetzen Hansels Erklärungen und Tipps viele Jugendliche überhaupt in die Lage, Situationen und Schwierigkeiten im interkulturellen Zusammenleben richtig einzuschätzen. Ein Standardwerk.

Thomas-Morus-Akademie (Hrsg.): Von Argentinien bis Zimbabwe. Planungshilfen für schulische Aufenthalte im Ausland, Bensberg 1993, 254 Seiten.

Die Thomas-Morus-Akademie Bensberg wurde vom Bundesminister für Bildung und Wissenschaft beauftragt, „Informationen, Programme und Maßnahmen zum Schüleraustausch zu erheben, an denen Schüler und/oder Schulen aus der Bundesrepublik Deutschland beteiligt sind bzw. sich beteiligen können". Das Resultat ist die Broschüre „Von Argentinien bis Zimbabwe", in der eine Fülle von Adressen und Informationen zusammengestellt sind.

Leider sind die Informationen inzwischen teilweise veraltet und nur noch bedingt brauchbar. Die über 200 Titel fassende Bibliographie ist für die wissenschaftliche Auseinandersetzung mit dem Thema Schüleraustausch allerdings hilfreich.

Aktion Bildungsinformation e.V. (Hrsg.): Schuljahres-Aufenthalte in den USA. Stuttgart 1992 (^{22}2016), 260 Seiten.

Die Broschüre „Schuljahres-Aufenthalte in den USA" der Aktion Bildungsinformation (ABI) beschäftigt sich vor allem mit vertraglich-rechtlichen Seiten von Schüleraustauschprogrammen. Leider entsteht bei der Lektüre zum Teil der Eindruck, dass es sich bei einem Schüleraustausch um ein gefährliches finanzielles und persönliches Wagnis handelt, das nicht unbedingt zu empfehlen ist. Einige der „Verbraucherschutztipps" von ABI hören sich zwar in der Theorie gut an, sind aber wenig praxisbezogen. Im Vergleich zu Ratgebern wie „Ein Schuljahr in den USA" und – mit Verlaub – dem „Handbuch Fernweh" fällt diese Broschüre nicht nur im Preis-Leistungs-Vergleich der Veranstalter qualitativ stark ab.

Liv Jacobsen (Hrsg.): Abenteuer Austausch – Wanderungen zwischen zwei Welten. Erlebnisse Berliner Austauschschüler im Jahr der Wende, Berlin 1991 (^{2}1993), 163 Seiten.

In „Abenteuer Austausch" berichten 23 Austauschschüler, wie sie den 9. November 1989 erlebt haben. Die Ereignisse und Wahrnehmungen des „Mauerfalls“ mögen für zukünftige Gastschüler zwar nicht mehr sonderlich interessant erscheinen, doch die zwei bis fünfseitigen Aufsätze zeigen, wie unterschiedlich ein Tag im Ausland verlaufen kann. Vor allem gibt der Band jedoch Aufschlüsse über die verschiedenartige Selbst- und Fremdwahrnehmung „der“ Deutschen und es wird deutlich, dass die Distanz von der Heimat förderlich für die kritische Selbstreflexion ist.

Wolf von Bernuth: I'm OK in OK. The Diary of My Year in Oklahoma, Berlin 1990 (^{2}2002), 64 Seiten.

Wolf von Bernuth ist es mit der Edition seiner Tagebucheintragungen gelungen, auf wenigen Seiten ein detailliertes Bild seines Schüleraustausches zu zeichnen. Neben der Schilderung der Höhepunkte des Auslandsaufenthalts lässt Bernuth die Leser auch an seinen Schicksalsschlägen teilhaben. Die Darstellung erlaubt einen exzellenten Einblick in sein Leben als Gastschüler und in die Alltagskultur einiger Amerikaner. Die Lektüre von „I'm OK in OK“ ist eine optimale Einstimmung für all die Jugendlichen, die es in die USA zieht. Dafür sorgt nicht zuletzt die englische Sprache, in der das Buch verfasst ist.

Frank und Oliver Dreisow: Ein Jahr High School in California. Zwiegespräche über den Atlantik oder ... was einem alles passieren kann, Garbsen 1989, 223 Seiten.

Was es für einen Jugendlichen und seine Eltern bedeutet, ein Jahr im Ausland zu verbringen, wird in diesem Buch anhand eines Briefwechsels zwischen Oliver und seinem Vater Frank deutlich. Die 22 Kapitel mit Titeln wie „Mom and Dad“, „Ebbe in der Kasse“, „Familienwechsel“ und „Alkohol, Nikotin, speed und die Liebe“ geben sowohl einen Einblick in die Erwartungen, Ängste und Hoffnungen des Vaters, als auch einen Überblick über die guten und weniger guten Austauscherfahrungen Olivers.

Diese Doppelperspektive ist die Stärke des Buches. Leider vermisst man aufgrund des Verzichts auf eine chronologische Darstellung nicht selten einen roten Faden und der ständige Wechsel zwischen den Gedanken Olivers und seines Vaters sorgt nicht selten für Verwirrung. Trotz dieser Mängel ist die Lektüre vor allem für die Eltern potentieller Austauschschüler gewinnbringend, da sie sich schon einmal emotional in ihre spätere Lage hineinversetzen können: Verlustängste werden genauso thematisiert wie das Problem, den Erziehungsstil der Gasteltern nicht verstehen zu können.

Max Rauner: Als Gastschüler in den USA. Erfahrungen, Fakten und Informationen, Wiefelstede 1989 (Westerstede ^{10}2008), 307 Seiten.

Max Rauner hat seine persönlichen Erfahrungen als Austauschschüler in einer lockeren Art schriftlich fixiert, um einen allgemeinen Informationsteil ergänzt und schließlich mit zahlreichen Fakten über die USA abgerundet. Das Ergebnis ist das überaus gelungene Buch „Als Gastschüler in den USA." Der Ratgeber vermittelt einen umfangreichen und informativen Überblick über fast alle Bereiche des Schüleraustausches. Rauners genaue Beobachtungen und die kritische Distanz zu seinen positiven Erlebnissen machen seinen Erfahrungsbericht zu einem lehrreichen Lesevergnügen. Vor allem die Kapitel über die Tücken und Riten des Schullebens sollten bei potentiellen Austauschschülern Beachtung finden, da sie für das Verständnis des Alltags an einer amerikanischen High-School – noch immer – enorm aufschlussreich sind. Leider ist die Liste mit einigen Daten über die Veranstalter mittlerweile nicht mehr aktuell. Ein Teil des Buches ist auch als e-Book erhältlich.

Karin Falkenberg: Rock'n'Roll im Reifrock. Erlebnisse einer Austauschschülerin, Schwabach 1988 (München ^{2}1997), 123 S.

Ob es Probleme mit der Gastfamilie sind, „eigenartige" Rituale an der amerikanischen High-School oder einfach der Alltag einer Austauschschülerin: Karin Falkenberg thematisiert in ihrem Buch „Rock'n'Roll im Reifrock" fast alle Facetten eines Auslandsaufenthalts. Da Falkenberg ihre persönlichen Erfahrungen stets durch fundierte Hintergrundinformationen ergänzt, erhält der Leser ein umfassendes Bild über den „American Way of Life". Der Titel des Buches geht auf Falkenbergs

Eindrücke beim Abschlussball (Prom) ihrer Schule zurück, als stark geschminkte, in Reifröcken gekleidete Schülerinnen mit ihren nicht minder gestylten Partnern zur aktuellen Rockmusik heftig abfeierten: Nicht nur an diesem Beispiel zeigt die Autorin einige Besonderheiten der amerikanischen (Alltags-)Kultur. „Rock'n'Roll im Reifrock" ist ein lesenswerter Erfahrungsbericht, der aus unerfindlichen Gründen bisher zu wenig Beachtung gefunden hat.

Diplomatische Vertretungen

Zur Vorbereitung des Auslandsaufenthaltes kann man sich mit verschiedenen Stellen des Gastlandes in Verbindung setzen: Bei den diplomatischen Vertretungen erhält man Auskünfte über Einreise- und Aufenthaltsbedingungen und kann – falls notwendig – ein Visum beantragen. Die Kultur-, Presse- oder Öffentlichkeitsabteilungen der Botschaften sind in der Regel für den Schüler- und Jugendaustausch zuständig und können auch Informationen über Kulturzentren und Beratungsstellen geben. Bei der Tourismusinformation erhält man vor allem landeskundliche und reisebezogene Informationen.

Argentinien

Diplomatische Vertretung
Botschaft der Argentinischen Republik
Kleiststraße 23–26 – 10787 Berlin
Fon: 030 / 22 66 89 0 – www.ealem.mrecic.gov.ar/de
Tourismusinformation: www.argentina.travel/de

Australien

Diplomatische Vertretung
Australische Botschaft
Wallstraße 76–79 – 10179 Berlin

Fon: 030 / 88 00 88 0 – Fax: 030 / 88 00 88 210
info.berlin@dfat.gov.au (nicht für Visa) – www.germany.embassy.gov.au
Visa-Informationsdienst:
Fon: 0044 / 2074203690 – Fax: 030 / 22489292
Tourismusinformation: www.australia.com

Brasilien

Diplomatische Vertretung

Brasilianische Botschaft
Wallstr. 57 – 10179 Berlin
Fon: 030 / 72628 0 – Fax: 030 / 72628 699
visa.berlim@itamaraty.gov.br – http://berlim.itamaraty.gov.br/de
Tourismusinformation: www.visitbrasil.com

Chile

Diplomatische Vertretung

Botschaft der Republik Chile
Mohrenstr. 42 – 10117 Berlin
Fon: 030 / 72 620 35 – Fax: 030 / 726 203 603
www.echile.de
Tourismusinformation: www.thisischile.cl

China

Diplomatische Vertretung

Botschaft der Volksrepublik China
Märkisches Ufer 54 – 10179 Berlin
Fon: 030 / 27 588 0 – Fax: 030 / 27 58 82 21
www.china-botschaft.de
Tourismusinformation: www.china-tourism.de

Costa Rica

Diplomatische Vertretung

Botschaft von Costa Rica
Reinhardtstraße 47a – 10117 Berlin

Fon: 030 / 26 39 89 90 – Fax: 030 / 26 55 72 10
emb@embajada-costarica.de – www.botschaft-costarica.de
Tourismusinformation: www.visitcostarica.com

Ecuador

Diplomatische Vertretung
Botschaft der Republik Ecuador
Joachimstaler Straße 12 – 10719 Berlin
Fon: 030 / 800 96 95 – http://alemania.embajada.gob.ec
Tourismusinformation: www.ecuador.travel

Frankreich

Diplomatische Vertretung
Botschaft der Republik Frankreich
Pariser Platz 5 – 10117 Berlin
Fon: 030 / 590 03 9000
berlin-ambassade@diplomaie.gouv.fr – www.ambafrance-de.org
Tourismusinformation: http://de.france.fr

Großbritannien

Diplomatische Vertretung
Botschaft des Vereinigten Königreichs
Wilhelmstr. 70–71 – 10117 Berlin
Fon: 030 / 204 570 – ukingermany@fco.gov.uk
www.gov.uk/government/world/germany
Tourismusinformation: www.visitbritain.de

Irland

Diplomatische Vertretung
Botschaft von Irland
Jägerstraße 51 – 10117 Berlin
Fon: 030 / 22 07 20
berlin@dfa.ie – www.dfa.ie/irish-embassy/germany
Tourismusinformation: www.ireland.com

Italien

Diplomatische Vertretung

Botschaft der Italienischen Republik
Hiroshimastr. 1 – 10785 Berlin
Fon: 030 / 25 44 00 – Fax: 030 / 25 44 01 16
www.ambberlino.esteri.it/Ambasciata_Berlino
Tourismusinformation: www.enit-italia.de

Japan

Diplomatische Vertretung

Botschaft von Japan
Hiroshimastr. 6 – 10785 Berlin
Fon: 030 / 21 09 40 – Fax: 030 / 21 09 42 22
info@bo.mofa.go.jp – www.de.emb-japan.go.jp
Tourismusinformation: www.jnto.de

Kanada

Diplomatische Vertretung

Botschaft von Kanada
Leipziger Platz 17 – 10117 Berlin
Fon: 030 / 20 31 20
www.canadainternational.gc.ca/germany-allemagne
Tourismusinformation: www.meinkanada.com

Wichtige Info: Die Botschaft von Kanada in Berlin verfügt über keine Visa- und Einwanderungsabteilung. Für die Bearbeitung von Visaanträgen von Personen mit deutscher Staatsangehörigkeit oder mit Wohnsitz in Deutschland ist die kanadische Botschaft in Österreich zuständig.

Neuseeland

Diplomatische Vertretung

Botschaft von Neuseeland
Friedrichstraße 60 – 10117 Berlin
Fon: 030 / 20 62 10 – Fax: 030 / 20 62 11 14

nzembber@infoem.org – www.nzembassy.com/germany
Tourismusinformation: www.newzealand.com

Norwegen

Diplomatische Vertretung
Königliche Norwegische Botschaft
Rauchstraße 1 – 10787 Berlin
Fon: 030 / 50 50 58 600 – Fax: 030 / 50 50 58 601
emb.berlin@mfa.no – www.norwegen.no
Tourismusinformation: www.visitnorway.de

Polen

Diplomatische Vertretung
Botschaft der Republik Polen
Lassenstraße 19-21 – 14193 Berlin
Fon: 030 / 22 31 30 – Fax: 030 / 22 31 31 55
berlin.amb.sekretariat@msz.gov.pl – www.berlin.msz.gov.pl/de
Tourismusinformation: www.polen.travel/de

Schweden

Diplomatische Vertretung
Botschaft des Königreichs Schweden
Rauchstraße 1 – 10787 Berlin
Fon: 030 / 50 50 60 – Fax: 030 / 50 50 67 89
ambassaden.berlin@gov.se – www.schweden.org
Tourismusinformation: www.visitsweden.com

Spanien

Diplomatische Vertretung
Botschaft des Königreichs Spanien
Lichtensteinallee 1 – 10787 Berlin
Fon: 030 / 254 00 70 – Fax: 030 / 257 99 55 7
emb.berlin.inf@maec.es – www.spanischebotschaft.de
Tourismusinformation: www.spain.info

Südafrika

Diplomatische Vertretung

Botschaft der Republik Südafrika
Tiergartenstraße 18 – 10785 Berlin
Fon: 030 / 22 07 30 – Fax: 030 / 22 07 31 90
berlin.consular@dirco.gov.za – www.suedafrika.org
Tourismusinformation: www.southafricantourism.de

USA

Diplomatische Vertretung

Botschaft der Vereinigten Staaten von Amerika
Pariser Platz 2 – 10117 Berlin
(Postanschrift: Clayallee 170 – 14191 Berlin)
Fon: 030 / 8 30 50
https://de.usembassy.gov/de

Amerikanisches Generalkonsulat

Gießener Straße 30 – 60435 Frankfurt/Main
Fon: 069 / 7 53 50 – Fax: 069 / 75 35 22 77
Visa-Informationsdienst:
www.ustraveldocs.com/de
EducationUSA
info@educationusa.de – www.educationusa.de
Tourismusinformation: www.vusa.travel

Deutsche Vertretungen im Ausland

Das Auswärtige Amt vertritt die Interessen Deutschlands in der Welt und bietet Deutschen im Ausland Schutz und Hilfe. Eine Liste aller deutschen Auslandsvertretungen ist unter www.auswaertiges-amt.de zu finden.

Danksagung

An dieser Stelle möchte ich mich bei den Menschen bedanken, die auf verschiedenste Weise maßgeblich dazu beigetragen haben, dass das Handbuch Fernweh entstehen konnte.

Der größte Dank gebührt meinen Eltern, die mir immer mit Rat und Tat zur Seite stehen und mich stets bei der Verwirklichung meiner Ideen unterstützen. Sticheleien von Freunden und Verwandten zum Trotz haben sie nie versucht, meinen Drang in die Ferne zu unterbinden. Stattdessen ließen sie mich das Leben führen, das ich für richtig hielt: Ein seltenes Privileg!

Meine Freundin Meike Schnier musste mehrere meiner Fernwehanfälle ertragen. Ich bin glücklich darüber, dass sie mir keinen Laufpass gegeben hat – und schließlich sogar meine Frau geworden ist. An der Fertigstellung dieses Buches war sie maßgeblich beteiligt: In langen Korrekturnächten stellte sie viele meiner Sätze um und verbesserte dadurch die Lesbarkeit des Textes erheblich.

Wenn mich mein Rechner zur Weißglut trieb, konnte ich mich stets auf meinen Bruder Andreas verlassen, der geduldig Hard- und Softwareprobleme der verschiedensten Art in den Griff bekam.

Hans-Heinrich Ziebell und Dr. Ulrich Fülbier danke ich für sachkundige Kritik und hilfreiche Tipps, Dr. Tobias Freimüller und Jörgen Wolf für die akribische Endkorrektur des Manuskripts, Dirk Grundner für die ideenreiche Umschlaggestaltung sowie Stefan Ebert für die hilfreichen Hinweise und die Sorgfalt bei der Redaktion und dem Layout dieser Ausgabe. Allen Freunden und vielen Verwandten danke ich dafür, dass sie mich so akzeptieren wie ich bin und immer für mich da sind.

Last, not least möchte ich mich bei all den Menschen in der ganzen Welt bedanken, deren Gastfreundschaft ich erfahren durfte: Erst durch ihre Herzlichkeit wurden meine Auslandsaufenthalte zu unvergesslichen Erlebnissen.

DIE ZEITUNG FÜR AUSLANDSAUFENTHALTE
NIX FÜR STUBENHOCKER
Erfahrungs-
berichte
gesucht!

DU SUCHST ANGEBOTE & INFOS ZU AUSLANDSAUFENTHALTEN?
NEWS
WORK & TRAVEL
SCHÜLERAUSTAUSCH
STELLENAUSSCHREIBUNGEN
SPRACHREISEN
AUSLANDSFORUM.WELTWEISER.DE
TERMINE
AUSTAUSCHORGANISATIONEN
ANGEBOTE
PRAKTIKA
AU-PAIR
STUDIUM

PRIVATSCHULEN
weltweit
Das Infoportal für private Bildung
Schulwahl – Bewerbungsablauf – Gastländer
Internationales Abitur – Finanzen
Anbieter – Privatschul-ABC
www.privatschulen-weltweit.de

© ruckszio/photocase

DAS IDEALE GASTGESCHENK
Elke Gäth & Ulrike Krogmann
Kitchen 2 Go
Kochen & Backen
Deutsch + Englisch
Über 70 Lieblingsrezepte von Jugendlichen – international, raffiniert, einfach zu kochen!
weltweiser

WELTBÜRGER
Stipendien

Ein Weltbürger, auch Kosmopolit (von griechisch: kósmos = Welt und polítes = Bürger) genannt, ist ein Mensch, der seine Identität stärker mit seiner Zugehörigkeit zur Menschheit verbindet als etwa mit seiner sozialen Klasse oder mit seiner Nationalität.

Aus der Überzeugung, dass junge Menschen sich durch die intensive Kulturerfahrung während eines Auslandsaufenthalts ganzheitlich weiterbilden und dabei einen wichtigen Beitrag zur Völkerverständigung – und somit zur Wahrung der Würde und Freiheit jedes einzelnen Menschen – leisten, schreiben Austauschorganisationen, Unternehmen und der unabhängige Bildungsberatungsdienst weltweiser im Rahmen der JugendBildungsmesse JuBi und der Youth Education & Travel Fair zahlreiche WELTBÜRGER-Stipendien aus. Ziel ist es, Jugendliche und junge Erwachsene auf ihrem ganz individuellen Weg zum Weltbürger zu fördern.

Die WELTBÜRGER-Stipendien richten sich an Jugendliche und junge Erwachsene. Grundsätzlich gilt, dass neben dem persönlichen Engagement in den Bereichen Soziales, Kultur, Wissen, Innovation, Sport, Musik, Kunst oder Journalismus nicht zuletzt auch die finanziellen Möglichkeiten der Bewerber/innen bei der Stipendienvergabe berücksichtigt werden.